中国大历史

上

张荫麟　吕思勉　著

沈阳出版发行集团
沈阳出版社

图书在版编目（CIP）数据

中国大历史：全2册 / 张荫麟，吕思勉著．-- 沈阳：沈阳出版社，2021.1

ISBN 978-7-5716-1552-9

Ⅰ．①中… Ⅱ．①张… ②吕… Ⅲ．①中国历史－通俗读物 Ⅳ．① K209

中国版本图书馆 CIP 数据核字 (2021) 第 020703 号

出版发行：沈阳出版发行集团|沈阳出版社

（地址：沈阳市沈河区南翰林路10号 邮编：110011）

网　　址：http://www.sycbs.com

印　　刷：北京欣睿虹彩印刷有限公司

幅面尺寸：165mm × 235mm

印　　张：34.5

字　　数：500千字

出版时间：2021年9月第1版

印刷时间：2021年9月第1次印刷

责任编辑：周武广　张　畅　范莹莹

封面设计：主语设计

地图绘制：常少轩

责任校对：王志茹

责任监印：杨　旭

书　　号：ISBN 978-7-5716-1552-9

定　　价：99.80元

审 图 号：GS（2020）第5317号

联系电话：024-62564985　024-24112447

E - mail：sy24112447@163.com

作者简介

张荫麟

（1905—1942）

著名学者，历史学家。求学清华7年，以史、学、才知名，与钱钟书、吴晗、夏鼐并称“文学院四才子”。1929年，自清华毕业，公费到美国斯坦福大学攻读西洋哲学史和社会学。留学4年，修完应学课程，未待期满，已获哲学博士学位，提前返国。1934年，回国任清华大学历史、哲学两系专任讲师，并兼北大历史、哲学课讲师。1935年暑假，应教育部之聘，编撰高中历史教材——《中国史纲》“上古篇”。虽为高中教材，然其取精用宏，引人入胜，乃归入中国史学名著不愧。张荫麟被梁启超、贺麟、吴晗等史学大家所激赏，被公认为难得的史学天才。

自序一

这部书的开始属草，是在卢沟桥事变之前二年，这部书的开始刊布，是在事变之后将近三年。

现在发表一部新的中国通史，无论就中国史本身的发展上看，或就中国史学的发展上看，都可说是恰当其时。就中国史本身的发展上看，我们正处于中国有史以来最大的转变关头，正处于朱子所谓“一齐打烂，重新造起”的局面；旧的一切瑕垢腐秽，正遭受彻底的涤荡剜割，旧的一切光晶健实，正遭受天捶海淬的锻炼，以臻于极度的精纯；第一次全民族一心一体地在血泊和瓦砾场中奋扎以创造一个赫然在望的新时代。若把读史比于登山，我们正达到分水岭的顶峰，无论四顾与前瞻，都可以得到最广阔的眼界。在这时候，把全部的民族史和它所指向道路做一鸟瞰，最能给人以开拓心胸的历史的壮观。就中国史学的发展上看，过去的十来年可算是一新纪元中的一小段落；在这十年间，严格的考证的崇尚，科学的发掘的开始，湮没的旧文献的新发现，新研究范围的垦辟，比较材料的增加和种种输入的史观的流播，使得司马迁和司马光的时代顿成过去；同时史界的新风气也结成了不少新的，虽然有一部分还是未成熟的果。不幸这草昧初辟的园林，突遇狂风暴雹，使得我们不得不把一个万果累累的时代，期于不确定的将来了。文献的沦陷，发掘地址的沦陷，重建的研究设备的简陋和生活的动荡，使得新的史学研究工作在战时不得不暂告停滞，如其不致停顿。“风雨如晦，鸡鸣不已”的英贤，固尚有之；然而他们生产的效率和发表的机会不得不大受限制了。在这抱残守缺的时日，回顾过去十来年新的史学研究的成绩，把它们结集，把它们综合，在种种新史观的提警之下，写出一部分新的中国通史，以供一个民族在空前大转变时期的自知之助，岂不是史家应有之事吗？

着手去写一部通史的人，不免劈头就碰到一个问题；以批评眼光去读一部通史的人，也不免劈头就碰到同一的问题，那就是，拿什么的“笔削”做标准？显然我们不能把全部中国史的事实，细大不捐，应有尽有地写进去。姑勿论一个人，甚至一整个时代的史家没有能力去如此做。即使能如此做，所成就的只是一部供人检查的“中国史百科全书”，而不是一部供人阅读的中国通史。那么，难道就凭个人涉览所及，记忆所容和兴趣所之，以为去取吗？这虽然是最便当的办法，我怀疑过去许多写通史的人大体上所采的不是这办法。无怪佛禄德（Froude）把历史比于西方的缀字片，可以任随人意，拼成他所喜欢的字。我们若取任何几种现行的某国或某处通史一比较，能否认这比喻的确切吗？但我们不能以这样的情形为满足。我们无法可以使几个史家各自写成的某国通史去取全同，如自一模铸出，除是他们互相抄袭。但我们似乎应当有一种标准，可以判断两种对象相同而去取不同的通史，孰为合当，孰为高下，这标准是什么？

读者于此也许会想到一个现成的答案：韩昌黎不早就说过“记事者必提其要”吗？最能“提要”的通史，最能按照史事之重要的程度以为详略的通史，就是选材最合当的通史。“笔削”的标准就在史事的重要性。但这答案只把问题藏在习熟的字眼里，并没有真正解决问题。什么是史事的重要性？这问题殊不见得比前一问题更为浅易。须知一事物的重要性或不重要性并不是一种绝对的情实，摆在该物的面上，或蕴在该事物的内中，可以仅就该事物的本身检察或分析而知的。一事物的重要性或不重要性乃相对于一特定的标准而言。什么是判别重要程度的标准呢？

“重要”这一概念本来不只应用于史事上，但我们现在只谈史事的重要性，只探究判别史事的重要程度的标准。“重要”一词，无论应用于日常生活上或史事的比较上，都不是“意义单纯”（Univocal）的；有时做一种意义，有时做另一意义；因为无论在日常生活上或史事的比较上，我们判别重要程度的标准都不是唯一无二的；我们有时用这标准，有时用那标准。而标准的转换，我们并不一定自觉。唯其如此，所以“重要”的意义甚为模糊不清。在史事的比较上，我们用以判别重要程度的可以有五种不同的标准。这五种标准并不是作者新创出来的，乃是过去一切通史家部分地、不加批判地，甚至不自觉地，却从没有严格地采用的。现在要把它们尽数列举，并加以彻底的考验。

第一种标准可以叫作“新异性的标准”（Standard of Novelty）。每一件历史的事情都在时间和空间里占一特殊的位置。这可以叫作“时空位置的特殊性”。此外它容有若干品质，或所具若干品质的程度，为其他任何事情所无。这可以叫作“内容的特殊性”。假如一切历史的事情只有“时空位置的特殊性”而无“内容的特殊性”，或其“内容的特殊性”微少到可忽略的程度，那么，社会里根本没有所谓“新闻”，历史只是一种景状的永远持续，我们从任何一历史的“横剖面”可以推知其他任何历史的“横剖面”。一个民族的历史假若是如此，那么，它只能有孔德所谓“社会静力学”，而不能有他所谓“社会动力学”；那么，它根本不需有写的历史，它的“社会静力学”就可以替代写的历史。现存许多原始民族的历史虽不是完全如此，也近于如此；所以它们的历史没有多少可记。我们之所以需有写的历史，正因为我们的历史绝不是如此，正因为我们的史事富于“内容的特殊性”，换言之，即富于“新异性”。众史事所具“内容的特殊性”的程度不一，换言之，即所具“新异性”的程度不一。我们判断史事的重要性的标准之一即是史事的“新异性”。按照这标准，史事愈新异则愈重要。这无疑地是我们有时自觉地或不自觉地所采用的标准。关于这标准有五点须注意。第一，有些史事在当时富于“新异性”的，但后来甚相类似的事接迭发生，那么，在后来这类事便减去新异性；但这类事的始例并不因此就减去“新异性”。第二，一类的事情若为例甚稀，它的后例仍不失其“新异性”，虽然后例的新异程度不及始例。第三，“新异性”乃是相对于一特殊的历史范围而定。同一事情，对于一民族或一地域的历史而言，与对于全人类的历史而言，其新异的程度可以不同。例如十四世纪欧洲人之应用罗盘针于航海，此事对于人类史而言的新异程度远不如其对于欧洲史而言的新异程度。第四，“新异性”乃是相对于我们的历史知识而言。也许有的史事本来的新异程度很低，但它的先例的存在为我们所不知。因而在我们看来，它的新异程度是很高的。所以我们对于史事的“新异性”的见解随着我们的历史知识的进步而改变。第五，历史不是一盘散沙，众史事不是分立无连的；我们不仅要注意单件的史事，并且要注意众史事所构成的全体；我们写一个民族的历史的时候，不仅要注意社会之局部的新异，并且要注意社会之全部的新异；我们不仅要注意新异程度的高下，并且要注意新异范围的大小。“新异性”不仅有“深浓的度量”（Intensive Magnitude），并且有“广袤的度量”（Extensive Magnitude）。设如有两项历史的实在，其新异性之“深浓的度量”可相颉颃，而“广袤的度量”相悬殊，则“广袤的度量”大者比小者更为重要。我们的理想是要显出全社会的变化所经诸阶段和每一阶段之新异的面貌和新异的精神。

假如我们的历史兴趣完全是根于对过去的好奇心，那么，“新异性的标准”也就够了。但事实上我们的历史兴趣不仅发自对过去的好奇心，所以我们还有别的标准。

第二种标准可以叫作“实效的标准”（Standard of Practical Effect）。这个名词不很妥当，姑且用之。史事所直接牵涉和间接影响于人群的苦乐者有大小之不同。按照这标准，史事之直接牵涉和间接影响于人群的苦乐愈大，则愈重要。我们之所以有这标准，因为我们的天性使得我们不仅关切于现在人群的苦乐，并且关切于过去人群的苦乐。我们不能设想今后史家会放弃这标准。

第三种标准可以叫作“文化价值的标准”（Standard of Cultural Values）。所谓文化价值即是真与美的价值。按照这标准，文化价值愈高的事物愈重要。我们写思想史、文学史或美术史的时候，详于灼见的思想而略于妄诞的思想，详于精粹的作品而略于恶劣的作品（除了用作形式的例示外），至少有一大部分理由依据这标准。假如用“新异性的标准”，则灼见的思想和妄诞的思想，精粹的作品和恶劣的作品，可以有同等的新异性，也即可以有同等的重要性，而史家无理由为之轩轾。哲学上真的判断和文学美术上比较的美的判断，现在尚无定论。故在此方面通史家容有见仁见智之殊。又文化价值的观念随时代而改变，故此这标准也每随时代而改变。

第四种标准可以叫作“训诲功用的标准”（Standard of Didactic Utility）。所谓训诲功用有两种意义：一是完善的模范；二是成败得失的鉴戒。按照这标准，训诲功用愈大的史事愈重要。旧日史家大抵以此标准为主要的标准。近代史家的趋势是在理论上要把这标准放弃，虽然在事实上未必能彻底做到。依作者的意见，这标准在通史里是要被放弃的。所以要放弃它，不是因为历史不能有训诲的功用，也不是因为历史的训诲功用无注意的价值，而是因为学术分工的需要。例如历史中的战事对于战略与战术的教训，可属于军事学的范围；历史人物之成功与失败的教训，可属于应用社会心理学中的“领袖学”的范围。

第五种标准可以叫作“现状渊源的标准”（Standard of Genetic Relation with Present Situations）。我们的历史兴趣之一是要了解现状，是要追溯现状的由来，众史事和现状之“发生学的关系”（Genetic Relation）有深浅之不同，至少就我们所知是如此。按照这标准，史事和现状之“发生学的关系”愈深，愈有助于现状的解释则愈重要。大概地说，愈近的历史和现状的“发生学的关系”愈深，故近今通史家每以详近略远为旨。然此事亦未可一概而论。历史的线索，有断而复续的，历史的潮流，有隐而复显的。随着社会当前的使命，问题和困难的改变，久被遗忘的史迹每因其与现状的切合而复活于人们的心中。例如吾人今日之于墨翟、韩非、王莽、王安石与钟相是也。

以上的五种标准，除了第四种外，皆是今后写通史的人所当自觉地、严格地，合并采用的。不过它们的应用远不若它们的列举的容易。由于第三种标准，对文化价值无深刻的认识的人不宜写通史。由于第五种标准，“知古而不知今”的人不能写通史。再者要轻重的权衡臻于至当，必须熟习整个历史范围里的事实。而就中国历史而论，这一点绝不是个人一生的力量所能做得到的。所以无论对于任何时代，没一部中国通史能说最后的话。所以写中国通史永远是一种极大的冒险。这是无可如何的天然限制，但我们不可不知有这种限制。

除了“笔削”的标准外，我们写通史时还有一个同样根本的问题。经过以上的标准选择出来的无数史实，并不是自然成一系统的。它们能否完全被组织成一系统？如是可能，这是什么样的系统？上面说过，众史事不是孤立无连的。到底它们间的关系是什么样的关系？同时的状况，历史的一“横切片”的种种色色，容可以“一个有结构的全体之众部分的关系”（Relation Between Parts of An Organized Whole）的观念来统驭。但历史不仅是一时的静的结构的描写，并且是变动的记录。我们能否或如何把各时代各方面重要的变动的事实系统化？我们能否用一个或一些范畴把“动的历史的繁杂”（Changing Histori-cal Manifold）统贯？如其能之，那个或那些范畴是什么？

我们用来统贯“动的历史的繁杂”可以有四个范畴。这四个范畴也是过去史家自觉或不自觉地部分使用的。现在要把它们系统地列举，并阐明它们间的关系。

（甲）因果的范畴。历史中所谓因果关系乃是特殊的个体与特殊个体间的一种关系。它并不牵涉一条因果律，并不是一条因果律下的一个例子。因为因果律的例子是可以复现的；而历史的事实，因其内容的特殊性，严格地说，是不能复现的。休谟的因果界说不适用于历史中所谓因果关系。

（乙）发展的范畴。就人类史而言，因果的关系是一个组织体对于另一个组织体的动作，或一个组织体对其自然环境的动作，或自然环境对一个组织体的动作（Action），或一个组织中诸部分或诸方面的交互动作（Interaction）。而发展则是一个组织体基于内部的推动力而非由外铄的变化。故此二范畴是并行不悖的。发展的范畴又包括三个小范畴。

（1）定向的发展（Teleogical Development）。所谓定向的发展者，是一种变化的历程。其诸阶段互相适应，而循一定的方向，趋一定鹄的者。这鹄的不必是预先存想的目标，也许是被趋赴于不知不觉中的。这鹄的也许不是单纯的而是多元的。

（2）演化的发展（Evolutional Development）。所谓演化的发展者，是一种变化的历程，在其所经众阶段中，任何两个连接的阶段皆相近似，而其“作始”的阶段与其“将毕”的阶段则剧殊。其“作始”简而每下愈繁者谓之进化。其“作始”繁而每下愈简者谓之退化。

（3）矛盾的发展（Dialectical Development）。所谓矛盾的发展者，是一变化的历程，肇于一不稳定组织体，其内部包含矛盾的两个元素，随着组织体的生长，它们间的矛盾日深日显，最后这组织体被内部的冲突绽破而转成一新的组织体，旧时的矛盾的元素经改变而潜纳于新的组织中。

演化的发展与定向的发展，矛盾的发展与定向的发展，各可以是同一事情的两方面。因为无论演化的发展或矛盾的发展，都可以冥冥中趋赴一特定的鹄的。惟演化的发展与矛盾的发展则是两种不同的事情。

这四个范畴各有适用的范围，是应当兼用无遗的。我们固然可以专用一两个范畴，即以之为选择的标准，凡其所不能统贯的认为不重要而从事舍弃。但这办法只是“削趾适履”的办法。依作者看来，不独任何一个或两三个范畴不能统贯全部重要的史实；便四范畴兼用，也不能统贯全部重要的史实，更不用说全部的史实，即使仅就一个特定的历史范围而论。于此可以给历史中所谓偶然下一个新解说，偶然有广狭二义：凡史事为四范畴中某一个范畴所不能统贯的，对于这范畴为偶然，这偶然是狭义的偶然；凡史事为四范畴中任何范畴所不能统贯的，我们也说它是偶然，这偶然是广义的偶然。历史中不独有狭义的偶然，也有广义的偶然。凡本来是偶然（不管狭义或广义的）的事，谓之本体上的偶然。凡本非偶然，而因我们的知识不足，觉其为偶然者，谓之认识上的偶然。历史家的任务是要把历史中认识上的偶然尽量减少。

到此，作者已把他的通史方法论和历史哲学的纲领表白。更详细的解说不是这里篇幅所容许。到底他的实践和他的理论相距有多远，愿付之读者的判断。

二十九年二月　昆明

自序二

作者写此书时所悬鹄的如下：（1）融会前人研究结果和作者玩索所得以故事的方式出之，不参入考证，不引用或采用前人叙述的成文，即原始文件的载录亦力求节省；（2）选择少数的节目为主题，给每一所选的节目以相当透彻的叙述，这些节目以外的大事，只概略地涉及以为背景；（3）社会的变迁，思想的贡献和若干重大人物的性格，兼顾并详。至于实际成就与所悬鹄的之间，有多少距离，只好付之读者的判断了。

这部书原不是作者创意要写的。创意要他写这部书并且给他以写这部书的机会的是傅孟真先生和钱乙藜先生。往在昆明（编者注：现藏于浙江大学历史系资料室的原刊史地教育丛刊本无“往在昆明”四字，但有张荫麟先生补入该四字的手迹。正中书局本、上海古籍本和山西古籍本均误作“住在昆明”），黄子坚先生、孙毓棠先生曾费心谋刊印此书而未成。比来遵义（编者注：史地教育丛刊本无“……而未成。比来遵义”数字，但有张荫麟先生补入该数字的手迹），张晓峰先生主国立浙江大学（编者注：史地教育丛刊本无“国立浙江大学”六字，但有张荫麟先生补入该六字的手迹）史地教育研究室为石印五百册以广其传。以上诸先生，作者谨于此志谢。

三十年三月张荫麟于贵州遵义书（编者注：史地教育丛刊本为“三十年三月贵州遵义书，张荫麟”。其他数种均为“三十年三月张荫麟于贵州遵义书”）

自序三

此书再版和初版不同的地方，除多处笔误和刊误的校正，数处小节的增删外，乃是第九至第十一章的添入。第九章的上半作者自觉尚有缺点，却不及修正，读者谅之。

初版的校正，幸得柳定生女士及叶文培君的助力，合于此志谢。

三十一年九月张荫麟于贵州遵义书

目录

中国大历史．上

第一章

中国史黎明期的大势

从前讲历史的人每喜欢从“天地剖判”或“混沌初开”说起。近来讲历史的人每喜欢从星云凝结和地球形成说起。这部书却不想拉得这么远。也不想追溯几百万年以前，东亚地方若干次由大陆变成海洋，更由海洋变成大陆的经过。也不想追溯几十万年以前当华北还没有给飞沙扬尘的大风铺上黄土层的时候，介乎猿人与人之间的“北京人”怎样在那里生活着，后来气候又怎样改变，使得他们消灭或远徙，而遗留下粗糙的石器，用火的烬迹和食余的兽骨人骨，在北平附近的周口店的地层中。也不想跟踪此后石器文化在中国境内的分布、传播和进步，直至存在于公元前六七千年间具有初期农业和精致陶器的“仰韶文化”（仰韶在河南渑池附近）所代表的阶段。

这部中国史的着眼点在社会组织的变迁，思想和文物的创辟，以及伟大人物的性格和活动。这些项目要到有文字记录传后的时代才可得确考。

严格地说，照现在所知，我国最初有文字记录的时代是商朝，略当于公元前十八世纪中叶至前十二世纪中叶。本书即以商朝为出发点，然后回顾其前有传说可稽的四五百年，即以所知商朝的实况为鉴别这些传说的标准。

第一节　商代文化

商朝在最后的二百七十多年间，定都于殷，即今河南安阳，故此商朝又名殷朝。我们称这二百七十多年为商朝的后期，我们所以确知商朝已有文字记录乃因为一八九九年以来殷都遗址——所谓殷墟——的发展和发掘。

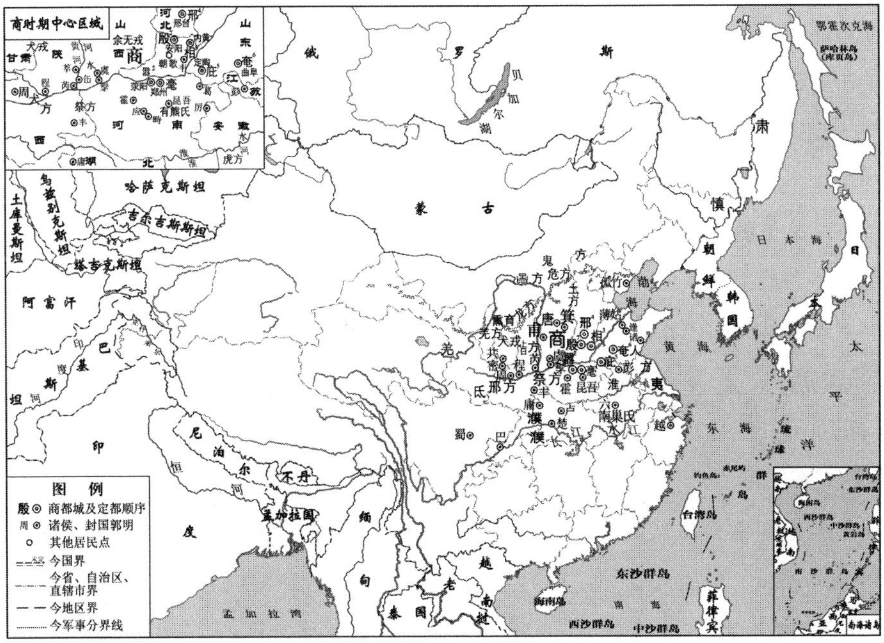

商朝（约公元前一六〇〇至约前一〇四六年）是中国历史上的第二个朝代，也是中国第一个有直接的同时期的文字记载的王朝。甲骨文和金文的记载是目前已经发现的中国最早的成系统的文字符号。图为商代形势图。

殷墟出土的遗物，除了大批的铜器、陶器、骨器、石器外，最引史家注意的是无数刻有文字的龟甲和兽骨（至少有十万片以上）。这些甲骨差不多全是占卜所用的，乃王室卜人所保存的档案。原来商人要预测未来的吉凶，或探问鬼神的意旨，便拿一块龟腹甲（间有用背甲的）或牛肩胛骨（间有用肋骨的），在一面加以钻凿，却不令穿透，然后在钻凿处灼火，另一面便现出裂纹，这叫作“兆”。卜人看兆而断定鬼神或一种神妙的势力对于所问的反应。所问的事情，有时连日后的“应验”，就刻在兆的旁边，这可称为卜辞。卜辞的内容以关于祖先的祭祀的为最多，如卜祭祀的日期、用牲的种类、用牲的数目等；有关于气象的，如卜雨、晴、风、雪等；有关于岁收的丰歉的；有关于征伐、渔猎和出行涉川之利否的；有关于疾病、胎孕和梦征的；有所谓卜旬和卜夕的，即于一旬之末卜下一旬有无灾害和于日间卜是夕有无灾害的。还有别的事项这里不能尽举。卜辞以外，甲骨文书中也有少数短短的记事，例如记颁发矛若干，某人取贝若干，某日某人入觐之类；又有田猎获兽的记录，刻在兽头骨上的。甲骨文书全是商朝后期的遗物。根据甲骨文书、甲骨文字的分析，其他商代的遗物遗迹和后人关于商朝的记载，我们可做一商代的文化的速写如下。

商人是以农业为主要的生产方法。农作物有黍、稷、稻、麦、蚕桑。卜辞中“卜黍年”“贞（卜问）我受黍年”“贞其登黍”的记录很多，而此等处的黍字从未见有用别的植物名来替代的，可知黍为商人主要的农作物。帛、巾、幕等字和若干从糸的字的存在，证明丝织工艺的发达。有酒，以黍酿造。耕种全用人力。农具有耒耜。原始的耒耜，盖全以木为之。耒是一根拗曲的木棒，下端歧而为二，歧头上安一横木，以便脚踏。这是起土用的。耜和耒的分别是下端斜锐而不分歧，利于刺地而不利于起土，大约过于坚实的土，耒不能起便先用耜去刺松。耒当是利用树丫做成。商人是否已用铜做耒耜的下部，不得而确知。

渔猎和畜牧也是商人的盛大的生产副业。鱼的种类不见于卜辞。猎品，除野猪、鹿、狼、兕、兔、雉外，还有象。商王田猎的记录中，获鹿有一次三百八十四头的，获猪有一次一百十三头的，获狼有一次四十一头的。可见殷都附近的开辟程度。供食的家畜，除牛、羊、鸡、豕外，还有狗。牧畜业之盛从王室祭祀用牲之多可见，每有一次用牛羊三四百头的。驯役的动物除牛（旱牛和水牛）、马、犬外，还有象。至迟在商朝末年，商人并且曾利用象去作战。

商人已有铸造青铜（铜锡合金）器的工艺，铸造工场的遗物曾在殷墟找得，有可容铜液十二三公斤的陶制炼锅，有铜制的型范，有铜矿石，有炼渣。商人的兵器及工具大部分已用铜制，但也有一部分仍用石或骨角制。殷墟遗物中有铜制的戈头、矛头、瞿、箭镞、锛、小刀、针；石制的矛头、枪头、箭镞、刀、斧、粟凿；牛角或鹿角制的矛头、箭镞和骨锥。骨角制的兵器也许是仅做明器用的。

商人铸铜技术之最高的造就，乃在王宫和宗庙里所陈列的供饮食和盛载用的种种器皿，如尊、卣（盛酒用）、爵（酌酒用）、觚（饮器）、罍、毁（食器）、方彝、巨鼎（盛食物用）等等，都是具有很缛丽的花纹的。可惜写此段时，殷墟的铜器，作者尚无缘寓目。兹根据他人参观（民国二十六年夏教育部第二次全国美术展会所陈列者）的报告，略记二器，以见一斑。一为提梁卣：器分三层，上层为一盖，以练系于梁间，下层为卣的本体，中层搁上是一盖，取下来却是一觚，提梁的两端，各有一生动的兔形的兽头，全器周围是细致的花纹。一为盂形的器：当中有一柱，柱顶呈莲花形，其旁四龙拱绕，两龙锐角，两龙钝角，四龙相连，可以环柱为轴而旋转，盂身和柱周围也是细致的花纹。

此外殷墟铜器之可注意的有盘、壶、铲、勺、漏勺、筷子等，还有战士戴的盔。

殷墟的陶器包括种类繁多的饮器、食器、盛器和烹饪器，其质地有灰色、红色的粗陶，黑色、白色的细陶和一种经高度烧加釉的陶；其纹饰多数是刻划的。细陶的纹饰极复杂，其母题有动物形、几何图案和图案化的动物形。

商人牙、骨、玉、石雕刻工艺在殷墟的遗迹也很丰富，举其特别可注意的：有镶嵌绿松石的象牙鸱尊；有一种雕纹的（也有绘纹的）骨制玩器，仿佛后世“如意”一类的东西，长形略曲，其花纹为龙、凤或蝉形，偶或嵌着绿松石；有各种式的佩玉，或做圆圈，或做半圆，或做长筒，或双龙相对成一圆形，或两鱼相对成一半圆，或状人物、人面、兽头、虎、兔、象、鸮、燕、鸽、鱼、蛙、蝉、长尾鸟、蝙蝠等；又有巨大的大理石的立体雕刻品，状人物、虎、龟、鸮、蟾、双兽等，以供陈设之用的。

从状人物的雕刻品和其他遗物，我们知道商人是席地而坐的；知道当时一部分人的服装是交领、右衽、短衣、短裙、束带，其鞋翘尖；知道当时女人脸上涂朱；头饰极复杂，左右两鬓或额间的头巾上缀一绿松石砌成的圆形物；头发中间束一骨圈；发上戴雕纹嵌绿松石的象牙梳；又簪骨制或玉制的笄，小的一两支，多的几十支；笄头雕各式各样的（现已发现四五十种）兽头和花纹；她的头饰比头还高。

关于商人的居室，我们也有一些推想的根据。有殷墟曾发现版筑的遗迹，那是房屋的基址。有一处基址做长方形，四围有许多大石卵，其相互间的距离，大略相等。这些石卵大约就是柱础，原来上面是安柱的。有一基址长三十米，宽九米，石柱础之外，并有铜柱础十个。殷墟绝无砖瓦，房顶想必是用茅草编成的。古人所谓“茅茨土阶”，大约就是商朝宫殿的写照。又发现一座纯黄土筑成的大台基，面向正南，与罗盘所指的完全相合。台基前十几米，也有大石卵，排成弓背形。台基的四周，遗下好些整副的野猪骨，可见这建筑必是和祭祀有关的。又掘出若干长方的坎穴，有阶级可上下，中存破陶片、牛骨、狗骨之类。坎穴内周围用硬土筑成，铁一般坚固。有些坎穴之下又套一个坎穴。这些坎穴是否与上说的版筑柱础同时，不能确定。但我们知道，远距商朝亡后三四百年，还有贵族的地下宫室见于记载（《左传》），则商朝后期之有这种穴居是很可能的。殷墟又掘出一些商王的陵墓。从墓室的情形可以推知王宫内部的情形。墓室一律做亚字形，原是木构，木料已腐化无存，却剩下木构上所装的各种立体石雕，做兽头、双面、牛头、鸟、兽等形的。又从墓中的遗迹推之，可知原来墙壁的内面是嵌镶着许多纹饰和涂着红色的。

商人的交通用具，有牛、马、牛马或象驾的车。除普通的车外，又有兵车，其形式大略是舆，做半圆形，由后升降，一辕驾四马，两服两骖，与后来周朝的兵车无多差异；这是从殷墟发现的铜质车饰推知的。据卜辞的记载，商人出征有时远行至三四十日。

上面讲的是商人的“物质文明”。其次要讲他们的社会组织，可惜后者的资料远不如前者的详晰。

商人是普遍地聚族而居的，而且每族自成为一社会的单位。每族有一名号，即所谓“氏”。所以后来商朝亡后，新朝把商遗民分派给新封的诸侯都是整族整族地分派的：例如以条氏、徐氏、萧氏、索氏、长勺氏、尾勺氏等六族分给鲁国；以陶氏、施氏、繁氏、锜氏、樊氏、饥氏、终葵氏等七族分给卫国。卜辞记商人用兵，每有派某一族或某些族的人去作战的；例如“令斿族寇周”“令多（众）子族从犬侯寇周”“命五族伐羌”等。姓和氏的分别，商朝当已有之。姓是旧有的族号，氏是比较后起的族号。因为族人的繁衍，一族可以分成许多族，而散居异地。同源异流的众族保留其旧有共同的族号，谓之姓；同时各有其特殊的族号，谓之氏。姓字甲骨文及周金文皆作生，不从女。以生为姓者，溯生之所从来也（古人名与姓氏不并举，因为在比较原始的社会里，互相接触的人，以同姓氏为常，自无以姓氏冠其名上之必要。此种习惯直至春秋时代犹然。以姓氏冠名乃是有了五方杂处的大都市以后的事）。

商民族以一个王室和它的都邑为核心。这都邑商人自称“天邑商”。在商朝六百年间，这“天邑商”曾经六次迁徙，最初是在亳，即今河南商丘北四十里；中间五迁皆不出今山东的南半和河南的东半；最后的二百七十余年是在殷，即安阳的殷墟。商王统属着许多部族的君长，即他的“诸侯”。原则上他们对商王的主要义务，是当他需要时，派兵去助他或替他征战，此外也许还有定期的贡献。这些诸侯的来源，大抵是本来独立部族的君长，为商王所征服的，或震于商朝的威势而自愿归服的；似乎还有一部分是商王把田邑分给自己的臣下或亲族而建立的。商王对各诸侯的控制能力并不一致，诸侯对商朝也叛服不常，他们彼此间也不永远是和平的友侣。卜辞里每有商王命这个诸侯去伐那个诸侯的记载。诸侯领土与王畿之间，民族和文化的关系疏密不一。有些诸侯所领的部族与王畿的人民是属同一民族，或原来虽不属同一民族，而已经与商人同化的，这些可以概称为商人；但也有些诸侯所领的部族在语言习惯上皆与商人相异，而始终对商人保存着“非我族类”之感的，例如当商朝末年居于泾渭流域的周人。

商朝王位的继承，自第二传以下，以兄终弟及为原则。王子无嫡庶之分，皆有继位的资格。至无弟可传，然后传子。但传末弟之子抑传其先兄之子，似无定制；多数是传末弟之子，但有不少例外。每因堂兄弟争位酿成王室的大乱。最后的四传皆是以子继父，似乎已鉴于旧制的不善而有意把它改革了。诸侯的继承法是否也以兄终弟及为原则，无从知道，但至少有例外，如“周侯”的继承，始终是以子继父的。

在商朝的势力范围以内和以外散布着许多文化远较商人落后的游牧民族，不时寇略商朝或其诸侯的领域。商朝后期的最大外敌是西北的鬼方

（其根据地盖在山西北部及陕西的北部和西部）。历史上记载商王武丁曾对他用兵至三年之久。此外卜辞所记商人的外敌还有好些，但其中除羌人外都与后来的历史失了联络。卜辞所记商人对外战争，用兵至多不过四千、五千，俘虏至多不过十五、十六，但这些似乎不能做代表的例，因为卜辞曾记一次杀敌二千六百五十六人。

战争所获的俘虏，当有一部分是用作祭祀的牺牲，卜辞中屡有人祭的记录。但那不是常见的事。大多数俘虏当是用作奴隶。卜辞中有奴、奚、臣、仆等字皆是奴隶之称。奴隶除用执贱役外，当亦用于战争，卜辞中有“呼多臣”伐某方的记录，似是其证。又有所谓“耤臣”和“小耤臣”，似是奴隶之用于耕作的。

商人的商业已发展到使用货币的阶段，他们的货币以一种咸水贝为之，小块的玉器似乎也用为货币。从殷墟的遗物可以推知殷都一带商业之盛。铜器、玉器和绿松石饰品的原料都非近地所有；占卜用的消费量甚大的龟也是异地所产；咸水贝也是如此。特别是玉和贝必定是从远方辗转贩运而来的。

关于商人的社会状况，我们所知仅此。其次要估量他们表现于生产方法以外的智力。

甲骨文书包含单字约三千，可识的约一半。这些文字虽然形体上与今字大异，但已识的字都可依照一定规则译成今字。其意义及用法大体上与今字不殊，习惯的保守性真是可惊的。除形体外，甲骨文字与今字的差异有两点可注意：（一）带有图像性的字无论物体的写生或动作性态的喻示，每随意描写，但求肖似，没有定构。例如龟字，或画正面，或画侧面，或画尾，或不画尾，或画两足，或画一足。又如渔字，或画一鱼，一网，一手；或只画一鱼，一手；或画四鱼在水中；或画一鱼傍水。（二）在意义的分别上，有好些地方比今字为详细。例如驾驭之驭，或从马，或从象，因所驭不同而异字。又如牧字，或从牛，或从羊，因所牧不同而异字。又如一兽的雌雄，各有异名；牝牡二字原指牛的两性，此外马、羊、豕、犬、鹿等，各于本字的边旁或底下加匕或土，以别雌雄。

现存商人的文书只有契刻的甲骨文书。但商人所有的文书不只此种。甲骨文书是先写而后刻的。这从甲骨上一些写而漏刻的朱墨迹可以推知。殷墟又发现一块白陶上写着字。从这些字迹可以推知毛笔的存在。又甲骨文中有册字，像竹简汇集之形。既有笔又有简册，可知当有写在简册上的文书。现存荟聚上古文件的《尚书》中，传说为商朝遗文的有五篇。其中比较可信为真出商人手笔的是《盘庚》三篇，那是记商王盘庚迁都（自奄，即今山东曲阜，迁殷）前后对臣民三次训话的。

甲骨文是晚清金石学家王懿荣于一八九九年从河南安阳的甲骨上发现的。安阳城西北的小屯村，是商晚期国都遗址“殷墟”的所在地。百余年来，当地通过考古发掘及其他途径出土的甲骨已超过十万块。图为汉字的鼻祖——甲骨文。

古代记载原有“商人尚鬼”的话，证以卜辞而知其确切。在商人看来，神鬼的世界是和有形的世界同样的实在，而且这两个世界关系极密切。鬼神充斥于他们的四周，预知他们自身及其环境的一切变动，操纵着他们的一切利害吉凶祸福，需要他们不断地馈飨和贿赂。他们在日常生活中每遇有可容犹豫的事情或不能解答的疑问，照例要听命于龟壳和牛骨。神鬼世界的主要成分是他们的祖先。王室对祖先的祭祀，其名目之众多，次数之频繁，供献之丰盛都非我们所能想象。用牲的数目有多至一次五十羊、三百牛，或四百牛的。用牲的方法，除置俎中蒸熟或当场生宰以供陈列外，有以火焚烧，或沉于水中，或埋入土中的。祭祀的时日，用牲的种类、数目、方法，有时连牝牡、毛色，都要凭卜人预先向所祀的祖先请示。商人心目中死鬼与现世的关系，从盘庚迁都前对臣民的第二次训词（《盘庚》中篇所记）很可以看出。兹将其中一段的大意，译白如下：“我念着先王为你们的先人劳碌，就关心你们，要保育你们。我若有失政，先王就要重责我说：为什么虐待我的子民？你们若不知去求安乐的牛活，不与我同心，先王便要责罚你们：为什么不和我的幼孙和好？……你们若立心不良，先王便要革了你们的先祖先父在天的职位。你们的先祖先父受了你们的牵累就要弃绝你们,不救你们的死亡了。我有了这样乱政的臣民,只得拿贝和玉去祈祷。你们的先祖先父便会告诉先王：惩罚我的子孙吧！于是先王便大大地降下不祥来了！”祖先而外，商人的神祇，以现在所知，有主土壤的社神，有山川之神，有风雨之神，有蚕神，还有主宰百神的“帝”，即上帝。风神就是上帝的使者，他是凤鸟。卜辞中风与凤同字。

商人不知有没有占星术，但他们已会观察天象而定历法。他们的历法大致与旧时的阴历相同；一年为十二月，月有大小，大月三十日，小月二十九日；有闰月，置于年终，称为十三月。

商人的乐器有磬、埙（有石制、陶制、骨制三种）、鼓、铙（形如铃铎而无舌，持以敲击，大小三枚为一套）、龢（笙之小者）。又卜辞中有从丝从木的樂字，可见琴瑟之类当时亦已存在。

商代文化的速写止此。

第二节　夏商大事及以前之传说

商朝从成汤创业以后，六百年间，可考的大事，除了六次迁都，除了对鬼方的大战，除了最后直接间接和亡国有关的打击外，便是五度由盛而衰的循环。所谓盛就是君主英武，诸侯归服；所谓衰就是君主昏暗，或王室内乱，而诸侯叛离。前期第一度的盛衰牵涉汤孙太甲（商朝第四王）和汤的开国功臣伊尹的关系。这有二说：一说太甲无道，“颠覆汤之典型”，伊尹把他放逐于桐，过了三年，伊尹见他悔过修德，又迎他复位。一说伊尹于商王仲壬死后，把法当嗣位的太甲放逐于桐，而自即王位；其后七年，太甲自桐潜出，杀伊尹。肇始商朝后期的盘庚是一中兴之主。在他以后，惟他的侄子武丁曾一度中兴。武丁以降，商朝一直衰下去。继位的君主皆生长安逸，“不知稼穑之艰难，惟耽乐之从”（这是周朝开国元勋周公追数前朝衰亡的原因的话）。他们以畋游荒宴代替了国政的烦劳。在商朝末年，一种叔世的颓废和放纵弥漫了整个商人社会。狂饮滥醉的风气普遍于君主、贵族和庶民。这是他们亡国的主因。

在叙述商朝灭亡的经过之前，让我们回溯商朝所继承的历史线索。

商朝所替换的朝代是夏。关于夏朝，我们所知，远更模糊。例如夏朝有没有文字？有没有铜器？其农业发展到什么程度？其政治组织与商的异同如何？这些问题都无法回答。在后人关于夏朝的一切传说和追记中，我们所能抽出比较可信的事实，大要如下。

夏朝历年约莫四百。其君位是父死子继而不是兄终弟及。其国都的迁徙比商朝更为频数。最初的君主禹历都阳城、晋阳、安邑，皆不出今山西的西南角（阳城在翼城东南，晋阳在临汾西，安邑在平陆西北）。禹子启始渡河而南，居今新郑、密县间。以后除启孙后相因外患失国远窜外，夏主的迁徙，不出今河南的黄河以南，汝、颍以北。当夏朝为成汤所灭时，都于斟鄩，即今河南巩县西南。夏朝最大的事件是与外族有穷氏的斗争。有穷氏以钼（今河南滑县东）为根据地，当启子太康时，攻占了夏都（时在斟鄩），以后统治了夏境至少有六七十年。太康逃居于外，有穷氏以次立其弟仲康及仲康子后相为傀儡。后相继被窜逐追杀。后来后相的遗腹子少康收聚夏朝的残余势力，乘有穷氏的衰弱，把他灭掉，恢复旧物。有穷氏是在夏境的东北，后来灭夏的成汤则来自东南，其先世亦发祥于东北。夏朝的外患盖常在东方。

成汤的先世累代为部族长。他的先十四代祖契与禹同时，以蕃（今河北平山附近）为根据地。契子昭明迁于砥石（今河北砥水流域），继迁于商（今河南商丘），“天邑商”及商朝之得名由此。昭明子相土是一雄才大略的君长，曾大启疆宇，以相（在今安阳西十五里）为东都。可惜他的功业的记录只剩下他的后裔的两句颂诗：

相土烈烈，海外有截。

此时的海外说不定就是辽东或朝鲜。后来商朝亡后，王弟箕子能逃入朝鲜而历世君临其地，莫不是因为商人原先在那里有些根据？相土以后两三百年间，商人的事迹无考，也许这是他们的中衰时代（传说相土发明以马驾车，又他的后裔王亥——也是成汤的先世——发明以牛驾车）。到了成汤才复把商人带领到历史上，他从商北迁于亳，继灭了北方的若干邻族，然后向夏进攻，夏主桀兵败，被他放逐于南巢（在今安徽巢县东北五里）而死，夏朝于此终结。

我们若从夏朝再往上溯，则见历史的线索迷失于离奇的神话和理想化的传说中不可析辨了。凡此种种，本书自宜从略。但其中有一部分和后来历史的外表颇有关系，应当附带叙及。

据说禹所继承的君主是舜，国号虞；舜所继承的是尧，国号唐。当尧舜之世，天下为公，而不是一家一姓所得私有的。尧怎样获得帝位，传说没有照顾到。舜本是历山（在今山东）的农夫，有一串故事（这里从略）表明他是一个理想的孝子和理想的贤兄，又有一串故事（例如他在哪里耕种，哪里的农人便互相让界；他在哪里打鱼，哪里的渔人便互相让屋；他在哪里造陶器，哪里的陶工便不造劣器）表明他是一个理想的领袖。帝尧闻得他的圣明，便把他召到朝廷里来，把两个女儿同时嫁给他，试他治家的能力；并拿重要的职位去试他政治的能力。他果然家庭雍睦任事称职。尧老了，便告退，把帝位推让给他。尧的时候有一场普遍于全“中国”的大水灾。禹父鲧，因治水无功，被处死刑，禹继承了他父亲的任务终于把水患平定。禹治水的工作凡历十三年，在这期间，曾三次走过自己的家门，都没有进去，有一次并且听到新产的儿子在呱呱地哭呢。后来舜照尧的旧例，把帝位推让给禹。禹在死前，也照例选定了一位益做自己的继承者。但禹死后，百姓不拥戴益，而拥戴禹的儿子启，于是启践登了帝位（一说益和启争位，为启所杀）。旧例一破便不再恢复了。这便是尧舜“禅让”的故事。

黄帝（约公元前二七一七年至约前二五九九年），华夏上古时代一位著名的部落联盟首领，是中国远古时代华夏民族的共主，五帝之首，被尊为中华“人文初祖”。黄帝在位期间，播百谷草木，大力发展生产，始制衣冠、建舟车、制音律、创医学等。图为轩辕黄帝像。

还有一位值得提到的传说中重要人物，那是黄帝。他所占故事中的时代虽在尧舜之先，他的创造却似在尧舜之后。照传说的一种系谱（《史记·五帝本纪》），他是尧的高祖，舜的八世祖，禹的高祖（舜反比禹低三辈，这很奇怪），也是商周两朝王室的远祖，并且成了后来许多向化的外族的祖先。黄帝和他左右的一班人物并且是许多文化成分的创造者，例如他发明舟、车、罗盘、阵法、占星术和许多政治的制度；他的妃嫘祖最初教人养蚕织丝；他的诸臣分别发明文字、算术、历法、甲子和种种乐器。总之，他不独是中国人的共祖，并且是中国文化的源头。他的功用是把中国古代史大大地简单化了。

第三节　周朝的兴起

现在让我们离开想象，回到事实。

当商朝最末的一百年间，在渭水的流域，兴起了一个强国，号为周。周字的古文像田中有种植之形，表示这国族是以农业见长。周王室的始祖后稷（姬姓），乃是一个著名的农师（传说与禹同时），死后被周人奉为农神的。后稷的子孙辗转迁徙于泾渭一带；至古公亶父（后来追称太王），原居于豳（今陕西邠县附近），因受不了

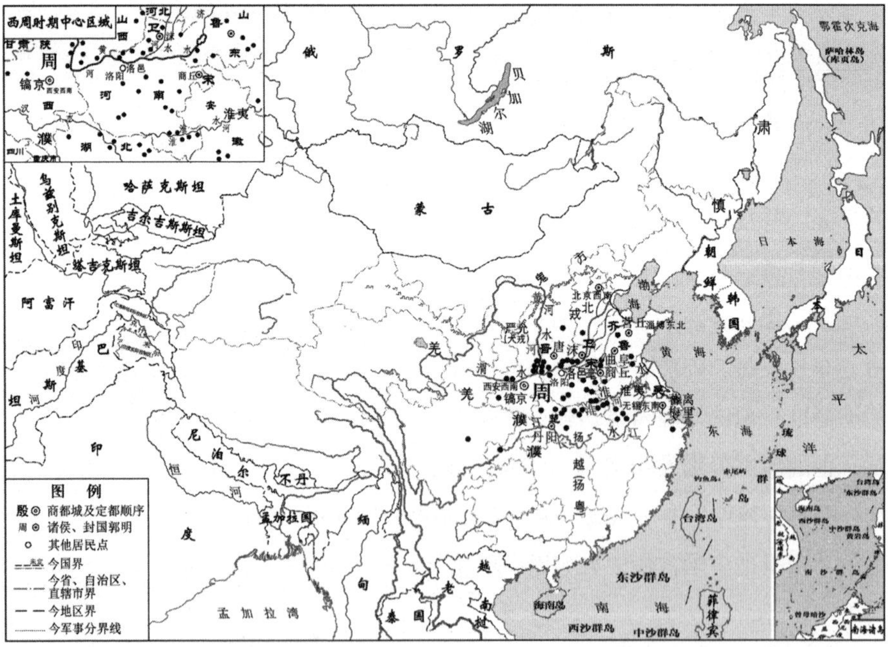

西周（约公元前一〇四六至前七七一年）是中国远古社会的鼎盛时期。从西周开始，境内各个民族与部落不断融合，在这期间，华夏族逐步形成，成为现代汉民族的前身。图为西周形势图。

鬼方侵迫，率众迁居岐山（在今陕西岐山县境）之下。这一带地方盖特别肥沃，所以后来周人歌咏它道：

周原朊朊，堇荼如饴。

以一个擅长农业的民族，经过移民的选择，来到肥沃土地，而且饱经忧患，勤奋图存，故不数十年间，便蔚为一个富强之国。到了古公子季历（后来追称王季）在位时，竟大败鬼方，俘其酋长二十人了。古公在豳，还住地穴，其时周人的文化可想而知。迁岐之后，他们开始有宫室、宗庙和城郭了。季历及其子昌（后来追称文王）皆与商朝联婚，这促进了周人对商文化的接受，也即促进了周人的开化。

至少自古公以下，周为商朝的诸侯之一，故卜辞中有“令周侯”的记录。旧载季历及昌皆受商命为“西伯”，即西方诸侯之长，当是可信。但卜辞中屡有“寇周”的记载，可见商与周的关系并不常是和谐的。旧载古公即有“翦商”的企图。盖周自强盛以来，即以东向发展为一贯之国策。古公和季历的雄图的表现，于史无考，但西伯昌的远略尚可窥见一斑。他在逝世前九年，自称接受了天命，改元纪年。此后六年之间，他至少灭掉了四个商朝的诸侯国：

一、密　今甘肃灵台县西，

二、黎　今山西黎城县东北，

三、邗　今河南怀庆西北，

四、崇　今河南嵩县附近。

此外商诸侯不待征伐而归附他的当不少。又旧载西伯昌曾受商王纣命，管领江、汉、汝旁的诸侯，大约他的势力已及于这一带。后来周人说他“三分天下有其二”，若以商朝的势力范围为天下，恐怕竟去事实不远了。灭崇之后，西伯昌做新都于丰邑（在今长安县境），自岐下东迁居之。他东进的意向是够彰明的了。

文王死后第四年的春初，他的嗣子武王发率领了若干诸侯及若干西北西南土族的选锋（中有庸、蜀、羌、髳、微、纑、彭、濮等族类，其名字不尽见于以前和以后的历史），大举伐商；他的誓师词至今犹存，即《尚书》里的《牧誓》。凭一场胜仗，武王便把商朝灭掉。战场是牧野，离商王纣的行都朝歌（今河南淇县）不远。朝歌是他的离宫别馆所在，是他娱悦晚景的胜地。这时他至少已有六七十岁了。在享尽了畋游和酒色的快乐之后，他对第一次失败的反应是回宫自焚而死。商兵溃散，武王等长驱入殷。商朝所以亡得这样快，照后来周人的解释是文王、武王累世积德行仁，民心归向，而商纣则荒淫残暴，民心离叛；所谓“汤武革命，顺乎天而应乎人”。这固然不能说没有一些事实的影子，但事实决不如此简单。周人记载中无意泄露的关于商、周之际的消息，有两点可注意。一说“纣克东夷而陨其身”。可见商人在牧野之战以前，曾因征服东方的外族，而把国力大大损耗了；武王乃乘其疲敝而取胜的。一说“昔周饥，克殷而年丰”。可见牧野之战，也是周人掠夺粮食、竞争生存之战。武王是知道怎样利用饥饿的力量的。

周武王姬发（约公元前一〇八七至约前一〇四三年），周文王次子。于公元前十一世纪消灭商朝，夺取全国政权，建立了西周王朝。图为河南省同盟山武王庙中周武王的雕像。

殷都的陷落和商朝的覆亡，只是周人东向发展的初步成功。商朝旧诸侯的土地并不因此便为周人所有，而且许多旧诸侯并不因此就承认武王为新的宗主。此后武王、成王、康王之世，不断地把兄弟、子侄、姻戚、功臣分封于外，建立新国。这些新国大抵是取旧有的诸侯而代之，也许有的是开辟本来未开辟的土地。每一个这类新国的建立，便是周人的一次向外移殖，便是周人势力范围的一次扩展。

但当初武王攻陷殷都之后，并没有把殷都及殷王畿占据，却把纣子武庚禄父封在这里，统治商遗民，而派自己的两个兄弟管叔和蔡叔去协助并监视他们。这不是武王的仁慈宽大。这一区域是民族意识特别深刻的“殷顽民”的植根地，而且在当时交通不便的情形之下，离周人的“本部”丰岐一带很远，显然是周人所不易统治的。故此武王乐得做一个人情。但这却种下后来一场大变的原因。武王克殷后二年而死，嗣子成王年幼，王叔周公旦以开国功臣的资格摄政。管、蔡二叔心怀不平，散布流言，说“周公将不利于孺子”。并鼓动武庚禄父联结旧诸侯国奄（今山东曲阜一带）和淮水下游的外族淮夷，背叛周室。周公东征三年，才把这场大乱平定。用兵的经过不得而详，其为艰苦卓绝的事业，是可想象的。于是周公以成王命，把殷旧都及畿辅之地封给文王的少子康叔，国号卫；把商丘一带及一部分殷遗民封给纣的庶兄微子启，以存殷祀，国号宋；把奄国旧地封给周公子伯禽，国号鲁；又封功臣太公望（姜姓）的儿子于鲁之北，国号齐（都今山东临淄）；封功臣召公奭（周同姓）的儿子于齐之北，国号燕（都今北平附近），都是取商朝旧有诸侯国而代之的。周公东征之后，周人的势力才到达他们的“远东”。就周人向外发展的步骤而论，周公的东征比武王的克殷还更重要。这大事业不可没有一些艺术的点缀。旧传《诗经·豳风》里《东山》一篇就是周公东征归后所作，兹录其一章如下：

我徂东山，慆慆不归。我来自东，零雨其濛。鹳鸣于垤，妇叹于室。洒扫穹窒，我征聿至。有敦瓜苦，烝在栗薪。自我不见，于今三年。

假如传说不误，这位多才多艺的军事政治家，还是一个委婉的诗人呢！

先是武王克殷后，曾在丰邑以东不远，另造新都曰镐京（仍在长安县境），迁居之，是为宗周。“远东”戡定后，在周人的新版图里，丰镐未免太偏处于西了。为加强周人在东方的控制力，周公在洛阳的地方建筑一个宏伟的东都，称为成周。成周既成，周公把一大部分“殷顽民”远迁到那里。从此周人在东方可以高枕无忧了。却不料他们未来的大患乃在西方！周公对被迁到成周的殷人的训词，至今还保存着，即《尚书》里的《多士》。

武王、成王两世，共封立了七十多个新国，其中与周同姓的有五十多国；但这七十余国而外，在当时黄河下游和大江以南，旧有国族之归附新朝或为新朝威力所不届的，大大小小，还不知凡几。在这区域内，周朝新建的和旧有的国，现在可考的有一百三十多。兹于现在可考的周初新建国中，除上面已提到的宋、卫、鲁、齐、燕外，择其可以表示周人势力的分布的十八国列表如下：

国名	姓	始祖与周之关系	国都今地
晋	姬	武王子叔虞	山西太原北
霍	姬	文王子叔处	山西霍县
邢	姬	周公子	河北邢台
芮	姬		陕西大荔县南
贾	姬		陕西蒲城西南
西虢	姬	文王弟虢叔	陕西宝鸡县东
滕	姬	文王子叔绣	山东滕县
郕	姬	文王子叔武	山东汶上县北
郜	姬	文王子	山东成武县东南
曹	姬	文王子叔振铎	山东定陶县
东虢	姬	文王弟虢仲	河南汜水县
蔡	姬	文王子叔度	河南上蔡县（约在公元前五三〇年迁于今新蔡）
祭	姬	周公子	河南郑州东北
息	姬		河南息县
申	姜		河南南阳北
蒋	姬	周公子	河南固始县西北
随	姬		湖北随县
聃	姬	文王子季载	湖北荆门东南

本节叙周人的南徙至周朝的创业，本自成一段落。但为以下行文的方便起见，并将成王后康、昭、穆、共、懿、孝、夷、厉八世的若干大事附记于此。这时期的记载甚为缺略，连康、昭、共、懿、孝、夷六王在位的年数亦不可考（成王在位的年数亦然）。因此厉王以前的一切史事皆不能正确地追数为距今若干年。成、康二世为周朝的全盛时代，内则诸侯辑睦，外则四夷畏慑。穆王喜出外巡游，其踪迹所及，不可确考，但有许多神话附着于他。夷王时周室始衰，诸侯多不来朝，且互相攻伐。厉王即位于公元前八七八年。他因为积久的暴虐，于即位第三十七年，为人民所废逐，居外十四年而死。在这期间，王位虚悬，由两位大臣共掌朝政，史家称之为共和时代。厉王死后，其子继立，是为宣王。

第四节　周代与外族

夏、商、周三朝的递嬗，代表三个民族的移徙和发展。大体上说，夏人自西而东，商人自东而西，周人复自西而东，他们先后相交错，相覆叠，相同化，同时各把势力所及地方的土族同化，在一千数百年间，这参伍综错的同化作用团结成一大民族，他们对于异族，自觉为一整体，自称为“诸夏”，有时也被称并自称为“华”。中华民国的“华”字起源于此。这自觉和自号很难说是哪一年哪一月开始，大约至迟在公元前七七〇年“周室东迁”的前后当已存在。这划时代的大变，一会儿就要讲到。我们可用这时间做中心点，以叙述诸夏与若干影响重大的外族的关系。至于其他星罗棋布于河北、山东、河南、山西、陕西而与诸夏错居的许多游牧或非游牧的种族（周人所泛称为夷或戎的）以及他们不断与诸夏互相龋龁而渐渐为诸夏同化吸收的经过，这里不能详及，现在也不能尽考。

（一）商末、周初的鬼方后来周人称为猃狁，继称犬戎。此族在周初屡出没于丰镐以西和以北。成王时曾伐鬼方，俘人至一万三千余，战争之剧烈可想。参加此役的盂国（近岐山）曾铸鼎刻铭以记其事，至今尚存。穆王时又大败此族，俘其五王，迁其部落若干于汾洮一带。至厉王末年，猃狁乘周室内乱，又复猖獗；以后四十余年间不时寇略西陲，甚至深入王畿，迫近镐京，终为宣王所攘逐。这期间出征猃狁的将士的写怀诗，至今还有留存（《诗经·小雅》的《采薇》《出车》《六月》《采芑》），兹示一斑（《采薇》六章，录四章）如下：

采薇采薇，薇亦作止。曰归曰归，岁亦暮止。靡室靡家，猃狁之故。不遑启居，猃狁之故。

采薇采薇，薇亦柔止。曰归曰归，心亦忧止。忧心烈烈，载饥载渴。

我戍未定，靡使归聘。

采薇采薇，薇亦刚止。曰归曰归，岁亦阳止。王事靡盬，不遑启处。忧心孔疚，我行不来。（中略）

昔我往矣，杨柳依依。今我来思，雨雪霏霏。行道迟迟，载渴载饥。我心伤悲，莫知我哀。

宣王死，子幽王立。幽王因宠艳妃，废王后及太子宜臼。太子出奔王后的外家，即申国。王欲杀太子，求之于申，不得，王伐申，申侯求助于犬戎。于是犬戎攻陷镐京，追杀幽王于骊山下。方镐京陷落之时，鲁侯、许公及申侯拥立宜臼于申（公元前七七〇年），是为平王。及幽王既死，虢（当是东虢）公又立王子余臣于携（当在东虢附近）。两王并立了十一年，

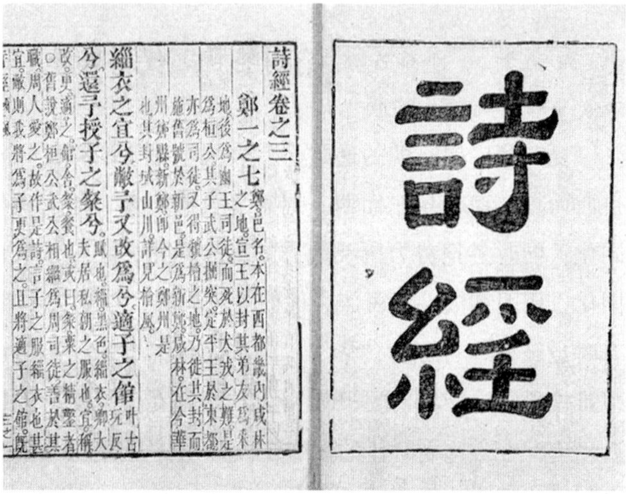

《诗经》是中国汉族文学史上第一部诗歌总集。它汇集了从西周初年到春秋中叶，距今约两千五百年的历史。它本来只是一本诗集，但是，从汉代起，儒家学者把《诗》当作经典，尊称其为《诗经》，列为“五经”之首。图为早期《诗经》的影印本。

而余臣为晋文侯所杀，周室复一。平王因镐京及王畿的西半已为犬戎所据，定都于成周，后来王室一直留在这里。平王把沦陷区交托给一个护驾功臣、原来承袭西陲大夫世职的秦襄公，许他若果能克服犬戎，便领有其地。襄公果然完成了他的任务，在那里建立了秦国。而王畿的西半不复为王室所有了。经这次打击，王室日渐衰微，到后来只保存了一个共主的空名。史家称东迁以前的周朝为西周，以后的周朝为东周（现存鲁国史记《春秋》包括东周第四十九年以下的二百四十二年，史家称这时代为春秋时代）。

（二）入东周后，从公元前六六二至前五九五年间，为诸夏祸最烈的外族，是犬戎的同源异派，当时周人称为“狄”的。狄有赤、白之别，又各分为许多部族。赤狄分布于今河北广平至山西潞城、屯留一带；白狄一部分在陕北延安一带，一部分在河北藁城、晋县一带。但这时期的记载并没有分别侵略者为赤为白，或其所属的特殊部族，只笼统称之为狄而已。大约来侵的狄人，赤狄占大多次数，东方的白狄占小数，而西方的白狄不预。在这期间齐受狄侵七次，卫六次，晋五次，鲁二次，邢、宋、温、郑、周各一次。卫受摧残最甚，被逼两次迁都（卫原都朝歌，在河南淇县东北；一迁楚丘，在河南滑县东，再迁帝丘，在河北濮阳），其国境大半沦陷，赖齐桓公之救始免于亡国。邢亦被迫迁都（邢本都河北邢台，迁山东东昌），亦赖齐桓公之救始免于亡国。成周为狄攻陷，周襄王出奔于郑，赖晋文公之救始得复国。结束狄患的是晋国，他于公元前五九三至前五九二两年间，倾全国之力灭赤狄；继于前五三〇至前五二〇年间灭东方白狄的大部分。经这两役，广漠的狄土和邢、卫的沦陷地皆入于晋，晋境盖展拓了一倍以上。

（三）周代以前，中国历史的主要地盘是在山东、河南、山西，而旁及河北、陕西的一部分。其时长江下游包括湖北、安徽、江苏、浙江等地的历史，几乎完全埋在黑暗之中。到了周朝，这一区域里民族分布的情形才有鳞爪可见。周人的拓殖已达到湖北汉水的东北，其汉水以西南，直至大江，则为楚人的领域。安徽境内部族之可考者有群舒，在舒城至庐江间及六安、霍丘一带；有徐戎，在泗县以北一带。在江苏境内，江北有淮夷，以邳县一带为中心，其江南则为吴人的领域。吴地并跨浙江的浙西，其浙东则为越人的领域。越地并跨江西的鄱阳湖之东。

这些民族中，群舒的历史吾人所知最少，只知道他在鲁僖公（前六五九至前六二七年）时曾与鲁为敌，鲁人歌颂僖公，有“荆舒是惩”之语，他们自前六一五年以后陆续为楚所灭。

徐戎当周穆王之世，在徐偃王的统治之下，曾盛极一时；东方诸侯臣服于他的有三十六。他晚年力行仁义，不修武备；结果，楚人来伐，他一战败死，他的霸业也随之烟消云散。徐戎每与淮夷联合，以敌对诸夏，特别是鲁。周公子伯禽初就封于鲁时，这两族便并起与他为难。厉、宣之际两族又乘机凭陵诸夏，至劳宣王亲征平定。《诗经》里《常武》（《大雅》）一篇即咏此事，中有云：

王奋厥武，如震如怒。进厥虎臣，阚如虓虎。铺敦淮溃，仍执丑虏。截彼淮浦，王师之所。王旅啴啴，如飞如翰，如江如汉，如山之苞，如川之流，绵绵翼翼，不测不克，濯征徐国。

后来鲁人歌颂僖公的成功也说他：

保有凫绎，遂荒徐宅；至于海邦，淮夷蛮貊。

淮夷受诸夏同化的程度，现在无征。徐戎至迟在东周时已采用了诸夏的文字。这有现存几件徐国铜器的铭文为证，举其一例如下：

隹（唯）正月初吉丁亥，徐王庚之淑子沇儿，择其吉金，自作和钟。中翰且扬，元鸣孔皇。孔喜元成，用盘（乐也）饮酒，和会百姓。淑于威仪，惠于明祀。𠭯（吾）以晏以喜，以乐嘉宾及我父兄庶士。皇皇熙熙，眉寿无期，子子孙孙，永保鼓之。

徐戎于公元前五一二年为吴所灭。淮夷自前五一五年以后不见于历史，其结局无考，大约非被灭于吴则被灭于越。

楚、吴、越三国有一重要的共同点：三国的王族都不是土著，而是从北方迁来的。传说楚王族的先祖季连，其长兄昆吾为夏朝诸侯之一，国于今河南许昌；其后嗣称昆吾氏。昆吾氏之国为成汤在伐桀之前灭掉。季连的事业无考。他的后裔衰微，散在中国和蛮夷。周文王时，有鬻熊，乃季连后裔之君长于楚地者，归附于文王。鬻熊的曾孙熊绎，当成王末年始受周封。吴国王族的始祖是王季之兄泰伯和仲雍（兄弟相继），传说他们因为让国给王季而逃至吴地。越国王族的始祖相传是夏禹之后。这些南向远徙的殖民领袖，怎样犯难冒险去到目的地，怎样征服了土人而君临其上，现在都不得而知了。他们和他们的子孙既与本土隔绝，渐为当地蛮夷所同化。例如居吴越的便同土人一样断发（诸夏束发，戎狄被发，吴越断发）文身。但经过了长期的隔离之后，当这些国族的发展把他们带到诸夏的世界时，同化的方向都倒转了过来。楚和诸夏发生密切的关系最早，自西周初期以来，便是周室的劲敌；吴次之，入东周一八五年（前五八三年）始与诸夏有使节往来；越则直待前四七三年灭吴以后，始有机会与诸夏接触。楚、吴、越的历史续详于第三章。

第二章

周代的封建社会

第一节　封建帝国的组织

武王所肇创、周公所奠定的“封建帝国”，维持了约莫七百年（公元前十一世纪初至前五世纪末）。这期间的社会概况便是本章所要描写的。自然在这期间，并非没有社会变迁，而各地域的情形也不一致。这纵横两方面的变异，虽然现在可能知道的很少，下文也将连带叙及。这个时期是我国社会史中第一个有详情可考的时期。周代的社会组织可以说是中国社会史的基础。从这散漫的封建的帝国到汉以后统一的郡县的帝国，从这阶级判分、特权固定的社会到汉以后政治上和法律上比较平等的社会，这期间的历程，是我国社会史的中心问题之一。

上面所提到“封建”一词常被滥用。严格地说，封建的社会的要素是这样：在一个王室的属下，有宝塔式的几级封君；每一个封君，虽然对于上级称臣，事实上是一个区域的世袭的统治者而兼地主；在这社会里，凡统治者皆是地主，凡地主皆是统治者，同时各级统治者属下的一切农民非农奴即佃客，他们不能私有或转卖所耕的土地。照这界说，周代的社会无疑地是封建社会。而且在中国史里只有周代的社会可以说是封建的社会。名义上这整个的帝国是“王土”，整个帝国里的人都是“王臣”，但事实上周王所直接统属的只是王畿之地。王畿是以镐京和洛邑为两个焦点，其范围现在不能确考，但可知其北不过黄河，南不到汉水流域，东不到淮水流域，西则镐京已接近边陲。王畿之地，在周人的估计中，是约莫一千里见方。王畿之外，周室先后至少封立了一百三十个以上（确数不可考）的诸侯国，诸侯对王室的义务不过按期纳贡朝觐，出兵助王征伐，及救济畿内的灾患而已。诸侯国的内政几乎完全自主。而王室开国初年的武威过去以后，诸侯对王室的义务也成了具文，尽不尽听凭诸侯的喜欢罢了。另一方面，周王在畿内，诸侯在国内，各把大部分的土地，分给许多小封君。每一小封君是其封区内政治上和经济上的世袭主人，人民对他纳租税，服力役和兵役，听凭他生杀予夺，不过他每年对诸侯或王室有纳贡的义务。

周朝的诸侯国，就其起源可分为四类。第一类是开国之初，王室把新征服或取得的土地，分给宗亲姻戚或功臣而建立的。前章所表列的国家皆属此类。第二类是开国许久之后，王室划分畿内的土地赐给子弟或功臣而建立，例如郑、秦。郑始祖为周厉王少子友，宣王时始封，在今陕西华县。幽王之乱，郑友寄家于郐及东虢，因而占夺其地，别建新国（在今河南中部黄河以南新郑一带）。第三类是拿商朝原有的土地封给商朝后裔的，属于此类的只有宋。第四类是商代原有的诸侯国或独立国，归附于周朝的，例如陈、杞等。旧说周朝诸侯，爵分五等，即公、侯、伯、子、男。此说曾有人怀疑。但现存东周的鲁国史记里确有这五等的分别。其中所称及诸侯公爵的只有宋，男爵的只有许（今河南许昌）；属于第一类的多数为侯，亦有为伯的；属于第二类的秦、郑皆为伯；属于第四类的大抵为子。

王畿内的小封君殆全是王族。列国的小封君原初殆亦全是“公族”（国君的同族）；但至迟在前七世纪初这种清一色的局面已打破。齐桓公（前六五一至前六四三年）有名的贤臣管仲和景公（前五四七至前四九〇年）有名的贤臣晏婴都有封地，却非公族，晏婴并且据说是个东夷。晋国自从献公（前六七六至前六五一年）把公族几乎诛逐净尽，后来的贵族多属异姓，或来自别国。秦国自从他的政制有可稽考，自从穆公（前六五九至前六二一年）的时代，已大用“客卿”，公族始终在秦国没有抬过头。但鲁、郑和宋国，似乎终春秋之世不曾有过（至少稀有）非公族的小封君。这个差异是进取和保守的差异的背景，也是强弱的差异的背景。畿内小封君的情形，我们所知甚少，姑置不谈。列国的小封君统称为大夫。列国的大夫多数是在国君的朝廷里任职的，其辅助国君掌理一般国政的叫作卿。卿有上下或正副之别。大国的卿至多不过六位。大夫亦有上下的等级，但其数目没有限制。大夫的地位是世袭的，卿的地位却照例不是世袭的，虽然也有累代为卿的巨室。大夫的家族各有特殊的氏。有以开宗大夫的官职为氏的；有以封地的首邑为氏的；若开宗大夫为国君之子，则第三世以下用开宗大夫的别字为氏。下文为叙述的便利，称大夫的世袭的家业为“氏室”，以别于诸侯的“公室”和周王的“王室”。

（依周制，列国的卿，有一两位要由王朝任命，但此制实施之时间空间范围不详。）

周王和大小的封君（包括诸侯）构成这封建社会的最上层，其次的一层是他们所禄养的官吏和武士，又其次的一层是以农民为主体的庶人，最下的一层是贵家所豢养的奴隶。

第二节　奴　隶

关于奴隶阶级的情形现在所知甚少。譬如在全国或某一地域奴隶和其他人口的比例是怎样呢？天子、诸侯或大夫所直接役属的奴隶各有多少呢？我们都不得而知。幸而当时周王和列国君主赏赐奴隶的数目常见于记录。最高的记录是晋景公（前五九九至前五八一年）以"狄臣"（狄人做奴隶的）一千家赏给他一个新立战功的大夫荀林父。其次是齐灵公（前五八一至前五五四年）以奴隶三百五十家赏给他的一个新受封的大夫。荀林父在这次受赐之前已做过两朝的执政，他家中原有的奴隶，至少当可以抵得过这一次的赏赐。可见是时一个大国的阔大夫所有的奴隶会在一万人以上。

这些奴隶的主要来源是战争。周初克殷和东征的大战，不用说了，此后诸夏对异族的征讨和诸侯相互的攻伐，每次在战场内外所获的俘虏，除了极小数有时被用来"衅鼓"（杀而取血涂鼓，以祓除不祥）或用作祭祀的牺牲外，大部分是做了胜利者的奴隶。殷亡国以后，殷人被俘虏的一定很多，但究有若干，现在不可确考（《逸周书》所载不可靠）。此后俘数之可知者：对外的例如成王二十五年伐鬼方之役俘一万三千八十一人，又如上说赏给荀林父的"狄臣"一千家就是当时新获的俘虏的一部分。对内的例如前四八四年吴国、鲁国伐齐，俘齐国甲车八百乘，甲士三千人。俘虏的利益有时竟成为侵伐的动机。诸侯对天子，或小国对大国时常有献俘的典礼。诸夏国互获的俘虏可以赎回。鲁国定规赎俘之费由国库负担。但有被赎的幸运的恐怕只是显贵的俘虏，而有时所费不赀。例如前六〇七年，宋国向郑人赎那"睅其目、皤其腹"的华元，用兵车百乘，文马百驷（但这些礼物还未交到一半他就逃脱回来了）。奴隶的另一个来源是罪犯。犯罪的庶人和他的家属被没入贵家为奴的事虽然不见于记载，但我们知道，贵家因罪戾被废，或因互争被灭，其妻孥有被系或被俘而用作赏品的，其后裔有“降在皂隶”的。

奴隶做的是什么事？第一，自然是在贵人左右服役。这一类的奴隶包括“小臣”（侍役）、婢妾和管宫室、管车驾的仆竖；还有照例用被刖的罪犯充当的“阍人”和用被“宫”的罪犯充当的“寺人”。但这些只占小数。大部分的奴隶是被用于生产的工作。每一个贵家，自周王的以至大夫的，是一个自足的社会。谷米不用说是从采邑里来的。此外全家穿的衣服和用的东西，自家具以至车舆、兵器、乐器、祭器，多半是家中的奴隶制造的。这时代用车战，兵车以马驾，养马和管厩又是奴隶的事。此外山林川泽是由贵家专利的。樵、苏、渔、牧和煮盐又是奴隶的事。女奴也有分配到外边做工的：采桑养蚕的叫做蚕妾，做纺织或其他女红的叫做工妾。贵家设有一官专管工人。公室的工官普通叫做工正，惟楚国的叫做工尹。王室和公室的总工官之下还有分各业的工官；例如以现在所知，周室有所谓“陶正”者，大约是管制造陶器的；鲁国有所谓“匠师”者，大约是管木工的。有专长的奴隶每被用作礼物。例如前五八九年，鲁国向楚国求和，赂以执斫、执针、织纴各百人。又例如前五六二年，郑国向晋国讲和，所赂有美女和工妾共三十人，女乐二队，每队八人。

奴隶可以抵押买卖。西周铜器铭刻中有“赎兹五夫用百寽”的话。奴隶的生命自然由贵人随意处置。例如晋献公有一回思疑肉里有毒，先拿给狗试试，狗死了；再拿给小臣试试，这不幸的小臣便与那狗同其命运了。又例如献公的儿子重耳出亡时，他的从臣们在桑下密谋把他骗离齐国，被一个蚕妾偷听了；她回去告诉重耳的新婚夫人齐姜，齐姜恐怕妨碍公子的“四方之志”，一声不响地便把那蚕妾杀了。在周代盛行的殉葬制度底下，奴隶也是必然的牺牲。平常以百计的殉葬者当中，我们不知道有多少是奴隶。他们的死太轻微了，史家是不会注意的。但也有一件奴隶殉葬的故事因为有趣而被保留。晋景公的一个小臣有一朝起来很高兴地告诉人，他夜梦背着晋侯登天，午间他果然背着景公，但不是登天，而是“如厕”；景公本来病重，他跌落厕坑里死了，那小臣便恰好被用来殉葬。

奴隶是以家为单位的，一个奴隶家里不论男女老幼都是奴隶。他们的地位是世袭罔替的；除了遇着例外的解放。新俘奴隶被本国赎回也许是常见的事。

此外奴隶被解放的机会似乎是很少的，历史上只保存着两个例子。其一，前六五五年，晋灭虞，俘了虞大夫百里奚，后来把他用作秦穆公夫人的“媵臣”（从嫁奴隶）。他从秦逃到楚，被楚人捉住。他在虞国本来以贤能知名，秦穆公想重用他，怕楚不给，于是以赎“媵臣”为名，出五张黑羊皮的很低代价，竟把他赎回了。他因此得到“五羖大夫”的绰号。其二，前五五〇年，晋国内乱，叛臣手下的一个大力士督戎，人人听到他的名字就惧怕。公家有一个奴隶叫作斐豹，自荐给执政道，若把他的奴籍烧了，他便杀死督戎，执政答应了他，后来他果然把督戎杀了。

第三节 庶 民

我们在上文叙述奴隶的生活时，保留着一个很重要的问题，奴隶和农业的关系是怎样？换句话说，大多数农民的地位是怎样的？关于这一方面，记载很残缺，现在可得而说的多半是间接的推论。我们可以悬想，周朝开国之初，无数战胜的族长分批地率领子弟来到新殖民地里，把城邑占据了，田土瓜分了，做他们的侯伯大夫，他们于所占得的田土当中留出一小部分，直接派人去管理，收入完全归他们自己，这种田便是所谓“公田”；其余大部分的田土，仍旧给原来的农夫耕种，却责他们以粟米、布缕和力役的供奉；他们的佃耕权可以传给子孙却不能转让或出售给别人。这种田即所谓“私田”。大部分的公田当是由耕私田的农夫兼尽义务去耕种的。他们“公事毕然后敢治私事”。但也有一部分“公田”是由奴隶去耕种的。所以西周的《大克鼎》铭文里记周王赏田七区，其中有一区注明“以厥臣妾”。但由此可见奴隶附田的制度在西周已不很普遍了。耕私田的农夫皆是所谓“庶人”。他们的地位是比

大克鼎上的铭文是研究西周历史的重要文献，对于研究西周时期的职官、礼仪、土地制度等都有极为重大的意义。图为西周的大克鼎及其拓片上的铭文。

奴隶稍为高贵些，但他们的生活殊不见得比奴隶好。粟米和布缕的征收固有定额，但不会很轻；什一之税在东周末年还是可望难即的理想。除正税外遇着贵人家有婚嫁等喜事他们还有特别的供应。力役之征更是无限的。平常他们农隙的光阴大部分花在贵人的差使上。若贵人要起宫室、营台榭、修宗庙或筑城郭，随时可以把他们征调到在鞭子底下做苦工。遇着贵人要打仗，他们得供应军需，并且供献生命。遇着凶年饥谨，他们更不如奴隶的有依靠，多半是“老弱转乎沟壑，壮者散而之四方”。

西周传下来的《七月》这首民歌描写豳（今陕西邠县）地农民的生活很详细。根据这诗，可以作一个农民的起居注如下：正月把农器修理。二月开始耕种，他的妻子送饭到田里给他吃，督耕的“田畯”也笑嘻嘻地来了。同时他的女儿携着竹筐到陌上采桑。八月他开始收获，同时他的女儿忙着缫丝，缫好了，染成黑的、黄的，还有红洒洒的预备织做公子的衣裳。十月获稻，并酿制明春给贵人上寿的酒。农夫们把禾稼聚拢好，便到贵人家里做工，白天去采茅，晚上绞绳。是月酬神聚饮烹宰羔羊；大家到贵人堂上献酒，欢呼万岁。十一月出猎，寻觅狐狸，为着贵人的皮袍。十二月农夫们会同受军事训练。是月把养肥了的猪献给贵人，又把冰凿下，藏好，预备明年春夏天贵人需用。

《七月》这首歌是贵人用作乐章的，自然要合贵人的口味。诗中的农夫是怎样知足安分地过着牛马生活。但农夫和别的庶民也有不安分的时候，假如贵人太过忽略了他们的苦痛。第一章里已经说过，周朝的第十个王，厉王，就因为久积的暴虐，被民众驱逐出国都，失却王位。和厉王同命运，甚至比他更不幸的封君不断地见于记载。举例如下：前六三四年，当晋、楚两强交争的时候，卫君因为得罪了晋国想转而亲楚。但卫国离晋较近，亲楚便会时常招惹晋人的讨伐。在这种当儿，首先遭殃的便是人民。他们即使幸而免于战死，免于被俘，他们回到家中，会发现禾稼被敌人割了，树木被砍了，庐舍被毁了，甚至井也被塞了。因此，卫君的亲楚政策是和卫国人民的利益根本冲突的。他们听到了，便大闹起来，把卫君赶到外国去了。同类的事件有前五五三年蔡国的公子燮因为想背楚亲晋给民众杀了。蔡是邻近楚的。经过这些事件的教训，所以前五七七年，陈侯当外患紧急时只好把国人召齐来，征求他们的意见，来决定外交政策。因直接残虐人民失去地位或性命的封君，为例更多。前六〇九年，莒君因为“多行无礼于国”被他的太子率领民众杀了。前五六一年，畿内的原伯，因为详情现在不知的暴行弄到民不聊生，被民众赶走了。前五五九年，另一位莒君因为喜欢玩剑，每铸成一把剑便拿人民来试；又因为想背叛齐国，被一位大夫率领民众赶走了。前五五〇年，陈国的庆氏据着首都作乱，陈侯率兵来围，庆氏督着民众修城。是时，城是用土筑的，筑时用板夹土。督工的看见一两块板倒了，便把旁边的役人杀死。于是役人暴动起来把庆氏的族长通杀了。前四八四年，陈大夫某，因为陈侯嫁女，替向国人征收特税；征收得太多，用不了，他把剩下的为自己铸了一件钟鼎之类的“大器”。后来国人知道，便把他赶走了。他走到半路，口渴，同行的一位族人马上把稻酒、干粮和肉脯献上，他高兴得了不得，问为什么这样现成？答道：大器铸成时已经预备着。

上述厉王以后的民变，全发生在前六世纪当中和附近。这些见于记载的暴动完全是成功的，影响到贵人的地位或生命的，其他失败而不见于记载的恐怕还有不少。这时候民众已渐渐抬头，许多聪明的卿大夫已认识民众的重要，极力施恩于他们，收为己助，以强其宗，以弱公室，甚至以得君位。例如当宋昭公（前六一九至前六一一年）昏聩无道的时候，他的庶弟公子鲍却对民众特别讲礼貌。有一回宋国大闹饥荒，他把自己所有的谷子都供给饥民。国中七十岁以上的人他都送给食物，有时是珍异的食物。他长得很美，连他的嫡祖母襄夫人也爱上了他，极力助他施舍。后来襄夫人把昭公谋害了，他便在国人的拥戴中继为宋君。又例如齐国当景公（前五四七至前四九〇年）的时候，当公室底下的人民以劳力的三分之二归入公室，而仅以三分之一自给衣食的时候，陈氏却用实惠来收买人心。齐国的量器，以四升为豆，四豆为区，四区为釜，十釜为钟。陈家特制一种新量，从升到釜皆以五进，仍以十釜为钟，借谷子给人民的时候，用新量，收还的时候，用旧量。陈家专卖的木材，在山上和在市上一样价；专卖的鱼盐蜃蛤，在海边和在市上一样价。这一来民众自然觉得陈家比公室可爱。后来陈氏毫无阻力地篡夺了齐国。此外如鲁的季氏、郑的罕氏都以同类的手段取得政权。

上文所说参加叛变和被强家利用的民众自然包括各种庶人。当中自然大部分是农人，其余当有少数商人和工人。庶人和奴隶的重要差别在前者可以私蓄财物，可以自由迁徙。但农人实际上很少移动，除了当饥荒的时候，虽然在前六世纪时人的记忆中，有“民不迁，农不移”的古礼。这似乎不是绝对的限制，礼到底与法禁有别。

第四节 都邑与商业

人民聚居的地方通称曰邑。邑可分为两大类，有城垣的和没有城垣的。有城垣的邑又可分为三类，一是王都和国都（直至东周时，国字还是仅指国都而言）；二是畿内和列国的小封君的首邑；三是平常的城邑。周室的西都镐京自东迁后已成为禾黍油油的废墟，其规模不见于记载。东都洛邑（今洛阳）的城据传说是九里（一千六百二十丈）见方，其面积为八十一方里，约当现在北平城之21.7%（北平城面积是今度一百九十四方里，周一里当今0.7215里，一方里当今0.52056方里）。城的外郭据传说是二十七里（四千八百六十丈）见方，其所包的面积差不多是现在北平城的两倍。列国的都城，连外郭计，以九百丈（五里）见方的为平常，其面积约为今北平城的十五分之一。一直到前三世纪初，一千丈见方的城还算是不小的。但春秋末年勃兴的吴国，其所造的都城却特别大。据后汉人的记载，那箕形的大城，周围约为今度三十四里，其外郭周围约为今度五十里（今北平城周约五十四里）。卿大夫首邑的城照例比国都小，有小至五百丈至一百丈左右见方的，那简直和堡寨差不多了。这些小城的基址似乎到唐、宋时还有存在。唐人封演记当时“汤阴县北有古城，周围可三百步，其中平实。此东，顿丘、临黄诸县多有古小城，周一里或一二百步，其中皆实”。又宋人陈师道记：“齐之龙山镇有平陆故城高五丈，四方五里，附城有走马台而高半之，阔五之一，上下如之。”此二人所记很像是周人的遗迹。

王城和列国都城的人口不详。但我们知道春秋时大夫的封邑在一千户上下的已算很大的了。平常国都的人口就算比这多十倍也不过一万户。我们从前六八六年内蛇与外蛇斗于郑都南门中的故事，可知当时的国都决不是人烟稠密的地方。前六六〇年比较细小的卫国都城被狄人攻破后，他的遗民只有男女七百三十人，加上共、滕两邑的人口，通共也只有五千人。

我们试看列国都城在地图上的分布很容易发现他们的一个共同点：他们都邻近河流；以现在所知，几无例外。一部分固然因为交通的便利，一部分也因为河谷的土壤比较肥沃，粮食供给比较可靠。城的作用在保卫，贵人的生命和财富和祖先神主的保卫。国都的主要居住者为国君的家庭和他的卫士、“百工”；在朝中做官的卿大夫和他们的卫士。大多数国家的朝廷，像王室的一般，内中主要的官吏有掌军政的司马，掌司法和警察的司寇，掌赋税和徭役的司徒和掌工务（如城垣、道路、宗庙的修筑）的司空。国都里的重要建筑，有国君的宫殿、台榭、苑囿、仓廪、府库、诸祖庙、祀土神的社、祀谷神的稷、卿大夫的邸第和给外国的使臣居住的客馆。这些建筑在城的中央，外面环着民家和墟市。墟市多半在近郭门的大道旁。郭门外有护城的小池或小河，上面的桥大约是随时可以移动的。城郭的入口有可以升降的悬门。城门时常有人把守，夜间关闭，守门的“击柝”通宵。货物通过城门要纳税，这是国君的一笔大收入。

都邑也是商业的中心。至迟在春秋下半期，一些通都里已可以看见“金玉其车，文错其服”的富商。他们得到阔大夫所不能得到的珍宝，他们输纳小诸侯所不能输纳的贿赂。他们有时居然闯入贵族所包办的政治舞台。旧史保存着两个这样的例子：（一）前五九七年晋军大将知罃在战场被楚人俘了。一位郑国的商人，在楚国做买卖的，要把他藏在丝绵中间，偷偷地运走。这计策已定好，还没实行，楚国已把知罃放还。后来那位商人去到晋国，知罃待他只当是他救了自己一般。那商人谦逊不遑，往齐国去了。（二）前六二七年，秦人潜师袭郑，行到王城和郑商人弦主相遇。弦高探得他们的来意，便一方面假托郑君的名义，拿四张熟牛皮和十二只牛去犒师，一方面派人向郑国告警，秦人以为郑国已经知道防备，只好把袭郑的计划取消了。这两个故事中的商人都是郑人。如故事所示，郑商人的贸易范围至少西北到了王城和晋国，东到了齐国，南到了楚国。郑国最早的商人本是镐京的商遗民，当郑桓公始受封的时候，跟他们一同来到封地，帮他们斩芟蓬蒿藜藿，开辟土地的。郑君和他们立过这样的盟誓：“尔无我叛，我无强贾，毋或匄夺。尔有利市宝贿，我勿与知。”郑当交通的中心，自东迁时便有了一群富于经验的商人，他们又有了特定的保障，故此郑国的商业特别发达。但这时期商人所贩卖的大部分只是丝麻布帛和五谷等农产品，加上些家庭的工艺品。以佣力或奴隶支持的工业还没有出现。

在商朝兴起的青铜布币作为流通货币流通到西周后演变为青铜鱼币。图为西周时期青铜鱼币。

周人的货币，除贝以外还有铜。西周彝器铭文中每有“作宝尊彝，用贝十朋又四朋”一类的记录。也有罚罪取“金”（铜）若干寽（亦作锊）的记录。传说周景王（前五四四至前五二一年）已开始铸大钱。但贝和“金”似乎到春秋时还不曾大宗地、普遍地做货币用，一直到春秋下半期，国际间所输大宗或小宗的贿赂还是用田土、车马、币帛、彝器或玉器，而不闻用贝或用“金”，钱更不用说了。

第五节　家　庭

庶人的家庭状况自然不会被贵人身边的史官注意到，因此现在也无可讲述。只是这时代的民歌泄露一些婚姻制度的消息：

> 艺麻如之何？横纵其亩。取妻如之何？必告父母……析薪如之何？匪斧不克。取妻如之何？匪媒不得。

少年男女直接决定自己的终身大事的自由在这时代已经被剥夺了。在樊笼中的少女只得央告她的情人：

> 将仲子兮！无逾我里！无折我树杞！岂敢爱之？畏我父母！

甚至在悲愤中嚷着：

> 之死矢靡它！母也天只！不谅人只！

西周时期“六礼”是婚姻成立的必要条件，即纳采：男方请媒人向女方提亲；问名：女方答应议婚后男方请媒人问女子名字、生辰等；纳吉：男方将女子的名字、八字在祖庙进行占卜，卜得吉兆后即与女方订婚；纳征：男方送聘礼至女家，又称纳币；请期：男方择定婚期，备礼告知女方，求其同意；亲迎：新郎亲至女方家迎娶。至此婚礼始告完成，婚姻也最终成立。图为陕西宝鸡周礼文化主题公园中礼节制度的“六礼”巨型铜塑之一。

这种婚姻制度的背景应当是男女在社交上的隔离。诗人只管歌咏着城隅桑间的密会幽期，野外水边的软语雅谑，男女间的堤防至少在贵族社会当中已高高地筑起了。说一件故事为例：前五〇六年，吴人攻入楚国都城的时候，楚王带着两个妹出走，半路遇盗，险些送了性命。幸运落在他的一个从臣钟建身上，他把王妹季芈救出，背起来跟着楚王一路跑。后来楚王复国，要替季芈找丈夫，她谢绝，说道：处女是亲近男子不得的，钟建已背过我了。楚王会意，便把她嫁给钟建；并且授钟建以“乐尹”的官，大约因为他是一个音乐家。

周初始有同姓不婚的礼制，但东周的贵族还没有普遍遵行，庶民遵行的程度，今不可知。

贵族家庭中的一种普遍现象是多妻。至少在周王和诸侯的婚姻里有这样的一种奇异制度：一个未来的王后或国君夫人出嫁的时候，她的姊妹甚至侄女都要有些跟了去给新郎做姬妾，同时跟去的婢女还不少，这些迟早也是有机会去沾新主人的雨露的。陪嫁的妾婢都叫作媵。更可异的，一个国君嫁女，同姓或友好的国君依礼，要送些本宗的女子去做媵。在前五五〇年，齐国就利用这种机会把晋国的一位叛臣当作媵女的仆隶送到晋国去，兴起内乱，上文提及的斐豹的解放就是这次变乱中的事。

媵女而外，王侯还随时可以把别的心爱的女子收在宫中。他们的姬妾之多也就可想。多妻家庭里最容易发生骨肉相残的事件，在春秋时代真是史不绝书。举一例如下：卫宣公（前七一八至前七〇〇年）和他的庶母夷姜私通，生了急子。后来急子长大，宣公给他向齐国娶了一个媳妇来，看见她很美，便收为己用，叫作宣姜。子通庶母，父夺子妻，在春秋时代并不是稀奇的事。这时代男女礼防之严和男女风纪之乱，恰成对照。宣公收了宣姜后，夷姜气愤不过，上吊死了。宣姜生了两个儿子，寿和朔。宣姜和朔在宣公面前倾陷急子，这自然是很容易成功的。宣公于是派急子出使到齐国去，同时买通一些强盗要在半路暗杀他。寿子知道这秘密，跑去告诉急子，劝他逃走。他要全孝道，执意不肯。当他起程的时候，寿子给他饯行，把他灌醉了；便取了他的旗，插在船上先行，半路被强盗杀了。急子醒来，赶上前去，对强盗说：卫君要杀的是我，干寿子甚事？他们不客气地又把他杀了。

第六节　士

有两种事情打破封建社会的沉寂，那就是祭祀和战争，所谓“国之大事，唯祀与戎”。二者同是被认为关系国家的生存的。先说战争。

周室的分封本来是一种武装殖民的事业。所有周朝新建的国家大都是以少数外来的贵族（包括国君、公子、公孙、卿大夫及其子孙）立在多数土著的被征服者之上。这些贵族的领主地位要靠坚强的武力来维持。而直至春秋时代，所有诸夏的国家若不是与戎狄蛮夷杂错而居，便是与这些外族相当的接近，致时有受其侵袭的危险。再者至迟入东周以后，国际间的武装冲突和侵略战争成了旦暮可遇的事。因为这三种原因，军事成了任何国家的政治的中心，也成了贵族生活的中心。贵族一方面是行政的首脑，一方面也是军事的首脑。农民每年于农隙讲武，每逢国家打仗都受征调的义务。此外有一班受贵族禄养着专门替贵族打仗的人，也就是战场上斗争的主力，那叫作“士”，即武士。

到底每一国的“士”有多少呢？这不能一概而论。据说周朝的制度，王室有六军，大国三军（齐侯镈钟铭曰：“余命汝政于朕三军”；又“穆和三军”），中国二军，小国一军。周朝行车战，军力以乘计。大约一军有车一千乘，每乘有甲胄之“士”十人。事实自然与制度有出入。例如周室东迁后六十三年，周桓王合陈、蔡、卫的兵还打不过郑国，此时的周室绝不能“张皇六师”。又例如在春秋末叶（约前五六二至前四八二年）头等的大国如晋、秦、楚等其兵力总在四五千乘以上。

士字原初指执干（盾）、戈，佩弓、矢的武士，其后却渐渐变成专指读书、议论的文人。为什么同一个字其先后的意义恰恰对极地相反？懂得此中的原因，便懂得春秋以前和以后的社会一大差别。在前一个时代，所谓教育就是武士的教育，而且唯有武士是最受教育的人；在后一个时代，所谓教育就是文士的教育，而且唯有文士是最受教育的人。士字始终是指特别受教育的人，但因为教育的内容改变，它的含义也就改变了。

“士”的主要训练是裸着臂腿习射御干戈。此外他的学科有舞乐和礼仪。音乐对于他们并不是等闲的玩艺，“士无故不彻琴瑟”。而且较射和会舞都有音乐相伴。“士”的生活可以说是浸润在音乐的空气中的。乐曲的歌词，即所谓“诗”。诗的记诵，大约是武士的唯一的文字教育。这些诗，到了春秋末叶积有三百多篇，即现存的《诗经》。内中有的是祭祀用的颂神歌，有的是诗人抒情的作品，大部分却是各国流行的民歌。较射和会舞都是兼有娱乐、交际、德育和体育作用的。较射是很隆重的典礼，由周王或国君召集卿大夫举行的叫作大射，由大夫士约集宾客举行的叫作乡射。较射的前后奏乐称觞。预射的人揖让而升，揖让而下。这是孔子所赞为“君子之争”的。会舞多半是在祭祀和宴享的时候举行（不像西方的习俗，其中没有女子参加的）。舞时协以种种的乐曲，视乎集会的性质而异。这时期中著名的乐曲，如相传为舜作的《韶》，相传为禹作的《大夏》和武王所作的《大武》等，都是舞曲。《大武》的舞姿，现在犹可仿佛一二，全部分为六节，每一节谓之一成。第一成象“北出”，舞者“总干（持盾）山立”；第二成象“灭商”，舞容是“发扬蹈厉”；第三成象南向出师；第四成象奠定南国；第五成象周公召公左右分治（周初曾把王畿分为两部，自陕而东周公主之，自陕而西召公主之，陕西省之得名由此），舞者分夹而进；第六成象军队集合登高，最后舞者同时坐下。六成各有相配的歌词，皆存于《诗经》中，兹引录如下：

一成	二成	三成	四成	五成	六成
昊天有成命， 二后受之。 成王不敢康， 夙夜基命宥密。 於缉熙， 单厥心， 肆其靖之。	於皇武王， 无竞维烈。 允文文王， 克开厥后。 嗣武受之， 胜殷遏刘， 耆定尔功。	於铄王师， 遵养时晦。 时纯熙矣， 是用大介。 我龙受之， 蹻蹻王之造， 载用有嗣， 实维尔公允师。	绥成邦， 屡丰年， 天命匪解。 桓桓武王， 保有厥士。 於以四方， 克定厥家。 於昭于天， 皇以间之。	文王既勤止， 我应受之。 敷时绎思， 我徂维求定。 时周之命， 於绎思。	於皇时周， 陟其高山。 嶞山乔岳， 允犹翕河。 敷天之下， 裒时之对， 时周之命。

六成不必全用。第二成单行叫作武，第三成叫作勺，第四、五、六成各叫作象，幼童学舞，初习勺，次习象。大武是周代的国乐，是创业的纪念，垂教的典型，武威的象征，其壮烈盖非韶、夏可比。舞者必有所执，在大武中舞者执干戈，此外或执雉羽，或鹭羽，或斧钺，或弓矢。执羽的舞叫作“万”，这种舞，加上讲究的姿势和伴奏，一定是很迷人的，可以一段故事为证。楚文王（前六八九至前六七七年）死后，遗下一个美丽的夫人，公子元想勾引她，却没门径，于是在她的宫室旁边，起了一所别馆，天天在那里举行万舞，希望把她引诱出来。她却哭道：“先君举行万舞原是为修武备的，现在令尹（楚国执政官名，公子元所居之职）不拿它来对付敌人，却拿它用在未亡人的身边，那可奇了！”子元听了，羞惭无地，马上带了六百乘车去打郑国。

理想的武士不仅有技，并且能忠。把荣誉看得重过安全，把责任看得重过生命；知危不避，临难不惊；甚至以藐然之身与揭地掀天的命运相抵拒。这种悲剧的、壮伟的精神，古代的武士是有的，虽然他们所效忠的多半是一姓一人。举两例如下：（一）前六八四年，鲁国和宋国交战，县贲父给一个将官御车。他的马忽然惊慌起来，鲁军因而败绩。鲁公也跌落车下，县贲父上前相助。鲁公说道：这是未曾占卜之故（照例打仗前选择御士须经占卜）。县贲父道：别的日子不打败，今日偏打败了，总是我没勇力。说完便冲入阵地战死。后来国人洗马发现那匹马的肉里有一支流矢。（二）前四八〇年卫国内乱，大臣孔悝被围禁在自己的家中。他的家臣季路（孔子的一位弟子），听到这消息，便单身匹马地跑去救应，半路遇着一位僚友劝他不必。他说，既然食着人家的饭，就得救人家的祸。到了孔家，门已关闭，他嚷着要放火。里头放出两位力士来和他斗，他脑袋上中了一戈，冠缨也断了。他说：“君子死，冠不免。”把冠缨结好才死。

王公大夫的子弟至少在原则上都得受武士的教育。王室有“学宫”，王子和他的近侍在内中学射，周王和他的臣工也有时在内中比射；又别有“射卢”，周王在内中习射，作乐舞。公室也当有同类的设备。

武士的地位仅次于大夫。他们虽然没有封邑，却有食田。出战时“士”是穿着甲胄坐在车上的主要战斗力。但他们底下还有许多役徒小卒，这些多半是临时征发农民充当的。

第七节　宗　教

周人的神鬼世界我们知道得比较殷人的详细些。这其中除了各家的祖先外，有日月星辰的神，他们是主使雪霜风雨合时或不合时的；有山川的神，他们是水旱疠疫的原因；但最重要的，人们生存所赖的，还是土神和谷神。前者关系土壤的肥瘠，后者关系五谷的丰歉。土神叫作社，或后土，谷神叫作稷，或后稷。供奉社稷的地方，也叫作社稷。稷只是谷的一种，而以名谷神，以名“田祖”，这里似乎泄露一件久被遗忘的史实：最初被人工培植的野种是稷。

像封建社会之上有一个天王，主宰百神的有一个上帝。他是很关心人们的道德的，会赏善罚恶。但他也像天王一般，地位虽尊，实权却有限，他和人们的日常生活很少发生关系，人们也用不着为他破费。祀上帝的典礼叫作郊祀。举行郊祀礼的只有周王和鲁君。上帝的由来不知周人曾设想到否。至于自然界各部分的神祇，在周人的信仰中，多半有原始可稽的。他们多半是由人鬼出身；而且，像封君一般，他们的地位是上帝所封的。例如汾水的神，传说是一位古帝金天氏的儿子，他生时做治水的官，疏通汾、洮二水有功，因而受封。又例如永远不相会面的参、商两个星座，其神的历史是这样的：古帝高辛氏有两个不肖的儿子，他们死了，住在荒林里还是整天打架。上帝看不过，便把大的迁到商丘，做商星的神，把小的迁到大夏，做参星的神。这段神话的历史背景是商人拿商星做定时节的标准星，故此它名为商星。古人在没有日历之前，看一颗恒星的位置的移动来定时节的早晚，这叫作“观象授时”。被选作目标的恒星叫作辰。

周人的稷神是一位农业的发明者，同时又是本朝的祖先。但到底稷神是周人的创造呢，抑或周室不过搬旧有的稷神做祖先呢？现在不得而知。社神却确是在周代以前已经有的。周人称殷人的社为亳社。至少在鲁国的都城同时有亳社和周社。朝廷的建筑，就在两社之间。大约原初鲁国被统治的民众大部分是殷的遗民，新来的统治者顾忌他们的反感，只好让他们保留原来的宗教，而别立自己的新社，叫做周社。一直到前五世纪初，鲁国大夫尚有盟国君于周社、盟“国人”于亳社的故事。社神的来历现在不得而知了。祀社的地方照例种着一棵大树，据说夏代的社用松，殷代用柏，周代用栗。

从天子到士都有宗庙。天子和封君的庙分两种：合祀众祖的太庙和分祀一祖的专庙。除太祖外，每一祖的专庙，经过若干代之后，便“亲尽”被毁，否则都城之内便有庙满之患了。宗庙、社、稷是每一个都会的三大圣地。它们年中除了临时的祈报外都有定期的供祭。宗庙的供祭尤其频数。其他的神祇则只当被需求的时候，才得到馈赂。但他们可不用愁，这样的机会是很多的。虽然水旱疠疫和风雨失调是比较的不常，虽然众神各有各的领域，但任何神鬼在任何时候，都能给任何人以祸难，尤其是疾病。在这些当儿牺牲和玉帛是不会被人们吝惜的，疾病的原因都推到鬼神。他们的欢心胜过医药，巫祝就是医生。周人事神似乎不像殷人的烦渎，但也和殷人一样认真。祭祀之前主祭的人要离开家庭到庙旁清净的地方斋戒几天；祭某祖的时候要找一个人扮成他的模样来做供奉的具体对象，这叫作“尸”。祭宗庙社稷的牺牲，虽然也照后世的办法，只给鬼神嗅嗅味道，而“祭肉”由预祭的人瓜分，但在其余的祭典中有时也把整只的牛、羊、猪或狗焚化了，埋了或沉在水里给鬼神着实受用的。焚给一切鬼神的布帛，也通是真的而不是纸做的。献给鬼神的玉，不能摆一下就算了，要捶碎了，或抛入河中。但鬼神也像小孩子一般，可以用“尔之许我，我其以璧与珪归俟尔命；不许我，我仍屏璧与珪”一类的话（这是周公对祖先说的话）来试诱的。盛大的祭典是一种壮观，在丹柱刻椽的宗庙里，陈列着传为国宝的鼎彝，趋跄着黼黻皇华的缙绅，舞着羽翰翩跹的万舞，奏着表现民族精神的音乐，排演着繁复到非专家不能记忆的礼仪。（周朝始避讳祖先之名，因而王侯有谥，大夫士有别字。）

诸神中最与民众接近的是社。每年春间有一次社祭的赛会。这时候鼓乐歌舞、优技、酒肉和乡下的俏姑娘引诱得举国若狂。在齐国，也许因为民庶物丰，礼教的束缚又较轻，社祭特别使人迷恋，连轻易不出都城的鲁君有时也忍不住要去看看。每逢打仗之前，全军要祭一回社，祭毕把祭肉和酒分给兵士，叫作受脤。衅鼓就在这时候举行。这以壮军威的饷宴，这拼命之前的酗醉，这震地的喧嚣，是全国紧张的开始。得胜回来的军队要到社前献俘，有时并且把高贵的俘虏当场宰了用作祭品。此外遇着水灾和日食，则在社前击鼓抢救，同时用币或献牲；火灾之后，也要祭社，以除凶气。遇着讼狱中两造的证据不能确定，也可以令他们到社里奉牲发誓，而等候将来的奇迹。

除了上说列在祀典的鬼神而外，还偶然会有陌生的精灵，或是神话上的英雄，或是被遗弃了的旧鬼新鬼，或是来历不明的妖魅，降附在巫觋（巫是女的，觋是男的）身上。巫觋是神灵所钟爱的。他们能和降附的神灵说话，因此人们若有求于这些神灵得先求他们。王侯大夫都有供奉巫神的。被人驱逐去位的周厉王有使卫巫监谤的故事。春秋时代的第一个鲁君隐公就是一位佞巫者。他未即位之前曾做过郑国的俘虏，被囚在尹氏家中。这家有一个著名灵验的钟巫。他串通尹氏私去祈祷。后来郑人把他放归，他便把钟巫都带到鲁国来。他被他的兄弟派人暗杀，就在他出外斋宿预备祭钟巫的时候。

巫觋是某些鬼神的喉舌，所以能直接知道这些鬼神的意旨和未来的吉凶。但其余的人，要知道鬼神的意旨和未来的吉凶，除问巫觋外，只有凭间接的占测方法。周代的占测方法，除了沿袭自商代的龟卜（兽骨卜在周代似已不通行）外，还有周人所发明（约在商末周初）的筮。要说明筮法，

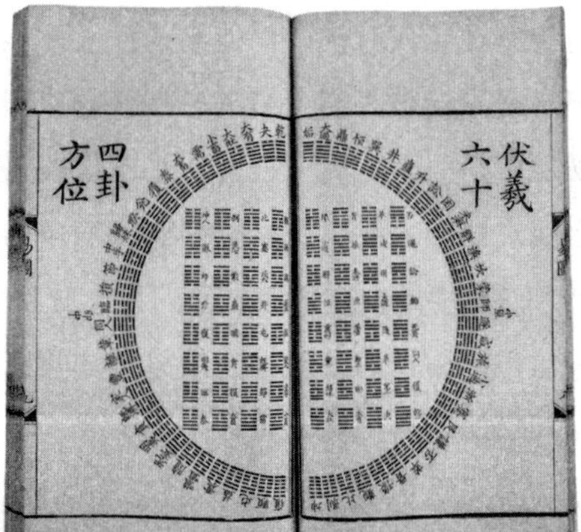

《周易》是一部中国古哲学书籍，以高度抽象的六十四卦的形式表征普遍存在的双边关系中可能发生的各种各样的变化，并附以卦爻辞做简要说明。《周易》是中华人民智慧与文化的结晶，被誉为“群经之首，大道之源”，是中国传统思想文化中自然哲学与伦理实践的根源，对中国文化产生了巨大的影响。图为《周易》早期刻本。

得先说明筮时所用的一部书，即《周易》。这部书包含六十四个符号和它们的解释。这些符号叫作卦。每一卦有六层即所谓六爻。每一层是一横画，或一横画中断为二，前者可说是奇的，后者可说是偶的。卦各有专名，例如六爻皆奇的（䷀）名为乾，六爻皆偶的（䷁）名为坤，六爻中第二五爻为偶（从底数起）余皆为奇的（䷝）名为离。每卦的解释分两种，解释全卦的叫作卦辞，解释各爻的叫作爻辞。筮的时候取五十茎蓍草，加以揲弄（有一定方法，这里从略）以得到某一卦，再加以揲弄，看这一卦中哪些爻有“变”；例如筮得乾卦而第二五爻有变则为“遇乾之离”。筮者应用卦辞及变爻的爻辞而做预言。至于怎样应用法，那就有点“神而明之存乎其人”了。卦爻辞包含许多关于人事的教训，有些是很深刻的；例如说“无平不陂，无往不复”，那是说明“物极必反”，教人不要趋极端的。

巫觋的神通只限于降附他们的神灵的势力范围，他们并不掌管宗庙社稷等有常典的祭祀。他们即使被王侯供养的，也不是正常的职官。

王侯的朝廷中管理和鬼神打交涉的正常职官有诸祝、宗、卜、史。祝的主要任务在代表祭者向鬼神致辞，因此他特别要知道鬼神的历史和性情。宗是管理宗庙的司祭礼的程序，祭坛的布置，祭品的选择、保存，等等。卜是掌卜筮的，但有些国家于卜之外别置筮官。史的主职在掌管文书，记录大事，占察天象，但也兼理卜筮和祭祀的事。这四种职官的首长，在王朝分别名太祝、太宗、卜正、太史；在列国大抵如之；惟楚国名卜长为卜尹，又有左史右史而似乎无太史。祝、宗、卜、史等长官的地位史无明文，但我们从下面两件故事，可以推想。楚平王（前五二八至前五一七年）即位之初曾把他所尊敬的敌人观起叫来，要给他官做，说唯汝所欲。因为他的先人曾掌卜，便使他做卜尹。可见卜长的地位是很高的。卫献公（前五七六至前五五九年）出奔归国，要颁邑给从臣而后入。从臣有太史柳庄者，恐其偏赏私近致失人心，力加谏阻。献公从之，以为他是社稷之臣，等他临死之时，终于给他田邑，并写明“世世万（万世）子孙毋变”的约言放在他的棺中。可见太史得世有田邑，宗长、祝长等当亦如之。至于低级的祝、宗、卜、史等官则皆有食田，而且有时多至值得王室或世室抢夺的食田。但拥有强力的大夫很少出身于祝、宗、卜、史，或同时充任着这些官职的。

这时期的国家大事，上文已说过，不外打仗和祭祀。而打仗之前，照例要“受命于（宗）庙，受脤于社”，照例要来一番卜筮。故此没一次国家大事没有上说的四种专家参与。他们又是世业的，承受着愈积愈丰的传说，因此他们都是多识前言往行的。史官因为职在典藏与记载，尤熟于掌故和掌故所给人的教训，他们成为王侯时常探索的智囊。周初有一位史佚，著过一部书，后人称为《史佚之志》的。这大约是夹着论断的历史记载。春秋时有知识的人常常称引这书，可惜后来佚了，但至今还保存着其中一些名句，如“动莫若敬，居莫若险，德莫若让，事莫若咨”。

第八节　卿大夫

封君当中，不用说以大夫占多数。他们是地主而兼统治者的阶级的主体。虽然各国在任何时期的氏室总数无可稽考，但我们知道，在鲁国单是出自桓公的氏室已有三桓，在郑国单是出自穆公的氏室已有七穆，宋国在前六〇九年左右至少有十二氏，晋国的一小部分在前五三七年左右已有十一个氏室。

在先秦时期，公而忘私仍然属于较高层次的道德范畴。晋国就有一位著名的贤大夫叫祁奚，他荐贤、护贤，“外举不避仇，内举不避子”，受到人民的一致称赞，成为千古美谈。图为晋国大夫祁奚的雕塑形象。

氏室的领地，或以邑计，或以县计。言邑自然包括其附近的田土。县本来是田土的一种单位，但言县也自然包括其中的都邑。

一个氏室的封邑有多少？这不能一概而论。前五四六年，卫君拿六十邑赏给一位大夫，他辞却，说道：“唯卿备百邑，臣六十邑矣。”这恐怕只能代表小国的情形。我们知道，在齐国，管仲曾“夺伯氏骈邑三百”；又现存一个春秋以前的齐国铜器（子仲姜宝镈），上面的刻辞记着齐侯以二百九十九邑为赏。

县的名称一直沿到现在。在春秋时似乎还只秦、晋、齐、楚等国有之。最初秦、楚两强以新灭的小国或新占领的地方为县，直属于国君，由他派官去治理。这种官吏在楚国叫作县公或县尹。他们在县里只替国君征收赋税，判断讼狱。他们即使有封邑，也在所治县之外。这种制度是后世郡县制度的萌芽。秦在前六八八年灭邽、冀戎，以其地为县，次年以杜、郑为县。楚国在前五九七年左右，至少已设有九县，每一县即旧时为一小国。晋、齐的县制较后起，他们的县不尽是取自他国的土地，也不尽属于公室。晋国在前五三七年左右有四十九县，其中九县有十一个氏室；直属公室的县各设县大夫去管，如楚国的县尹。前五一四年，晋灭祁氏和羊舌氏把他们的田邑没归公室；分祁氏的田为七县，羊舌氏的田为三县，各置县大夫。在晋国，县肥于郡。前四九三年，晋国伐郑，军中曾出过这样的赏格："克敌者，上大夫受县，下大夫受郡，士田十田（下田字原作万，盖误），庶人工商遂（得仕进），人臣隶圉免（免奴籍）。"齐国在春秋时有县的唯一证据乃在灵公时代一件遗器（齐侯镈钟）的铭文，内记灵公以三百县的土地为赏。显然齐国的县比晋、楚等国的县小得多。

县郡的区分在春秋时代还不普遍。在没有县郡的国里，公室和较大的氏室都给所属的邑设宰。邑宰的性质和县尹县大夫相同，不过邑宰所管辖的范围较小罢了。

上文有点离开叙述的干路，让我们回到列国的氏室，他们的土地原初都是受自国君。国君名义上依旧是这些土地的主人。虽然氏室属下的人民只对氏室负租税和力役的义务，氏室对于国君年中却有定额的"贡"赋，所以有"公食贡"的话。国君或执政者可以增加贡额。举一例如下：鲁国著名圣哲臧武仲有一次奉使去晋国（前五五一年），半路下雨，到一位大夫家里暂避。那位大夫正要喝酒，看见他来，说道："圣人有什么用？我喝喝酒就够了！下雨天还要出行，做什么圣人！"这话给一位执政者听到了，以为那位大夫自己不能出使，却傲慢使人，是国家的大蠹，下令把他的贡赋加倍，以作惩罚。

大夫可以自由处分自己的土地。至少有些阔大夫把食邑的一部分拨给一个庶子，另立一个世家，叫作"侧室"或"贰宗"。别的被大夫宠幸的人也可受他赏邑或求他赏邑。例如前五〇〇年，宋公子地拿自己食邑的十一分之五赏给一个嬖人。又前四八六年，郑大夫某的嬖人某向他求邑，他没得给，许他往别的国里取，因此郑军围宋雍丘，结果全军覆没。大夫也可以受异国君主的赐邑，例如前六五六年，齐桓公会诸侯伐楚，师还，一位郑大夫献计改道，为桓公所喜，赐以郑的虎牢；又例如前六五七年，鲁大夫某出使晋国，晋人要联络他，给他田邑，他不受；又例如前五六三年晋会诸侯灭偪阳国，以与向戌，向戌也辞却。大夫又有挟其食邑，投奔外国的，例如前五四七年齐大夫某以廪丘奔晋；前五四一年，莒大夫某以大厖及常仪奔鲁；前五一一年邾大夫某以滥奔鲁。

大夫私属的官吏，除邑宰外以现在所知，有总管家务的家宰，这相当于王室和公室的太宰；有祝，有史，有管商业的贾正，有掌兵的司马。这些官吏都受大夫禄养。家宰在职时有食邑，去职则把邑还给大夫，或交给继任的人。氏室的官吏有其特殊的道德意识："家臣不敢知国"；"家臣而张公室罪莫大焉"。

氏室和公室的比较兵力没有一个时代可以详考。现在所知者：春秋初年郑庄公消灭国内最强的氏室，用车不过二百乘。当春秋中叶，在鲁、卫等国，"百乘之家"已算是不小的了。但大国的巨室，其兵力有时足与另一大国开战。例如前五九二年，晋郤克奉使齐国，受了妇人在帷后窥视窃笑的侮辱，归来请晋侯伐齐，不许，便请以私属出征。而郤克的族侄郤至则"富半公室，家半三军"。鲁国的季氏从四分公室而取其二以后，私属的甲士已在七千以上。

具有土地、人民和军队的氏室和公室名分上虽有尊卑之殊，事实上每成为对峙的势力。强横的氏室俨然一个自主的国。原则上国君的特权在：（1）代表全国主祭；（2）受国内各氏室的贡赋；（3）出征时指挥全国的军队；（4）予夺封爵和任免朝廷的官吏。但至迟入东周后，在多数的国家如齐、鲁、晋、宋、卫、郑等，末两种权柄渐渐落在强大的氏室，甚至国君的废立也由大夫操纵。

第九节　封建组织的崩溃

我们对于商朝的政治组织，所知甚少，所以无法拿商、周两朝的政治组织做详细的比较。但其间有一重大的差异点是可以确知的。商朝创建之初并没有把王子分封于外，以建立诸侯国。商朝王位的继承，是以兄终弟及（不分嫡庶）为原则的。但到了无弟可传的时候，并不是由所有的伯叔兄弟以次继承（由末弟诸子抑或由其先兄诸子以次继承亦无一定）。在这种情形之下，第二世以后的王子总有许多不得为王的。这些不得为王的王子是否有的被封在外建国？这问题无法确答。但周朝的旧国当中，从没听说是商朝后裔的。而唯一奉殷祀的宋国，却是周人所建。可知王子分封的事在商朝若不是绝无，亦稀有。但在周朝，则不然了；王位是以嫡长子继承的；王的庶子，除在少数例外的情形之下（如王后无出，或嫡长子前死），都没有为王的资格；所以文王、武王的庶子都受封建国，其后周王的庶子在可能的限度内也都或被封在畿外建国，或被封在畿内立家。这商、周间的一大差

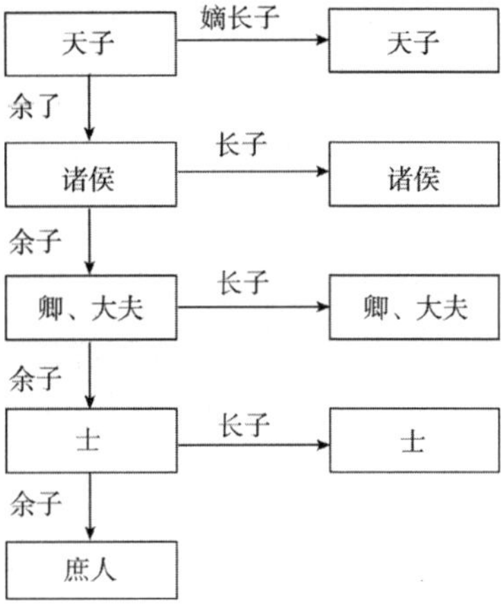

嫡长子继承制，是宗法制度最基本的一项原则，即王位和财产必须由嫡长子继承，嫡长子是嫡妻（正妻）所生的长子。西周天子的王位由其嫡长子继承，而其他的儿子为别子，他们被分封到全国各重要的战略要地。西周的嫡长子继承制目的在于解决权位和财产的继承与分配问题，稳定社会的统治秩序。图为嫡长子继承制示意图。

异有两种重大的结果。第一，因为王族的向外分封，周朝王族的地盘，比之商朝大大地扩张了。王室的势力，至少在开国初年大大地加强了；同时王的地位也大大地提高了。周王正式的名号是“天王”，通俗的称号是“天子”，那就是说，上帝在人间的代表。第二，王族的向外分封也就是周人的向外移殖；这促进民族间的同化，也就助成“诸夏”范围的拓展。

嫡长子继承制把王庶子的后裔逐渐推向社会的下层去，而助成平民（即所谓庶人）地位的提高。周王的庶子也许就都有机会去做畿外的诸侯或畿内的小封君；他的庶子的庶子也许还都有机会做畿内的封君；但他的庶子的庶子的庶子则不必然了。越往下去，他的后裔胙土受封的机会越小，而终有侪于平民的。所以至迟在前七世纪的末年畿内原邑的人民，便会以“此谁非王之姻亲”自夸。随着贵族后裔的投入平民阶级里，本来贵族所专有的教育和知识也渐渐渗入民间。

周朝诸侯和大夫的传世也是用嫡长子继承制（以现在所知诸侯位之传袭曾不依此例者有吴、越、秦、楚。楚初行少子承袭制，至前六三〇年以后，始改用嫡长子承袭制；秦行兄终弟及制至前六二〇年，以后始改用嫡长承袭制；吴亡于前四七三年，其前半世纪还行兄终弟及制）。在嫡长子继承制下，卿大夫的亲属的贵族地位最难长久维持。大夫的诸儿子当中只有一个继承他的爵位，其余的也许有一个被立为“贰宗”或“侧室”，也许有一两个被国君赏拔而成为大夫；但就久远而论，这两种机会是不多的。一个“多男子”的大夫总有些儿子得不到封邑，他的孙曾更不用说了。这些卿大夫的旁支后裔当中，和氏室的嫡系稍亲的多半做了氏室的官吏或武士，疏远的就做他属下的庶民。故一个大夫和他私家的僚属战士，每每构成一大家族：他出征的时候领着同族出征，他作乱的时候领着整族作乱，他和另一个大夫作对就是两族作对，他出走的时候或者领着整族出走，他失败的时候或者累得整族被灭。

氏室属下的庶民也许就是氏室的宗族，否则也是集族而居的。氏室上面的一层是国君和同姓卿大夫构成的大家族，更上的一层是周王和同姓诸侯构成的大家族。其天子和异姓诸侯间，或异姓诸侯彼此间，则多半有姻戚关系。这整个封建帝国的组织大体上是以家族为经，家族为纬的。

因此这个大帝国的命运也就和一个累世同居的大家庭差不多。设想一个精明强干的始祖督率着几个少子，在艰苦中协力治产，造成一个富足而亲热的、人人羡慕的家庭。等到这些儿子个个娶妻生子之后，他们对于父母，和他们彼此间，就难免形迹稍为疏隔。到了第三代，祖孙叔侄或堂兄弟之间，就会有背后的闲话。家口愈增加，良莠愈不齐。到了第四、五代，这大家庭的分子间就会有仇怨、有争夺、有倾轧，他们也许拌起嘴，打起架甚至闹起官司来。至迟在东周的初期，整个帝国里已有与此相类似的情形，充满了这时代的历史的是王室和诸侯间的冲突，诸侯彼此间的冲突，公室和氏室间的冲突，氏室彼此间的冲突。但亲者不失其为亲，宗族或姻戚间的阋争，总容易调停，总留点余地。例如前七〇五年，周桓王带兵去打郑国，打个大败，并且被射中了肩膊。有人劝郑庄公正好乘胜追上去，庄公不答应，夜间却派一位大员去慰劳桓王，并且探问伤状。又例如前六三四年，齐君带兵侵入鲁境。鲁君知道不敌，只得派人去犒师，并叫使者预备好一番辞令，希望把齐师说退。齐君见了鲁使问道：鲁人怕吗？答道：小百姓怕了，但上头的人却不怕。问：你们家里空空的，田野上没一根青草，凭什么不怕？鲁使答道：凭着先王的命令。随后他追溯从前鲁国的始祖周公和齐国的始祖姜太公怎样同心协力，辅助成王，成王怎样感谢他们，给他们立过“世世子孙无相害”的盟誓；后来齐桓公怎样复修旧职，纠合诸侯，给他们排解纷争，拯救灾难。最后鲁使做大意如下的陈说：您即位的时候，诸侯都盼望您继续桓公的事业，敝国所以不敢设防，以为难道您继桓公的位才九年，就会改变他的政策吗？这样怎对得住令先君？我们相信您一定不会的，靠着这一点，我们所以不怕。齐君听了这番话，便命退兵。又例如前五五四年，晋师侵齐，半路听说齐侯死了，便退还。这种顾念旧情、不为已甚的心理加上畏惧名分、虽干犯而不敢过度干犯的矛盾心理，使得周室东迁后三百年间的中国尚不致成为弱肉强食的世界；这两种心理是春秋时代之所以异于后来战国时代的地方。不错，在春秋时代灭国在六十以上；但其中大部分是以夷灭夏和以夏灭夷；诸夏国相灭只占极少数，姬姓国相灭的例尤少。而这少数的例中，晋国做侵略者的占去大半。再看列国的内部，大夫固然有时逐君弑君，却还要找一个比较合法的继承者来做傀儡。许多国的君主的权柄固然是永远落在强大的氏室，但以非公室至亲的大夫而篡夺或僭登君位的事，在前四〇三年晋国的韩、赵、魏三家称侯以前，尚未有所闻。故此我们把这一年作为本章所述的时代的下限。

宗族和姻戚的情谊经过的世代愈多，便愈疏淡，君臣上下的名分，最初靠权力造成，名分背后的权力一消失，名分便成了纸老虎，必被戳穿，它的窟窿愈多，则威严愈减。光靠亲族的情谊和君臣的名分去维持的组织必不能长久。何况姬周帝国之外本来就有不受这两种链索拘束的势力。

第三章

霸国与霸业

第一节　楚的兴起

江水在四川、湖北间被一道长峡约束住；出峡，向东南奔放，泻成汪洋万顷的洞庭湖，然后折向东北；至武昌，汉水来汇。江水和汉水界划着一大片的沃原，这是荆楚民族的根据地。周人虽然在汉水下游的沿岸（大部分在东北岸）零星地建立了一些小国，但他们是绝不能凌迫楚国，而适足以供他蚕食的。在楚的西边，巴（在今巫山至重庆一带）庸（在今湖北竹山县东）等族都是弱小得只能做楚的附庸；在南边，洞庭湖以外是无穷尽的荒林，只等候楚人去开辟；在东边，迄春秋末叶吴国勃兴以前，楚人亦无劲敌。从周初以来，楚国只有侵略别国别族的份，没有惧怕别国别族侵略的份。这种安全是黄河流域的诸夏国家所没有的。军事上的安全而外，因为江汉流域的土壤肥美，水旱稀少，是时的人口密度又比较低，楚人更有一种北方所仰羡不及的经济的安全。

这两种的安全使得楚人的生活充满了优游闲适的空气，和北人的严肃紧张的态度成为对照。这种差异从他们的神话可以看出。楚国王族的始祖不是胼手胝足的农神，而是飞扬缥缈的火神；楚人想象中的河神不是治水平土的工程师，而是含睇宜笑的美女。楚人神话里，没有人面虎爪、遍身白毛、手执斧钺的蓐收（上帝的刑神），而有披着荷衣、系着蕙带、张着孔雀盖和翡翠旍的司命（主持命运的神）。适宜于楚国的神祇的不是牛羊犬豕的膻腥，而是蕙肴兰藉和桂酒椒浆的芳烈；不是苍髯皓首的祝史，而是采衣姣服的巫女。再从文学上看，后来战国时楚人所作的《楚辞》也以委婉的音节，缠绵的情绪，缤纷的辞藻而别于朴素、质直、单调的《诗》三百篇。

楚国的语言和诸夏相差很远。例如楚人叫哺乳做谷，叫虎做於菟。直至战国时北方人还说楚人为“南蛮鴃舌之人”。但至迟在西周时楚人已使用诸夏的文字。现存有一个周宣王时代的楚钟（夜雨楚公钟），其铭刻的字体文体均与宗周金文一致。这时楚国的文化盖已与周人相距不远了。后来的《楚辞》也大体上是用诸夏的文言写的。

第一章里已提及，传说周成王时，楚君熊绎曾受周封。是时楚都于丹阳，在今湖北秭归之东。至昭王时，楚已与周为敌。周昭王曾屡次伐楚，有一次在汉水之滨全军覆没。后来他南巡不返，传说是给楚人害死的，周人也无可奈何。周夷王时，熊渠崛起，东向拓地至于鄂，即今武昌县境。渠子红继位，即都于鄂，以后六传至熊咢不改。上文提到的楚钟即熊咢的遗器，发现于武昌与嘉鱼之间的。熊咢与宣王同时而稍后。当宣王之世，周楚曾起兵争，而楚锋大挫。故是时的周人遗诗有“蠢尔荆蛮，大邦为雠。方叔元老，克壮其猷”之语。咢四传为武王，其间楚国内变频仍，似无暇于外竞。武王即位于周平王三十一年，从他以后，楚国的历史转入一新阶段，亦从他以后楚国的历史才有比较详细的记录。他三次侵随；合巴师围鄾、伐郧、伐绞、伐罗，无役不胜。又灭掉权国。他的嗣子文王始都于郢（今湖北江陵）。在文王以前，楚已把汉水沿岸的诸姬姓国家剪灭殆尽。文王更把屏藩中原的三大重镇，申国、邓国和息国灭掉（息、邓皆河南今县，申即南阳），奠定了楚国经略中原的基础。中原的中枢是郑国。自从武王末年，郑人对楚已惴惴不安。文王的侵略的兵锋终于刺入郑国，但他没有得志于郑而死。他死后二十年间楚国再接再厉地四次伐郑。但这时齐国已兴起做他北进的第一个敌手了。

第二节　齐的兴起（附宋）

齐国原初的境土占今山东省的北部，南边以泰山山脉与鲁为界，东边除去胶东半岛。这半岛在商代已为半开化的莱夷的领域。太公初来，定都营丘（后名临淄，今仍之）的时候，莱夷就给他一个迎头痛击。此后莱夷和齐国的斗争不时续起，直到前五六七年齐人灭莱为止。灭莱是齐国史中一大事。不独此后齐国去了一方的边患，不独此后他的境土增加了原有的一半以上，而且此后他才成为真正的海国。以前他的海疆只有莱州湾的一半而已。

但远在灭莱之前，当春秋的开始，齐已强大。前七〇六年，郑太子忽带兵助齐抵御北戎有功，齐侯要把女儿文姜嫁给他，他便以“齐大非吾偶”的理由谢绝。原来文姜和她的大哥即日后的齐襄公，有些暧昧的关系。她终于嫁了鲁桓公。有一次桓公跟她回娘家，居然看破并且说破了襄公与她之间的隐情。襄公恼羞成怒，便命一个力士把桓公杀了。讲究周礼的鲁人，在齐国的积威之下，只能哀求襄公把罪名加给那奉命的凶手，拿来杀了，聊以遮羞。这时齐国的强横可以想见。此事发生后四年（前六九〇年）襄公灭纪（在今山东寿光县南，为周初所封与齐同姓国）。这是齐国兼并小国之始。襄公后来被公子无知所弑，无知僭位后，又被弑，齐国大乱。襄公有二弟：长的名纠，由管仲和召忽辅佐着；次的名小白，由鲍叔牙傅佐着。襄公即位，鲍叔看他的行为太不像样，知道国内迟早要闹乱子，便领着小白投奔莒国。乱起，管仲也领着公子纠逃往鲁国，纠的母亲原是鲁女。无知死后，鲁君便派兵护送公子纠回国，要扶立他。齐、鲁之间，本来没有好感，齐人对于鲁君的盛意十分怀疑，派兵挡驾。同时齐的巨室国、高二氏暗中差人去迎接小白。鲁君也虑及小白捷足先归，早就命管仲带兵截住莒、齐间的道路。小白后到，管仲瞄准他的心窝，一箭射去，正中目标，眼见他应弦扑倒。小白的死讯传到鲁国后，护送公子纠的军队在庆祝声中，越行越慢，及到齐境，则齐国已经有了新君，就是小白！原来管仲仅射中他的带钩，他灵机一动，装死躺下，安然归国。

小白即桓公，他胜利后，立即要求鲁人把公子纠杀了。召忽闻得公子纠死，便以身殉。管仲却依然活着。他同鲍叔本是知友，鲍叔向桓公力荐他。桓公听鲍叔的话，把国政付托给他，称他为“仲父”。此后桓公的事业全是管仲的谋划。桓公怎样灭谭、灭遂、灭项；怎样号召诸侯，开了十多次的冠裳盛会；怎样在尊王的题目下，操纵王室的内政，阻止惠王废置太子，而终于扶太子正位，这些现在都从略。他的救邢、救卫，以阻挡狄人的南侵，给诸夏造一大功德，前面已说过。现在单讲他霸业中的一大项目：南制荆楚。在前六五九年即当楚文王死后十八年，当齐国正忙着援救邢卫的时候，楚人第三次攻郑。接着两年中，他们又两次攻郑，非迫到他和楚“亲善”不休。郑人此时却依靠着齐国。桓公自然不肯示弱。前六五七年，他联络妥了在楚国东北边，而可以牵制齐兵的江、黄二国。次年便率领齐、鲁、宋、陈、卫、郑、曹、许的八国联军，首先讨伐附楚的蔡国。蔡人望风溃散。这浩荡的大军，乘胜侵入楚境。楚人竟不敢应战，差人向齐军说和。桓公等见楚方无隙可乘，亦将就答应，在召陵（楚境，在今河南郾城县东）的地方和楚国立了一个盟约而退。盟约的内容不可考，大约是楚国从郑缩手，承认齐对郑的霸权，但其后不久，周王因为易储的问题，怨恨桓公，怂恿郑国背齐附楚，许以王室和晋国的援助，郑人从之。于是附齐的诸侯伐郑，楚伐许以援郑，因诸侯救许而退。

齐桓公（公元前七一六至前六四三年），春秋五霸之首，公元前六八五至前六四三年在位，春秋时代齐国第十五位国君。任管仲为相，推行改革，实行军政合一、兵民合一的制度，使齐国逐渐强盛。图为齐桓公雕塑。

但许君经蔡侯的劝诱和恐吓，终于在蔡侯的引领之下，面缚衔璧，并使大夫穿丧服，士抬棺材，跟随在后，以降于楚。次年齐以大军伐郑，郑人杀其君以求和于齐。其后桓公之终世，郑隶属齐的势力范围。在这期间楚不能得志于北方，转而东向，灭弦（都今湖北蕲水西北），灭黄（都今河南潢川西）。齐人无如之何；继又讨伐附齐的徐戎，败之，齐与诸侯救徐，无功而退。

召陵之盟是桓公霸业的极峰。其后十二三年，管仲和桓公先后去世。管仲的功业在士大夫间留下很深的印象，他死了百余年后，孔子还赞叹着："微管仲，吾其被发左衽（做戎狄）矣！"到了战国时代，管仲竟成了政治改革的传说的箭垛；许多政治的理论和一切富国强兵的善策、奇策、谬策，都堆在他名下，这些理论和方策的总结构成现存《管子》书的主要部分。

桓公死后，五公子争位，齐国和诸夏同时失了重心。于是宋襄公摆着霸主的架子出场。他首先会合些诸侯，带兵入齐，给他立君定乱。这一着是成功了。接着，他拘执了滕君，威服了曹国，又逼令邾人把鄫君杀了祭社，希望借此服属与鄫不睦的东夷。接着他要求楚王分给他以领导诸侯霸权，楚王是口头答应了。他便兴高采烈地大会诸侯。就在这会中，楚王的伏兵一起，他从坛坫上的盟主变作阶下之囚徒。接着他的囚车追陪楚君临到宋境。幸而宋国有备，楚王姑且把他放归。从此他很可以放下霸主的架子了，可是不然。自从桓公死后，郑即附楚，郑君并且亲朝于楚。于是襄公伐郑。他的大军和楚的救兵在泓水上相遇。是时楚人涉渡未毕，宋方的大司马劝襄公正好迎击，他说不行。一会儿，楚人都登陆，却还没整队，大司马又劝他进击，他说，还是不行。等到楚人把阵摆好，他的良心才容许他下进攻令。结果，宋军大败；他伤了腿，后来因此致死。死前他还大发议论道："君子临阵，不在伤上加伤，不捉头发斑白的老者；古人用兵，不靠险阻。寡人虽是亡国之余，怎能向未成列的敌人鸣鼓进攻呢？"桓公死后十年间，卫灭邢；邾灭须句；秦灭芮、梁；楚灭夔。

第三节　晋楚争霸

桓公的霸业是靠本来强盛的齐国做基础的。当他称霸的时代，晋国和秦国先后又在缔构强国的规模，晋国在等待一个接替桓公的霸主降临，秦国在给未来比霸业更宏大的事业铺路。话分两头，先讲晋国。

晋始封时都于唐（今太原县北），在汾水的上游；其后至迟过了三个半世纪，已迁都绛（今翼城县），在汾水的下游。晋人开拓的路径是很明显的。不过迁绛后许久他们还未曾占有汾水流域的全部，当汾水的中游还梗着一个与晋同姓的霍国，当汾水将近入河的地方还碍着一个也与晋同姓的耿国，前七四五年晋君把绛都西南百多里外的曲沃，分给他的兄弟，建立了一个强宗。此后晋国实际分裂为二。曲沃越来越盛，晋国越来越衰，他们间的仇隙也越来越大。这对抗的局面终结于前六七九年曲沃武公灭晋并且拿所得的宝器向周王买取正式的册封。老耄的武公，受封后两年，便一瞑不视，遗下新拼合的大国给他的儿子献公去粘缀、镶补。

献公即位于齐桓公十年（前六七六年），死于桓公三十五年。他二十六年的统治给晋国换了一副面目。他重新修筑了绛都的城郭；把武公的一军扩充为二军。他灭霍、灭耿、灭魏、灭虞、灭虢，使晋国的境土不独包括了整个的汾水流域，并且远蹠到大河以南。但献公最重要的事业还不止此。却说武公灭晋后，自然把他的公族尽力芟锄，免遗后患。我们可以想象晋国这番复合之后，他的氏室必定灭了许多，但在曲沃一方，自从始封以来，公子公孙们新立的氏室为数也不少。献公即位不久，便设法收拾他们。他第一步挑拨其中较穷的，使与“富子”为仇，然后利用前者去打倒后者。第二步，他让残余的宗子同住一邑，好意地给他们营宫室，筑城郭；最后更好意地派大兵去保卫他们，结果，他们的性命都不保。于是晋国的公族只剩下献公的一些儿子。及献公死，诸子争立。胜利者鉴于前车，也顾不得什么父子之情，把所有长成而没有继位资格的公子都遣派到各外国居住，此后的一长期中，公子居外，沿为定例。在这种制度之下，遇着君死而太子未定，或君死而太子幼弱的当儿，君权自然失落在异姓的卿大夫手里。失落容易，收复却难。这种制度的成立便是日后“六卿专晋”“三家分晋”的预兆。话说回来，献公夷灭群宗后，晋国的力量一时集中在公室；加以他凭借“险而多马”的晋土，整军经武，兼弱攻昧，已积贮了向外争霸的潜能。可惜他晚年沉迷女色，不大振作，又废嫡立庶，酿成身后一场大乱，继他的儿孙又都是下等材料。晋国的霸业还要留待他和狄女所生的公子重耳，就是那在外漂流十九年，周历八国，备尝艰难险阻，到六十多岁才得位的晋文公。

晋文公（公元前六九七至前六二八年），汉族，姬姓，名重耳。初为公子，谦而好学，善交贤能智士。后受迫害离开晋国，游历诸侯。漂泊十九年后终复国，杀怀公而立，从此开创了晋国长达百年的霸业，与齐桓公并称“齐桓晋文”。图为南宋画家李唐所绘的《晋文公复国图》局部。

文公即位时，宋襄公已经死了两年。宋人又与楚国“提携”起来，其他郑、鲁、卫、曹、许等国，更不用说了。当初文公漂流过宋时，仁慈的襄公曾送过他二十乘马。文公即位后，对宋国未免有情。宋人又眼见他归国两年间，内结民心，消弭反侧；外联强秦，给王室戡定叛乱，觉得他大可倚靠，便背楚从晋。楚率陈、蔡、郑、许的兵来讨，宋人向晋求救。文公和一班患难相从的文武老臣筹商了以后，便把晋国旧有的二军更扩充为三军，练兵选将，预备“报施救患，取威定霸”。他先向附楚的国曹、卫进攻，占据了他们的都城；把他们的田分给宋国；一面叫宋人赂取齐、秦的救援。虽是著名“刚而无礼”的楚帅子玉，也知道文公是不好惹的，先派人向晋军说和，情愿退出宋境，只要晋军同时也退出曹、卫。文公却一面私许恢复曹、卫，让他们宣告与楚国绝交；一面把楚国的来使拘留。这一来把子玉的怒火点着了。于是前六三二年，即齐桓公死后十一年，楚、陈、蔡的联军与晋、宋、齐、秦的联军大战于城濮（卫地）。就在这一战中，楚人北指的兵锋初次被挫，文公成就了凌驾齐桓的威名，晋国肇始他和楚国八十多年乍断乍续的争斗。

这八十多年的国际政治史表面虽很混乱，却有他井然的条理，是一种格局的循环。起先晋楚两强，来一场大战；甲胜，则若干以前附乙的小国自动或被动地转而附甲；乙不肯干休，和他们算账；从了乙，甲又不肯干休，又和他们算账，这种账算来算去，越算越不清，终于两强做直接的总算账，又来一场大战。这可以叫作“晋、楚争霸的公式”。晋、楚争取小国的归附就是争取军事的和经济的势力范围。因为被控制的小国对于所归附的霸国大抵有两种义务：（一）是当他需要时，出定额的兵车助他征伐。此事史无明文，但我们从以下二事可以类推：（1）齐国对鲁国某次所提出的盟约道：“齐师出境而不以甲车三百乘从我者，有如此盟！”（2）其后吴国称霸，鲁对他供应军赋车六百乘，邾三百乘。（二）是以纳贡或纳币的形式对霸国做经济上的供应（贡是定期的进献，币是朝会庆吊的贽礼）。此事史亦无明文，但我们从以下三事可以推知：（1）楚人灭黄的借口是他“不归楚贡”。（2）前五四八年晋执政赵文子令减轻诸侯的币，而加重待诸侯的礼；他就预料兵祸可以从此稍息。（3）前五三〇年郑往晋吊丧，带去做贽礼的币用一百辆车输运，一千人押送。后来使人不得觐见的机会，那一千人的旅费就把带去的币用光！当周室全盛时，诸侯对于天王所尽的义务也不过如上说的两事。可见霸主即是有实无名的小天王，而同时正式的天王却变成有名无实了。

在晋楚争霸的公式的复演中，战事的频数和剧烈迥非齐桓、宋襄的时代可比，而且与日俱甚。城濮之战后三十五年，晋师救郑，与楚师遇，而有邲（郑地）之战，楚胜；又二十二年，楚师救郑，与晋师遇，而有鄢陵（郑地）之战，晋胜；又十八年，晋伐楚以报楚之侵宋（先是楚侵宋以报晋之取郑），而有湛阪（楚地）之战，晋胜。

但这四次的大战只是连绵的兵祸的点逗。在这八十余年间，楚灭江、六、蓼、庸、萧（萧后入于宋）及群舒；晋灭群狄，又灭偪阳以与宋；齐灭莱；秦灭滑（滑后入于晋）；鲁灭邾；莒灭鄫（鄫后入于鲁）。在这期间，郑国为自卫，为霸主的命令，及为侵略而参加的争战在七十二次以上。宋国同项的次数在四十六以上。其他小国可以类推。兵祸的惨酷，可以从两例概见：（一）前五九七年，正当邲战之前，楚人在讨叛的名目下，围攻郑都。被围了十七天后，郑人不支，想求和，龟兆却不赞成；只有集众在太庙哀哭，并且每巷备定一辆车，等候迁徙，这一着却是龟兆所赞成的。当民众在太庙哀哭时，守着城头的兵士也应声大哭。楚人都被哭软了，不禁暂时解围。郑人把城修好，楚兵又来，再围了三个月，终于把城攻破，郑君只得袒着身子，牵着一只象征驯服的羊去迎接楚王。（二）过了两年，厄运轮到宋人头上。楚王派人出使齐国，故意令他经过宋国时，不向宋人假道。宋华元说：经过我国而不来假道，就是把我国看作属地，把我国看作属地就是要亡我国；若杀了楚使，楚人必来侵伐，来侵伐也是要亡我国；均之是亡，宁可保全自己的尊严。于是宋杀楚使。果然不久楚国问罪的大军来到宋都城下，晋国答应的救兵只是画饼。九个月的包围弄得城内的居民“易子而食，析骸以炊”；楚人还在城外盖起房舍，表示要久留。但宋人宁可死到净尽，不肯做耻辱的屈服。幸亏华元深夜偷入楚营，乘敌帅子反的不备，挥着利刃，迫得他立誓，把楚军撤退三十里，和宋国议和，这回恶斗才得解决。

像这类悲惨事件所构成的争霸史却怎样了结？难道它就照一定的公式永远循环下去吗？难道人类共有的恻隐心竟不能推使一个有力者，稍作超国界的打算吗？前五七九年，尝透了战争滋味的华元开始做和平运动。这时他同晋、楚的执政者都很要好；由他的极力拉拢，两强订立了下面的盟约：

> 凡晋、楚无相加戎，好恶同之，同恤菑危，备救凶患。若有害楚，则晋伐之；在晋，楚亦如之。交贽往来，道路无壅。谋其不协，而讨不庭（不来朝的）。有渝此盟，明神殛之；俾队（坠）其师，无克胙国。

这简直兼有现在所谓“互不侵犯条约”和“攻守同盟”了。但这“交浅言深”的盟约，才侥幸保证了三年的和平，楚国便一手把它撕破，向晋方的郑国用兵；次年便发生鄢陵的大战。

争霸的公式再循环了一次之后，和平运动又起。这回的主角向戌也是宋国的名大夫，也和晋、楚的执政者都有交情的。但他愿望和福气都比华元大。前五四六年，他在宋都召集了一个十四国的“弭兵”大会。兵要怎样弭法，向戌却是茫然的。这个会也许仅成就一番趋跄揖让的虚文，若不是楚国的代表令尹子木提出一个踏实的办法：让本未附从晋或楚的国家以后对晋、楚尽同样的义务。用现在的话说，这就是“机会均等”“门户开放”的办法。子木的建议经过两次的小修正后到底被采纳了。第一次的修正是在晋、楚的附从国当中把齐、秦除外，因为这时亲晋的齐和亲楚的秦都不是好惹的。第二次的修正又把邾、滕除外。因为齐要把邾、宋要把滕划入自己的势力范围。四国除外，所以参加盟约的只有楚、晋、宋、鲁、郑、卫、曹、许、陈、蔡十国。

在这次盟会中晋国是大大地让步了。不独他任由楚人自居盟主；不独他任由楚人“衷甲”赴会，没一声抗议；而那盟约的本身就是楚国的胜利；因为拿去交换门户开放的，晋方有郑、卫、曹、宋、鲁五国，而楚方则只有陈、蔡、许三国。但晋国的让步还有更大的。十二年后，楚国又践踏着这盟约，把陈国灭了（五年后又把他复立，至前四七八年终灭之），晋人只装作不知。弭兵之会后不久，晋人索性从争霸场中退出了。晋国的“虎头蛇尾”是有苦衷的。此会之前，晋国已交入一个蜕变的时期。在这时期中，他的主权从公室移到越来越少的氏室，直至他裂为三国才止。在这蜕变的时期中，他只有蛰伏不动。但楚国且慢高兴，当他灭陈的时候，新近暴发的吴国已蹑在他脚后了。

第四节　吴越代兴

自秦伯君吴后，十九世而至寿梦。中间吴国的历史全是空白。寿梦时，吴国起了一大变化。这变化的起源，说来很长。前六一七年，即城濮之战后十五年，陈国有夏徵舒之乱。徵舒的母亲夏姬有一天同陈灵公和两位大夫在家里喝酒。灵公指着徵舒对一位大夫说道："徵舒像你。"那位大夫答道："也像你。"酒后徵舒从马厩里暗箭把灵公射死。陈国大乱。楚庄王率兵入陈定乱，杀了徵舒，俘了夏姬回来，打算把她收在宫里。申公巫臣说了一大番道理把他劝阻了。有一位贵族子反想要她，巫臣又说了一大番道理把他劝阻了。后来夏姬落在连尹襄老之手。邲之战，襄老战死，他的儿子又和她有染。巫臣却遣人和她通意，要娶她，并教她借故离楚，而设法把她安顿在郑。夏姬去后不久，巫臣抓着出使齐国的机会。他行到郑国，便叫从人把所赍的"币"带回去，而自己携着夏姬投奔晋国。子反失掉夏姬，怀恨巫臣。又先时另一位贵族要求赏田，为巫臣所阻，亦怀恨他。二人联合，尽杀巫臣的家族，而瓜分他的财产。巫臣由晋致书二人，誓必使他们"疲于奔命以死"。于是向晋献联吴制楚之策。他亲自出使于吴，大为寿梦所欢迎。吴以前原是服属于楚的，他教寿梦叛楚。他从晋国带来了一队兵车，教吴人射御和车战之术。吴本江湖之国，习于水战而不习于陆战。但从水道与楚争，则楚居长江的上游而吴居其下游，在当时交通技术的限制之下，逆流而进，远不如顺流而下的利便，故吴无法胜楚。但自从吴人学得车战后，形势便大变了。他们从此可以舍舟而陆，从淮南江北间摘楚之背。从此楚的东北境无宁日。楚在这一方面先后筑了钟离、巢及州来三城（皆在今安徽境，州来在寿县，巢在庐州，钟离在临淮县）以御吴。吴于公元前五一九年取州来。其后七年间依次取巢取钟离并灭徐。前五〇六年，即向戌弭兵之会后四十年，吴王阖闾大举伐楚。吴军由蔡人引导，从现今的寿县，历光、黄，经义阳三关，进至汉水北岸，乃收军；楚军追战至麻城（时称柏举）大溃。吴师继历五战，皆胜，遂攻入郢都。楚昭王逃奔于随。这次吴人悬军深入，饱掠之后，不能不退，但楚国却受到空前的深痛巨创了。昭王复国后，把国都北迁于都，是为鄢郢，即今湖北宜城。

像晋联吴制楚，楚亦联越制吴。

在周代的东南诸外族中，越受诸夏化最晚。直至战国时，中国人在寓言中提到越人，还说他们“断发文身”，说他们“徒跣”不履；又有些学者说越“民愚疾而垢”是因为“越之水重浊而洎”。此时越人的僿野可想。越人的语言与诸夏绝不相通。现在还保存着前五世纪中叶一首用华字记音的越歌和它的华译。兹并录如下，以资比较。

越歌	华译
滥兮抃草滥予昌枑泽予昌州州𩜱州焉乎秦胥胥缦予乎昭澶秦逾渗惿随河湖（句读已佚）	今夕何夕兮，搴洲中流？今日何日兮，得与王子同舟？蒙羞被好兮，不訾诟耻。心几烦而不绝兮，知得王子。山有木兮，木有枝，心悦君兮，君不知。

越人在公元前五三七年以前的历史除了关于越王室起源的传说外，全是空白。是年越人开始随楚人伐吴。其后吴师人郢，越人即乘虚袭其后。入郢之后十年，吴王阖闾与越王勾践战于檇李（今嘉兴），大败，受伤而死。其子夫差于继位后三年（前四九四年）大举报仇，勾践败到只剩甲楯五千，退保会稽（今绍兴），使人向夫差卑辞乞和，情愿称臣归属。此时有人力劝夫差趁势灭越。夫差却许越和。大约一来他心软，二来他认定越再无能为，而急于北进与诸夏争霸，不愿再向南荒用兵了。在此后十二年间，夫差忙于伐陈伐鲁，筑城于邗（今扬州），凿运河连接江淮，从陆路又从海道（吴以舟师从海道伐齐为我国航海事见于记载之始）伐齐，和朝会北方诸侯；而勾践则一方面向夫差献殷勤，向他的亲信大臣送贿赂，一方面在国内奖励生育（令壮者不得娶老妇，老者不得娶壮妻；女子十七不嫁，男子二十不娶，其父母有罪），并给人民以军事训练。前四八二年，夫差既两败齐国，大会诸侯于齐的黄池。他要学齐桓、晋文的先例，自居盟主。临到会盟的一天，晋人见他神色异常不

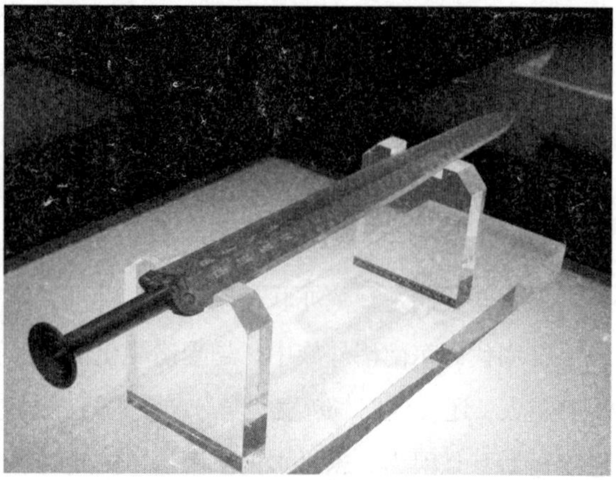

此剑出土于湖北江陵望山楚墓。剑身饰黑色菱形暗纹，剑格嵌镶蓝色琉璃和绿松石。剑身正面有铭文“越王鸠浅（勾践）自乍（作）用铪（剑）”。

佳，料定他国内有变，坚持不肯屈居吴下，一直争执到天黑，结果他不得不把盟主的地位让给晋国。原来他已经秘密接到本国首都（吴原都句吴，在今无锡东南，至夫差始迁于姑苏，即今苏州）被越人攻陷的消息了。夫差自黄池扫兴而归后，与越人屡战屡败。前四七三年，吴亡于越，夫差自杀。勾践踏着夫差的路径北进，大会诸侯于徐州（据顾栋高考，此徐州在今山东滕县，非江苏之徐州），周王亦使人来“致胙”。后又迁都于琅琊（越本都会稽，即今绍兴，至勾践前一代迁诸暨），筑起一座周围七里的观台，以望东海。这时越已拓地至山东，与邾、鲁为界了。

勾践死于前四六五年，又六十三年而晋国正式分裂为三，那是战国时代的开始。在这中间，越灭滕（后恢复）、灭郯；楚则灭蔡、灭杞、灭莒（莒后入于齐），亦拓地至山东境。在转到战国时代之前，让我们补记两个和向戌先后并世的大人物：一个是郑公孙侨，字子产，即弭兵大会中郑国的代表之一；另一个是鲁孔丘，字仲尼，即后世尊称为孔子的。

第五节　郑子产

公元前五六五年，即鄢陵大战后十年，郑司马子国打胜了蔡（是时蔡是楚的与国），把他的主帅也俘了回来，郑人都在庆祝，子国更是兴高采烈。他的一位约莫十六七岁的儿子却冷静地说道：“小国没有把内政弄好，却先立了战功，那是祸种。楚人来讨伐怎办？依了楚，晋人来讨伐又怎办？从今以后，至少有四五年郑国不得安宁了！”子国忙喝道：“国家大事，有正卿做主。小孩子胡说，要被砍头的。”正卿做主的结果，不到一年，楚、晋的兵连接来临郑国。那位受屈的小预言家就是子产。

胜蔡后两年，子国和正卿给一群叛徒在朝廷中杀死了。正卿的儿子，闻得噩耗，冒冒失失地立即跑出，吊了尸，便去追贼，但贼众已挟着郑君，跑入北宫。他只得回家调兵，但回到时，家中的臣属和奴婢已走散了一大半，器物也损失了不少。他兵也调不成了。子产闻得噩耗，却不慌不忙，先派人把守门口，然后聚齐家臣属吏，督着他们封闭府库，布置防守；然后领着十七乘的兵车，列着队伍出发，吊了尸，就去攻贼，别的贵族闻风来助，把贼众通通杀死了。从此以后，郑国的卿大夫们对这位公孙侨都另眼相看。

再经过几番的大难和子产几番的匡扶之后，那外受两强夹剪，内有臣室捣乱的郑国终于（在前五四三年，弭兵之会后三年）轮到子产主持。这时他才约莫四十岁。

子产知道那习于因循苟且的郑国，非经过一番革新整饬，不足以应付危局。他给全国的田土重新厘定疆界，划分沟洫，把侵占的充公，或归原主。他规定若干家为一个互助的单位，若干家共用一口井。他令诸色人等，各有制服。他开始编定刑法，铸成“刑书”，向人民公布；他把军赋增加，以充实郑国的自卫力。为着这些，尤其是为着加赋的事，他不知受了多少咒骂。有的说：“他的父亲死在路上，他又要做蝎尾巴了！”子产说：“苟有利于国家，生死不改！”

但子产对舆论从不肯加以任何干涉。当时都中有一所“乡校”（大约是一个养老而兼较射的地方），人民时常聚集其中议论执政。或劝子产：何不把乡校拆毁？子产说：“为什么？人家早晚到那里逛逛，议论执政的长短，正是我的老师。为什么把乡校拆毁了？我听说忠爱可以减少怨恨，却没听说威吓可以防止怨恨。若用威吓，难道不能使怨声暂时停止？但民怨像大川一般，堤防虽密，一旦溃决便不知要伤害多少人，那时抢救也来不及了。不如留些少决口，给它宣泄。不如让我得听谤言，用作药石。”

郑子产，姓姬名侨，人们又称他为公孙侨，春秋后期郑国（今河南新郑）人，与孔子同时，是孔子非常尊敬的人之一。公元前五五四年郑简公杀子孔后被立为卿，公元前五四三年到前五二二年执掌郑国国政，是当时最负盛名的政治家、思想家。图为清代金农所绘的子产画像。

子产从政一年后，人民唱道：

> 取我衣冠而褚（贮）之！取我田畴而伍之！孰杀子产？吾其与之！

到了三年，人民唱道：

> 我有子弟，子产诲之。我有田畴，子产殖之。子产而死，谁其嗣之？

子产的政令，说得出，就要做得到，若行不通，他就干脆撒手。有一回大夫丰卷为着祭祀，请求举行狩猎，子产不准。丰卷大怒，回去便征调人民。子产马上辞职，向晋国出走。幸而当时郑国最有势的罕氏子皮拥护子产，把丰卷驱逐，子产才复职。却保留着丰卷的田产，过了三年，召他回国，把田产还他。

子产对于传说的迷信，毫不迁就。前五二四年，火宿（心宿）出现不久，接着起了一阵大风。祝官裨灶说了一堆鬼话之后，请求子产拿宝玉去禳祭，以为否则郑国将有大火。子产不听，凑巧几天之后郑都有一家失火，灾后，裨灶又请拿宝玉去禳祭，以为否则又将有大火。子产还是不听。郑人纷纷替裨灶说话，连子产的同僚也来质问，子产答道："天象远，人事近；它们是不相关涉的。怎能靠天象去预知人事？而且禅灶哪里懂得天象？他胡说得多了，难道不会偶中？"次年，郑都大水，郑人纷传时门外的洧渊有二龙相斗，请求祭龙。子产不许，回道："我们争斗，碍不着龙；为什么龙争斗却碍着我们？"

上面讲的都是子产在内政上的措施。但最费他心力的却是对外的问题。在这方面他集中了全国的专才。当时冯简子最能决断大事；游吉长得秀美，举止又温文，宜于交际；公孙挥熟悉外国的情形，又善于措辞；裨谌最多谋略，但他要在野外才能想好计，回到城中便如常人一般。子产遇着外交大事，大抵先向公孙挥询问外国的情形，并令他把该说的话多多预备；然后和裨谌乘车到野外筹划；筹划所得请冯简子决断；办法决定了，便交游吉去执行。因此郑国在应付外人上，很少吃亏。

前五四一年，楚公子围（后来的灵王）领着一大班人马来郑都聘问并且娶亲，要人居城内的客馆，经子产派"行人"去劝说，才答应驻在城外。到了吉期，公子围又要率众人入城迎接新妇，郑人越疑惧。子产又派行人去说道："敝邑太窄小，容不了贵公子的从人。请在城外扫除空地，做行礼的场所吧。"公子围的代表，以面子关系为理由，坚持不允。郑人便直白说道："小国没有什么罪，惟倚靠外人才真是罪。本来要依靠大国保障的，但恐怕有人不怀好意，要计算自己。万一小国失了倚靠，诸侯不答应，要和贵国捣麻烦，那时小国也是过意不去的。"公子围知道郑国有备，只得命众人倒挂着弓袋入城。对强邻戒备，那是子产永远不会放松的。前五二四年郑都大火时，他一面派人去救火，一面派大兵登城警备。有人说："那不会得罪晋国吗？"子产答道："平常小国忘却防守就会危亡，何况当着有灾难的时候？"不久晋人果来责问，说晋君正在替郑人担忧。郑兵登城，是什么意思？子产给他解释了一番，最后说道："若不幸郑国亡了，贵国虽替担忧，也是没用的。"

前五二九年，晋君乘着楚灵王被杀，楚国内乱之后，大会诸侯于陈国的平丘，子产代表郑国赴会。将要结盟时，子产突然提出减轻郑国军赋的要求，从正午一直争到昏黑，晋人到底答应了。会后有人责备子产道："万一晋人翻起脸来，带着诸侯的兵，来讨伐郑国，那时怎办？子产答道："晋国政出多门，尚且敷衍个不了，哪里有工夫向别国讨伐。国家若不挣扎，便愈受欺凌，还成个什么国家？”

子产不独是一个实行家，而且是一个能够化经验为原理的实行家。有人问他为政的道理，他说：“政治好比庄稼的功夫，日夜要筹度；起先筹度好就做到底，从早到晚苦干，可别干出了筹度的范围，如像耕田不要过界；那就很少有错失了。”

有一回子皮要派一个子弟去做邑宰。子产说：“他年纪太小，不知道行不行。”子皮回答道：“这人老实，我爱他，他断不会背叛我的。让他去学学，便渐渐懂得政事了。”子产说：“那不行，人家爱一个人，总要使他得到好处；现在你爱一个人，却给他政事，好比叫一个还没学会拿刀的人去切东西，只有使他受伤而已。假如你有一匹美锦，你必定不让人拿来练习剪裁。要职和大邑是我们身家性命所托庇的，就可以让人拿来练习做官吗？”

前五二二年，子产死。死前，他嘱咐继任的人道：唯独非常有德的才能靠宽纵服人。其次莫如用猛力。你看火，因为它猛烈，人人望见就怕它，故此因它致死的很少。但水，因为软弱，人人都去狎玩它，故此因它致死的很多。

子产的死耗传到鲁国时，孔子含泪叹道：“古之遗爱也！”他和子产却未曾会过一面。

第四章

孔子及其时世

第一节　鲁国的特色

当春秋时代，鲁是一个弱国，始受制于齐，继受制于吴，终受制于越。但他也是列国中文化最高的。宗周的毁灭和成周在春秋时所经几度内乱的破坏，更增加鲁在文化上的地位。前五四〇年，晋韩宣子来聘，看到鲁太史所藏的典籍，便说："周礼尽在鲁矣！"先此数年，吴公子季札历聘诸国，到鲁国，特别请求听奏各种"周乐"。可见"周乐"亦"尽在鲁矣"。不独代表"精神文明"的"礼乐"为然，论"物质文明"也是鲁国首屈一指。前五八九年，鲁向楚求和，赂以木匠、绣工、织工和缝工各一百人。可见这些工艺在鲁国特别发达。我国历史上第一个著名的建筑工程师公输般，即旧日木匠行所供奉的"鲁班（班般古同音）师父"，就是生于孔子死后不久的鲁国人。

当春秋时代，在多数国家，"周礼"已成一段模糊的历史了。但鲁人特别小心翼翼地遵守着它，并且当作一种重大的学问去讲求它。当时鲁国有一班人，专以传授礼文，并"导演"礼仪为职业。这种人叫做"儒"。鲁人之重礼信儒曾造成一段历史的话柄。鲁昭公有一次和齐君会盟。齐君对他叩头，他却只作揖还礼。齐人大怒。鲁国相礼的大夫解释道：依礼，寡君除非对天子是不能叩头的。试想当时齐国是何等强，鲁是何等弱；鲁对齐，地也不知割过多少了，兵役也不知服过多少了；然而这一次毫不丢脸的叩头，只因为《周礼》上没有写着，便不能通融了。其后数年，齐人把昭公请到齐国的地方来会盟，特别督着要他叩头，他只得照办。当时齐人唱了一支歌嘲笑他道：

鲁人之皋！数年不觉。使我高蹈。惟其儒书，以为二国忧！

这首歌，用现在话译出，大意就是说：

鲁人的顽固！几年都不觉醒。使我们又要奔波。一味死守着他们的儒书，引起两国间无限的麻烦！

第二节　孔子的先世与孔子的人格

前五一八年鲁国三巨室之一的大夫孟僖子临死，遗嘱他的家臣，大意道："人之有礼好比树之有干，没有礼便站立不住。我听说不久将有一位显达的人出现，叫做孔丘。他是圣人的后裔，而本族在宋国被灭。他的祖先弗父何（略与周厉王同时）原是宋国的太子而让位给宋厉公。弗父的后人（曾孙）正考父辅佐戴公、武公、宣公三世，受过三次的册诰命（三命为上卿）而越加敬谨，所以他的鼎铭道：

> 一命而偻，再命而伛，三命而俯。循墙而走，亦莫余敢侮。饘于是，粥于是，以糊余口。

他是这样敬谨的。臧孙纥（乃鲁国以智慧著名的大夫）说过：'有明德的圣人，若本身不能得位，他的后代必定有显达的。'现在将要应在孔丘身上了吧？我死后你们务必让我的两个儿子跟他学礼。"

孟僖子所述孔子的先世，还需要一点补充。正考父的儿子孔父嘉在宋国的内乱中被杀了。一说孔父嘉的儿子避难到鲁国，一说他的曾孙防叔始迁居鲁国，未知孰是。防叔的孙孔纥生孔子。孔纥是名闻于诸侯的大力士。历史上记着他两件战功：（一）前五六三年晋人率诸侯兵攻偪阳国的都城（在今山东峄县南五十里）。先锋的战士刚进入郭内，悬门忽然落下；幸亏孔纥在场，推起悬门，把他们放出。（二）前五五六年，齐师侵鲁，把鲁大夫臧纥围在旁邑里。孔纥亦在围中，他半夜率领三百名甲士袭击齐军，乘齐人忙乱中，把臧纥送走，然后回营固守。齐人无可奈何而退。此役之后四年而孔子生，那是孔纥晚年续娶的颜氏女所出。

当孟僖子死时，孔子年三十五。以前他的历史我们知道得很少。只知道他在少年时便没了父母，家境很寒苦；他为贫而仕，先后替贵族管过会计和牧畜的事，都很称职；他从少时就是一个好学不倦而且多才多艺的人。他自己曾谦说道："我少时微贱，故学会了许多鄙事。"像射、御、诗、礼等经常的士的技能，他自然是具备的了。又自述道："我十五岁便立志向学，三十岁便站立得住。"所谓站立得住，就是学礼成功的意思。此后不久，他便成了一个名动公卿的礼学权威。当孟僖子的两个儿子来到孔子门下时，同门的贵族子弟和平民子弟已很不少了。

孔子(公元前五五一至前四七九年)，名丘，字仲尼，春秋时期鲁国陬邑（今山东曲阜市南辛镇）人，儒家学派的创始人，中国古代的思想家和教育家，被后世统治者尊为孔圣人，位列"世界十大文化名人"之首。世界各地都有孔庙祭祀孔子。图为孔子的画像。

他们所遇到的是怎样一位先生呢?这位先生衣冠总是整齐而合宜的；他的视盼，和蔼中带有严肃；他的举止，恭敬却很自然。他平常对人朴拙得像不会说话，但遇着该发言的时候却又辩才无碍，间或点缀以轻微的诙谐。他所喜欢的性格是"刚毅木讷"，他所痛恶的是"巧言令色"。他永远是宁静舒适的。他一点也不骄矜，凡有所长的他都向其请教。便是他和别人一起唱歌，别人若唱得好，他必请再唱一遍，然后自己和着。他的广博而深厚的同情到处流露。无论待怎样不称意的人，他总要"亲者不失其为亲，故者不失其为故"。他的朋友"生于我乎馆，死于我乎殡"。他遇见穿丧服的人，虽是常会面的，必定变容。他在有丧事的人旁边吃饭，从未曾饱过。

他和弟子间相处的气象，从弟子的两段记录可以窥见。

有一天几位弟子陪着孔子闲坐。孔子道："你们觉得我是长辈，不免有点拘束，不要这样。平常你们总说没人知道我，假如有人知道，又有什么把握呢？"

子路爽快地答道："千乘之国，夹在两大国中间，受着兵祸，又闹饥荒，让我来主持，才到三年，便使得人民有勇，并且循规蹈矩。"孔子向他微笑了一下，又问另一弟子道："求，你怎样？"他答道："五六十里或六七十里见方的国家，让我来主持，才到三年，便使得人民富足。至于礼乐，另待高明。"孔子又问："赤，你怎样？"答道："并不是说能够，但想学学：像宗庙的大事和诸侯的聚会，我愿意穿着章甫（章甫乃商朝的冠服，在仪式中相礼的人穿的），在旁边做一个小相。"孔子又问另一弟子："点，你怎样？"这时他弹瑟渐缓，微音铿然。他把瑟放下，起身答道："我和他们三位不同。"孔子道："有什么关系呢？不过各说自己的志向罢了。"他道："暮春的时候，春衣既已做好，和少年五六人，童子六七人，到沂水里洗浴。洗完了，当着轻风歇晾，一面看人舞雩（雩是祈雨之祭）。然后大家歌咏而归。"孔子听了喟然叹道："我和点有同感。"

又一次，颜渊、子路和孔子在一起。孔子道："你们何不各把自己的志向说说？"子路道："愿把自己的车马轻裘，和朋友共用，用坏了也没有怨憾。"颜渊道："愿不夸自己的长处，不表自己的功劳。"子路请问老师的志向。孔子道："愿给老年的以安乐，对朋友以信实，给幼少的以爱抚。"

第三节 孔子与其时世

教育是孔子心爱的职业，政治是他的抱负，救世是他的理想。

孔子生于弭兵之会前六年。此会后，中原的战争暂时减少，但剧战的场所不过移到江淮一带，兵祸并没有真正消弭。在另一方面，环此会前后的一百年间，旧秩序的破坏加甚，至少在宋、鲁、郑、齐、晋等国，政柄落在大夫，君主成了傀儡；诸巨室彼此钩心斗角，不时搅起内乱。鲁国到底是君子之邦，他的巨室“三桓”（皆出自桓公的，故名），绝少自相残害。他们采用分赃的办法。前五三七年（孔子十六岁），他们把公室的土地人民分为四份，季孙氏拣取了两份，叔孙氏和孟孙氏各得一份，此后三家各对公室纳些小的贡赋，便算补偿。三家妥协，鲁君更不好做。前五一七年（孔子三十六岁），昭公讨伐季氏，结果被三家合力赶走，在外国流寓了七年而死。这还不够，恶人还有恶人磨。跋扈的大夫每受制于更跋扈的家臣，这也是鲁国的特色。前五三八年（孔子十五岁），竖牛叛叔孙氏，把他禁在一室，活活地饿死。前五三〇年（孔子二十三岁），南蒯叛季孙氏，据了费邑三年。但这些还是局部的事变。前五〇五年（吴王阖闾入郢之次年，孔子四十八岁），季孙氏的家臣阳虎勾结了季孙氏和叔孙氏两家中不得志的分子，起了一场大政变。名副其实的阳虎把季孙氏囚禁起来，迫得他立誓屈服，然后放他；更挟持鲁君，放逐敌党，居然做了三年鲁国的独裁者，而且不知凭什么手段，很得民众的归服。三桓也俯首帖耳，听阳虎驱使。后来阳虎要除去他们，将自己的党羽替代季孙氏和叔孙氏，以自己替代孟孙氏。本来隐忍旁观的孟孙氏（奉父命从孔子学礼的孟懿子）被迫做困兽斗，结果，出乎大家意料之外的，阳虎兵屡败，逃奔齐国。但次年（前五〇〇年）叔孙氏所属郈邑的马正侯犯又杀了邑宰，据郈作乱，幸而他无勇无谋，几个月即被解决。鲁国如此，本来破落的周室又复崩分。前五二〇年（孔子三十三岁），景王死，王子朝纠合了无数失职的官吏和失意的贵族乘机做大规模的暴动，从此畿内扰攘了二十年，赖晋国屡次出兵援助，才得平定。

莲鹤方壶，出土于河南新郑李家楼郑公大墓。方壶最为精彩的部分是盖顶仰起的双层莲瓣和伫立于莲芯之上展翅欲飞的立鹤。意境一扫前代装饰工艺肃穆刻板的风格，某种程度上体现了旧秩序的变化。

旧秩序的破坏不仅在政治方面，弭兵大会以前的长期混战除摧毁了无数的生命和财产外，还摧毁了许多的迷梦。它证明了“昊天不惠”，它证明了“渝盟无享国”一类的诅誓只是废话，它证明了“牲牷肥腯，粢盛丰洁”无补于一国或一身家的安全，它证明了人们最可靠的靠山还是自己。当郑子产昌言“天象远，人事近，它们是不相及”的时候，理智的锋刃，已冲破传统迷信的藩篱。从前尽人相信一切礼法制度是天帝所规定的；现在有人以为它们是人所创设而且是为人而设的了。从前尽人相信王侯是代表天帝（君，天也）神圣不可侵犯的；现在恶君被弑或被逐，有人公然说他罪有应得，并且对叛徒表同情了。孔子曾慨叹道：“我还及见史官阙文，有马的借给人骑，如今都没有了！”这两件事虽然本身很小，它们的象征的意义却很大。它们象征“世风日下，人心不古”的总趋势，社会组织蜕变时所必有的趋势。因为旧道德的力量减小，又因人口增加，都邑扩大，贵族和庶民间的关系日益疏远，礼教的拘束和威仪的镇压已不够做统治之用，所以有些精明的贵族感觉到制定成文的刑法的必要。前五三六年（孔子十七岁），郑子产把所作的刑书铸在鼎上公布。前五一三年（孔子四十岁），晋人也把范宣子所作的刑书（范宣子卒于前五四九年，其作刑书年不详），以同样的方式公布。

这些都是非常的创举，在当时受着严厉的诽议的。

孔子所处的时代的性质已约略表过。在宗教思想上，孔子是大致跟着时代走的。他虽然还相信一个有意志有计划的天帝，但那已经不是可以用牺牲玉帛贿买的天帝，而是在无声无臭中主持正道的天帝了。他绝口不谈鬼神的奇迹。有人向他请教奉事鬼神的道理，他说："未能事人，焉能事鬼？"再向他请教死的道理，他答道："未知生，焉知死？"他教人"敬鬼神而远之"，教人"祭如在"。"远之"就是不当真倚靠它们；"如在"就是根本怀疑它们的存在了。不过既然根本怀疑它们存在，为什么还要向它们致祭，为它们举行繁缛的葬礼，并且守着三年的丧呢？孔子的答案是以此报答先人的恩德，非如此则于心不安，于心不安的事而偏要做，便是不仁。把宗教仪节的迷信意义剥去，只给它们保留或加上道德的意义，这种见解虽然不必是孔子所创，在当时乃是甚新的。

在政治主张上，孔子却是逆着时代走的。他的理想是以复古为革新，他要制裁那些僭越的家臣，僭越的大夫，僭越的诸侯，甚至那些不肯在贵族脚下安守旧分的民众。他的理想是："天下有道则礼乐征伐自天子出。""天下有道则政不在大夫。""天下有道则庶人不议。"

孔子是历史兴趣很深的人，他也曾以"敏而好古"做自己的考语。他尽力考究了三代制度之后，觉得周代吸取了前二代的精华，文物灿备，不禁说道："吾从周！"除了一些小节的修正，像"行夏之时，乘殷之辂，……乐则韶舞"等以外，他对于西周盛时的文物典章全盘接受，并且以它们的守护者自任。他盼望整个中国恢复武王周公时代的旧观。

他的理想怎样实现呢？照他不客气的看法，只有等待一个"明王"出来，用他弼辅，像武王之于周公。手把大钺的周公，那是他毕生憧憬着的影像。在晚年他还因"不复梦见周公"而慨叹自己的衰颓。不得已而思其次，若有一个霸主信用他，像桓公之于管仲，他的理想也可以实现一部分。他对于管仲也是不胜欣慕的。更不得已而思其次，若有一个小小的千乘之国付托给他，如郑国之于子产，他的怀抱也可以稍为展舒。他的政治理想虽高，他对于一个弱国处理的切实办法，并不是捉摸不着。有一回他的门人子贡向他问政，他答道，要"足食、足兵，人民见信"。问：若不得已在三项中去一，先去哪项？答道：

"去兵。"再问：若不得已在余下的两项中去一，先去哪项？答道："去食。从古都有死，人民没有信心便站不住。"他又说："一个国家，不怕人口少，只怕人心不安，不怕穷，只怕贫富不均。"这些话显然是针对着大家只知道贫弱为忧的鲁国而发的。

"假如有用我的，仅一周年也可以，三年便有成功。"他说。

第四节 孔子与政治

但是谁能拔用孔子呢？鲁昭公不用说了，他十九岁即位，“犹有童心”，况兼是个傀儡。孟孙氏大夫孟懿子是孔子的门人，但他还是个后生小子。三家之中，季氏最强，大权独揽，但他便是曾以僭用天子礼乐，致孔子慨叹“是可忍孰不可忍”的。不久，更不可忍的事发生，昭公被逐孔子便往齐国跑。

离开鲁国后，孔子开始为了自己的政治理想而四处奔波。这一年，他五十五岁。经过了长达十几年的奔波，他先后到过数个国家，但最终不为当政者所用，年迈之际，只好回到鲁国著书立说。图为孔子周游列国雕像。

他到齐国，大约是避乱的成分少，而找机会的成分多。这时距齐人灭莱之役已五十年；景公即位已三十一年，崔、国、栾、高诸巨室已先后被灭，陈氏已开始收拾人心，蓄养实力。景公固然不是个怎样的贤君。他的厚敛曾弄到民力三分之二归入公家；他的淫刑曾弄到都城的市里“履贱踊（被刖者所用）贵”。他听到“天下有道则礼乐征伐自天子出”一类的话，当然要皱眉。但他听到“天下有道则政不在大夫”一类的话却不由不大赞：“善哉！善哉！”

但不知是他的眼力，抑或是他的腕力不够呢？他始终没有任用孔子。孔子在齐七八年，虽然养尊处优，还是（用他自己的比喻）活像一个葫芦，被人“系而不食”。这是孔子所能忍耐的么？乘着鲁定公即位（前五〇九年），鲁国或有转机，他便回到祖国。

他归鲁后三四年而阳虎的独裁开始。眼光如炬的阳虎就要借重孔子。他知道孔子不会干谒到他的，却又不能屈身去拜候一个穷儒。依礼，贵臣对下士若有馈赠而他不在家接受，他得到贵臣门上拜谢。于是阳虎探得孔子外出的时候，送一大方熟猪肉给他。孔子也探得他外出，然后去拜谢。可是他们竟在途中相遇，阳虎劈头就说：“来！我和你说句话。怀着自己的宝贝，却瞒着国人，这可谓仁吗？”孔子只得回答道：“不可。”“喜欢活动，却坐失时机，这可谓智吗？”孔子只得答道：“不可。”阳虎道：“日子一天天地过去了！岁月是不等待人的！”孔子只得回答道：“是，我快出仕了。”

但他没有出仕，而阳虎已倒。这时他机会可真到了。他的门人孟懿子因为发难驱阳虎的大功，在政府里自然争得相当的发言权。季孙氏一方面为收拾人心，一方面感念孔子不附阳虎，便把司寇一席给他。这时孔子有五十多岁，距郑子产之死有二十多年。

子产的人格和政绩是孔子所称赞不厌的。他说子产有君子之道四：“其行己也恭，其事上也敬，其养民也惠，其使民也义。”此时孔子的地位也有点和子产的相像；郑之于晋、楚，犹鲁之于齐、晋；郑之有七穆，犹鲁之有三桓。所不同的，子产自身是七穆之一，而且得七穆中最有力的罕氏拥护到底；孔子却没有一田半邑，而他受季氏的真正倚任也只有三个月，虽然司寇的官他至少做了三年（定公十至十二年）。但他在无可措施中的措施也颇有子产的风度。

前五〇〇年（定公十年）孔子辅佐着定公和齐景公会盟于夹谷（齐边地）。有人向景公说道：孔丘这人虽熟悉礼仪，却没勇力；假如叫莱兵逼胁鲁侯，必定可以得志。景公依计。不料“临事而惧、好谋而成”的孔子，早就设着武备。他一看见莱兵，便护着定公退下，并命令随从的武士们动手；接着说一番“夷不乱华……兵不偪好”的道理，直斥齐人此举，于神是不祥，于道德是不义，于人是失礼。齐侯气沮，只得遣退莱兵。临到将要结盟，齐人在盟书上添写道：“齐师出境而（鲁）不以甲车三百乘从我者，有如此盟！”孔子立即命人宣言，齐人若不归还汶阳的田，而责鲁人供应，也照样受神罚。后来齐人只得归还汶阳的田。

金声玉振坊是进入曲阜孔庙的第一座石坊。建于明嘉靖十七年（一五三八年），题字取自《孟子•万章》赞扬孔子语。他将孔子思想比喻为一首完美无缺的乐曲，意喻孔子思想集古圣贤之大成。

孔子在鲁司寇任内所经历的大事，除了夹谷之会，便是前四九八年的“堕三都”运动。所谓“三都”就是季孙氏的费邑，叔孙氏的郈邑和孟孙氏的成邑；“堕三都”就是要将这三邑城郭拆除。三邑之中，费、郈都是旧日家臣叛变的根据地，而费邑自南蒯失败后，不久便落在另一个家臣公山不狃之手。不狃是阳虎的党羽，阳虎既倒，他还屹然不动。“堕三都”一方面是要预防家臣负隅作乱，一方面亦可以削弱三桓。二者都是和孔子素来的政治主张相符的，故此他对于此举极力赞劝，虽然主动却似乎不是他，而是他的门人子路，这时正做着季氏的家宰的。子路发动此事原是尽一个家臣的忠悃。此时费邑已成了季氏腹心之患，非堕不可的。季孙氏地广邑多，毁一城满不在乎。但叔孙和孟孙二氏各毁一大城则元气大损，这也是于季孙氏有利的。叔孙氏犹有侯犯之乱可惩，至于孟孙氏堕城，好比一个无病的人白陪人家吃一剂大黄巴豆，完全是犯不着的。所以堕城议起，他一味装聋，后来定公率兵围城，没有攻下，便把他放过。但郈、费到底被堕了，堕费最费气力，孔子受季孙氏三个月的倚任就在此时。原来公山不狃不待季孙氏动手，先自发难，率费人袭入都城，定公和三桓仓皇躲进季孙氏的堡中，被费人围攻着。叛徒快到定公身边了，幸亏孔子所派的援兵及时赶到，把费人杀败。其后不狃势穷，逃往齐国。

堕费之役孔子虽然立了大功，但不久（前四九七年），孔子便辞职。他辞职的直接原因，有人说是祭余的烧肉没有照例送到，有人说是季孙氏受了齐人的女乐，三日不朝。孰是孰非，无关宏旨。总之，季孙氏的势力完全恢复了以后，再没有可以利用孔子的地方了，再不能维持向日对孔子的礼貌了；鲁国再没有孔子行道的机会了。他只好再到外国去碰碰运气，虽然他不存着怎样的奢望。如鲁国一个守城门的隐者所说，他原是一个“知其不可而为之者”。

但是到什么地方去呢？齐的韶乐虽然值得孔子再听，齐景公却不值得他回顾。卫虽小国，地理上和政治上却最与鲁国接近。恰好这时子路的僚婿弥子瑕甚得卫灵公的宠信。去职的次年，孔子便领着一班弟子来到卫都帝丘（在今河北濮阳西南）。这时距卫人第一次避狄迁都——从朝歌（在今河南淇县）迁到楚丘（在今河南滑县）有一百六十多年，距卫人第二次避狄迁都——从楚丘迁到帝丘有一百三十多年。当第一次迁都时，朝歌的遗民男女合计只有七百三十口。经过长期的休养生聚，新都又成了熙熙攘攘的大邑。孔子入境，不禁叹道：“好繁庶呀！”给孔子驾车的弟子冉有忙问：“既繁庶了，还要添上什么呢？”孔子答道：“添上富。”“既富了，还要添上什么呢？”“添上教。”

但此时卫灵公正被夫人南子迷得神魂颠倒，哪里有闲心去管什么富咧，教咧，只照例用厚禄敷衍着孔子。孔子居卫些时，觉得没味，便又他去（前四九六年？）。此后十多年间他的行踪，记载很缺略，而且颇有参差。我们比较可以确知的，他离卫后，到过宋、陈和楚新得的蔡地，中间在陈住了好几年；前四八五年（鲁哀公十年）自陈返卫；约一年后自卫返鲁。此外他也许还经过曹、郑，到过故蔡以外的楚境。在这长期的奔波中，孔子不独遇不着一个明君，而且遇了好几次的生命危险。当他过宋时，向戌的曾孙桓魋不知因为什么对他发生恶感，要杀害他，幸亏他改装逃脱。当他过匡（郑地？）时，受过阳虎荼毒的匡人错认他是阳虎，把他连群弟子包围起来。幸亏匡人没有错到底。在陈、蔡的边境时，因为无“上下之交”，粮糈断绝，他和弟子们曾经饿到站立不起。

这些困厄并没有压倒孔子的自信心。当在宋遇难时，他说：“天生德于我，桓魋其奈我何！”当在匡遇难时，他说：“文王死了以后，文教不在这里吗？难道天要废弃这些文教吗？难道后来的人不得承受这些文教吗？天没有废弃这些文教的，匡人其奈我何！”

在旅途中孔子曾受过不少隐者的讥讽。有一次他使子路去向两个并耕的农人问渡头的所在。甲说："在车上执辔的是谁？"子路答道："是孔丘。""是鲁孔丘吗？""是的。"甲说："这人便知道渡头的所在了！"子路只得向乙请问。乙道："您是谁？"子路答："是仲由。""是鲁孔丘的徒弟吗？""是的。""满天下都是洪水滔滔，一去不返的。谁能改变它呢？而且您与其跟随到处要避人的志士，何如索性跟随避世的隐士呢？"乙说完了，不断地覆种。子路回去告诉孔子。孔子说："鸟兽是不可与同群的。我不和世人在一起却和谁在一起？假如天下有道，我便不去改变它了。"

但政治方面的否塞使得孔子救世热情终于不得不转换方向。当他最后由蔡回到陈的时候，他叹道："归罢！归罢！我们这班天真烂漫的小子，好比织成了文采斐然的锦，却不知道怎样剪裁。"这时他已隐然有以教育终余生的意思了。这时他确已老了，已六十八岁了，虽然他一向总是"发愤忘食，乐以忘忧，不知老之将至"。

第五节 孔子与教育

孔子最大的抱负虽在政治，他最大的成就却在教育。在我国教育史上，他是好几方面的开创者。这几方面，任取其一也足以使他受后世的“馨香尸祝”。

第一，在孔子以前，教育是贵族的专利，师儒是贵族的寄生者。孔子首先提倡“有教无类”，这就是说，不分贵贱贫富，一律施教。他自己说过，从具“束脩”（十吊腊肉）来做贽见礼的起，他没有不加以训诲。这件事看来很平常，在当时实是一大革命。这是学术平民化的造端，这是“布衣卿相”的局面的引子。至于他率领弟子，周游列国，做政治的活动，这也是后来战国“游说”的风气的创始。

第二，孔子以个人在野的力量，造就或招聚一大帮的人才，他的门下成了至少鲁国人才的总汇；他自卫返鲁后，哀公和季康子要用人时，每向他的弟子中物色。这样一个知识的领袖不独没有前例，在后世也是罕见的。传说他的弟子有三千多人，这虽然近夸张，但他的大弟子名氏可考的已有七十七人，其中事迹见于记载的共二十五人。现在仅计他自己所列举跟他在陈、蔡之间挨饿的弟子：以德行见长的有颜渊、闵子骞、冉伯牛、仲弓；以言语见长的有宰我、子贡；以政治见长的有冉有、子路；以文学见长的有子游、子夏。这些人当中颜渊最聪明，最好学，最为孔子所叹赏，可惜短命；冉伯牛也以废疾早死，无所表现；其余都是一时的俊杰。闵子骞曾被季氏召为费宰而坚决辞却。仲弓做过季氏家宰。宰我受过哀公的咨询，在政府里当是有职的。子贡、冉有皆先孔子归鲁。子贡在外交界任事，四次和吴人，一次和齐人折冲，都不辱命。冉有做过季氏的家宰，于前四八四年（哀公十一年，孔子归鲁前），当齐人大举侵鲁，鲁当局守着不抵抗主义的时候，激动季氏出兵。冉有并且用矛陷阵，大败齐军。子路为季氏主持“堕三都”及他后来留仕在卫，死孔悝之难，前面均已表过。前四八一年，小邾（鲁的南邻之一）的一位大夫挟邑投奔鲁国，要子路做保证，以替代明誓。季康子派冉有到卫国来求子路，说道：“人家不信千乘之国的盟誓而信你一句话，你当不以为辱吧？”子路答道：“假如鲁国和小邾开战，我不问因由，死在敌人的城下也可以。现在依从一个叛臣的话，便是认他为义，我可不能。”子游做过鲁国的武城宰，孔子到他邑里，听得民间一片弦歌声，因此和他开过“割鸡焉用牛刀”的玩笑。子夏做过晋大夫魏斯（即日后魏文侯）的老师。因为孔子弟子多是当时的闻人，他们又多有“仲尼日月也，无得而逾焉”的信念，凭他们的宣扬，孔子便在上层社会里永远传下很大的声名。

相传孔子当年弦歌讲学、弟子读书之处，种有四棵杏树，故称杏坛。图为清人吴彬绘《孔子杏坛讲学图》。

第三，孔子首先把技艺教育和人格教育打成一片；他首先以系统的道德学说和缜密的人生理想教训生徒；他的教训，经他的弟子和再传弟子记载下来叫做《论语》，是我国第一部语录。

孔门传授的技艺，不外当时一般贵族子弟所学习的《礼》《乐》《诗》《书》。其中《礼》和《诗》尤其是孔子所常讲，弟子所必修的。

所谓礼有两方面：一是贵族交际中的礼貌和仪节；二是贵族的冠、婚、丧、祭等典礼。当时所谓儒者就是靠襄助这些典礼，传授这些仪文为生活的。

孔子和他大部分的弟子都是儒者，他们所学习的礼当然包括这两方面。礼固是孔子所看重的。他说：“不学礼，无以立。”但每一种礼节原要表示一种感情。感情乃是“礼之本”。无本的礼，只是虚伪，那是孔子所深恶的。他把礼之本看得比礼文还重。他说：“礼云，礼云，玉帛云乎哉！”又说：“丧礼，与其哀不足而礼有余也，不若礼不足而敬有余也。”这原是对于讲究排场拘牵仪式的鲁人的一剂对症药，可惜他的弟子和后来的儒家很少领略得。

当孔子时，各种仪节和典礼大约已有现成的“秩序单”。这些“秩序单”，经过孔子和他的信徒的陆续增改，便成为现在的《仪礼》。

《诗》三百余篇，在春秋时代是有实用的。平常贵族交际上的词令要引诗做装饰，朝廷享宴外宾时，照例要选中的一首或一节，命乐工歌诵，以做欢迎词，这叫做“赋诗”。来宾也得另选一首或一章回敬，这叫做“答赋”。主宾间的情谊、愿望、恳求，甚至讥刺，每“断章取义”地借诗句来隐示。在这种当儿，诗篇生疏的人便会出丑。故此孔子说：“不学诗，无以言。”因为任何贵官都有招待外宾或出使外国的机会，所以诗的熟习成为贵族教育不可少的部分。孔子教诗当然也以他的应对功用为主。诗中含有训诲意味的句子，当时每被引为道德的教条。这一方面孔子也没有忽略。但他更进一步，他教人读诗要从本来没有训诲意味的描写，体会出人生的道理。这便是他所谓的“兴于诗”。例如诗文：

孔子学院是中国国家对外汉语教学领导小组办公室在世界各地设立的推广汉语和传播中国文化与国学的教育和文化交流机构。全球首家孔子学院于二〇〇四年十一月二十一日在韩国首尔成立。截至一〇一三年九月，全球已建立四百三十五年所孔子学院和六百四十四个孔子课堂，共计一千零七十九所，分布在一百一十七个国家（地区），成为汉语教学推广与中国文化传播的全球品牌和平台。图为孔子学院的院徽及纪念邮票。

巧笑倩兮，
美目盼兮，
素以为绚兮。

意思原是说一个生来美好的女子，可施装饰。子贡问这里有什么启示。孔子答道："绘画要在有了素白的质地之后。"子贡跟着问："然则礼要在（真情）后吗？"孔子便大加赞赏，说他有谈诗的资格。

诗和乐在当时是分不开的。《诗》三百篇都是乐章。而正宗的音乐不外这三百篇的曲调；除了射、御和舞以外，音乐是贵族教育最重要的项目。一切典礼里都有音乐。而他们平常闲居也不离琴瑟。孔子本来是个音乐家，虽然他在这方面成就完全被他的"圣德"所掩。再没有别事比音乐更可以令他迷醉的了。他在齐听了韶乐曾经"三月不知肉味"。这种享受他当然不肯外着他的弟子们。他的教程是"兴于诗，立于礼，成于乐"。孔子讲音乐和前人不同处在他特别注重音乐的感化力。他确信音乐不独可以陶冶个人的性灵，并且可以改变社会的品质。为尽量发挥音乐的道德功用，他有两种主张：第一，音乐要平民化。他的门人子游做武城宰，便弄到满邑都是弦歌之声。第二，音乐要受国家统制，低劣的音乐要被禁绝。当时郑国的音乐最淫荡，所以他倡议"放郑声"。他晚年曾将《诗》三百篇的旧曲调加以修订。这是他生平很得意的一回事。他说："吾自卫返鲁，然后乐正，雅、颂各得其所。"雅、颂各是诗中的一门类，依着音乐的性质而分别的。经孔子修正过的乐曲，可惜现在无从拟想了。

后世所谓儒家的"六艺"，除了以前提到的《礼》《乐》《诗》和《周易》夕卜，还有《书》和《春秋》。是时《周易》一书，除了卦爻辞外，又增添了象传。那是解释卦爻辞之文，孔子以前鲁太史所做的，韩宣子聘鲁时已经看见。卦爻辞或象传中含有劝诫意味的话，孔子偶然也引来教训弟子。但孔门的科目里并没有《周易》，卜筮之事孔子更是不谈的。《书》，大部分是西周的档案，其内容或为战争时的誓师辞，或为周王封立国君时的册命之词，或为周王对臣下的告谕，或是王室大典礼的记录；另一小部分则是追记唐、虞、夏、商的故事和言语的。这类文件据说在孔子时有一百多篇，现在只剩二十八篇。《书》中训诲的话最多；像《易》一般，它在孔子以前已常被学者引用。它是孔门的读本之一，虽然远不及《诗》的重要。

《春秋》本来是鲁国史官的流水账式的记录的总名，大约因为它每年必标举四时，所以简称《春秋》。它的内容可以现存的第一年为代表：

（隐公）元年，春，王正月。三月，公及邾仪父盟于蔑。夏，五月，郑伯克段于鄢。秋，七月，天王使宰咺来归惠公仲子之赗。九月，及宋人盟于宿。冬，十有二月，祭伯来。公子益师卒。

像这样的史记，列国都有的，大约鲁国的特别远久，特别全备。这些史记并不完全依事直叙。因为有些丑事，例如鲁桓公之死，根本不能直叙。再者，有些史官故意要把史事记错，来寄托褒贬的意思，或维持已失效的名分。例如晋灵公明明是被赵穿弑了的，但晋太史董狐却因为赵穿的兄弟赵盾“亡不越境，返不讨贼”，便记道“赵盾弑其君”。又如前六三二年周襄王应晋文公的唤召去参加践土之会，而现传的《春秋》却记道：“天王狩于河阳。”传说孔子曾采用与这两例一路的“书法”，将鲁史记中从隐公元年到哀公十四年的一段加以修改，而成为现存的《春秋经》。这一段所包括的时代（前七二二至前四八一年），史家因此称为春秋时代。《春秋经》之始于隐公不知何故，也许鲁史本来如此。它终于哀公十四年，传说是因为是年叔孙氏子出猎获麟；据说麟是预兆明王出现的祥兽，现在“明王不兴”而麟被猎获，孔子感觉道穷，因此含泪绝笔云。

总结孔子和六艺的关系：《诗》《书》，他只沿用做教本，而时或加以新的解释或引申。《易》，他不过偶尔征引。《礼》，他加以重新估价，并且在小节上偶有取舍；例如冕，古礼用麻，时礼用丝，孔子从众，因为当时用丝价廉；又古礼臣拜君于堂下，时礼拜于堂上，孔子从古礼，因为他觉得时礼近于放肆。至于《乐》和《春秋》，他虽加以修改，到底绍述的成分多而创作的成分少。“述而不作，信而好古”，原是他的自白。

但在学术上他果真是仅只述古的人吗？至少就道德的教说而论，那是不然的。有一回他问子贡：“你以为我是多多地学习却把所得牢记的吗？”子贡答道：“是的，难道不对吗？”孔子说：“不，我一以贯之。”他认定所有的道德规律中有一条最根本，最概括，可以包罗其他的。这种认识乃是道德思想上一大发明。孔子的一贯之道，据他的高足弟子曾参的了解而他所没有否认的便是“忠恕”，忠恕只是一种态度“仁”的积极和消极两方面。恕便是他所谓人人可以终身奉行的一个字，意义是“己所不欲，勿施于人”。忠的广义是“已欲立而立人，已欲达而达人”。忠的狭义是尽自己对他人的责任，甚至不顾任何的牺牲；“可以托六尺之孤，可以寄百里之命，临大节而不夺”。这种忠也就是勇了。所以说“仁者必有勇”。仁、勇，再加上智便是孔子心目中的全德。

第六节　孔子的晚年

孔子从卫归鲁，至迟当在哀公十二年春天之前。是年春季氏因为增加军赋的事咨访孔子。此时孔子已俨然一个国老，公卿不时存问，馈遗，国政也有资格过问。哀公十四年齐大夫陈恒弑君，孔子便斋戒沐浴，然后上朝，请求讨伐。和陈一丘之貉之三桓，虽能遏阻鲁国的义师，却不能遏阻孔子的义言。

和孔子的声望同时增加的是他的门徒，和门徒所带来"束脩"之类。此时他的生活很可以当得起一个退职的司寇，行则有车代步；衣则"缁衣（配以）羔裘，素衣麑裘，黄衣狐裘"；食则"食不厌精，脍不厌细。……失饪不食，不时（不合时的菜）不食，割不正不食，不得其酱不食。……沽酒市脯不食"；同回思在陈绝粮时的情景，已成隔世了。但那样的晚福他并不能久享。哀公十六年（前四七九年）四月（"夏历"二月），他卧病七日而死，享寿七十四岁。

孔子死后，门弟子把他葬在鲁都城北泗水边，并且为他服丧三年，然后洒泪分手。诸弟子和别的鲁人依孔子冢而居的有一百多家，名为"孔里"。冢前的空地，成了鲁儒举行乡饮、乡射等典礼的场所。城中孔子的故居被辟为他的庙堂，内藏他的衣冠、琴、车、书籍和礼器；孔门的儒者继续在其中学习礼乐。此后历尽四百年的兴亡和兵革，这庙堂里未曾歇过弦歌声。

孔子死后六年而越灭吴，又七十年而晋国三分，战国时代开始。

第五章

战国时代的政治与社会

第一节　三晋及田齐的兴起

春秋时代的历史大体上好比安流的平川，上面的舟楫默运潜移，远看仿佛静止；战国时代的历史却好比奔流的湍濑，顺流的舟楫，扬帆飞驶，顷刻之间，已过了峰岭千重。论世变的剧繁，战国的十年可以抵得过春秋的一世纪。若把战争比于赌博，那么，春秋的列强，除吴国外，全是涵养功深的赌徒，无论怎样大输，决不至卖田典宅；战国时代的列强却多半是滥赌的莽汉，每把全部家业做孤注一掷，每在旦夕之间，以富翁入局，以穷汉出场，虽然其间也有一个赌棍，以赌起家，终于把赌伴的财产骗赢净尽。

这变局怎样造成的？因为春秋战国之交记载特别残缺，我们还不能充分知道。但有一点可以确说的：先后参加这国运的狂赌的列强，即所谓七雄者，其中除燕国在春秋末期和战国初期的历史完全是空白外，其余赵、魏、韩、田齐、楚和秦，我们都知道是曾起过一番政治经济的大变革，曾把封建的组织加以人工地有计划地摧毁的；前四国本身并且就是政治革命的产物。

赵、魏、韩即所谓三晋。他们的前身是晋国的三个封区。赵氏的祖先本是累代替周王御车的。穆王时，著名的神御造父以功封于赵，因以邑为氏。造父的七世孙赵叔带，因为幽王无道，脱离周室，往仕晋国。后来晋献公用赵夙做“御戎”（战时御君车的），毕万为副，以灭耿、灭霍、灭魏。临到论功行赏，把耿给了赵夙，把魏给了毕万。此时赵氏在晋国始有了根据地，而毕万始建魏氏。韩氏也以封邑韩原得名，其受封略后于魏氏，惟确实年代不可考。前五八三年，晋景公听信谗言，疑赵氏谋叛，把这一家几乎杀尽了，把他的田邑没收了，因韩氏的劝谏，景公才复封赵氏一个仅存孤儿。这件故事，后经点窜，成为一件很动人的传说；我国在十八世纪间最先传译于欧洲的一部戏剧《赵氏孤儿》，是以这段传说做底子的。赵氏复嗣后，不到四十年，成为把握晋国政权的六卿中最强的一族。所谓六卿包括上说的三家和范氏、中行氏、智氏。范、中行氏后来和赵氏火并；内乱连年的结果，二氏于前四九一年（孔子卒前十二年）被逐出晋国。他们的土地终于归入其余的四家。前四五五年，智伯又胁迫着韩、魏和他合兵攻赵，把赵襄子围在晋阳。联军决汾水灌城，只差三版便把全城淹没。临到城快要破的时候，韩、魏却突然和赵勾结起来，把智伯杀掉，把他的土地也瓜分了。不久公室的土地也被分割到只剩下可忽略的数量，晋君竟卑屈到要去朝见三家的大夫，他后来的命运这里也可以不表了。前四〇三年，周威烈王竟把三家的大夫升格为侯。通常以这一年为战国时代的开场。于是三个新国出现于历史的舞台上；魏占有旧晋的中部和西南部，都于安邑（今山西夏县），赵占有旧晋的北部，都于中牟（今河北邢台与邯郸之间），韩占有旧晋的南部，都于阳翟（今河南禹县）。开国初的四十年内，三晋先后把国都迁到最适宜于向外发展的地带。赵南徙邯郸（今河北邯郸县）；韩灭郑，即以郑都为新都（今河南新郑）；魏则东徙大梁（今河南开封）。

《赵氏孤儿》的故事讲的是，春秋时期晋国最强大的太尉屠岸贾，掌握着晋国的政治、经济、军事三大命脉，他制造了宫廷政变，残害了忠臣赵朔。在一批忠臣的帮助下，赵朔之子得以存活，并在长大后为父报仇。图为《赵氏孤儿》的戏剧形象。

三晋建侯后十七年（前三八六年）而齐的蜕变也完成。这年齐大夫田氏托魏文侯请得了周王的册命，升格为侯。田氏即陈氏（陈田古音相同，春秋的记载用陈，战国的记载用田），他的始祖乃是陈国的一个公子，名完，和齐桓公同时的。公子完避乱奔齐，甚得桓公的宠悦，仕为“工正”，以祖国的名号为氏。传说公子完在本国娶亲之前，他的岳家为婚事问卜，得到下面的谶辞：

凤凰于飞，和鸣锵锵。

在妫之后，将育于姜。

五世其昌，并于正卿。

八世之后，莫之与京。

这神验的预言无疑地是事后追造的。所谓五世，便是弑齐简公的罪魁，孔子所要讨伐的陈恒。陈恒既立新君，便专齐政，把国内稍强大的贵族尽数锄去，只把自己的封地增加到多过齐君的采地。陈恒的儿子继做齐相，更把齐都邑的大夫尽换了自己的宗人，再传两世到田和，恰好遇着一个沉迷于酒色的齐康公。田和索性把他迁海边，留一个城邑给他过快活的日子，而自己践登侯位。

政变的潮流不久又波及周室。三晋和田齐的建国还须借重周王的册封。但三晋受封后三十五年，韩、赵便过河拆桥，合兵攻周，扶植两个有力的王亲，把周室分裂为二：东周都于洛阳的旧王城，西周都于巩。此后周王的力量还比不上从前一个侯国里的小封君了。

第二节　魏文侯李克、吴起

政权的转移每牵连到政制的改革。三晋和田氏，在地盘的扩张中，各把国内林立的小封君陆续兼并了，最后连公室也消灭了。在建国之前，即在竞争生存的时期，他们为免实力的分散，不能把新得的土地多所割封。齐晋旧有的小封君于是逐渐被非世职而无采邑的地方官吏所替代。当四氏建国时君主集权的局面同时成立，他们没有回到旧路的需要，而且权力这东西原是易握难放的，虽然此后这四国和同时的其他各国，偶然也把土地封给功臣或子弟，但受封的人数既绝少，每个封区若不是寥寥的数城或十数邑便是荒野的边地，绝不足和中央抗衡的，战国时代的国家，先后都向君主集权的路走，而最先走上这条路的是三晋和田齐。

这新建的四国当中，魏的新气象为最显著；他们的创业君主当中也以魏文侯为最英明。他开战国招贤养士的风气，在他的朝廷汇聚了国内外的人才。其中最可注意的除孔子的门人子夏外，还有李克（或作李悝）和吴起。

（一）李克，魏人，是子夏的弟子，做了文侯的卿相，他是我国第一个大法律家，手定魏国的新法典。后世所传他的《法经》六篇大约就是这法典的底稿。《法经》是我国第一部详细的律文，可惜已经亡佚了；我们只知道其中一篇叫作《网经》，是关于盗贼的劾捕的；另一篇叫作《杂律》，有轻狡、越城、博戏、借假、不廉、淫侈、逾制等条目。李克又替文侯改定税法。从他自己所述这新税法的提议中，很可以看出当时农民生活的情形，现在把原文抄在下面：

> 籴，甚贵伤民，甚贱伤农。民伤则离散，农伤则国贫。故甚贵与甚贱，其伤一也。善为国者，使民无伤而农益劝。今一夫挟五口，治百田亩。

岁收，亩一石半，为粟百五十石。除十一之税十五石，余百三十五石。食，人月一石半，五人终岁为粟九十石，余有四十五石，石三十（每石值三千钱），为钱千三百五十。除社闾、尝新、春秋之祠用钱三百，余千五十。衣，人率用钱三百，五人终岁用千五百，不足四百五十。不幸疾病死丧之费及上赋敛，又未与此。此农夫所以常困，有不劝耕之心，而令籴于甚贵者也。是故善平籴者必谨观岁，有上中下熟。上熟其收自四（收获为平时的四倍），余四百石；中熟自三，余三百石；下熟自倍，余百石。小饥则收百石，中饥七十石，大饥三十石。故大熟则上籴三而舍一（将农民所余四百石取去三百石），中熟则籴二，下熟则籴一，使民适足，价平则止。小饥则发小熟之所敛，中饥则发中熟之所敛，大饥则发大熟之所敛，而粜之（放给农民）；故虽遇饥馑水旱，籴不贵而民不散，取有余以补不足也。

这新税法的实行，是战国初年魏国富强的主要原因之一，但不知道它到底实行了多久。

（二）吴起，卫人，或说魏人。曾从曾子和子夏受学。他是战国著名的兵法家，有兵书传后（已佚，今本乃伪托）。他曾给文侯将兵大败秦国，后来任西河守，抵御秦、韩，魏甚得力。他将兵和最下级士卒吃着一样，睡不铺席，行不用车马，亲自负粮，和士卒分劳苦，因此大得军心。

吴起，战国初期著名的政治改革家，卓越的军事家、统帅。后世把他和孙武连称“孙吴”。图为吴起的画像。

吴起在魏国以军事显。但他的政治本领却留在楚国发挥。文侯死后，嗣君武侯，因受离间，对他生了疑心，他怕得罪，走去楚国。不久楚悼王任他做令尹。这时距吴人入郢有一百二十多年，楚灭了陈、蔡、杞、莒之后，疆宇大展，其国都久已迁回郢邑。吴起把三晋“明法审令”的一套介绍了过来，又教悼王把坐食无用的冗官悉数裁汰，把公族疏远的废掉，省下钱来养兵练兵，又把一部分贵族强迫迁徙，以实国中空虚之地；又替悼王立了一条新法，令每个封君的土地传过三世之后得交还国家，这就是说，用缓进的手段把封建制度推翻。因为这些改革，吴起成了楚国的贵族的怨府。悼王一死（前三八一年），他们便暴动起来，围攻吴起，吴起只得匿伏在王尸旁边。在刀箭纷集之下吴起和王尸一齐糜烂。太子正位后，借着毁坏王尸的“大不敬”的题目，大加株连，坐罪灭族的有七十多家。楚国的贵族几乎被一网打尽。楚国的新局面也就成立。

吴起死后二十年而秦国开始变法。

第三节　秦的变法

秦的发祥地在渭水上游的秦川的东岸（今甘肃天水县境），周孝王时，嬴姓的非子因替王室养马蕃息的功劳，受封在这里，建立了一个近畿的“附庸”。宣王时，秦庄公以讨伐犬戎有功受命为西陲大夫。及平王东迁，秦襄公带兵去扈卫，平王感念他的殷勤，才把他升在诸侯之列。这时畿内的丰岐一带已沦入犬戎，平王索性更做一个不用破费的人情，把这一带地方许给了秦，假如他能将犬戎驱逐。此后秦人渐渐地东向开拓，到了穆公的时代，更加猛进。穆公是春秋的霸主之一。他曾俘获了晋惠公，拿来换取晋国的河西地方；又灭梁，灭芮，都是黄河西岸与晋邻近的小国。他又潜师远出，希图灭郑，若不是郑商人弦高把噩耗发现得早，向祖国报讯得快，秦的铁手此时也许便伸入中原了。秦的东侵是晋的大忌。秦师这次由郑旋归，晋人也顾不得文公新丧，墨绖兴兵，把他们拦路截击，杀个惨败。后来穆公虽报了此仇，他东向的出路到底给晋人用全力扼住了。他只得回过头去“霸西戎”，结果，“兼国十二，开地千里”。穆公死时（前六二一年），秦人已占有渭水流域的大部分，已奠定一个头等国的基础。但此后二百多年间，秦的内部停滞不进，而晋始终保持着霸国的地位，继续把秦人东出的路堵住。

当战国开场的前后，秦在“七雄”中算是最不雄的一国，自前四二八年以降，四十多年间，他的政治出了常轨，大权落在乱臣手中。在这时期中，他有一个君主被迫自杀，一个太子被拒不得继位，另一个君主和母后一同被弑，沉尸深渊。魏人乘秦内乱，屡相侵伐，并且夺回穆公所得到的河西地方。

穆公的霸图的追续是自献公始。他即位的次年（前三八三年）便把国都从雍（今陕西凤翔县）东迁到栎阳（今陕西临潼县东北）。他恢复君权，整饬军旅，两败魏师。但秦国更基本的改革，更长足的进展，还要等待继他位的少年新君孝公和一个来自卫国的贵族少年公孙鞅。

公孙鞅原先游仕在魏。传说魏相公叔痤病到要死时，魏君（即日后的惠王）请他举荐继任的人，他便以卫鞅对。魏君默然不语。公叔痤更嘱咐道：若不用这个，必得设法把他杀掉，勿令出境。魏君答应去后，公叔痤立即唤叫卫鞅前来，把刚才的谈话告诉了他，劝他快走。他不慌不忙答道：魏君不能听你的话用我，又怎能听你的话杀我呢？后来闻得孝公即位，下令求贤，他才挟着李悝的《法经》，走去秦国。

前三五九年（孝公三年），孝公用卫鞅计颁布第一次的变法令。这令的内容包括两方面：（一）是刑法的加严加密。人民以十家或五家为一组，若一家犯法，其他同组诸家得连同告发，知情不举的腰斩；告发本组以外奸恶的与斩敌首同赏，藏匿奸人的与降敌同罚。（二）是富强的新策。凡不做耕织的游民收为公家的奴隶，努力耕织多致粟帛的人民免除徭役；家有两男以上不分居的纳加倍的人口税，私相殴斗的分轻重惩罚；非有军功的人不得受爵；服饰、居室和私有的田土奴婢的限度，按爵级区别，因此没有军功的人虽富也不得享受。这新法施行十年后，秦国家给人足，盗贼绝踪，百姓从诅咒转而歌颂。这新法的成效更表现在卫鞅的武功，前三五二年，他亲自领兵征魏，把魏的旧都安邑也攻破了。此役后二年，卫鞅又发动第二步的改革。把国都迁到渭水边的咸阳，在那里重新筑起宏伟的城阙和宫殿；统一全国的度量衡，把全国的城邑和村落归并为三十一县，每县设县令、丞（正副县长），把旧日封区的疆界一概铲平，让人民自由占耕未垦辟的土地，让国家对人民直接计田征税。第二步改革完成后，卫鞅于前三四〇年又领兵征魏，把魏将公子卬也虏了回来。于是孝公封卫鞅于商，为商君，后人因此称他为商鞅。但他的末日也快到了。先时第一次变法令公布后，人人观望怀疑。适值太子犯法，卫鞅便拿他做一个榜样，把他的师傅公子虔黥了。后来公子虔自己犯法，又被卫鞅劓了。前三三八年孝公死，太子继位后的第一件大事便是把商鞅族诛。但商鞅的政策却继续被采用。

秦地本是戎狄之区。西周的京畿虽建在其上，文明的透入始终不深，好比一件锦衣覆着褴褛。周室东迁后，锦衣一去，便褴褛依然。直至孝公变法时，秦人还不脱戎狄之俗。例如他们还父兄子弟和姑媳妯娌同寝一室，这大约是沿着游牧时代以一个帐幕为一家的经济办法。这种陋俗经商鞅的严禁才消灭。又例如秦国道地的音乐，直至战国晚年，还是“击瓮叩缶，弹筝搏髀，而歌呼呜呜”。没有受文明的雅化，也就没有受文明的软化。在六国中秦人是最犷野矫健的。商鞅的严刑峻法给他们养成循规蹈矩的习惯，商鞅的特殊爵赏制度使得对外战争成了他们唯一的出路。以最强悍、最有纪律的民族，用全力向外发展，秦人遂无敌于天下。

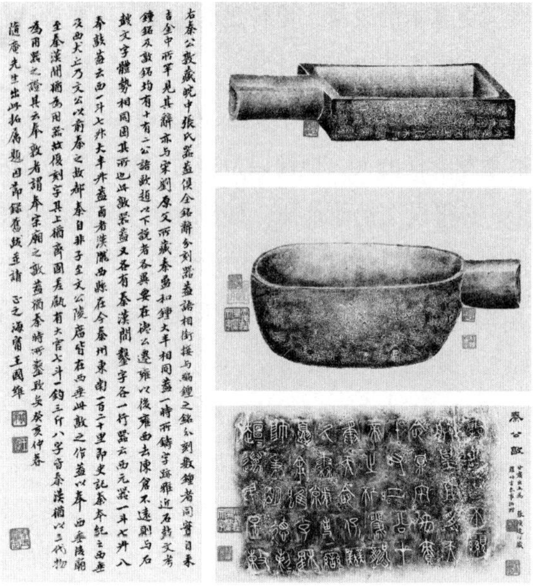

商鞅方升（右上）、秦公敦（右中）及其铭文拓片（右下）。二器俱为秦时统一度量衡时的量器。拓片先后经赵时棡、戚叔玉审定，左图为王国维在拓片上的题跋。

商鞅死后约莫七八十年，赵国的大儒荀卿游秦。据他所记，这时商鞅变法的成绩还历历可见。荀卿说：

> （秦之）国塞险，形势便，山林川谷美，天材之利多，是形胜也。入境观其风俗：其百姓朴，其声乐不流（淫荡）汙（猥亵），其服不挑（佻），甚畏有司而顺。……及都邑官府：其百吏肃然，莫不恭俭、敦敬、忠信。……入其国（首都），观其士大夫……不比周，不朋党，倜然莫不明通而公也。……观其朝廷，其朝（早）间听决，百事不留，恬然如无治者。

荀卿的弟子韩非也说：

> 今……（六国）言赏则不与，言罚则不行。赏罚不信，故士民不死也。今秦出号令而行赏罚，有功无功，相事也。……是故秦战未尝不克，攻未尝不取，所当未尝不破。

信赏必罚正是商鞅的政术。

荀卿又曾比较齐、魏和秦的强兵政策道：

> 齐人隆技击。……得一首者则赐赎锱（八两）金，无本赏矣（本赏大约是指战胜攻取之赏）。是事小，敌毳（脆），则偷可用也；事大，敌坚，则涣然离耳。……是亡国之兵也。……魏氏之武卒，以度取之（按一定标准挑选）：衣三属（层）之甲，操十二石之弩，负服矢五十个，置戈其上，冠軸（胄）带剑，赢（背）三日之粮，日中而趋百里。中试则复其户（免除赋役），利其田宅（给以好田宅）。是数年而衰，而未可夺也（合格的武卒，几年后便衰弱不可用。但其特权却不能剥夺）。……是故地虽大，其税必寡，是危国之兵也。秦人，其生民也狭厄（给人民的生路狭隘），其使民也酷烈。……忸（狃）之以庆赏，鰌（蹦）之以刑罚，使……民所以要利于上者，非斗无由也。厄（压迫）而用之，得而后功之（胜利才算功，不但计首级），功赏相长也。……故齐之技击，不可以遇魏氏之武卒；魏氏之武卒，不可以遇秦之锐士。

所说齐、魏的兵制，不知创行于何时，所说秦国的兵制正是商鞅所创的。

第四节　经济的进步与战争的变质

三晋建侯和商鞅之死，是世变程途中的两大块“记里石”。环这两大事件的一世纪左右（约前四二〇至前三二〇年）是一个大转捩的时期。在我国史上，恐怕只有从鸦片战争到现在的一段可以和他相比。不独春秋的四霸在这时期里先后蜕去封建的组织而变成君主集权的七雄，其他好些在春秋末叶已发端的趋势，如工商业的发达，都市的扩大，战争的剧烈化，新知识阶级的兴起，思想的解放等，从这时期以下，都加倍显著。七雄的树立，前面已表过；新知识阶级的兴起和思想的解放，详于次章，其他各端附记于此。

在春秋末叶，虽然已有和小封君一般阔绰的商人，但似乎还没有用奴隶和佣力支持的大企业。但在战国时代这种企业却出现了。以现在所知，和商鞅同时而稍后的，有一个洛阳大实业家白圭，“能薄饮食，忍嗜欲，节衣服，与用事僮仆同苦乐”；他“趋时若猛兽鸷鸟之发”。他自己说：“吾治生产，犹伊尹、吕尚之谋，孙、吴用兵，商鞅行法。”白圭不独是后世言治生术的始祖，并做过魏惠王的大臣，受过封邑，提倡过“二十而税一”的制度，又以善治水筑堤著名，自言“丹（白圭本名）之治水也愈于禹”，他俨然是一个战国时代的张南通。可惜关于他的史料太缺乏了。白圭所经营的主要是谷米和丝漆业。此后战国时代见于记载的大企业家，有以制盐起家的猗顿，有铁冶成业的邯郸郭纵（二人的正确年世不详），皆是富埒王者；有“畜牧大王”乌氏倮，他的牛马多至不能以头数，而用山谷量，他因此得到秦王政的优礼，地位侔于封君，岁时和列臣同赴朝请；又有巴蜀寡妇清，承受了擅利数世的丹穴，而能保守财富和贞操，因此得到秦王政的敬仰，为筑“女怀清台”。与工商业的发展相偕的是货币的进步和都市的扩大。铜钱的制造，不知始于何时，它的普遍的使用和多量通流当是春秋战国之交的事。文化较落后的秦国到前三三六年（商鞅死后一年）才开始行钱。黄金的用作货币最早亦当在战国初年。终春秋时代，国际间的贿赂以及君主对臣下的大宗赏赐没有用黄金的；但在战国时代此等贿赂和赏赐则用黄金为常了。当春秋晚年，除国都外，“千室之邑”已是标准的大邑，其时任何国都的人口虽不见于记载，我们即使算头等国的国都都比标准的大邑大十倍，也不过有一万户。但入战国时代，“万家之邑”已很普通。而齐的临淄，约在商鞅死后不久，人口已上七万户。“其民无不吹竽鼓瑟，弹琴击筑，斗鸡走狗，六博蹋鞠者。临菑之途，车毂击，人肩摩，连衽成帷，举袂成幕……”。洛阳在战国末年户数在十万以上。都市中物质文明的进步，从贵豪家的生活可见。《楚辞》中的《招魂》一篇（一说屈原作，一说屈原的弟子宋玉作），于楚国贵豪的生活有一段极精致的描写，引录于下：

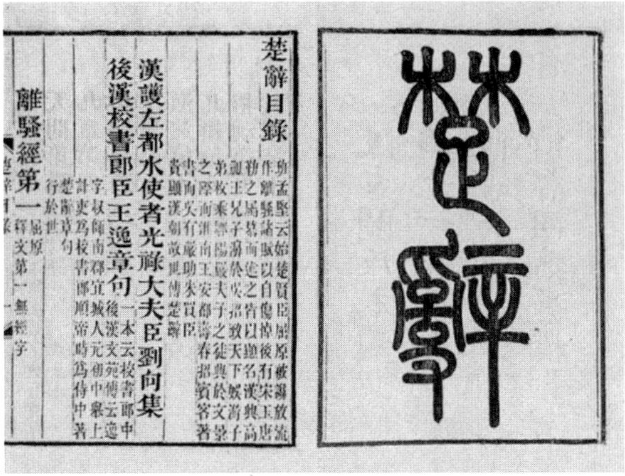

《楚辞》是中国汉族文学史上第一部浪漫主义诗歌总集和骚体类文章的总集。其是继《诗经》以后，对中国文学最具有深远影响的一部诗歌总集，它开创了中国浪漫主义文学的诗风，后世因此称此种文体为“楚辞体”、骚体。图为古代《楚辞》的影印本。

高堂邃宇，槛层轩些。层台累榭，临高山些。网户朱缀，刻方连些。冬有突夏，夏室寒些。川谷径复，流潺湲些。光风转蕙，泛崇兰些。经堂入奥，朱尘筵些。砥室翠翘，结曲琼些。翡翠珠被，烂齐光些。蒻阿拂壁，罗帱张些。纂组绮缟，结琦璜些。……红壁沙版，玄玉梁些。仰观刻桷，画龙蛇些。坐堂伏槛，临曲池些。芙蓉始发，杂芰荷些。紫茎屏风，文绿波些。文异豹饰，侍陂陀些。轩辌既低，步骑罗些。兰薄户树，琼木篱些。……室家遂宗，食多方些。稻粢穱麦，挐黄粱些。大苦咸酸，辛甘行些。肥牛之腱，臑若芳些。和酸若苦，陈吴羹些。濡鳖炮羔，有柘浆些。鹄酸臇凫，煎鸿鸧些。露鸡臛蠵，厉而不爽些。粔籹蜜饵，有餦餭些。瑶浆蜜勺，实羽觞些。挫糟冻饮，酎清凉些。华酌既陈，有琼浆些。……肴羞未通，女乐罗些。陈钟按鼓，造新歌些。涉江采菱，发扬荷些。美人既醉，朱颜酡些。娭光眇视，目层波些。被文服纤，丽而不奇些。长发曼鬋，艳陆离些。二八齐容，起郑舞些。衽若交竿，抚案下些。竽瑟狂会，搷鸣鼓些。宫庭震惊，发激楚些。吴歈蔡讴，奏大吕些。

我们若拿这一段和上引李克关于农民的描写并读，便看见人间的天堂和地狱。

与都市的繁荣相副的是交通的进步。当孔子之世，从吴都往郏国至快的行军要走三个月。但当战国初年，从鲁都往楚郢郢，个人的旅行，十昼夜便可抵达。这种进步似乎不由于运输工具上的新发明，而由于道路的开辟。而道路的修治多半由于军事上的需要。我们可以推想当春秋战国之际，我国在交通上曾起过一次大革命；许多国家，为侵略用兵的便利，都“堑山填谷”，以修筑新道路。此事虽然史无明文，但我们从下引战国人所传的两件故事可以得到一点消息：（一）中山国（在今滹沱河以北）有一部落叫作宂繇，智伯想灭掉他，却无路可通。于是铸了一个大钟，用两辆骈列的大车载着，要送给宂繇的君长。这君长于是“堑岸堙谷”，开路迎钟。智伯的军队却跟在大钟后面，把宂繇灭掉。（二）秦惠王想灭蜀，但山路险阻，兵路不通。于是雕了一只大石牛，每天派人秘密在它后面放一堆黄金，扬言石牛便金。他把这异宝赠给蜀侯。蜀侯于是“堑山填谷”，开路以迎石牛。秦惠王的军队，却跟在石牛后面，把蜀灭掉。这两件故事虽然未必全真，至少反映战国人对军事影响交通的认识。

顾名思义，战国时代的特色乃在战争。这时代的战争，在质量上都大变春秋的旧样。第一，直至春秋末年，最大的晋、楚两国，其兵力不过四千乘左右，以一乘战士十人计算，也不过四万人，再加一倍也不过十万人；而战国的七雄中秦、楚、齐、赵，各有“带甲百万”以上，韩、魏、燕的兵力也各不下六十万。第二，春秋时代的国防，其初只注意首都，后来才陆续给近边冲要的邑筑城。但除了少数有城的都邑外，其余的地方，敌国的军队可以随时通过，如入无人之境。但在战国时代，各国当敌的边境都筑起长城和堡垒，这表明国际的生存竞争已到了丝毫不能放松的地步了。第三，在春秋时代，征战的目的以取俘夺货，屈敌行成为常例；以占夺土地，残杀敌人为例外。在战国时代，则征战的目的以占夺土地,残杀敌人为常例,而仅只取俘夺货,屈敌行成为例外。国家对兵士，以首级论功，每次战争动辄斩首十万八万，甚至二十万，甚至一坑四十万。我们的辞典中最凶残的“屠城”一词是在战国时代出现的（见《荀子·议兵篇》）。“师之所处必生荆棘”“大兵之后必有凶年”，都是这时代人形容战祸的实话。第四，战争工具在这时代也大有进步：以前的兵器全是用铜的，此时已渐渐地代以铁和钢；以前纯用车战，只适宜于平原，而不适宜于山险，调动也很迟缓，此时则济以骑兵和步卒。此外攻城有“云梯”的器械，舟战有“钩拒”的器械，都是战国初年，鲁国一个大工匠公输般所发明的。第五，战争的技术在战国时代日益专门化了。当春秋之世，各国的军事领袖都是兼管民政的封君，纯粹的武将是没有的。战国初期大政治家像李悝、吴起、商鞅……都是能带兵出阵的，但自此时以降，文武渐渐分途。专门的名将如孙膑、穰苴、白起、王翦、廉颇、李牧等相继出现。专门化的趋势并且及于至少一部分常备的兵士。他们合格的标准已被提高。他们所受的训练，也更加繁重。他们和临时征发农民充当的兵卒已有天渊之别。从上引荀卿所说魏国的武卒可见一斑。因为统治者对军士的重视，民间也开始有结合团体，专习武技或兵法以供统治者选用的。这类团体中最著名的是墨翟所领导的“墨者”们，下文再将叙及。军事专门化之另一表征是兵书的撰著。我国重要的“武经”，如吴起的《吴子》、孙膑的《孙子》、穰苴的《司马法》、墨家的《备城门》等五篇和尉缭的《尉缭子》，全是战国时代的产品。

第五节　国际局面的变迁

晋国的西南角给黄河襂了一层，外面又给山地襂了一层，即属于所谓“表里山河”的地带，也就是扼着秦人东向出路的地带。这一部分的晋境，给魏国承受了。魏一日保持晋的霸威，秦一日不能大有发展。

魏文侯本已先秦孝公而著鞭。当战国开场的六十年间，魏是风头十足的一国。在他西边的秦，东边的齐，南边的韩、楚，北边的赵，没有不受过他的侵略。前三五三年他把赵都邯郸也攻破了，并且继续占据了两年，因为齐国的压迫才退出。前三四二年魏又伐韩，韩求救于齐，齐将用了一个和吴起齐名的兵法家孙膑做军帅，依他的计，领兵直捣魏的首都大梁。次年魏军还救，大败于马陵；十万雄师，一朝覆没，主帅太子申和将军庞涓都送了命。次年内，齐、秦、赵又连接向魏进攻（商鞅第二次征魏即在此时），连接把他打败。不久楚人也乘机来报复。计马陵之战后二十余年间，秦对魏五次用兵，魏对秦两次献地，秦人不独夺回河西，并且侵入河东、河南。

在四面受敌之下，魏君（后来的惠王）用了大哲学家惠施的计策，向齐国屈意修好；后来又用他的计策，于前三三四年和齐君相会于徐州，互认为王。这是魏人联络齐人的一种手段呢，抑或是抑制当时秦国挟周室以令诸侯的计策呢？恐怕两般都有。与齐、魏同时，燕、赵、中山（春秋时的白狄国鲜虞）亦称王，其后秦、韩、宋亦继步。从此周室的余威完全消灭了，从此“尊王”的招牌再没人挂了，旧时代所遗下的空壳已被打破了，新时代的幕已被揭开了。列强已毫无遮掩地以狰狞的面目相对，以血染的锋刃相指，再不用寻觅题目，以为夺地攻城的口实了。

虎狼的秦国既已“出柙”，六国的最大问题便是怎样应付他。六国的外交政策不出两途，即所谓“合从（纵）”和“连衡（横）”，或简称“从”和“衡”。依韩公子非在他的遗书里所下的界说：

从者，合众弱以攻一强也；

衡者，事一强以攻众弱也。

所谓一强，不用说是秦国了。秦在西方，六国皆在其东。六国中任何一国与秦国的结合是东西的结合，东西为横，故称连衡；六国共相结合是南北的结合，南北为纵，故称合从。合从当然是六国最安全的政策，也是秦人最惧怕的政策。直至后来六国都被证明已消失了单独抗秦的力量时，据荀卿的观察，秦人还是“谔谔然常恐天下之一合而轧己”。不过合从政策的持久有很大的困难。第一，除了些残余的可忽略的泗上小侯，如鲁、卫、邹（即春秋时的邾国）、滕等外，没有一个国家愿意维持现状，没有一个国家不想乘四邻的间隙扩张领土，便是不在七雄之列的宋，也经过东征西讨的回光返照之后才给齐国灭掉（前二八六年）。合从，则六国的出路只有一条，向秦进攻，而秦却不是好惹的。合从政策和六国的“帝国主义”根本冲突的。第二，齐、燕两国，距秦遥远；秦的东侵，直到很晚，还没有给他们以切肤之痛；因此他们对于合从运动的热心很容易冷下去。反之魏、楚、韩、赵，因为邻接秦国，他们一和秦绝交，外援未可必，而秦军先已压境；就因为始终怕吃一点眼前亏，他们很容易被秦人诱入“亲善”的圈套，而破坏从约。因此，战国时代的国际关系，好比时钟的摆往复于合从、连衡之间；每经一度往复，秦国的东侵便更进一步，六国的抵抗力便更弱一些。

自魏衰后，六国中声势足以与秦相埒，力量足以左右世局的唯有楚和齐，这两国若再倒坍，秦人“统一天下”的幸运便注定。下文略述楚和齐在纵横捭阖的变化中被削弱的经过。其他六国自相残杀和秦人脔割三晋的惨史，这里不必细表。

前三一八年六国第一次合从攻秦，以楚怀王为从长。但实际上参战的只有韩、赵。次年，这两国的兵被秦大败于修鱼（韩地），齐又倒戈攻赵、魏，这首次从约，不待秦人破坏先已瓦解。越一年，秦灭蜀，并灭巴，国境增加原有一倍以上，与楚的巫郡、黔中相接。于是秦人开始图楚。最为秦人所畏忌的是齐、楚的结合，秦人于是以商於之地六百里的许让为条件，诱得楚怀王与齐绝交，旋即食言。怀王大怒，于前三一二年，发兵攻秦。秦胁韩助战，大败楚军于丹阳，斩首八万，虏楚主将及裨将七十多人，并且占领了楚的汉中（汉水上游陕西湖北接界的一带地方）。怀王越怒，再以倾国的兵袭秦。战于蓝田，又是一败涂地。韩、魏还趁火打劫，侵楚至邓。次年秦又攻楚取召陵。自汉中失，郢都的西北屏藩撤，楚的国威大挫。其后不久（前三〇七年？）楚虽承越国内乱，攻杀越王无疆，尽取故吴地至浙江，所得还不足以补偿他这次的损失。

前三〇六年（？）齐又提议合从，自为从长，邀楚参加，这时正是楚人复仇的机会了，怀王也答应参加了。但一会受了秦人诱惑，忽然变起卦来，竟和秦国互结婚姻。前三〇三年，齐、魏、韩于是便连兵讨楚背约。怀王使太子质于秦，请得秦的救兵，三国才退去。但次年楚太子斗杀秦大夫，逃归。秦人得了这个好题目，便联合齐、韩、魏攻楚方城。接着又给了楚两次的惩创之后，秦忽然和楚“亲善”起来，并且请求怀王亲到秦楚交界的武关会盟。怀王待要不去，怕得罪了秦，又禁不起儿子的催促，便应命而往。他一入关，秦的伏兵便把关门闭起。他被领到咸阳，朝章台宫，如藩臣一般。秦人要他割让巫郡、黔中，以为释放他的条件，他也答应了。但秦要先得地，后放人！他愤而拒绝。在秦国羁留了两年，他试逃归，事泄，秦人截住楚道，他从间道走赵，赵不敢纳，正要往魏，而秦兵追至，把他押回，次年，他发病死。秦人把他的尸首送还，楚的老百姓都哀怜他，如像死了亲戚。但过了三年，秦军大败韩军，斩首二十四万级之后，投书楚顷襄王（怀王子）道：“楚倍秦，秦且率诸侯伐楚，争一旦之命，愿王之饬士卒，得一善战！”顷襄王给吓得心惊胆战，立即同秦国讲和，次年又向秦国迎亲。

楚怀王死后不久，齐国也由极盛而骤衰。自马陵之战，齐已代魏而为东方的领袖，三晋的君主都向他来朝。其后二十九年（前三一四年），齐乘燕王哙让位给卿相子之，燕太子逆着民意作乱的时机，出兵伐燕。燕人在离叛的状态之下，连城门也懒得关闭。齐兵不到两个月便攻破燕都；并且继续占据了三年，因诸侯的胁迫而退出。用齐宣王自鸣得意的话：“以万乘之国伐万乘之国，五旬而举之！”这样的武功直至此时，秦人也还没有尝试过。前二九六年，齐遂领着三晋和宋合从攻秦，秦人竟不敢应战。自楚衰后，齐、秦在列国中成了东西突起的两个高峰。为表示他们的特殊地位，秦昭襄王于前二八八年（怀王死后八年），约合齐湣王，同时把尊号升高一级；秦王为西帝，齐王为东帝，这个授议隐然有秦、齐平分天下的意思了。但秦的劝道只是“将欲取之，必固与之”的手段。他一则可以助长齐湣王的骄心，一则可以离间齐和别国的亲交。湣王底下未尝没有看出这诡计的人。所以他称帝后二日，便受劝仍复称王，昭襄王也只得照样。但湣王的帝号虽已取消，他的野心并没有减小。过了两年，他便举兵灭宋。接着又南割楚的淮北，西侵三晋，并且打算吞灭两周。泗上邹、鲁等小国的君主个个震恐，向齐称臣。宋在向戌弭兵之会后，曾先后吞并了曹、滕，在被灭之前已是一个拥有五千乘兵力的四千里之国，而宋王偃，虽然后世的史家把他比于桀、纣，却不是一个无抵抗主义者。灭宋，而齐的国力大大损耗。燕昭王方卑身厚币，筑馆招贤，伺机复仇。他看破了这一点，便于宋灭后二年（前二八四年）联合秦、楚和三晋，大举伐齐。燕将乐毅攻入临淄，把三十年前齐军在燕京的暴行照抄一遍。这泱泱大国的首都六七百来年所积的“珠玉财宝，车甲珍器”被劫夺一空。湣王出走，连历卫和邹、鲁，还始终摆着“东帝”的架子，责应供张，却到处碰钉，又走回齐国，结果为莒人所杀。别国的兵饱掠飏归后，燕军继续前进，五年之间，把整个齐国的七十余城，除了莒和即墨外都占领了，并且列为燕的郡县。这两个城之能够支持，因有田单在。田单是齐王室的支裔，初时做临淄市官底下的一个小吏。燕军入齐，他走回故乡安平，教族人把车轴的末端截去，加上铁套。安平破，齐人争路逃奔，多因车轴撞坏，给燕兵追及，掳去为奴。田单和他的族人独得脱身，走避即墨。燕兵围即墨，即墨大夫战死，城中无主。众人公推田单为将军，以抗燕。田单亲负版锸（筑城的用具）和士兵分劳，把酒肉尽量分给部下，把妻妾编在行伍间服务。两军正相持间而燕昭王死（前二七九年），他的继位的儿子，素与乐毅不睦，又中了田单的反间计，便请乐毅退歇，而用一个蹩脚的将军替代他。乐毅一去，燕军便如枯草败叶一般被田单扫出齐境。然而齐国已被蹂躏得体无完肤了！此后直至灭亡之前是他“闭门养痾”的时期。

东帝已被打倒了。秦人可以放胆为所欲为了。时局急转直下了。燕昭王死前一年，秦将司马错由蜀道攻占楚的黔中。又过二年，秦将白起出汉中，攻破鄢郢。把楚先王陵墓的宏伟建筑付之一炬，楚兵溃散不战，楚王狼狈迁都于陈国的故城；后来还不放心，又迁都于寿春（今安徽寿县）。秦人破鄢郢之后，即把他占领置为南郡。次年蜀郡守又占领楚的巫郡及江南。计四年之间，楚国蹙地殆半。结果他还是只得向秦求和。秦便暂时把他放下，而专力去宰割三晋。前二六〇年，白起的远征军败赵于长平（今山西高平县西北），活埋降卒四十万。赵的壮丁几乎在此役死尽。又四年，秦灭西周，西周君赴秦顿首受罪，尽献所属邑三十六，逃剩的人口三万和一些未散的宝器。同年周赧王死，再没人给他立后。周朝的残喘也断绝了。此时秦人正好打铁趁炉热地去吞并六国。但此时昭襄王已衰老，名将白起已被猜疑而诛死，而继昭襄王的两个君主，一个只享祚三日，一个只享祚三年，最后秦王嬴政又以冲龄践位，政权暂时落在母后和权相手中。因此秦人统一的大业被耽搁了二十多年，我们正好借这空闲，从喋血的战场转到历史中比较平静的一角。

第六章

战国时代的思潮

第一节　新知识阶级的兴起

当封建时代的前期贵族不独专有政权和田土，并且专有知识。闲暇和教育是他们所独享的，《诗》《书》《礼》《乐》完全与平民绝缘，在封建组织演化中，贵族的后裔渐渐有降为平民的，知识也渐渐渗入民间。初时在野的学人有两种，一是躬耕食力的隐者，二是靠相礼或授徒糊口的“儒”，这两种人在孔子以前都已存在，虽然他们最初出现的时候不能确定。

《诗》三百篇中已有些隐者的诗，例如：

十亩之间兮，桑者闲闲兮，行与子还兮。

十亩之外兮，桑者泄泄兮，行与子逝兮。

又例如：

衡门之下，可以栖迟。泌之洋洋，可以乐饥。

岂其食鱼，必河之鲂？岂其娶妻，必齐之姜？

这种淡泊自适的胸襟，绝不是没有学养的人所能道的。孔子以前的隐者，也有见于记载的。前五八六年，晋国起了大地震，梁山崩坍，都人惊惧，晋侯派传车去召大夫伯宗来商议，伯宗在半路遇着一辆载重的大车，喝令避开。赶车的人说：与其等待我，不如停车绕道，还来得快些。伯宗见他有胆识，和他问讯。原来他是绛人，问以绛事。答道：梁山崩坍，听说召伯宗来商议。问：伯宗来又怎么办呢？那人答道：“山有朽坏的土壤便崩坍下来，可怎么办呢？国以山川为主。若山崩川竭，国君得暂时减却盛馔，除去盛服，停止音乐，改乘缦车（没装饰的），出宿郊外，并且命祝去献币，史去陈辞，以致敬礼，不过如此而已。便伯宗来，又怎么办呢？”伯宗要带他去见晋君，他不答应，后来拿他的话转告晋君，被采用了。这位赶车的隐者，其识见竟敌得过当世晋国最足智多谋的大夫。到了春秋末年，明哲的人隐遁的更多，孔子至有“贤者避世，其次避地”之叹。这辈隐者，孔子师弟在游历的途中，屡有所遇，前面已叙及一例。但这时代的隐者和后来战国时代的隐者不同。他们在思想界是没有势力的。他们乃是真正的隐逸，既不著书立说，也没有当世的声名。他们的言行即使偶然闯入记载里，他们的姓氏也没有流传。

其次说“儒”。这一名词后世成了孔子信徒的专称，原初却不如此。《论语》里记孔子对一位弟子说：“汝为君子儒，毋为小人儒！”可见孔门之外尽多孔子所不取的小人儒。最初的儒，大约是公室氏室所禄养的祝、宗、卜、史之类，因主家的灭亡或衰落，而失去世职流落民间的，他们本来是贵族的“智囊团”，多半是兼通《诗》《书》《礼》《乐》的，所长特别是典礼的娴熟。他们失职之后，便靠帮助人家丧葬祭祀的大事（尤其是丧事）或传授《诗》《书》和《礼》文，以为生活。别的社会分子也有传授他们的衣钵，继续他们的业务的。这辈人渐渐成为社会上一特殊的流品。古礼是他们的饭碗，守旧是他们的习性，文弱是他们的本分。因为他们比较文弱，所以有儒之称，凡从需的字，大抵有柔缓的意思。他们之中也有堕落到只顾衣食，不讲廉耻，听说阔人有丧事，便率领子姓，如蚁附羶地不请自往；甚至有穷极无聊，乞人禾麦的。这类儒者大概即是孔子所谓小人儒。

伟大的儒者从孔子数起。“君子儒”的理想也是他首先提倡的。他和他的大弟子便是君子儒的榜样。他们也授徒，但不独传授技能，并且传授主义；他们也相礼，但把“礼之本”看得比礼文还重要。而且授徒相礼不过是他们的事业的一部分。他们最大的抱负乃在政治的建树，传统制度的拥护，武王周公时代的礼乐的复兴。孔子以前的儒者也许已有出仕于公室或氏室而做些家臣或邑宰之类的，但有主义、有操守地做政治活动的儒者，却以孔子为第一人。大概孔子死后，到了一个时期，所有的儒者，不分君子小人，或由师承，或由私淑，或由依附，都奉孔子为宗师。因此，儒与“孔子的信徒”合一。

但在春秋末年儒还只有职业阶级的意义而没有学派的意义。因为那时除了儒外似乎没有别的学派，至少别的特树一帜的学派。那时做政治活动的在野知识分子只有儒者。儒之成为学派的名称乃是战国初年的事；乃是有了与儒对抗的学派，即所谓“道术分裂”以后的事。最初与儒对抗的学派是墨翟所领导的墨家，和专替君做参谋、出法令的法家。而墨翟初时是“学儒者之业，受孔子之术”的；初期的法家代表人物，如李克、吴起，都是孔子的再传弟子。在墨家和法家出现以前，在野的知识界差不多给儒包办了。

自墨家和法家兴起以后，那不稼穑、无恒产，而以做官或讲学为生活的知识分子，即所谓“文学游说之士”者，派别日益纷繁。同时在政权的争夺，强邻的抗拒，或侵略的进行当中，列国的君相因为人才的需要，对于这班游士礼遇日益隆重。最著的，如在齐宣王的朝廷中，被爵为上大夫、“不治而议论”的游士一时有七十六人，宣王在临淄稷门外的稷下，“开第康庄之衢，高门大屋，（以）尊宠之”。因此有“稷下先生”的称号。其他来求利禄而未得晋身的游士还不知凡几呢。直至燕人之难后，稷下讲学的风气还没有消灭。下文将要叙及的重要思想家中，如孟轲、邹衍、荀卿先后都到过稷下。

第二节　墨　子

春秋时代最伟大的思想家是孔丘，战国时代最伟大的思想家是墨翟。孔子给春秋时代以光彩的结束，墨翟给战国时代以光彩的开端。

墨子和孔子同国籍（但墨子一生似乎在宋的时候多）。墨子的降生约略和孔子的逝世衔接。在战国及汉初，孔、墨是两位常被并称的大师，同以德智的崇高和信徒的广众为一般学人所敬仰，虽然汉以后孔子被人捧上神坛，而墨子则被人忘记了。就学术和生活而论，孔、墨却是相反的两极。孔子是传统制度的拥护者，而墨子则是一种新社会秩序的追求者。孔子不辞养尊处优，而墨子则是恶衣粗食、胼手胝足的苦行者。孔子不讲军旅之事，而墨子则是以墨守著名的战士。孔子是深造的音乐家，而墨子则以音乐为应当禁绝的奢侈。孔子不谈天道，而墨子则把自己的理想托为“天志”。孔子要远鬼神，而墨子则相信鬼神统治着人世。孔子卑视手艺，对于请“学稼”、“学圃”（种园）的弟子樊迟曾有“小人哉”之讥；而墨子则是机械巧匠，传说他曾创制过一只能自飞的木鸢。

在世界史上，墨子首先拿理智的明灯向人世做彻底的探照，首先替人类的共同生活做合理的新规划。他发现当前的社会充满了矛盾、愚昧和自讨的苦恼。他觉得诸夏的文明实在没有多少值得骄傲的地方。他觉得大部分所谓礼义，较之从前犊沐（在越东，大约今浙江滨海一带）国人把初生的长子肢解而食以求“宜弟”，及以新孀的祖母为接近不得的“鬼妻”而抛去不养等类习俗，实在是五十步之笑百步。看看诸夏的礼义是怎样的！为什么残杀一个人是死罪，另一方面，在侵略的战争中残杀成千成万的人却被奖赏，甚至受歌颂？为什么攘夺别人的珠玉以至鸡犬的叫做盗贼，而攘夺别人的城邑国家的却叫做元勋？为什么大多数的人民应当缩食节衣，甚至死于饥寒，以供统治者穷奢极欲地享乐？为什么一个人群统治权应当交给一家族世世掌握，不管他的子孙怎样愚蠢凶残？为什么一个贵人死了要把几十百的活人杀了陪葬？为什么一条死尸的打发要弄到贵室匮乏，庶人倾家？为什么一个人死了，他的子孙得在三年内做到或装成“哀毁骨立”的样子，叫作守丧？总之一切道德礼俗，一切社会制度，应当为的是什么？说也奇怪，这个人人的切身问题，自从我国有了文字记录以来，经过至少一二千年的漫漫长夜，到了墨子才把它鲜明地、斩截地、强聒不舍地提出，墨子死后不久，这问题又埋葬在二千多年的漫漫长夜中，到最近才再被掘起！

墨子的答案是很简单的，一切道德礼俗，一切社会制度应当是为着“天下之大利”，而不是一小阶级、一国家的私利。什么是天下的大利呢？墨子以为这只是全天下人都能安生遂生，继续繁殖，更具体地说，都能足食足衣，结婚育子。目前全天下人都能做到这一步了吗？不能。那么，墨子以为我们首先要用全力去做到这一步。至少这一步做到后怎办，墨子是没闲心去计及的。在做到这一步之前，任何人的享受，若超过遂生传种的最低限度需求，便是掠夺。“先天下之乐而乐”乃是罪恶。所以墨子和他的门徒实行极端的勤劳和节约。他们拿传说中沐雨栉风，为民治水，弄到腿上的毛都脱尽的大禹做榜样。他们的居室，茅茨不剪，木椽不斫；他们用土簋土碗，食藜藿的羹和极粗的高粱饭；他们的衣服，夏用葛布，冬用鹿皮，结束得同囚犯一样。他们说，非如此够不上禹道，够不上做墨者。按照墨子所找出的一切社会制度的道德根据，好些旧日大家所默认的社会情形，其有无存在的理由，是不烦思索的。侵略的战争是违反“天下之大利”的，所以墨子提倡“非攻”；统治阶级的独乐是违反“天下之大利”的，所以墨子提倡“节用”；厚葬久丧是违反“天下之大利”的，所以墨子提倡“桐棺三寸，服丧三日”的礼制。王侯世袭和贵族世官世禄是违反“天下之大利”的，所以墨子设想一个合理的社会，在其中，大家选举全天下最贤的人做天子；天子又选些次贤的人做自己的辅佐；因为“天下……博大，远国异土之民，是非利害之辩，不可一二而明知”，天子又将天下划分为万国，选各国中最贤的人做国君；国以下有“里”，里以下有“乡”；里乡长各由国君选里中乡中最贤的人充任；

乡长既然是乡中最贤的，那么全乡的人不独应当服从他的命令，并且得依着他的意志以为是非毁誉；等而上之，全天下人的是非毁誉都得依着天子的意志。如此则舆论和政令符合，整个社会像一副抹了油的机器，按照同一的方向活动。这便是墨子所谓的“上同”。

第三节 墨子与墨家

“天下之大利”的反面是“天下之大害”。我们一方面要实现“天下之大利”，一方面要消除“天下之大害”。墨子以为天下的大害，莫如大国之侵略小国，大家族之欺凌小家族，强者智者之压迫弱者愚者，以及一切伦常间的失欢失德，总而言之，即人与人的冲突。墨子推寻人们冲突的根本原因乃在彼此不相爱。假如人人把全人类看成与自己一体，哪里还有争夺欺凌的事？所以墨子又提倡“兼爱”，那就是说，对世上一切人都一视同仁地爱，不因亲疏而分差等。

反对墨家的人说道：兼爱诚然是再好不过的，可惜只是空想，不能实行！墨子答道：天下最苦的事，哪里有超得过“赴汤蹈火”？然而赏罚和毁誉竟能使人甘之如饴。兼爱至少不是“赴汤蹈火”一般的苦事。反之，“爱人者人恒爱之”，所得的报酬真是“一本万利”的。假如有以身作则的统治者拿奖励战死的精神奖励兼爱，拿惩罚逃阵的精神惩罚不兼爱，而社会的毁誉又从而援应之，哪怕人民不“风行草偃”地趋向兼爱？所以“上同”是必要的。

在圣贤的统治之下，大众“兼相爱，交相利”“有余力以相劳，有余财以相分”“老而无妻子者有所侍养以终其寿，幼弱孤童之无父母者有所放依以长其身”；整个社会里，没有贫富劳逸的不均，没有浪费和窘迫的对照，没有嫉妒、仇怨或争夺，这便是墨子的理想社会。

墨学在汉以后虽无嗣音，它的精华已为一部分儒家所摄取。所谓“大同”的观念即儒家讲政治所达到的最高境界，见于战国末年所作的《礼运篇》中者，实以墨家言为蓝本。《礼运》说：“大道之行也，天下为公，选贤与能，讲信修睦。故人不独亲其亲，不独子其子，使老有所终，壮有所用，幼有所长，鳏寡孤独废疾者皆有所养。男有分，女有归。货恶其弃于地也，不必藏于己；力恶其不出于身也，不必为己。是故谋闭而不兴，盗窃乱贼而不作，故外户而不闭，是谓大同。”我们试拿这段话和上述墨子的理想比较，便知道它们的符合绝不是偶然的。

这尊立于山东省滕州市的墨子塑像，以墨子“止楚攻宋”事件为题材，描写他穿着草鞋，拄着手杖（社会、政治、学术上具有权威的象征），背着行装，心急如焚，风尘仆仆地奔走在救民路上的情景，表现了墨子“急民所急，忧民而忧”的崇高品质和献身精神。

墨子不独有建设一个新社会的理想，并且在他的能力之内求它实现，他和他所领导的弟子三百余人便是他的理想的具体而微。

在战国的一切学派中，墨家是最特别的。法家者流不过是些异时异地、各不相谋的人物，后世因为他们的方术相同，给以一个共名而已。儒者虽然有时聚集于一个大师之下，也不成为什么组织。唯墨家则是一个永久的、有组织的团体。它的作用兼有技术的传授和职业的合作。这是一个“武士的行会”，它的事业，表面上像是和墨子的主义极端相反的，乃是战斗！不过墨子固然反对侵略的战争，却绝不是一个无抵抗主义者。他知道要消灭侵略的战争只有靠比侵略者更强顽的抵抗。所以他和弟子们讲求守御的技术，制造守御的器械，“以备世之急”。他们受君相禄养，替他们守城。墨家以外，给君相“保镖”为业的“侠士行会”，同时当尚有之，墨家的特色乃在奉行着一套主义，只替人守，不替人攻。平常墨者参加守御的战事固然是受雇的，但有时他们也自动打抱不平。前四四五年左右，公输般替楚国造“云梯”成，将用来攻宋，墨子在鲁国闻讯，一面派弟子禽滑釐等三百余人带着守御器械在宋城上布防，一面步行十日十夜到郢郢劝楚惠王罢兵。在惠王面前，墨子解带为城，以衣为械，和公输般表演攻守的技术，公输般攻城的机变出尽，而墨子守器有余，墨子又把禽滑釐等在宋的事实宣布，惠王只得罢兵。

像别的替君相保镖的游侠一般，墨者多半是从下层社会中来的。在同时的士大夫眼中墨子也只是一个“贱人”。这些“贱人”自然不会有儒家者流的绅士架子，他们的生活自然是朴陋的。他们的团体，像近世江湖的结帮一般，是“有饭大家吃，有钱大家花”的。这团体的领袖叫作“钜子”，是终身职，第一任钜子墨翟是大家拥护的，以后的钜子却大概是由前任指定。当墨家全盛时，这整个团体的意志统一在钜子之下。墨翟能使他的任何弟子“赴火蹈刃，死不旋踵”。这团体有特殊的法律，由钜子执行。现在仅得而知的，“墨者之法，杀人者死，伤人者刑”，绝无宽纵。墨子所提倡的种种社会理想，大致是墨者团体内所实行的，也许是以前同类的团体所已实行的。墨子的贡献也许是把这种团体的实际生活类推到极端，扩充到全人类，并且给以理论的根据。

墨子的死年不可确考，但必在前三八一年吴起之死以前。是年楚肃王穷治杀害吴起的贵族，其中有一个阳城君，墨者钜子和徒弟一百八十余人为他守邑抗官军而死。这钜子已不是墨翟而是孟胜。这一百八十余人的死无疑是墨家的一大损失。但它的损失还有更大的。墨子死后不久，墨家裂成三派，各自以为是正宗，不相上下，甚至互相倾轧。而墨子以后，墨家并没有十分伟大的领袖继起，如像儒家之有孟子、荀子，这也是墨家衰微的原因。

第四节 孟子、许行及周官

战国的历史可以分为三期：从三晋建侯（前四〇三年）至秦始变法（前三五九年）凡四十四年，是为初期；从秦始变法至秦齐相帝（前二八八年）凡七十一年，是为中期；从秦齐相帝至六国尽灭（前二二一年）凡六十七年，是为末期。

孟子（约公元前三七二至约前二八九年），名轲，字子舆，东周邹国（今山东邹城）人，战国时期伟大的思想家、文学家，儒家的主要代表人物之一。在政治上主张法先王、行仁政；在学说上推崇孔子，反对杨朱、墨翟。图为孟子画像。

当战国初期，对抗的显学只有儒墨；其时法家者流虽已出现，尚未加入论战的旋涡。到了中期则“百家之学”并起争鸣，而像儒墨法等大家中又分派。在战国思想中，初期好比树干始杈，中期则枝柯交错了。这中期的思想家里头，无论怎样胆大，怎样怪诞的，从劝人学禽兽一般恣情纵欲的它嚣、魏牟到劝人学石头一般无知无觉的田骈、慎到，都应有尽有，这一期的学说现在不能尽述，尤其是内中比较玄奥的哲理，本书因为性质所限，不能涉及。现在只讲这时期的几个代表思想家的人生观以及政治理想。先从儒家中在孔子底下坐第二把交椅的孟子说起。

像墨子一般，孟子也留意全人类的幸福。不过在替全人类的策划中，他们有这一点不同。墨子的出身无疑地是窭人子。他知道粒粟寸缕，只有靠血汗才换得来；他“昭昭然为天下忧不足”（用荀子形容墨子的话）。他觉得丝毫物质或精力的浪费是不可恕的罪恶，他觉得人们生在这世上，是来共患难的，不是来共安乐的，至少就目前和最近的将来而论是如此。孟子的家世虽不可知，然而他久游于物力充裕、夸诞成风的齐国，从一班被养着来高谈阔论的“稷下先生”中间出来，“后车数十乘，从者数百人，以传食于诸侯”；他对于世事的乐观，活像一个不知稼穑艰难的纨绔子。听他说的：“不违农时，谷不可胜食也；数罟不入洿池，鱼鳖不可胜食也；斧斤以时入山林，材木不可胜用也。”既然如此，人人稍为享乐些，甚至有些人特别享乐些也不为过了。所以他承认统治者厚禄的特权，在他的理想社会里，国家分为三等，上等国的官禄如下表：

庶人在官者	禄相当于百亩的出产
下士	与庶人在官者同禄
中士	禄二倍下士
上士	禄四倍下士
大夫	禄八倍下士
卿	禄三十二倍下士
国君	禄三百二十倍下士

不过孟子这个表与其说是替当时的统治者张目，毋宁说是制裁他们，因为他们实际的享受绝不止此。这时小至一个县令，身死以后，子孙也能累世乘车呢！

与孟子同时有一位楚人许行，他托为神农（神话中发明耕稼的圣帝）之言，提倡统治者和被统治者在经济上的绝对平等。他以为国君应当废掉府库，“与民并耕而食”。又主张用政府的力量规定物价：“布帛长短同则价相若，麻缕丝絮轻重同则价相若，五谷多寡同则价相若，屦大小同则价相若”；如此则“市价不二，国中无伪”，同时也再没人肯费力去制造华美的东西，奢侈不禁自绝了。

许行闻得滕国（齐、楚间小国）新即位的文公要行仁政，便率领弟子数十人来到滕都。他们虽受文公的礼遇，还穿着短衣，织席出卖以为生活。同时在宋国的儒者陈相，也受文公的吸引，和兄弟陈辛，肩着耒耜，走来滕国。他们听到许行的教说，立即把旧时所学的“周公仲尼之道”抛弃，而变成许行的信徒。

这时孟子恰在滕国。有一天陈相去看他，彼此间不免有一番论战。孟子提出分工的道理来，说道：做各种手艺的人，要精于所业，不能同时耕种，难道治天下的人就可以同时耕种了吗？“故曰：或劳心，或劳力；劳心者治人，劳力者治于人；治于人者食（供养）人，治人者食于人，天下之通义也。”这自然是再对没有的。从孟子书中的记载看来，陈相也好像被他长江大河的辞令驳得哑口无言。不过就许行的根本主张推论，治人者即使不能“与民并耕而食”，“禄足以代其耕”也就可以了。凭什么理由，他们应当享受三十二倍甚至三百二十倍于平民？凭什么理由，他们的子孙应当世世受着人民的供养？这是孟子所无暇计及的。这一点的忽略判定儒墨的荣枯。

不过孟子虽然承认世禄的贵族阶级，却怀疑天子世袭制度的合理。他设想一个德智兼全的圣人在天子之位，到了年老，则预选一个年纪较少的圣人，试使为相；如果这人的成绩彰著，便“荐之于天”，以为将来自己的替代者。老圣人死，少圣人便依法继位，这即后世所谓“禅让”制度。怎知道新君是被天所接受呢？天意是不可知的。但“天视自我民视，天听自我民听”。如果民心归附新君，即是天以天下与之。孟子相信，从前尧之于舜和舜之于禹，都实行禅让的办法。所以他谈到政治，必称尧舜。但他已认禅让之变为世袭是“莫之为而为之者，天也”。禅让似乎只是他憧憬中的理想而非认为必须实现的制度。

孟子虽然拥护统治者的若干特权，毕竟认定政府存在的唯一理由，是人民利益的保障。他说“民为贵，社稷次之，君为轻”。他对于民生问题，也有比墨子更具体的改革方案。

依孟子的理想，每国的“国中”（首都和它的附近）和“野”（“国中”以外的地方）应有不同的制度。于“野”，每方里（九百亩）的田土为一单位。这一单位分为九格，成井字形。旁边的八格，分给八家，叫作“私田”。中间的一格由政府保留，叫作“公田”。八家除了各耕私田外，同时合耕公田。“公事毕然后敢治私事。”私田的出产完全归各私家，公田的出产则拿去充有职或无职的贵族的俸禄。此外农民更不须纳什么租税，出什么力役。这是孟子所谓“九一而助”的办法，也就是后世许多儒者所憧憬着的“井田”制度。至于“国中”的办法，孟子书中的记载不大清楚，也许有点残缺，现在不必费神去推敲。总之，在这里，减轻赋役和平均土地分配的精神是和助法一致的。

在这种经济组织之下，人民可以“养生丧死无憾”了，但“养生丧死无憾”孟子只认为是“王道之始”。

什么是“王道之终”呢？那是用政府的力量，普及教育，使人人得而发展“人之所以异于禽兽”的特性。教育，在孟子以前是贵族的专利和其他少数人的幸运，把它普及于一般人，那是孟子的新要求，那是他指给后来的历史的新路。

再者，什么是“人之所以异于禽兽”的特性呢？

在孟子时代，一个新问题开始流行于思想界，那就是人性善恶的问题。所谓人性，是人人生来就有的品质。在这场争论中孟子是主张性善的。他以为人人生来就有仁、义、礼、智的趋势——“端”。所谓“仁之端”即对他人苦难的同情；所谓“义之端”即对不义事的羞恶；所谓“智之端”即辨别是非的能力；所谓“礼之端”即辞让的心情。孟子以为这四端“人之所不虑（思虑）而知……不学而能”的，也就是“人之所以异于禽兽”的。用全力去发展这四端，便是他所谓尽性。“尽性”的修养积之既久，人们便会仿佛感觉着自己的心中充满了一种“浩然之气”，“其为气也，至大至刚……塞乎天地之间”。具有这种气概的人“富贵不能淫，贫贱不能移，威武不能屈”，便是孟子所谓“大丈夫”。做到这样的大丈夫才是人生的最高的目的。

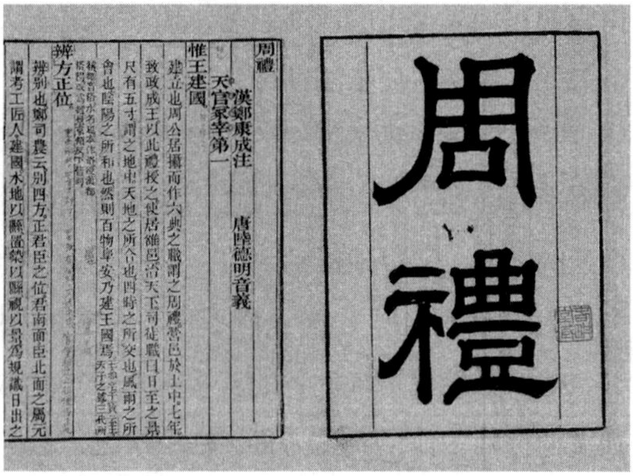
周禮
周禮
天官冢宰第一　漢鄭康成注　唐陸德明音義
惟王建國
建立也周公居攝而作六典之職謂之周禮營邑於土中七年
致政成王以此禮授之使居雒邑治天下司徒職曰日至之景
尺有五寸謂之地中天地之所合也四時之所交也風雨之所
會也陰陽之所和也然則百物阜安乃建王國焉
辨方正位
辨別也鄭司農云別四方正君臣之位君南面臣北面之屬元
謂考工匠人建國水地以縣置槷以縣視以景為規識日出之

《周官》全书的定型是在战国时期，西汉刘歆始称《周礼》，王莽时，《周官》更名《周礼》，置博士授业，内容才被公开。图为《周礼》的影印本。

这里可以附带讲一位不知名的政治思想家，即《周官》（亦称《周礼》）的作者。他无疑地是战国时人，但属于战国的哪一期和哪一国则不可知。我把他附在孟子之后，因为他的政治理想，在基本观念上是与孟子一致的；在细节上也有许多地方和孟子相同。儒家讲政治都是大体上拥护周朝的制度，即封建的组织，而在这躯壳内，提高人民的地位，改善人民的生活，发展人民的教育。

孔子如此，孟子也是如此，《周官》的作者也是如此。但在实施的办法上，则孟子讲得比孔子更精详，《周官》的作者讲得比孟子更精详。从思想发展的自然趋势看来，我推测《周官》的作者的时代当在孟子之后，而且是受到孟子的影响的。

《周官》的作者是一大学者，他似乎曾尽当时所能得到的文献对周制做过一番研究功夫。《周官》一书是他对周制的知识和他的社会理想交织而成的。这里不打算给这部书做一提要，只将其中若干进步的理想摘述于下。

（一）孟子以为政治当顺民意。《周官》的作者亦然。他主张国家遇着三种时机，应当把全国的人民（他理想中一个政府所直接统治最大范围是王畿，不过一千里见方）召齐来征询他们的意见。那三种时机，一是国家危急，二是迁都，三是君位的继承有了问题（大约是君死而无嫡子）。

（二）孟子于“国中”和“野”提出不同的平均地权的制度。《周官》的作者亦然。他主张把“郊”（相当于孟子所谓“国中”）的田地分为三等：上等是最饶沃而无须采用轮耕法的；中等是须用轮耕法而每耕一年之后须休歇一年的；下等是每耕一年之后须休歇两年的。上田每家给予一百亩，次田每家给予二百亩，下田每家给予三百亩。于“野”不行轮耕法而按照另外的标准把田分为三等。上田，每夫（即成年的男子）给予一百亩，另外荒地五十亩；次田，每夫给予一百亩，另外荒地一百亩；下田，每夫给予一百亩，另外荒地二百亩。

（三）孟子鄙视垄断的“贱丈夫”。《周官》的作者亦然。但他更想出由国家节制资本的具体办法。他主张遇天灾时和遇因季候关系而物产稀少时，禁止抬高物价。又主张国家设泉府一官，遇货物滞销，由泉府收买，待其价格升涨时，照原价卖于消费者。惟人民买泉府物时须得地方官吏保证，以防其转卖。这一来商人便无法贱买贵卖囤积居奇了。他又主张人民可以向泉府赊贷而纳很轻的利息。这一来富人便无法重利盘剥贫民了。

（四）孟子心目中的“王政”是要使普天之下无一人不得其所，甚至“内无怨女，外无旷夫”。《周官》于政府之社会救济的事业更有详细的规定，像荒政，像老弱孤寡的给养，不用说了。最可注意的是其中“医师”和“媒氏”两职。医师属下有许多内科和外科的官医，人民有病，由官医免费治疗。医师于每年年底统计官医的成绩，分别等第而加惩奖。每遇有病死的人，官医须记录其症候，送交医师。媒氏掌管人民的婚姻，他登记国内成年而无偶的男女给他们配合。每年二月他下令叫人民婚嫁，在这一月内，成年的男女可不经父母之命媒妁之言而自由配合。

（五）在教育方面，《周官》的作者的思想比孟子落后。在《周官》里，贵族子弟的教育是有特设的官职（保氏）和机关掌管的，但像孟子理想中为平民子弟而设的"庠、序"却没有。在郊的区域，政教合一，地方官同时就是人民的教师。但在野的区域里，则除了军事训练外政府不管人民的教育，地方官也无教育的职责。若不是作者有重内轻外的见解，便是认为"野人"是根本不可教的了。至于郊的区域里，教育实施的办法大略有四种。一是"读法"。每年内，不同等级的地方官，在不同的时节和不同的典礼中召集属下的人民读法。《周官》里所谓法比我们现在所谓法意义更广，它包括许多现在不属于法律范围的道德规条。二是训诫和赏罚。人民有违法纪而罪非甚重的，由执法的官吏召来训诫，经过若干次训诫无效，便加惩罚。品行优良的由地方官吏登记呈报，供政府选择任用。三是教导礼仪。党正（每五百家为一党，其长名党正）遇党内有祭祀、婚丧、宴饮等事，便去教导和纠正礼仪。四是会猎。各地的壮丁，每季聚齐举行田猎一次，由官吏率领。在猎事前后受武艺和战阵的训练。《周官》的教育理想是以六德六行六艺教万民（野人不在内）。所谓六德乃"智、仁、圣、义、中、和"；所谓六行乃"孝、友（亲于兄弟）、睦（亲于同族）、姻（亲于戚属）、任（信于朋友）、恤（救助贫乏）"；所谓六艺是"礼、乐、射、御、书、数"。作者更特别注重中、和、礼、乐。他说"礼以教中，乐以教和"。

第五节　杨朱、陈仲、庄周、惠施、老子

孟子攻击最力的论敌是墨翟和杨朱。据他说，当时“杨朱墨翟之言盈天下；天下之言，不归杨则归墨”。

杨朱据说见过魏惠王，大约是孟子的前辈，他的学说虽曾煊赫一时，他的事迹，却无传于后，他即使有著述，汉以后已亡佚。我们只能从战国人的称引中，窥见他的学说的一鳞一爪。与墨子的兼爱相针对的，他提倡“为我”（用现在的话说即自私），以为人生的最高目的，应当是各求自己舒适地生活下去——不放纵，也不吃苦，为达到这目的，人们应当“不入危城，不处军旅，不以天下大利易其一胫毛”。杨朱以为倘若人人能如此，天下便太平了。这种思想，无疑是一向独善其身的隐者给自己的生活的辩护。

稍后于杨朱而与孟子同辈的著名隐者有陈仲和庄周。

陈仲本是齐国的贵族。他的两个胞兄都食禄万钟。他却提倡“不恃人而食”的新道德；以为他们的禄是不义的禄，不肯食；以为他们的房屋是不义的房屋，不肯住。他带着妻室，避兄离母，另立家庭。他让妻缉练麻丝，自己织麻鞋出卖，以为生活。一日，他回旧家省母，适值有人送了鹅来，他厌恶道：要这鶃鶃的东西做甚？后来他的母亲瞒着他宰了那鹅给他吃。正吃时，他的一个兄长走来说道，这就是那鶃鶃的东西的肉啦。陈仲立即走到门外把它呕出来。他所实行的新道德，据说是“持之有故，言之成理”的，并且他的理论是很能“惑众”的，可惜其详现在不可得知了。

庄周，宋人，和主使齐魏称王的惠施同国籍，并且是很要好的朋友。但庄子却不乐仕进，仅做过本乡蒙邑的漆园吏。据说楚王有一次派人去聘他为相。他问来使道：“听说楚王有一只神龟，死去三千多年了。楚王把他藏在巾笥里。

《梦蝶图》为元人刘贯道所作。取材于“庄周梦蝶”的典故，将此场景置于炎夏树荫。童子抵树根而眠，庄周袒胸仰卧石榻，深陷梦乡。

这只龟宁愿死了留下骨头受人珍贵呢，宁愿活着在烂泥里拖尾巴呢？”来使答道：“宁愿活着在烂泥里拖尾巴。”庄子便说：“去吧！我要在烂泥里拖尾巴呢。”庄子善用恢奇的譬喻解说玄妙的道理。他的著作是哲学和文学的结合。论其想象的瑰丽和情思的飘逸，只有稍后的楚国大诗人、《离骚》的作者屈原，可以和他比拟。他以为理想中的“至人”——那泯视了生死、寿夭、成败、得失、是非、毁誉的差别，超脱了世间一切欲好的束缚，一切喜怒哀乐的萦扰，看得自己与天地万物合为一体，不知有“我”与“非我”相对立的“至人”——他以为这样的“至人”较之背像泰山，翼像遮天的云，乘着海风直上九万里，激水三千里，一飞要六个月才歇息的大鹏还更逍遥自在；至于一般萦萦扰扰的俗人则比于那些被榆枋撞倒在地上的蝉雀。他把当世思想界纷呶的辩论，比于飓风起时万窍的声响：发自崔嵬的岩壑，发自百围大树的窟窿，像鼻、像口、像耳、像瓶罍、像杯棬、像舂臼、像深池或像浅池的，吼的、号的、叱的、吸的、叫的、笑的、嗷嗷的、吁吁的、嘻嘻的，为态虽百殊，都是自然而然并且不得不然的天籁，都无是非曲直之可计较。

庄子在当世的思想家中最推重惠施，在过去的思想家中最推重老子。

惠施是战国初中期之交思想界里一颗彗星。整个战国时代的思辨力集中在人事界——在社会改造，战争的消灭，一切世间苦的解除，只有惠施曾把玄想驰骋到自然界上，据说他曾“遍为万物说，说而不休，多而无已，犹以为寡，益之以怪”；有人问他“天地所以不坠不陷（及）风雨雷霆之故”，他“不辞而应，不虑而对”。在社会思想上他有“去尊”之说，即废除尊卑的差别的主张，可惜其详不可得而考了。他著的书据说有五车之多，那时书用竹简写，一车的书未必抵得过现在一厚册。然而他的著作之富可说是前无古人了。可惜这五车的书只传下短短的十句话，至今哲学史家还不能尽解。

老聃传说是楚人，姓李名耳，做过周室的守藏史。传说孔子在中年曾往周都向他问礼，又现存的《老子》五千言相传就是他的遗著。不过老聃既然是这样一个名人，《老子》书又真是他所作，那么书中最露骨的主张，像“绝圣弃知”“绝仁弃义”之类，和孔、墨的学说都根本不相容的，不应在孔、墨时代的一个半世纪中，绝无人称引或批评的，而且书中所泄露的社会背景，像“万乘之国”“取天下”等话，决非孔子时代所有。因此好些史家都不相信《老子》书是孔子同时的老聃所作。但在战国晚期，这书中所具的学说已成为显学，而书中的话屡为《庄子》所引，那么这学说当有一部分产生于庄周著书之前，也许有一部分是承袭孔子同时的老聃的。我们不能起古人于地下，只好以这样不确定的结论自足了。

老子，姓李名耳，字聃，是我国古代伟大的哲学家和思想家。其思想的精华是朴素的辩证法，主张无为而治，其学说对中国哲学的发展具有深远影响。图为老子的画像。

世界上再没有五千字比《老子》书含义更富、影响更大的了。它阐明“物极必反”“福兮祸所伏”的原则；教人谦卑逊让，知足寡欲；教人创造而不占有，成功而不自居；教人将取先与，以退为进，以柔制刚，以弱胜强。以为文明是人类苦痛和罪恶的源泉，要绝弃知识，废除文字，而恢复结绳记事的老法，废弃舟车和一切节省人力的利器，让“邻国相望，鸡犬之声相闻，民至老死不相往来”。在政治上它主张统治者但摆个样子，一切听人民自便，不加干涉，像大自然之于万物一般。这便是它所谓“无为”。它否认有一个世界的主宰者，以为宇宙间的事物都是循着一定的法则，自然而然。它提出一个无形无质，不动不变，不可摹状，“玄之又玄”的“道”，以为天地万物的原始。《老子》书的作者和庄子都喜欢讲这个“道”，因此后人称他们为道家。庄子和他一派的学者都喜欢借神话中的黄帝的口吻来发表自己的思想，因此后人有“黄老”之称。

第六节　邹衍、荀卿、韩非

像众川到了下游，渐渐汇合入海，战国的思想到了末期有一显著的趋势，是混合。例如以儒家为主，而兼采墨、道的有荀卿；集法家各派的大成的有韩非。最后秦相吕不韦命众门客合纂了一部《吕氏春秋》，那简直是当时的流行思想的杂货店。今以荀卿、韩非及荀卿的同时人邹衍为主，略述这一期思想界的大势。

（一）邹衍，齐人，据说做过燕昭王师，死于长平之战以后。他的著作有十余万言，可惜都已亡佚列。邹衍的学说，现在所留传的有“大九州说”和“五德终始说”。邹衍以前的学者想象全世界是一块大陆，四围是海，海尽处与天相接；当时的中国（包括七雄和若干小国）几乎就是这大陆的全部；这大陆相传曾经夏禹划分为九州。邹衍却以为“儒者所谓中国者于天下乃八十一分居其一耳。中国名曰赤县神州。赤县神州内自有九州，禹之序九州是也……中国外如赤县神州者九……（各）有裨海环之，人民禽兽莫能相通。……乃有大瀛海环其（大九州）外，天地之际焉”。这便是大九州之说。（约略同时又有一种关于世界的想象，以为“凡四海之内，东西二万八千里，南北二万六千里。……凡四极之内，东西五亿［十万］有九万七千里，南北亦五亿有九万七千里”。说见《吕氏春秋》。）邹衍以前又有一种流行的思想，叫作五行说。五行说的出发点是认为万物皆由金木水火土五种元素构成，叫作五行。世间事物大抵可以凑成五项一组，和五行相配，如五色、五音、五味、五方等。遇着不够五项的事物便割裂足数，例如在四季里分出季夏凑够五时。各组中的任何一项和五行中与它相当的某项之间，有一种神秘的关系。例如五时中的春季和五色中的青同是和五行中的木相配的，所以帝王在春季要穿青色的衣服才吉利，这是五行的迷信的基本方式。当时的儒者又以为一年之中五行的势力轮流当盛。在某行当盛时，帝王除了须穿颜色与它相配的衣服外还有许多应做和不应做的事项：例如仲春应当行庆施惠，禁止伐木覆巢，不应当出兵。凡帝王在一年各时中应做和不应做的事项曾被列成时间表，叫作“月令”。邹衍更把“月令”的思想推广，以为自从“天地剖判”以来的历史也是给五行的势力，即所谓“五德”轮流地支配着。在某德轮值的时代须有某种特殊的服色、某种特殊的制度（关于正朔、数度和礼乐的制度）和某种特殊的政治精神，和它相配。例如周属火德，故色尚赤。某德既衰，继兴的一德，必定是与前相克的；例如水克火，故水德继火德。两德交替的时间，照例有些和新德相应的符瑞出现，符瑞所在，便是新时代的主人的所在。例如周文王时，有赤乌衔着丹书，落在周社。（月令和五德终始的思想，《周官》中无之，可见此书似作于邹衍之前）。

到邹衍时代，群龙无首的局面，已经历五百多年了。悯世的哲人都在盼望统一“偃兵”；苦命的民众都在盼望“真命天子”出现。邹衍的五德说正好给将兴起的新朝以制造符命的方法。这一系统应时的迷信，以著名夸诞的齐国做中心，不久便掩盖全国；而荀卿一派儒者所提倡的严肃的理智态度，竟被撇到历史的暗角里去了。

（二）荀子（名况，字卿），当孟子做齐国的客卿时，以一个俊秀的少年游学稷下，但及见湣王之死和长平之战，约略和邹衍并世。

孟荀是儒家中两位齐名的大师。他们同是孔子的崇拜者；同以周制的拥护者自命，同鼓吹省刑罚、薄税敛和息战争的“王政”。但这些同点并不能掩蔽他们间若干根本的差异。孟子的性格是豪放、粗阔的，荀子却是谨饬、细密的。这种差别从他们的文章也可以看得出，在他们的学说上更为显著。孟子相信人性是善的，以为只要让他顺着自然的趋向发展，不加阻碍，他便会走上正路。所以在个人的修养上，孟子注重内蕴的扩充，而不注重外表的抑制和典型的模仿；注重“先立乎其大者”，先握定根本的原则，而不注重枝节点滴的训练。在政治上，孟子注重在上者的感化和民众的教育，而不注重礼制的束缚。荀子则正正相反。他认定人性是恶的；若让人们顺着自然的趋向做去，结果只有争夺，暴乱；自然的人好比野兽，要靠礼制的练索把他捆住，才不致噬人；要靠日积月累地养成守礼的习惯，才会消除兽性。“礼”——这个名词荀卿从未曾给过明晰确定的界说，大约包括所有传统的仪节，传统的行为轨范和一些他所

龟鱼纹方盘，战国早期盥洗器。长方形，浅腹，折沿。盘的通体内外满饰华丽的花纹和多种浮雕的动物，以四只蹲踞的卧虎为足。盘底浮雕排列有序的鱼和龟，四侧饰有十二只浮雕蛙，以蟠螭纹构成水波流动的状态，画面生动。

认为合理的社会制度，尤其是规定贵贱、尊卑、贫富等阶级“身份”的制度——在荀卿看来，是一种社会的万应药。“人之命在天，国之命在礼”。

不过人性既然是恶的，那些改变人性而强人为善的“礼”却是怎样产生的？荀子以为人虽有恶性，同时也有教他趋乐避苦、趋利避害的智力。人们的智力不齐，智力最高的便是圣人。“礼”，是圣人为着人类的福利而创造出来的。人们要生存不能不分工互助，不能没有“群”（社会）。但人们若顺着本性做去，则任何人都是其他任何人的仇敌，根本不能有“群”。圣人造出种种礼制就是要使人们相让相安，使“群”成为可能。以人类的福利为礼制的根据，这是荀子本自墨家的地方。

荀子又承袭道家之说，以为宇宙间一切事变都循着永恒的法则。没有天意的主宰，没有妖祥的征兆。但不像道家的委心任命，他觉得正唯自然有固定的法则，人类可以利用这些法则去战胜自然。他又以为一切人为的法则，即一切礼制，也如自然的法则一般，适用于过去的必定适用于现在和将来。这是他拥护“周道”的论据，也是他反对法家因时变法说的论据。他绝不能想象同样的礼制在不同的生活环境里，可以有绝对不同的效果。

在一切的礼制中，荀卿特别注重贵贱贫富的阶级的差别。他以为若没有这种差别，社会秩序是不能维持的。他说：“两贵之不能相事，两贱之不能相使，是天数也。势位齐而欲恶同，物不能赡（供给），则必争，争则必乱。……先王恶其乱也，故制礼义以分之，使有贫富贵贱之等。足以相兼临者，是养天下之本也。”这就是说，人们天生是这样坏，若没有一种势力在上面镇压着，则除了所欲皆遂的人，个个都会做强盗。要维持这种镇压的势力，不能不设立一个特别贵和特别富的阶级。这是荀卿对许行的“神农之言”和惠施的“去尊”（废除尊卑的差别）说的总答复。这是荀卿对于传统制度的拥护比孟子更要细密的地方。

荀卿的礼治和法家的法治相差只这一间：礼制的维持毕竟靠风气和习惯的养成重于靠刑罚和庆赏的迫诱，而法家的行法则专靠刑罚和庆赏的迫诱而无暇顾及风气和习惯的养成。但荀卿的礼和法家的法有这一点根本的相同，它们对于个人都是一种外来的箝制，他只有服从的义务，没有选择的余地，没有怀疑和批评的自由。荀卿的思想和法家这样接近，他的门徒中出了一个集法家理论之大成的韩非和一个佐秦始皇实行法家政策的李斯，绝不是偶然的。

（三）在讲到韩非（韩国的公子，名非）之前，对于法家，是补一笔。法家和其他一切学派有一根本异点。别家讲政治总是站在人民的一边，替全天下打算。法家则专替君主打算，即使顾及人民也是为着君主的利益。这是无足怪的。法家的职业本来是专替君主做参谋。一个君主的利益没有大得过提高威权和富强本国；而且这些越快实现越好，至少要使他及身看见成功。这个问题，韩非把握得最紧，解答得最圆满。

韩非以前的法家有三派。其一重“术”，以在战国中期相韩昭侯的“郑之贱臣”申不害为宗。所谓“术”，即人主操纵臣下的阴谋，那些声色不露而辨别忠奸，赏罚莫测而切中事实的妙算。其二重“法”，以和申不害同时的商鞅为宗。他的特殊政略是以严刑厚赏来推行法令，使凡奉法遵令的人无或缺赏，凡犯法违令的人无所逃罚。其三重“势”，以和孟子同时的赵人慎到为宗。所谓势即是威权。这一派要把政府的威权尽量扩大而且集中在人主手里，使他成为恐怖的对象，好镇压臣下。这三派的注意点，韩非兼容并顾，故此说他集法家的大成。

韩非对于当世的君主有大旨如下的劝告：你们国弱的不是想强，国强的不是想更强，甚至用武力统一天下吗？这是无可非议的。不过大部分你们所采的手段，尤其是你们所认为最贤明的手段，尤其是儒家所进献的手段，若不是和你们的目的相反，便是离你们的目的很远。儒家（墨家也一样）不是教你们用贤人治国吗？你们试伸手一数，国内真正的贤人有几？可数得满十只手指？

但国内重要的官吏至少有一百。你们再等一辈子也找不到这么多贤人的。不要把心放在贤人上！不要怕人不忠，怕人作弊，要设法使人不能不忠，不敢作弊！我老师荀卿说得好，人天生是坏，天生贪利怕祸的。只要出可靠的重赏，什么事也有人替你们做到。只要布置着无可逃避的重刑，什么弊也可以禁绝。但注意，刑法不独要重，而且要使人无可逃避。无论怎样精细的网，若有了漏洞，就捉不到鱼！其次，儒家不是教你要爱民而且博得人民的爱戴吗？这于你们有什么好处？你们爱民，极其量不过如父母爱子，但顽劣的儿子，父母动不了他毫毛的，一个小小的县吏带着练索去拿人，就可以使他妥妥帖帖。要使人民服从，与其用爱，不如用威。而且人民的爱戴是靠不住的。能爱人者亦能恶人。你们若把自己的命运放在人民的爱戴上，一旦他们不爱戴了，又怎办？其次，那班满口禹、汤、尧、舜或神农、黄帝，以“是古非今”为高的“文学游说之士”，和那般成群结党以逞勇犯禁为义的剑击游侠之徒，不是世人所敬仰，而你们也敬仰着，甚至供养着的吗？这两色人到底于你们有什么用处呢？你们所需要的，第一是出死力打仗的兵士，第二是供给兵士以粮食的农民，现在说士和游侠既不替你们打仗，又不替你们耕田，都享着荣誉或富贵，而兵士和农民却处在社会的最下层，战士的遗孤甚至在路边行乞！“所利非所用，所用非所利”，这是再颠倒没有的了。何况说士和游侠，对于你们，不独无用，而且有害！游侠以行为破坏你们的法令，说士以议论破坏你们的法令。他们都是要于法令之外，另立是非的标准。他们的标准行，你们的威严便扫地。再可恶不过的是说士们称引先王批评时政。臣之尊君至少应当比得上子之尊父。设想一个儿子成日价对自己的父亲赞别人的父亲怎样晏眠早起，勤力生财，怎样缩食节衣，鞠养儿女，这对于自己的父亲，是怎样的侮谩。这种侮谩，明主是不受的。所以“明主之国，无书简之文，以法为教；无先王之语，以吏为师”。

韩非著的书，传到秦国，秦王嬴政读了，叹道：“寡人得见此人与之游，死不恨矣！”

第七章

秦始皇与秦帝国

第一节　吕不韦与嬴政

秦皇扫六合，虎视何雄哉！飞剑决浮云，诸侯尽西来。
明断自天启，大略驾群才。收兵铸金人，函谷正东开。
铭功会稽岭，骋望琅琊台。刑徒七十万，起土骊山隈。
尚采不死药，茫然使心哀！连弩射海鱼，长鲸正崔嵬。
额鼻像五岳，扬波喷云雷。鬐鬣蔽青天，何由睹蓬莱？
徐市载秦女，楼船几时回？但见三泉下，金棺葬寒灰！

（李白《古风》之一）

这首壮丽的诗是一个掀天揭地的巨灵的最好速写。这巨灵的来历，说来话长。

当长平之战前不久，有一个秦国王孙，名子楚的，被“质”在赵。他是太子安国君所生，却非嫡出，他的母亲又不得宠，因此赵人待他很冷薄，他连王孙的排场也苦于维持不住。但是阳翟（韩地）大贾吕不韦在邯郸做买卖，一看见他，便认为是“奇货可居”。

不韦见子楚，说道：“我能光大你的门庭。”子楚笑道：“你还是去光大自己的门庭吧！却来光大我的！”不韦说：“你有所不知，我的门庭要等你的来光大。”子楚明白，便和他商量两家光大门庭的办法。原来安国君最爱幸的华阳夫人没有生育的希望，安国君还没有立嗣。不韦一面献上巨款，给子楚结交宾客，沽钓声色，一面挚了巨款，亲到秦国，替他运动。不久华阳夫人便收到许多子楚孝敬的珍宝，不久她便时常听到人称赞子楚的贤能，不久她的姐姐便走来替她的前途忧虑，大意说道：“妹妹现在是得意极了，但可曾想到色衰爱弛的一天？到时有谁可倚靠！就算太子爱你到老，他百岁之后，继位的儿子，要和自己母亲吐气，你的日子就不好过。子楚对你的孝顺，却是少有的。何不趁如今在太子跟前能够说话的时候，把他提拔，将来他感恩图报，还不是同自己的儿子一般？”华阳夫人一点头，子楚的幸运便决定。

不韦回到邯郸时，子楚已成了正式的王太孙。不韦也被任为他的师傅。他们成功之后，不免用美人醇酒来庆祝一番。邯郸在战国以美女著名。不韦的爱姬，尤其是邯郸美女的上选，妙擅歌舞。有次她也出来奉酒，子楚一见倾心，便要不韦把她相让。不韦气得要死，但一想过去的破费和将来的利益，只得忍气答应。赵姬既归子楚，不到一年（正当长平之战后一年），产了一子，即是后来做秦王和秦始皇帝的嬴政。当时传说，赵姬离吕家之时，已经孕了嬴政。但看后来不韦所受嬴政的待遇，这传说多半是谣言。

嬴政于前二四六年即王位，才十三岁。这时不韦是食邑十万户的文信侯，位居相国；他从前的爱妾，已做了太后，并且和他私续旧欢。不韦的权势可以想象。他的政治野心不小，他招贤礼士，养客三千，打算在自己手中完成统一的大业。但嬴政却不是甘心做傀儡的。他即位第九年，太后的姘夫嫪毐在咸阳反叛，他用神速的手段戡定了乱事以后，乘机把太后的政权完全褫夺；并且株连到吕不韦，将他免职，遂归本封的洛阳，过了两年，又把他贬到蜀郡。在忧愤夹攻之下，不韦服毒自杀。

不韦以韩人而执秦政，他所客养和援用的又多三晋人，和他结交的太后又是赵女，这种“非我族类”的势力是秦人所嫉忌的。不韦罢相的一年（秦王政十年），适值“郑国渠”事件发生，更增加秦人对外客的疑惧。郑国也是韩人，为有名的水利工程师。韩廷见亡国的大祸迫在眉睫，派他往秦，劝秦廷开凿一条沟通泾水和洛水的大渠，借此消磨秦的民力，延缓他的对外侵略。这渠才凿了一半，郑国的阴谋泄露。其后嬴政虽然听了郑国的话，知道这渠也是秦国的大利，把它完成，结果溉田四万多顷，秦国更加富强；但郑国阴谋的发现，使秦宗室对于游宦的外客振振有词。嬴政于是下了有名的“逐客令”，厉行搜索，要把外籍的游士统统赶走。这命令因为李斯的劝谏而取消。但不韦自杀后，嬴政到底把所有送他丧的三晋门客驱逐出境。可见逐客令是和不韦有关的，也可见不韦的坍台是和种族之见有关的。

第二节　六国混一

嬴政既打倒了吕不韦，收揽了秦国的大权，便开始图谋六国。这时，六国早已各自消失了单独抗秦的力量。不过他们的合从还足以祸秦。嬴政即位的第六年，秦国还吃了三晋和卫、楚的联军一次亏。当时大梁人尉缭也看到的，假如六国的君主稍有智慧，嬴政一不小心，会遭遇智伯、夫差和齐湣王的命运也未可知。但尉缭不见用于祖国，走到咸阳，劝嬴政道："愿大王不要爱惜财物，派人贿赂列国的大臣，来破坏他们本国的计谋，不过花三十万金，六王可以尽虏。"嬴政果然采纳了这策略。此后六国果然再不费一矢相助而静待嬴政逐个解决。

首先对秦屈服，希望以屈服代替牺牲，而首先受牺牲的是韩。秦王政十四年，韩王安为李斯所诱，对秦献玺称臣，并献南阳地。十七年秦的南阳守将举兵入新郑，虏韩王，灭其国。李斯赴韩之前，韩王派了著名的公子韩非入秦，谋纾国难，嬴政留非，想重用他。但不久听了李斯和另一位大臣的谗言，又把他下狱。口吃的韩非有冤没处诉，终于给李斯毒死在狱中。

韩亡后九年之间，嬴政以迅雷烈风的力量，一意东征，先后把其余的五国灭了。这五国的君主，连够得上说抵抗的招架也没有，鸡犬似的一一被缚到咸阳。只有侠士荆轲，曾替燕国演过一出壮烈的悲剧。

秦王政十九年，赵国既灭，他亲到邯郸，活埋了所有旧时母家的仇人；次年回到咸阳，有燕国使臣荆轲卑辞求觐，说要进献秦国逃将樊於期的首级和燕国最膏腴的地域督亢的地图。献图的意思就是要纳地。秦王大喜，穿上朝服，排起仪仗，立即传见。荆轲捧着头函，副使秦舞阳捧着地图匣依次上殿。秦舞阳忽然股栗色变，廷臣惊怪，荆轲笑瞧了舞阳，上前解释道："北番蛮

秦始皇陵二号铜车马，一九八〇年在秦始皇陵西侧出土。此车单辕双轮。车厢有窗，门在后面，上有椭圆形车盖。车体上绘有彩色纹样，车马均有大量金银装饰。它代表了秦代青铜制造技术的高超境界，也反映了大秦气象。

夷的鄙人，未曾见过天子，所以惶恐失措，伏望大王包容，俾得完成使事。”秦王索阅地图，荆轲取了呈上。地图展到尽处，匕首出现！荆轲左手把着秦王的袖，右手抢过匕首，就猛力刺去，但没有刺到身上，秦王已断袖走开。秦王拔剑，但剑长鞘紧，急猝拔不出，荆轲追他，两人绕柱而走。秦廷的规矩，殿上侍从的人，不许带兵器，殿下的卫士，非奉旨不许上殿。秦王忙乱中没有想到殿下的卫士，殿上的文臣哪里是荆轲的敌手。秦王失了魂似的只是绕着柱走。最后，侍臣们大声提醒了他，把剑从背后顺力拔出，砍断了荆轲的左腿。荆轲便将匕首向他掷去，不中，中铜柱。这匕首是用毒药炼过的，微伤可以致命。荆轲受了八创，已知绝望，倚柱狂笑，笑了又骂，结果被肢解了。

风萧萧兮易水寒，

壮士一去兮不复还！

这是荆轲离开燕国之前，在易水边的别筵上，当着满座白衣冠的送客，最后唱的歌，也可以做他的挽歌。

荆轲死后六年（前二二一年），当秦王政在位的第二十六年而六国尽灭。于是秦王政以一道冠冕堂皇的诏令，收结五个半世纪的混战局面，同时宣告新帝国的成立。那诏书道：

……异日韩王纳地效玺，请为藩臣，……寡人以为善，庶几息兵革。已而倍约，与赵、魏合从畔秦，故兴兵诛之，虏其王。赵王使其相李牧来约盟，故归其质子。已而倍盟，反我太原，故兴兵诛之，得其王。赵公子嘉乃自立为代王，故举兵击灭之。魏王始约服入秦。已而与韩、赵

> 谋袭秦，秦兵吏诛，遂破之。荆王献青阳以西，已而畔约，击我南郡，故发兵诛，得其王，遂定其荆地。燕王昏乱，其太子丹乃阴令荆轲为贼，兵吏诛，灭其国。齐王用后胜计，绝秦使，欲为乱，兵吏诛，虏其王，平齐地。

所有六国的罪状，除燕国的外，都是制造的。诏书继续说道：

> 寡人以眇眇之身，兴兵诛暴乱，赖宗庙之灵，六国咸伏其辜，天下大定。今名号不更，无以称成功，传后世。其议帝号。

在睥睨古今、踌躇满志之余，嬴政觉得一切旧有的君主称号都不适用了。

战国以前，人主最高的尊号是王，天神最高的尊号是帝。自从诸侯称王后，王已失了最高的地位，于是把帝拉下来代替，而别以本有光大之义的“皇”字称最高的天神。但自从东西帝之议起，帝在人间，又失去最高的地位了。很自然的办法，是把皇字挪下来。秦国的神话里有天皇、地皇、泰皇，而泰皇为最贵。于是李斯等上尊号作泰皇。但嬴政不喜欢这旧套，把泰字除去，添上帝字，合成“皇帝”；又废除周代通行的谥法（于君主死后，按其行为，追加名号，有褒有贬的），自称为“始皇帝”，预定后世计数为二世皇帝，三世皇帝，“至于万世，传之无穷”。

同时始皇又接受了邹衍的学说，以为周属火德，秦代周，应当属克火的水德；因为五色中和水相配的是黑色，于是把礼服和旌旗皆用黑色；又因为四时中和水相配的是冬季，而冬季始自十月，于是改以十月为岁首。邹衍是相信政治的精神也随着五德而转移的。他的一些信徒认为与水德相配的政治应当是猛烈苛刻的政治，这正中始皇的心怀。

第三节　新帝国的经营

秦自变法以来，侵略所得的土地，大抵直隶君主，大的置郡，小的置县，郡县的长官都非世职，也无世禄。始皇沿着成例，每灭一国，便分置若干郡。而秦变法以来新设的少数封区，自从嫪毐和吕不韦的诛窜已完全消灭，既吞并了六国，秦遂成为一个纯粹郡县式的大帝国。当这帝国成立之初，丞相绾主张仿周朝的办法于燕、齐、楚等僻远的地方，分封皇子，以便镇慑，但他的提议被李斯打消了。于是始皇分全国为三十六郡，每郡置守，掌民政；置尉，掌兵事；置监御史，掌监察。这种制度是仿效中央政府的。当时朝里掌民政的最高官吏有丞相，掌兵事的最高官吏有太尉，掌监察的最高官吏有御史大夫。

这三十六郡的名称和地位是现今史家还没有完全解决的问题。大概地说，秦在开国初的境域，北边包括今辽宁的南部，河北、山西及绥远、宁夏两省的南部；西边包括甘肃和四川两省的大部分；南边包括湖南、江西和福建；东以福建至辽东的海岸为界。从前臣服于燕的朝鲜，也成为秦的藩属。此外西北和西南边外的蛮夷君长称臣于秦的还不少。我们试回想姬周帝国初建时，西则邦畿之外，便是边陲，南则巴蜀、吴、楚皆属化外，沿海则有徐戎、淮夷、莱夷盘据，北则燕、晋已与戎狄杂处；而在这范围里，除了“邦畿千里”外，至少分立了一百三十以上的小国。我们拿这种情形和三十六郡一统的嬴秦帝国比较，便知道过去八九百年间，诸夏民族地盘的扩张和政治组织的进步了。峄山的始皇纪功石刻里说：

> 追念乱世，分土建邦，以开争理。攻战日作，流血于野。自泰古始，世无万数，陁及五帝，莫能禁止。乃今皇帝，壹家天下，兵不复起。灾害灭除，黔首康定，利泽长久。

这些话一点也没有过火。

在这幅员和组织都是空前的大帝国里，怎样永久维持皇室的统治权力，这是始皇灭六国后面对着的空前大问题，且看他如何解答。

帝国成立之初，始皇令全国“大酺”来庆祝（秦法平时是禁三人以上聚饮的）。当众人还在醉梦的时候，他突然宣布没收民间一切的兵器。没收所得，运到咸阳，铸成无数大钟和十二个各重一千石以上的“金人”，放在宫廷里。接着他又把全国最豪富的家族共十二万户强迫迁到咸阳，放在中央的监视之下。没有兵器，又没有钱财，人民怎能够作得起大乱来？

次年，始皇开始一件空前的大工程：建筑脉通全国的“驰道”，分两条干线，皆从咸阳出发，其一东达燕、齐，其一南达吴、楚。道宽五十步，道旁每隔三丈种一株青松，路身筑得坚而且厚，遇着容易崩坏的地段，并且打下铜桩。这宏大的工程，乃是始皇的军事计划的一部分。他灭六国后防死灰复燃，当然不让各国余剩的军队留存。但偌大的疆土若把秦国原有的军队处处分派驻守，则分不胜分。而且若分得薄，一旦事变猝起，还是不够应付；若分得厚，寖假会造成外重内轻的局面。始皇不但不肯采用重兵驻防的政策，并且把旧有六国的边城，除燕、赵北边的外，统统拆毁了。他让秦国原有的军队，依旧集中在秦国的本部，少数的地方兵只是警察的性质。驰道的建筑，为的是任何地方若有叛乱，中央军可以迅速赶到去平定。历来创业之主的军事布置没有比始皇更精明的了。（一八九六年李鸿章聘使欧洲，过德国，问军事于俾斯麦，他的劝告有云：“练兵更有一事须知：一国的军队不必分驻，宜驻中权，扼要地，无论何时何地，有需兵力，闻令即行，但行军的道路，当首先筹及。”这正是秦始皇所采的政策。）

武力的统治不够，还要加上文化的统治；物质的缴械不够，还要加上思想的缴械。始皇三十四年（始皇即帝位后不改元，其纪年从即王位以来计），韩非的愚民政策终于实现。先是始皇的朝廷里，养了七十多个儒生和学者，叫做博士。有一次某博士奉承了始皇一篇颂赞的大文章，始皇读了甚为高兴，另一位博士却上书责备作者的阿谀，并且是古非今地对于郡县制度有所批评。始皇征问李斯的意思。李斯覆奏道：

古者天下散乱，莫之能一。是以诸侯并作，语皆道古以害今，饰虚言以乱实，人善其所私学，以非上所建立。今陛下并有天下，别白黑而定一尊。而私学乃相与非法教之制，闻令下，即各以其私学议之，入则心非，出则巷议，非主以为名，异趣以为高，率群下以造谤。如此不禁，则主势降乎上，党与成乎下。禁之便。臣请诸有文学《诗》《书》百家语者，蠲除去之。令到，满三十日弗去，黥为城旦（城旦者，旦起行治城，四岁刑）。所不去者，医药、卜筮、种树之书。若有欲学者，以吏为师。

始皇轻轻地在奏牍上批了一个“可”字，便造成了千古叹恨的文化浩劫。

以上讲的是始皇内防反侧的办法。现在再看他外除边患的努力。

自从战国中期以来，为燕、赵、秦三国北方边患的有两个游牧民族，东胡和匈奴——总名为胡。东胡出没于今河北的北边和辽宁、热河一带，受他寇略的是燕、赵。匈奴出没于今察哈尔、绥远和山西、陕、甘的北边一带，燕、赵、秦并受他寇略。这两个民族，各包含若干散漫的部落，还没有统一的政治组织。战国中期以前的历史十分茫昧。他们和春秋时代各种名色的戎狄似是同一族类，但是否这些戎狄中某部分的后身，否则和各种戎狄间的亲谊是怎样，现在都无从稽考了。现在所知道秦以前的胡夏的关系史只有三个攘胡的人物的活动。第一个是和楚怀王同时的赵武灵王。他首先采用胡人的特长，来制胡人；首先脱却长裙拖地的国装，而穿上短衣露绔的胡服，以便学习骑战。他领着新练的劲旅，向沿边的匈奴部落进攻，把国土向西北拓展；在新边界上，筑了一道长城，从察哈尔的蔚县东北（代）至河套的西北角外（高阙）；并且沿边设了代、雁门和

长城，是古代中国在不同时期为抵御塞北游牧部落侵袭而修筑的规模浩大的军事工程的统称。长城始建于春秋战国时期，历史达两千多年。今天所指的万里长城多指明代修建的长城。图为长城风景图。

云中三郡。第二个攘胡的英雄是秦舞阳(随荆轲人秦的副使)的祖父秦开。他曾被“质”在东胡，甚得胡人的信任。归燕国后，他率兵袭击东胡，把他们驱逐到一千多里外。这时大约是乐毅破齐前后。接着燕国也在新边界上筑一道长城，从察哈尔宣化东北（造阳）至辽宁辽阳县北（襄平）；并且沿边设了上谷、渔阳、右北平、辽西和辽东五郡。秦开破东胡后，约莫三四十年，赵有名将李牧，戍雁门、代郡以备胡。他经了长期敛兵坚守，养精蓄锐，然后乘着匈奴的骄气，突然出战，斩了匈奴十多万骑，此后十几年间，匈奴不敢走近赵边。

当燕、赵对秦做最后挣扎时，无暇顾及塞外。始皇初并六国，忙着辑绥内部，也暂把边事抛开。因此胡人得到复兴的机会。旧时赵武灵王取自匈奴的河套一带，复归于匈奴。始皇三十二年，甚至听到“亡秦者胡”的谶语。于是始皇派蒙恬领兵三十万北征。不久把河套收复，并且进展至套外，始皇将新得的土地，设了九原郡。为谋北边的一劳永逸，始皇于三十三、三十四年间，又经始两件宏大的工程：其一是从河套外的九原郡治，筑了一条“直道”达到关内的云阳（今陕西淳化县西北，从此至咸阳有泾、渭可通），长一千八百里；其二是把燕、赵北界的长城，和秦国旧有的西北边城，大加修葺，并且把它们连接起来，傍山险，填溪谷，西起陇西郡的临洮（今甘肃岷县境），东迄辽东郡的碣石（在渤海岸朝鲜境），成就了有名的“万里长城”。

始皇的经营北边有一半是防守性质，但他的开辟南徼，则是纯粹的侵略。

现在的两广和安南，在秦时是“百越”（越与粤通）种族所居。这些种族和浙江的於越，大约是同出一系的，但文化则较於越远为落后。他们在秦以前的历史完全是空白。在秦时，他们还过着半渔猎、半耕稼的生活；他们还仰赖中国的铜铁器，尤其是田器。他们还要从中国输入马、牛、羊，可见牧畜业在他们中间还没发达。不像北方游牧民族的犷悍，也没有胡地生活的艰难，他们绝不至成为秦帝国的边患。但始皇却不肯放过他们。灭六国后不久（二十六年？）即派尉屠睢领着五十万大军去征百越，并派监禄凿渠通湘、漓二水（漓水是珠江的上游），以便输运。秦军所向无敌，越人逃匿于深山丛林中。秦军久戍，粮食不继，士卒疲饿。越人乘机半夜出击，大败秦军，杀屠睢。但始皇续派援兵，终于在三十三年，把百越平定，将他们的土地，分置南海郡、桂林郡和象郡（南海郡略当今广东省，桂林郡略当广西省，象郡略当安南中北部）。百越置郡之后，当时中国人所知道的世界差不多完全归到始皇统治之下了。琅琊台的始皇纪功石刻里说：

> 六合之内，皇帝之土。西涉流沙，南尽北户，东有东海，北过大夏。人迹所至，无不臣者。

至是竟去事实不远了。

以上所述一切对外对内的大事业，使全国瞪眼咋舌的大事业，是始皇在十年左右完成的。

第四节　帝国的发展与民生

像始皇的励精刻苦，在历代君主中，确是罕见，国事无论大小，他都要亲自裁决；有一个时期，他每日用衡石称出一定分量的文牍，非批阅完了不肯休息。他在帝位的十二年中，有五年巡行在外；北边去到长城的尽头——碣石，南边去到衡山和会稽岭。他觉得自己的劳碌，无非是为着百姓的康宁。他对自己的期待，不仅是一个英君，而且是一个圣主。他唯恐自己的功德给时间掩没。他二十八年东巡时，登峄山，和邹鲁的儒生商议立石刻词，给自己表扬；此后，所到的胜地，大抵置有同类的纪念物。我们从这些铭文（现存的有峄山、泰山、之罘、琅琊、碣石、会稽六处的刻石文；原石唯琅琊的存一断片）可以看见始皇的抱负，他“夙兴夜寐，建设长利，专隆教诲”。他“忧恤黔首（秦称庶民为黔首），朝夕不懈”。他“功盖五帝，泽及牛马”。而且他对于礼教，也尽了不少的力量。

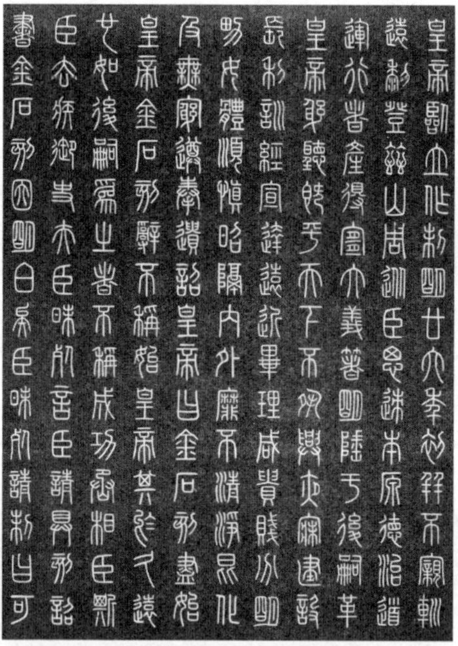

泰山刻石是公元前二一九年秦始皇东巡泰山时所刻，由丞相李斯所书。书法严谨浑厚，平稳端宁；字形公正匀称，修长婉转；线条圆健似铁，愈圆愈方；结构左右对称，横平竖直，外拙内巧，疏密适宜，具有极高的艺术价值。图为泰山刻石拓片局部。

他明立法："饰省宣义，有子而嫁，倍死不贞；防隔内外，禁止淫泆，男女絜诚；夫为寄豭，杀之无罪，男秉义程；妻为逃嫁，子不得母，咸化廉清；大治濯俗，天下承风，蒙被休经。"在他自己看来，人力所能做的好事，他都做了。而且他要做的事，从没有做不到的。他从没有一道命令，不成为事实。从没有一个抗逆他意旨的人，保得住首领。他唯一的缺憾就是志愿无尽，而生命有穷。但这也许有补救的办法。海上不据说有仙人所居的蓬莱、方丈、瀛洲三岛吗？仙人不有长生不死的药吗？他即帝位的第三年，就派方士徐福（一作市，音同）带着童男女数千人，乘着楼船，入海去探求这种仙药，可惜他们一去渺无消息（后来传说徐福到了日本，为日本人的祖先，那是不可靠的）。续派的方士回来说，海上有大鲛鱼困住船只，所以到不得蓬莱。始皇便派弓箭手跟他们入海，遇着这类可恶的动物便用连弩去射。但蓬莱还是找寻不着。

始皇只管忙着去求长生，他所"忧恤"的黔首却似乎不识好歹，只盼望他速死！始皇三十六年，东郡（河北、山东毗连的一带）落了一块陨石，就有人在上面刻了"始皇帝死而地分"七个大字。

始皇能焚去一切《诗》《书》和历史的记录，却不能焚去记忆中的六国亡国史；他能缴去六国遗民的兵器，却不能缴去六国遗民（特别是一班遗老遗少）的亡国恨；他能把一部分六国的贵族迁到辇毂之下加以严密的监视，却不能把全部的六国遗民同样处置。在旧楚国境内就流行着"楚虽三户，亡秦必楚"的谚语。当他二十九年东巡行到旧韩境的博浪沙（在今河南阳武县东南）中时，就有人拿着大铁锤向他狙击，中了副车，只差一点儿没把他击死。他大索凶手，竟不能得。

而且始皇只管"忧恤黔首"，他的一切丰功烈绩，乃是黔首的血泪造成的！谁给他去筑"驰道"，筑"直道"，凿运渠？是不用工资去雇的黔首！谁给他去冰山雪海的北边伐匈奴，修长城，守长城？谁给他去毒瘴严暑的南荒，平百越，戍新郡？谁给他运粮转饷，供给这两方的远征军？都是被鞭朴迫促着就道的黔首！赴北边的人，据说死的十有六七；至于赴南越的，因为不服水土，情形只有更惨。人民被征发出行不论去从军，或去输运，就好像被牵去杀头一般，有的半途不堪虐待，自缢在路边的树上，这样的死尸沿路不断地陈列着。最初征发的是犯罪的官吏、"赘婿"和商贾；后来推广到曾经做过商贾的人；最后又推广到"闾左"——居住在里闾左边的人（赘婿大概是一种自己卖身的奴隶，即汉朝的赘子。商人尽先被征发是始皇压抑商人的手段之一。战国时代，法家和儒家的荀子，都认商人为不事生产而剥削农民的大蠹，主张重农抑商，这政策为始皇采用。琅琊刻石有“上农除末”之语。“闾左”在先征之列者，盖春秋战国以来，除楚国外习俗忌左，居住在闾左的，大抵是下等人家）。征发的不仅是男子，妇女也被用去运输；有一次南越方面请求三万个“无夫家”的女子去替军士缝补，始皇就批准了一万五千。计蒙恬带去北征的有三十万人，屠睢带去南征的有五十万人，后来添派的援兵和戍卒，及前后担任运输和其他力役的工人，当在两军的总数以上。为这两方面的军事，始皇至少摧残了二百万家。

阿房宫，被誉为“天下第一宫”，是秦始皇于公元前二一二年开始建造的天下朝宫，意在建成后，成为秦朝的政治中心。图为清人袁江所绘《阿房宫图》。

这还不够，始皇生平有一种不可多得的嗜好——建筑的欣赏。他东征以来，每灭一国，便把它的宫殿图写下来，在咸阳渭水边的北阪照样起造。后来又嫌秦国旧有的朝宫（朝会群臣的大礼堂）太过狭陋，要在渭南的上林苑里另造一所，于三十五年动工。先在阿房山上做朝宫的前殿；东西广五百步，南北长五十丈，上层可以坐一万人，下层可以竖五丈的大旗。从殿前筑一条大道，达到南山的极峰，在上面竖立华表，当作朝宫的阙门；从殿后又筑一条大道，渡过渭水，通到咸阳。先时始皇即王位后，便开始在骊山建筑自己的陵墓，灭六国后拨了刑徒七十余万加入工作；到这时陵墓大半完成，乃分一部分工人到阿房去。这两处工程先后共用七十余万人，此外运送工粮和材料（材料的取给远至巴蜀荆楚）的伕役还不知数。这些却多半是无罪的黔首。

这还不够，上说种种空前的兵役和工程所需的粮饷和别项用费，除了向黔首身上出，还有什么来源？据说始皇时代的赋税，要取去人民收入的三分之二。这也许言之过甚，但秦人经济负担的酷重，却是可想见的了。

这还不够，苦役重税之上，又加以严酷而且滥用的刑罚。秦的刑法，自商鞅以后，在列国当中，已是最苛的了。像连坐、夷三族等花样，已是六国的人民所受不惯的。始皇更挟着虓的威势，去驭下临民。且看几件他杀人的故事。有一回他从山上望见丞相李斯随从的车骑太多，不高兴。李斯得知，以后便把车骑减少，始皇追究走漏消息的人不得，便把当时在跟前的人统统杀了。又东郡陨石上刻的字被发现后，始皇派御史去查办，不得罪人，便命把旁边的居民统统杀了。又一回，有两个方士不满意于始皇所为，暗地讪谤了他一顿逃去。始皇闻之大怒，又刺探得别的儒生对他也有不敬的话，便派御史去把咸阳的儒生都召来案问。他们互相指攀，希图免罪，结果牵涉了四百六十余人，始皇命统统地活埋了。这便是有名的“坑儒”事件。始皇的执法如此，经过他的选择和范示，郡县的官吏就很少不是酷吏了。

始皇的长子扶苏，却是一个蔼然仁者，对于始皇的暴行，大不谓然。当坑儒命令下时，曾替诸儒缓颊，说他们都是诵法孔子的善士，若绳以重法，恐天下不安。始皇大怒，把他派去北边监蒙恬的军。但二世皇帝的位，始皇还是留给他的。及三十七年七月，始皇巡行至沙丘（今河北平乡县东北）病笃，便写定遗书，召他回咸阳会葬，并嗣位。书未发而始皇死。书和玺印都在宦官赵高手。而始皇的死只有赵高、李斯和别几个宦官知道。赵高和蒙恬有仇隙，而蒙恬是太子的亲信，李斯也恐怕蒙恬夺去他的相位。于是赵李合谋，秘不发丧，一面把遗书毁了，另造两封伪诏，一传位给公子胡亥（当时从行而素与赵高亲暱的），一赐扶苏、蒙恬死。后一封诏书到达时，扶苏便要自杀，蒙恬却疑心它是假的，劝扶苏再去请示一遍，然后自杀不迟。扶苏说：“父亲要赐儿子死，还再请示什么？”立即自杀。

胡亥即二世皇帝位时，才二十一岁；他别的都远逊始皇，只有在残暴上是“跨灶”的。赵高以拥戴的首功最受宠信；他处处要营私，只有在残暴上是胡亥的真正助手。在始皇时代本已思乱的人民，此时便开始摩拳擦掌了。

第八章

秦汉之际

第一节 陈胜之起灭

二世皇帝元年七月，在旧楚境的蕲县大泽乡停留着附近被征发去防守渔阳的闾左兵九百人。适值大雨，道路不通。这队伍已无法如期到达指定的处所。照当时的法律，将校误期，要被处斩。有两位下级将校陈胜和吴广，便秘密图谋免死的办法。他们想当今的二世皇帝并不是依法当立的，当立的乃是公子扶苏，百姓多称赞他的贤惠，却不知道他已死；又从前楚国最后抗秦而死的名将项燕，亲爱士卒，很得民心，民间传说他还活着，假如冒称扶苏项燕起兵，响应的必定很多。他们去问卜，卜者猜到来意，连称大利；最后并说道，你们何不再向鬼神占卜一下？二人会意。

不几天，兵士买鱼，忽然在鱼肚里得着一小卷绢帛，上面写着朱字道："陈胜王"。晚间兵士又忽然发现附近树林中的神祠有了火光，同时怪声从那里传来，像狐狸做人语道："大楚兴，陈胜王。"这种怪声每每把兵士们从梦中惊醒。从此他们遇到陈胜每每指目着他窃窃私语。

有一天统领官喝醉了酒，吴广在旁，出言特别不逊。统领官大怒，鞭了他一顿，又把剑拔出。吴广素来很得兵士心，在旁的兵士都替他不平。他抢过了剑，把统领官杀掉。陈胜帮着他，把另外两个将官也结果了。陈、吴号召军中，大意说道："你们因为大雨，已误了期，误了期就要处斩。即使不处斩，去戍守长城，也是十有六七要死的。大丈夫不死便了，死就要成个大名。王侯将相难道是有种的吗？"在全军喧阗应和之下，陈吴二人以扶苏和项燕的名义树起革命的旗帜。军士袒着右臂，自号大楚。陈胜自立为将军，吴广为都尉。

旬日之间大泽乡、蕲县、陈城和附近若干县城，皆落在革命军之手。而革命军在进攻陈城之时已有车六七百乘，骑千余，步卒数万人了。陈城在战国末年曾一度为楚国都，革命军即以此为根据地。先是魏遗民大梁名士张耳、陈余为秦廷悬赏缉捕，变姓名隐居于陈。陈胜既入陈，二人进谒。是时陈中父老豪杰正议推陈胜为王。二人却劝陈胜暂勿称王，而立即领兵西进，同时派人立六国王室之后，以广树秦敌，使秦的兵力因敌多而分散，因分散而薄弱，然后乘虚入据咸阳，以号令诸侯，诸侯感再造之德，必然归服，如此则帝业可成。陈胜不听，遂受推戴为张楚王，都于陈，以吴广为“假王”（假有副贰之意）。

自陈胜发难后，素日痛恨秦吏的郡县，随着事变消息的传到，纷纷戕杀守长，起兵响应。特别是在旧楚境内，几千人成一伙的不可胜数。陈胜遣将招抚略地，分途进取。举其要者，计有六路：（1）符离人葛婴略蕲以东；（2）陈人武臣及张耳、陈余略赵地；（3）魏人周市略魏地；（4）吴广西击荥阳；（5）陈人周文（为一卜者，故项燕僚属）西进，向函谷关；（6）铚人宋留取道南阳向武关。

葛婴至东城，立襄强为楚王，后来闻得陈胜已立为张楚王，乃杀襄强，归陈覆命，陈胜诛之。

武臣到邯郸即自立为赵王，分命张耳、陈余为将相。陈胜闻讯大怒，把三人的家属拘捕，将加诛戮，继而听了谋士的劝谏，又把他们迁到宫中，而派人去给武臣等道贺，并请他们速即进兵关中。他们哪里肯听，却派韩广去略取燕地。韩广至燕，旋即自立为燕王。

周市定了魏地，东进至齐，时齐王室之后田儋已自立为齐王，以兵拒之，市军败散，还归魏，魏人推戴他为王，他不肯，却要立魏王室之后魏咎，时咎在陈胜军中，市派人迎之，往返五次，陈胜才答应放他赴魏。

武臣之立在八月，韩广、田儋之立在九月。周文军越过函谷关到达戏亦在九月。戏离咸阳不到一百里，而此时周文的军队已增加到兵卒数十万、车千余乘了。东方变乱的真情，赵高一直瞒着二世，到这时已瞒不住了。可是秦廷有什么办法呢？帝国的军队几乎尽在北边和南越，急猝间调不回来，咸阳直是一座空城，只得赦免在骊山工作的刑徒，并解放奴隶所生的男子，派章邯带去应战。周文军来势虽盛，却经不起章邯一击便败走出关，章邯追至渑池，又大破之。周文自刎死，其军瓦解，这是二世二年十一月的事（秦以十月为首，二年十一月在是年正月之前，下仿此）。

章邯乘胜东下。先是吴广围荥阳不下，其部将田臧等私计，秦兵早晚要到，那时前后受敌，必无幸理，不如留少数军队看守住荥阳，而用全部精兵去迎击章邯；他们认为吴广骄不知兵，不足与谋，假托陈王的命令把他杀掉，并把他的首级传送至陈。陈王拜田臧为上将，并赐以楚令尹的印信。田臧迎击章邯于敖仓，一战败死。章邯进击至陈西，陈王出监战，军败遁走，他的御者某把他杀掉，拿他的首级去投降。这是十二月的事。

陈胜，字涉，少时在田间做工。有一次放下锄头叹气痴想了许久，却对一个同伴说道："有一天我富贵了，定不会忘记你。"那位同伴笑道："你做长工，怎样富贵法？"后来陈胜做了张楚王，这位同伴便去叩阍求见，阍人几乎把他缚起来，凭他怎样解释总不肯给他传达。他等陈胜驾出，拦路叫喊，陈胜认得他，把他载归宫里。他看见殿堂深邃，帷帐重叠，不禁嚷道："夥颐！涉大哥为王！沉沉的！"楚人叫多为夥颐。由此"夥涉为王"，传为话柄。这客人出入王宫，扬扬自得，谈起陈胜的旧事，如数家珍。有人对陈胜说，这客人无知妄言，轻损王威，陈胜便把他杀掉。由此陈胜的故旧尽皆退避。

宋留已定南阳。南阳人闻陈胜死，复叛归于秦。宋留既无法入武关，东还至新蔡与秦军遇，解甲投降，秦又把他解到咸阳，车裂示众。

章邯既破陈胜，进击魏王咎于临济，围其城。六月，齐王田儋救临济，败死。同月魏咎自杀，临济降于秦。其后儋子市继立为齐王，咎弟豹继立为魏王。

第二节　项羽与巨鹿之战

项燕的先人累世做楚将，封于项，因以项为氏，而家于下相。项燕有子名项梁，梁有侄名项籍，字羽。项羽少时学书，不成，弃去；学剑，又不成。项梁怒责他。他说：书写只可以记姓名罢了，剑是一人敌，也不值得学，要学万人敌！项梁于是教他兵法。他略通大意，再不深求。项梁曾因事杀人，带着项羽，逃匿于吴（今吴县，秦会稽郡治）。吴中名士大夫都奉他为领袖，遇着地方有大徭役或大丧事，每请项梁主办，项梁暗中用兵法部勒宾客子弟，因此他的干才为人所知。项羽长成，身材魁岸，力能扛鼎，尤为吴中子弟所敬畏。

项羽（公元前二三二至前二〇二年），名籍，字羽，秦末下相（今江苏宿迁）人，楚国名将项燕之孙，古人对其有“羽之神勇，千古无二”的评价。图为项羽画像。

二世元年九月，会稽郡守和项梁商议起兵响应陈涉，打算派项梁和某人为将，是时某人逃匿山泽中。项梁说，只有他的侄子知道某人所在。说完，离座外出，对项羽嘱咐了一番，又走进来，请郡守传见项羽，使召某人。项羽进见后，项梁向他使个眼色，说道：“可以了！”项羽拔剑，砍下郡守的头。项梁拿着郡守的首级，佩了他的印绶。项羽连杀了好几十人，阖署慑伏听命，共奉项梁为会稽守。项梁收召徒众，得二八千人。项羽为裨将，时年二十四。

二世二年二月项梁叔侄率兵渡江而西。先是广陵人召平为陈胜取广陵不下，闻陈胜败走，秦兵将到，渡江至吴，假传陈胜之命，拜项梁为上柱国。项梁一路收纳豪杰，到了下邳（今江苏邳县）已有了六七万人。离下邳不远，在彭城之东，有秦嘉所领的一支义军，奉景驹（旧楚贵族景氏之后）为楚王。是时陈胜的下落，众尚不知。项梁声言秦嘉背叛陈王擅立景驹大逆不道，即进击之。秦嘉败死，军降，景驹走死。

既而项梁得知陈胜确实已死，乃从居巢老人范增之策，访得楚王之孙（名心）于牧场中，立以为王，仍号楚怀王，都于盱眙（安徽今县），项梁自号武信君。这是六月的事。

自四月至八月间，项梁军叔侄与秦军转战于今苏北、鲁南及豫东一带，连获大捷。项梁由此轻视秦军，时露骄色，部下宋义劝谏他道：战胜而将骄卒惰乃是败征；现在士卒已渐形怠懈，而秦兵日增，大可忧虑。项梁不以为意。九月章邯得到关中派来众盛的援兵之后，还击楚军，大破之于定陶，项梁战死。

章邯破项梁军，认为楚地无足忧虑，乃渡河击赵。先是赵地内乱，武臣被杀，张耳、陈余访得赵王室之后赵歇，继立为赵王，居信都。章邯入邯郸，迁其民于河内，夷其城郭。张耳与赵王走入巨鹿城，章邯使王离围之，而自军于巨鹿南。陈余北收兵于常山得数万人，军于巨鹿北。巨鹿城被围数月，粮乏兵单，危在旦夕，求援于陈余，而陈自以力薄非秦敌，按兵不肯动。

项梁死后，楚军集中于彭地附近，怀王亦移节于彭城。巨鹿围急，求救于诸侯，怀王拟派兵赴之。宋义自预言项梁之败而中，以知兵名于楚军。怀王召他来筹商，听了他的议论，大为赞赏，派他为援赵军的统帅，称上将军，以长安侯项羽为次将军，范增为末将。宋义行至安阳（河南今县），逗留四十六日不进，项羽主张急速渡河，与赵军内外夹击秦军。宋义却主张先让赵、秦决战；然后秦胜则乘其疲敝而击之，秦败则引兵西行，乘虚袭取咸阳。于是严申军令，禁止异动。宋义派其子某为齐相，大排筵席为其饯行。是时岁荒粮绌，又适值天寒大雨，士卒饥冻。项羽昌言军中，责备宋义但顾私图，不恤士卒，不忠楚王。一天早晨，项羽朝见宋义，就在帐中把他的头砍下，号令军中；说他通齐反楚，奉怀王令把他诛戮。诸将尽皆慑服，共推他为“假上将军”。项羽使人报告怀王，怀王就派他代为上将军。自杀了宋义之后，项羽威震楚国，名闻诸侯。

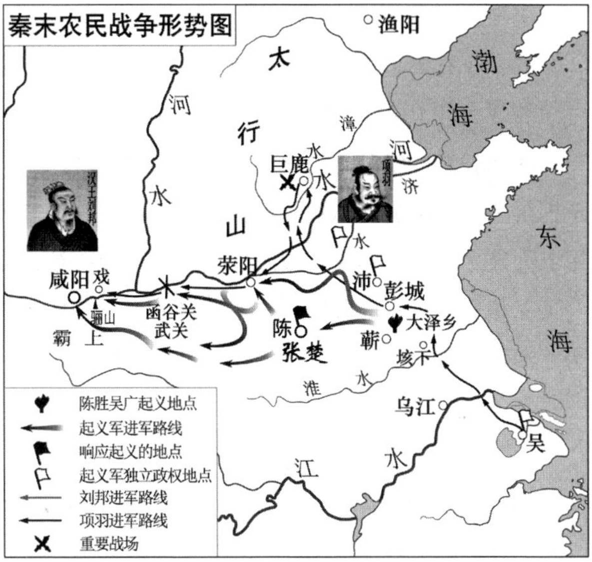

巨鹿之战，是秦末大起义中，项羽率领数万楚军，同秦名将章邯、王离所率四十万秦军主力进行的一场重大的决战性战役，也是中国历史上著名的以少胜多的战役之一。项羽破釜沉舟，以大无畏的精神在各诸侯军畏缩不进时率先猛攻秦军，从此确立了他在各路义军中的领导地位。图为巨鹿之战形势图。

项羽既受了援赵军统帅之任，立即派二万人渡河救巨鹿，先锋连获小胜，陈余又请添兵。项羽于是率全军渡河。既渡，凿沉船只，破毁釜甑，焚烧房舍，令士卒每人只带三日粮，示以决死无归还之心。既至巨鹿，反围王离，九战秦军，绝其粮道，大破之，王离被虏，其部下要将或战死或自杀。这是二世三年十二月的事。先是诸侯援军营于巨鹿城外的，不下十几个壁垒，都不敢出战。及楚军开始进攻，诸侯军将领皆从壁上观看。楚兵无不以一当十，呐喊声动天地，诸侯军士卒无不心惊胆震。项羽既破秦军，召见诸侯军将领，他们将入辕门，个个膝行而前，不敢抬头瞧望。于是项羽成了联军的统帅，诸侯军将领皆隶他麾下。

是时章邯尚军于巨鹿南，外见迫于项羽，内受二世的责备，又见疾于赵高，陷入进退维谷之境。陈余乘机投书给他，说道：

白起为秦将，南征鄢郢，北阬马服（马服谓赵将马服君赵奢之子括，此指长平之战），攻城略地，不可胜计，而竟赐死。蒙恬为秦将，北逐戎人，开榆中地数千里，竟斩阳周。何者？功多，秦不能尽封，因以法诛之。今将军为秦将三岁

> 矣，所亡失以十万数，而诸侯并起，滋益多。彼赵高素谀日久，今事急，亦恐二世诛之，故欲以法诛将军以塞责，使人更代将军，以脱其祸。夫将军居外久，多内隙，有功亦诛，无功亦诛。且天之亡秦，无愚智皆知之。今将军内不能直谏，外为亡国将，孤特独立，而欲常存，岂不哀哉！将军何不还兵，与诸侯为纵，约共攻秦，分王其地，南面称孤，此孰与身伏铁质、妻子为戮乎？

章邯得书，心中更加狐疑，秘密派人和项羽议降。议未成，项羽连接进击章邯军，大破之。章邯遂决意投降。项羽以军中粮绌，许之。二世三年七月，章邯与项羽相会于洹水南殷墟上（即今安阳殷墟），立盟定约。章邯与项羽言及赵高事，为之泪下。

第三节　刘邦之起与关中之陷

当怀王派定了宋义等北上援赵之际，又派砀郡长武安侯刘邦西行略地，向关中进发。

刘邦，沛县人，汉朝开国皇帝，历史上杰出的政治家，卓越的战略家和指挥家，对中国的统一和强大有突出贡献。毛泽东对刘邦的评价是“封建皇帝里边最厉害的一个”。图为刘邦画像。

刘邦，字季，泗川郡沛县（江苏今县）人。家世寒微。从少即不肯学习生产技艺。壮年做了本县的泗水亭长（秦制若干户为一里，十里为一亭，十亭为一乡）。他使酒好色，却和易近人，疏财乐施，县署的属吏，常给他嘻嘻哈哈地大开玩笑。有一次县长的旧友吕公来沛县做客，县中属吏都去拜贺，萧何替他收礼，声明贺礼不满千钱的坐在堂下。刘季骗阍人道：“贺礼万钱！”实在不名一钱。阍人领了他进来，吕公一见，看了他的相貌大为惊讶，特加敬重。萧何笑道：“刘季只会吹牛，本领有限。”刘季满不在乎地据了上位，嘲弄座客，言语之间，一点也没有屈服。酒罢，吕公暗中使眼色留他。客散之后，吕公对他说，生平喜欢看相，看过的相也不少，从未见过他这样好的相貌，望他自爱。就在这一次叙会中，吕公把女儿许嫁给了他，后来吕婆虽严重抗议也无效。

秦朝初年征各地刑徒赴骊山工作。沛县的刑徒，由泗水亭长押去。这些刑徒半路逃脱了许多。刘季预计到得骊山时，他们势必跑个精光。行至丰县西泽中，停下痛饮；半夜，把剩下的刑徒通通放了，自己也准备逃亡。刑徒中有十几个壮汉要跟随他。刘季于是领了这班人匿在芒、砀两县的山泽岩石之间。他们所以维持生活的方法似乎是不很名誉的，所以历史上没有交代。

陈胜发难后，沛县令打算响应。县吏萧何和曹参替他计议道，他以秦吏背秦，恐怕沛中子弟不服，不如把本县逃亡在外的壮士召来，可得几百人，有他们相助，众人就不敢不听命了。于是派樊哙去招刘季。这樊哙是刘季的党羽，以屠狗为业。刘季率领着部下约莫一百人，跟着樊哙回来，沛令反悔，闭城不纳，并打算把萧、曹二人杀掉。二人跳城投奔刘季。刘季射书城上，劝县人诛沛令起事，否则城破之后，以屠城对付，县人遂共杀沛令，开城相迎。刘季受父老的推戴为沛公，收县中子弟得二三千人。这是二世元年九月的事。此后七个月内刘季转战于今独山湖以西苏、鲁两省相接之境，先后取沛、丰、砀（皆江苏今县）做根据地。替刘季守丰的部将叛而附魏，刘季攻他不下，走去留县求助于景驹。他始终没有得景驹的帮助，却在留县遇到了张良。张良原是韩国的贵公子，其先人五世相韩，亡国后散家财谋报国仇。秦始皇在博浪沙遇刺，那凶手就是他所买的。这时他领了一百多个少年，相投景驹，遇了刘季，情投意合，便以众相从。后来楚怀王既立，张良说动了项梁，更立故韩公子韩成为韩王，只得辞别刘季，往佐韩王。

景驹败死后，刘季往见项梁，项梁给他补充五千人。他得了这援助，才于二世二年四月把丰县攻下。从此刘季归附了项梁。他和项羽似乎很相得，两人总是共领一军出战或同当一面，像是形影不离的。据说当怀王派刘季西行时项羽也请求同往，只是怀王左右的老将们极力反对；以为项羽剽悍残暴，是屠城的能手；关中人民，久苦苛政，可以德服；他一去，反失人心；唯有刘季，忠厚长者，可胜宣抚之任；怀王因此不许项羽和刘季偕行。

宋义、项羽等北上救赵之军和刘季西进之军，同于二世二年闰九月（当时称后九月）分途出发。刘季转战于今豫东豫南，取道南阳以向武关。这时秦军的主力被吸在河北，这一路的楚军并未遇着劲敌。刘季从洛阳南下，复与张良相会。先是张良同了韩王领兵千余，西略韩地，取了数城，又被秦军夺回，只得在颍川一带做游击战。至是，领兵与刘季合，占领了韩地十余城。刘季令韩王留守阳翟，而同了张良前进，略南阳郡。郡守兵败，退守宛城。刘季便越过宛城而西。张良谏道：现在虽急于入关，但关中兵尚众，且凭险相拒，若不攻下宛城，腹背受敌，这是危道。刘季便半夜隐匿旗帜，绕道回军，黎明，围宛城三匝。南阳守以城降，刘季封他为殷侯。由此西至武关，一路所经城邑纷纷迎降。二世三年八月武关陷。是月，赵高弑二世，使人来约降，刘季等以为诈，继进。九月峣关陷。刘季初欲急攻峣关。张良以为守将乃屠户之子，可以利动。于是楚军一面派人先行，预备五万人的餐食，并在山上多竖旗帜为疑兵；一面派人拿重宝去说守将，守将果然变志，愿和楚军同入咸阳。刘季将要答应他，张良以为只是守将要反，怕士卒不从，不从可危，不如乘其怠懈进击。刘季依计遂破峣关。是月秦军再战于蓝田南，复大败。次月刘季入咸阳。先时赵高既弑二世，继立其侄子婴，贬去帝号，称秦王，子婴又袭杀赵高。至是，子婴以绳系颈，乘素车白马，捧着皇帝的玺印，迎接刘季于霸上（长安东十三里）的轵道旁。

秦历以九月为岁终，而秦历可说是终于二世三年九月。后此五十四个月，即四年半，刘季乃即皇帝位，汉朝乃开始。中间纪事，系年系月，甚成问题。若用公元，年次固可约略相附，但月份则尚无正确的对照。汉人以二世三年之后为汉元年；汉初沿秦历法，以十月为岁首，故以汉元年十月接秦二世三年九月。但此时尚无汉朝，何有汉年？今别无善法，只得依之。

第四节　项羽在关中

刘季到了咸阳，看着堂皇的宫殿，缛丽的帷帐和无数的美女、狗马、珍宝，便住下不肯出。奈不得樊哙和张良苦劝婉谏，才把宫中的财富和府库封起，退驻霸上，以等待各方的领袖来共同处分。他又把父老召来，宣布废除秦朝的苛法，只约法三章："杀人者死，伤人及盗抵罪。"人民大喜，纷纷送上牛羊来犒军，刘季一概辞谢不受。

项羽既定河北，率楚军诸侯军及秦降军西向关中，行至新安，闻秦降卒有怨声，虑其为变，尽坑之。

图为鸿门宴遗址，位于临潼县新丰镇鸿门堡村，距秦始皇陵兵马俑博物馆二点五公里。室内模拟当时的宴会场面，塑有"项庄舞剑、樊哙闯帐、沛公逃席、范增长叹"等场面，将鸿门宴的紧张气氛表现得淋漓尽致。

当初怀王曾与诸将约，谁先入关中，即以其地封他为王。刘邦因此以关中的主人自居。而项羽西进之前已封了章邯为雍王（秦地古称雍州），大有否认怀王初约之意。刘季闻讯，派兵守函谷关，拒外军入境，同时征关中人民入伍，以扩充实力。

项羽至函谷关，不得入，大怒，攻破之。进驻鸿门，与刘季军相距只四十里。

是时外军四十万，号百万；内军十万，号二十万。项羽大飨军士预备进攻。项羽的叔父项伯曾受张良救命之恩，半夜去给张良通消息，劝张良快跟他走。张良却替他和刘季拉拢。刘季会项伯一见如故，杯酒交欢，约为婚姻。刘季道："我入关以来，秋毫不敢有所沾染，簿籍吏民，封闭府库，以等待项将军。派人守关，只是警备盗贼。日夜盼望项将军到，哪里敢反？"恳求项伯代为解释。项伯答应，并约他次早亲到鸿门营中来。

项羽听了项伯的话，芥蒂已消，又见刘邦亲到，反而高兴起来，留他宴饮。项羽、项伯坐西，范增坐北，刘季坐南，张良坐东。范增主张剪除刘季最力，席间屡次递眼色给项羽，同时举起所佩的玉玦。项羽黯然不应。范增出去，一会儿又入来。随后不久，项庄入来奉酒祝寿。奉毕说道："君王和沛公饮酒，军营里没有什么可以助兴的，让我来舞剑！"项羽说："好！"他便舞起剑来。项伯亦拔剑起舞。项庄屡屡逼近刘季，项伯屡屡掩护着刘季。正对舞间，张良出去，一会儿又入来。随后，门外喧嚷声起，一人带剑持盾闯进来，鼓起眼睛盯着项羽。项羽按剑翘身（时席地坐）问："做什么？"张良说："那是沛公的骖乘樊哙。"项羽说："壮士！赏他酒。"是一大杯。樊哙拜谢了，一口喝干。项羽说："赏他一个猪肩！"那是生的。樊哙把盾覆在地上，把猪肩放在盾上，拔剑切肉便啖。项羽问他可还能饮不，他说："臣死也不避，何况杯酒？"接着他痛陈刘季的功劳，力数项羽的不是。项羽无话可答，只请他坐，他便挨张良坐下。自从樊哙闯入，舞剑停止。樊哙坐下不久，刘季说要如厕走开，张良跟着他。过了许久，张良单独回来，带好些玉器。张良作礼道："沛公很抱歉，因饮酒过多，不能亲来告辞。托下臣带了白璧一对献与大王（项羽），玉斗（酒器）一对献与大将军（范增）。"项羽问沛公在哪里，张良说："他听说大王有意责难他，已回营去了。"项羽收下白璧，放在几上。范增把玉斗放在地下，拔剑撞个粉碎。

随后项羽入咸阳，屠城，杀子婴，烧秦宫室，收财宝妇女，然后发号施令，分割天下。他尊怀王为义帝，却只给他湘江上游弹丸之地，都于郴（今县）。自立为西楚霸王，占旧楚、魏地九郡，都于彭城；此外他封立了十八个王国，列表如下：

王号	姓名	原来地位	国都	领地	附注
汉王	刘季		南郑	汉中、巴蜀	
雍王	章邯	秦降将	废丘	咸阳以西	三人共分关中地，三国合称三秦。
塞王	司马欣	章邯部下长史	栎阳	咸阳以东至河	
翟王	董翳	章邯部下都尉	高奴	上郡	
西魏王	魏豹	魏王	平阳	河东	
河南王	申阳	张耳部下，先定河南	洛阳	河南郡	
韩王	韩成	韩王	阳翟	韩地若干郡	
殷王	司马卬	赵将，先定河内	朝歌	河内	
代王	赵歇	赵王		代郡	
常山王	张耳	赵相，从项羽入关	襄国	赵地大部分	
九江王	英布	项羽部将	六	九江郡一带	后降刘季，封淮南王。
衡山王	吴芮	百越君长，从入关	邾	楚地一部分	
临江王	共敖	怀王柱国	江陵	楚地一部分	死于汉三年；子尉嗣，四年十二月为汉所虏。
辽东王	韩广	燕王		辽东	后拒臧荼，为所杀。
燕王	臧荼	燕将，从项羽入关	蓟	燕地大部分	
胶东王	田市	齐王	即墨	齐地一部分	
齐王	田都	齐将	临淄	齐地大部分	
济北王	田安	齐王室后，项羽部将	博阳	齐地一部分	

我们看这表便可知道，其中哪些是不会悦服项羽的宰割的人。刘季指望割据关中而只得到僻远的汉中、巴蜀，不用说了。魏豹由魏王而缩为西魏王，赵歇由赵王而缩为代王，田市由齐王而缩为胶东王，韩广由燕王而缩为辽东王，都是受了黜降。此外项羽在瓜分天下时所树的敌人，不见于表中的还有故齐相田荣故赵将陈余。当初田儋战死后，齐人立田假为王，田荣（田儋弟）逐田假更立儋

子田市而专齐政。田假走依项梁，由此田荣与项氏有隙。项羽以齐地分王田市、田都、田安，而田荣无份。田荣怎肯甘心？陈余本与张耳为“刎颈交”。巨鹿之围，张求援于陈，而陈竟以利害的计较，按兵不动。两人从此成仇。但两人的“革命功绩”，实不相上下。项羽因张耳相从入关以赵地的大部分封他为常山王，而仅以南皮等三县之地封陈余为侯。陈余由此深怨项羽。

第五节　楚汉之战及其结局

汉元年四月，在咸阳新受封的诸王分别就国。张良辞别刘季，往佐韩王，却送刘季到褒中，临别，劝他烧绝所过栈道，示无北还之心，刘季依计。

五月，田荣发兵拒田都，击走之。田荣留田市，不让他赴胶东。田市惧怕项羽，逃亡就国。田荣追杀之，而自立为齐王。是时昌邑人彭越（以盗贼起）聚众万余人于巨野，无所属。田荣给他将军印，使攻济北。越击杀济北王。于是田荣尽有全齐之地。彭越又进击楚军，大破之。陈余请得田荣的助兵，并尽发南皮三县兵，共袭常山，张耳败逃。二年十月陈余迎故赵王歇于代，复立为赵王。于是齐赵地尽反楚。是月义帝在就国途次，为项羽命人袭杀于江中。

刘季乘齐变于元年八月突入关中。章邯兵败，被围于废丘（二年六月废丘始陷，章邯自杀）。塞王、翟王皆降汉。先是项羽挟韩王成归彭城，不使就国，继废之为侯，继又杀之。于是张良逃就刘季于关中。刘季以故韩襄王（战国时）孙信为韩太尉，使共张良将兵取韩地。二年十一月，韩地既定，刘季立信为韩王。先是河南王申阳亦降汉。

项羽权衡西北两方敌人的轻重，决定首先击齐。二年正月，大败田荣于城阳。田荣遁逃，为人民所杀。项羽坑田荣降卒，提兵北进，一路毁城放火，掳掠妇女。齐人怨叛。荣弟田横，收散兵，得数万人，复反城阳。项羽还战，竟相持不下。刘季乘齐楚相斗之际东进，降西魏王豹，虏殷王印，为义帝发丧，率诸侯兵五十六万伐楚，遂入彭城。项羽以精兵三万人还战，汉军大溃，被挤落谷水和泗水死的据说有十余万人。再战灵壁东，汉军又溃，被挤落睢水死的据说也有十余万人，睢水几乎被死尸填塞了。楚军围了刘季三匝。适值大风从西北起，折树发屋，飞沙走石，阴霾蔽天，白昼昏黑。楚军逆着飓风，顿时散乱，刘季才得带了几十骑遁走。但项羽一去齐，田横复定齐地，立田荣子田广为王。刘季收聚散卒，又得萧何征调关中壮丁转运关中粮食来援，固守荥阳、成皋（并在今河南成皋县境，荥阳在东，成皋在西），军势复振。先是魏王豹于汉军败后，复叛归楚。汉使淮阴人韩信击之。九月，韩信俘魏王豹，定魏地。

此后战争的发展，可分为三个阶段。

第一阶段尽汉三年九月。在这一阶段，汉正面大败，而侧面猛进。在正面，汉失荥阳、成皋。刘季先后从荥阳、成皋突围先遁。其出荥阳时，将军纪信假扮着他，从东门出，以诳楚军，他才得从西门逃走，纪信因此被烧杀。在侧面，韩信取赵。先是，张耳败走，投奔汉。刘季微时曾为张耳客，因善待之。及会诸侯兵伐楚，求助于赵，陈余以汉杀张耳为条件。刘季把一个貌似张耳的人杀了，拿首级送去，陈余才派兵相助。后来陈余闻得张耳未死，便绝汉。汉使韩信击赵，杀陈余。在这阶段，还有两件大事可记。其一，楚将九江王英布先已离心，又受了汉所遣辩士的诱说，遂举九江降汉。英布旋被项羽击败，只身逃入汉，但项羽已失去一有力的臂助了。其二，项羽中了汉的反间计，对一向最得力的谋臣范增起了猜疑，范增愤而告退，归近彭城，疽发背死。

第二阶段尽汉四年九月。在这一阶段，韩信南下取齐，楚军援齐大败，韩信遂定齐地；而彭越（于田荣死后归汉）为汉守魏地，时出游兵断楚粮道，荥阳、成皋的楚军大窘；项羽抽军自领回击彭越，汉乘机收复成皋，并进围荥阳。项羽引兵还广武（在荥阳附近，荥泽与汜水之间），与汉相持数月。项羽以前方粮绌后方又受韩信的抄袭，想和汉决一死战，而汉按兵不出，只得与汉约和。约定楚汉平分天下，以鸿沟（在广武荥泽间）为界准，其东属楚，其西属汉；楚放还前所掳汉王之父及妻。约成，项羽便罢兵东归。

以下入最后阶级。初时刘季也打算罢兵西归，张良等力劝乘势灭楚。五年十月，汉追击项羽军于固陵（今河南淮阳县西北），大败之。刘季约韩信、彭越会师，而二人不至。先是韩信既定齐，自请立为齐王，刘季忍怒许之；彭越只拜魏相国。至是张良献计：韩信故乡在楚，指望做楚王；彭越据魏地亦指望做魏王；若能牺牲楚、魏地的一部分，许与他们，他们必然效命。刘季依计，二人立即会师。十一月，汉遣别将渡淮围寿春，又诱降楚舒城守将，使以舒屠六。十二月，项羽至垓下（今安徽灵璧县东南），兵少食尽，汉军围之数重。项羽率八百余骑溃围而出，所当辟易；到了长江西岸的乌江（今安徽和县东北乌江浦）只剩下二十六骑。乌江渡口单摆着一只小船。乌江亭长请他立即下渡。说道："江东虽小，也有几千里地，几十万人；现在只有这一只船，汉兵即使追来，也无法飞渡。"项羽说："我当初领江东子弟八千，渡江西去，如今无一人归还，即使江东父老怜恤我，奉我为王，我也有何面目再见他们？他们即使不说话，难道我不问心有愧？"于是把所乘的骓马赏给了亭长，令他先走。自与从人步行，持短兵接战。他连接杀了几百人，身上受了十几伤，然后拔剑自刎。

五年正月，汉王立韩信为楚王，领淮北，都下邳；立彭越为梁王，领魏地，都定陶。随后，诸侯向汉王上了一封献进书如下：

> 楚王韩信，韩王信，淮南王英布，梁王彭越，故衡山王吴芮（项羽所立，旋废之），赵王张敖（汉立张耳为赵王，先是已死，其子敖嗣），燕王臧荼昧死再拜言：大王陛下，先时秦为无道，天下诛之，大王先得秦王，定关中，于天下功最多。存亡定危，救败继绝，以安万民，功盛德厚，又加惠于诸侯王，有功者使得立社稷。地分已定，而位号比拟无上下之分，大王功德之著于后世不宣。昧死再拜上皇帝尊号。

刘季经过一番逊让之后，于二月即皇帝位于定陶附近的汜水之北。是月封吴芮为长沙王，领长沙、象郡、桂林、南海四郡；又封故粤王无诸（秦所废，后从诸侯伐秦）为闽粤王，领闽中地。初定都洛阳，五月迁都于长安。

刘季做了七年皇帝（前二〇二至前一九五年）而死，庙号太祖高皇帝（《广阳杂记》卷二："考得高祖起沛年四十八，崩时年六十三。"不知何据）。

第九章

大汉帝国的发展

第一节　纯郡县制的重建

刘邦即帝位之初，除封了七个异姓的“诸侯王”外，又陆续封了一百三十多个功臣为“列侯”。汉朝的封君，主要的就是这诸侯王和列侯两级。在汉初，这两级的差异是很大的。第一，王国的境土“多者百余城，少者乃三四十县”；这七个王国合起来就占了“天下”的一大半。但侯国却很少有大过一县的。刘邦序次功臣，以萧何为首，而萧何初受封为酂侯时，只食邑八千户；后来刘邦想起从前徭役咸阳时，萧何多送了二百钱的赆，又加封给他二千户；后来萧何做到相国，又加封五千户；合共才一万五千户。终汉之世，也绝少有超过四万户的列侯。第二，诸侯王除享受本国的租税和徭役外，又握着本国政权的大部分。王国的官制是和中央一样的。汉代的官制大抵抄袭秦朝。中央有丞相，王国也有之；中央有御史大夫，王国也有之；中央有太尉，王国则有中尉。王国的官吏，除丞相外，皆由诸侯王任免。但列侯在本国，只享受额定若干户的租税和徭役（譬如某列侯食五千户，而该国的民户超过此数，则余户的租税仍归中央），并没有统治权。他们有的住长安，有的在别处做官，多不在本国。侯国的“相”实际是中央所派地方官，和非封区里的县令或县长相等（汉制万户以上的县置令，万户以下的县置长）。他替列侯征收租税，却不臣属于列侯。在封君当中，朝廷所须防备的只有诸侯王，列侯在政治上是无足轻重的。

最初，诸侯王都是异姓的。异姓诸侯王的存在，并非刘邦所甘愿。不过他们在新朝成立之前都早已据地为王。假如刘邦灭项之后，不肯承认他们既得的地位，他们在自危之下，联合起来，和刘邦对抗，刘邦能否做得成皇帝，还未可知。所以当刘邦向群臣询问自己所以成功的原因，就有人答道：

> 陛下慢而侮人，项羽仁而爱人。然陛下使人攻城略地，所降下者，

因以予之，与天下同利也。项羽妒贤嫉能，有功者害之，贤者疑之，战胜而不予人功，得地而不予人利，此所以失天下也。

不过刘邦在未做皇帝之前，固能“与天下同利”；做了皇帝之后，就不然了。他在帝位未坐稳之前，不能把残余的割据势力一网打尽；在帝位既坐稳之后，却可以把他们各个击破。他最初所封诸王，除了仅有众二万五千户的长沙王外，后来都被他解决了。假如刘邦有意重振前朝的纯郡县制度，他很可以把异姓诸侯王的国土陆续收归中央。此时纯郡县制度恢复的主要障碍似乎只是心理的。秦行纯郡县制十五年而亡，周行“封建”享祀八百，这个当头的历史教训，使得刘邦和他的谋臣认“封建”制为天经地义。异姓的“诸侯王”逐渐为刘邦的兄弟子侄所替代，到后来，他立誓：“非刘氏而王者天下共击之。”不过汉初的“封建”制和周代的“封建”制，名目虽同，实则大异。在周代，邦畿和藩国都包含着无数政长而兼地主的小封君；但在汉初，邦畿和藩国已郡县化了。而且后来朝廷对藩国的控制也严得多：藩国的兵符掌在朝廷所派的丞相手，诸王侯非得他的同意不能发兵。

在高帝看来，清一色的刘家天下比之宗室和异姓杂封的周朝，应当稳固得多了。但事实却不然。他死后不到二十年，中央对诸侯王国的驾驭，已成为问题。文帝初即位的六年间，济北王和淮南王先后叛变。虽然他们旋即被灭，但拥有五十余城的吴王海濞又露出不臣的形迹。他收容中央和别国的逃犯，用为爪牙；又倚恃自己镕山为钱、煮海为盐的富力，把国内的赋税免掉，以收买人心。适值吴太子入朝，和皇太子（即日后的景帝）赌博，争吵起来，给皇太子当场用博局格杀了，从此吴王濞称病不朝，一面加紧地“积金钱，修兵革，聚谷食”。文帝六年，聪明盖世的洛阳少年贾谊（时为梁王太傅）上了有名的《治安策》，认为时事有“可为痛哭者一，可为流涕者一（今本作可为流涕者二，据夏炘《贾谊政事疏考补》改），可为长太息者六”。其“可为痛哭者一”便是诸侯王的强大难制。他比喻道：“天下之势，方病大瘇，一胫之大几如腰，一指之大几如股。”他开的医方是“众建诸侯而少其力”，那就是说，分诸侯王的土地，以封他们的兄弟或子孙，这一来诸侯王的数目增多，势力却减少。后来文帝分齐国为六，淮南国为三，就是这政策一部分的实现。齐和淮南被分之前，颍川人晁错提出了一个更强硬的办法，就是把诸侯王土地的大部分削归中央。这个提议，宽仁的文帝没有理会，但他的儿子景帝继位后，便立即采用了。临到削及吴国，吴王濞便勾结胶东、胶西、济南、菑川（四国皆从齐分出）、楚、赵等和吴共七国，举兵作反。这一反却是汉朝政制的大转机。中央军在三个月内把乱事平定。景帝乘着战胜的余威，把藩国一切官吏的任免权收归朝廷，同时把藩国的官吏大加裁减，把它的丞相改名为相。经过这次的改革后，诸侯王名虽封君，实则食禄的闲员；藩国虽名封区，实则中央直辖的郡县了。往后二千余年中，所行的“封建制”多是如此。

汉景帝刘启（公元前一八八至前一四一年），中国西汉第四位皇帝。在位期间，推行“削藩策”，削诸侯封地，平定七国之乱，巩固中央集权，勤俭治国，继续奉行“与民休息”的政策，发展生产、减轻赋税，与其父亲文帝刘恒一起开创了“文景之治”。图为汉景帝画像。

景帝死，武帝继位，更双管齐下地去强干弱枝。他把贾谊的分化政策极力推行。从此诸侯王剩余的经济特权也大大减缩，他们的食邑最多不过十余城。下至蕞尔的侯国，武帝也不肯放过，每借微罪把他们废掉。汉制，皇帝以八月在宗庙举行大祭，叫作“饮酎”，届时王侯要献金助祭，叫作“酎金”。武帝一朝，列侯因为酎金成色恶劣或斤两不够而失去爵位的，就有一百多人。

景、武之际是汉代统治权集中到极的时期，也是国家的富力发展到极的时期。

秦代十五年间空前的工役和远征已弄到民穷财尽。接着八年的苦战（光算楚汉之争，就有“大战七十，小战四十”），好比在羸瘵的身上更加剜戕。这还不够，高帝还定三秦的次年，关中闹了一场大饥荒，人民相食，死去大半。及至天下平定，回顾从前的名都大邑，多已半付蒿莱。他们的户口往往什去七八。高帝即位后二年，行过曲逆，登城眺望，极赞这县的壮伟，以为在所历的都邑中，只有洛阳可与相比，但一问户数，则秦时本有三万，乱后只余五千。这时不独一般人民无蓄积可言，连将相有的也得坐牛车，皇帝也无力置备纯一色的驷马。

好在此后六七十年间，国家大部分享着不断的和平，而当权的又大都是“黄老”的信徒，守着省事息民的政策。经这长期的培养，社会又从苏复而趋于繁荣。当武帝即位的初年，据同时史家司马迁的观察，“非遇水旱之灾，民则人给家足。都鄙廪庾皆满，而府库余货财。京师之钱累巨万，贯朽而不可校（计算）。太仓之粟，陈陈相因，充溢露积于外，至腐败不可食。众庶街巷有马，阡陌之间（马聚）成群”。

政权集中，内患完全消灭；民力绰裕，财政又不成问题，这正是大有为之时。恰好武帝是个大有为之主。

第二节　秦汉之际中国与外族

在叙述武帝之所以为“武”的事业以前，我们得回溯秦末以来中国边境上的变动。

当秦始皇时，匈奴既受中国的压迫，同时他东边的东胡和西边的月氏（亦一游牧民族，在今敦煌至天山间，其秦以前的历史全无可考。《管子·揆度篇》和《逸周书·王会篇》中的禺氏，疑即此族），均甚强盛。因此匈奴只得北向外蒙古方面退缩。但秦汉之际的内乱和汉初国力的疲敝，又给匈奴以复振的机会。适值这时匈奴出了一个枭雄的头领冒顿单于。冒顿杀父而即单于位约略和刘邦称帝同时。他把三十万的控弦之士套上铁一般的纪律，向四邻攻略：东边，他灭了东胡，拓地至朝鲜界；北边，服属了丁零（匈奴的别种）等五小国；南边，他不独恢复蒙恬所取河套地，并且侵入今甘肃平凉至陕西肤施一带；西边，他灭了月氏，把国境伸入汉人所谓“西域”中（即今新疆及其以西和以北一带）。这西域包含三十多个小国，其中一大部分不久也成了匈奴的臣属，匈奴在西域设了一个“僮仆都尉”去统辖他们，并且向他们征收赋税。冒顿死于文帝六年（前一七四年），是时匈奴已俨然一大帝国，内分三部：单于直辖中部，和汉的代郡、云中郡相接；单于之下有左右贤王，分统左右两部，左部居东方，和上谷以东的边郡相接；右部居西方，和上郡以西的边郡及氐羌（在今青海境）相接。胡俗尚左，左贤王常以太子充任。

匈奴的土地虽广，大部分是沙碛或卤泽，不生五谷，而除新占领的月氏境外，草木也不十分丰盛，因此牲畜不会十分蕃息。他们的人口还比不上中国的一大郡。当匈奴境内人口达到饱和的程度以后，生活的艰难，使他们不得不以劫掠中国为一种副业。而且就算没有生活的压迫，汉人的酒谷和彩缯，对于他们，也是莫大的引诱。匈奴的人数虽寡，但人人在马背上过活，全国皆是精兵。这是中国人所做不到的。光靠人口的量，汉人显然压不倒匈奴。至于两方战斗的本领，号称“智囊”的晁错曾做过精细的比较。他以为匈奴有三种长技：

1. 上下山阪，出入溪涧，中国之马弗如也。

2. 险道倾仄，且驰且射，中国之骑（兵）弗如也。

3. 风雨疲劳，饥渴不困，中国之人弗如也。

但中国却有五种长技：

1. 平原易地，轻车突骑，则匈奴之众易挠乱也。

2. 劲弩长戟，射疏（广阔）及远，则匈奴之弓弗能格也。

3. 坚甲利刃，长短相杂，游弩往来，什伍俱前，则匈奴之兵（器）弗能当也。

4. 材官（骑射之兵）驺（骤）发，矢道同的，则匈奴之革笥木荐弗能支也。

5. 下马地斗，剑戟相接，去就相薄，则匈奴之足弗能给也。

匈奴，一个骑在马背上的民族，射箭是他们最擅长的技能之一。一边快马前行，一边向后方的敌人射箭，这种战法被称为“安息人射箭法”，精髓就在于从远距离攻击敌人和持续不断地攻击。图为匈奴骑兵射箭的形象。

这是不错的。中国的长技比匈奴还多，那么，汉人对付匈奴应当自始便不成问题了。可是汉人要有效地运用自己的长技，比之匈奴，困难得多。匈奴因为是游牧的民族，没有城郭宫室的牵累，“来如兽聚，去如鸟散”，到处可以栖息。他们简直用不着什么防线。但中国则从辽东到陇西（辽宁至甘肃）都是对匈奴的防线，而光靠长城并不足以限住他们的马足。若是沿边的要塞皆长驻重兵，那是财政所不容许的。若临时派援，则汉兵到时，匈奴已远飏，汉兵要追及他们，难于捉影。但等汉兵归去，他们又卷土重来。所以对付匈奴，只有两种可取的办法：一是一劳永逸地大张挞伐，拼个你死我活；二是以重赏厚酬，招民实边（因为匈奴的寇掠，边地的居民几乎逃光），同时把全体边民练成劲旅。

汉朝初期，因为经历了农民起义和楚汉之战，人民需要休养生息，无力与匈奴进行大规模战争，所以朝廷采取和亲政策，换取发展时间。到了汉朝期，国力强盛，面对匈奴的掠夺行为，必须采取征战的形式进行打击，来取得和平的环境。图为胡汉交战画像石。画中的汉朝官兵与胡兵格杀，双方短兵相接，战斗激烈。

前一种办法，武帝以前没有人敢采。后一种办法是晁错献给文帝的，文帝也称善，但没有彻底实行。汉初七八十年间对匈奴的一贯政策是忍辱修好，而结果殊不讨好。当高帝在平城被冒顿围了七昼七夜，狼狈逃归后，刘敬献了一道创千古奇闻的外交妙计：把嫡长公主嫁给单于，赔上丰富的妆奁，并且约定以后每年以匈奴所需的汉产若干奉送，以为和好的条件；这一来匈奴既顾着翁婿之情，又贪着礼物，就不便和中国捣乱了。高帝想不出更好的办法，只舍不得公主，于是用了同宗一个不幸的女儿去替代。不过单于们所稀罕的毋宁是“蘗酒万石，稷米五千斛，杂缯万匹”之类，而不是托名公主，未必娇妍的汉女。所以从高帝初年到武帝初年间共修了七次“和亲”，而遣“公主”的只有三次。和亲使单于可以不用寇掠而得到汉人的财物。但他并不以此为满足，他手下没得到礼物或“公主”的将士们更不能满足。每度和亲大抵只维持三几年的和平。而堂堂中国反向胡儿纳币进女，已是够丢脸了，贾谊所谓“可为流涕”的事，就是指此。

上面讲的，是汉初七八十年间西北两方面的边疆状况，让我们再看其他方面的。

在东北方面，是时朝鲜半岛上，国族还很纷纭；其中较大而与中国关系较密的是北部的朝鲜和南部的真番。真番在为燕所征之前无史可稽。朝鲜约自周初以来，燕、齐的人民或因亡命，或因生计所迫，移殖日众；至迟到了秦汉之际，朝鲜在种族上及文化上皆已与诸夏为一体，在语言上和北燕属同一区域。在战国末期（确年无考）燕国破胡的英雄秦开（即副荆轲人秦的秦舞阳的祖父）曾攻朝鲜，取地二千余里。不久，朝鲜和真番皆成了燕的属地，燕人为置官吏。秦灭燕后，于大同江外空地筑障以为界，对朝鲜控制稍弛，朝鲜名虽臣服于秦，实不赴朝会。汉朝初立，更无远略，把东北界缩到大同江。高帝死时，燕王卢绾率叛众逃入匈奴，燕地大乱，燕人卫满聚党千余人，渡大同江，居秦故塞，收容燕、齐的亡命之徒；继灭朝鲜，据其地为王，并降服真番及其他邻近的东夷小国。箕子的国祀，经八百余年，至此乃绝。卫满沿着朝鲜向来的地位，很恭顺地对汉称臣，约定各保边不相犯，同时半岛上的蛮夷君长要来朝见汉天子时，朝鲜不加阻碍。但到了卫满的孙右渠（与武帝同时），便再不和汉朝客气，一方面极力招诱逃亡的汉人，一方面禁止邻国的君长朝汉。

在南方，当秦末的内乱，闽越和西南夷，均恢复自主；南越则为故龙川县（属南海郡）令真定（赵）人赵佗所割据。汉兴，两越均隶藩封。但南越自高帝死后已叛服不常，闽越当武帝初年亦开始侵边。而西南夷则直至武帝通使之时，还没有取消独立。

以上一切边境内外的异族当中，足以为中国大患的只有匈奴。武帝对外也以匈奴为主要目标。其灭朝鲜有一部分为的是“断匈奴左臂”，其通西域全是为“断匈奴右臂”。

第三节　武帝开拓事业的四时期

武帝一朝对待外族的经过，可分为四期。

（一）第一期包括他初即位的六年（前一四一至前 二六年），这是承袭文、景以来保境安民政策的时期。武帝即位，才十六岁，太皇太后窦氏掌握着朝政。这位老太太是一个坚决的“黄老”信徒。有她和一班持重老臣的掣肘，武帝只得把勃勃的雄心暂时按捺下去。当建元三年（前一三八年）闽越围攻东瓯（今浙江东南部），武帝就对严助说：“太尉不足与计，吾新即位，不欲出虎符发兵郡国。”结果，派严助持“节”去向会稽太守请兵，“节”并不是发兵的正式徽识，严助几乎碰了钉子。在这一期里，汉对匈奴不但继续和亲，而且馈赠格外丰富，关市的贸易也格外起劲；可是武帝报仇雪耻的计划早已决定了。他派张骞去通使西域就在即位的初二年间。

汉武帝刘彻（公元前一五六至前八七年），西汉的第七位皇帝，杰出的政治家、战略家。他击溃匈奴，东并朝鲜，南征百越，西逾葱岭，慑服大宛，奠定了中华疆域的版图。图为汉武帝雕像。

（二）第二期从建元六年窦太后之死至元狩四年大将军霍去病之兵临瀚海，凡十六年（前一三五至前一一九年），这是专力排击匈奴的时期。

窦氏之死，给汉朝历史划一新阶段。她所镇抑着的几支历史暗流，等她死后，便一齐迸涌，构成卷括时代的新潮。自她死后，在学术界里，黄老退位，儒家的正统确立；政府从率旧无为变而发奋兴作，从对人民消极放任变而为积极干涉。这些暂且按下不表。现在要注意的是汉廷的对外政策从软弱变而为强硬。她死后的次年，武帝便派重兵去屯北边；是年考试公卿荐举“贤良”，所发的问题之一，便是“周之成、康……德及鸟兽，教通四海，海外肃慎，……氐、羌徕服。……呜呼，何施而臻此欤”？次年，便向匈奴寻衅，使人诈降诱单于入塞，同时在马邑伏兵三十万骑，要把单于和他的主力一举聚歼。这阴谋没有成功，但一场狠斗从此开始。

霍去病（公元前一四〇至前一一七年），汉族，河东郡平阳县（今山西临汾西南）人，汉武帝时期杰出的军事家。霍去病多次率军与匈奴交战，在他的带领下，匈奴被汉军杀得节节败退，他也留下了“封狼居胥”的佳话。图为霍去病铜像。

晁错的估量是不错的。只要汉廷把决心立定，把力量集中，匈奴绝不是中国的敌手。计在这一期，汉兵凡九次出塞挞伐匈奴，前后斩虏总在十五万人以上，只最后元狩四年（前一一九年）的一次，也是最猛烈的一次，就斩虏了八九万人。先是元狩二年（前一二一年），匈奴左地的昆邪王惨败于霍去病将军之手，单于大怒，要加诛戮，他便投降汉朝，带领去的军士号称十万，实数也有四万多。光在人口方面，匈奴在这一期内，已受了致命的打击（匈奴比不得中国，中国便遭受同数目的耗折也不算一回事。计汉初匈奴有控弦之士三十万，后来纵有增加，在此期内壮丁的耗折总在全数一半以上）。在土地方面，匈奴在这一期内所受的损失也同样的大。秦末再度沦陷于匈奴的河套一带（当时称为“河南”）被将军卫青恢复了。武帝用《诗经》中赞美周宣王征伐猃狁“出车彭彭，城彼朔方”的典故，把新得的河套地置为朔方郡；以厚酬募人民十万，移去充实他；又扩大前时蒙恬所筑凭黄河为天险的边塞。从此畿辅才不受匈奴的威吓。后昆邪王降汉，又献上今甘肃西北的“走廊地带”（中包括月氏旧地，为匈奴国中最肥美的一片地）。武帝把这片地设为武威、酒泉两郡（后来又从中分出张掖、敦煌两郡，募民充实之）。从此匈奴和氐羌（在今青海境）隔绝，从此中国和西域乃得直接交通，从此中国自北地郡以西的戍卒减去一半。后来匈奴有一首歌谣，纪念这一次的损失道（依汉人所译）：

亡我祁连山，
使我六畜不蕃息！
失我焉支（燕支）山，
使我妇女无颜色！

最后在元狩四年的一役，匈奴远遁至瀚海以北，汉把自朔方渡河以西至武威一带地（今宁夏南部，介于绥远和甘肃间地）也占领了，并且在这里开渠屯田，驻吏卒五六万人（惟未置为郡县），更渐渐地向北蚕食。是年武帝募民七十余万充实朔方以南一带的边境。

（三）元狩五年至太初三年，凡十七年（前一一八至前一〇二年）间，是武帝对外的第三期。在这一期内，匈奴既受重创，需要休息，不常来侵寇；武帝也把开拓事业转向别方：先后征服了南越、西南夷、朝鲜，皆收为郡县；从巴蜀开道通西南夷，役数万人；戡定闽越，迁其种族的一大部分于江淮之间，并且首次把国威播入西域。

西域在战国时是一神话的境地，屈原在《招魂》里描写道：

西方之害，流沙千里些！
旋入雷渊，爢散而不可止些！
幸而得脱，其外旷宇些！
赤蚁若象，玄蠭若壶些！
五谷不生，丛菅是食些！
其土烂人，求水无所得些！

一直到张骞出使之时，汉人还相信那里的昆仑山，为日月隐藏之所，其上有仙人西王母的宫殿和苑囿。对这神话的境界武帝首先做有计划的开拓。武帝在即位之初，早已留意西域。先时月氏国给匈奴灭了以后，一部分的人众逃入西域，占据了塞国（今伊犁一带），驱逐了塞王，另建一新国，是为大月氏（余众留敦煌、祁连间为匈奴役属的叫作小月氏），对于匈奴，时图报复。武帝从匈奴降者的口中得到这消息，便想联络月氏，募人去和他通使。汉中人张骞应募。这使事是一种很大的冒险。是时汉与西域间的交通孔道还是在匈奴掌握中，而西域诸国多受匈奴的命令。张骞未入西域，便为匈奴所获，拘留了十多年；他苦心保存着所持的使“节”，终于率众逃脱。这十多年中，西域起了一大变化。先前有一个游牧民族，叫作乌孙的，在胡月氏国东，被月氏灭了。他们投奔匈奴，被收容着，至是，受了匈奴的资助，向新月氏国猛攻。月氏人被迫做第二次的逃亡，又找到一个富厚而文弱的国家——大夏（今阿富汗斯坦）——把他鸠居鹊巢地占据了；遗下塞国的旧境为乌孙所有。张骞到大夏时，月氏人已给舒服的日子软化了，再不想报仇；张骞留居年余，不得要领而返，复为匈奴所获，幸而过了年余，单于死，匈奴内乱，得间逃归。骞为人坚忍、宽大、诚信，甚为蛮夷所爱服。他出国时同行的有一百多人，去了十三年，仅他和一个胡奴堂邑父得还。这胡奴在路上给他射鸟兽充饥，否则他已经绝粮死了。

张骞自西域归还，是轰动朝野的大事。他给汉人的政治、商业和文化开了一道大门；后来印度佛教的输入，就是取道西域的。这次我国史上空前的大探险，不久成了许多神话的挂钉。《张骞出关志》《海外异物记》等类夸诞的书，纷纷地堆到他名下。这些可惜现在都失传了。

张骞第二次出使是在元狩四年，匈奴新败后。这回的目的是乌孙。原来乌孙自居塞地，国势陡强，再不肯朝事匈奴，匈奴派兵讨他，不胜，从此结下仇隙。张骞向武帝献计：用厚赂诱乌孙来归旧地（敦煌、祁连间），并嫁给公主，结为同盟，以断“匈奴右臂”；乌孙既归附，则在他西边大夏（即新月氏）等国皆可收为外藩。武帝以为然，因派张骞再度出使。这回的场面比前次阔绰得多。受张骞统率的副使和将士共有三百多人，每人马二匹，带去牛羊以万数，金币价值“巨万”（万万）。骞至乌孙，未达目的，于元鼎二年（前一一五年）归还，过了年余便死。但乌孙也派了一行数十人跟他往汉朝报谢。这是西域人第一次来到汉朝的京都，窥见汉朝的伟大。骞死后不久，他派往别些国的副使也

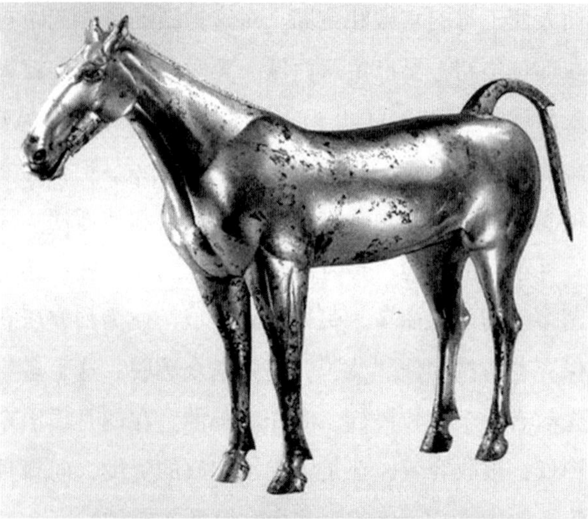

武帝喜爱良马、重视马政、讲求骑射。此鎏金马长七十六厘米，高六十二厘米，出土于汉武帝的陵园。它综合了多种宝马的形象，栩栩如生。既体现了当时高超的造型艺术和冶炼技术，也体现了武帝时多有征伐、开疆扩土的国家面貌。

陆续领了报聘的夷人回来；而武帝继续派往西域的使者也相望于道，每年多的十几趟，少的也五六趟，每一行大的几百人，小的也百多人；携带的礼物也大致同张骞时一般。于时请求出使西域，或应募前往西域，成了郡国英豪或市井无赖的一条新辟的出路。西域的土产，如葡萄、苜蓿、石榴等植物；音乐如摩诃、兜勒等曲调，成了一时的风尚。乌孙的使人归去，宣传所见所闻，乌孙由此重汉；匈奴闻他通汉，要讨伐他。乌孙恐惧，乃于元封中（前一一〇至前一〇五年）实行和汉室联婚，结为兄弟。但匈奴闻讯，也把一个女儿送来，乌孙王也不敢拒却，也就一箭贯双雕地做了两个敌国的女婿。中国在西域占优势乃是元封三年至太初三年（前一〇八至前一〇二年）间对西域的两次用兵以后的事。第一次用兵是因为当路的楼兰、姑师两小国，受不了经过汉使的需索和骚扰，勾通匈奴，攻劫汉使；结果，楼兰王被擒，国为藩属；姑师兵败国破，虽尚崛强，其后十八年（前九〇年）终被武帝征服。第二次用兵因为大宛国隐匿着良马，不肯奉献；结果在四年苦战之后，汉兵包围大宛的都城，迫得大宛贵人把国王杀了投降。楼兰、姑师尚近汉边，大宛则深入西域的中心。大宛服，而汉的声威震撼西域，大宛以东的小国纷纷遣派子弟，随着凯旋军入汉朝贡，并留以为质。于是汉自敦煌至罗布泊之间沿路设“亭”（驿站）；又在渠犁国“屯田兵数百人，以供给使者。

自汉结乌孙，破楼兰，降大宛，匈奴渐渐感到西顾之忧。初时东胡为匈奴所灭后，其余众分为两部：一部分退保鲜卑山，因号为鲜卑；一部分退保乌桓山，因号乌桓（二山所在，不能确指，总在辽东塞外远北之地）。汉灭朝鲜后，又招来乌桓，让他们居住在辽东、辽西、右北平、渔阳、上谷五郡的塞外。从此匈奴又有东顾之忧。元封六年（前一〇五年）左右，匈奴大约因为避与乌桓冲突，向西退缩；右部从前和朝鲜、辽东相接的，变成和云中郡相当对；定襄以东，无复烽警，汉对匈奴的防线减短了一半。

武帝开拓事业，也即汉朝的开拓事业，在这第三期，已登峰造极。计在前一期和这一期里，他先后辟置了二十五新郡；此外他征服而未列郡的土地尚有闽越、西域的一部分，和朔方以西、武威以东一带的故匈奴地。最后一批的新郡，即由朝鲜所分的乐浪、临屯、玄菟、真番四郡（四郡占朝鲜半岛偏北的大部分及辽宁省的一部分。此外在半岛的南部尚有马韩、弁韩、辰韩三族谓之三韩，包含七十八国，皆臣属于汉），置于元封三年（前一〇八年）。越二年，武帝把手自扩张了一倍有余的大帝国，重加调整，除畿辅及外藩，分为十三州；每州设一个督察专员，叫作“刺史”。这是我国政治制度史上一个重要的转变。

刺史的制度，渊源于秦朝各郡的监御史。汉初，这一官废了；有时丞相遣使巡察郡国，那不是常置的职官。刺史的性质略同监御史，而所监察的区域扩大了。秦时监御史的职权不可得而详。西汉刺史的职权是以“六条”察事，举劾郡国的守相。那“六条”是：

1. 强宗豪右田宅逾制，以强凌弱，以众暴寡。

2. 二千石（即食禄“二千石”的官，指郡国的守相）不奉诏书，遵承典制，倍公向私，旁诏牟利，侵渔百姓，聚敛为奸。

3. 二千石不恤疑狱，风厉杀人，怒则任刑，喜则淫赏，烦扰刻暴，剥截黎元，为百姓所疾；山崩石裂，妖祥讹言。

4. 二千石选署不平，苟阿所爱，蔽贤宠顽。

5. 二千石子弟恃怙荣势，请托所监。

6. 二千石违公下比，阿附豪强，通行货赂，割损政令。

第一和第六条的对象都是“强宗豪右”——即横行乡曲的地主。这一流人在当时社会上的重要和武帝对他们的注意可以想见了。

（四）武帝对外的第四期——包括他最后的十五年（前一〇一至前八七年）。在这一期，匈奴巨创稍愈，又来寇边。而中国经了三四十年的征战，国力已稍疲竭，屡次出师报复，屡次失利。最后，在征和三年（前九〇年）的一役，竟全军尽覆，主帅也投降了。祸不单行，是年武帝又遭家庭的惨变，太子冤死。次年，有人请求在西域轮台国添设一个屯田区，武帝在心灰意冷之余，便以一道忏悔的诏书结束他一生的开拓事业，略谓：

> 前有司奏，欲益民赋三十（每口三十钱）助边用。是重困老弱孤独也。而今又请遣卒田轮台！……乃者贰师（李广利）败，军士死略离散，悲痛常在朕心。今请远田轮台，欲起亭隧，是扰劳天下，非所以优民也。今朕不忍闻。……当今务在禁苛暴，止擅赋，力本农，修马复令（马复令谓许民因养马以免徭役之令），以补缺，毋乏武备而已。

又二年，武帝死。

不过这一期中匈奴的猖獗只是“回光返照”的开始。在武帝死后三十四年内（前八六至前五三年），匈奴天灾人祸，外患内忧，纷至沓来，弄成他向汉稽首称臣为止。其间重要的打击凡三次。第一次（前七二年），匈奴受汉和乌孙夹攻，人畜的丧亡已到了损及元气的程度；单于怨乌孙，自将数万骑去报复，值天大雪，一日深丈余，全军几尽冻死；于是乌孙从西面，乌桓从东面，丁零又从北面，同时交侵，人民死去什三，畜产死去什五；诸属国一时瓦解。又一次（前六八年）闹大饥荒，据说人畜死去什六七。最后一次，国内大乱，始则五单于争立，终则呼韩邪与郅支两单于对抗；两单于急着款塞纳降，为汉属国，并遣子入侍。后来郅支为汉西域都护所杀，匈奴重复统一，但终西汉之世，臣服中国不改。跟着匈奴的独立而丧失的是他在西域的一切宗主权。他的“僮仆都尉”被汉朝的西域都护替代了。都护驻乌垒国都（今新疆库车），其下有都尉分驻三十余国。

第四节　武帝的新经济政策

武帝的开拓事业，论范围，论时间，都比秦始皇的加倍；费用自然也加倍。军需和边事有关的种种工程费，募民实边费（徙民衣食仰给县官数年，政府假与产业），犒赏和给养降胡费，使节所携和来朝蛮夷所受的遗赂——这些不用说了。光是在元朔五、六年（前一二四至前一二三年）间对匈奴的两次胜利，“斩捕首虏”的酬赏就用去黄金二十余万斤。武帝又厉行水利的建设，先后在关中凿渠六系：其中重要的是从长安引渭水傍南山下至黄河，长三百余里的运渠；为郑国渠支派的“六辅渠”和连接泾渭长二百余里的白公渠。又尝凿渠通褒水和斜水，长五百余里，以联络关中和汉中；可惜渠成而水多湍石，不能供漕运之用。这些和其他不可胜述的水利工程，又是财政上一大例外的支出。加以武帝笃信幽冥，有神必祭，大礼盛典，几无虚岁。又学始皇，喜出外巡行，却比始皇使用更豪爽。元封元年第一次出巡，并登封泰山，所过赏赐，就用去帛百余万匹，钱以“巨万”计。可是武帝时代的人民，除商贾外，并不曾感觉赋税负担的重增。这真仿佛是一件奇迹。

汉朝的赋税是例外的轻的，在武帝以前只有四项。一是田租：自景帝以后确定为三十税一。二是算赋和口赋：每人从十五岁至五十六岁年纳百二十钱，商人与奴婢加倍，这叫做算赋；每人从三岁至十四岁的，年纳二十钱，这叫作口赋。三是郡国收来贡给皇帝的献费：每人年纳六十三钱；四是市租：专为工商人而设的。这些赋税当中，只有口赋武帝加增了三钱，其余的他不曾加增过分文。此外他只添了两种新税，一是舟车税：民有的轺（小车）车纳一算（百二十钱），商人加倍；船五丈以上一算。二是工商的货物税：商家的货品，抽价值的百分之六（缗钱二千而一算），工业的出品减半，这叫作“算缗钱”（货物的价值听纳税者自己报告，报不实或匿不报的，罚戍边一年，财产没收，告发的赏给没收财产的一半，这叫作“告缗”）。无论当时悭吝的商人怎样叫苦连天（据说当时中产以上的商人大抵因“告缗”破家），这两种新税总不能算什么“横征暴敛”。

那么武帝开边的巨费大部分从何而出呢？除了增税，除了鬻爵（民买爵可以免役除罪，武帝前已然。武帝更设“武功爵”，买至五级的可以补官），除了募民入财为“郎”，入奴婢免役；除了没收违犯新税法的商人的财产（据说政府因“告缗”所得，财产以亿计，奴婢以万计；田，大县数百顷，小县百多顷；宅亦如之）外，武帝的生财大道有二：新货币政策的施行和国营工商业的创立。

五铢钱，是中国钱币史上使用时间最长的货币。这种小铜钱外圆内方，象征着天地乾坤，奠定了中国铸币圆形方孔的传统。“铢”是古代的一种重量单位，一两的二十四分之一为一铢，因此所谓“五铢”实际上很轻。图为五铢钱。

（一）武帝最初的货币政策，是发行成本低而定价高的新币。以白鹿皮方尺，边加绘绣，为皮币，当四十万钱，限王侯宗室朝觐聘享必须用作礼物。又创铸银锡合金的货币大小凡三种：龙文，圆形，重八两三的当三千；马文，方形的当五百；龟文，椭圆形的当三百。又把钱改轻，令县官镕销“半两钱”，更铸“三铢钱”；后因三铢钱轻小易假，令更铸“五铢钱”。又由中央发行一种“赤仄钱”（赤铜做边的），以一当五，限赋税非赤仄钱不收。但银币和赤仄钱，因为低折太甚，终于废弃。而其他的钱币，因为盗铸者众，量增价贱。于是武帝实行币制的彻底改革。一方面集中货币发行权，禁各地方政府铸钱；一方面统一法币，由中央另铸新钱，把从前各地方所造质量参差的旧钱收回镕销。因为新钱的质量均高，小规模的盗铸无利可图，盗铸之风亦息。汉朝的币制到这时才达到健全的地步。集中货币发行权和统一法币的主张是贾谊首先提出的。

（二）武帝一朝所创的国家企业可分为两类：一、国营专利的实业；二、国营非专利的商业。

国营专利的实业，包括盐铁和酒。酒的专利办法是由政府开店制造出售，这叫作“榷酤”。盐的专利办法是由“盐官”备“牢盆”等类煮盐器具，给盐商使用，而抽很重的税，同时严禁民间私造煮盐器具。铁的专利办法是由政府在各地设“铁官”主办铁矿的采冶及铁器的铸造和售卖。盐铁官多用旧日的盐铁大贾充当。

国营非专利的商业有两种。其一是行于各地方的。以前郡国每年对皇帝各要贡献若干土产。这些贡品有的因为道路遥远，还不够抵偿运费，有的半途坏损了。有人给武帝出了一条妙计：让这些贡品不要直运京师，就拿来做货本，设官经理，运去行市最高的地方卖了，得钱归公。这叫作“均输”。其二是行于京师的。武帝在长安设了一所可以叫作“国立贸易局”，网罗天下货物，“贱则买，贵则卖”。这叫做“平准”。当时许多商人之被这贸易局打倒是可想见的。

均输、平准和盐铁专利终西汉之世不变。唯榷酤罢于武帝死后六年（前八一年）。是年郡国所举的“贤良文学”议并罢盐铁专卖。主持这些国营实业的桑弘羊和他们做了一次大辩论。这辩论的记录便是现存的《盐铁论》。

第十章

汉初的学术与政治

第一节　道家学说的全盛及其影响

汉初在武帝前的六七十年是道家思想的全盛时代，帝国的政治和经济都受他深刻的影响。

为什么道家会在这时有这么大的势力呢?

道家学说的开始广布是在战国末年。接着从秦始皇到汉高祖的一个时期的历史恰好是道家学说最好的注脚，好像是特为马上证实道家的教训而设的。老子说："法令滋章，盗贼多有。"秦朝就是法令滋章而结果盗贼多有。老子说："民不畏死，奈何以死惧之?"秦朝就是以死惧民而弄到民不畏死。老子说："飘风不终朝，骤雨不终日。"秦始皇和楚项羽就都以飘风骤雨的武功震撼一世，而他们所造成的势力都不终朝日。老子说："为者败之，执者失之。"秦始皇就是最"有为"的，而转眼间秦朝败亡；项羽就是一个"战胜而不予人功，得地而不予人利"的坚执者，终于连头颅也失掉。老子说："柔弱胜刚强。"刘邦就是以柔弱胜项羽至刚至强。老子说"自胜者强"，刘邦的强处就在能"自胜"。

他本来是一个"酒色财气"的人，但入了咸阳之后，因群臣的劝谏，竟能"财帛无所取，妇女无所幸"，并且对项羽低首下心。老子说："将欲歙之，必固张之；将欲弱之，必固强之；将欲夺之，必固与之。"刘邦所以成帝业的阴谋，大抵类此。他始则装聋作聩，听项羽为所欲为；继则侧击旁敲，力避和他正面冲突；终于一举把他歼灭。他始则弃关中给项羽的部将，并且于入汉中后，烧毁栈道，示无还心；继则弃关东给韩信、英布，以树项羽的死敌；而终于席卷天下。像这样的例，这里还不能尽举。道家的学说在战国末年既已流行，始皇的焚书，并不能把简短精警的五千言从学人的记忆中毁去。他们当战事平息、痛定思痛之际，把这五千言细加回味，怎能不警觉它是一部天发的神谶。况且当时朝野上下都是锋镝余生，劳极思息；道家“清静无为”的政策正是合口的味，而且是对症的药。我们若注意，当第一次欧洲大战后，于道家学说素无历史因缘而且只能从译本中得到朦胧认识的德国青年，尚且会对老子发生狂热的崇拜，一时《道德经》的译本有十余种（连解释的书共有四五十种）之多，便知汉初黄老思想之成为支配的势力是事有必至的了。

曹参，字敬伯，西汉开国功臣，名将，汉惠帝时官至丞相，是继萧何后的汉代第二位相国。一遵萧何约束，“萧规曹随”的典故源于此。图为曹参画像。

第一个黄老思想之有力的提倡者，是高祖的功臣曹参。他做齐国的丞相时，听得胶西有一位盖公，精通黄老学说，就用厚币请了来，把自己的正房让给他住，常去请教；果然任职九年，人民安集，时称贤相。后来汉丞相萧何死了，曹参被调去继任。他一切遵照旧规，把好出风头的属员都免了职，换用了朴讷的人。他自己天天饮酒，无所事事，有人想劝他做点事，他等那人来时就请他喝酒，那人正想说话时，便敬上一杯，直灌到醉了，那人终没有说话的机会。丞相府的后园，靠近府吏的宿舍，他们常常饮酒，呼叫和歌唱的声音闹得人不得安静。府吏讨厌了，请丞相去游园，让他听听那种声音，好加以制止；哪知他反在园中摆起酒来，一样地呼叫和歌唱，竟同隔墙的吏人们相应答。继曹参的汉相是另一个高帝的功臣陈平。他虽然不像曹参一般装懒，也是一个黄老信徒。第二个黄老思想之有力的提倡者是文帝的皇后窦氏。她自己爱好《老子》不用说，并且令太子和外家的子弟都得读这书。有一次她向一位儒生问及这书，那儒生不识好歹，批评了一句，她便大怒，罚他到兽圈里打野猪，幸亏景帝暗地给他一把特别快的刀，他才不致丧命。她在朝廷中，供养了一位精通黄老学说的处士王生。有一次公卿大会，王生也在场，袜带解了，回头瞧着廷尉（最高执法官）张释之道："给我结袜！"释之跪着给他结了。后来王生解释道："吾老且贱，自度终无益于张廷尉；廷尉方（为）天下名臣，吾故聊使结袜，欲以重之。"（事在景帝时）一位黄老大师的青睐，能增重公卿的声价，则当时道家地位可想而知了。

文帝对于黄老学说的热心，虽不及他的皇后，但他一生行事，确是守着道家的"三宝"——"一曰慈，二曰俭，三曰不为天下先"。他慈，他废除"收孥相坐"（罪及家属）的律令；废除"诽谤訞言之罪"；废除"肉刑"（残毁人体的刑）；废除"秘祝"（掌移过于臣下的巫祝）。他首颁养老令，每月以米和酒肉赐给八十岁以上的人；他甚至把人民的田赋完全免掉（后景帝时恢复）。他俭，他身穿厚缯，有时着草鞋上殿；他最宠爱的慎夫人衣不拖地，帷帐无文绣。有次他想造一座露台，匠人估价需百金，他便道这是中人十家之产，停止不造。他不肯为天下先，所以一任北边的烽火直逼到甘泉；所以酿成淮南王长、济北王兴居的叛变；所以养成吴王濞的跋扈，为日后七国之乱的张本。他的一朝，只有消极的改革，没有积极的兴建；只有保守，没有进取；只有对人民增加放任，没有增加干涉。不独他的一朝，整个汉初的六七十年也大抵如此。

但汉初，尤其是文帝时代，黄老思想之最重要的影响，还在经济方面。自从春秋以来，交通日渐进步，商业日渐发达，贸迁的范围日渐扩张，资本的聚集日渐雄厚，"素封之家"（素封者，谓无封君之名，而有封君之富）日渐增多，商人阶级在社会日占势力。战国时一部分的儒家（如荀子）和法家（如商鞅、韩非）对这新兴的阶级，都主张加以严厉的制裁；儒家从道德的观点，痛恶他们居奇垄断，刮削农民；法家从政治的观点，痛恶他们不战不耕，减损国力。商鞅治秦，按照军功限制人民私有田土奴婢的数量和服饰居室的享用。这是对于商人的一大打击。但他这政策后来被持续到什么程度，还是问题。始皇曾给一个擅利丹穴的富孀筑女怀清台，又使牧畜大王乌氏倮岁时奉朝请，同于封君；他和大资本家是讲过交道的。但至少在灭六国后，他对于一般商人是采用法家的方略，他在琅琊刻石中的自豪语之一是"重农抑末"。在兵役法上，他使商人和犯罪的官吏同被尽先征发。秦汉之际的大乱，对于资本家，与其说是摧残，毋宁说是解放；因为富人逃生，照例比贫民容易；而勾结将吏，趁火打劫，尤其是乱世资本家的惯技，这是最值得注意的事。高帝登极后第三年（前一九九年）便下令"贾人毋得衣锦绣绮縠絺纻罽，操兵，乘（车），骑马”（高帝又尝规定商人纳加倍的“算”赋，商人及其子孙不得为官吏，史不详在何年，当去此令不久或与同时）。假如大乱之后，富商大贾所余不多，则这样的诏令根本没有意义，绝不会出现的。此时此令，表示连纯驷马车也坐不起的新兴统治阶级，对于在革命历程中屹立如山的“素封之家”，不免羡极生妒了。高帝此令在商人中间必然惹起很大的愤激。所以过后两年代相陈豨作反，手下的将帅全是商人。但高帝死后不几年，道家放任主义的潮流便把他的抑商政策压倒。关于商人服用之种种屈辱的限制被惠帝撤销了。“市井子孙，不得仕宦为吏”的禁令，虽在文景之世犹存，恐亦渐渐地有名无实。在武帝即位之初，十三岁为侍中，后来给武帝主持新经济政策的桑弘羊便是洛阳贾人子。道家放任主义，在经济上之重要的实施莫如文帝五年的取消“盗铸钱令”（此禁令至景帝中元六年始恢复）。于是富商大贾，人人可以自开“造币厂”，利用奴隶和贱值的佣工，入山采铜，无限制地把资本扩大。结果造成金融界的大混乱，通货膨胀，物价飞腾，人民和政府均受其害。

贾谊（公元前二〇〇至前一六八年），洛阳（今河南省洛阳市东）人，西汉初年著名的政论家、文学家。其著作主要有散文和辞赋两类。散文如《过秦论》《论积贮疏》《陈政事疏》等都很有名，辞赋以《吊屈原赋》《鵩鸟赋》最著名。图为贾谊画像。

汉朝统一中国后，一方面废除旧日关口和桥梁的通过税，一方面开放山泽，听人民垦殖；这给工商业以一个空前的发展机会。而自战国晚期至西汉上半期是牛耕逐渐推行的时代。农村中被牛替代了的剩余人口，总有一部分向都市宣泄；这又是工商业发展之一种新的原动力。此诸因缘，加以政府的放任，使汉初六七十年间的工商业达到一个阶级，为此后直至“海通”以前我国工商业在质的方面大致没有超出过的。这时期工商界的状况，司马迁在《史记·货殖列传》里有很好的描写，据他的估计，是时通都大邑至少有三十几种企业，各在一定的规模内，可以使企业家每年的收入比得上食邑千户的封君（每户年收二百钱），计：

> 酤一岁千酿，醯酱千坻，浆千甑，屠牛羊彘千皮，贩谷粜千钟，薪稾千车，船长千丈（诸船积长千丈），木千章，竹竿万个，其轺车百乘，牛车千辆，木器髹者千枚，铜器千钧，素木铁器若卮茜千石，马蹄躈千，牛千足，羊彘千双，僮手指千，筋角丹沙千斤，其帛絮细布千钧，文采千匹，榻布皮革千石，漆千斗，糵曲盐豉千荅，鲐鮆千斤，鲰千石，鲍千均，枣栗千石者三之，狐貂裘千皮，羔羊裘千石，旃席千具，佗果菜千钟，子贷金钱千贯。

富商往往同时是大地主，“专川泽之利，管山林之饶”，或抽岁收千分之五的田租。他们的生活，据晁错所说，是“衣必文采，食必粱肉。……因其富厚，交通王侯；力过吏势，以利相倾；千里游遨，冠盖相望，乘坚策肥，履丝曳缟”。据贾谊说，“白縠之表，薄纨之里”的黼绣，古时天子所服，“今富人大贾，嘉会召客者，以被墙”。

这时期先后产生了两项制度，无形中使富人成了一种特权阶级。一是买爵赎罪制，始于惠帝时；其制，人民出若干代价（初定钱六万，后有增减），买爵若干级，使得免死刑。于是有了钱的人，简直杀人不用偿命。二是“买复”制，始于文帝时；其制，人民纳粟若干（初定四千石），买爵若干级，便免终身的徭役。汉民的徭役有三种（应役的年限，有些时是从二十三岁到五十六岁，有些时从二十岁起）：一是充“更卒”，就是到本郡或本县或诸侯王府里服役，为期每年一月；但人民可以每次出钱三百替代，谓之“过更”。其次是充“正卒”，即服兵役。为期两年，第一年在京师或诸侯王府充卫士；第二年在郡国充材官，骑士（在庐江、浔阳、会稽等处则充楼船兵），在这期内习射御骑驰战阵。其次是戍边，每丁为期一年。除了在北方，边郡的人民不得“买复”外，示在其他的地方，上说三种徭役，富人都可以免掉。

当时的儒者，本着儒家思想，对于骄奢的商贾自然主张制裁的。贾谊便是一例。他说，商贾剥蚀农民的结果，“饥寒切于民之肌肤。……国已屈矣，盗贼直须时耳！然而献计者曰，毋动为大耳！夫俗至大不敬也，至无等也，至冒上也，进计者犹曰，毋为！可为长太息者（此其）一也”。这里泄露一个重要的消息，当时得势的黄老派学者无形中竟成了商贾阶级的辩护士（司马迁推崇道家，而亦主张对商人放任。故曰：“善者因之，其次利导之，其次教诲之，其次整齐之，最下与之争。”可为旁证）。这却不是因为他们拜金，或受了商人的津贴。道家要一切听任自然，富贾大商的兴起，并非由于任何预定的计划，也可以说是一种自然的现象，道家自然不主张干涉了。他们从没有梦想到人类可以控制自然而得到幸福。“清静无为”之教结果成了大腹贾的护身符！这诚非以少私寡欲为教的“老聃”所能梦想得到。但事实确是如此滑稽。

但到了黄老学说成为大腹贾的护身符时，黄老的势力就快到末日了。

第二节　儒家的正统地位之确立

儒家在汉朝成立之初，本已开始崭露头角。高帝的“从龙之彦”，固然多数像他自己一般是市井的无赖，但其中也颇有些知识分子。单讲儒者就有曾著《新语》十一篇，时常强聒给高帝讲说《诗》《书》的陆贾；有曾为秦博士，率领弟子百余人降汉的叔孙通；而高帝的少弟刘交（被封为楚王），乃是荀卿的再传弟子，《诗》学的名家。高帝即位后，叔孙通奉命和他的弟子，并招鲁国儒生三十多人，共同制作朝仪。先时，群臣都不懂什么君臣的礼节，他们在殿上会饮，往往争论功劳；醉了，就大叫起来，拔剑砍柱。朝仪既定，适值新年，长乐宫也正落成，群臣都到那边朝贺。天刚亮，他们按着等级，一班班地被谒者引进殿门，那时朝廷中早已排列了车骑，陈设了兵器，升了旗帜。殿上传一声“趋”，殿下的郎中们数百人就夹侍在阶陛的两旁；功臣、列侯、诸将军、军吏都向东站立；文官丞相以下都向西站立。于是皇帝坐了辇车出房，百官传呼警卫；从诸侯王以下，直到六百石的吏员依了次序奉贺，他们没一个不肃敬震恐的。到行礼完毕，又在殿上置酒，他们都低着头饮酒，没有一个敢喧哗失礼的。斟酒到第九次，谒者高唱“罢酒”，他们都肃静地退出。高帝叹道：“我到今天才知道皇帝的尊贵呢！”于是拜叔孙通为太常（掌宗庙礼仪，诸博士即在其属下，故亦名太常博士），赐金五百斤。他的助手各有酬庸，不在话下。高帝本来轻蔑儒者，初起兵时，有人戴了儒冠来见，总要把它解下来，撒一泡尿在里边。但经过这回教训，他对于儒者不能不另眼相看了。后来他行经鲁国境，竟以太牢祀孔子。

高帝死后，儒家在朝中一点势力的萌芽，虽然给道家压倒，但在文、景两朝，儒家做博士的也颇不少；儒家典籍置博士可考者有《诗》《春秋》《论语》《孟子》《尔雅》等。而诸侯王中如楚元王交，河间献王德皆提倡儒术，和朝廷之尊崇黄老，相映成趣。元王好《诗》，令诸子皆读《诗》；并拜旧同学申公等三位名儒为中大丈。献王兴修礼乐，征集儒籍，立《毛氏诗》《左氏春秋》博士；言行谨守儒规。山东的儒者多跟随着他。

武帝为太子时的少傅就是申公的弟子王臧，武帝受儒家的熏陶是有素的。他初即位时，辅政的丞相窦婴（窦太皇太后的侄子）和太尉田蚡（武帝的母舅），皆好儒术；他们乃推荐王臧为郎中令——掌宿宫殿门户的近臣，又推荐了王臧的同学赵绾为御史大夫。在这班儒家信徒的怂恿之下，武帝于即位的次年（建元元年）诏丞相、御史大夫、列侯、诸侯王相等荐举“贤良方正直言极谏之士”来朝廷应试。这次征举的意思无疑地是要网罗儒家的人才。颍川大儒董仲舒在这次廷试中上了著名的“天人三策”。在策尾，他总结道：

> 《春秋》大一统者，天地之常经，古今之通谊也。今师异道，人异论，百家殊方，指意不同，是以上无以持一统；法制数变，下不知所守。臣愚以为诸不在六艺之科、孔子之术者，皆绝其道，勿使并进。邪辟之说灭息，然后统纪可一，而法度可明，民知所从矣。

同时丞相卫绾也奏道：

> 所举贤良或治申、商、韩非、苏秦、张仪之言，乱国政，请皆罢。

这奏给武帝批准了。卫绾不敢指斥黄老，因为窦太皇太后的势力仍在，但董仲舒所谓“诸不在六艺之科、孔子之术者”，则把黄老也包括在内了。当文景时代，太常博士有七十多人，治五经及“诸子百家”的均有。经董、卫的建议，武帝后来把不是治儒家五经的博士，一概罢黜了，这是建元五年（前一三六年）的事。

武帝又听王臧、赵绾的话，把申公用“安车蒲轮”招请了来，准备做一番制礼作乐的大事业，和举行一些当时儒者所鼓吹的盛大的宗教仪式。

儒家的张皇生事已够使窦老太太生气的了。更兼田蚡等，把窦氏宗室中无行的人，除了贵族的名籍，又勒令住在长安的列侯各归本国——住在长安的列侯大部分是外戚，且娶公主，不是窦老太太的女婿，便是她的孙婿，都向她诉怨。建元二年，赵绾又请武帝此后不要向窦太皇太后奏事。她忍无可忍，便找寻了赵绾、王臧的一些过失，迫得武帝把他们下狱，结果他们自杀。同时窦婴、田蚡也被免职，申公也被送回老家去了。但过了四年，窦老太太寿终内寝，田蚡起为丞相。儒家终底抬头而且从此稳坐了我国思想史中正统的宝座。

儒家之成为正统也是事有必至的。要巩固大帝国的统治权非统一思想不可，董仲舒已说得非常透彻。但拿什么做统一的标准呢？先秦的显学不外儒、墨、道、法。墨家太质朴，太刻苦了，和当时以养尊处优为天赋权利的统治阶级根本不协。法家原是秦自孝公以来国策的基础，秦始皇更把它的方术推行到“毫发无遗憾”。正唯如此，秦朝昙花般的寿命和秦民刻骨的怨苦，使法家此后永负恶名。贾谊在《过秦论》里，以“繁刑严诛，吏治刻深”为秦的一大罪状。这充分地代表了汉初的舆论。墨、法既然都没有被抬举的可能，剩下的只有儒、道了。道家虽曾煊赫一时，但那只是大骚乱后的反动。它在大众（尤其是从下层社会起来的统治阶级）的意识里是没有基础的，儒家却有之。大部分传统信仰，像尊天敬鬼的宗教和孝悌忠节的道德，虽经春秋战国的变局，并没有根本动摇，仍为大众的良心所倚托。道家对于这些信仰，非要推翻，便存轻视；但儒家对之，非积极拥护，便消极包容。和大众的意识相冰炭的思想系统是断难久据要津的。况且道家放任无为的政策，对于大帝国组织的巩固是无益而有损的。这种政策经文帝一朝的实验，流弊已不可掩。无论如何，在外族窥边，豪强乱法，而国力既充，百废待举的局面之下，“清静无为”的教训自然失却号召力。代道家而兴的自非儒家莫属。

第三节　儒家思想在武帝朝的影响

武帝虽然推崇儒家，却不是一个儒家的忠实信徒。他所最得力的人物，不是矩范一代的真儒董仲舒（仲舒应举后，即出为江都相，终身不在朝廷），也不是“曲学阿世”的伪儒公孙弘（虽然弘位至丞相）；而是“以峻文决理著”“以鹰隼击杀显”的酷吏义纵、王温舒之徒，是商人出身的搜括能手桑弘羊、孔仅等。在庙谟国计的大节上，他受儒家的影响甚小，儒家说，“远人不服，则修文德以来之”；他却倾全国的力量去开边，他对匈奴的积极政策，董仲舒是曾婉谏过的。儒家说，“国不以利为利，以义为利”，他的朝廷却“言利事析秋毫”。他的均输、平准和盐铁政策正是董仲舒所谓“与民争利业”，违反“天理”的。

不过除了形式上表彰六艺，罢黜百家外，武帝也着实做了几件使当时儒者喝彩的事。

（一）是“受命”改制的实现。邹衍的“五德终始”说自战国末年以来已成了普遍的信仰，在汉初，这一派思想已完全给儒家吸收了过来，成了儒家的产业。秦朝倒了，新兴的汉朝应当属于什么德呢？当初高帝入关，见秦有青、黄、赤、白帝四个神祇的祠，却没有黑帝，便以黑帝自居。在五行中说黑是和水相配的，高帝遂以为汉朝继承了秦的水德，正朔服色等和“德”有关的制度，一仍旧贯。这倒是百忙中省事的办法。贾谊却以为汉革秦命，应当属于克水的土德，提议改正朔，易服色，并于礼乐、政制、官名有一番兴革，亲自草具方案。在当时的儒者看来，这种改革是新朝接受天命的表示，不可缺的大典。贾谊把草具的方案奏上文帝，但在道家“无为”主义的势力之下，未得施行。这方案的内容现在只知道“色尚黄，数用五”，这两点都给武帝采用了。为着“改正朔”，武帝又征集民间治历者凡十八派，二十余人，互相考较，终于采用浑天家（浑天家是想象天浑圆如鸡子，地是鸡子中黄，天空半覆地上，半绕地下的）落下闳等的测算，制定“太初历”。这历法的内容，详在《汉书·律历志》。这里单表它的两个要点。以前沿用的秦历以一年的长度为365又1/4日，现在以一年的长度为365又385/1569日，较精密得多。秦历“建亥”，现在改用“建寅”。这句话得加解释，古人以冬至所在月为子，次月为丑，余类推；建寅就是以寅月（冬至后第二个月）为岁首，余类推。相传夏历建寅，殷历建丑，周历建子。孔子主张“行夏之时”。太初历建寅（后来直至民国前相沿不改）就是实行孔子的话。

董仲舒（公元前一七九至前一〇四年），汉代思想家、哲学家、政治家。汉武帝元光元年下诏征求治国方略。儒生董仲舒在《举贤良对策》中系统地提出了“天人感应”“大一统”学说和“罢黜百家，表彰六经”的主张。董仲舒的儒家思想维护了汉武帝的集权统治，为当时社会政治和经济的稳定做出了一定的贡献，对后世也颇有影响。图为董仲舒画像。

（二）是商人的裁抑。除了特别增加商人的捐税外（详前章），武帝又规定商人不得“名田”（即置田为产业）。“告缗令”（详前章）施行后，据说中产以上的商人大抵破家。

董仲舒曾对武帝建议裁抑富豪和救济农民的办法，他说道：

秦……用商鞅之法，改帝王之制，除井田，民得卖买（田）。富者田连阡陌，贫者无立锥之地。又专川泽之利，管山林之饶。荒淫越制，逾侈以相高。邑有人君之尊，里有公侯之富，小民安得不困？又加月为更卒，已，复为正（卒）一岁，屯戍一岁。力役三十倍于古，田租口赋盐铁之利二十倍于古。或耕豪民之田，见税什伍。故贫民常衣牛马之衣，而食犬彘之食。重以贪暴之吏，刑戮妄加。民愁无聊，亡逃山林，转为盗贼。赭衣半道，断狱岁以千万数。汉兴，循而未改。古井田法虽难猝行，宜少近古，限民名田（谓限制人民私有田地的数量），以赡不足，塞并兼（资产集中在少数富豪手中，当时叫作“并兼”或兼并）之路。盐铁皆归于民。去奴婢，除专杀之威（废除奴婢制度），薄赋敛，省徭役，以宽民力，然后可善治也。

这是第一次学者为农民向政府请命；这是封建制度消灭后农民生活的血史第一次被人用血写出。这血史并没有引起好大喜功的武帝多大的同情。但他禁商人名田的法令，似乎是受董仲舒“限民名田”的建议的影响。

（三）是教育的推广。在西周及春秋时代，王室和列国已有类似学校的机关，但只收贵族子弟。孟子“设为庠序”以教平民的理想，至武帝方始实现。先时秦朝以来的太常博士，本各领有弟子；但博士弟子的选择和任用，还没有定制，而他们各就博士家受业，也没有共同的校舍。建元元年，董仲舒对策，献议：“立大学以教于国，设庠序以化于邑。”后来武帝便于长安城外给博士弟子建筑校舍，名叫“太学”，规定博士弟子名额五十，由“太常择民十八以上、仪状端正者”充当。这些正式弟子之外，又增设跟博士“受业如弟子”的旁听生（无定额），由郡国县官择“好文学，敬长上，肃政教，顺乡里，出入不悖”的少年充当。正式弟子和旁听生均每年考试一次，合格的按等第任用。于太常外，武帝又令天下郡国皆立学校。但这诏令实行到什么程度现在无从得知。先是，景帝末，蜀郡太守文翁在成都市中设立学校，招各县子弟入学；学生免除徭役，卒业的按成绩差使；平常治事，每选高材生在旁听遣，出行则带着他们，让传达教令。县邑人民见了这些学生都钦羡不置，争着送子弟入学。这是我国地方公立学校的创始。

第十一章

改制与“革命”

第一节 外戚王氏的专权

武帝死后，经昭帝和宣帝两朝，和平而繁荣的两朝，凡四十四年，而至元帝。

当元帝做太子时，他的爱妃夭死，临死时，自言死于非命，由妾婢诅咒所致。太子悲痛到极，许久不去接近宫里任何女人，长日精神恍惚的。宣帝很替他担心，叫皇后觅些女子，可以开解他的。皇后选了五人，等他来朝时，给他瞧见，并嘱近身的太监暗中探听太子的意思。太子本来没有把这五人看在眼里，怕拂母后意，勉强答道内中有一人可以，却没明说是谁。那太监见五人中独有一人穿着镶大红边的长褂，并且坐得挨近太子，认为就是她，照禀皇后，皇后便命人把她送到太子宫里。她叫作王政君，当年她就生了嫡皇孙，即后来的成帝。

元帝即位，王政君成了皇后，嫡皇孙成了太子。元帝晚年，太子耽于宴乐，很使他失望。而皇后又已失宠。他常想把太子废掉，而另立他新近所恋一个妃嫔的儿子。当他最后卧病时，这妃嫔母子常在他跟前，而皇后和太子难得和他见面；他屡次查问从前景帝易置太子的故事。是时皇后、太子和太子的长舅王凤，日夜忧惧，却束手无策，幸亏因一位大臣涕泣力谏，元帝竟息了心。

成帝之世，王凤四兄弟相继以“大司马”(大司马乃是当时最高的军政长官)的资格辅政。据王凤的同僚刘向在一封奏章里的观察：

> 王氏一姓，乘朱轮华毂者二十三人。青紫貂蝉，充盈幄内，鱼鳞左右。大将军(王凤)乘事用权，五侯(凤诸弟)骄奢僭盛，并作威福，击断自恣。……尚书九卿，刺史郡守，皆出其门。筦执枢机，朋党比周，称誉者登进，忤恨者诛伤。游谈者助之说，执政者为之言，排摈宗室，孤弱公族，其有

智能者，尤非毁而不进。……兄弟据重，宗族盘互。历上古至秦汉，外戚僭贵，未有如王氏者也。

王凤诸弟继任时，虽然不能像他那样专权独断，但王家的势焰，并没有稍减。

王太后的兄弟共八人，唯独弟曼早死，没有封侯，太后很怜念他，他的寡妇住在宫里，抚育着幼子王莽。王氏众侯的公子，个个骄奢淫逸，只知讲究车马声伎。唯独王莽谦恭俭朴，勤学博览，交结贤俊，穿着得同儒生一般。他对寡母，对诸伯叔，对寡嫂孤侄，无不处处尽道，为人所不能为。王凤病，他在跟前侍候，亲自尝药，蓬头垢面，衣不解带，一连好几个月。王凤临死，特别把他托付给太后和成帝，其他诸伯叔也无不爱重他。他不久便被升擢到侍中（宿卫近臣）并封新都侯。他爵位愈尊，待人愈敬谨。散赀财车马衣裘，以赠送宾客，赡养名士，又广交名公巨卿。于是在朝的推荐他，在野的颂赞他，他隐然为一时人望所寄了。

成帝绥和元年（前八年）王莽的叔父大司马王根因病辞职，荐莽自代。这时莽才三十八岁。他虽位极人臣，自奉仍如寒素。有一回，他的母亲病，公卿列侯的夫人来问候，他的夫人出迎，衣不拖地（是时贵妇的衣服是拖地的），用粗布做“蔽膝”，来宾只当她是婢仆，问知是大司马夫人，无不吃惊。他把受赏赐所得的赀财完全散给寒士。又延聘贤良，以充属吏。他的声誉随爵位而起。

次年三月，成帝死，绝后，以侄定陶王嗣位，是为哀帝。王政君虽然升级为太皇太后，王氏的权势却暂时为哀帝的祖母家傅氏和母家丁氏所压倒。是年七月，王莽称病去职。

第二节　哀帝朝的政治

王莽去职前一月，汉廷议行一大改革，这改革方案的主要条目如下：

（一）一切贵族，官吏及平民，“名田”（谓秘有田土）皆不得过三十顷。三年后，过限的充公。

（二）商人皆不得“名田”为吏。

（三）诸侯王蓄奴婢不得过二百人，列侯公主不得过一百人，关内侯及吏民不得过三十人。年六十以上，十以下，不在数中。三年后过限的充公。

（四）官奴婢，年五十以上，解放为平民，官人年三十以下，出嫁之。

（五）废除“任子令”。任子令的规定是，官吏二千石以上，任职满三年，得荫子弟一人为“郎”，即皇帝的侍从（这和特权的废除，宣帝时已有人主张）。

（六）增加三百石以下的官吏的俸禄。

这改革案的发动人师丹在建议里说道：

古之圣王莫不设井田，然后治乃可平。孝文皇帝承亡周乱秦兵革之后……民始充实，未有并兼，故不为民田及奴婢为限。今累世承平，豪富吏民，赀数巨万（谓万万），而贫弱愈困。盖君子为政贵因循而重改作；然所以有改者将以救急也。亦未可详，宜略为限。

我们把这些话和上一章所载董仲舒对武帝说的话对读，便可见一个时代要求的持续性。

这改革案和王莽的关系，史无明文，但从他日后在政治上的措施看来，他赞成这改革案是无可疑的。

这改革案奏上后，一时奴婢田地的价值大减。但丁、傅两家和哀帝的嬖臣董贤觉得它于自己不便，哀帝诏暂缓施行，这就等于把它判了无期徒刑。不久，哀帝赐董贤田二千顷，就把这改革案中最重要的项目宣告死刑。

董贤是我国历史中一个极奇特的角色。哀帝即位时，他才十七岁，比哀帝少三岁。他生得异常姣好，哀帝做太子时早已倾心于他，即位后，依然时常与他同卧起。他们间有一件千古传为话柄的事，一日午睡，董贤枕着哀帝的衫袖，哀帝要下床，却怕惊醒了董贤，把衫袖剪断而起。他对董贤的赏赐，使得他死后董氏家产被籍没时，卖得四十三万万，这还不足为奇。董贤甫二十二岁，在政治上没有做过一点事，便被册为大司马，册文里并且用了“允执厥中”的典故，那是《书经》所载帝尧禅位于舜时说的话。这册文已够使朝野惊骇了。不久哀帝宴董贤父子，酒酣，从容对董贤说道：“吾欲法尧禅舜何如？”

哀帝想效法帝尧，原有特殊的历史背景。秦汉以来深入人心的“五德终始”说早已明示没有一个朝代能够永久。而自昭帝以来，汉运将终的感觉每每流露于儒生、方士之口。昭帝时有一位眭孟因天变上书，有一段说道：

> 先师董仲舒有言，虽有继体守文之君，不害圣人之受命。汉家尧后（谓汉高帝为帝尧的后裔）有传国之运，汉帝宜……求索贤人，禅以帝位，而退自封百里，如殷、周二王后，以承顺天命。

眭孟虽然以妖言伏诛，其后二十年，在宣帝时，有一位盖宽饶，亦以同类的言论送死。成帝时，大臣谷永因天变上书，也说道：“白气起东方，贱人将兴之征也；黄浊（尘）冒京师，王道微绝之应也。”稍后，亦在成帝时，方士甘忠可昌言：“汉家逢天地之大终，当更受命于天。”并且供献种种重大“受命于天”的法术。忠可虽以“假鬼神罔上惑众”死于狱中，他的弟子夏贺良又把他的一套向哀帝进献。原来哀帝即位后，久病无子。贺良用这类的话恫吓他：“汉运已经中衰，应当重新接受天命。成帝不应天命，所以绝嗣。如今陛下久病，天变屡次出现，这就是上天的谴告。”哀帝信了他的话，改建平二年（前五年）为“太初元将”元年，自号为“陈圣刘太平皇帝”，改刻漏百度为百二十度，并大赦天下。这些就是“更受天命”的法术。但是一切实行后，毫无效验。哀帝在计穷望绝之下，又被一种异常的情感所驱使，便自觉或不自觉地要实行眭孟的主张了。

哀帝册命董贤为大司马是在元寿元年（前二年）十二月。次年六月，他还没有“法尧禅舜”，便仓促死了。

第三节　从王莽复起至称帝

王莽罢政后不久，被遣归“国”（即本封的新都，在今河南），闭门韬晦了三年。吏民上书替他讼冤的有一百多次。后来应举到朝廷考试的士人又在试策里大大颂赞王莽的功德。哀帝于是召他还京，陪侍太皇太后。他还京年余，而哀帝死。哀帝又是绝后，他的母后及祖母又皆已前死，大权又回到太皇太后手，这时她七十二岁了。王莽于哀帝死后不几日，以全朝几乎一致的推举，和太皇太后的诏令，复大司马职。是年九月，他才选了一个年方九岁的中山王做继任的皇帝，这时朝中已没有和王莽不协，或敢和王莽立异的人了。次年，王莽既进号太傅安汉公，位诸侯王上，太皇太后又从群臣的奏请，下诏道：

> 自今以来，惟封爵乃以闻。他事，安汉公、四辅平决。州牧（成帝末王莽为大司马时，罢刺史，于每州设长官，称州牧）、二千石及茂材吏初除奏事者，辄引入，至近署对安汉公，考故官，问新职，以知其称否。

平帝虽名为天子，连自己的母亲卫后也不得见面。她被禁锢在中山，因谋入长安，全家被诛灭，不久平帝亦郁郁而死。他一共做了五年傀儡。在这五年间，王莽行了不少的惠政和善政，举其要者如下：他大封宗室和功臣的后裔，前后不下二百人。他令官吏自“比二千石”以上，年老退休的，终身食原俸三分之一。值凶年，他献田三十顷，钱百万，以为贫民，同僚仿行的二百三十人。他在长安城中起了五条街，房屋二百所，给贫民居住。他立法，妇女非身自犯法，不受株连；男子八十以上七岁以下，非家犯大逆不道，被诏名捕，不得拘系。他赐天下鳏寡孤独及高年人以布帛。他在郡（王国同）、县（侯国同）、乡、聚（较乡为小）皆设公立学校：在郡的称“学”，在县的称为“校”，每所置经师一人；在乡的称“庠”，在聚的称“序”，每所置《孝经》师一人（《孝经》是战国末出现的一部劝

王莽（公元前四五至公元二三年），西汉外戚王氏家族的重要成员，其人谦恭俭让，礼贤下士，在朝野素有威名。西汉末年，社会矛盾空前激化，王莽被朝野视为能挽危局的不二人选，被看作是“周公再世”。八年十二月，王莽代汉建新，宣布推行新政，史称“王莽改制”。图为王莽画像。

孝的书，托为孔子和弟子对话的记录）。他扩充太学，增加博士人数至每经五人；于五经之外又添立《乐经》；学生增加至万余人，又给太学建筑宏伟的校舍，其中学生宿舍就有万多间。他征求全国通知逸经、古记、天文、历算、乐律、文字训诂、医药、方技和以五经、《论语》《孝经》《尔雅》（秦汉间出现的讲训诂的书）教授的人，由地方官以优礼遣送到京；前后应征的凡数千人，皆令在殿庭上记述所学。他又曾奏上“吏民养生，送终，嫁娶，田宅，奴婢之品”；所谓“品”就是分等级的限制。董仲舒、师丹的建议他又打算实行。可惜这方案提出不久，适值卫氏之狱，又被搁起，后来不知何故，竟没有重提；其详细节目不得而考了。

讴歌和拥戴王莽的人自然不会缺少。当平帝选后，王莽拒绝把女儿参加候选时，就每日有千余人，包括平民、学生和官吏，守阙上书，“愿得公女为天下母”，结果他的女儿不待候选便直接做了皇后。当皇后正位后，群臣请求给他“大赏”时，就有八千多人上书附和。当他拒绝接受赏田时，就先后有吏民四十八万七千五百七十二人，上书朝廷，声言对他“宜亟加赏”。

在这时期，王莽处处以周公为榜样，朝野也以周公看待他。传说周公辅政时，有南方远夷越裳氏来献白雉，为周公功德及远的表征；是时也有益州塞外（今安南境）蛮夷，自称越裳氏，来献白雉和黑雉，其后四夷声言因慕义而来朝贡的络绎不断。周公“托号于周”，所以朝廷的公论要给王莽以安汉公的称号。周公位居总领百僚的太宰，所以朝廷的公论要为他特设“宰衡”一职，位在诸侯王之上（宰衡是兼采太宰和阿衡之号，商汤大臣伊尹，号阿衡，曾辅汤孙太甲）。周公的七个儿子都封为诸侯，所以朝廷的公论要把他的两个儿子（他原有四子，一因杀奴，为他迫令自杀；一因助卫氏，伏诛；后来又一因谋杀他，为他迫令自杀）都封侯。最后，传说周公当成王幼小时，曾暂时替代他做天子，谓之“居摄”，于是就有一位侯爵的宗室上书，说“今帝富于春秋，宜令安汉公行天子事，如周公”。这件想象的史事正要开始重演时，平帝病死，又是绝后。是月就有人奏称，武功县长淘井，得白石，上有丹漆写的文字：“告安汉公莽为皇帝。”王莽却经问卜和看相之后，选了一个最吉的两岁的宗室子婴，做平帝的后嗣，同时他受同僚的推戴和太皇太后勉强下的诏令，实行“居摄”。他令臣民称他为“摄皇帝”，他的祭祀及朝见太皇太后时，自称“假皇帝”（假有代理之意，非言伪）。

在王莽“居摄”的头两年间，安众侯刘崇及东郡太守翟义先后起兵讨伐他，皆败死。第三年（八年），宣示天意要王莽做皇帝的“符命”接叠而起。是年十一月，王莽奏上太皇太后，请（许莽）：

> 共事神祇宗庙，奏言太皇太后，孝平皇后，皆（仍）称假皇帝，其号令天下，天下奏言事，毋言摄。以居摄三年为初始元年，漏刻以百二十为度，用应天命。臣莽夙夜养育，隆就孺子，令与周之成王比德；宣明太皇太后威德于万方，期于富而教之。孺子加元服，“复子明辟”（谓待子婴长大后，还他帝位），如周公故事。

次月，某日，黄昏时，有梓潼人哀章，穿着黄衣，拿了一个铜盒，送到汉高祖庙。盒里装着两卷东西：一卷题为《天帝行玺金匮图》，一卷题为《赤帝行玺刘邦传予黄帝金策书》。策书的大意是说王莽应为真天子，太皇太后应从天命。守庙的人奏闻王莽。次日一早王莽便到高庙拜受这铜盒，即所谓“金匮”，然后谒见太皇太后，然后还坐殿廷，下书道：

> 予以不德，托于皇初祖考黄帝之后，皇始祖考虞帝之苗裔，而太皇太后之末属。皇天上帝隆显大佑，成命统序，符契图文，金匮策书，神明诏告，属予以天下兆民。赤帝汉氏高皇帝之灵，承天命传国金策之书，予甚祇畏，敢不钦受？以戊辰直“定”（定是建除等十二日次之一），御王冠，即真天子位。定有天下之号曰“新”。其改正朔，易服色，变牺牲，殊徽帜，异器制。以十二月朔癸酉为始建国元年正月之朔，……

第四节　王莽的改革

王莽即位后，除了“改正朔，易服色”等外，还要改变全国的经济机构。他自从少年得志以来，可谓从心所欲，无不成为事实。现在他要依照先圣的启示，理性的唤召，为大众的福利和社会的正义，去推行一种新经济的制度，还会遇到不可克服的阻碍吗？孟子所提倡而认为曾经存在过的“井田”制度，时常闪烁于西汉通儒的心中。不过董仲舒和师丹都认为“井田”制“难猝行”，不得已而思其次，提出“限民名田”的办法。王莽在胜利和乐观、信古和自信之余，便完全看不见董仲舒和师丹所看见的困难了。他不但要实行“井田”制度，并且要同时改革奴隶的制度，始建国元年（九年）王莽下诏道：

古者设庐井八家，一夫一妇田百亩，什一而税，则国给民富而颂声作。此唐、虞之道，三代所遵行也。秦为无道……坏圣制，废井田，是以兼并起，贪鄙生，强者规田以千数，弱者曾无立锥之居。又置奴婢之市，与牛马同栏，制于民臣，专断其命（谓吏民得擅杀奴婢）。奸虐之人，因缘为利，至略卖人妻子。逆天心，悖人伦，谬于“天地之性人为贵”（语出《孝经》）之义。……汉氏减轻田租，三十而税一，常有更赋，疲癃咸出。而豪民侵陵，分田劫假。厥名三十税一，实什税五也。父子夫妇，终年耕耘，所得不足以自存。故富者犬马余菽粟，骄而为邪；贫者不餍糟糠，穷而为奸。俱陷于辜，刑用不措。……今更名天下田曰王田，奴婢曰私属，皆不得买卖。其男口不盈八而田过一井者，分余田予九族邻里乡党。故无田，今当受田者如制度。致有非井田圣制，无法惑众者，投诸四裔，以御魑魅，如皇始祖考虞帝故事。

这道诏书亦宜与董仲舒请限民名田及废除奴婢的奏章对读。这道诏书所提出的改革，分析如下：

（一）田地国有，私人不得买卖（非耕种的土地，似不在此限）。

（二）男丁八口以下之家占田不得过一井，即九百亩。关于男丁八口以上之家无明文，似当以“八丁一井”的标准类推，有爵位食赏田的当不在此限。

（三）占田过限的人，分余田与宗族乡邻。

（四）无田的人，政府与田；所谓“如制度”，似是依“一夫一妇田百亩”的办法。有田不足此数的亦当由政府补足。

（五）现有的奴婢，不得买卖（但没有解放）。买卖自由人为奴婢，虽没有提及，当亦在禁止之列。现有的奴婢的子孙是否仍听其承袭为奴婢，亦没有明文。若是，则是王莽要用渐进的方法废奴；若否，则他并不是要完全废奴。

这道诏令实际上曾被施行到什么程度，不可确考，据说“坐买卖田宅奴婢……自诸侯卿大夫至于庶民，抵罪者不可胜数”。可惜这几句话太笼统了。这道诏令的推行所必当碰到的困难和阻碍是怎样，历史上亦没有记载。但是到了始建国四年，有一位中郎区博进谏道：

> 井田虽圣王法，其废久矣。……今欲违民心，追复千载绝迹，虽尧、舜复起，而无百年之渐，弗能行也。天下初定，万民新附，诚未可施行。

王莽听了他的话，便下诏：

> 诸名食王田，皆得卖之，勿拘以法。犯私买卖庶人者，且一切勿治。

这里只涉及上列的第一项及第五项的一部分，其余各节不知是否亦连带撤销。但我们要注意，他的解禁并不否认始建国元年的诏令在四年间所已造成的事实。

除了关于土地和奴婢的新法外，王莽在民生及财政上还有六种重要的兴革：

（一）国营专利事业的推广。武帝时国家已实行盐铁和酒的专卖，其后酒的专卖废于昭帝时；盐铁的专卖，元帝时废而旋复。王莽除恢复酒的专卖外，更推广国家独占的范围及于铜冶和名山大泽的资源的开采，同时厉禁人民私自铸钱。

关于这一项立法的用意，王莽曾有诏说道：

夫盐，食肴之将（将帅）；酒，百药之长，嘉会之好；铁，田农之本；名山大泽，饶衍之藏；五均赊贷，百姓所取平，仰以给赡；钱布铜冶，通行有无，备民用也。——此六者非编户齐民所能家作，必仰于市，虽贵数倍，不得不买。豪民富贾，即要（要挟）贫弱。先圣知其然也，故斡（谓由国家经营）之。

（二）国家放款的创始。人民因祭祀或丧事所需，得向政府借款，不取利息；还款期限，祭祀十日，丧事三月。人民因经营生业，得向政府借款，每年纳息不过纯净赢利的十分之一。

契刀五百，中国古代钱币之一。王莽开始复古币制，前后一共进行了四次币制改革。“契刀五百”币分为上下两部分，上部为方孔圆形铜钱，穿右左分别书“契刀”二字，下部为刀形，币身直书“五百”二字，制作较为精整，形态奇美。

（三）国营“平价”贸易的创始。五谷布帛丝绵等类日常需用之物，遇滞销时，由政府照本收买。政府在各地算出这类货物每季的平均价格（各地不必同）。若货物的市价超过平均价，则政府照平均价出卖，若低过平均价，则听人民自相买卖。这制度虽然与武帝所行的平准法有点相似，但用意则极不相同，后者目的在政府赢利，前者则在维持一定的物价水准，便利消费者而防止商人的囤积居奇。

（四）荒弃土地税的创始。不耕的田和城郭中不种植的空地皆有税。

（五）处理无业游民的新法。无业的人每丁每年须缴纳布帛一匹，不能缴纳的由县官征服劳役，并供给其衣食。

（六）所得税的创始。对一切工商业（包括渔猎牧畜，巫医卜祝，旅店经营以至妇女之养蚕、纺织和缝补），取纯利十一分之一，叫作“贡”，政府收入的贡即为放款与人民的本钱。贡税与现代所得税的异点在前者没有累进的差别，亦没有免征的界限。

以上的制度，除铜冶的专利公布于始建国元年外，其余皆在始建国二年以后陆续公布，其被实际施行的程度和推行时所遇的困难和阻碍，历史上亦均无记载。铜冶的专利弛于始建国五年，山泽的专利弛于地皇三年（二二年），次年王莽便败死。

第五节　新朝的倾覆

王莽对于立法的效力有很深的信仰，他认为“制定天下自平”。除上述一切关于民生和财政的新法外，他对于中央和地方的官名官制，行政区域的划分，以及礼乐刑法无不有一番改革。他自即真以来，日夜和公卿大臣们引经据典地商讨理想的制度，议论连年不休。他沿着做大司马时的习惯，加以疑忌臣下，务要集权揽事，臣下只有唯诺敷衍，以求免咎。他虽然忙到每每通宵不眠，经常的行政事务，如官吏的遴选、讼狱的判决等却没有受到充分的理会。有些县甚至几年没有县长，缺职一直被兼代着。地方官吏之多不得人是无足怪的。更兼他派往各地的镇守将军，“绣衣执法”，以及络绎于道的种种巡察督劝的使者又多是贪残之辈，与地方官吏相缘为奸。在这样的吏治情形之下，即使利民的良法，也很容易变成病民。何况像贡税和荒地税本属苛细。国家专利的事业禁民私营。像铸钱和铜冶，犯者邻里连坐，这又给奸吏以虐民的机会。

在王莽的无数改革中有一件本身甚微而影响甚大的，即王爵的废除，因此从前受汉朝册封为王的四夷的君长都要降号为侯，并且更换玺印。为着这事，朝鲜的高句骊、西南夷句町先后背叛。王莽对他们纯采高压政策。他派十二将，领甲卒三十万，十道并出，去伐匈奴。因为兵士和军用的征发的烦扰，内郡人民致有流亡为盗贼的，并州、平州尤甚。出征的车队屯集在北边，始终没有出击的机会。边地粮食不给，加以天灾，起大饥荒，人民相食，或流入内郡为奴婢。边地的屯军，生活困苦，又荼毒地方，五原、代郡，受祸尤甚；其人民多流为盗贼，数千人为一伙，转入旁郡，经一年多，才被平定。北边郡县却大半空虚了。为伐匈奴，强征高句骊的兵，结果高句骊亦叛，寇东北边。征句町的大军，十分之六七死于瘟疫，而到底没有得到决定的胜利。为给军用，赋敛益州人民财物，至于十收四五，益州因而虚耗。以上都是王莽即真以来八年间的事。

从新朝的第九年（是年莽六十二岁）至第十四年（一七至二二年）间，国内连年发生大规模的天灾；始而枯旱，继以飞蝗。受灾最重的地方是青、徐二州（今山东的东南部和江苏的北部）和荆州（今河南的南部和湖北的北部）。灾害的程度，除了表现于四方蜂起的饥民暴动外，还有二事可征：其一，山东饥民流入关中求食的就有数十万人；其二，王莽分遣使者往各地，教人民煮草木为“酪”，以代粮食，这种“酪”却被证明是无效的替代品。

暴动的饥民，起初只游掠求食，常盼年岁转好，得归故里；不敢攻占城邑，无文告旗帜，他们的魁帅亦没有尊号，他们有时俘获大吏也不敢杀害。因将吏剿抚无方，他们渐渐围聚，并和社会中本来不饥的枭悍分子结合，遂成为许多大股的叛党。其中最著者为萌芽于琅琊而蔓延于青、徐的“赤眉”（叛徒自赤其眉，以别于官军，故名）；和最初窟穴于绿林山（在今湖北当阳）而以荆州为活动范围的绿林贼。二者皆兴起于新朝的第九年。绿林贼后来分裂为下江兵和新市兵。

第十三年（即地皇二年，二一年），王莽遣太师羲仲景尚、更始将军王党将兵击青、徐。同时又遣将击句町，并令天下转输谷帛至北边的西河、五原、朔方和渔阳诸郡，每郡以百万数，预备大举伐匈奴。是年曾以剿贼立大功，领青、徐二州牧事的田况，上平贼策道：

> 盗贼始发，其原甚微，部吏伍人所能擒也。咎在长吏不为意，县欺其郡，郡欺朝廷，实百言十，实千言百。朝廷忽略，不辄督责，遂致延蔓连州。乃遣将率（率乃新朝将帅之称）多发使者，传相监趣（促）。郡县力事上官，应塞诘对。供酒食，具资用，以救断斩。不给（暇）复忧盗贼，治官事。将率又不能躬率吏士，战则为贼所破，吏气浸伤，徒费百姓。前幸蒙赦令，贼欲解散，或反遮击，恐入山谷转相告语。故郡县降贼，皆更惊骇，恐见诈灭。因饥馑易动，旬日之间，更十余万人。盗贼所以多之故也。今洛阳以东，米石二千。窃见诏书欲遣太师、更始将军（指羲仲景尚与王党）。二人爪牙重臣，多从人众，道上空竭；少则无以威视远方。宜急选牧尹以下，明其赏罚。收合离乡、小国、无城郭者，徙其老弱，置大城中，积藏谷食，并力固守。贼来攻城则不能下，所过无食，势不得群聚。如

此招之必降，击之则灭。今空复多出将率，郡县苦之，反甚于贼。宜尽征还乘传诸使者，以休息郡县，委任臣况以二州盗贼，必平定之。

王莽不听，反免田况职，召还京师。

第十四年二月，羲仲景尚战死。四月，莽继派太师王匡和更始将军廉丹，将锐士十余万，往征青、徐。大军所过，百姓唱道：

宁逢赤眉，
不逢太师。
太师尚可；
更始杀我！

十月，廉丹战死，全国震动。十一月，下江、新市兵与平林、春陵兵联合。平林、春陵兵，皆以其兴起之地名，先后皆于是年兴起。春陵兵的领袖乃汉朝皇室的支裔，刘縯和刘秀两兄弟。

第十五年，二月，下江、新市等联军拥立刘玄为皇帝，改元更始。刘玄亦汉朝皇室的支裔，他即位之日，对郡臣羞愧流汗，举手不能言语。是时联军攻宛城未下，他驻跸宛城下。三月王莽诏发郡国兵四十余万，号百万，会于洛阳，以司空王邑、司徒王寻为将。五月，二王率其兵十余万由洛阳向宛进发，路过昆阳，时昆阳已降于联军，二王首要把他收复。部将严尤献议道："今僭号的人在宛城下，宛城破，其他城邑自会望风降服，不用费力。"王邑道："百万大军，所过当灭，如今先屠此城，喋血而进，前歌后舞，岂不快哉！"于是纵兵围城数十重，城中请降，王邑不许。严尤又献计道：兵法上说"归师勿遏，围城为之阙"，可依此而行，使城中贼得路逃出，好惊怖宛下。王邑不听。先是当城尚未合围时，刘秀漏夜从城中逃出，请救兵。六月刘引救兵到，自将步骑千余为前锋。二王亦派兵迎击，却连战皆败。刘秀乃率敢死队三千人从城西水上冲官军的中坚。二王根本轻视他，自将万余人出阵，令其他营伍各守本部，不得擅动。二王战不利，大军又不敢擅来救援。二王阵乱，刘秀乘势猛攻，杀王寻。城中兵亦鼓噪而出，内外夹击，震呼动天地，官军大溃，互相践踏，伏尸百余里。是日风雷大作，雨下如注，近城的河川盛潦横溢，官兵溺死以万计，得脱的纷纷奔还本乡。王邑只领着残余的"长安勇敢"数千，遁归洛阳。消息所播，四方豪杰，风起云涌地举兵响应，旬月之间，遍于国中，他们大都杀掉州牧郡守，自称将军，用更始的年号，等候着新主的诏命。九月，响应更始的“革命”军入长安，城中市民亦起暴动相应，王莽被杀，手刃他的是一个商人。他的尸体被碎裂，他的首级被传送到宛。

做过王莽的“典乐大夫”的桓谭在所著《新论》里曾以汉高帝与王莽比较，指出王莽失败的原因，说道：

维王翁（即莽）之过绝世人有三焉：其智足以饰非夺是，辨能穷诘说士，威则震惧群下，又数阴中不快己者。故群臣莫能抗答其论，莫敢干犯匡谏，卒以致亡败。其不知大体之祸也。夫（知）帝王之大体者，则高帝是已。高帝曰：张良、萧何、韩信，此三子者，皆人杰也。吾能用之，故得天下。此其知大体之效也。王翁始秉国政，自以通明贤圣，而谓群下才智莫能出其上，是故举措兴事，辄欲自信任，不肯与诸明习者通……稀获其功效焉。故卒遇破亡。此不知大体者也。高帝怀大智略，能自揆度。群臣制事定法，常谓曰：庳而勿高也，度吾所能行为之。宪度内疏，政合于时。故民臣乐悦，为世所思。此知大体者也。王翁嘉慕前圣之治……欲事事效古……而不知己之不能行其事。释近趋远，所尚非务不。……此不知大体者也。高祖欲攻魏，乃使人窥视其国相，及诸将卒左右用事者。乃曰：此皆不如吾萧何、曹参、韩信、樊哙等，亦易与耳。遂往击破之，此知大体者也。王翁前欲北伐匈奴，及后东击青、徐众郡赤眉之徒，皆不择良将，但以世姓及信谨文吏，或遣亲属子孙素所爱好，或无权智将帅之用。猥使据军持众，当赴强敌。是以军合则损，士众散走。……（此）不知大体者也。

第六节　东汉的建立及其开国规模

新朝倒塌后，革命势力的分化和冲突，乘时割据者的起仆，和一切大规模和小规模的屠杀、破坏，这里都不暇陈述。总之，分裂和内战，继续了十四年，然后全中国统一于刘秀之手。

刘秀成就帝业的经过，大致如下。他起初年追随其兄刘縯之后。昆阳之战后不久，刘縯为更始所杀。时秀统兵在外，闻讯立即驰往宛城，向更始谢罪。沿途有人吊唁，他只自引咎，不交一句私语，他没有为刘縯服丧，饮食言笑，一如平常。更始于是拜他为破虏大将军，封武信侯。是年，更始入驻洛阳，即派他“行大司马事”，去安抚黄河以北的州郡。当他渡河时，除了手持的麾节外，几乎什么实力也没有。他收纳了归服的州郡，利用他们的兵力去平定拒命的州郡。在两年之间，他不独成黄河以北的主人，并且把势力伸到以南。在这期间，更始定都于长安，封他为萧王；他的势力一天天膨胀；更始开始怀疑他，召他还京了；他开始抗拒更始的命令了，他开始向更始旗下的将帅进攻了。最后，在更始三年六月，当赤眉迫近长安，更始危在旦夕的时候，他即皇帝位于鄗南，改元建武，仍以汉为国号（史家称刘秀以后的汉朝为后汉或东汉，而别称刘秀以前的汉朝为前汉或西汉）。先是，有一位儒生从关中带交他一卷“天书“，上面写着：

刘秀发兵捕不道，
四夷云集龙斗野；
四七之际火为主。

是年，赤眉入长安，更始降。接着，刘秀定都于洛阳。十二月，更始为赤眉所杀。赤眉到了建武三年春完全为刘秀所平定。至是，前汉疆域未归他统治的，只相当于今甘肃、四川的全部和河北、山东、江苏的各一小部分而已。这些版图缺角的补足，是他以后十年间从容绰裕的事业。

刘秀本是一个没有多大梦想的人。他少年虽曾游学京师，稍习经典，但他公开的愿望只是：

作官当作执金吾，

娶妻当娶阴丽华。

执金吾仿佛京城的警察厅长，是朝中的第三四等的官吏。阴丽华是南阳富家女，著名的美人，在刘秀起兵的次年，便成了他的妻室。他的起兵并不是抱着什么政治的理想。做了皇帝以后，心目中最大的政治问题似乎只是怎样巩固自己和子孙的权位而已。他在制度上的少数变革都是朝着这方向的。第一是中央官制的变革。在西汉初期，中央最高的官吏是辅佐君主总理庶政的丞相和掌军政的太尉、掌监察的御史大夫，共为三公。武帝废太尉设大司马，例由最高的统兵官“大将军”兼之。成帝把御史大夫改名为大司空，哀帝又把丞相改名为大司徒。在西汉末期，专政的外戚例居大司马、大将军之位，而大司徒遂形同虚设了。刘秀把大司徒、大司空的大字去掉，把大司马复称太尉，不让大将军兼领。同时他“愠数世之失权，忿强臣之窃命，矫枉过直，政不任下，虽置三公，备员而已”（东汉人仲长统语）。他把三公的主要职事移到本来替皇帝掌管文书出纳的尚书台。在官职的等级上，尚书台的地位是很低的。它的长官尚书令禄只千石，而三公禄各万石。他以为如此则有位的无权，有权的无位，可以杜绝臣下作威作福了。第二是地方官制的变革。西汉末年，把刺史改称为州牧，把它的秩禄从六百石增到二千石，但它的职权并没有改变。州牧没有一定的治所，每年周行所属郡国，年终亲赴京师陈奏。他若有所参劾，奏上之后，皇帝把案情发下三公，由三公派员去按验，然后决定黜罚。刘秀定制，州牧复称刺史，有固定治所，年终遣吏入奏，不用亲赴京师，他的参劾，不再经三公按验，而直接听候皇帝定夺。这一来三公的权减削而刺史的权提高了。第三是兵制的变革。刘秀在建武七年三月下了一道重要的诏令道：

今国有众军，并多精勇。宜且罢轻车、骑士、材官、楼船士……

这道诏令的意义，东汉末名儒应劭（曾任泰山太守）解释道：

（西汉）高祖命天下郡国选能引关蹶张、材力武猛者，以为轻车、

> 骑士、材官、楼船。常以立秋后，讲肄课试，各有员数。平地用（轻）车、骑（士），山阻用材官，水泉用楼船。……今悉罢之。

这道诏令使得此后东汉的人民虽有服兵役的义务，却没有受军事训练的机会了。应劭又论及这变革的影响道：

> 自郡国罢材官、骑士之后，官无警备，实启寇心。一方有难，三面救之。发兴雷震……黔首嚣然。不及讲其射御……一旦驱之以即强敌，犹鸠鹊捕鹰鹯，豚羊弋豺虎。是以每战常负。……尔乃远征三边，殊俗之兵，非我族类，忿鸷纵横，多僵良善，以为己功，财货粪土。哀夫！民氓迁流之咎，见出在兹。“不教民战，是为弃之。”迹其祸败，岂虚也哉！

末段是说因为郡国兵不中用，边疆有事，每倚靠雇佣的外籍兵即所谓胡兵；而胡兵凶暴，蹂躏边民，又需索犒赏，费用浩繁。应劭还没有说到他所及见的一事：后来推翻汉朝的董卓，就是胡兵的领袖，凭借胡兵而起的。

郡国材官、骑士等之罢，刘秀在诏书里明说的理由是中央军队已够强众，用不着他们。这显然不是真正的理由。在征兵制度之下，为国家的安全计，精强的兵士是岂会嫌多的？刘秀的变革无非以强干弱枝，预防反侧罢了。郡国练兵之可以为叛乱的资藉，他是亲自体验到的。他和刘縯当初起兵，本想借着立秋后本郡“都试”，即壮丁齐集受训的机会，以便号召，但因计谋泄露而提早发难。当他做上说的诏令时，这件故事岂能不在他心头？

中国历代创始

燧人氏

伏羲

神农氏

黄帝

禹

汤

姬发

姬宜臼

曹丕

刘备

孙权

司马炎

陈霸先

拓跋珪

元善见

元宝炬

杨

刘知远

赵匡胤

赵构

耶律阿保机

李

人像（部分）

颛顼

帝喾

尧

舜

嬴政

刘邦

王莽

刘秀

司马睿

刘裕

萧道成

萧衍

坚

李渊

朱温

李存勖

石敬瑭

昊

完颜旻

孛儿只斤·铁木真

朱元璋

爱新觉罗·努尔哈赤

中国历代

三皇

约公元前？年－约前 3077 年
燧人氏（天皇）
伏羲（羲皇）
神农氏（炎帝）

五帝

约公元前 3077 年－约前 2029 年
黄帝（都城：有熊）
颛顼（都城：帝丘）
帝喾（都城：高辛）
尧（都城：唐）
舜（都城：蒲阪）

夏朝

约公元前 2070 年－约前 1600 年
建立者：禹
都城：阳城

商朝

约公元前 1600 年－约前 1046 年
建立者：汤
都城：亳→殷

西周

约公元前 1046 年－前 771 年
建立者：姬发
都城：镐京

东周

春秋时代 约公元前 1046 年－前 771 年
建立者：姬宜臼 都城：洛邑
战国时代 公元前 475 年－前 221 年

秦朝

公元前 221 年－前 207 年
建立者：嬴政
都城：咸阳

汉

西汉 公元前 206 年－公元 8 年
建立者：刘邦 都城：长安
新朝 公元 8 年－23 年
建立者：王莽 都城：常安
玄汉 23 年－25 年
建立者：刘玄 都城：洛阳
东汉 25 年－220 年
建立者：刘秀 都城：洛阳

三国

魏 220 年－265 年
建立者：曹丕 都城：洛阳
蜀 221 年－263 年
建立者：刘备 都城：成都
吴 222 年－280 年
建立者：孙权 都城：建业

西晋
建立者：
东晋
建立者：

宋
建立者
齐
建立者：
梁
建立者
陈
建立者：

北魏
建立者：
东魏
建立者：
西魏
建立者：
北齐
建立者
北周
建立者：

5

纪元表

265 年 –316 年
司马炎　都城：洛阳

317 年 –420 年
司马睿　都城：建康

420 年 –479 年
：刘裕　都城：建康

479 年 –502 年
萧道成　都城：建康

502 年 –557 年
：萧衍　都城：建康

557 年 –589 年
陈霸先　都城：建康

386 年 –534 年
拓跋珪　都城：洛阳

534 年 –550 年
元善见　都城：邺城

535 年 –556 年
元宝炬　都城：长安

550 年 –577 年
：高洋　都城：邺城

557 年 –581 年
宇文觉　都城：长安

隋朝
81 年 –618 年
建立者：杨坚
都城：长安

唐朝
618 年 –907 年
建立者：李渊
都城：长安

五代
后梁 907 年 –923 年
建立者：朱温　都城：开封

后唐 923 年 –936 年
建立者：李存勖　都城：洛阳

后晋 936 年 –947 年
建立者：石敬瑭　都城：开封

后汉 947 年 –950 年
建立者：刘知远　都城：开封

后周 951 年 –960 年
建立者：郭威　都城：开封

十国
891 年 –979 年

北宋
960 年 –1127 年
建立者：赵匡胤
都城：汴京

南宋
1127 年 –1279 年
建立者：赵构
都城：临安

辽朝
907 年 –1125 年
建立者：耶律阿保机
都城：上京

西夏
1038 年 –1227 年
建立者：李元昊
都城：兴庆

金朝
1115 年 –1234 年
建立者：完颜旻
都城：中都

元朝
1271 年 –1368 年
建立者：孛儿只斤·铁木真
都城：大都

明朝
1368 年 –1644 年
建立者：朱元璋
都城：南京→北京

清朝
1616 年 –1911 年
建立者：爱新觉罗·努尔哈赤
都城：北京

中国大历史

下

张荫麟
吕思勉 著

沈阳出版发行集团
沈阳出版社

图书在版编目（CIP）数据

中国大历史：全 2 册 / 张荫麟，吕思勉著. -- 沈阳：沈阳出版社，2021.1

ISBN 978-7-5716-1552-9

Ⅰ. ①中… Ⅱ. ①张… ②吕… Ⅲ. ①中国历史 – 通俗读物 Ⅳ. ① K209

中国版本图书馆 CIP 数据核字 (2021) 第 020703 号

作者简介

吕思勉

（1884—1957）

字诚之。幼年家贫无力延师，由其父母授以史部著作。16岁自学古史典籍，自1905年起，先后在苏州东吴大学、江苏省立第一师范专修科等校任教，为文史大家钱穆、赵元任等人授业恩师。自1926年起，任上海光华大学国文系、历史系教授兼系主任。1949年后，任华东师范大学历史系教授。在我国现代史学史上，吕思勉是唯一一位在通史、断代史和专史等诸多领域里都作出重大贡献的历史学家，其史学研究通贯各时代，周瞻各领域，长于综合研究和融会贯通。

自序

我在上海光华大学，讲过十几年的本国史。其初系讲通史。后来文学院长钱子泉先生说：讲通史易与中学以下的本国史重复，不如讲文化史。于是改讲文化史。民国二十七年，教育部颁行大学课程；其初以中国文化史为各院系一年级必修科，后改为通史，而注明须注重于文化。大约因政治方面，亦不可缺，怕定名为文化史，则此方面太被忽略之故。用意诚甚周详。然通史讲授，共止120小时，若编制仍与中学以下之书相同，恐终不免于犯复。所以我现在讲授，把它分为两部分：上册以文化现象为题目，下册乃依时代加以联结，以便两面兼顾。此意在本书绪论中，业经述及了。此册系居孤岛上所编，参考书籍，十不备一；而时间甚为匆促。其不能完善，自无待言。但就文化的各方面，加以探讨，以说明其变迁之故，而推求现状之所由来；此等书籍，现在似尚不多，或亦足供参考。故上册写成，即付排印，以代抄写。不完不备之处，当于将来大加订补。此书之意，欲求中国人于现状之所由来，多所了解。故叙述力求扼要，行文亦力求浅显。又多引各种社会科学成说，以资说明。亦颇可做一般读物。单取上册，又可供文化史教科或参考之用。其浅陋误缪之处，务望当代通人，加以教正。

民国二十八年九月二十八日，吕思勉识。

绪论

历史，究竟是怎样一种学问？研究了它，究竟有什么用处呢？

这个问题，在略知学问的人，都会毫不迟疑地作答道：历史是前车之鉴。什么叫作前车之鉴呢？他们又会毫不迟疑地回答道：昔人所为而得，我可以奉为模范；如其失策，便当设法避免；这就是所谓“法戒”。这话骤听似是，细想就知道不然。世界上哪有真正相同的事情？所谓相同，都是察之不精，误以不同之事为同罢了。远者且勿论。欧人东来以后，我们应付他的方法，何尝不本于历史上的经验？其结果却是如何呢？然则历史是无用了么？而不知往事，一意孤行的人，又未尝不败。然则究竟如何是好呢？

历史虽是记事之书，我们之所探求，则为理而非事。理是概括众事的，事则只是一事。天下事既没有两件真正相同的，执应付此事的方法，以应付彼事，自然要失败。根据于包含众事之理，以应付事实，就不至于此了。然而理是因事而见的，舍事而求理，无有是处。所以我们求学，不能不顾事实，又不该死记事实。

要应付一件事情，必须明白它的性质。明白之后，应付之术，就不求而自得了。而要明白一件事情的性质，又非先知其既往不可。一个人，为什么会成为这样子的一个人？譬如久于官场的人，就有些官僚气；世代经商的人，就有些市侩气；向来读书的人，就有些迂腐气。难道他是生来如此的么？无疑，是数十年的做官、经商、读书养成的。然则一个国家，一个社会，亦是如此了。中国的社会，为什么不同于欧洲？欧洲的社会，为什么不同于日本？习焉不察，则不以为意，细加推考，自然知其原因极为深远复杂了。然则往事如何好不研究呢？然而已往的事情多着呢，安能尽记？社会上每天所发生的事情，报纸所记载的，奚啻亿兆京垓分之一。一天的报纸，业已不可遍览，何况积而至于十年、百年、千年、万年呢？然则如何是好？

须知我们要知道一个人，并不要把他已往的事情，通通都知道了，记牢了。我，为什么成为这样一个我？反躬自省，总是容易明白的，又何尝能把自己已往的事，通通记牢呢？然则要明白社会的所以然，也正不必把已往的事，全数记得，只要知道“使现社会成为现社会的事”就够了。然而这又难了。

任何一事一物，要询问它的起源，我们现在，不知所对的很多。其所能对答的，又十有八九靠不住。然则我们安能本于既往以说明现在呢？

这正是我们所以愚昧的原因，而史学之所求，亦即在此。史学之所求，不外乎：（一）搜求既往的事实。（二）加以解释。（三）用以说明现社会。（四）因以推测未来，而指示我们以进行的途径。

往昔的历史，是否能肩起这种任务呢？观于借鉴于历史以应付事实导致失败者之多，无疑是不能的。其失败的原因安在呢？列举起来，也可以有多端，其中最重要的，自然是偏重于政治。翻开二十五史来一看（从前都说二十四史，这是清朝时候，功令上所定为正史的。民国时代，柯劭忞所著的《新元史》业经奉徐世昌总统令，加入正史之中，所以现在该称二十五史了），所记的全是些战争攻伐，在庙堂上的人所发的政令，以及这些人的传记世系。昔人称《左氏》为相斫书；近代的人称二十四史为帝王的家谱。说虽过当，也不能谓其全无理由了。单看了这些事，能明白社会的所以然么？从前的历史，为什么会有这种毛病呢？这是由于历史是文明时代之物，而在文明时代，国家业已出现，并成为活动的中心，常人只从表面上看，就认为政治可以概括一切，至少是社会现象中最重要的一项了。其实政治只是表面上的事情。政治的活动，全靠社会做根底。社会，实在政治的背后，做了无数更广大更根本的事情。不明白社会，是断不能明白政治的。所以现在讲历史的人，都不但着重于政治，而要着重于文化。

何谓文化？向来狭义的解释，只指学术技艺而言，其为不当，自无待论。

说得广的，又把一切人为的事都包括于文化之中，然则动物何以没有文化呢？须知文化正是人之所以异于他动物的。其异点安在呢？凡动物，多能对外界的刺激而起反应，亦多能与外界相调适。然其与外界相调适，大抵出于本能，其力量极有限，而且永远不过如此。人则不然。所以人所处的世界，与动物所处的世界大不相同。人之所以能如此，（一）由其有特异的脑筋，能想出种种法子。（二）其手和足的作用全然分开，能制造种种工具，以遂行其计划。（三）又有语言以互相交通，而其扩大的即为文字。此人之所知、所能，可以传之于彼；前人之所知、所能，并可以传之于后。因而人的工作，不是个个从头做起的，乃是互相接续着做的。不像赛跑的人，从同一地点出发，却像驿站上的驿夫，一个个连接着，向目的地进行。其所走的路线自然长，而后人所达到的，自非前人所能知了。然则文化，是因人有特异的禀赋，良好的交通工具，所成就的控制环境的共业。动物也有进化，但它的进化，除非改变其机体，以求与外界相适应，这是要靠遗传上变异淘汰等作用，才能达到目的的，自然非常迟慢。人则只需改变其所用的工具，和其对付事物的方法。我们身体的构造，绝无以异于野蛮人，而其控制环境的成绩，却大不相同，即由其一为生物进化，一为文化进化之故。人类学上，证明自冰期以后，人的体质，无大变化。埃及的尸体解剖，亦证明其身体构造，与现今的人相同。可见人类的进化，全是文化进化。恒人每以文化状况，与民族能力，并为一谈，实在是一个重大的错误。遗传学家，论社会的进化，过于重视个体的先天能力，也不免为此等俗见所累。至于有意夸张种族能力的，那更不啻自承其所谓进化，将返于生物进化了。从理论上说，人的行为，也有许多来自机体，和动物无以异的，然亦无不带上文化的色彩。如饮食男女之事，即其最显明之例。所以在理论上，虽不能将人类一切行为，都称为文化行为，在事实上，则人类一切行为，几无不与文化有关系。可见文化范围的广大。能了解文化，自然就能了解社会了。人类的行为，原于机体的，只是能力。其如何发挥此能力，则全因文化而定其形式。

全世界的文化，到底是一元的，还是多元的？这个问题，还非今日所能解决。研究历史的人，即暂把这问题置诸不论不议之列亦得。因为目前分明放着多种不同的文化，有待于我们的各别研究。话虽如此说，研究一种文化的人，专埋头于这一种文化，而于其余的文化，概无所见，也是不对的。因为（一）各别的文化，其中仍有共同的原理存在。（二）而世界上各种文化，交流互织，彼此互有关系，也确是事实。文化本是人类控制环境的工具，环境不同，文化自因之而异。及其兴起以后，因其能改造环境之故，愈使环境不同。人类遂在更不相同的环境中进化。其文化，自然也更不相同了。文化有传播的性质，这是毫无疑义的。此其原理，实因人类生而有求善之性（智），与相爱之情仁。所以文化优的，常思推行其文化于文化相异之群，以冀改良其生活，共谋人类的幸福。（其中固有自以为善而实不然的，强力推行，反致引起纠纷，甚或酿成大祸，宗教之传布，即其一例。但此自误于愚昧，不害其本意之善。）而其劣的，亦恒欣然接受。其深闭固拒的，皆别有原因，当视为例外。这是世界上的文化所以交流互织的原因。而人类的本性，原是相同的。所以在相类的环境中，能有相类的文化。即使环境不同，亦只能改变其形式，而不能改变其原理。（正因原理之同，形式不能不异，即因形式之异，可见原理之同，昔人夏葛冬裘之喻最妙。）此又不同的文化，所以有共同原理的原因。以理言之如此。以事实言，则自塞趋通，殆为进化无疑的轨辙。试观我国，自古代林立的部族，进而为较大的国家；再进而为更大的国家；再进而臻于统一；更进而与域外交通，开疆拓土，同化异民族；无非受这原理的支配。转观外国的历史，亦系如此。今者世界大通，前此各别的文化，当合流而生一新文化，更是毫无疑义的了。然则一提起文化，就该是世界的文化，而世界各国的历史，亦将可融合为一。为什么又有所谓国别史，以研究各别的文化呢？这是因为研究的方法，要合之而见其大，必先分之而致其精。况且研究的人，各有其立场。居中国而言中国，欲策将来的进步，自必先了解既往的情形。即以迎受外来的文化而论，亦必有其预备条件。不先明白自己的情形，是无从定其迎拒的方针的。所以我们在今日，欲了解中国史，固非兼通外国史不行，而中国史亦自有其特殊研究的必要。

人类已往的社会，似乎是一动一静的。我们试看，任何一个社会，在已往，大都有个突飞猛进的时期。隔着一个时期，就停滞不进了。再阅若干时，又可以突飞猛进起来。已而复归于停滞。如此更互不已。这是什么理由？解释的人，说节奏是人生的定律。个人如此，社会亦然。只能在遇见困难时，奋起而图功，到认为满足时，就要停滞下来了。社会在这时期，就会本身无所发明；对于外来的，亦非消极的不肯接受，即积极的加以抗拒。世界是无一息不变的。（不论自然的和人为的，都系如此。）人，因其感觉迟钝，或虽有感觉，而行为濡滞之故，非到外界变动，积微成著，使其感觉困难时，不肯加以理会，设法应付。正和我们住的屋子，非到除夕，不肯加以扫除，以致尘埃堆积，扫除时不得不大费其力一样。这是世界所以一治一乱的真原因。倘使当其渐变之时，随时加以审察，加以修正，自然不至于此了。人之所以不能如此，昔时的人，都以为这是限于一动一静的定律，无可如何的。我则以为不然。这种说法，是由于把机体所生的现象和超机现象并为一谈，致有此误。须知就一个人而论，劳动之后，需要休息若干时；少年好动，老年好静，都是无可如何之事。社会则不然。个体有老少之殊，而社会无之。个体活动之后，必继之以休息，社会则可以这一部分动，那一部分静。然则人因限于机体之故，对于外界，不能自强不息地为不断的应付，正可借社会的协力，以弥补其缺憾。然则从前感觉的迟钝，行为的濡滞，只是社会的病态。（如因教育制度不良，致社会中人，不知远虑，不能豫烛祸患；又如因阶级对立尖锐，致寄生阶级不顾大局的利害，不愿改革等，都只可说是社会的病态。）我们能矫正其病态，一治一乱的现象，自然可以不复存，而世界遂臻于郅治了。这是我们研究历史的人最大的希望。

马端临的《文献通考·序》，把历史上的事实分为两大类：一为理乱兴亡，一为典章经制。这种说法，颇可代表从前史学家的见解。一部二十五史，拆开来，所谓纪传，大部分是记载理乱兴亡一类的事实的，志则以记载典章经制为主。（表二者都有。）理乱兴亡一类的事实，是随时发生的，今天不能逆料明天。典章经制，则为人预设之以待将来的，其性质较为持久。所以前者可称为动的史实，后者可称为静的史实。史实确乎不外这两类，但限其范围于政治以内，则未免太狭了。须知文化的范围，广大无边。两间的现象，除（一）属于自然的；（二）或虽出于生物，而纯导原于机体的；一切都当包括在内。他综合有形无形的事物，不但限制人的行为，而且陶铸人的思想。在一种文化中的人，其所作所为，断不能出于这个文化模式以外，所以要讲文化史，非把昔时的史料，大加扩充不可。教育部所定大学课程草案，各学院共同必修科本有文化史而无通史。后又改为通史，而注明当注重于文化。大约因为政治的现象，亦不可略，怕改为文化史之后，讲授的人全忽略了政治事项之故，用意固甚周详。然大学的中国通史，讲授的时间，实在不多。若其编制仍与中学以下同，所讲授者，势必不免于重复。所以我现在换一个体例。先就文化现象，分篇叙述，然后按时代加以综合。我这一部书，取材颇经拣择，说明亦力求显豁。颇希望读了的人，对于中国历史上重要的文化现象，略有所知；因而略知现状的所以然；对于前途，可以预加推测；因而对于我们的行为，可以有所启示。以我之浅学，而所希望者如此，自不免操豚蹄而祝篝车之诮，但总是我的一个希望罢了。

目录

中国大历史．下

上　编

中国政治史

第一章 新室的兴亡

前后汉之间是中国历史的一个转变。在前汉之世，政治家的眼光，看了天下，认为不该就这么苟安下去的。后世的政治家奉为金科玉律的思想，所谓“治天下不如安天下，安天下不如与天下安”，是这时候的人所没有的。他们看了社会还是可用人力控制的，一切不合理的事，都该用人力去改变，此即所谓“拨乱世，反之正”。出来负这个责任的，当然是贤明的君主和一班贤明的政治家。当汉昭帝时，有一个儒者，唤作眭弘，因灾异，使其朋友上书，劝汉帝“求索贤人，禅以帝位，而退自封百里”。宣帝时，有个盖宽饶，上封事亦说：“五帝官天下，三王家天下，家以传子，官以传贤，四序之运，成功者退，不得其人，则不居其位。”这两个人，虽然都得罪而死，但眭弘，大约是因霍光专政，怕人疑心他要篡位，所以牺牲了他，以资辩白的。况且霍光是个不学无术的人，根本不懂得什么改革大计。盖宽饶则因其刚直之性，既触犯君主，又为有权势的人所忌，以致遭祸，都不是反对这种理论，视为大逆不道。至于不关涉政体，而要在政务上举行较根本的改革的，则在宣帝时有王吉，因为宣帝是个实际的政治家，不能听他的话。元帝即位，却征用了王吉及和他志同道合的朋友贡禹。王吉年老，在路上死了。贡禹征至，官至御史大夫。听了他的话，改正了许多奢侈的制度，又行了许多宽恤民力的政事。其时又有个翼奉，劝元帝徙都成周。他说：长安的制度，已经坏了，因袭了这种制度，政治必不能改良，所以要迁都正本，与天下更始，则其规模更为阔大了。哀帝多病，而且无子，又有个李寻，保荐了一个贺良，陈说“汉历中衰，当更受命”，劝他改号为陈圣刘皇帝。陈字和田字同音，田地两字，古人通用，地就是土，陈圣刘皇帝，大约是说皇帝虽然姓刘，所行的却是土德。

王莽（公元前四十五年至公元二十三年）西汉孝元皇后王政君之侄，中国历史上新朝的建立者。王莽为西汉外戚王氏家族的重要成员，其人谦恭俭让，礼贤下士，在朝野素有威名。八年十二月，王莽代汉建新，宣布推行新政，史称“王莽改制”。

西汉人五德终始之说，还不是像后世专讲一些无关实际、有类迷信的空话的，既然要改变“行序”，同时就有一大套实际的政务，要跟着改变。这只要看贾谊说汉朝应当改革，虽然要“改正朔，易服色”，也要“法制度，定官名”，而他所草拟的具体方案，“为官名，悉更秦之故”，便可知道。五德终始，本来不是什么迷信，而是一套有系统的政治方案。这种根本的大改革，要遭到不了解的人无意识的反对，和实际于他权利有损的人出死力的抵抗，自是当然之事。所以贺良再进一步要想改革实际的政务，就遭遇反对而失败了。但改革的气势，既然如此其旁薄郁积，自然终必有起而行之之人，而这个人就是王莽。所以王莽是根本无所谓篡窃的。他只是代表时代潮流，出来实行改革的人。要实行改革，自然要取得政权；要取得政权，自然要推翻前朝的皇帝；而因实行改革而推翻前朝的皇帝，在当时的人看起来，无疑是天理人情上当然的事。所以应天顺人（《易·鼎卦彖辞》：“汤武革命，顺乎天而应乎人。”），在当时也并不是一句门面话。

要大改革，第一步自然还是生计问题，王莽所实行的是：（一）改名天下的田为王田，这即是现在的宣布土地国有，和附着于土地的奴隶，都不准买卖，而举当时所有的土田，按照新章，举行公平的分配。（二）立六管之法，将大事业收归官营。（三）立司市、泉府，以平衡物价，使消费者、生产者、交换者，都不吃亏。收有职业的人的税，以供（甲）要生利而无资本的人，及（乙）有正当消费而一时周转不灵的人的借贷。他的办法，颇能综合儒法两家，兼顾到平均地权和节制资本两方面，其规模可称阔大，思虑亦可谓周详。但是徒法不能自行，要举行这种大改革，必须民众有相当的觉悟，且能做出相当的行动，专靠在上者的操刀代斫，是不行的。因为真正为国为民的人，总只有少数，官僚阶级中的大多数人，其利害总是和人民相反的，非靠督责不行。以中国之大，古代交通的不便，一个中央政府，督责之力本来有所不及；而况当大改革之际，普通官吏，对于法令，也未必能了解，而作弊的机会却特多，所以推行不易，而监督更难。王莽当日所定的法令，有关实际的，怕没有一件能够真正推行，而达到目的，因此而生的流弊，则无一事不有，且无一事不厉害。其余无关实际，徒资纷扰的，更不必说了。王莽是个偏重立法的人，他又“锐思于制作”，而把眼前的政务搁起。尤其无谓的，是他的改革货币，麻烦而屡次改变，势不可行，把商业先破坏了。新分配之法，未曾成立，旧交易之法，先已破坏，遂使生计界的秩序大乱，全国的人，无一个不受到影响。王莽又是个拘泥理论、好求形式上的整齐的人。他要把全国的政治区划，依据地理，重行厘定，以制定封建和郡县制度。这固然是一种根本之图，然岂旦夕可致？遂至改革纷纭，名称屡变，吏弗能纪。他又要大改官制，一时亦不能成功，而官吏因制度未定，皆不得禄，自然贪求更甚了。对于域外，也是这么一套。如更改封号及印章等，无关实际，徒失交涉的圆滑，加以措置失宜，匈奴、西域、西南夷，遂至背叛。王莽对于西域，未曾用兵。西南夷则连年征讨，骚扰殊甚。对于匈奴，他更有一个分立许多小单于而发大兵深入穷追，把其不服的赶到丁令地方去的一个大计划。（此乃欲将匈奴驱入今西伯利亚之地，而将漠北空出。）这个计划，倒也是值得称赞的，然亦谈何容易？当时调兵运饷，牵动尤广，屯守连年，兵始终没有能够出，而内乱却已蔓延了。

莽末的内乱，是起于西元十七年的。今山东地方，先行吃紧。湖北地方，亦有饥民屯聚。剿办连年弗能定。西元二十二年，藏匿在今当阳县绿林山中的兵，分出南阳和南郡。（汉南阳郡，治宛，今河南南阳县。南郡，治江陵，今湖北江陵县。）入南阳的谓之新市兵，入南郡的谓之下江兵。又有起于今随县的平林乡的，谓之平林兵。汉朝的宗室刘玄，在平林兵中。刘縯、刘秀则起兵春陵（今湖北枣阳县），和新市、平林兵合。刘玄初称更始将军，后遂被立为帝。入据宛。明年，王莽派大兵40万去剿办，多而不整，大败于昆阳（今河南叶县）。莽遂失其控制之力，各地方叛者并起。更始分兵两支：一攻洛阳，一入武关。长安中叛者亦起。莽遂被杀。更始移居长安，然为新市、平林诸将所制，不能有为。此时海内大乱，而今河南、河北、山东一带更甚。刘縯为新市、平林诸将所杀。刘秀别为一军，出定河北。即帝位于鄗（改名高邑，今河北高邑县），是为后汉光武皇帝。先打平了许多小股的流寇。其大股赤眉，因食尽西上，另立了一个汉朝的宗室刘盆子，攻入长安。更始兵败出降，旋被杀。光武初以河内（汉河内郡，治怀，在今河南武陟县）为根据地，派兵留守，和服从更始的洛阳对峙。至此遂取得了洛阳，定都其地。派兵去攻关中，未能遽定，而赤眉又因食尽东走，光武自勒大兵，降之宜阳（今河南宜阳县）。此时东方还有汉朝的宗室刘永割据睢阳（今河南商丘县）。东方诸将，多与之合。又有秦丰、田戎等，割据今湖北沿江一带，亦被他次第打平。只有陇西的隗嚣，四川的公孙述，较有规模，到最后才平定。保据河西的窦融，则不烦兵力而自下。到西元三六年，天下又算平定了。从西元一七年东方及荆州兵起，算到这一年，其时间实四倍于秦末之乱；其破坏的程度，怕还不止这一个比例。光武平定天下之后，自然只好暂顾目前，说不上什么远大的计划了。而自王莽举行这样的大改革而失败后，政治家的眼光，亦为之一变。根本之计，再也没有人敢提及。社会渐被视为不可以人力控制之物，只能听其迁流所至。“治天下不如安天下，安天下不如与天下安”，遂被视为政治上的金科玉律了。所以说：这是中国历史上的一个大转变。

第二章 后汉的盛衰

后汉自西元二五年光武帝即位起，至西元二二〇年为魏所篡止，共计一百九十二年；若算到西元一八九年董卓行废立，东方起兵讨卓，实际分裂之时为止，则共得一百七十五年；其运祚略与前汉相等，然其国力的充实，则远不如前汉了。这是因为后汉移都洛阳，对于西北两面的控制，不如前汉之便；又承大乱之后，海内凋敝已极，休养未几，而羌乱即起，其富力亦不如前汉之盛之故。两汉四百年，同称中国的盛世，实际上，后汉已渐露中衰之迹了。光武帝是一个实际的政治家。他知道大乱之后，急于要休养生息，所以一味地减官省事。退功臣，进文吏。位高望重的三公，亦只崇其礼貌，而自己以严切之法，行督责之术，虽然有时不免失之过严，然颇得专制政治“严以察吏，宽以驭民”的秘诀，所以其时的政治，颇为清明。西元五七年，光武帝崩，子明帝立，亦能守其遗法。西元七五年，明帝崩，子章帝立，政治虽渐见宽弛，然尚能蒙业而安。章帝以西元八八年崩。自西元三六年公孙述平定至此，共计五十二年，为东汉治平之世。匈奴呼韩邪单于约诸子以次继立。六传至呼都而尸单于，背约而杀其弟。前单于之子比，时领南边，不服。西元四八年，自立为呼韩邪单于，来降。中国人处之于今绥远境内。匈奴自此分为南北。北匈奴日益衰乱。西元八九年，南单于上书求并北庭。时和帝新立，年幼，太后窦氏临朝。后兄窦宪犯法，欲令其立功自赎，乃以宪为大将军，出兵击破匈奴。后年，又大破之于金微山（大约系今蒙古西北的阿尔泰山）。北匈奴自此远遁，不能为中国之患了。西域的东北部，是易受匈奴控制的。其西南部，则自脱离汉朝都护的管辖后，强国如莎车、于阗等，出而攻击诸国，意图并吞。后汉初兴，诸国多愿遣子入侍，请派都护。光武不许。明帝时，才遣班超出使。

班超智勇足备，带了少数的人，留居西域，调发诸国的兵，征讨不服，至西元九一年而西域平定。汉朝复设都护，以超为之。后汉之于域外，并没有出力经营，其成功，倒亦和前汉相仿佛，只可谓之适值天幸而已。

汉代画像砖的题材相当丰富，概可分二类。一是画像类，包括历史传说、避邪瑞兽、神话故事、市井生活等；二是花纹类，有植物纹、云气纹等，汉之后还有火焰纹、几何纹、宝相花纹等出现。此为东汉辎车画像砖。

后汉的乱源，共有好几个，其中最重要的，就是外戚和宦官。从前的皇室，其前身，本来是一个强大的氏族。氏族自有氏族的继承法。当族长逝世，合法继承人年幼时，从族中推出一个人来，暂操治理之权，谓之摄政。如由前族长之妻，现族长之母代理，则即所谓母后临朝。宗室分封于外，而中朝以外戚辅政，本来是前汉的一个政治习惯。虽然前汉系为外戚所篡，然当一种制度未至崩溃时，即有弊窦，人们总认为是人的不好，而不会归咎于制度的。如此，后汉屡有冲幼之君，自然产生不出皇族摄政的制度来，而只会由母后临朝；母后临朝，自然要任用外戚。君主之始，本来是和一个乡长或县长差不多的。他和人民是很为接近的。到后来，国家愈扩愈大，和原始的国家不知相差若干倍了，而君主的制度依然如故。他和人民，和比较低级的官吏，遂至因层次之多而自然隔绝。又因其地位之高，而自成养尊处优之势，关系之重，而不得不深居简出。遂至和当朝的大臣，都不接近，而只是和些宦官宫妾习狎。这是历代的嬖幸近习易于得志的原因，而也是政治败坏的一个原因。后汉外戚之祸，起于章帝时。章帝的皇后窦氏是没有儿子的。宋贵人生子庆，立为太子。梁贵人生子肇，窦后养为己子。后诬杀宋贵人，废庆为清河王，而立肇为太子。章帝崩，肇立，是为和帝。后兄窦宪专权。和帝既长，与宦者郑众谋诛之，是为后汉皇帝和宦官合谋以诛外威之始。一〇五年，和帝崩。据说和帝的皇子，屡次夭殇，所以生才百余日的殇帝，是寄养于民间的。皇后邓氏迎而立之。明年，复死。乃迎立清河王的儿子，是为安帝。邓太后临朝，凡十五年。太后崩后，安帝亲政，任用皇后的哥哥阎显，又宠信宦官和乳母王圣，政治甚为紊乱。阎皇后无子，后宫李氏生子保，立为太子。后谮杀李氏而废保。一二五年，安帝如宛，道崩。皇后秘丧驰归，迎立章帝之孙北乡侯懿，当年即死。宦者孙程等迎立废太子保，是为顺帝。程等十九人皆封列侯。然未久即多遭谴斥。顺帝任用皇后的父亲梁商，为人还算谨慎。商死后，子冀继之，其骄淫纵恣，为前此所未有。一四四年，顺帝崩，子冲帝立，明年崩。梁冀迎立章帝的玄孙质帝。因年小聪明，为冀所弑。又迎立章帝的曾孙桓帝。桓帝立十三年后，才和宦者单超等五人合谋把梁冀诛戮，自此宦官又得势了。

因宦官的得势，遂激成所谓党锢之祸。宦官和阉人，本来是两件事。宦字的初义，是在机关中学习，后来则变为在贵人家中服侍他。皇室的规模，自然较卿大夫更大，自亦有在宫中服侍他的人，此即所谓宦官。（据《汉书·本纪》：惠帝即位后，曾施恩于宦皇帝的人，谓惠帝为太子时，在“太子家”中服侍者也。）本不专用阉人，而且其初，宦官的等级远较阉人为高，怕是绝对不能用阉人的。但到后来，刑罚滥了，士大夫亦有受到宫刑的（如司马迁受宫刑后为中书谒者令，即其好例）；又有生来天阉的人；又有贪慕权势，自宫以进的，不都是俘虏或罪人。于是其人的能力和品格，都渐渐提高，而可以用为宦官了。后汉邓太后临朝后，宫中有好几种官，如中常侍等，都改用阉人，宦官遂成为阉人所做的官的代名词。虽然阉人的地位实已提高，然其初既是俘虏和罪人，社会上自然总还将他当作另一种人看待，士大夫更瞧他不起。此时的士大夫和贵族，都是好名的，都是好交结的。这一者出于战国之世贵族好养士，士人好奔走的习惯，一则出于此时选举上的需要。当时的宦官，多有子弟亲戚，或在外面做官暴虐，或则居乡恃势骄横。用法律裁制，或者激动舆论反对他，正是立名的好机会。士大夫和宦官遂势成水火。这一班好名誉好交结的士大夫，自然也不免互相标榜，互相结托。京城里的大学，游学者众多，而且和政治接近，便自然成为他们聚集的中心。结党以营谋进身，牵引同类，淆乱是非，那是政治上的一个大忌。当时的士大夫，自不免有此嫌疑，而且用了这一个罪名，则一网可以打尽，这是多么便利，多么痛快的事！宦官遂指当时反对他们的名士为党人，劝桓帝加以禁锢，后因后父窦武进言，方才把他们赦免。一六七年，桓帝崩，无子，窦后和武定策禁中，迎立了章帝的玄孙灵帝。太后临朝。窦武是和名士接近的，有恩于窦氏的陈蕃做了太傅，则其本身就是名士中人。谋诛弄权的宦官，反为所害。太后亦被迁抑郁而死。灵帝年长，不徒不知整顿，反更崇信宦官，听其把持朝政，浊乱四海，而又一味聚敛奢侈。此时乱源本已潜伏，再天天给他制造爆发的机会，遂成为不可收拾之局了。

大伤后汉的元气的是羌乱。中国和外夷，其间本来总有边塞隔绝着的。论民族主义的真谛，先进民族本来有诱掖后进民族的责任，不该以隔绝为事，但是同化须行之以渐。在同化的进行未达相当程度时，彼此的界限是不能遽行撤废的。因为文化的不同就是生活的相异，不能使其生活从同，顾欲强使生活不同的人共同生活，自不免引起纠纷。这是五胡乱华的一个重要原因，而后汉时的羌乱，业已导其先路了。今青海省的东北境，在汉时本是羌人之地。王莽摄政时，讽羌人献地，设立了一个西海郡。既无实力开拓，边塞反因之撤废，羌人就侵入内地。后汉初年，屡有反叛，给中国征服了，又都把他们迁徙到内地来。于是降羌散居今甘肃之地者日多。安帝时，遂酿成大规模的叛乱。这时候，政治腐败，地方官无心守土，都把郡县迁徙到内地。人民不乐迁徙，则加以强迫驱遣，流离死亡，不可胜数。派兵剿办，将帅又腐败，历时十余年，用费达二百四十亿，才算勉强结束。顺帝时又叛，兵费又至八十余亿，桓帝任用段颎，大加诛戮，才算镇定下来。然而西北一方，凋敝已甚，将帅又渐形骄横，隐伏着一个很大的乱源了。

遇事都诉之理性，这只是受过优良教育的人，在一定的范围中能够。其余大多数人，和这一部分人出于一定范围以外的行为，还是受习惯和传统思想的支配的。此种习惯和传统的思想，是没有理由可以解说的，若要仔细追究起来，往往和我们别一方面的知识冲突，人们却都置诸不问，而无条件加以承认，此即所谓迷信。给迷信以一种力量的则为宗教。宗教鼓动人的力量是颇大的。当部族林立之世，宗教的教义，亦只限于一部族，而不足以吸引别部族人。到统一之后就不然了。各种小宗教，渐渐混合而产生大宗教的运动。

在汉时，上下流社会是各别进行的。在上流社会中，孔子渐被视为一个神人，看当时内学家（东汉时称纬为内学）尊崇孔子的话，便可见得。但在上流社会中，到底是受过良好教育，理性较为发达，不容此等迷信之论控制，所以不久就被反对迷信的玄学打倒。在下流社会，则各种迷信逐渐结合，而形成后世的道教。在汉时是其初步。其中最主要的是张角的太平道和张脩的五斗米道。道教到北魏时的寇谦之，才全然和政府妥协，前此，则是很激烈地反对政府的。他们以符咒治病等，为煽动和结合的工具。张脩造反，旋即平定。张鲁后来虽割据汉中，只是设立鬼卒等，闭关自守，实行其神权政治而已，于大局亦无甚关系。张角却声势浩大，以西元一八四年起事。他的徒党遍于青、徐、幽、冀、荆、扬、兖、豫八州，即今江苏、安徽、浙江、江西、湖北、湖南、山东、河南、河北各省之地。但张角似是一个只会煽惑而并没有什么政治能力的人，所以不久即败。然此时的小乱事，则已到处蔓延，不易遏止了，而黄巾的余党亦难于肃清。于是改刺史为州牧，将两级制变成了三级制，便宜了一部分的野心家，即仍称刺史的人以及手中亦有兵权的郡守。分裂之势渐次形成，静待着一个机会爆发。

第三章　后汉的分裂和三国

西元一八九年，灵帝崩。灵帝皇后何氏，生子辩。美人王氏，生子协。灵帝属意于协，未及定而崩，属协于宦者蹇硕。这蹇硕，大约是有些武略的。当黄巾贼起时，汉朝在京城里练兵，共设立八个校尉，蹇硕便是上军校尉，所以灵帝把废嫡立庶的事情付托他。然而这本是不合法的事，皇帝自己办起来，还不免遭人反对，何况在其死后？这自然不能用法律手段解决。蹇硕乃想伏兵把何皇后的哥哥大将军何进杀掉，然后举事。事机不密，被何进知道了，就拥兵不朝。蹇硕无可如何，而辩乃得即位，是为废帝。何进把蹇硕杀掉，因想尽诛宦官。而何氏家本寒微，向来是尊敬宦官的。何太后的母亲和何进的兄弟，又受了宦官的贿赂，替他在太后面前说好话。太后因此坚持不肯。何进无奈，乃召外兵进京，欲以胁迫太后。宦官见事急，诱进入宫，把他杀掉。何进的官属，举兵尽诛宦官。京城大乱，而凉州将董卓适至，拥兵入京，大权遂尽入其手。董卓只是个强盗的材料。他把废帝废掉，而立协为皇帝，是为献帝。山东州郡起兵反对他，他乃移献帝于长安，接近自己的老家，以便负隅抵抗。东方州郡实在是人各有心的，都各占地盘，无意于进兵追讨。后来司徒王允，和董卓亲信的将官吕布相结，把董卓杀掉。董卓的将校李傕、郭汜，又回兵替董卓报仇。吕布出奔，王允被杀。李傕、郭汜又互相攻击，汉朝的中央政府就从此解纽，不再能号令全国了。

各地方割据的，幽州有公孙瓒，冀州有袁绍，兖州有曹操。徐州始而是陶谦，后来成为刘备和吕布争夺之场。扬州，今寿县一带，为袁术所据，江东则入于孙策。荆州有刘表。益州有刘焉。这是较大而在中原之地的，其较小较偏僻的，则汉中有张鲁，凉州有马腾、韩遂，辽东有公孙度。当时政治的重心，是在山东的（古书所谓山东，系指华山以东，今之河南、山东，都包括在内）。袁绍击灭了公孙瓒，又占据了并州，地盘最大，而曹操最有雄才大略。献帝因不堪李傕、郭汜的压迫，逃归洛阳，贫弱不能自立，召曹操入卫，操移献帝于许昌，遂成挟天子以令诸侯之势。刘备为吕布所破，逃归曹操，曹操和他合力击杀了吕布。袁术因荒淫无度，不能自立，想走归袁绍，曹操又使刘备邀击，术退走，旋死。刘备叛操，操又击破之。河南略定。二〇〇年，袁绍举大兵南下，与操相持于官渡（城名，在今河南中牟县北），为操所败。绍气愤死。二〇五年，绍二子并为操所灭，于是北方无与操抗者。二〇八年，操南征荆州。刘表适死，其幼子琮，以襄阳降（今湖北襄阳县，当时荆州治此）。刘备时在荆州，走江陵，操追败之。备奔刘表的长子琦于江夏（汉郡，后汉时，郡治在今湖北黄冈县境），和孙权合力，败操于赤壁（山名，在今湖北嘉鱼县）。于是刘备屯兵荆州，而孙权亦觊觎其地。后备乘刘焉的儿子刘璋暗弱，夺取益州。孙权想攻荆州，刘备同他讲和，把荆州之地平分了。时马腾的儿子马超和韩遂反叛，曹操击破之，又降伏了张鲁。刘备北取汉中，曹操自争之，不能克，只得退回。天下渐成三分之势。刘备初见诸葛亮时，诸葛亮替他计划，就是据有荆、益两州，天下有变，命将将荆州之兵以向宛、洛，而自率益州之众以出秦川的。这时的形势，颇合乎这个条件。备乃命关羽自荆州北伐，取襄阳，北方颇为震动，而孙权遣兵袭取江陵，羽还救，为权所杀。刘备忿怒，自将大兵攻权，又大败于猇亭（在今湖北宜都县西）。于是荆州全入于吴。备旋以惭愤而死，此事在西元二二三年。先是二二〇年，曹操死，子丕篡汉自立，是为魏文帝。其明年，刘备称帝于蜀，是为蜀汉昭烈帝。孙权是到二二九年才称帝的，是为吴大帝。天下正式成为三分之局。蜀的地方最小，只有今四川一省，其云南、贵州，全是未开发之地。吴虽自江陵而下，全据长江以南，然其时江南的开化，亦远在北方之后。所以三国以魏为最强，吴、蜀二国，常合力以与之抗。

三国的分裂，可以说是两种心理造成的。其一是封建的余习。人心是不能骤变的。在封建时代，本有各忠其君的心理，秦、汉以后，虽然统一了，然此等见解，还未能全行破除。试看汉代的士大夫，仕于州郡的，都奉其长官为君，称其机关为本朝，有事为之尽忠，死则为之持服，便可知道。又其一则为南方风气的强悍。赤壁战时，孙权实在没有联合刘备抵抗曹操的必要。所以当时文人持重而顾大局的，如张昭等，都主张迎降。只有周瑜和鲁肃主张抵抗，和孙权的意见相合。《三国志》载周瑜的话，说曹操名为汉相，实系汉贼，这是劫持众人的门面话，甚或竟是事后附会之谈。东吴的君臣，自始至终，所作所为，何曾有一件事有汉朝在心目之中？说这话要想欺谁？在当时东吴朝廷的空气中，这话何能发生效力？孙权一生，最赏识的是周瑜，次之则是鲁肃。孙权当称帝时，说鲁子敬早有此议。鲁肃如此，周瑜可知。为什么要拥戴孙权做皇帝？这个绝无理由，不过是一种倔强之气，不甘为人下，孙权的自始便要想做皇帝，则更不过是一种不知分量的野心而已。赤壁之战，是天下三分的关键，其事在西元二〇八年，至二八〇年晋灭吴，天下才见统一，因这一种蛮悍的心理，使战祸延长了七十二年。

刘备的嗣子愚弱，所以托孤于诸葛亮。诸葛亮是有志于恢复中原的；而且蜀之国势，非以攻为守，亦无以自立，所以自先主死后，诸葛亮即与吴弃衅言和，连年出兵伐魏。吴则除诸葛恪辅政之时外，多系疆场小战。曹操自赤壁败后，即改从今安徽方面经略东南。三国时，吴、魏用兵，亦都在这一带，彼此均无大成功。魏文帝本来无甚才略。死后，儿子明帝继立，荒淫奢侈，朝政更坏。其时司马懿屡次带兵在关中和诸葛亮相持，又平定了辽东。明帝死后，子齐王芳年幼，司马懿和曹爽同受遗诏辅政。其初大权为曹爽所专。司马懿托病不出，而暗中运用诡谋，到底把曹爽推翻，大权遂尽入其手。司马懿死后，他的儿子司马师、司马昭相继把持朝局。扬州方面，三次起兵反对司马氏，都无成。蜀自诸葛亮死后，蒋琬、费祎继之，不复能出兵北伐。费祎死后，姜维继之，频年出兵北伐而无功，民力颇为疲敝。后主又信任宦官，政局渐坏。司马昭乘此机会，于二六三年发兵灭蜀。司马昭死后，他的儿子司马炎继之，于二六五年篡魏，是为晋武帝。至二八〇年而灭吴统一中国。

第四章　晋初的形势

吴、蜀灭亡，天下复归于统一了，然而乱源正潜伏着。这乱源是什么呢？

自后汉以来，政治的纲纪久经废弛。政治上的纲纪要挽回它，最紧要的是以严明之法行督责之术。魏武帝和诸葛亮都是以此而收暂时的效果的。然而一两个严明的政治家，挽不回社会上江河日下的风气，到魏、晋之世，纲纪又复颓败了。试看清谈之风，起于正始（魏齐王芳年号，自西元二四〇年至二四八年），至晋初而更甚，直绵延至南朝之末可知。所谓清谈，所谈的就是玄学。谈玄本不是坏事，以思想论，玄学要比汉代的儒学高明得多。不过学问是学问，事实是事实。因学问而忽视现实问题，在常人尚且不可，何况当时因谈玄而蔑视现实的，有许多是国家的官吏，所抛弃的是政治上的职务？

汉朝人讲道家之学的所崇奉的是黄、老，所讲的是清静不扰，使人民得以各安其生的法术。魏、晋以后的人所崇奉的是老、庄，其宗旨为委心任运。狡黠的讲求趋避之术，养成不负责任之风。懦弱的则逃避现实，以求解除痛苦。颓废的则索性蔑视精神，专求物质上的快乐。到底人是现实主义的多，物质容易使人沉溺，于是奢侈之风大盛。当曹爽执政时，曾引用一班名士。虽因政争失败，未能有所作为，然从零碎的材料看来，他们是有一种改革的计划，而其计划且颇为远大的。（如夏侯玄有废郡之议，他指出郡已经是供镇压之用，而不是治民事的，从来讲官制的人，没有这么彻底注重民治的。）曹爽等的失败，我们固然很难知其原因所在，然而奢侈无疑总是其原因之一。代曹爽而起的是司马氏，司马氏是武人，武人是不知义理，亦不知有法度的，一奢侈就可以毫无规范。何曾、石崇等人正是这一个时代的代表。

封建时代用人本来是看重等级的。东周以后，世变日亟，游士渐起而夺贵族之席。秦国在七国中是最能任用游士的，读李斯《谏逐客书》可见。秦始皇灭六国后，仍保持这个政治习惯，所以李斯能做到宰相，得始皇的信任。汉高起自徒步，一时将相大臣，亦多刀笔吏或家贫无行者流，就更不必说了。汉武帝听了董仲舒的话，改革选法，博士、博士弟子、郡国上计之吏和州郡所察举的秀才、孝廉，都从广大的地方和各种不同的阶层中来。其他擢用上书言事的人，以及朝廷和各机关的征辟，亦都是以人才为主的。虽或不免采取虚誉，及引用善于奔走运动的人，究与一阶级中人世据高位者不同。魏、晋以降，门阀制度渐次形成，影响及于选举，高位多为贵族所蟠据，起自中下阶层中较有活气的人，参与政治的机会较少，政治自然不免腐败。如上章所述，三国时代，南方士大夫的风气，还是颇为剽悍的。自东晋之初，追溯后汉之末，不过百余年，周瑜、鲁肃、吕蒙、陆逊等人物，未必无有。（晋初的周处，即系南人，还很有武烈之风。）倘使元帝东渡以后，晋朝能多引用这一班人，则除为国家戡乱以外，更加以民族的敌忾心，必有功效可见。然而大权始终为自北南迁的贵族所把持，使宋武帝一类的人物，直到晋末，才得出现于政治舞台之上，这也是一笔很大的损失。

两汉时儒学盛行。儒学是封建时代的产物，颇笃于君臣之义的。两汉时，此项运动，亦颇收到相当的效果。汉末政治腐败，有兵权的将帅，始终不敢背叛朝廷。（说本《后汉书·儒林传论》）以魏武帝的功盖天下，亦始终只敢做周文王就是为此。（参看《三国志·魏武帝纪》建安十五年注《引》是年十二月己亥令，这句句都是真话。）司马氏的成功是狡黠而不知义理的军阀得势。（《晋书·宣帝纪》说：“明帝时，王导侍坐，帝问前世所以得天下，导乃陈帝创业之始及文帝末高贵乡公事。明帝以面覆床曰：‘若如公言，晋祚复安得长远？’”司马氏之说可见。）自此风气急变。宋、齐、梁、陈之君亦多是如此。加以运祚短促，自不足以致人忠诚之心。门阀用人之习既成，贵游子弟，出身便做好官，富贵吾所自有，朝代变换，这班人却并不更动，遂至“忠君之念已亡，保家之念弥切”。（说本《南史·褚渊传论》）中国人自视其国为天下，国家观念，本不发达；五胡乱华，虽然稍稍激起民族主义，尚未能发扬光大；政治上的纲纪，还要靠忠君之义维持，而其颓败又如此，政治自更奄奄无生气了。

秦、汉时虽有所谓都尉，调兵和统率之权，是属于太守的。其时所行的是民兵之制，平时并无军队屯聚；一郡的地方太小，亦不足以背叛中央，所以柳宗元说“有叛国而无叛郡”（见其所著《封建论》）。自刺史变为州牧，而地盘始大；即仍称刺史的，其实权亦与州牧无异；郡守亦有执掌兵权的，遂成尾大不掉之势。晋武帝深知其弊，平吴之后，就下令去刺史的兵权，回复其监察之职。然沿习既久，人心一时难于骤变。平吴之后，不久内乱即起，中央政府，顾不到各地方，仍借各州郡自行镇压，外重之势遂成，迄南朝不能尽革。

自秦、汉统一之后，国内的兵争既息，用不到人人当兵。若说外征，则因路途窎远，费时失业，人民在经济上的损失太大，于是多用谪发及谪戍。至后汉光武时，省郡国都尉，而民兵之制遂废。国家的强弱，固不尽系乎兵，然若多数人民都受过相当军事的训练，到缓急之际，所表现出来的抵抗力，是不可轻侮的。后汉以来，此条件业经丧失，反因贪一时便利之故，多用降伏的异族为兵，兵权倒持在异族手里，遂成为五胡扰乱的直接原因。

晋初五胡的形势，是如此的：（一）匈奴。散布在并州即今山西省境内。（二）羯。史籍上说是匈奴的别种，以居于上党武乡的羯室而得名的（在今山西辽县）。案古书上的种字，不是现在所谓种族之义。古书所谓种或种姓，其意义，与姓氏或氏族相当。羯人有火葬之俗，与氐、羌同，疑系氐、羌与匈奴的混种，其成分且以氐、羌为多。羯室正以羯人居此得名，并非匈奴的一支，因居羯室之地而称羯。（三）鲜卑。《后汉书》说：东胡为匈奴所破，余众分保乌丸、鲜卑二山，因以为名。事实上，怕亦是山以部族名的。此二山，当在今蒙古东部苏克苏鲁、索岳尔济一带。乌桓在南，鲜卑在北。汉朝招致乌桓，居于上谷、渔阳、右北平、辽西、辽东塞上，以捍御匈奴。后汉时，北匈奴败亡，鲜卑徙居其地。其酋长檀石槐，曾一时控制今蒙古之地，东接夫余（与高句丽同属貉族。其都城，即今吉林的长春县），西至西域。所以乌丸和中国，较为接近，而鲜卑则据地较广。曹操和袁绍相争时，乌丸多附袁绍。袁氏既灭，曹操袭破之于柳城（汉县，今热河凌源县）。乌桓自此式微，而鲜卑则东起辽东，西至今甘肃境内，部族历历散布，成为五胡中人数最多、分布最广的一族。（四）氐。氐人本来是居于武都的（即白马氐之地，今甘肃成县），魏武帝怕被蜀人所利用，把他们迁徙到关中。（五）羌。即后汉时叛乱之余。氐、羌都在泾、渭二水流域。当时的五胡大部分是居于塞内的，间或有在塞外的，亦和边塞很为接近。其人亦多散处民间，从事耕织，然犷悍之气未消，而其部族首领，又有野心勃勃，想乘时恢复故业的。一旦啸聚起来，“掩不备之人，收散野之积”（江统《徙戎论》语）。其情势，自又非从塞外侵入之比。所以郭钦、江统等，要想乘天下初定，用兵力将他们迁回故地。这虽不是民族问题根本解决之方，亦不失为政治上一时措置之策，而晋武帝因循不能用。

第五章　五胡之乱（上）

五胡之乱，已经蓄势等待着了，而又有一个八王之乱（八王，谓汝南王亮、楚王玮、赵王伦、齐王冏、长沙王乂、成都王颖、河间王颙、东海王越），做它的导火线。封建亲戚以为屏藩之梦，此时尚未能破。我们试看：魏武帝于建安十五年十二月己亥下令，说从前朝廷恩封我的几个儿子，我辞而不受，现在想起来，却又要受了，因为执掌政权年久，怕要谋害我的人多，想借此自全之故，就可见得这时候人的思想。魏虽亦有分封之制，但文帝当未做魏世子时，曾和他的兄弟争立，所以猜忌宗室诸王特甚，名为分藩，实同囚禁，绝不能牵掣晋朝的篡弑。晋人有鉴于此，所以得国之后，就大封同姓，体制颇为崇隆，而且各国都有卫兵。晋武帝是文帝的儿子，景帝之后，自然不甘退让。在武帝时，齐王攸颇有觊觎储位之意，似乎也有党附于他的人，然未能有成，惠帝卒立。惠帝是很昏愚的。其初太后父杨骏执政。皇后贾氏和楚王玮合谋，把他杀掉，而用汝南王亮，又把他杀掉。后又杀楚王，旋弑杨太后。太子遹非后所生，后亦把他废杀。赵王伦时总宿卫，因人心不服，弑后，遂废惠帝而自立。时齐王冏镇许昌，成都王颖镇邺（今河南临漳县），河间王颙镇关中，连兵攻杀伦。惠帝复位，齐王入洛专政，河间王和长沙王乂合谋攻杀之。又和成都王颖合谋，攻杀乂。东海王越，合幽、并二州的兵，把河间、成都两王打败，遂弑惠帝而立怀帝。此等扰乱之事，在西元二九一至三〇六的十六年间。

- 司马防
  - 宣帝懿
    - 景帝师—齐献王攸—武闵王冏
    - 文帝昭—武帝炎
      - 惠帝衷
      - 楚隐王玮
      - 长沙厉王乂
      - 成都王颖
    - 汝南文成王亮
    - 赵王伦
  - 安平献王孚—太原烈王环—河间王颙
  - 高密文献王泰—东海孝献王越

匈奴单于，自后汉之末失位，入居中国。单于死后，中国分其部众为五，各立酋帅。其中左部最强，中国把其酋帅羁留在邺，以资驾驭，至晋初仍未释放。东海王之兵既起，刘渊说成都王回去合五部之众，来帮他的忙，成都王才释放了他。刘渊至并州，遂自立，是为十六国中的前赵。此时中原之地，盗贼蜂起，刘渊如能力征经营，很可以有所成就。然刘渊是个无甚才略的人，自立之后，遂安居不出。羯人石勒，才略却比较优长。东方群盗，尽为所并，名虽服从前赵，实则形同独立。东海王既定京师，出兵征讨，死于军中，其兵为石勒所追败。晋朝遂成坐困之势。三一〇年，刘渊的族子刘曜攻破洛阳，怀帝被虏。明年，被弑。愍帝立于长安，三一六年，又被虏。明年，被弑。元帝时督扬州，从下邳迁徙到建业（下邳，今江苏邳县。建业，今南京。东晋后避愍帝讳，改曰建康），自立，是为东晋元帝。此时，在北方，只有幽州刺史王浚、并州刺史刘琨，崎岖和戎狄相持；南方则豫州刺史祖逖，从淮北经略今之豫东，颇有成绩。然王浚本是个狂妄的人，刘琨则窘困太甚，终于不能支持，为石勒所破灭。祖逖因中央和荆州互相猜忌，知道功不能成，愤慨而死。就无能抗拒石勒的人。三二八年，勒灭前赵，除割据凉州的前凉，辽东、西的前燕外，北方几尽入其手。

南方的情势，是荆州强于扬州。元帝即位之后，要想统一上流的事权，乃派王敦去都督荆州。王敦颇有才能，能把荆州的实权收归掌握，却又和中央互相猜忌，三二二年，终于决裂。王敦的兵入据京城。元帝忧愤而死。子明帝立，颇有才略。乘王敦病死，把其余党讨平。然明帝在位仅三年。明帝崩，子成帝立，年幼，太后庾氏临朝，后兄庾亮执政，和历阳（今安徽和县）内史苏峻不协。苏峻举兵造反。亮奔温峤于寻阳（今江西九江县）。温峤是很公忠体国的，邀约荆州刺史陶侃，把苏峻打平。陶侃时已年老，故无跋扈之心。侃死后，庾亮出镇荆州。庾亮死后，其弟庾翼、庾冰继之。此时内外的大权，都在庾氏手里，所以成帝、康帝之世，相安无事。三四四年，康帝崩，子穆帝立。明年，庾翼死，表请以其子继任，宰相何充不听，而用了桓温。于是上下流之间，又成对立之势了。

石勒死于三三三年。明年，勒从子虎杀勒子而自立。石虎是个淫暴无人理的，然兵力尚强。庾翼于三四三年出兵北伐，未能有功。三四九年，石虎死，诸子争立。汉人冉闵，为虎养子，性颇勇悍，把石虎诸子尽行诛灭。闵下令道："与官同心者住，不同心者各任所之。"于是"赵人百里内悉入城"，而"胡、羯去者填门"。闵知胡之不为己用，遂下令大诛胡、羯。单是一个邺中，死者就有二十多万。四方亦都承令执行。胡、羯经此打击，就不能再振了。先是鲜卑慕容廆，兴于辽西，兼并辽东。至其子皝，迁都龙城（今热河朝阳县）。慕容氏是远较前后赵为文明的。地盘既广，兵力亦强。石虎死的前一年，慕容皝死，子俊立。乘北方丧乱，侵入中原。冉闵与战，为其所杀。于是河北之地，尽入于慕容氏。羌酋姚弋仲、氐酋苻洪，其初为后赵所压服的，至此亦乘机自立。苻洪死，子苻健入关。姚弋仲死，其子姚襄降晋，想借晋力以自图发展。晋朝因和桓温互相猜忌，引用了名士殷浩做宰相，想从下流去经略中原。殷浩亦不是没有才能的人，但扬州势成积弱，殷浩出而任事，又没有一个相当的时间以资准备，自然只得就固有的力量加以利用。于是即用姚襄为前锋，反为其所邀击，大败，军资丧失甚众。此事在三五四年。先是桓温已灭前蜀，至此，遂迫胁朝廷，废掉殷浩。他却出兵北伐，击破了姚襄，恢复洛阳，然亦未能再进。慕容俊死后，子慕容暐继之，虽年幼无知，然有慕容恪辅政，慕容垂带兵，仍有相当的力量。姚襄败后入关，为秦人所杀，弟苌以众降秦。秦苻健死后，子生无道，为苻坚所弑，自立，能任用王猛以修国政，其势尤张。此时的北方，已较难图，所以当后赵、冉闵纷纭争夺之时，晋朝实在坐失了一个恢复中原的机会。此时燕人频年出兵，以经略河南，洛阳又为所陷。三六九年，桓温出兵伐燕，大败于枋头（城名，今河南浚县）。桓温之意，本来要立些功业，再图篡夺的。

至此，自顾北伐已无成功之望，乃于三七一年入朝，行废立之事。（康帝崩，子穆帝立。崩，成帝子哀帝立。崩，弟海西公立。至是为桓温所废，而立元帝子简文帝。）温以禅让之意，讽示朝臣。谢安、王坦之当国，持之以静。三七三年，桓温死。他的兄弟桓冲，是个没有野心的人，把荆州让出，政局乃获暂安。

第六章 五胡之乱（下）

东晋时的五胡十六国，实在并不成其为一个国家，所以其根基并不稳固。看似声势雄张，只是没有遇见强敌，一战而败，遂可以至于覆亡。枋头战后，慕容垂因被猜忌出奔。前秦乘机举兵，其明年，前燕竟为所灭。前秦又灭掉前凉，又有统一北方之势，然其根基亦并不是稳固的。此时北方的汉族，因为没有政府的领导，虽有强宗巨室和较有才力的人，能保据一隅，或者潜伏山泽，终产生不出一个强大的政权来，少数的五胡，遂得横行无忌。然他们亦是人各有心，而且野蛮成习，颇难于统驭的。五胡中苟有英明的酋长出来，亦只得希望汉族拥戴他，和他一心，要联合许多异族以制汉族，根本上是没有这回事的。若要专恃本族，而把汉族以外的异族铲除，则（一）因限于实力；（二）则汉族此时，并不肯替此等异族出死力，而此等异族，性本蛮悍，加以志在掠夺，用之为兵，似乎颇为适宜，所以习惯上都是靠他们做主力的军队，尽数剪除，未免削弱兵力，所以其势又办不到。苻坚的政策，是把氐人散布四方，行驻防政策，而将其余被征服的异族，置之肘腋之下，以便监制。倘使他的威力，能够始终维持，原亦未为非计。然若一朝失足，则氐人散处四方，不能聚集，无复基本队伍，就糟了。所以当时，苻坚要想伐晋以图混一，他手下的稳健派，如王猛，如其兄弟苻融等，都是反对的。而苻坚志得意满，违众举兵，遂以三八三年大败于淝水。北方异族，乘机纷纷而起。而慕容垂据河北为后燕，姚苌据关中为后秦，最大。苻坚于三八五年为姚苌所杀。子丕，族子登，相继自立，至三九四年，卒为姚苌之子姚兴所灭。此时侵入中原的五胡，已成强弩之末。因为频年攻战，死亡甚多，人口减少，而汉族的同化作用，仍在逐渐进行，战斗力也日益衰弱之故。其仍居塞外的，却比较气完力厚。此等情势，自西元四世纪末，夏及拓跋魏之兴，至六世纪前半尔朱氏、宇文氏等侵入中原，迄未曾变。自遭冉闵的大屠戮后，胡、羯之势，业已不能复振。只有匈奴铁弗氏，根据地在新兴（今山西忻县），还是一个比较完整的部落。拓跋氏自托于黄帝之后，说其初建国北荒，后来南迁大泽，因其地“昏冥沮洳”，乃再南迁至匈奴故地。自托于黄帝之后，自不足信，其起源发迹之地，该不是骗人的。他大约自西伯利亚迁徙到外蒙古，又逐渐迁徙到内蒙古的。晋初，其根据地在上谷之北，今滦河上源之西。刘琨借其兵力以御匈奴，畀以雁门关以北之地。拓跋氏就据有平城，东至今察哈尔的西部。这时候，自辽东至今热河东部，都是慕容氏的势力范围。其西为宇文氏，再西就是拓跋氏。慕容氏盛时，宇文氏受其压迫，未能自强，拓跋氏却不然。拓跋氏和匈奴铁弗氏是世仇。苻坚时，拓跋氏内乱，铁弗的酋长刘卫辰引秦兵把他打破。苻坚即使刘卫辰和其族人刘库仁分管其部落。刘库仁是拓跋氏的女婿，反保护其遗裔拓跋珪。其时塞外，从阴山至贺兰山，零星部落极多，拓跋珪年长后，逐渐加以征服，势力复张。刘卫辰为其所灭，其子勃勃奔后秦。姚兴使其守御北边，勃勃遂叛后秦自立。后秦屡为所败，国势益衰。三九五年，慕容垂之子宝伐后魏，大败于参合陂（今山西阳高县）。明年，慕容垂自将伐魏。魏人退出平城，以避其锋。慕容垂入平城，而实无所得。还至参合陂，见前此战败时的尸骸，堆积如山，军中哭声震天，惭愤而死。慕容宝继立。拓跋珪大举来攻，势如排山倒海。慕容宝弃其都城中山，逃到龙城，被弑。少子盛定乱自立，旋亦被弑。弟熙立，因淫虐，为其将冯跋所篡，是为北燕。其宗族慕容德南走广固（今山东益都县西），自立，是为南燕。拓跋珪服寒食散，散发不能治事，不复出兵。北方形势，又暂告安静。

南方当这时候，却产生出一种新势力来。晋朝从东渡以后，长江上流的形势，迄较下流为强，以致内外相持，坐视北方的丧乱而不能乘。当淝水战前六年，谢玄镇广陵（今江苏江都县），才创立一支北府兵，精锐无匹，而刘牢之为这一支军队的领袖。淝水之战，就是倚以制胜的。下流的形势，至此实已较上流为强。东晋孝武帝是一个昏愦糊涂的人。始而信任琅琊王道子，后来又猜忌他，使王恭镇京口（今江苏镇江）、殷仲堪镇江陵以防之。慕容垂死的一年，孝武帝也死了，子安帝立。三九八年，王恭、殷仲堪同时举兵。道子嗜酒昏愚，而其世子元显，年少有些才气。使人勾结刘牢之倒戈，王恭被杀，而上流之兵已逼，牢之不肯再战。殷仲堪并不会用兵，军事都是委任南郡相杨佺期的（南郡，治江陵），而桓温的小儿子桓玄在荆州，仍有势力，此时亦在军中。晋朝乃以杨佺期刺雍州，桓玄刺江州，各给了一个地盘，上流之兵才退。后来殷仲堪和杨佺期，都给桓玄所并。四〇二年，元显乘荆州饥馑，举兵伐玄，刘牢之又倒戈，桓玄入京城，元显和道子都被杀。桓玄是个狂妄的人，得志之后，夺掉了刘牢之的兵权。牢之谋反抗，而手下的人不满他的屡次倒戈，不肯服从，牢之自缢而死。桓玄以为天下无事了，就废安帝自立。然刘牢之虽死，北府兵中人物尚多。四〇四年，刘裕等起兵讨玄，玄遂败死。安帝复位。刘裕入居中央，掌握政权，一时的功臣，都分布州郡，南方的形势一变。

四〇九年，刘裕出兵灭南燕。想要停镇下邳，经营河、洛，而后方又有变故。先是三九九年，妖人孙恩起兵会稽（今浙江绍兴），剽掠沿海，后为刘牢之及刘裕所破，入海岛而死。其党卢循袭据广州，桓玄不能讨，用为刺史。卢循又以其妹夫徐道覆为始兴相（今广东曲江县）。刘裕北伐时，卢循、徐道覆乘机北出，沿江而下，直逼京城。此时情势确甚危急。幸得刘裕赶速回兵，以疲敝之众，守住京城。卢循、徐道覆不能克，退回上流，为裕所袭败。裕又遣兵从海道袭据广州，到底把他们打平。刘裕于是剪除异己。至四一七年，复大举以灭后秦。此时后魏正值中衰；凉州一隅，自前秦亡后，复四分五裂，然其中并无强大之国；（氐酋吕光，为苻坚将，定西域。苻坚败后，据姑臧自立，是为后凉。后匈奴酋沮渠蒙逊据张掖叛之，为北凉。汉族李暠据敦煌，为西凉。鲜卑秃发乌孤据乐都，为南凉。后凉之地遂分裂。又有鲜卑乞伏国仁，据陇右，为西秦。后凉为后秦所灭。西凉为北凉所灭。南凉为西秦所灭。西秦为夏所灭。北凉为后魏所灭。姑臧，今甘肃武威县。张掖、敦煌，今县皆同名。乐都，今碾伯县。西秦初居勇士川，在今甘肃金县，后徙苑川，在今甘肃靖远县。）夏虽有剽悍之气，究系偏隅小国；倘使刘裕能在关中驻扎几年，扩清扫荡之效，是可以预期的，则当南北朝分立之初，海内即可有统一之望，以后一百七十年的分裂之祸，可以免除了。然旧时的英雄，大抵未尝学问，个人权势意气之争，重于为国为民之念，以致同时并起。资望相等的人物，往往不能相容，而要互相剪灭，这个实在使人才受到一个很大的损失。刘裕亦是如此，到灭秦时，同起义兵诸人，都已被剪除尽了。手下虽有几个勇将，资格都是相等的，谁亦不能统率谁。而刘裕后方的机要事务，全是交给一个心腹刘穆之的，这时候，刘穆之忽然死了，刘裕放心不下，只得弃关中而归，留一个小儿子义真，以镇守长安。诸将心力不齐，长安遂为夏所陷。刘裕登城北望，流涕而已。内部的矛盾，影响到对外，真可谓深刻极了。四二〇年，刘裕篡晋，是为宋武帝。三年而崩。子少帝立，为宰相徐羡之等所废，迎立其弟文帝。文帝亦是个中主，然无武略，而功臣宿将，亦垂垂向尽。自北府兵创立至此，不足五十年，南方新兴的一种中心势力，复见衰颓。北魏拓跋珪自立，是为道武帝。道武帝末年，势颇不振。子明元帝，亦仅谨守河北。明元帝死，子太武帝立，复强。四三一年灭夏，四三六年灭燕。凉州之地，亦皆为其所吞并。天下遂分为南北朝。

第七章　南北朝的始末

南北朝的对立，起于西元四二〇年宋之代晋，终于五八九年隋之灭陈，共一百七十年。其间南北的强弱，以宋文帝的北伐失败及侯景的乱梁为两个重要关键。南朝的治世，只有宋文帝和梁武帝在位时，历时较久。北方的文野，以孝文的南迁为界限，其治乱则以尔朱氏的侵入为关键。自尔朱氏、宇文氏等相继失败后，五胡之族都力尽而毙，中国就复见盛运了。

宋文帝即位后，把参与废立之谋的徐羡之、傅亮、谢晦等都诛灭。初与其谋而后来反正的檀道济，后亦被杀。于是武帝手里的谋臣勇将，几于靡有孑遗了。历代开国之主，能够戡定大乱、抵御外患的，大抵在政治上、军事上，都有卓绝的天才，此即所谓文武兼资。而其所值的时局，难易各有不同。倘使大难能够及身戡定，则继世者但得守文之主，即可以蒙业而安。如其不然，则非更有文武兼资的人物不可。此等人固不易多得，然人之才力，相去不远，亦不能谓并时必无其人；尤其做一番大事业的人，必有与之相辅之士。倘使政治上无家天下的习惯，开国之主，正可就其中择贤而授，此即儒家禅让的理想，国事实受其益了。无如在政治上，为国为民之义，未能彻底明了，而自封建时代相沿下来的自私其子孙，以及徒效忠于豢养自己的主人的观念，未能打破，而君主时代所谓继承之法，遂因之而立。而权力和意气，都是人所不能不争的，尤其以英雄为甚。同干一番事业的人，遂至不能互相辅助，反要互相残杀，其成功的一个人，传之于其子孙，则都是生长于富贵之中的，好者仅得中主，坏的并不免荒淫昏暴，或者懦弱无用。前人的功业，遂至付诸流水，而国与民亦受其弊。这亦不能不说是文化上的一个病态了。宋初虽失关中，然现在的河南、山东，还是中国之地。宋武帝死后，魏人乘丧南伐，

魏正始年间（二四〇至二四九），嵇康、阮籍、山涛、向秀、刘伶、王戎及阮咸七人，常在山阳县（今河南辉县、修武一带）竹林之下喝酒、纵歌，肆意酣畅，世谓“竹林七贤”。当时司马氏和曹氏争夺政权，社会动荡，民不聊生。文士们无法施展才华，却时有性命之忧，因此崇尚老庄哲学，从虚无缥缈的神仙境界中去寻找精神寄托，用清谈、饮酒、佯狂等形式来排遣苦闷的心情。

取青、兖、司、豫四州（时青州治广固，兖州治滑台，司州治虎牢，豫州治睢阳。滑台，今河南滑县。虎牢，今河南汜水县。睢阳，今河南商丘县）。此时的魏人，还是游牧民族性质，其文化殊不足观，然其新兴的剽悍之气，却亦未可轻视，而文帝失之于轻敌。四三〇年，遣将北伐，魏人敛兵河北以避之，宋朝得了虎牢、滑台而不能继续进取，兵力并不足坚守。至冬，魏人大举南下，所得之地复失。文帝经营累年，至四五〇年，又大举北伐。然兵皆白丁，将非材勇，甫进即退。魏太武帝反乘机南伐，至于瓜步（镇名，今江苏六合县）。所过之处，赤地无余，至于燕归巢于林木，元嘉之世，本来称为南朝富庶的时代的，经此一役，就元气大伤了，而北强南弱之势，亦于是乎形成。

四五三年，宋文帝为其子劭所弑。劭弟孝武帝，定乱自立。死后，子前废帝无道，为孝武弟明帝所废。孝武帝和明帝都很猜忌，专以屠戮宗室为务。明帝死后，大权遂为萧道成所窃。荆州的沈攸之和宰相袁粲，先后谋诛之，都不克。明帝子后废帝及顺帝，都为其所废。四七九年，道成遂篡宋自立，是为齐高帝，在位四年，子武帝，在位十一年。高、武二帝，都很节俭，政治较称清明。武帝太子早卒，立太孙郁林王，为武帝兄子明帝所废。明帝大杀高、武二帝子孙。明帝死后，子东昏侯立。时梁武帝萧衍刺雍州，其兄萧懿刺豫州。梁武帝兄弟本与齐明帝同党。其时江州刺史陈显达造反，东昏侯使宿将崔慧景讨平之。慧景还兵攻帝，势甚危急，萧懿发兵入援，把他打平。东昏侯反把萧懿杀掉，又想削掉萧衍。东昏侯之弟宝融，时镇荆州，东昏侯使就其长史萧颖胄图之。颖胄奉宝融举兵，以梁武帝为前锋。兵至京城，东昏侯为其下所弑。宝融立，是为和帝，旋传位于梁。此事在五〇二年。

梁武帝在位四十八年，其早年政治颇清明。自宋明帝时和北魏交兵，尽失淮北之地。明帝时又失沔北。东昏侯时，因豫州刺史裴叔业降魏，并失淮南。（时豫州治寿阳，今安徽寿县。）梁武帝时，大破魏兵于钟离（在今安徽凤阳县），恢复了豫州之地。对外的形势，也总算稳定。然梁武性好佛法，晚年刑政殊废弛。又因太子统早卒，不立嫡孙而立次子简文帝为太子，心不自安，使统诸子出刺大郡，又使自己的儿子出刺诸郡，以与之相参。彼此乖离，已经酝酿着一个不安的形势。而北方侯景之乱，又适于此时发作。

北魏太武帝，虽因割据诸国的不振，南朝的无力恢复，侥幸占据了北方，然其根本之地，实在平城，其视中国，不过一片可以榨取利益之地而已。他还不能自视为和中国一体，所以也不再图南侵。因为其所有的，业已不易消化了。反之，平城附近，为其立国根本之地，却不可不严加维护。所以魏太武帝要出兵征伐柔然、高车，且于北边设立六镇（武川，今绥远武川县。抚冥，在武川东。怀朔，在今绥远五原县。怀荒，在今大同东北察哈尔境内。柔玄，在今察哈尔兴和县。御夷，在今察哈尔沽源县）。盛简亲贤，配以高门子弟，以厚其兵力。孝文帝是后魏一个杰出人物。他仰慕中国的文化，一意要改革旧俗。但在平城，终觉得环境不甚适宜。乃于西元四九三年，迁都洛阳。断北语，改姓氏，禁胡服，奖励鲜卑人和汉人通婚，自此以后，鲜卑人就渐和汉人同化了。然其根本上的毛病，即“以征服民族自居，视榨取被征服民族以供享用为当然之事，因而日入于骄奢淫逸”，是不能因文明程度的增进而改变的，而且因为环境的不同，其流于骄奢淫逸更易。论者因见历来的游牧民族同化于汉族之后，即要流于骄奢淫逸，以至失其战斗之力，以为这是中国的文明害了他，摹仿了中国的文明，同时亦传染了中国的文明病。其实他们骄奢淫逸的物质条件，是中国人供给他的，骄奢淫逸的意志，却是他们所自有；而这种意志，又是与其侵略事业同时并存的，因为他们的侵略，就是他们的生产事业。如此，所以像金世宗等，要禁止他的本族人华化，根本是不可能的。因为不华化，就是要一切生活都照旧，那等于只生产而不消费，经济学上最后的目的安在呢？所以以骄奢淫逸而灭亡，殆为野蛮的侵略民族必然的命运。后魏当日，便是如此。孝文帝传子宣武帝，至孝明帝，年幼，太后胡氏临朝。荒淫纵恣，把野蛮民族的病态，悉数现出。中原之民，苦于横征暴敛，群起叛乱。而六镇将士，因南迁以后，待遇不如旧时，魏朝又怕兵力衰颓，禁其浮游在外，亦激而生变。有一个部落酋长，唤作尔朱荣，起而加以镇定。尔朱氏是不曾侵入中原的部族，还保持着犷悍之风。胡太后初为其亲信元叉等所囚，后和明帝合谋，把他们诛灭，又和明帝不协。明帝召尔朱荣入清君侧，已而又止之。胡太后惧，弑明帝。尔朱荣举兵入洛，杀胡太后而立孝庄帝。其部众既劲健，而其用兵亦颇有天才。中原的叛乱，都给他镇定了。然其人起于塞外，缺乏政治手腕，以为只要靠兵力屠杀，就可以把人压服。当其入洛之日，就想做皇帝，乃纵兵士围杀朝士二千余人。居民惊惧，逃入山中，洛阳只剩得一座空城。尔朱荣无可如何，只得退居晋阳，遥执朝权。然其篡谋仍不息。孝庄帝无拳无勇，乃利用宣传为防御的工具。当他篡谋急时，就散布他要进京的消息，百姓就逃走一空，尔朱荣只得自止。到后来，看看终非此等手段所能有济了。五三〇年，乃索性召他入朝。孝庄帝自藏兵器于衣内，把他刺死。其侄儿尔朱兆举兵弑帝，别立一君。此时尔朱氏的宗族分居重镇，其势力如日中天。然尔朱兆是个鲁莽之夫，其宗族中人，亦与之不协。五三二年，其将高欢起兵和尔朱氏相抗。两军相遇于韩陵（山名，在今河南安阳县）。论兵力，尔朱氏是远过于高欢，然因其暴虐过甚，高欢手下的人都齐心死战，而尔朱氏却心力不齐，遂至大败。晋阳失陷，尔朱兆逃至秀容川（在今山西朔县），为高欢所掩杀。其余尔朱氏诸人亦都被扑灭。高欢入洛，废尔朱氏所立，而别立孝武帝。高欢身居晋阳，继承了尔朱荣的地位。孝武帝用贺拔岳为关中大行台，图与高欢相抗。高欢使其党秦州刺史侯莫陈悦杀岳。（秦州，今甘肃天水县。）夏州刺史宇文泰攻杀悦。（夏州，今陕西横山县。）孝武帝即以泰继岳之任。五三四年，孝武帝举兵讨欢，高欢亦自晋阳南下，夹河而军，孝武帝不敢战，奔关中，为宇文泰所弑。于是高欢、宇文泰，各立一君，魏遂分为东西。至五五〇年，而东魏为高欢子洋所篡，是为北齐文宣帝。五五七年，西魏为宇文泰之子觉所篡，是为北周孝闵帝。

当东、西魏分裂后，高欢、宇文泰曾剧战十余年，彼此都不能逞志，而其患顾中于梁。这时候，北方承剧战之后，兵力颇强，而南方武备久废弛，欲谋恢复，实非其时，而梁武帝年老昏耄，却想乘机侥幸，其祸就不可免了。高欢以五四七年死。其将侯景，是专管河南的。虽然野蛮粗鲁，在是时北方诸将中，已经算是狡黠的了。高欢死后，其子高澄，嗣为魏相。侯景不服，遂举其所管之地来降。梁武帝使子渊明往援，为魏所败，渊明被擒。侯景逃入梁境，袭据寿阳。梁朝不能制，旋又中魏人反间之计，想牺牲侯景，与魏言和。侯景遂反，进陷台城（南朝之宫城）。梁武帝忧愤而崩，时为五四九年。子简文帝立，五五一年为侯景所弑。武帝子湘东王绎即位于江陵，是为元帝。时陈武帝陈霸先自岭南起兵勤王。元帝使其与王僧辩分道东下，把侯景诛灭。先是元帝与诸王互相攻击。郢州（今湖北武昌县）的邵陵王纶（武帝子），湘州的河东王誉（誉，詧皆昭明太子统之子），皆为所并。襄阳的岳阳王詧则因求救于西魏而得免。至元帝即位后，武陵王纪（武帝子）亦称帝于成都，举兵东下。元帝亦求救于西魏，西魏袭陷成都。武陵王前后受敌，遂败死。而元帝又与西魏失和。五五四年西魏陷江陵，元帝被害。魏人徙岳阳王詧于江陵，使之称帝，而对魏则称臣，是为西梁。王僧辩、陈霸先立元帝之子方智于建康，是为敬帝。而北齐又送渊明回国。王僧辩战败，遂迎立之。陈霸先讨杀僧辩，奉敬帝复位，五五七年，遂禅位于陈。这时候，梁朝骨肉相残，各引异族为助，南朝几至不国。幸得陈武帝智勇足备，卓然不屈，才得替汉族保存了江南之地。

陈武帝即位后，三年而崩，无子，传兄子文帝。文帝死后，弟宣帝，废其子废帝而代之。文、宣二帝，亦可称中主，但南方当丧乱之余，内部又多反侧，所以不能自振。北方则北齐文宣、武成二帝，均极荒淫。武成帝之子纬，尤为奢纵。而北周武帝，颇能励精图治。至五七七年，齐遂为周所灭。明年，武帝死，子宣帝立，又荒淫，传位于子静帝，大权遂入后父杨坚之手。五八一年，坚废静帝自立，是为隋文帝。高齐虽自称是汉族，然其性质实在是胡化了的。隋文帝则勤政恤民，俭于自奉，的确是代表了汉族的文化。自西晋覆亡以来，北方至此才复建立汉人统一的政权。此时南方的陈后主，亦极荒淫。五八九年为隋所灭。西梁则前两年已被灭。天下复见统一。

两晋、南北朝之世，是向来被看作黑暗时代的，其实亦不尽然。这一时代，只政治上稍形黑暗，社会的文化，还是依然如故。而且正因时局的动荡，而文化乃得为更大的发展。其中关系最大的，便是黄河流域文明程度最高的地方的民族，分向各方面迁移。《汉书・地理志》叙述楚地的生活情形，还说江南之俗，火耕水耨，果蓏蜯蛤，饮食还足，是故呰窳媮生而无积聚，而《宋书·孔季恭传》叙述荆、扬二州的富力，却是“膏腴上地，亩直一金，鄠、杜之间不能比”（鄠，今陕西鄠县，杜，在今陕西长安县南，汉时农业盛地价高之处）；又说：“鱼、盐、杞、梓之利，充仞八方，丝棉、布帛之饶，覆衣天下。”成为全国富力的中心了。三国之世，南方的风气，还是很剽悍的。而自东晋以来，此种风气，亦潜移默化。谈玄学佛，成为全国文化的重心。这是最彰明较著的。其他东北至辽东，西南至交趾，莫不有中原民族的足迹，其有裨于增进当地的文化，亦决非浅鲜，不过不如长江流域的显著罢了。还有一层：陶潜的《桃花源诗》，大家当他是预言，其实这怕是实事。自东汉之末，至于南北朝之世，北方有所谓山胡，南方有所谓山越。听了胡、越之名，似乎是异族蛰居山地的，其实不然。试看他们一旦出山，便可和齐民杂居，服兵役，输赋税，绝无隔阂，便可知其实非异族，而系汉族避乱入山的。此等避乱入山的异族，为数既众，历时又久，山地的为所开辟，异族的为所同化的，不知凡几，真是拓殖史上的无名英雄了。以五胡论：固然有荒淫暴虐如石虎、齐文宣、武成之流的，实亦以能服从汉族文化的居其多数。石勒在兵戈之际，已颇能引用士人，改良政治。苻坚更不必说。慕容氏兴于边徼，亦是能慕效中国的文明的。至北魏孝文帝，则已举其族而自化于汉族。北周用卢辩、苏绰，创立法制，且有为隋、唐所沿袭的。这时候的异族，除血统之外，几乎已经说不出其和汉族的异点了。一到隋、唐时代，而所谓五胡，便已泯然无迹，良非偶然。

第八章　南北朝隋唐间塞外的形势

葱岭以东，西伯利亚以南，后印度半岛以东北，在历史上实自成其为一个区域。这一个区域中，以中国的产业和文化最为发达，自然成为史事的重心。自秦、汉至南北朝，我们可以把它看作一个段落，隋、唐以后，却又是一个新段落了。这一个新段落中，初期的形势，乃是从五胡侵入中原以后逐渐酝酿而成的，在隋、唐兴起以前，实有加以一番检讨的必要。

漠南北之地，对于中国是一个最大的威胁。继匈奴而居其地的为鲜卑。自五胡乱华以来，鲜卑纷纷侵入中国。依旧保持完整的只有一个拓跋氏，然亦不过在平城附近。自此以东，则有宇文氏的遗落奚、契丹，此时部落尚小。其余的地方都空虚了。铁勒乃乘机入据。铁勒，异译亦作敕勒，即汉时的丁令。其根据地，东起贝加尔湖，西沿西域之北，直抵里海。鲜卑侵入中原后，铁勒踵之而入漠北。后魏道武帝之兴，自阴山以西，漠南零星的部落，几于尽被吞并。只有一个柔然不服，为魏太武帝所破，逃至漠北，臣服铁勒，借其众以抗魏。魏太武帝又出兵把他打破，将降伏的铁勒迁徙到漠南，这一支，历史上特称为高车，其余则仍称铁勒。南北朝末年，柔然又强了。东、西魏和周、齐都竭力敷衍他。后来阿尔泰山附近的突厥强盛，五五二年，柔然为其所破。突厥遂征服漠南北，继承了柔然的地位，依旧受着周齐的敷衍。

西域对中国，是无甚政治关系的，因为他不能侵略中国，而中国当丧乱之时，亦无暇经营域外之故。两晋、南北朝之世，只有苻坚，曾遣吕光去征伐过一次西域，其余都在平和的状态中。但彼此交通仍不绝。河西一带，商业亦盛，这只要看这一带兼用西域的金银钱可知。西域在这时期，脱离了中国和匈奴的干涉，所以所谓三十六国者，得以互相吞并。到隋、唐时，只剩得高昌、焉耆、龟兹、于阗等几个大国。

东北的文明，大略以辽东、西和汉平朝鲜后所设立的四郡为界线。自此以南，为饱受中国文明的貉族。自此以北，则为未开化的满族，汉时称为挹娄，南北朝、隋、唐时称为勿吉，亦作靺鞨。貉族的势力，在前汉时，曾发展到今吉林省的长春附近，建立一个夫余国。后汉时，屡通朝贡。晋初，为鲜卑慕容氏所破，自此渐归澌灭。而辽东、西以北，乃全入鲜卑和靺鞨之手。貉族则专向朝鲜半岛发展。其中一个部落，唤作高句丽的，自中国对东北实力渐衰，遂形成一个独立国。慕容氏侵入中原后，高句丽尽并辽东之地，侵略且及于辽西。其支族又于其南建立一个百济国。半岛南部的三韩，自秦时即有汉人杂居，谓之秦韩。后亦自立为国，谓之新罗。高句丽最强大。其初新罗、百济，尝联合以御之。后百济转附高句丽，新罗势孤，乃不得不乞援于中国，为隋、唐时中国和高句丽、百济构衅的一个原因。

南方海路的交通，益形发达。前、后印度及南洋群岛，入贡于中国的很多。中国是时，方热心于佛学，高僧往印度求法，和彼土高僧来中国的亦不少。高句丽、百济亦自海道通南朝。日本当后汉时，其大酋始自通于中国。至东晋以后，亦时向南朝通贡，传受了许多文明。侯景乱后，百济贡使到建康来，见城阙荒毁，至于号恸涕泣，可见东北诸国对我感情的深厚了。据阿拉伯人所著的古旅行记，说西元一世纪后半，西亚的海船，才达到交趾。西元一世纪后半，为后汉光武帝至和帝之时。其后桓帝延熹九年，当西元一六六年，而大秦王安敦（Marcus Aurelius Antoninus 生于西元一二一年，即后汉安帝建光六年，殁于一八〇年，即后汉灵帝光和三年）遣使自日南徼外通中国，可见这记载的不诬。他又说：西元三世纪中叶，中国商船开始西向，从广州到槟榔屿，四世纪至锡兰，五世纪至亚丁，终至在波斯及美索不达米亚独占商权。到七世纪之末，阿拉伯人才与之代兴。三世纪中叶，当三国之末；七世纪之末，则当唐武后时。这四百五十年之中，可以说是中国人握有东西洋航权的时代了。至于偶尔的交通所及，则还不止此。据《梁书·诸夷传》：倭东北七千余里有文身国，文身国东五千余里有大汉国，大汉国东二万余里有扶桑国。这扶桑国或说它是现在的库页岛，或说它是美洲的墨西哥，以道里方向核之，似乎后说为近。据《梁书》所载：西元四九九年，其国有沙门慧深来至荆州，又晋时法显著《佛国记》，载其到印度求法之后，自锡兰东归，行三日而遇大风，十三日到一岛，又九十余日而到耶婆提，自耶婆提东北行，一月余，遇黑风暴雨，凡七十余日，折西北行，十二日而抵长广郡（今山东即墨县）。章炳麟作《法显发见西半球说》，说他九十余日的东行，实陷入太平洋中。耶婆提当在南美。自此向东，又被黑风吹入大西洋中，超过了中国海岸，折向西北，才得归来。衡以里程及时日，说亦可信。法显的东归，在西元四一六年，比哥伦布的发见美洲要早一千零七十七年了。此等偶然的飘播，和史事是没有多大关系的，除非将来再有发现，知道美洲的开化，中国文化确占其中重要的成分。此时代的关系：在精神方面，自以印度的佛教为最大；在物质方面，则西南洋一带，香药、宝货和棉布等，输入中国的亦颇多。

第九章　隋朝和唐朝的盛世

北朝的君主，有荒淫暴虐的，也有能励精图治的，前一种代表了胡风，后一种代表了汉化。隋文帝是十足的后一种的典型。他勤于政事，又能躬行节俭。在位时，把北朝的苛捐杂税都除掉，而府库充实，仓储到处丰盈，国计的宽余，实为历代所未有。突厥狃于南北朝末年的积习，求索无厌。中国不能满其欲，则拥护高齐的遗族和中国为难。文帝决然定计征伐，大破其兵。又离间其西方的达头可汗和其大可汗沙钵略构衅，突厥由是分为东西。文帝又以宗女妻其东方的突利可汗。其大可汗都蓝怒，攻突利。突利逃奔中国，中国处之夏、胜二州之间（夏州，在今陕西横山县北。胜州，在今绥远鄂尔多斯左翼后旗黄河西岸），赐号为启民可汗。都蓝死，启民因隋援，尽有其众，臣服于隋。从南北朝末期以来畏服北狄的心理，至此一变。

隋文帝时代，中国政局，确是好转了的。但是文化不能一时急转，所以还不能没有一些曲折。隋文帝的太子勇，是具有胡化的性质的；其次子炀帝，却又具有南朝君主荒淫猜忌的性质。太子因失欢于文帝后独孤氏被废。炀帝立，以洛阳为东都。开通济渠，使其连接邗沟及江南河。帝乘龙舟，往来于洛阳、江都之间。又使裴矩招致西域诸胡，所过之地，都要大营供帐；又诱西突厥献地，设立西海、河源、鄯善、且末四郡（西海郡，当系青海附近之地。河源郡该在其西南。鄯善、且末，皆汉时西域国名，郡当设于其故地。鄯善国在今罗布泊之南。且末国在车尔成河上），谪罪人以实之。又于六一一、六一三、六一四年，三次发兵伐高句丽，天下骚动，乱者四起。炀帝见中原已乱，无心北归，滞留江都，六一八年，为其下所弑。其时北方的群雄，以河北的窦建德、河南的李密为最大，而唐高祖李渊，以太原留守，于六一七年起兵，西据关中，又平定河西、陇右，形势最为完固。炀帝死后，其将王世充拥众北归，据洛阳。李密为其所败，降唐，又出关谋叛，为唐将所击斩。唐兵围洛阳，窦建德来救，唐兵大败擒之，世充亦降。南方割据的，以江陵的萧铣为最大，亦为唐所灭。江、淮之间，有陈稜、李子通、沈法兴、杜伏威等，纷纷而起，后皆并于杜伏威，伏威降唐。北边群雄依附突厥的，亦次第破灭。隋亡后约十年，而天下复定。

《步辇图》是唐朝画家阎立本的名作之一。六四〇年，吐蕃王松赞干布仰慕大唐文明，派使者禄东赞到长安通聘。《步辇图》所绘是禄东赞朝见唐太宗时的场景。现存画作为宋朝摹本，存故宫博物院。

唐朝自称为西凉李暠之后，近人亦有疑其为胡族的，信否可不必论，民族的特征，乃文化而非血统。唐朝除太宗太子承乾具有胡化的性质，因和此时的文化不相容而被废外，其余指不出一些胡化的性质来，其当认为汉民族无疑了。唐朝开国之君虽为高祖，然其事业，实在大部分是太宗做的。天下既定之后，其哥哥太子建成和兄弟齐王元吉，要想谋害他，为太宗所杀。高祖传位于太宗，遂开出西元六二七至六四九的二十三年间的"贞观之治"。历史上记载他的治绩，至于行千里者不赍粮，断死刑岁仅三十九人，这固然是粉饰之谈，然其时天下有丰乐之实，则必不诬的了。隋、唐时的制度，如官制、选举、赋税、兵、刑等，亦都能将前代的制度加以整理。

对外的情势，此时亦开一新纪元。突厥因隋末之乱，复强盛，控弦之士至百万。北边崛起的群雄，都尊奉他，唐高祖初起时亦然，突厥益骄。天下既定，赠遗不能满其欲，就连年入寇，甚至一年三四入，北边几千里，无处不被其患。太宗因其饥馑和属部的离叛，于六三〇年发兵袭击，擒其颉利可汗。突厥的强盛，本来是靠铁勒归附的。此时铁勒诸部，以薛延陀、回纥为最强。突厥既亡，薛延陀继居其地。六四四年，太宗又乘其内乱加以剪灭。回纥徙居其地，事中国颇谨。在西域，则太宗曾用兵于高昌及焉耆、龟兹，以龟兹、于阗、焉耆、疏勒之地为四镇。在西南，则绥服了今青海地方的吐谷浑。西藏之地，隋时始有女国和中国往来。唐时，有一个部落，其先该是从印度迁徙到雅鲁藏布江流域的，是为吐蕃。其英主弃宗弄赞，太宗时始和中国交通，尚宗女文成公主，开西藏佛化的先声。太宗又通使于印度。适值其内乱，使者王玄策调吐蕃和泥婆罗的兵，把他打败。而南方海路交通，所至亦甚广。只有高句丽，太宗自将大兵去伐它，仍未能有功。此乃因自晋以来，东北过于空虚，劳师远攻不易之故。直至六六三、六六八两年，高宗才乘其内乱，把百济和高句丽先后灭掉。突厥西方的疆域，本来是很广的。其最西的可萨部，已和东罗马相接了。高宗亦因其内乱，把它戡定。分置两个都督府。其所辖的羁縻府、州，西至波斯。唐朝对外的声威，至此可谓达于最高峰了。因国威之遐畅，而我国的文化，和别国的文化，就起了交流互织的作用。东北一隅，自高句丽、百济平后，新罗即大注意于增进文化。日本亦屡遣通唐使，带了许多僧侣和留学生来。朝鲜半岛南部和日本的举国华文化，实在此时。其余波且及于满族。西元七世纪末年，遂有渤海国的建立，一切制度，都以中国为模范。南方虽是佛化盛行之地，然安南在此时，仍为中国的郡县，替中国在南方留了一个文化的据点。西方则大食帝国勃兴于此时。其疆域东至葱岭。大食在文化上实在是继承希腊，而为欧洲近世的再兴导其先路的。中国和大食，政治上无甚接触，而在文化上则彼此颇有关系。回教的经典和历数等知识，都早经输入中国。就是摩尼教和基督教，也是受了回教的压迫，才传播到东方来的。而被称为欧洲近世文明之源的印刷术、罗盘针、火药，亦都经中国人直接传入回教国，再经回教国人之手，传入欧洲。

第十章　唐朝的中衰

唐朝对外的威力，以高宗时为极盛，然其衰机亦肇于是时。高宗的性质，是失之于柔懦的。他即位之初，还能遵守太宗的成规，所以永徽之政，史称其比美贞观。六五五年，高宗惑于才人武氏，废皇后王氏而立之。武后本有政治上的才能，高宗又因风眩之故，委任于她，政权遂渐入其手。高句丽、百济及西突厥虽于此时平定，而吐蕃渐强。吐谷浑为其所破，西域四镇亦被其攻陷，唐朝的外患，于是开始。六八三年，高宗崩，子中宗立。明年，即为武后所废，徙之房州（今湖北竹山县）。立其弟豫王旦（即后来的睿宗）。六九〇年，又废之，改国号为周，自称则天皇帝。后以宰相狄仁杰之言，召回中宗，立为太子。七〇五年，宰相张柬之等乘武后卧病，结宿卫将，奉中宗复位。自武后废中宗执掌政权至此，凡二十二年，若并其为皇后时计之，则达五十五年之久。武后虽有才能，可是宅心不正。她是一种只计维持自己的权势地位，而不顾大局的政治家。当其握有政权之时，滥用禄位，以收买人心；又任用酷吏，严刑峻法，以威吓异己，而防其反动；骄奢淫逸的事情，更不知凡几，以致政治大乱。突厥余众复强。其默啜可汗公然雄据漠南北，和中国对抗。甚至大举入河北，残数十州县。契丹酋长李尽忠亦一度入犯河北，中国不能讨，幸其为默啜所袭杀，乱乃定。因契丹的反叛，居于营州的靺鞨（营州，为热河朝阳县，为唐时管理东北异族的机关），就逃到东北，建立了一个渤海国。此为满族开化之始，中国对东北的声威，却因此失坠了。设在今朝鲜平壤地方的安东都护府，后亦因此不能维持，而移于辽东。高句丽、百济旧地，遂全入新罗之手。西南方面，西域四镇虽经恢复，青海方面对吐蕃的战事，却屡次失利。中宗是个昏庸之主，他在房州，虽备尝艰苦，复位之后，却毫无觉悟，并不能铲除武后时的恶势力。皇后韦氏专权，和武后的侄儿子武三思私通，武氏因此复盛。张柬之等反遭贬谪而死。韦后的女儿安乐公主，中宗的婕妤上官婉儿，亦都干乱政治。政界情形的混浊，更甚于武后之时。七一〇年，中宗为韦后所弑。相王旦之子临淄王隆基定乱而立相王，是为睿宗。立隆基为太子。武后的女儿太平公主仍干政，惮太子英明，要想摇动他。幸而未能有成，太平公主被谪，睿宗亦传位于太子，是为玄宗。玄宗用姚崇为相，廓清从武后以来的积弊。又用宋璟及张九龄，亦都称为能持正。自七一三至七四一年，史家称为开元之治。末年，突厥复衰乱，七四四年，乘机灭之；连年和吐蕃苦战，把中宗时所失的河西九曲之地亦收复；国威似乎复振。然自武后以来，荒淫奢侈之习，渐染已深。玄宗初年，虽能在政治上略加整顿，实亦堕入其中而不能自拔。中岁以后，遂渐即怠荒。宠爱杨贵妃，把政事都交给一个奸佞的李林甫。李林甫死后，又用一个善于夤缘的杨国忠。天宝之乱，就无可遏止了。一个团体，积弊深的，往往无可挽回，这大约是历时已久的皇室必要被推翻的一个原因吧。

唐朝的盛衰，以安史之乱为关键。安史之乱，皇室的腐败只是一个诱因，其根源是别有所在的：（一）唐朝的武功从表面看，虽和汉朝相等，其声威所至，或且超过汉朝，但此乃世运进步使然，以经营域外的实力论，唐朝实非汉朝之比。汉武帝时，攻击匈奴，前后凡数十次；以至征伐大宛，救护乌孙，都是仗自己的实力去摧破强敌。唐朝的征服突厥、薛延陀等则多因利乘便，且对外多用蕃兵。玄宗时，府兵制度业已废坏，而吐蕃、突厥都强，契丹势亦渐盛。欲图控制，守御，都不得不加重边兵，所谓藩镇，遂兴起于此时，天下势成偏重。（二）胡字本是匈奴的专称，后渐移于一切北族。再后，又因文化的异同易泯，种族的外观难改，遂移为西域白种人的专称。（详见拙著《胡考》，在《燕石札记》中，商务印书馆本。）西域人的文明程度，远较北族为高。他们和中国，没有直接的政治关系，所以不受注意。然虽无直接的政治关系，间接的政治关系却是有的，而且其作用颇大。从来北族的盛衰，往往和西胡有关涉。冉闵大诛胡、羯时，史称高鼻多须，颇有滥死，可见此时之胡，已非尽匈奴人。拓跋魏占据北方后，有一个盖吴，起而与之相抗，一时声势很盛，盖吴实在是个胡人。（事在西元四四六年，即宋文帝元嘉二十三年，魏太武帝太平真君七年。见《魏书·本纪》和《宋书·索虏传》。）唐玄宗时，北边有康待宾、康愿子相继造反，牵动颇广。（事在七二一年、七二二年，即玄宗开元九年、十年。）康亦是西域姓。突厥颉利的衰亡，史称其信任诸胡，疏远宗族，后来回纥的灭亡亦然，可见他们的沉溺于物质的享受，以致渐失其武健之风，还不尽由于中国的渐染。从反面看，就知道他们的进于盛强，如物质文明的进步，政治、军事组织的改良等，亦必有受教于西胡的了。唐朝对待被征服的异族，亦和汉朝不同。汉朝多使之入居塞内，唐朝则仍留之于塞外，而设立都护府或都督府去管理他。所以唐朝所征服的异族虽多，未曾引起像五胡乱华一般的杂居内地的异族之患。然环伺塞外的异族既多，当其种类昌炽，而中国政治力量减退时，就不免有被其侵入的危险了。唐末的沙陀，五代时的契丹，其侵入中国，实在都是这一种性质，而安史之乱，就是一个先期的警告。安禄山，《唐书》说他是营州柳城胡。他本姓康，随母嫁虏将安延偃，因冒姓安。安、康都是西域姓。史思明，《唐书》虽说他是突厥种，然其状貌，"鸢肩伛背，廞目侧鼻"，怕亦是一个混血儿。安禄山和史思明都能通六蕃译，为互市郎，可见其兼具西胡和北族两种性质。任用蕃将，本是唐朝的习惯，安禄山遂以一身而兼做了范阳、平卢两镇的节度使。（平卢军，治营州。范阳军，治幽州，今北平。）此时安禄山的主要任务，为镇压奚、契丹，他就收用其壮士，名之曰曳落河。其军队在当时藩镇之中，大约最为剽悍。目睹玄宗晚年政治腐败，内地守备空虚，遂起觊觎之念。七五五年，自范阳举兵反。不一月而河北失陷，河南继之，潼关亦不守，玄宗逃向成都。于路留太子讨贼，太子西北走向灵武（灵州，治今宁夏灵州），即位，是为肃宗。安禄山虽有强兵，却无政治方略，诸将亦都有勇无谋，既得长安之后，不能再行进取。朔方节度使郭子仪（朔方军，治灵州），乃得先平河东，就借回纥的兵力，收复两京（长安，洛阳）。安禄山为其子庆绪所杀。九节度之师围庆绪于邺，因号令不一，久而无功。史思明既降复叛，自范阳来救，九节度之师大溃。思明杀庆绪，复陷东京。李光弼与之相持。思明又为其子朝义所杀。唐朝乃得再借回纥之力，将其打平。此事在七六二年。其时肃宗已死，是代宗的元年了。安史之乱首尾不过八年，然对外的威力自此大衰，内治亦陷于紊乱，唐朝就日入于衰运了。

第十一章　唐朝的衰亡和沙陀的侵入

自从七五五年安史之乱起，直到九〇七年朱全忠篡位为止，唐朝一共还有一百五十二年的天下。在这一个时期中，表面上还维持着统一，对外的威风亦未至于全然失坠，然而自大体言之，则终于日入于衰乱而不能够复振了。

因安史之乱而直接引起的，是藩镇的跋扈。唐朝此时兵力不足，平定安、史，颇借回纥的助力。铁勒仆骨部人仆固怀恩，于引用回纥颇有功劳，亦有相当的战功。军事是要威克厥爱的，一个战将，没有人能够使之畏服，便不免要流于骄横，何况他还是一个蕃将呢？他要养寇自重，于是昭义、成德、天雄、卢龙诸镇（昭义军，治相州，今河南安阳县。成德军，治恒州，今河北正定县。天雄军，治魏州，今河北大名县。卢龙军，即范阳军），均为安、史遗孽所据，名义上虽投降朝廷，实则不奉朝廷的命令。唐朝自己所设的节度使，也有想学他们的样子，而且有和他们互相结托的。次之则为外患的复兴。自玄宗再灭突厥后，回纥占据其地。因有助平安、史之功，骄横不堪。而吐蕃亦乘中国守备空虚，尽陷河西、陇右，患遂中于京畿。又云南的南诏（诏为蛮语王之称，当时，今云南、西康境有六诏：曰蒙巂诏，在今西康西昌县。曰越析诏亦称磨些诏，在今云南丽江县。曰浪穹诏，在今云南洱源县。曰邆赕诏，在今云南邓川县。曰施浪诏，在洱源县之东。曰蒙舍诏，在今云南蒙化县，地居最南，亦称南诏。余五诏皆为所并），天宝时，杨国忠与之构兵，南诏遂投降吐蕃，共为边患，患又中于西川。

七七九年，代宗崩，子德宗立，颇思振作。此时昭义已为天雄所并，卢龙亦因易帅恭顺朝廷，德宗遂因成德的不肯受代，发兵攻讨。成德和天雄、平卢连兵拒命。山南东道（治襄州，今湖北襄阳县）亦叛与相应，德宗命淮西军讨平之。淮西军（治蔡州，今河南汝南县）攻三镇未克，而淮西、卢龙复叛，再发泾原兵东讨。泾原军（治泾州，今甘肃泾川县）过京师，因赏赐菲薄作乱。德宗出奔奉天（唐县，今山西武功县），乱军奉朱泚为主，大举进攻。幸得浑瑊力战，河中李怀光入援（河中军，治蒲州，今山西永济县），奉天才未被攻破。而李怀光因和宰相卢杞不合，又反。德宗再逃到梁州（今陕西南郑县），听了陆贽的话，赦诸镇的罪，专讨朱泚，才得将京城收复。旋又打平了河中。然其余的事，就只好置诸不问了。德宗因屡遭叛变，不敢相信臣下。回京之后，使宦官带领神策军。这时候，神策军饷糈优厚，诸将多自愿隶属，兵数骤增至十五万，宦官就从此握权。八〇五年，德宗崩，子顺宗立。顺宗在东宫时，即深知宦官之弊。即位后，用东宫旧臣王叔文等，想要除去宦官。然顺宗在位仅八个月，即传位于子宪宗，王叔文等都遭斥逐，其系为宦官所逼，不言而喻了。宪宗任用裴度，削平了淮西，河北三镇亦惧而听命，实为中央挽回威信的一个良机。然宪宗死后，穆宗即位，宰相以为河北已无问题，对善后事宜，失于措置，河北三镇，遂至复叛，终唐之世，不能削平了。穆宗崩，敬宗立，为宦官刘克明所弑。宦官王守澄讨贼而立文宗。文宗初用宋申锡为宰相，与之谋诛宦官，不克，后又不次擢用李训、郑注，把王守澄毒死。郑注出镇凤翔（凤翔军，治凤翔府，今陕西凤翔县），想选精兵进京送王守澄葬，因此把宦官尽数杀掉。不知何故，李训在京城里，又诈称某处有甘露降，想派宦官往看，因而杀掉他们。事机不密，反为宦官所杀。郑注在凤翔，亦被监军杀掉。文宗自此受制于宦官，几同傀儡。相传这时候，有一个翰林学士，唤作崔慎由，曾缘夜被召入宫，有一班宦官，以仇士良为首，诈传皇太后的意旨，要他拟废掉文宗的诏书，崔慎由誓死不肯。宦官默然良久，乃开了后门，把崔慎由引到一个小殿里。文宗正在殿上，宦官就当面数说他。文宗低头不敢开口。宦官道："不是为了学士，你就不能再坐这宝位了。"于是放崔慎由出宫，叮嘱他不许泄露，泄露了是要祸及宗族的。崔慎由虽然不敢泄露，却把这件事情密记下来，临死时交给他的儿子。他的儿子便是唐末的宰相崔胤。文宗死后，弟武宗靠着仇士良之力，杀太子而自立。武宗能任用李德裕，政治尚称清明。宣宗立，尤能勤于政事，人称之为小太宗。然于宦官，亦都无可如何。宣宗死后，子懿宗立。八六八年，徐、泗卒戍桂州者作乱（徐州，今江苏铜山县。泗州，今安徽泗县。桂州，今广西桂林县），用沙陀兵讨平之，沙陀入据中原之祸，遂于是乎开始。

唐朝中叶后的外患，最严重的是回纥、吐蕃，次之则南诏。南诏的归服吐蕃，本出于不得已，吐蕃待之亦甚酷。九世纪初，韦皋为西川节度使，乃与之言和，共击吐蕃，西南的边患才算解除。（西川军，治成都，今四川成都县。后来南诏仍有犯西川之事，并曾侵犯安南，但其性质，不如和吐蕃结合时严重。）八四〇年，回纥为黠戛斯所破，遽尔崩溃。吐蕃旋亦内乱。八四九年，中国遂克复河、湟。河西之地亦来归。三垂的外患，都算靠天幸解除了。然自身的纲纪不振，沙陀突厥遂至能以一个残破的部落而横行中国。

沙陀是西突厥的别部，名为处月（朱邪，即处月之异译）。西突厥亡后，依北庭都护府以居（今新疆迪化县）。其地有大碛名沙陀，故称为沙陀突厥。河西、陇右既陷，安西、北庭（安西都护府，治龟兹），朝贡路绝，假道回纥，才得通到长安。回纥因此需索无厌。沙陀苦之，密引吐蕃陷北庭。久之，吐蕃又疑其暗通回纥，想把他迁到河外。沙陀乃又投奔中国。吐蕃追之，且战且走。三万部落之众，只剩得二千到灵州。节度使范希朝以闻，诏处其众于盐州（今宁夏盐池县北）。后来范希朝移镇河东（治太原府，今山西太原县），沙陀又随往，居于现在山阴县北的黄瓜堆。希朝简其精锐的为沙陀军。沙陀虽号称突厥，其形状，据史籍所载，亦是属于白种人的。既定徐、泗之乱，其酋长朱邪赤心，赐姓名为李国昌，镇守大同（治云州，今山西大同县），就有了一个地盘了。八七三年，懿宗崩，子僖宗立。年幼，信任宦官田令孜。时山东连年荒歉。八七五年，王仙芝起兵作乱，黄巢聚众应之。后来仙芝被杀，而黄巢到处流窜。从现在的河南打到湖北，沿江东下，经浙东入福建，到广东。再从湖南、江西、安徽打回河南，攻破潼关。田令孜挟僖宗走西川。黄巢遂入长安，时为八八〇年。当黄巢横行时，藩镇都坐视不肯出兵剿讨。京城失陷之后，各路的援兵又不肯进攻。不得已，就只好再借重沙陀。先是李国昌移镇振武（治单于都护府。今绥远和林格尔县），其子李克用叛据大同，为幽州兵所败，父子都逃入鞑靼。（居阴山。）这时候，国昌已死，朝廷乃赦李克用的罪，召他回来。打败黄巢，收复长安。李克用镇守河东，沙陀的根据地更深入腹地了。

黄巢既败，东走攻蔡州。蔡州节度使秦宗权降之。后来黄巢被李克用追击，为其下所杀，而宗权转横，其残虐较黄巢为更甚。河南、山东被其剽掠之处，几于无复人烟。朝廷之上，宦官依然专横。关内一道，亦均为军人所蟠据。其中华州的韩建（镇国军，治华州，今陕西华县），邠州的王行瑜（邠宁军，治邠州，今陕西邠县），凤翔的李茂贞尤为跋扈，动辄违抗命令，胁迫朝廷，遂更授沙陀以干涉的机会。

在此情势之下，汉民族有一个英雄，能够和沙陀抵抗的，那便是朱全忠。全忠本名温，是黄巢的将，巢败后降唐，为宣武节度使（治汴州，今河南开封县）。初年兵力甚弱，而全忠智勇足备，先扑灭了秦宗权，渐并今河南、山东之地，又南取徐州，北服河北三镇，西并河中，取义武（义武军，治定州，今河北定县），又取泽、潞（泽州，今山西晋城县。潞州，今山西长子县），及邢、洺、磁诸州（邢州，今河北邢台县。洺州，今河北永年县。磁州，今河北磁县）。河东的形势，就处于其包围之中了。僖宗死于八八八年，弟昭宗立，颇为英武。然其时的事势，业已不能有为。此时朝廷为关内诸镇所逼，大都靠河东解围。然李克用是个无谋略的人，想不到挟天子以令诸侯。虽然击杀了一个王行瑜，关内的问题还是不能解决。朱全忠其初是不问中央的事务，一味扩充自己的实力的。到十世纪初年，全忠的势力已经远超出乎李克用之上了。唐朝的宰相崔胤，乃结合了他，以谋宦官。宦官见事急，挟昭宗走凤翔。全忠围凤翔经年，李茂贞不能抗，只得把皇帝送出，同朱全忠讲和。昭宗回到京城，就把宦官悉行诛灭。唐朝中叶后的痼疾，不是藩镇，实在是宦官。因为唐朝的藩镇，并没有敢公然背叛，或者互相攻击，不过据土自专，更代之际，不听命令而已。而且始终如此的，还不过河北三镇。倘使朝廷能够振作，实在未尝不可削平。而唐朝中叶后的君主，如顺宗、文宗、武宗、宣宗、昭宗等，又都未尝不可与有为。其始终不能有为，则全是因被宦官把持之故。事势至此，已非用兵力铲除，不能有别的路走了。一个集团当其恶贯满盈，走向灭亡之路时，在他自己，亦是无法拔出泥淖的。

宦官既亡，唐朝亦与之同尽。西元九〇三年，朱全忠迁帝于洛阳，弑之而立其子昭宣帝。至九〇七年，遂废之而自立，是为梁太祖。此时海内割据的：淮南有杨行密，是为吴。两浙有钱镠，是为吴越。湖南有马殷，是为楚。福建有王审知，是为闽。岭南有刘岩，是为南汉。剑南有王建，是为前蜀。遂入于五代十国之世。

第十二章　五代十国的兴亡和契丹的侵入

凡内争，是无有不引起外患的，沙陀的侵入，就是一个例子。但沙陀是整个部族侵入中国的，正和五胡一样。过了几代之后，和我们同化了，他的命运也就完了。若在中国境外，立有一国，以国家的资格侵入，侵入之后，其本国依然存在的，则其情形自又不同。自八四〇年顷回纥崩溃后，漠南北遂无强部，约历七十年而契丹兴。契丹，大约是宇文氏的遗落，其居中国塞外，实已甚久。但当六世纪初，曾遭到北齐的一次袭击，休养生息，到隋时元气才渐复。七世纪末，又因李尽忠的反叛而大遭破坏，其后又和安禄山相斗争，虽然契丹也曾打过一两次胜仗，然其不得安息，总是实在的。唐朝管理东北方最重要的机关是营州都督府，中叶后业已不能维持其威力，但契丹仍时时受到幽州的干涉，所以他要到唐末才能够兴起。契丹之众，是分为八部的。每部有一个大人。八个大人之中，公推一人司旗鼓，到年久了，或者国有疾疫而畜牧衰，则另推一个大人替代。他亦有一个共主，始而是大贺氏，后来是遥辇氏，似乎仅有一个虚名。他各部落间的联结，大概是很薄弱的，要遇到战斗的事情，才能互相结合，这或者也是他兴起较晚的一个原因。内乱是招引外族侵入中国的，又是驱逐本国人流移到外国去的。这种事情，在历史上已经不知有过若干次。大抵（一）外国的文明程度低而人数少，而我们移殖的人数相当多时，可以把他们完全同化。（二）在人数上我们比较少，而文明程度相去悬绝时，移殖的人民，就可在他们的部落中做蛮夷大长。（三）若他们亦有相当的程度，智识技术上，虽然要请教于我，政治和社会的组织，却决不容以客族侵入而握有权柄的，则我们移殖的人民，只能供他们之用，甚至造成了他们的强盛，而我们传授给他的智识技术，适成为其反噬之用。时间是进步的良友。一样的正史四裔传中的部族，名称未变，或者名称虽异而统系可寻，在后一代，总要比前一代进步些。所以在前代，中国人的移殖属于前两型的居多，到近世，就多属于后一种了，这是不可以不懔然的，而契丹就是一个适例。契丹太祖耶律阿保机，据《五代史》说，亦是八部大人之一。当西元十世纪之初，幽州刘守光暴虐，中国人逃出塞的很多。契丹太祖都把他招致了去，好好地抚慰他们，因而跟他们学得了许多知识，经济上和政治组织上，都有进步了，就以计诱杀八部大人，不再受代。西元九一六年，并废遥辇氏而自立。这时候，漠南北绝无强部，他遂得纵横如意。东北灭渤海，服室韦，西南服党项、吐谷浑，直至河西回鹘。《辽史》中所列，他的属国，有四五十部之多。

《东丹王出行图》为北宋著名画家李公麟作品。画中绘有六位契丹人骑在骏马上，他们各具姿态，衣冠、服饰、佩带皆因身份的不同而异。马则矫健、丰肥、左右顾盼，慢跑前行。

梁太祖的私德，是有些缺点的，所以从前的史家，对他的批评，多不大好。然而私德只是私德，社会的情形复杂了，论人的标准，自亦随之而复杂，政治和道德、伦理，岂能并为一谈？就篡弑，也是历代英雄的公罪，岂能偏责一人？老实说：当大局阽危之际，只要能保护国家、抗御外族、拯救人民的，就是有功的政治家。当一个政治家要尽他为国为民的责任，而前代的皇室成为其障碍物时，岂能守小信而忘大义？在唐、五代之际，梁太祖确是能定乱和恤民的，而历来论者，多视为罪大恶极，甚有反偏袒后唐的，那就未免不知民族的大义了。惜乎天不假年，梁太祖篡位后仅六年而遇弑。末帝定乱自立，柔懦无能，而李克用死后，其子存勖袭位，颇有英锐之气。梁、晋战争，梁多不利。河北三镇及义武，复入于晋。九二三年，两军相持于郓州（今山东东平县），晋人乘梁重兵都在河外，以奇兵径袭大梁，末帝自杀，梁亡。存勖是时已改国号为唐，于是定都洛阳，是为后唐庄宗。中原之地，遂为沙陀所占据。后唐庄宗，本来是个野蛮人，灭梁之后，自然志得意满。于是纵情声色，宠爱伶人，听信宦官，政治大乱。九二五年，使宰相郭崇韬傅其子魏王继岌伐前蜀，把前蜀灭掉。而刘皇后听了宦官的话，疑心郭崇韬要不利于魏王，自己下命令给魏王，叫他把郭崇韬杀掉。于是人心惶骇，谣言四起。天雄军据邺都作乱。庄宗派李克用的养子李嗣源去征伐。李嗣源的军队也反了，胁迫李嗣源进了邺城。嗣源用计，得以脱身而出。旋又听了女婿石敬瑭的话，举兵造反。庄宗为伶人所弑。嗣源立，是为明宗。明宗年事较长，经验亦较多，所以较为安静。九三三年，明宗死，养子从厚立，是为闵帝。时石敬瑭镇河东，明宗养子从珂镇凤翔，闵帝要把他们调动，从珂举兵反。闵帝派出去的兵，都倒戈投降。闵帝出奔被杀。从珂立，是为废帝。又要调动石敬瑭，敬瑭又反。废帝鉴于闵帝的失败，是预备了一个不倒戈的张敬达，然后发动的，就把石敬瑭围困起来。敬瑭乃派人到契丹去求救，许割燕、云十六州之地（幽州、云州已见前。蓟州，今河北蓟县。瀛州，今河北河间县。莫州，今河北肃宁县。涿州，今河北涿县。檀州，今河北密云县。顺州，今河北顺义县。新州，今察哈尔涿鹿县。妫州，今察哈尔怀来县。儒州，今察哈尔延庆县。武州，今察哈尔宣化县。应州，今山西应县。寰州，今山西马邑县。朔州，今山西朔县。蔚州，今察哈尔蔚县）。他手下的刘知远劝他：只要赂以金帛，就可如愿，不可许割土地，以遗后患。敬瑭不听。此时契丹太祖已死，次子太宗在位，举兵南下，反把张敬达围困起来，废帝不能救。契丹太宗和石敬瑭南下，废帝自焚死。敬瑭定都于大梁，是为晋高祖，称臣割地于契丹。九四二年，晋高祖死，兄子重贵立，是为出帝。听了侍卫景延广的话，对契丹不复称臣，交涉亦改强硬态度。此时契丹已改国号为辽。辽兵南下，战事亦互有胜负。但石晋国力疲敝，而勾通外敌，觊觎大位之例已开，即不能禁人的不效尤。于是晋将杜重威降辽，辽人入大梁，执出帝而去。时在九四六年。辽太宗是个粗人，不懂得政治的，既入大梁，便派人到各地方搜括财帛。又多派他的亲信到各地方去做刺史，汉奸附之以虐民。辽人的行军，本来是不带粮饷的，大军中另有一支军队，随处剽掠以自给，谓之打草谷军。入中国后还是如此，于是反抗者四起。辽太宗无如之何，只得弃汴梁而去，未出中国境而死。太宗本太祖次子，因皇后述律氏的偏爱而立。其兄突欲（汉名倍），定渤海后封于其地，谓之东丹王。东丹王奔后唐，辽太宗入中国时，为晋人所杀，述律后第三子李胡，较太宗更为粗暴，辽人怕述律后要立他，就军中拥戴了东丹王的儿子，是为世宗。李胡兴兵拒战，败绩。

世宗在位仅四年，太宗之子穆宗继立，沉缅于酒，政治大乱，北边的风云，遂暂告宁静。此时侵入中国的，幸而是辽太宗，倘使是辽太祖，怕就没有这么容易退出去了。

契丹虽然退出，中原的政权，却仍落沙陀人之手。刘知远入大梁称帝，是为后汉高祖。未几而死，子隐帝立。九五〇年，为郭威所篡，是为后周太祖。中原的政权，始复归于汉人。后汉高祖之弟旻，自立于太原，称侄于辽，是为北汉，亦称东汉。后周太祖立四年而死，养子世宗立。北汉乘丧来伐，世宗大败之于高平（今山西高平县）。先是吴杨行密之后，为其臣李昪所篡，改国号为唐，是为南唐。并有江西之地，疆域颇广。而后唐庄宗死后，西川节度使孟知祥攻并东川而自立，是为后蜀。李昪之子璟，乘闽、楚之衰，将其吞并，意颇自负；孟知祥之子昶，则是一个昏愚狂妄之人；都想交结契丹，以图中原，世宗要想恢复燕、云，就不得不先膺惩这两国。唐代藩镇之弊，总括起来，是“地擅于将，将擅于兵”八个字。一地方的兵甲、财赋，固为节度使所专，中央不能过问。节度使更代之际，也至少无全权过问，或竟全不能过问。然节度使对于其境内之事，亦未必能全权措置，至少是要顾到其将校的意见，或遵循其军中的习惯的。尤其当更代之际，无论是亲子弟，或是资格相当的人，也必须要得到军中的拥戴，否则就有被杀或被逐的危险。节度使如失众心，亦会为其下所杀。又有野心的人，煽动军队，饵以重赏，推翻节度使而代之的。此等军队，真乃所谓骄兵。凡兵骄，则对外必不能作战，而内部则被其把持，一事不可为，甚且纲纪全无，变乱时作。唐中叶以后的藩镇，所以坐视寇盗的纵横而不能出击；明知强邻的见逼，也只得束手坐待其吞并；一遇强敌，其军队即土崩瓦解，其最大的原因，实在于此。这是非加以彻底的整顿，不足以有为的。周世宗本就深知其弊，到高平之战，军队又有兵刃未接，而望风解甲的，乃益知其情势的危险。于是将禁军大加裁汰，又令诸州募兵，将精强的送至京师，其军队乃焕然改观，而其政治的清明，亦足以与之相配合，于是国势骤张。先伐败后蜀。又伐南唐，尽取江北之地。九五九年，遂举兵伐辽。恢复了瀛、莫、易三州，直逼幽州。此时正值契丹中衰之际，倘使周世宗不死，燕、云十六州，是很有恢复的希望的，以后的历史，就全然改观了。惜乎世宗在途中遇疾，只得还军，未几就死了。嗣子幼弱，明年，遂为宋太祖所篡。

宋太祖的才略，亦和周世宗不相上下，或者还要稳健些。他大约知道契丹是大敌，燕、云一时不易取，即使取到了，也非有很重的兵力不能守的，而这时候割据诸国，非弱即乱，取之颇易，所以要先平定了国内，然后厚集其力以对外。从梁亡后，其将高季兴据荆、归、峡三州自立（荆州，今湖北江陵县。归州，今湖北秭归县。峡州，今湖北西陵县），是为南平。而楚虽为唐所灭，朗州亦旋即独立（朗州，今湖南常德县）。九六二年宋太祖因朗州和衡州相攻击（衡州，今湖南衡山县），遣人来求救，遣兵假道南平前往，把南平和朗州都破掉。（衡州先已为朗州所破。）九六五年，遣兵灭后蜀。九七一年，遣兵灭南汉。九七五年，遣兵灭南唐。是年，太祖崩，弟太宗立。九七六年，吴越纳土归降。明年，太宗遂大举灭北汉。于是中国复见统一。自九〇七年朱梁篡唐至此，共计七十二年。若从八八〇年僖宗奔蜀，唐朝的中央政权实际崩溃算起，则适得一百年。

第十三章　唐宋时代中国文化的转变

两个民族的竞争，不单是政治上的事。虽然前代的竞争，不像现代要动员全国的人力和物力，然一国政治上的趋向，无形中总是受整个社会文化的指导的。所以某一民族，在某一时代中，适宜于竞争与否，就要看这一个民族，在这一个时代中文化的趋向。

在历史上，最威胁中国的是北族。他们和中国人的接触，始于西元前四世纪秦、赵、燕诸国与北方的骑寇相遇，至六世纪之末五胡全被中国同化而告终结，历时约一千年。其第二批和中国的交涉，起于四世纪后半铁勒侵入漠南北，至十世纪前半沙陀失却在中国的政权为止，历时约六百年。从此以后，塞外开发的气运，暂向东北，辽、金、元、清相继而兴。其事起于十世纪初契丹的盛强，终于一九一一年中国的革命。将来的史家，也许要把它算到现在的东北问题实际解决时为止，然为期亦必不远了。这一期总算起来，为时亦历千余年。这三大批北族，其逐渐移入中国，而为中国人所同化，前后相同。唯第一、二期，是以被征服的形式移入的，至第三期，则系以征服的形式侵入。

经过五胡和沙陀之乱，中国也可谓受到相当的创痛了。但是以中国之大，安能就把这个看作很大的问题？在当时中国人的眼光里，北族的侵入，还只是治化的缺陷，只要从根本上把中国整顿好了，所谓夷狄，自然不成问题。这时代先知先觉者的眼光，还是全副注重于内部，民族的利害冲突，虽不能说没有感觉，民族主义却未能因此而发皇。

虽然如此，在唐、宋之间，中国的文化，也确是有一个转变的。这个转变是怎样呢？

中国的文化，截至近世受西洋文化的影响以前，可以分作三个时期：第一期为先秦、两汉时代的诸子之学。第二期为魏、晋、南北朝、隋、唐时代的玄学和佛学。第三期为宋、元、明时代的理学。这三期，恰是一个正、反、合。

怎样说这三期的文化，是一个辩证法的进化呢？原来先秦时代的学术，是注重于矫正社会的病态的，所谓“拨乱世，反之正”，实不仅儒家，而为各家通有的思想。王莽变法失败以后，大家认为此路不通，而此等议论，渐趋消沉。魏、晋以后，文化乃渐转向，不向整体而向分子方面求解决。他们所讨论的，不是社会的组织，如何使人生于其间，能够获得乐利，可以做个好人，而是人性究竟如何，是好的，是坏的，用何法把坏人改做好人，使许多好人聚集，而好的社会得以实现，这种动机，确和佛教相契。在这一千年中，传统的儒家，仅仅从事于笺疏，较有思想的人，都走入玄学和佛学一路，就是其明证。但其结果却是怎样呢？显然的，从个人方面着想，所能改良的，只有极小一部分，合全体而观之，依然无济于事。而其改善个人之法，推求到深刻之处，就不能不偏重于内心。功夫用在内心上的多，用在外务上的，自然少了。他们既把社会看作各个分子所构成；社会的好坏，原因在于个人的好坏，而个人的好坏，则源于其内心的好坏；如此，社会上一切问题，自然都不是根本。而他们的所谓好，则实和此世界上的生活不相容，所以他们最彻底的思想，是要消灭这一个世界。明知此路不通，则又一转变而为现在的世界就是佛国；只要心上觉悟，一切行为和俗人一样，也就是圣人。这么一来，社会已经是好的了，根本用不着改良。这两种见解，都是和常识不相容的，都是和生活不相合的。凡是和生活不相合的，凭你说得如何天花乱坠，总只是他们所谓“戏论”，总要给大多数在常识中生活的人所反对的，而事情一到和大多数人的生活相矛盾，就是它的致命伤。物极必反，到唐朝佛学极盛时，此项矛盾，业经开始发展了，于是有韩愈的辟佛。他的议论很粗浅，不过在常识范围中批评佛说而已，到宋儒，才在哲学上取得一个立足点。宋学从第十一世纪的中叶起，到第十七世纪的中叶止，支配中国的思想界，约六百年。他们仍把社会看作是各分子所构成的；仍以改良个人为改良社会之本；要改良个人，还是注重在内心上；这些和佛学并无以异。所不同的，则佛家认世界的现状，根本是坏的，若其所谓好的世界而获实现，则现社会的组织，必彻底被破坏；宋学则认现社会的组织，根本是合理的，只因为人不能在此组织中，各处于其所当处的地位，各尽其所应尽的责任，以致不好。而其所认为合理的组织，则是一套封建社会和农业社会中的道德、伦理和政治制度。在商业兴起，广大的分工合作日日在扩充，每一个地方自给自足的规模，业已破坏净尽，含有自给自足的性质的大家族，亦不复存在之时，早已不复适宜了。宋儒还要根据这一个时代的道德、伦理和政治制度，略加修改，制成一种方案，而强人以实行，岂非削足适履？岂非等人性于杞柳，而欲以为杯棬？所以宋儒治心的方法，是有很大的价值的，而其治世的方法，则根本不可用。不过在当时，中国的思想界，只能在先秦诸子和玄学、佛学两种思想中抉择去取，融化改造，是只能有这个结果的，而文化进化的趋向，亦就不得不受其指导。在君主专制政体下，政治上的纲纪，所恃以维持的，就是所谓君臣之义。这种纲纪，是要秩序安定，人心也随着安定，才能够维持的。到兵荒马乱，人人习惯于裂冠毁裳之日，就不免要动摇了。南北朝之世，因其君不足以为君，而有“殉国之感无因，保家之念宜切”的贵族。到晚唐、五代之世，此种风气，又盛行了。于是有历事五朝，而自称长乐老以鸣其得意的冯道，有许多想借重异族，以自便私图的杜重威。由今之道，无变今之俗，如何可以一朝居？所以宋儒要竭力提倡气节。经宋儒提倡之后，士大夫的气节，确实是远胜于前代。但宋儒（一）因其修养的功夫，偏于内心，而处事多疏。（二）其持躬过于严整，而即欲以是律人，因此，其取人过于严格，而有才能之士，皆为其所排斥。（三）又其持论过高，往往不切于实际。（四）意气过甚，则易陷于党争。党争最易使人动于感情，失却理性，就使宅心公正，也不免有流弊，何况党争既启，哪有个个人都宅心公正之理？自然有一班好名好利、多方掩饰的伪君子，不恤决裂的真小人混进去。到争端扩大而无可收拾，是非淆乱而无从辨别时，就真有宅心公正、顾全大局的人，也苦于无从措手了。所以宋儒根本是不适宜于做政治事业的。若说在社会上做些自治事业，宋儒似乎很为相宜。宋儒有一个优点，他们是知道社会上要百废俱举，尽其相生相养之道，才能够养生送死无憾，使人人各得其所的。他们否认后世政治家“治天下不如安天下，安天下不如与天下安”的苟简心理，这一点，的确是他们的长处。但他们所以能如此，乃是读了经书而然。而经书所述的，乃是古代自给自足，有互助而无矛盾的社会所留诒，到封建势力逐渐发展时，此等组织，就逐渐破坏了。宋儒不知其所主张的道德、伦理、政治制度，正和这一种规制相反，却要借其所主张的道德、伦理和政治制度之力，以达到这一个目的。其极端的，遂至要恢复井田封建。平易一些的，亦视智愚贤不肖为自然不可泯的阶级，一切繁密的社会制度，还是要以士大夫去指导着实行，而其所谓组织，亦仍脱不了阶级的对立。所以其结果，还是打不倒土豪劣绅，而宋学家，特如其中的关学一派，所草拟的极详密的计划，以极大的热心去推行，终于实现的寥若晨星，而且还是昙花一现。这时候，外有强敌的压迫，最主要的事务，就是富国强兵，而宋儒却不能以全力贯注于此。最需要的，是严肃的官僚政治，而宋学家好作诛心之论，而忽略形迹；又因党争而淆乱是非；则适与之相反。宋学是不适宜于竞争的，而从第十一世纪以来，中国的文化却受其指导，那无怪其要迭招外侮了。

第十四章 北宋的积弱

五代末年，偏方割据诸国，多微弱不振。契丹则是新兴之国，气完力厚的，颇不容易对付，所以宋太祖要厚集其力以对付他。契丹的立国，是合部族、州县、属国三部分而成的。属国仅有事时量借兵粮，州县亦仅有益于财赋。（辽朝的汉兵，名为五京乡丁，只守卫地方，不出戍。）只有部族是契丹立国的根本，这才可以真正算是契丹的国民。他们都在指定的地方，从事于畜牧。举族皆兵，一闻令下，立刻聚集，而且一切战具，都系自备。马既多，而其行军又不带粮饷，到处剽掠自资（此即所谓“打草谷”），所以其兵多而行动极速。周世宗时，正是契丹中衰之会，此时却又兴盛了。（辽唯穆宗最昏乱，九六九年，被弑，景宗立，即复安。九八三年，景宗死，圣宗立，年幼，太后萧氏同听政。圣宗至一〇三〇年乃死，子兴宗立，一〇五四年死。圣宗时为辽全盛之世。兴宗时尚可蒙业而安，兴宗死，子道宗立，乃衰。）宋朝若要以力服契丹，非有几十万大兵，能够连年出征，攻下了城能够守，对于契丹地方，还要能加以破坏扰乱不可。这不是容易的事，所以宋太祖不肯轻举。而太宗失之轻敌，灭北汉后，不顾兵力的疲敝，立刻进攻。于是有高梁河之败（在北平西）。至九八五年，太宗又命将分道北伐，亦不利。而契丹反频岁南侵。自燕、云割弃后，山西方面，还有雁门关可守，河北方面，徒恃塘泺以限戎马，是可以御小敌，而不足以御大军的。契丹大举深入，便可直达汴梁对岸的大名，宋朝受威胁殊甚。一〇〇四年，辽圣宗奉其母入寇，至澶州（今河北濮阳县）。真宗听了宰相寇准的话，御驾亲征，才算把契丹吓退。然毕竟以岁币成和（银十万两，绢二十万匹）。宋朝开国未几，国势业已陷于不振了。

假使言和之后，宋朝能够秣马厉兵，以伺其隙，契丹是个浅演之国，他的强盛，必不能持久的，未必无隙可乘。宋朝却怕契丹启衅，伪造天书，要想愚弄敌人（宋朝伪造天书之真意在此，《宋史·真宗本纪》）。敌人未必被愚弄，工于献媚和趁风打劫、经手侵渔的官僚，却因此活跃了。斋醮、宫观，因此大兴，财政反陷于竭蹶。而西夏之乱又起。唐朝的政策，虽和汉朝不同，不肯招致异族，入居塞内，然被征服的民族多了，乘机侵入，总是不免的。尤其西北一带，自一度沦陷后，尤为控制之力所不及。党项酋长拓跋氏（拓跋是鲜卑的民族，党项却系羌族，大约是鲜卑人入于羌部族而为其酋长的），于唐太宗时归化。其后裔拓跋思敬，以平黄巢有功，赐姓李氏，做了定难节度使，据有夏、银、绥、宥、静五州（夏州，今陕西怀远县。银州，今陕西米脂县。绥州，今陕西绥德县。宥州，今鄂尔多斯右翼后旗。静州，在米脂县西）。传八世至继捧，于宋太宗的时候来降，而其弟继迁叛去，袭据银州和灵州，降于辽，宋朝未能平定。继迁传子德明，三十年未曾窥边，却征服了河西，拓地愈广。一〇二二年，真宗崩，仁宗立。一〇三四年，德明之子元昊反，兵锋颇锐。宋朝屯大兵数十万于陕西，还不能戢其侵寇。到一〇四四年，才以岁赐成和（银、绢、茶、彩，共二十五万五千）。此时辽圣宗已死，兴宗在位，年少气盛，先两年，遣使来求关南之地（瓦桥关，在雄县。周世宗复瀛、莫后，与辽以此为界）。宋朝亦增加了岁币（增银十万两，绢十万匹），然后和议得以维持。给付岁币的名义，《宋史》说是“纳”字，《辽史》却说是“贡”字，未知谁真谁假。然即使用“纳”字，亦已经不甚光荣了。仁宗在位岁久，政颇宽仁，然亦极因循腐败。兵多而不能战，财用竭蹶而不易支持，已成不能振作之势。一〇六三年，仁宗崩，英宗立，在位仅四年。神宗继之，乃有用王安石变法之事。

汝窑堪称宋五大名窑之首。徽宗时开始在汝窑烧造官窑器皿，至北宋末年止，传世器物很少。汝窑瓷器做工极精，胎质细腻，多呈香灰色。釉色有天蓝、天青、粉青等。

王安石的变法，旧史痛加诋毁，近来的史家，又有曲为辩护的，其实都未免有偏。王安石所行的政事，都是不错的。但行政有一要义，即所行之事，必须要达到目的，因此所引起的弊窦，必须减至极少。若弊窦在所不免，而目的仍不能达，就不免徒滋纷扰了。安石所行的政事，不能说他全无功效，然因此而引起的弊端极大，则亦不容为讳。他所行的政事，免役最是利余于弊的，青苗就未必能然。方田均税，在他手里推行得有限，后人踵而行之，则全是徒有其名。学校、贡举，则并未能收作育人才之效。宋朝当日，相须最急的，是富国强兵。王安石改革的规模颇大，旧日史家的议论，则说他是专注意于富强的。（尤其说王安石偏于理财。此因关于改革社会的行政，不甚为从前的政治家所了解之故。）他改革的规模，固不止此，于此确亦有相当的注意。其结果：裁汰冗兵，确是收到很大的效果的，所置的将兵，则未必精强，保甲尤有名无实，而且所引起的骚扰极大。安石为相仅七年，然终神宗之世，守其法未变。一〇八五年，神宗崩，子哲宗立。神宗之母高氏临朝，起用旧臣，尽废新法。其死后，哲宗亲政，复行新法，谓之“绍述”。一一〇〇年，哲宗崩，徽宗立，太后向氏权同听政，想调和新旧之见，特改元为建中靖国。徽宗亲政后，仍倾向于新法，而其所用的蔡京，则是反覆于新旧两党间的巧宦。徽宗性极奢侈，蔡京则搜括了各方面的钱，去供给他浪用。政治情形，一落千丈。恢复燕、云和西北，可说是神宗和王安石一个很大的抱负，但因事势的不容许，只得先从事于其易。王安石为相时，曾用王韶征服自唐中叶以后杂居于今甘、青境内的蕃族，开其地为熙河路。这可说是进取西夏的一个预备。然神宗用兵于西夏却不利。哲宗时，继续筑寨，进占其地。夏人力不能支，请辽人居间讲和。宋因对辽有所顾忌，只得许之。徽宗时，宦者童贯，继续用兵西北，则徒招劳费而已。总之，宋朝此时的情势，业已岌岌难支，幸辽、夏亦已就衰，暂得无事，而塞外有一个新兴民族崛起，就要大祸临头了。

金朝的先世，便是古代的所谓肃慎，南北朝、隋、唐时的靺鞨。宋以后则称为女真。（女真二字，似即肃慎的异译。清人自称为满洲，据明人的书，实作满住，乃大酋之称，非部族之名。愚按，靺鞨酋长之称为大莫弗瞒咄，瞒咄似即满住，而靺鞨二字，似亦仍系瞒咄的异译。至汉时又称为挹娄，据旧说，系今叶鲁二字的转音。而现在的索伦二字，又系女真的异译，此推测而确，则女真民族之名，自古迄今，实未曾变。）其主要的部落，在今松花江流域，在江南的系辽籍，称为熟女真，江北的不系籍，谓之生女真。女真的文明程度是很低的，到渤海时代，才一度开化。

金朝的始祖，名唤函普，是从高句丽旧地入居生女真的完颜部，而为其酋长的。部众受其教导，渐次开化。其子孙又以渐征服诸部族，势力渐强。而辽自兴宗后，子道宗立，政治渐乱。道宗死，子天祚帝立，荒于游畋，竟把国事全然置诸不顾。女真本厌辽人的羁轭，天祚帝遣使到女真部族中去求名鹰，骚扰尤甚，遂致激起女真的叛变。金太祖完颜阿骨打，于一一一四年起兵与辽相抗。契丹控制女真的要地，黄龙府、咸州、宁江州（黄龙府，今吉林农安县。咸州，今辽宁铁岭县。宁江州，在吉林省城北）次第失陷。天祚帝自将大兵东征，因有内乱西归，旋和金人讲和，又迁延不定。东京先陷，上京及中、西两京继之（上京临潢府，在今热河开鲁县南。中京大定府，在今热河建昌县。东京辽阳府，今辽宁辽阳县。南京析津府，即幽州。西京大同府，即云州）。南京别立一君，意图自保，而宋人约金攻辽之事又起。先是童贯当权，闻金人攻辽屡胜，意图侥幸，遣使于金，求其破辽之后，将石晋所割之地还给中国。金人约以彼此夹攻，得即有之。而童贯进兵屡败，乃又求助于金。金太祖自居庸关入，把南京攻下。太祖旋死，弟太宗立。天祚帝辗转漠南，至一一二五年为金人所获，辽亡。

宋朝本约金夹攻的，此时南京之下，仍借金人之力，自无坐享其成之理，乃输燕京代税钱一百万缗，并许给岁币。金人遂以石晋所割之地来归。女真本系小部族，此时吞并全辽，已觉消化不下，焉有余力经营中国的土地？这是其肯将石晋所割之地还给中国的理由。但女真此时，虽不以地狭为忧，却不免以土满为患。文明国民，生产能力高强的，自然尤为其所欢迎。于是军行所至，颇以掳掠人口为务。而汉奸亦已有献媚异族，进不可割地之议的。于是燕京的归还，仅系一个空城，尽掳其人民以去。而营、平、滦三州（平州，今河北卢龙县。滦州，今河北滦县），本非石晋所割让，宋朝向金要求时，又漏未提及，则不肯归还，且将平州建为南京，命辽降将张觉守之。燕京被掳的人民，流离道路，不胜其苦，过平州时，求张觉做主。张觉就据地来降。这是一件很重大的交涉。宋朝当时，应该抚恤其人民，而对于金朝，另提出某种条件，以足其欲而平其愤。金朝此时，虽已有汉奸相辅，究未脱野蛮之习，且值草创之际，其交涉是并不十分难办的。如其处置得宜，不但无启衅之忧，营、平、滦三州，也未尝不可乘机收复。而宋朝贸然受之，一无措置。到金人来诘责，则又手忙脚乱，把张觉杀掉，函首以畀之。无益于金朝的责言，而反使降将解体，其手段真可谓拙劣极了。

辽朝灭亡之年，金朝便举兵南下。宗翰自云州至太原，为张孝纯所阻，而宗望自平州直抵汴京。时徽宗已传位于钦宗。初任李纲守御，然救兵来的都不能解围。不得已，许割太原、中山、河间三镇（中山今河北定县。河间，今河北河间县）；宋主称金主为伯父；并输金五百万两，银五千万两，牛、马万头，表缎百万匹讲和。宗望的兵才退去。金朝此时，是不知什么国际的礼法的，宗翰听闻宗望得了赂，也使人来求赂。宋人不许。宗翰怒，攻破威胜军和隆德府（威胜军，今山西沁县。隆德府，今山西长治县）。宋人认为背盟，下诏三镇坚守。契丹遗臣萧仲恭来使，又给以蜡书，使招降契丹降将耶律余睹。于是宗翰、宗望再分道南下，两路都抵汴京。徽、钦二宗，遂于一一二七年北狩。金朝这时候，是断没有力量再占据中国的土地的，所希望的，只是有一个傀儡供其驱使而已。乃立宋臣张邦昌为楚帝，退兵而去。张邦昌自然是要靠金朝的兵力保护，然后能安其位的，金兵既去，只得自行退位。而宋朝是时，太子、后妃、宗室多已被掳，只得请哲宗的废后孟氏出来垂帘。“虽举族有北辕之衅，而敷天同左袒之心。”（孟后立高宗诏语。）这时候的民族主义，自然还要联系在忠君主义上面的，于是孟后下诏，命高宗在归德正位（今河南商丘县）。

第十五章　南宋恢复的无成

语云："败军之气，累世而不复。"这话亦不尽然。"困兽犹斗"，反败为胜的事情，绝不是没有的，只看奋斗的精神如何罢了。宋朝当南渡时，并没有什么完整的军队，而且群盗如毛，境内的治安，且岌岌不可保，似乎一时间绝谈不到恢复之计。然以中国的广大，金朝人能有多大的兵力去占据？为宋朝计，是时理宜退守一个可守的据点，练兵筹饷，抚恤人民。被敌兵蹂躏之区，则奖励、指导其人民，使之团结自守，而用相当的正式军队，为之声援。如此相持，历时稍久，金人的气焰必渐折，恢复之谋，就可从此开展了。苦于当时并没有这种眼光远大的战略家。而且当此情势，做首领的，必须是一个文武兼资之才，既有作战的策略，又能统驭诸将，使其不敢骄横，遇敌不敢退缩，对内不敢干政，才能够悉力对外。而这时候，又没有这样一个长于统率的人物。金兵既退，宗泽招降群盗，以守汴京。高宗既不能听他的话还跸，又不能驻守关中或南阳，而南走扬州。一一二九年，金宗翰、宗望会师濮州（今山东濮县），分遣娄室入陕西，其正兵南下，前锋直打到扬州。高宗奔杭州（今浙江杭县）。明年，金宗弼渡江，自独松关入（在今安徽广德县东）。高宗奔明州（今浙江鄞县）。金兵再进迫，高宗逃入海。金兵亦入海追之，不及乃还。自此以后，金人亦以"士马疲敝，粮储未丰"（宗弼语），不能再行进取了。其西北一路，则宋朝任张浚为宣抚使，以拒娄室，而宗弼自江南还，亦往助娄室。浚战败于富平（今陕西兴平县），陕西遂陷。但浚能任赵开以理财，用刘子羽、吴玠、吴璘等为将，卒能保守全蜀。

利用傀儡，以图缓冲，使自己得少休息，这种希冀，金人在此时，还没有变。其时宗泽已死，汴京失陷，金人乃立宋降臣刘豫于汴，畀以河南、陕西之地。刘豫却想靠着异族的力量反噬，几次发兵入寇，却又都败北。在金人中，宗弼是公忠体国的，挞懒却骄恣腐败。（金朝并无一定之继承法，故宗室中多有觊觎之心。其时握兵权者，宗望、宗弼皆太祖子，宗翰为太祖从子，挞懒则太祖从弟。宗翰即有不臣之心。挞懒最老寿，在熙宗时为尊属，故其觊觎尤甚。熙宗、海陵庶人、世宗，皆太祖孙。）秦桧是当金人立张邦昌时，率领朝官，力争立赵氏之后，被金人捉去的，后来以赐挞懒。秦桧从海路逃归。秦桧的意思，是偏重于对内的。因为当时，宋朝的将帅颇为骄横。"廪稍惟其所赋，功勋惟其所奏。""朝廷以转运使主馈饷，随意诛求，无复顾惜。""使其浸成疽赘，则非特北方未易取，而南方亦未易定。"（叶适《论四大屯兵》语，详见《文献通考 · 兵考》。）所以要对外言和，得一个整理内部的机会。当其南还之时，就说要"南人归南，北人归北"。高宗既无进取的雄才，自然意见与之相合，于是用为宰相。一一三七年，刘豫为宗弼所废。秦桧乘机，使人向挞懒要求，把河南、陕西之地，还给宋朝。挞懒允许了。明年，遂以其地来归。而金朝突起政变。一一三九年，宗弼回上京（今吉林阿城县）。挞懒南走，至燕京，为金人所追及，被杀。和议遂废。宗弼再向河南，娄室再向陕西。宋朝此时，兵力已较南渡之初稍强。宗弼前锋至顺昌（今安徽阜阳县），为刘锜所败。岳飞从湖北进兵，亦有郾城之捷（今河南偃城县）。吴璘亦出兵收复了陕西若干州郡。倘使内部没有矛盾，自可和金兵相持。而高宗、秦桧执意言和，把诸将召还，和金人成立和约：东以淮水，西以大散关为界（在陕西宝鸡县南）。岁奉银、绢各二十五万两、匹。宋高宗称臣于金。可谓屈辱极了。于是罢三宣抚司，改其兵为某州驻扎御前诸军，而设总领以司其财赋。

金太宗死后，太祖之孙熙宗立，以嗜酒昏乱，为其从弟海陵庶人所弑。此事在一一四九年。海陵更为狂妄，迁都于燕，后又迁都于汴。一一六〇年，遂大举南侵。以其暴虐过甚，兵甫动，就有人到辽阳去拥立世宗。海陵闻之，欲尽驱其众渡江，然后北还，至采石矶，为宋虞允文所败，改趋扬州，为其下所弑。金兵遂北还。一一六二年，高宗传位于孝宗！孝宗颇有志于恢复，任张浚以图进取。浚使李显忠进兵，至符离（集名，在今安徽宿县）大败。进取遂成画饼。一一六五年，以岁币各减五万，宋主称金主为伯父的条件成和。金世宗算是金朝的令主。他的民族成见是最深的。他曾对其种人，屡称上京风俗之美，教他们保存旧风，不要汉化。臣下有说女真、汉人已为一家的，他就板起脸说："女真、汉人，其实是二。”这种尖锐的语调，绝非前此的北族所肯出之于口的，其存之于心的，自亦不至于如此之甚了。然他的见解虽如此，而既不能放弃中国之地，就只得定都燕京。并因是时叛者蜂起，不得不将猛安谋克户，移入中原，以资镇压，夺民地以给之，替汉人和女真之间，留下一个深刻的仇恨。而诸猛安谋克人，则唯酒是务，竟有一家百口，垄无一苗的，征服者的气质，丧失净尽了。自太祖崛起至此，不过六十年。

一一九四年，孝宗传位于光宗。此时金世宗已死，子章宗立，北边颇有叛乱，河南、山东，亦有荒歉之处，金朝的国势渐衰。宋光宗多病，皇后李氏又和太上皇不睦。一一九四年，孝宗崩，光宗不能出而持丧，人心颇为疑惑。宰相赵汝愚，因阁门使韩侂胄，请于高宗后吴氏，扶嘉王扩内禅，是为宁宗。韩侂胄排去赵汝愚，代为宰相，颇为士流所攻击，想立恢复之功，以间执众口。一二〇六年，遂贸然北伐。谁想金兵虽弱，宋兵亦不强。兵交之后，襄阳和淮东西州郡，次第失陷。韩侂胄又想谋和，而金人复书，要斩侂胄之首，和议复绝。皇后杨氏，本和韩侂胄有隙，使其兄次山勾结侍郎史弥远，把韩侂胄杀掉，函首以畀金。一二〇八年，以增加岁币为三十万两、匹的条件成和。韩侂胄固然是妄人，宋朝此举，也太不成话了。和议成后两年，金章宗死，世宗子卫绍王立。其明年，蒙古侵金，金人就一败涂地。可见金朝是时，业已势成弩末，宋朝并没有急于讲和的必要了。

蒙古本室韦部落，但其后来和鞑靼混合，所以蒙人亦自称为鞑靼。其居地初在望建河，即今黑龙江上游之南，而后徙于不而罕山，即今外蒙古车臣、土谢图两部界上的布尔罕哈勒那都岭。自回纥灭亡以后，漠北久无强部，算到一一六七年成吉思汗做蒙古的酋长的时候，已经三百六十多年了，淘汰，酝酿，自然该有一个强部出来。成吉思汗少时，漠南北诸部错列，蒙古并不见得怎样强大。且其内部分裂，成吉思汗备受同族的龉龁。但汗有雄才大略，收合部众，又与诸部落合纵连横，至一二〇六年，而漠南北诸部，悉为所征服。这一年，诸部大会于斡难河源（今译作鄂诺，又作敖嫩），上他以成吉思汗的尊号。成吉思汗在此时，已非蒙古的汗，而为许多部族的大汗了。一二一〇年，成吉思汗伐夏，夏人降。其明年，遂伐金。金人对于北方，所采取的是一种防守政策。从河套斜向东北，直达女真旧地，筑有一道长城。汪古部居今归绥县之北，守其冲要之点。此时汪古通于蒙古，故蒙古得以安行而入长城。会河堡一战（会河堡，在今察哈尔万全县西），金兵大败，蒙古遂入居庸关。留兵围燕京，分兵蹂躏山东、山西，东至辽西。金人弑卫绍王，立宣宗，与蒙古言和，而迁都于汴。蒙古又以为口实，发兵攻陷燕京。金人此时，尽迁河北的猛安谋克户于河南，又夺汉人之地以给之。其民既不能耕，又不能战，势已旦夕待亡。幸一二一八年，成吉思汗用兵于西域，金人乃得少宽。这时候，宋朝亦罢金岁币。避强凌弱，国际上总是在所不免的；而且此时金人，财政困难，对于岁币，亦不肯放弃，或者还希冀战胜了可以向宋人多胁取些。于是两国开了兵衅，又因疆场细故，与夏人失和。兵力益分而弱。一二二四年，宣宗死，哀宗立，才和夏人以兄弟之国成和（前此夏人称臣）。而宋朝卒不许。其时成吉思汗亦已东归，蒙古人的兵锋，又转向中原了。一二二七年，成吉思汗围夏，未克而死，遗命秘不发丧，把夏人灭掉。一二二九年，太宗立。明年，复伐金。时金人已放弃河北，以精兵三十万，守邳县到潼关的一线。太宗使其弟拖雷假道于宋。宋人不许。拖雷就强行通过，自汉中、襄、郧而北，大败金人于三峰山（在河南禹县）。太宗亦自白坡渡河（在河南孟津县），使速不台围汴，十六昼夜不能克，乃退兵议和。旋金兵杀蒙古使者，和议复绝。金哀宗逃到蔡州。宋、元复联合以攻金。宋使孟珙、江海帅师会蒙古兵围蔡。一二三四年，金亡。

约金攻辽，还为金灭，这是北宋的覆辙，宋人此时，似乎又不知鉴而蹈之了。所以读史的人，多以宋约元攻金为失策。这亦未必尽然。宋朝和金朝，是不共戴天之仇，不能不报的。若说保存金朝以为障蔽，则金人此时，岂能终御蒙古？不急进而与蒙古联合，恢复一些失地，坐视金人为蒙古所灭，岂不更糟？要知约金攻辽，亦并不算失策，其失策乃在灭辽之后，不能发愤自强，而又轻率启衅。约元灭金之后，弊亦仍在于此。金亡之前十年，宋宁宗崩，无子。史弥远援立理宗，仍专政。金亡前一年，史弥远死，贾似道继之。贾似道是表面上似有才气，而不能切实办事的人，如何当得这艰难的局面？金亡之后，宋朝人倡议收复三京（宋东京即大梁，南京即宋州，西京为洛阳，北京为大名），入汴、洛而不能守。蒙古反因此南侵，江、淮之地多陷。一二四一年，蒙古太宗死。一二四六年，定宗立，三年而死。一二五一年，宪宗方立。蒙古当此时，所致力的还是西域，而国内又有汗位继承之争，所以未能专力中国。至一二五八年，各方粗定，宪宗乃大举入蜀。忽必烈已平吐蕃、大理，亦东北上至鄂州（今湖北武昌县）。宋将王坚守合州（今四川合川县）。宪宗受伤，死于城下。贾似道督大军援鄂，不敢战，使人求和，许称臣，划江为界。忽必烈亦急图自立，乃许之而北归。贾似道掩其事，以大捷闻于朝。自此蒙古使者来皆拘之，而借和议以图自强，而待敌人之弊的机会遂绝。忽必烈北还后，自立，是为元世祖。世祖在宪宗时，本来是分治漠南的，他手下又多西域人和中国人，于是以一二六四年定都燕京。蒙古的根据地，就移到中国来了。明年，理宗崩，子度宗立。宋将刘整叛降元，劝元人攻襄阳。自一二六八至一二七三年，被围凡五年，宋人不能救，襄阳遂陷。明年，度宗崩，子恭帝立。伯颜自两湖长驱南下。一二七六年，临安不守，谢太后和恭帝都北狩。故相陈宜中立其弟益王于福州（今福建闽侯县）。后来转徙，崩于硇州（在今广东吴川县海中）。其弟卫王昺立，迁于崖山（在今广东新会县海中）。一二七九年，汉奸张弘范来攻，宰相陆秀夫负帝赴海殉国。张世杰收兵图再举，到海陵山（在今广东海阳县海中），舟覆而死。宋亡。中国遂整个为北族所征服。

宋朝的灭亡，可以说是我国民族的文化，一时未能急剧转变，以适应于竞争之故。原来游牧民族以掠夺为生产，而其生活又极适宜于战斗，所以其势甚强，文明民族，往往为其所乘，罗马的见轭于蛮族，和中国的见轭于五胡和辽、金、元、清，正是一个道理。两国国力的强弱，不是以其所有的人力物力的多少而定，而是看其能利用于竞争的共有多少而定。旧时的政治组织，是不适宜于动员全民众的。其所恃以和异族抵抗的一部分，或者正是腐化分子的一个集团。试看宋朝南渡以后，军政的腐败，人民的困苦，而一部分士大夫反溺于晏安鸩毒、歌舞湖山可知。虽其一部分分子的腐化，招致了异族的压迫，却又因异族的压迫，而引起了全民族的觉醒，替民族主义建立了一个深厚的根基，这也是祸福倚伏的道理。北宋时代，可以说是中国民族主义的萌蘖时期；南宋一代，则是其逐渐成长的时期。试读当时的主战派，如胡铨等一辈人的议论，至今犹觉其凛凛有生气可知。（见《宋史》卷三七四。）固然，只论是非，不论利害，是无济于事的。然而事有一时的成功，有将来的成功。主张正义的议论，一时虽看似迂阔，隔若干年代后，往往收到很大的效果。民族主义的形成，即其一例。论是非是宗旨，论利害是手段。手段固不能不择，却不该因此牺牲了宗旨。历来外敌压迫时，总有一班唱高调的人，议论似属正大，居心实不可问，然不能因此而并没其真。所以自宋至明，一班好发议论的士大夫，也是要分别观之的。固不该盲从附和，也不该一笔抹杀。其要，在能分别真伪，看谁是有诚意的，谁是唱高调的，这就是大多数国民，在危急存亡之时，所当拭目辨别清楚的了。民族主义，不但在上流社会中植下了根基，在下流社会中，亦立下了一个组织。

第十六章　蒙古大帝国的盛衰

蒙古，是最大的帝国，它是适值幸运而成功的。

蒙古所征服之地，几于包括整个亚洲，而且还跨有欧洲的一部分。其中最重要的，自然还是西域。葱岭以西，亚历山大东征后，安息、大夏，对立为两个大国。其后则变为波斯和月氏的对立。南北朝时，哌哒兴，月氏为其所破，分为许多小国，波斯亦被其摄服。突厥兴，哌哒又为所破。月氏旧地，大抵服属于西突厥。时大食亦已勃兴，西元六四一年，破波斯，葱岭以西之地，次第为其所吞并。是时中国亦灭西突厥，波斯以东之地，尽置羁縻府、州，两国的政治势力，遂相接触。然葱岭以西之地，中国本视属羁縻，故未至引起实际的冲突。（西元七五〇年，即唐玄宗天宝九年，唐将高仙芝伐今塔什干的石国，石国求救于大食。明年，大食来援，唐兵败于怛逻斯。未久安史之乱起，唐朝就不再经营西域了。）安史乱后，中国对于西域，就不再过问了。辽朝灭亡后，其宗室耶律大石，会十八部王众于西州（唐西州，今新疆吐鲁番县），简其精锐西行。此时大食的纪纲，久已颓废，东方诸酋，据土自专，形同独立。大石兵至，灭掉雄据呼罗珊的塞而柱克（Seljuks），并压服了花剌子模（Khorazme，《唐书》作货利习弥），使之纳贡，而立国于吹河之滨，是为西辽。成吉思汗平漠南北时，今蒙古西部乃蛮部的酋长古出鲁克奔西辽，运用阴谋，和花剌子模里应外合而取其国。又有在鄂尔坤、色楞格两河间的蔑儿乞，其酋长忽秃亦西奔，和古出鲁克都有卷土重来之意。成吉思汗怕根本之地动摇，乃于一二一三年北归，遣哲别、速不台把这二人击灭。先是天山南路的畏吾儿（即回纥异译）及其西之哈剌鲁（唐时西突厥属部葛逻禄）归顺蒙古，蒙古入西域之路已开，既灭古出鲁克，蒙古的疆域，就和花剌子模相接。兴于蒙古高原的北族，照例总是先向中国地方侵掠的；况且是时，蒙古与金业已兵连祸结，所以蒙古对于西域，本来是无意于用兵的。

元太祖成吉思汗，一一六二年出生于蒙古，取名铁木真。一二〇六年春天建立大蒙古国，一 二二七年病卒于甘肃清水。元朝建立后，追尊为太祖。

但野蛮人所好的是奢侈享受，西域是文明发达之地，通商往来，自为其所欢迎；而商人好利，自亦无孔不入。成吉思汗乃因商人以修好于花剌子模，花剌子模王亦已允许。然花剌子模的军队多数系康里人，王母亦康里人，因之作威作福，花剌子模王不能制。锡尔河滨的讹打剌城，为东西交通孔道，城主为王母之弟，蒙古人随商人西行的，一行共有四百多人，都被他认为奸细，捉起来杀掉，只有一个人脱逃归报。成吉思汗大怒，遂以一二一九年西征，破花剌子模，其王辗转入里海小岛而死。王子奔哥疾宁，成吉思汗追破之，略印度北境而还。哲别、速不台别将绕里海，越高加索山，破西北诸部。钦察酋长奔阿罗思（Kiptchac，亦译奇卜察克。阿罗思，即俄罗斯），又追败之，平康里而还。成吉思汗的攻西域，本来是复仇之师，但因西域高度的物质文明，及其抵抗力的薄弱，遂引起蒙古人继续侵掠的欲望。太宗立，命诸王西征，再破钦察，入阿罗思，进规孛烈儿（即波兰），及马札剌（匈牙利），西抵威尼斯，是为蒙古西征最深入的一次，因太宗凶问至，乃班师。宪宗立，复遣弟旭烈兀西征，破木剌夷及报达［木剌夷（Mulahids），为天方教中之一派，在里海南岸］。西域至此略定。东北一带，自高句丽、百济灭亡后，新罗亦渐衰。唐末，复分为高丽、后百济及新罗三国，石晋初，尽并于高丽王氏。北宋之世，高丽曾和契丹构兵，颇受其侵略，然尚无大关系。自高句丽灭亡后，朝鲜半岛的北部，新罗控制之力，不甚完全；高丽亦未能尽力经营；女真逐渐侵入其地，是为近世满族发达的一个原因，金朝即以此兴起。完颜部本曾朝贡于高丽，至后来，则高丽反为所胁服，称臣奉贡。金末，契丹遗族和女真人在今辽、吉境内扰乱，蒙古兵追击，始和高丽相遇，因此引起冲突，至太宗时乃成和。此后高丽内政，遂时受蒙古人的干涉。有时甚至废其国号，而于其地立征东行省。元世祖时，中国既定，又要介高丽以招致日本。日本不听。世祖遂于一二七四、一二八一两年遣兵渡海东征。前一次损失还小。后一次因飓风将作，其将择坚舰先走，余众二十余万，尽为日本所虏，杀蒙古人、高丽人、汉人，而以南人为奴隶，其败绩可谓残酷了。世祖欲图再举，因有事于安南，遂不果。蒙古西南的侵略，是开始于宪宗时的。世祖自今青海之地入西藏，遂入云南，灭大理（即南诏），自将北还，而留兵续向南方侵略。此时后印度半岛之地，安南已独立为国，其南，今柬埔寨之地为占城，蒲甘河附近则有缅国。元兵侵入安南和占城，其人都不服。一二八四、一二八五、一二八七三年，三次发兵南征，因天时地利的不宜，始终不甚得利。其在南洋，则曾一度用兵于爪哇。此外被招致来朝的共有十国，都是今南洋群岛和印度沿岸之地。（《元史》云当时海外诸国，以俱蓝、马八儿为纲维，这两国，该是诸国中最大的。马八儿，即今印度的马拉巴尔。俱蓝为其后障，当在马拉巴尔附近。）自成吉思汗崛起，至世祖灭宋，共历一百一十二年，而蒙古的武功，臻于极盛。其人的勇于战斗；征服各地方后，亦颇长于统治（如不干涉各国的信教自由，即其一端）；自有足称。但其大部分成功的原因，则仍在此时别些个大国，都适值衰颓，而乏抵抗的能力，其中尤其主要的，就是中国和大食帝国；又有一部分人，反为其所用，如蒙古西征时附从的诸部族便是，所以我说他是适值天幸。

中国和亚、欧、非三洲之交的地中海沿岸，是世界上两个重要的文明起源之地。这两个区域的文明，被亚洲中部和南部的山岭，和北方的荒凉阻隔住了。欧洲文明的东渐，大约以希腊人的东迁为最早。汉通西域时所接触的西方文化，就都是希腊人所传播、所留遗。其后罗马兴，东边的境界，仍为东西文化接触之地。至罗马之北境为蛮族所据而中衰。大食兴，在地理上，拥有超过罗马的大版图，在文化上，亦能继承希腊的遗绪。西方的文化，因此而东渐，东方的文化，因此而西行者不少。但主要的是由于海路，至蒙古兴，而欧西和东方的陆路才开通。其时西方的商人，有经中央亚细亚、天山南路到蒙古来的，亦有从西伯利亚南部经天山北路而来的。基督教国亦派有使节东来。而意大利人马可·波罗（Marco Polo），居中国凡三十年，归而以其所见，著成游记，给予西方人以东方地理上较确实的知识，且引起其好奇心，亦为近世西力东侵的一个张本。

如此广大的疆域，自非一个大汗所能直接统治；况且野蛮人的征服，其意义原是掠夺，封建制度自然要随之而兴。蒙古的制度，宗室、外戚、功臣，是各有分地的，而以成吉思汗的四个儿子为最大。当时的分封，大约他的长子术赤，所得的是花剌子模和康里、钦察之地；次子太宗，所得的是乃蛮之地；三子察合台，所得的是西辽之地；而和林旧业，则依蒙古人幼子守灶之习，归于其季子拖雷。（此据据日本那珂通世说，见其所注《成吉思汗实录》，此书即《元秘史》的日译本。）其后西北一带，术赤之子拔都为其共主，而西南的平定，则功出于拖雷之子旭烈兀，其后裔世君其地。此即所谓阿阔台、察合台、钦察、伊儿四个汗国［阿阔台之后称 Km. of Ogotai，亦称 Naiman（乃蛮）。察合台之后称 Km. of Tchagatai。拔都之后称 Km. of Kiptchac，亦称 Golden Horde。旭烈兀之后称 Km.of lran］。而分裂即起于其间。蒙古的汗，本来是由诸部族公推的，到后来还是如此。每当大汗逝世之后，即由宗王、驸马和管兵的官，开一个大会（蒙古语为“忽力而台”），议定应继承汗位的人。太祖之妻孛儿帖，曾给蔑儿乞人掳去，后太祖联合与部把她抢回，就生了术赤。他的兄弟，心疑他是蔑儿乞种，有些歧视他，所以他西征之后，一去不归，实可称为蒙古的泰伯。太祖死时，曾有命太宗承继之说，所以大会未有异议。太宗死后，其后人和拖雷的后人，就有争夺之意。定宗幸获继立，而身弱多病，未久即死。拖雷之子宪宗被推戴。太宗后人，另谋拥戴失烈门，为宪宗所杀，并夺去太宗后王的兵柄。蒙古的内争，于是开始。宪宗死后，争夺复起于拖雷后人之间。宪宗时，曾命阿里不哥统治漠北，世祖统治漠南。宪宗死后，世祖不待大会的推戴而自立，阿里不哥亦自立于漠北，为世祖所败，而太宗之子海都自立于西北，察合台、钦察两汗国都附和他。伊儿汗国虽附世祖，却在地势上被隔绝了。终世祖之世不能定。直到一三一〇年，海都之子才来归降。然自海都之叛，蒙古大汗的号令，就不能行于全帝国，此时亦不能恢复了。所以蒙古可说是至世祖时而臻于极盛，亦可说自世祖时而开始衰颓。

- 太祖铁木真即成吉思汗
  - 术赤
  - 太宗阿阔台
    - 定宗贵由
    - 失烈门
    - 海都
  - 察合台
  - 拖雷
    - 宪宗蒙哥
    - 世祖忽必烈
    - 阿里不哥

第十七章　汉族的光复事业

辽、金、元三朝，立国的情形，各有不同。契丹虽然占据了中国的一部分，然其立国之本，始终寄于部族，和汉人并未发生深切的关系。金朝所侵占的重要之地，唯有中国。他的故土和他固有的部族、文化尚未发展，虽可借其贫瘠而好掠夺的欲望，及因其进化之浅，社会组织简单，内部矛盾较少，因而以诚朴之气、勇敢之风，能够崛起于一时，然究不能据女真之地，用女真之人，以建立一个大国。所以从海陵迁都以后，他国家的生命，已经寄托在他所侵占的中国的土地上了。所以他压迫汉人较甚，而其了解汉人却亦较深。至蒙古，则所征服之地极广，中国不过是其一部分。虽然从元世祖以后，大帝国业已瓦解，所谓元朝者，其生命亦已寄托于中国，然自以为是一个极大的帝国，看了中国，不过是其所占据的地方的一部分的观念，始终未能改变。所以对于中国，并不能十分了解，试看元朝诸帝，多不通汉文及汉语可知。元朝诸帝，唯世祖较为聪明，所用的汉人和西域人较多，亦颇能厘定治法。此后则唯仁宗在位较久，政治亦较清明。其余诸帝，大抵荒淫愚昧。这个和其继嗣之争，亦颇有关系。因为元朝在世祖之时，北边尚颇紧急。成宗和武宗，都是统兵在北边防御，因而得立的。武宗即位之前，曾由仁宗摄位，所以即位之后，不得不立仁宗为太子。因此引起英宗之后泰定、天顺两帝间的争乱。文宗死后，又引起燕帖木儿的专权。（时海都之乱未定，成宗和武宗都是统兵以防北边的。世祖之死，伯颜以宿将重臣，归附成宗，所以未有争议。成宗之死，皇后伯岳吾氏想立安西王。右丞相哈剌哈孙使迎仁宗监国，以待武宗之至。武宗至，弑伯岳吾后，杀安西王而自立，以仁宗为太子。仁宗既立，立英宗为太子，而出明宗于云南，其臣奉之奔阿尔泰山。英宗传子泰定帝，死于上都。子天顺帝，即在上都即位。签书枢密院事燕帖木儿，为武宗旧臣，胁大都百官，迎立武宗之子，因明宗在远，先迎文宗监国，发兵陷上都，天顺帝不知所终。明宗至漠南，即位。文宗入见，明宗暴死。文宗后来心上觉得不安，遗令必立明宗之子，而燕帖木儿不肯。文宗皇后翁吉剌氏，坚持文宗的遗命，于是迎立宁宗，数月而死，再迎顺帝。顺帝的年纪却比宁宗大些了，燕帖木儿又坚持，顺帝虽至，不得即位。会燕帖木儿死，问题乃得解决。顺帝既立，追治明宗死事，翁吉剌后和其子燕帖古思都被流放到高丽，死在路上。元入中国后的继嗣之争，大略如此。）中央的变乱频仍，自然说不到求治，而最后又得一个荒淫的顺帝，胡无百年之运，客星据坐，自然不能持久了。元世祖所创立的治法，是专以防制汉人为务的。试看其设立行省及行御史台；将边徼襟喉之地，分封诸王；遣蒙古军及探马赤军分守河、洛、山东；分派世袭的万户府，屯驻各处；及因重用蒙古、色目人而轻视汉人可知。这是从立法方面说。从行政方面说，则厚敛人民，以奉宗王、妃、主；纵容诸将，使其掠人为奴婢；选法混乱，贪黩公行；而且迷信喇嘛教，佛事所费，既已不赀，还要听其在民间骚扰。可谓无一善政。所以仍能占据中国数十年，则因中国社会，自有其深根宁极之理，并非政治现象所能彻底扰乱，所以他以异族入据中原，虽为人心所不服，亦不得不隐忍以待时。到顺帝时，政治既乱，而又时有水旱偏灾，草泽的英雄，就要乘机而起了。

（五）世祖
- 大子真金
  - □——（十）泰定帝——（十一）天顺帝
  - □
    - ——（七）武宗——
      - （十二）明宗
        - （十五）顺帝
        - （十四）宁宗
      - （十三）文宗—燕帖古思
    - ——（八）仁宗——（九）英宗
  - （六）成宗
- 安西王

“举世无人识，终年独自行。海中擎日出，天外唤风生。”（郑所南先生诗语。所南先生名思肖，工画兰，宋亡后，画兰皆不画土，人或问之，则曰：“土为番人夺去，汝不知耶？”著有《心史》，藏之铁函，明季乃于吴中承天寺井中得之。其书语语沉痛，为民族主义放出万丈的光焰。清朝的士大夫读之，不知自愧，反诬为伪造，真可谓全无心肝了。）表面上的平静是靠不住的，爆发的种子，正潜伏在不见不闻之处。这不见不闻之处是哪里呢？这便在各人的心上。昔人说：“雪大耻，复大仇，皆以心之力。”（龚自珍文中语。）文官投降了，武官解甲了，大多数的人民，虽然不服，苦于不问政治久了，一时团结不起来。时乎时乎？七年之病，求三年之艾，乃将一颗革命的种子，广播潜藏于人民唯一的组织，即所谓江湖豪侠的社会之中，这是近世史上的一件大事。明亡以后之事，为众所周知，然其事实不始于明亡以后，不过年深月久，事迹已陈，这种社会中，又没有记载，其事遂在若存若亡之间罢了。元朝到顺帝之世，反抗政府的，就纷纷而起。其中较大的是：台州的方国珍（今浙江临海县），徐州的李二，湖北的徐寿辉，濠州的郭子兴（今安徽凤阳县），高邮的张士诚（后迁平江，今江苏吴县）。而刘福通以白莲教徒，起于安丰（今安徽寿县），奉其教主之子韩林儿为主。白莲教是被近代的人看作邪教的，然其起始绝非邪教，试看其在当时，首举北伐的义旗可知。元朝当日，政治紊乱。宰相脱脱之弟也先帖木儿，当征讨之任，连年无功，后来反大溃于沙河（今河南遂平、确山、泌阳境上的沙河店），军资丧失殆尽。脱脱觉得不好，自将大军出征。打破了李二，围张士诚，未克，而为异党排挤以去。南方群雄争持，元朝就不能过问。一三八五年，刘福通分兵三道：一军入山、陕，一军入山东，自奉韩林儿复开封。此时元朝方面，亦有两个人出来替它挣扎。那便是察罕帖木儿和李思齐。他们是在河南起兵帮助元朝的，此时因陕西行省的求援，先入陕解围，又移兵山东，把刘福通所派的兵围困起来。刘福通的将遣人把察罕刺死，其子库库帖木儿代总其兵，到底把敌兵打败，刘福通和韩林儿走回安丰，后为张士诚所灭。然其打山西的一支兵，还从上都直打到辽东（今多伦县，元世祖自立于此，建为上都，而称今北平为大都），然后被消灭。军行数千里，如入无人之境，亦可谓虽败犹荣了。

首事的虽终于无成，然继起的则业已养成气力。明太祖初起时，本来是附随郭子兴的，后来别为一军，渡江取集庆（今南京，元集庆路）。时徐寿辉为其将陈友谅所杀，陈据江西、湖北，势颇强盛（寿辉将明玉珍据四川自立，传子昇，为明太祖所灭），后为太祖所灭。太祖又降方国珍，破张士诚，几乎全据了长江流域。而元朝是时，复起内乱。其时库库帖木儿据冀宁（元冀宁路，治今山西阳曲县），孛罗帖木儿据大同，孛罗想兼据晋冀，以裕军食，两人因此相争。顺帝次后奇氏，高丽人，生子爱猷识理达腊，立为太子。太子和奇后，阴谋内禅。是时高丽人自宫到元朝来充当内监的很多，奇后宫中，自更不乏，而朴不花最得信任。宰相搠思监，就是走朴不花的门路得位的。他和御史大夫老的沙不协，因太子言于顺帝，免其职。老的沙逃奔大同，托庇于孛罗。搠思监诬孛罗谋反。孛罗就真个反叛，举兵犯阙，把搠思监和朴不花都杀掉。太子投奔库库。库库兴兵送太子还京，孛罗已被顺帝遣人刺死。太子欲使库库以兵力胁迫顺帝内禅，库库不肯。时顺帝封库库为河南王，使其总统诸军，平定南方。李思齐因与察罕同起兵，不愿受库库节制，陕西参政张良弼，亦和库库不协，两人联兵攻库库。太子乘机叫顺帝下诏，削掉库库的官爵，使太子统兵讨之，北方大乱。“天道好还，中国有必伸之理，人心效顺，匹夫无不报之仇。”（太祖讨胡檄中语。）一三六八年，明太祖命徐达、常遇春两道北伐。徐达平河南，常遇春下山东，会师德州（今山东德县），北扼直沽。顺帝走上都。太祖使徐达下太原，乘胜定秦、陇，库库帖木儿奔和林（和林城，太宗所建，今之额尔德尼召，是其遗址）。常遇春攻上都，顺帝再奔应昌（城名，在达里泊旁，为元外戚翁吉剌氏之地）。一三七〇年，顺帝死，明兵再出，爱猷识理达腊亦奔和林，不久便死，子脱古思帖木儿嗣。一三八七年，太祖使蓝玉平辽东，乘胜袭破脱古思帖木儿于捕鱼海（今达里泊），脱古思帖木儿北走，为其下所杀。其后五传皆被弑，蒙古大汗的统系遂绝。元宗室分封在内地的亦多降，唯梁王把匝剌瓦尔密据云南不服，一三八一年，亦为太祖所灭。中原之地，就无元人的遗孽了。自一二七九年元朝灭宋，至一三六八年顺帝北走，凡八十九年。

第十八章　明朝的盛衰

明太祖起于草泽，而能戡定群雄，其才不可谓不雄。他虽然起于草泽，亦颇能了解政治，所定的学校、科举、赋役之法，皆为清代所沿袭，行之凡六百年。卫所之制，后来虽不能无弊，然推原其立法之始，亦确是一种很完整的制度，能不烦民力，而造成多而且强的军队。所以明朝开国的规模，并不能算不宏远。只可惜他私心太重：废宰相，使朝无重臣，至后世，权遂入于阉宦之手；重任公侯伯的子孙，开军政腐败之端；他用刑本来严酷，又立锦衣卫，使司侦缉事务，至后世，东厂、西厂、内厂遂纷纷而起。（东厂成祖所设，西厂设于宪宗时，内厂设于武宗时，皆以内监领其事。）这都不能不归咎于诒谋之不臧。其封建诸子于各地，则直接引起了靖难之变。

明初的边防，规模亦是颇为宏远的。俯瞰蒙古的开平卫，即设于元之上都。其后大宁路来降，又就其地设泰宁、朵颜、福余三卫。泰宁在今热河东部，朵颜在吉林之北，福余则在农安附近。所以明初对东北，威棱远澹。其极盛时的奴儿干都司，设于黑龙江口，现在的库页岛，亦受管辖。（《明会典》卷一〇九：永乐七年，设奴儿干都司于黑龙江口。清曹廷杰《西伯利亚东偏纪要》说：庙尔以上二百五十余里，混同江东岸特林地方，有两座碑：一刻《敕建永宁寺记》，一刻《宣德六年重建永宁寺记》，均系太监亦失哈述征服奴儿干和海中苦夷之事。苦夷即库页。宣德为宣宗年号，宣德六年，为西元一四三一年。）但太祖建都南京，对于北边的控制，是不甚便利的。成祖既篡建文帝，即移都北京。对于北方的控制，本可更形便利。确实，他亦曾屡次出征，打破鞑靼和瓦剌。但当他初起兵时，怕节制三卫的宁王权要袭其后，把他诱执，而将大宁都司自今平泉县境迁徙到保定。于是三卫之地，入于兀良哈，开平卫势孤。成祖死后，子仁宗立，仅一年而死。子宣宗继之，遂徙开平卫于独石口。从此以后，宣大就成为极边了。距离明初的攻克开平，逐去元顺帝，不过六十年。明初的经略，还不仅对于北方。安南从五代时离中国独立，成祖于一四〇六年，因其内乱，将其征服，于其地设立交趾布政使司，同于内地。他又遣中官郑和下南洋，前后凡七次。其事在一四〇五至一四三三年之间，早于欧人的东航有好几十年。据近人的考究：郑和当日的航路，实自南海入印度洋，达波斯湾及红海，且拂非洲的东北岸，其所至亦可谓远了。史家或说：成祖此举，是疑心建文帝亡匿海外，所以派人去寻求的。这话臆度而不中情实。建文帝即使亡匿海外，在当日的情势下，又何能为？试读《明史》的外国传，则见当太祖时，对于西域，使节所至即颇远。可见明初的外交，是有意沿袭元代的规模的。但是明朝立国的规模，和元朝不同。所以元亡明兴，西域人来者即渐少。又好勤远略，是和从前政治上的情势不相容的，所以虽有好大喜功之主，其事亦不能持久。从仁宗以后，就没有这种举动了。南方距中国远，该地方的货物，到中原即成为异物，价值很贵；又距离既远，为政府管束所不及，所以宦其地者率多贪污，这是历代如此的。明朝取安南后，还是如此。其时中官奉使的多，横暴太甚，安南屡次背叛。宣宗立，即弃之。此事在一四二七年，安南重隶中国的版图，不过二十二年而已。自郑和下南洋之后，中国对于南方的航行，更为熟悉，华人移殖海外的渐多。近代的南洋，华人实成为其地的主要民族，其发端实在此时。然此亦是社会自然的发展，得政治的助力很小。

明代政治的败坏，实始于成祖时。其（一）为用刑的残酷，其（二）为宦官的专权，而两事亦互相依倚。太祖定制，内侍本不许读书。成祖反叛时，得内监为内应，始选官入内教习；又使在京营为监军，随诸将出镇；又设立东厂，使司侦缉之事。宦官之势骤盛。宣宗崩，英宗立，年幼，宠太监王振。其时瓦剌强，杀鞑靼酋长，又胁服兀良哈。一四四九年，其酋长也先入寇。王振贸然怂恿英宗亲征，至大同，知兵势不敌，还师。为敌军追及于土木堡，英宗北狩。朝臣徐有贞等主张迁都，于谦力主守御，奉英宗之弟景帝监国，旋即位。也先入寇，谦任总兵，石亨等力战御之。也先攻京城，不能克，后屡寇边，又不得利，乃奉英宗归。大凡敌兵入寇，京城危急之时，迁都与否，要看情势而定。敌兵强，非坚守所能捍御，而中央政府，为一国政治的中心，失陷了，则全国的政治，一时要陷于混乱，则宜退守一可据的据点，徐图整顿。

在这情势之下，误执古代国君死社稷之义，不肯迁都，是要误事的，崇祯的已事，是其殷鉴。若敌兵实不甚强，则坚守京城，可以振人心而作士气，一移动，一部分的国土就要受敌兵蹂躏，损失多而事势亦扩大了。瓦剌在当日，形势实不甚强，所以于谦的主守，不能不谓之得计。然徐有贞因此内惭，石亨又以赏薄怨望，遂结内监曹吉祥等，乘景帝卧病，闯入宫中，迎英宗复辟，是为“夺门”之变。于谦被杀。英宗复辟后，亦无善政。传子宪宗，宠太监汪直。宪宗传孝宗，政治较称清明。孝宗传武宗，又宠太监刘瑾，这不能不说是成祖恶政的流毒了。明自中叶以后，又出了三个昏君。其（一）是武宗的荒淫。其（二）是世宗的昏愦。其（三）是神宗的怠荒。明事遂陷于不可收拾之局。武宗初宠刘瑾，后瑾伏诛，又宠大同游击江彬，导之出游北边。封于南昌的宁王宸濠，乘机作乱，为南赣巡抚王守仁所讨平，武宗又借以为名，出游江南而还。其时山东、畿南群盗大起，后来幸获敉平，只可算得侥幸。武宗无子，世宗以外藩入继，驭宦官颇严，内监的不敢恣肆，是无过于世宗时的，但其性质严而不明，中年又好神仙，日事斋醮，不问政事。严嵩因之，故激其怒，以入人罪，而窃握大权，政事遂至大坏。其时倭寇大起，沿海七省，无一不被其患，甚至沿江深入，直抵南京。北边自也先死后，瓦剌复衰，鞑靼部落入据河套，谓之“套寇”。明朝迄无善策。至世宗时，成吉思汗后裔达延汗复兴，击败套寇，统一蒙古。达延汗四子，长子早死。达延汗自与其嫡孙卜赤徙牧近长城，称为插汉儿部，就是现在的察哈尔部。次子为套寇所杀。三子系征服套寇的，有二子：一为今鄂尔多斯部之祖，亦早死。一为阿勒坦汗，《明史》称为俺答，为土默特部之祖。第四子留居漠北，则为喀尔喀三部之祖（车臣、土谢图、札萨克图，其三音诺颜系清时增设）。自达延汗以后，蒙古遂成今日的形势了，所以达延汗亦可称为中兴蒙古的伟人。俺答为边患是最深的，世宗时，曾三次入犯京畿。有一次，京城外火光烛天，严嵩竟骗世宗是民家失火，其蒙蔽，亦可谓骇人听闻了。世宗崩，穆宗立，未久而死。神宗立，年幼，张居正为相。此为明朝中兴的一个好机会。当穆宗时，俺答因其孙为中国所得，来降，受封为顺义王，不复为边患。插汉儿部强盛，高拱为相，任李成梁守辽东，戚继光守蓟镇以敌之。成梁善战，继光善守，张居正相神宗，益推心任用此二人，东北边亦获安静。明朝政治，久苦因循。张居正则能行严肃的官僚政治，下一纸书，万里之外，无敢不奉行唯谨者，所以吏治大有起色。百孔千疮的财政，整理后亦见充实。惜乎居正为相不过十年，死后神宗亲政，又复昏乱。他不视朝至于二十余年。群臣都结党相攻。其时无锡顾宪成，居东林书院讲学，喜欢议论时政，于是朝廷上的私党，和民间的清议，渐至纠结而不可分。神宗信任中官，使其到各省去开矿，名为开矿，实则借此索诈，又在穷乡僻壤设立税使，骚扰无所不至。日本丰臣秀吉犯朝鲜，明朝发大兵数十万以援之，相持凡七年，并不能却敌，到秀吉死，日本兵才自退。神宗死后，熹宗继之，信任宦官魏忠贤，其专横又为前此所未有。统计明朝之事，自武宗以后，即已大坏，而其中世宗、神宗，均在位甚久。武宗即位，在一五〇六年，熹宗之死，在一六二七年，此一百二十二年之中，内忧外患，迭起交乘，明事已成不可收拾之局。思宗立，虽有志于振作，而已无能为力了。

第十九章　明清的兴亡

文化是有传播的性质的，而其传播的路线，往往甚为纡曲。辽东、西自西元前四世纪，即成为中国的郡县，因其距中原较远，长驾远驭之力，有所不及，所以中国的政治势力，未能充分向北展拓，自吉林以东北，历代皆仅等诸羁縻。其地地质虽极肥沃，而稍苦寒；又北方扰攘时多，自河北经热河东北出之道，又往往为游牧民族所阻隔，所以中国民族，亦未能盛向东北拓殖。在这一个区域中，以松花江流域为最肥沃，其地距朝鲜甚近，中国的文化，乃从朝鲜绕了一个圈儿，以间接开化其地的女真民族。渤海、金、清的勃兴，都是如此。

清朝的祖先，据他们自己说，是什么天女所生的，这一望而知其为有意造作的神话。据近人所考究，明时女真之地，凡分三卫：曰海西卫，自今辽宁的西北境，延及吉林的西部；曰野人卫，地在吉、黑的东偏；曰建州卫，则在长白山附近。海西卫为清人所谓扈伦部，野人卫清人谓之东海部，建州卫则包括满洲长白山西部。清朝真正的祖先，所谓肇祖都督孟特穆，就是一四一二年受职为建州卫指挥使的猛哥帖木儿（明人所授指挥使，清人则称为都督。孟特穆为孟哥帖木儿异译），其初曾入贡受职于朝鲜的李朝的，后为七姓野人所杀。其时的建州卫，还在朝鲜会宁府河谷。弟凡察立，迁居佟家江。后猛哥帖木儿之子董山，出而与凡察争袭。明朝乃分建州为左右两卫，以董山为左卫指挥使，凡察为右卫指挥使。董山渐跋扈，明朝檄致广宁诛之。部下拥其子脱罗扰边（《清实录》作妥罗，为肇祖之孙。其弟曰锡宝斋篇古。锡宝斋篇古之子曰兴祖都督福满，即景祖之父），声称报仇，但未久即寂然。自此左卫衰而右卫盛。右卫酋长王杲，居宽甸附近，为李成梁所破，奔扈伦部的哈达（叶赫在吉林西南，明人称为北关。哈达在开原北，明人称为南关）。

哈达执送成梁，成梁杀之。其子阿台，助叶赫攻哈达。满洲苏克苏浒部长尼堪外兰，为李成梁做向导，攻杀阿台。满洲酋长叫场，即清朝所谓景祖觉昌安，其子他失，则清朝所谓显祖塔克世，塔克世的儿子努尔哈赤，就是清朝的太祖了。阿台系景祖孙婿，阿台败时，清景、显二祖亦死。清太祖仍受封于明，后来起兵攻破尼堪外兰。尼堪外兰逃奔明边。明朝非但不能保护，反把他执付清太祖。且开抚顺、清河、宽甸、叆阳四关，和他互市。自此满洲人得以沐浴中国的文化，且借互市以润泽其经济，其势渐强。先服满洲诸部。扈伦、长白山诸部联合蒙古的科尔沁部来攻，清太祖败之，威声且达蒙古东部。又合叶赫灭哈达。至一六一六年，遂叛明。

康熙皇帝（爱新觉罗•玄烨，一六五四年至一七二二年），大清圣祖仁皇帝，清朝第四位皇帝，为中国历史上的最成功的帝王之一。重要政绩有：除鳌拜；平定三藩；收复台湾；讨伐准格尔部噶尔丹；组织人员整理编辑《康熙字典》和《全唐诗》。

时值明神宗之世。以杨镐为经略，发大兵二十万，分四路东征，三路皆败。满洲遂陷铁岭，灭叶赫。明以熊廷弼为经略。廷弼颇有才能，明顾旋罢之，代以袁应泰。应泰有吏才，无将略，辽、沈遂陷。清太祖初自今之长白县（清之兴京，其地本名赫图阿拉），迁居辽阳，后又迁居沈阳。明朝再起熊廷弼，又为广宁巡抚王化贞所掣肘。化贞兵败，辽西地多陷。明朝逮二人俱论死。旋得袁崇焕力守宁远。一六二六年，清太祖攻之，受伤而死。子太宗立，因朝鲜归心于明，屡犄满洲之后，太宗乃先把朝鲜征服了，还兵攻宁远、锦州，又大败。清人是时，正值方兴之势，自非一日可以削平，然其力亦并不能进取辽西。倘使明朝能任用如袁崇焕等人物，与之持久，辽东必可徐图恢复的，辽西更不必说了，若说要打进山海关，那简直是梦想。

所谓流寇，是无一定的根据地，窜扰到哪里，裹胁到哪里的。中国疆域广大，一部分的天灾人祸，影响不到全国，局部的动乱，势亦不能牵动全国，只有当社会极度不安时，才会酿成如火燎原之势，而明季便是其时了。明末的流寇，是以一六二八年起于陕西的，正值思宗的元年。旋流入山西，又流入河北，蔓延于四川、湖广之境。以李自成和张献忠为两个最大的首领。献忠系粗才，一味好杀，自成则颇有大略。清太宗既不得志于辽西，乃自喜峰口入长城，犯畿甸。袁崇焕闻之，亦兼程入援。两军相持，未分胜负。明思宗之为人，严而不明，果于诛杀。先是袁崇焕因皮岛守将毛文龙跋扈（皮岛，今图作海洋岛），将其诛戮，思宗疑之而未发。及是，遂信清人反间之计，把崇焕下狱杀掉，于是长城自坏。此事在一六二九年。至一六四〇年，清人大举攻锦州。蓟辽总督洪承畴往援，战败，入松山固守。明年，松山陷，承畴降清。先是毛文龙死后，其将孔有德、耿仲明降清，引清兵攻陷广鹿岛（今图或作光禄岛），守将尚可喜亦降。清当太祖时，尚无意于入据中原，专发挥其仇视汉人的观念，得儒士辄杀，得平民则给满洲人为奴。太宗始变计抚用汉人，尤其优待一班降将。洪承畴等遂不恤背弃祖国，为之效力。于是政治军事的形势，又渐变了。但明兵坚守了山海关，清兵还无力攻陷。虽然屡次绕道长城各口，蹂躏畿甸，南及山东，毕竟不敢久留，不过明朝剿流寇的兵，时被其牵制而已。一六四三年，李自成陷西安。明年，在其地称帝。东陷太原，分兵出真定（今河北正定县），自陷大同、宣府，入居庸关。北京不守，思宗殉国于煤山。山海关守将吴三桂入援，至丰润，京城已陷。自成招三桂降，三桂业经允许了。旋闻爱妾陈沅被掠，大怒，遂走关外降清。“痛哭六军皆缟素，冲冠一怒为红颜”，民族战争时唯一重要的据点，竟因此兵不血刃而失陷，武人不知礼义的危险，真令人言之而色变了。

时清太宗已死，子世祖继立，年幼，叔父睿亲王多尔衮摄政，正在关外略地，闻三桂来降，大喜，疾趋受之。李自成战败，奔回陕西，清人遂移都北京。明人立神宗之孙福王由崧于南京，是为弘光帝。清人这时候，原只望占据北京，并不敢想全吞中国，所以五月三日入京，四日下令强迫人民剃发，到二十四日，即又将此令取消。而其传檄南方，亦说：“明朝嫡胤无遗，用移大清，宅此北土，其不忘明室，辅立贤藩，戮力同心，共保江左，理亦宜然，予所不禁。”但弘光帝之立，是靠着凤阳总督马士英的兵力做背景的。士英遂引阉党阮大铖入阁，排去史可法。弘光帝又荒淫无度。清朝乃先定河南、山东，又分兵两道入关，李自成走死湖北。清人即移兵以攻江南。明朝诸将，心力不齐，史可法殉国于扬州，南京不守，弘光帝遂北狩，时在一六四五年。清朝既定江南，乃下令强迫人民剃发。当时有“留头不留发，留发不留头”之谚，其执行的严厉可想。此举是所以摧挫中国的民气的，其用意极为深刻酷毒。缘中国地大而人众，政治向主放任，人民和当地的政府关系已浅，和中央政府，则几于毫无直接关系，所以朝代的移易，往往刺激不动人民的感情。至于衣服装饰，虽然看似无关紧要，然而习俗相沿，就是一种文化的表征，用兵力侵略的异族，强使故有的民族，弃其旧有的服饰而仿效自己，就不啻摧毁其文化，而且强替他加上一种屈服的标识。这无怪当日的人民要奋起而反抗了。但是人民无组织的久了，临时的集合，如何能敌得久经征战的军队？所以当日的江南民兵，大都不久即败。南部亡后，明之遗臣，或奉鲁王以海监国绍兴，或奉唐王聿键正位福州，是为隆武帝。清人遣吴三桂陷四川，张献忠败死。别一军下江南，鲁王败走舟山。清兵遂入福建，隆武帝亦殉国。时为一六四七年。

西南之地，向来和大局是无甚关系的，龙拏虎攫，总在黄河、长江两流域，到明季情形却又不同了。长江以南，以湘江流域开辟为最早。汉时，杂居诸异族，即已大略同化。其资、沅、澧三水流域，则是隋、唐、北宋之世，逐渐开辟的。一四一三年，当明成祖之世，贵州之地，始列为布政司。其后水西的安氏，水东的宋氏，播州的杨氏（水西、水东，系分辖贵阳附近新土司的。播州，今遵义县），亦屡烦兵力，然后戡定。而广西桂林的古田，平乐的府江，浔州的大藤峡，梧州的岑溪，明朝亦费掉很大的兵力。云南地方，自唐时，大理独立为国，到元朝才把它灭掉。其时云南的学校，还不知崇祀孔子，而崇祀晋朝的王羲之，货币则所用的是海肥。全省大都用土官，就正印是流官的，亦必以土官为之副。但自元朝创立土司制度以来，而我族所以管理西南诸族的，又进一步。其制：异族酋长归顺的，我都授以某某司的名目，如宣慰司、招讨司之类，此之谓土司。有反叛、虐民，或自相攻击的，则用政治手腕或兵力戡定，改派中国人治理其地，此之谓改土归流。明朝一朝，西南诸省，逐渐改流的不少，政治势力和人民的拓殖，都大有进步。所以到明末，已可用为抗敌的根据地。隆武帝亡后，明人立其弟聿锲于广州，旋为叛将李成栋所破。神宗之孙桂王由榔即位肇庆，是为永历帝，亦为成栋所迫，退至桂林。清又使降将孔有德、尚可喜、耿仲明下湖南，金声桓下江西。声桓、成栋旋反正。明兵乘机复湖南，川南、川东亦来归附。桂王一时曾有两广、云、贵、江西、湖南、四川七省之地，然声桓、成栋都系反复之徒，并无能力，不久即败。湖南亦复失。清兵且进陷桂林。永历帝逃到南宁，遣使封张献忠的余党孙可望为秦王。可望虽不过流寇，然其军队久经战阵，战斗力毕竟要强些。可望乃使其党刘文秀攻四川，吴三桂败走汉中。李定国攻桂林，孔有德伏诛。清朝乃派洪承畴守长沙，尚可喜守广东，又派兵驻扎保宁，以守川北，无意于进取了。而永历帝因可望跋扈，密召李定国，可望攻定国，大败，复降清。洪承畴因之请大举。一六五八年，清兵分三道入滇。定国扼北盘江力战，不能敌，乃奉永历帝走腾越，而伏精兵，大败清之追兵于高黎贡山。清兵乃还。定国旋奉永历帝入缅甸。一六六一年，吴三桂发大兵十万出边。缅甸人乃奉永历帝入三桂军，明年，被弑。明亡。当永历帝入缅时，刘文秀已前卒。定国和其党白文选崎岖缅甸，欲图恢复，卒皆赍志以终。定国等虽初为寇盗，而其晚节能效忠于国家、民族如此，真可使洪承畴、吴三桂等一班人愧死了。

汉族在大陆上虽已无根据地，然天南片土，还有保存着上国的衣冠的，是为郑成功。郑成功为郑芝龙的儿子。芝龙本系海盗，受明招安的。清兵入闽时，芝龙阴行通款，以致隆武帝败亡。成功却不肯叛国，退据厦门，练兵造船，为兴复之计。鲁王被清兵所袭，失去舟山，也是到厦门去依靠他的。清兵入滇时，成功曾大举入江，直迫江宁。后从荷兰人之手，夺取台湾，务农，训兵，定法律，设学校，俨然独立国的规模。清朝平定西南，所得的，本来全是降将之力，所以事定之后，清朝并不能直接统治。乃封尚可喜于广东，耿仲明之子继茂于福建，吴三桂于云南，是为三藩。三藩中，吴三桂功最高，兵亦最强。一六七三年，尚可喜因年老，将兵事交给其儿子之信，反为所制，请求撤藩，清人许之。三桂和耿继茂的儿子耿精忠不自安，亦请撤藩，以觇朝意。时清世祖已死，子圣祖在位，年少气盛，独断许之，三桂遂叛清。耿、尚二藩亦相继举兵。清朝在西南，本无实力，三桂一举兵，而贵州、湖南、四川、广西俱下。但三桂暮气不振，既不能弃滇北上；想自出应援陕西响应的兵，又不及；徒据湖南，和清兵相持；耿、尚二藩，本来是反复无常的，此时苦三桂征饷，又叛降清；三桂兵势遂日蹙。一六七八年，三桂称帝于衡州。旋死，诸将乖离，其孙世璠，遂于一六八一年为清人所灭。平定西南，已经出于意外了，如何再有余力，觊觎东南海外之地？所以清朝是时，已有和郑氏言和，听其不剃发，不易衣冠之意。但又是降将作祟。先是郑成功以一六六二年卒，子经袭，初和耿氏相攻，曾略得漳、泉之地。后并失厦门，退归台湾。其将施琅降清，清人用为提督。一六八一年，郑经卒，内部乖离。一六八三年，施琅渡海入台湾，郑氏亡。

第二十章　清代的盛衰

清朝的猾夏，是远较辽、金、元为甚的。这是因为女真民族，在渤海和金朝时，业已经过两度的开化，所以清朝初兴时，较诸辽、金、元，其程度已觉稍高了。当太宗时，已能任用汉人，且能译读《金世宗本纪》，戒谕臣下，勿得沾染华风。入关之后，圈占民地，给旗人住居，这也和金朝将猛安谋克户迁入中原，是一样的政策。他又命旗兵驻防各省，但多和汉人分城而居，一以免其倚势欺凌，挑起汉人的恶感，一亦防其与汉人同化。其尤较金人为刻毒的，则为把关东三省都封锁起来，禁止汉人移殖。他又和蒙古人结婚姻，而且表面上装作信奉喇嘛教，以联络蒙古的感情，而把蒙古也封锁起来，不许汉人移殖，这可称之为“联蒙制汉”政策。他的对待汉人，为前代异族所不敢行的，则为明目张胆，摧折汉人的民族性。从来开国的君主，对于前代的叛臣投降自己的，虽明知其为不忠不义之徒，然大抵把这一层抹杀不提，甚且还用些能知天命、志在救民等好看的话头，替他掩饰，这个可说是替降顺自己的人留些面子。清朝则不然。对于投顺他的人，特立贰臣的名目，把他的假面具都剥光了。康、雍、乾三朝，大兴文字之狱，以摧挫士气。乾隆时开四库馆，编辑四库全书，却借此大烧其书。从一七六三到一七八二年的二十年之中，共烧书二十四次，被烧掉的有五百三十八种，一万三千八百六十二部之多。不但关涉清朝的，即和辽、金、元等有关涉的，亦莫不加以毁灭。其不能毁灭的，则加以改窜。他岂不知，一手不能掩尽天下目？他所造作的东西，并不能使人相信？此等行为，更不能使人心服？不过肆其狠毒之气，一意孤行罢了。他又开博学鸿词科，设明史馆，以冀网罗明季的遗民。然被其招致的，全是二等以下的人物，真正有志节的，并没有入他彀中的啊。

从前的人民，对于政权，实在疏隔得太厉害了。所以当异族侵入的时候，民心虽然不服，也只得隐忍以待时，清初又是这时候了。从一六八三年台湾郑氏灭亡起，到一七九三年白莲教徒起兵和清朝反压为止，凡一百一十年，海内可说无大兵革。清圣祖的为人，颇为聪明，也颇能勤于政治；就世宗也还精明。他们是一个新兴的民族，其骄奢淫逸，比之历年已久的皇室，自然要好些。一切弊政，以明末为鉴，自然也有相当的改良。所以康、雍之世，政治还算清明，财政亦颇有余蓄。到乾隆时，虽然政治业已腐败，社会的元气，亦已暗中凋耗了，然表面上却还维持着一个盛况。

武功是时会之适然。中国的国情，是不适宜于向外侵略的。所以自统一以后，除秦、汉两朝，袭战国之余风，君主有好大喜功的性质，社会上亦有一部分人喜欢立功绝域外，其余都是守御之师。不过因了国力的充裕，所以只要（一）在我的政治相当清明，（二）在外又无方张的强敌，即足以因利乘便，威行万里。历代的武功，多是此种性质，而清朝亦又逢着这种幸运了。蒙古和西藏的民族，其先都是喜欢侵略的。自唐中叶后，喇嘛教输入吐蕃，而西藏人的性质遂渐变。明末，俺答的两个儿子侵入青海。其结果，转为青海地方的喇嘛教所征服，喇嘛教因此推行于蒙古，连蒙古人的性质，也渐趋向平和，这可说是近数百年来塞外情形的一个大转变。在清代，塞外的卫拉特部落较小，力量不足，卒为清人所摧破。这是清朝人的武功，所以能够煊赫一时的大原因。卫拉特即明代的瓦剌。当土木之变时，他的根据地本在东方。自蒙古复强，他即渐徙而西北。到清时，共分为四部：曰和硕特，居乌鲁木齐。曰准葛尔，居伊犁。曰杜尔伯特，居额尔齐斯河。曰土尔扈特，居塔尔巴哈台。西藏黄教的僧侣，是不许娶妻的。所以其高僧，世世以“呼毕勒罕”主持教务。达赖喇嘛是黄教之主宗喀巴的第一个大弟子，他在喇嘛教里，位置算是最高，然并不能亲理政务，政务都在一个称为“第巴”的官的手里。清圣祖时，第巴桑结，招和硕特的固始汗入藏，击杀了红教的护法藏巴汗，而奉宗喀巴的第二大弟子班禅入居札什伦布，是为达赖、班禅分主前后藏之始。和硕特自此徙牧青海，干涉西藏政权，桑结又恶之，招致准噶尔噶尔丹入藏，击杀了固始汗的儿子达颜汗。准噶尔先已摄服杜尔伯特，逐去土尔扈特，至此其势大张。一六八八年，越阿尔泰山攻击喀尔喀，三汗部众数十万，同时溃走漠南。清圣祖为之出兵击破噶尔丹。噶尔丹因伊犁旧地，为其兄子策妄阿布坦所据，无所归，自杀。阿尔泰山以东平。固始汗的曾孙拉藏汗杀掉桑结。策妄阿布坦派兵入藏，袭杀拉藏汗。圣祖又派兵将其击破。一七二二年，圣祖死，世宗立。固始汗之孙罗卜藏丹津煽动青海的喇嘛反叛，亦为清兵所破。此时卫拉特的乱势，可谓蔓延甚广，幸皆未获逞志，然清朝亦未能犁庭扫穴。直至一七五四年，策妄阿布坦之子噶尔丹策凌死，其部落内乱，清高宗才于一七五七年将其荡平。至于天山南路，则本系元朝察哈尔后王之地，为回教区域。元衰后，回教教主的后裔有入居喀什噶尔的，后遂握有南路政教之权。准部既平，教主的后裔大小和卓木（大和卓木名布罗尼特，小和卓木名霍集占）和清朝反抗，亦于一七五九年为清所破灭。清朝的武功，以此时为极盛。天山南北路既定，葱岭以西之国，敖罕、哈萨克、布鲁特、乾竺特、博罗尔、巴达克山、布哈尔、阿富汗等，都朝贡于清，仿佛唐朝盛时的规模。一七九二年，清朝又用兵于廓尔喀，将其征服，则其兵力又为唐时所未至。对于西南一隅，则清朝的武功，是掩耳盗铃的。当明初，中国西南的疆域，实还包括今伊洛瓦底江流域和萨尔温、眉公两江上游（看《明史·西南土司传》可知）。但中国对于西南，实力并不充足，所以安南暂合而复离，而缅甸亦卒独立为国。中国实力所及，西不过腾冲，南不越普洱，遂成为今日的境界了。一七六七年，清高宗因缅甸犯边，发兵征之败没。一七六九年，又派大兵再举，亦仅因其请和，许之而还。这时候，暹罗为缅甸所灭。后其遗臣中国人郑昭，起兵复国，传其养子郑华，以一七八六年受封于中国，缅甸怕中国和暹罗夹攻它，对中国才渐恭顺。安南之王黎氏，明中叶后为其臣莫氏所篡。清初复国，颇得其臣阮氏之力，而其臣郑氏，以国戚执政，阮氏与之不协，乃南据顺化，形同独立，后为西贡豪族阮氏所灭。是为新阮，而顺化之阮氏，则称旧阮。新阮既灭旧阮，又入东京灭郑氏，并废黎氏。黎氏遗臣告难中国。高宗于一七八八年为之出兵，击破新阮，复立黎氏。然旋为新阮所袭败，乃因新阮的请降，封之为王。总而言之，中国用兵于后印度，天时地利，是不甚相宜的，所以历代都无大功，到清朝还是如此。清朝用兵域外，虽不得利，然其在湘西、云、贵、四川各省，则颇能竟前代所未竟之功。在今湖南、贵州间，则开辟永顺、乾州、凤皇、永绥、松桃各府、厅，在云南，则将乌蒙、乌撒、东川、镇雄各土官改流（乌蒙，今云南昭通县。乌撒，今贵州威宁县）。在贵州，则平定以古州为中心的大苗疆（古州，今榕江县）。这都是明朝未竟的余绪。四川西北的大小金川（大金川，今理番县的绥靖屯。小金川，今懋功县），用兵凡五年，糜饷至七千万，可谓劳费已甚，然综合全局看起来，则于西南的开拓，仍有裨益。

清朝的衰机，可说是起于乾隆之世的。高宗性本奢侈，在位时六次南巡，耗费无艺。中岁后又任用和珅，贪渎为古今所无。官吏都不得不剥民以奉之，上司诛求于下属，下属虐取于人民，于是官方大坏。清朝历代的皇帝，都是颇能自握魁柄，不肯授权于臣下的。他以异族入主中原，汉族真有大志的人，本来未必帮他的忙。加以他们予智自雄，折辱大臣，摧挫言路，抑压士气，自然愈形孤立了。所以到乾、嘉之间，而局面遂一变。

第二十一章　中西初期的交涉

“世界是无一息不变的，人，因其感觉迟钝，或虽有感觉而行为濡滞之故，非到外界变动，积微成著，使其感觉困难时，不肯加以理会，设法应付，正和我们住的屋子，非到除夕不肯加以扫除，以致尘埃堆积，扫除时不得不大费其力一样。”中国自有信史以来，环境可说未曾大变。北方的游牧民族，凭恃武力，侵入我国的疆域之内是有的，但因其文化落后，并不能改变我们的生活方式，而且他还不得不弃其生活方式而从我，所以经过若干年之后，即为我们所同化。当其未被同化之时，因其人数甚少，其暴横和掠夺，也是有一个限度的，而且为时不能甚久。所以我们未曾认为是极大的问题，而根本改变我们的生活方式以应之。至于外国的文明，输入中国的，亦非无有。其中最亲切的，自然是印度的宗教。次之则希腊文明，播布于东方的，从中国陆路和西域交通，海路和西南洋交通以后，即有输入。其后大食的文明，输入中国的亦不少。但宗教究竟是上层建筑，生活的基础不变，说一种宗教，对于全社会真会有什么大影响，是不确的。所以佛教输入中国之后，并未能使中国人的生活印度化，反而佛教的本身，倒起了变化，以适应我们的生活了。其余的文明，无论其为物质的、精神的，对社会上所生的影响，更其“其细已甚”。所以中国虽然不断和外界接触，而其所受的外来的影响甚微。至近代欧西的文明，乃能改变生活的基础，而使我们的生活方式，不得不彻底起一个变化，我们应付的困难，就从此开始了。但前途放大光明、得大幸福的希望，亦即寄托在这个大变化上。

西人的东来，有海陆两路，而海路又分两路：（一）自大西洋向东行，于一五一六年绕过好望角，自此而至南洋、印度及中国。（二）自大西洋向西行，于一四九二年发见美洲，一五一九年环绕地球，其事都在明武宗之世。初期在海上占势力的是西、葡，后来英、荷继起，势力反驾乎其上。但其在中国，因葡萄牙人独占了澳门之故，势力仍能凌驾各国，这是明末的情形。清初，因与荷兰人有夹攻台湾郑氏之约，许其商船八年一到广东，然其势力，亦远非葡萄牙之敌。我们试将较旧的书翻阅，说及当时所谓洋务时，总是把“通商传教”四字并举的。的确，我们初期和西洋人的接触，不外乎这两件事。通商本两利之道，但这时候的输出入品，还带有奢侈性质，并非全国人所必需，而近代西人的东来，我们却自始对他存着畏忌的心理。这是为什么呢？其（一）中国在军事上，是畏恶海盗的。因为从前的航海之术不精，对海盗不易倾覆其根据地，甚而至于不能发现其根据地。（二）中国虽发明火药，却未能制成近世的枪炮。近世的枪炮，实在是西人制成的，而其船舶亦较我们的船舶为高大，军事上有不敌之势。（三）西人东来的，自然都是些冒险家，不免有暴横的行为，而因传教，更增加了中国畏忌的心理。近代基督教的传布于东方，是由耶稣会（Jesuit）开始的。其教徒利玛窦（Matteo Ricci）以一五八一年始至澳门，时为明神宗万历五年。后入北京朝献，神宗许其建立天主堂。当时基督教士的传教，是以科学为先驱；而且顺从中国的风俗，不禁华人祭天、祭祖、崇拜孔子的。于是在中国的反应，发生两派：其（一）如徐光启、李之藻等，服膺其科学，因而亦信仰其宗教。其（二）则如清初的杨光先等，正因其人学艺之精，传教的热烈，而格外引起其猜忌之心。在当时，科学的价值，不易为一般人所认识，后一派的见解，自然容易得势。但是输入外国的文明，在中国亦由来已久了。在当时，即以历法疏舛，旧有的回回历法，不如西洋历法之精，已足使中国人引用教士，何况和满洲人战争甚烈，需要教士制造枪炮呢。所以一六一六年，基督教一度被禁止传播后，到一六二一年，即因命教士制造枪炮而复解禁，后更引用其人于历局。清初，汤若望（Joannes Adams Schall Von Bell）亦因历法而被任用。圣祖初年，为杨光先所攻击，一时失势。其后卒因旧法的疏舛，而南怀仁（Ferdinandus Verbiest）复见任用。圣祖是颇有科学上的兴趣的，在位时引用教士颇多。然他对于西洋人，根本上仍存着一种畏恶的心理。所以在他御制的文集里，曾说：“西洋各国，千百年后，中国必受其累。”这在当时的情势下，亦是无怪其然的。在中国一方面，本有这种心理潜伏着，而在西方，适又有别一派教士，攻击利玛窦一派于教皇，说他们卖教求荣，容许中国的教徒崇拜偶像。于是教皇派多罗（Tourmon）到中国来禁止。这在当时的中国，如何能说得明白？于是圣祖大怒，将多罗押还澳门，令葡萄牙人看管，而令教士不守利玛窦遗法的都退出。（教皇仍不变其主张，且处不从令的教士以破门之罚。教士传教中国者，遂不复能顺从中国人的习惯，此亦为中西隔阂之一因。）至一七一七年，碣石镇总兵陈昂说："天主教在各省开堂聚众，广州城内外尤多，恐滋事端，请严旧例严禁。"许之。一七二三年，闽浙总督满保请除送京效力人员外，概行安置澳门；各省天主堂，一律改为公廨；亦许之。基督教自此遂被禁止传布。然其徒之秘密传布如故。中国社会上，本有一种所谓邪教，其内容仅得之于传说，是十分离奇的。（以此观之，知历来所谓邪教者的传说，亦必多诬蔑之辞。）至此，遂将其都附会到基督教身上去；再加以后来战败的耻辱，因战败而准许传教，有以兵力强迫传布的嫌疑；遂伏下了几十年教案之根。至于通商，在当时从政治上看起来，并没有维持的必要。既有畏恶外人的心理，就禁绝了，也未为不可的。但这是从理想上立说，事实上，一件事情的措置，总是受有实力的人的意见支配的。当时的通商，虽于国计民生无大关系，而在官和商，则都是大利之所在，如何肯禁止？既以其为私利所在而保存之，自然对于外人，不肯不剥削，就伏下了后来五口通商的祸根。海路的交通，在初期，不过是通商传教的关系，至陆路则自始即有政治关系。北方的侵略者，乃蒙古高原的民族，而非西伯利亚的民族，这是几千年以来，历史上持续不变的形势。但到近代欧洲的势力向外发展时，其情形也就变了。十五世纪末叶，俄人脱离蒙古的羁绊而自立。其时可萨克族（Kazak，即哈萨克）又附俄，为之东略。于是西伯利亚的广土，次第被占。至明末，遂达鄂霍次克海，骚扰且及于黑龙江。清初因国内未平，无暇顾及外攘。至三藩既平，圣祖乃对外用兵。其结果，乃有一六八八年的《尼布楚条约》。订定西以额尔古讷河，东自格尔必齐河以东，以外兴安岭为界。俄商得三年一至京师。此约中国得地极广，然俄人认为系用兵力迫胁而成，心怀不服，而中国对边陲，又不能实力经营，遂伏下咸丰时戊午、庚申两约的祸根。当《尼布楚条约》签订时，中、俄的边界问题，还只限于东北方面。其后外蒙古归降中国（前此外蒙古对清虽曾通商，实仅羁縻而已），于是俄、蒙的界务，亦成为中、俄的界务。乃有一七二七年的《恰克图条约》。

规定额尔古讷河以西的边界，至沙宾达巴哈为止。自此以西，仍属未定之界。至一七五五、一七五九两年，中国次第荡平准部、回部，西北和俄国接界处尤多，其界线问题，亦延至咸丰时方才解决。

近代欧人的到广东来求通商，事在一五一六年，下距五口通商时，业经三百余年了。但在五口通商以前，中国讫未觉得其处于另一个不同的世界中，还是一守其闭关独立之旧。清开海禁，事在一六八五年。于澳门、漳州、宁波、云台山设关四处。其后宁波的通商，移于定海，而贸易最盛于广东。当时在中国方面，贸易之权，操于公行之手，剥削外人颇深。外人心抱不平，乃舍粤西趋浙。一七五八年，清高宗又命把浙海关封闭，驱归广东。于是外人之不平更甚。英国曾于一七九二、一八一〇年两次派遣使臣到中国，要求改良通商办法，均未获结果。其时中国官吏并不能管理外人，把其事都交给公行。官吏和外人的交涉，一切都系间接。自一七八一年以后，英国在中国的贸易，为东印度公司所专。其代理人，中国谓之大班，一切交涉，都是和他办的。一八三四年，公司的专利权被废止。中国说散商不便制驭，传令其再派大班。英人先后派商务监督和领事前来，中国都仍认为大班，官厅不肯和他平等交涉。适会鸦片输入太甚，因输出入不相抵，银之输出甚多。银在清朝是用为货币的，银荒既甚，财政首受其影响。遂有一八三九年林则徐的烧烟。中、英因此酿成战衅。其结果，于一八四二年在南京订立条约。中国割香港，开广州、厦门、福州、宁波、上海五口通商。废除行商。中、英两国官员，规定了交际礼节。于是前此以天朝自居，英国人在陆上无根据地及贸易上的制限都除去了。英约定后，法、美、瑞典，遂亦相继和中国立约。唯俄人仍不许在海口通商。中西积久的隔阂，自非用兵力迫胁，可以解除于一时。于是又有一八五七年的冲突。广州失陷，延及京、津。清文宗为之出奔热河。其结果，乃有一八五八年和一八六〇年《天津》《北京》两条约。此即所谓咸丰戊午、庚申之役。此两次的英、法条约，系将五口通商以后外人所得的权利，做一个总结束的。领事裁判，关税协定，内地通商及游历、传教，外国派遣使臣，都在此两约中规定。美国的《天津条约》，虽在平和中交换，然因各约都有最惠国条款，所以英、法所享的权利，美国亦不烦一兵而得享之。至于俄国，则自十九世纪以还，渐以实力经营东方。至一八五〇年顷，黑龙江北之地，实际殆已尽为所据。至一八五八年，遂迫胁黑龙江将军奕山，订立《瑷珲条约》，尽割黑龙江以北，而将乌苏里江以东之地，作为两国共管。一八六〇年，又借口调停英、法战事，再立《北京条约》，并割乌苏里江以东。而西北边界，应当如何分划，亦在此约中规定了一个大概。先是伊犁和塔尔巴哈台方面，已许俄国通商，至是再开喀什噶尔，而海口通商及传教之权，亦与各国一律。而且规定俄人得由恰克图经库伦、张家口进京。京城和恰克图间的公文，得由台站行走。于是蒙古、新疆的门户，亦洞开了。总而言之：自一八三八年林则徐被派到广东查办海口事件起，至一八六〇年各国《北京条约》订立为止，而中国初期与外国交涉的问题，告一结束。其所解决的，为（一）西人得在海口通商，（二）赴内地通商、游历、传教，（三）税则，（四）审判，（五）沿海航行，及（六）中、俄陆路通商，及（七）边界问题。

第二十二章　汉族的光复运动

一个民族，进步到达于某一程度之后，就决不会自忘其为一个独立的民族了。虽然进化的路径，是曲线的，有时不免暂为他族所压服。一七二九年，即清世宗的雍正七年，他曾有过这样一道上谕。他说："从前康熙年间，各处奸徒窃发，辄以朱三太子为名，如一念和尚、朱一贵者，指不胜屈。近日尚有山东人张玉，假称朱姓，托于明之后裔，遇星士推算有帝王之命，以此希冀蛊惑愚民，现被步军统领拿获究问。从来异姓先后继统，前朝之宗姓，臣服于后代者甚多，否则隐匿姓名，伏处草野，从未有如本朝奸民，假称朱姓，摇惑人心，若此之众者。似此蔓延不息，则中国人君之子孙，遇继统之君，必至于无噍类而后已，岂非奸民迫之使然乎？"这一道上谕，是因曾静之事而发的。曾静是湖南人，读浙江吕留良之书，受着感动，使其徒张熙往说岳钟琪叛清，钟琪将其事举发。吕留良其时已死，因此遭到了剖棺戮尸之祸。曾静、张熙暂时免死拘禁，后亦被杀。这件事，向来被列为清朝的文字狱之一，其实乃是汉族图谋光复的实际行动，非徒文字狱而已。一七二九年，为亡清入关后之八十六年，表面上业已太平，而据清世宗上谕所说，则革命行动的连续不绝如此，可见一部分怀抱民族主义的人，始终未曾屈服了。怀抱民族主义的人，是中下流社会中都有的。中流社会中人的长处，在其知识较高，行动较有方策，且能把正确的历史知识，留传到后代，但直接行动的力量较弱。下流社会中人，直接行动的力量较强，但其人智识缺乏，行动起来，往往没有适当的方策，所以有时易陷于失败，甚至连正确的历史，都弄得缪悠了。清朝最大的会党，在北为哥老会，在南为天地会，其传说大致相同。天地会亦称三合会，有人说就是三点会，南方的清水、匕首、双刀等会，皆其

曾国藩（一八一一年至一八七二年），汉族，湖南人。晚清重臣，战略家、政治家。湘军的创立者和统帅，其统帅的湘军为镇压太平天国起义军的主力。

支派。据他们的传说：福建莆田县九连山中，有一个少林寺。僧徒都有武艺，曾为清征服西鲁国。后为奸臣所谗，清主派兵去把他们剿灭。四面密布火种，缘夜举火，想把他们尽行烧死。有一位神道，唤作达尊，使其使者朱开、朱光，把十八个和尚引导出来。这十八个和尚，且战且走，十三个战死了。剩下来的五个，就是所谓前五祖。又得五勇士和后五祖为辅，矢志反氵月复氵日。氵月就是清字，氵日就是明字，乃会中所用的秘密符号。他们自称为洪家。把洪字拆开来则是三八二十一，他们亦即用为符号。洪字大约是用的明太祖开国的年号洪武；或者洪与红同音，红与朱同色，寓的明朝国姓的意思，亦未可知。据他们的传说，他们会的成立，在一六七四年。曾奉明思宗之裔举兵而无成，乃散而广结徒党，以图后举。此事见于日本平山周所著的《中国秘密社会史》。（平山周为中山先生的革命同志，曾身入秘密社会，加以调查。）据他说："后来三合会党的举事，连续不绝。其最著者，如一七八七年，即清高宗乾隆五十二年台湾林爽文之变便是。一八三二年，即宣宗道光十二年，两广、湖南的瑶乱，亦有三合会党在内。鸦片战争既起，三合会党尚有和海峡殖民地的政府接洽，图谋颠覆清朝的。"其反清复明之志，可谓终始不渝了。而北方的白莲教徒的反清，起于一七九三年，即乾隆五十八年，蔓延四川、湖北、河南、陕西四省，至一八〇四年，即仁宗嘉庆九年而后平定，此即向来的史家称为川、楚教匪，为清朝最大的内乱之始的，其所奉的王发生，亦诈称明朝后裔，可见北方的会党，反清复明之志，亦未尝变。后来到一八一三年，即嘉庆十八年，又有天理教首林清，图谋在京城中举事，至于内监亦为其内应，可见其势力之大。天理教亦白莲教的支派余裔，又可见反清复明之志，各党各派，殊途同归了。而其明目张胆，首传讨胡之檄的，则为太平天国。

太平天国天王洪秀全，系广东花县人，生于一八一二年，恰在民国纪元之前百年。结合下流社会，有时是不能不利用宗教做工具的。广东和外人交通早，所以天王所创的宗教，亦含有西教的意味。他称耶和华为天父，基督为天兄，而己为其弟。乘广西年饥盗起，地方上有身家的人所办的团练和贫苦的客民冲突，以一八五〇年，起事于桂平的金田村。明年，下永安，始建国号。又明年，自湖南出湖北，沿江东下。一八五三年，遂破江宁，建都其地，称为天京。当天国在永安时，有人劝其北出汉中，以图关中；及抵武汉时，又有人劝其全军北上；天王都未能用。既据江宁，耽于声色货利，不免渐流于腐败。天王之为人，似只长于布教，而短于政治和军事。委政于东王杨秀清，尤骄恣非大器。始起诸王，遂至互相残杀。其北上之军，既因孤行无援，而为清人所消灭。溯江西上之兵，虽再据武汉，然较有才能的石达开，亦因天京的政治混乱，而和中央脱离了关系。清朝却得曾国藩，训练湘军，以为新兴武力的中坚。后又得李鸿章，招募淮军，以为之辅。天国徒恃一后起之秀的李秀成，只身支柱其间，而其余的政治军事，一切都不能和他配合。虽然兵锋所至达十七省（内地十八省中，唯甘肃未到），前后共历十五年，也不得不陷于灭亡的悲运了。太平天国的失败，其责实不在于军事而在于政治。它的兵力是够剽悍的。其扎实垒、打死仗的精神，似较之湘、淮军少逊，此乃政治不能与之配合之故，而不能悉归咎于军事。若再推究得深些，则其失败，亦可以说是在文化上。（一）社会革命和政治革命，很不容易同时并行，而社会革命，尤其对社会组织，前因后果，要有深切的认识，断非头脑简单、手段灭裂的均贫富主义所能有济。中国的下流社会中人，是向来有均贫富的思想的，其宗旨虽然不错，其方策则绝不能行。今观太平天国所定的，把天下田亩，按口均分；二十五家立一国库，婚丧等费用，都取给国库，私用有余，亦须缴入国库等，全是极简单的思想，极灭裂的手段。知识浅陋如此，安能应付一切复杂的问题？其政治的不免于紊乱，自是势所必然了。（二）满洲人入据中原，固然是中国人所反对，而是时西人对中国开始用兵力压迫，亦为中国人所深恶的，尤其是传教一端，太平天国初起时，即发布讨胡之檄。“忍令上国衣冠，沦于夷狄？相率中原豪杰，还我河山”，读之亦使人气足神往。倘使他们有知识，知道外力的压迫是由于满清的失政，郑重提出这一点，固能得大多数人的赞成；即使专提讨胡，亦必能得一部分人的拥护。而他们后来对此也模糊了，而到处传播其不中不西的上帝教，使反对西教的士大夫，认他为文化上的大敌，而走集于清朝的旗帜之下。这是太平天国替清朝做了掩蔽，而反以革命的对象自居，其不能成事，实无怪其然了。湘、淮军诸将，亦是一时人杰。并无定效忠于满清的理由，他们的甘为异族作伥，实在是太平天国的举动不能招致豪杰，而反为渊殴鱼。所以我说他政治上的失败，还是文化上的落伍。

和太平天国同时的，北方又有捻党，本蔓延于苏、皖、鲁、豫四省之间。一八六四年，天国亡，余众多合于捻，而其声势乃大盛。分为东西两股。清朝任左宗棠、李鸿章以攻之。至一八六七、一八六八两年，然后先后平定。天国兵锋，侧重南方，到捻党起，则黄河流域各省，亦无不大被兵灾了，而回乱又起于西南，而延及西北。云南的回乱，起于一八五五年，至一八七二年而始平，前后共历十八年。西北回乱，则起于一八六二年，自陕西延及甘肃，并延及新疆。浩罕人借兵给和卓木的后裔，入据喀什喀尔。后浩罕之将阿古柏帕夏杀和卓木后裔而自立，意图在英、俄之间，建立一个独立国。英、俄都和他订结通商条约，且曾通使土耳其。英使且力为之请，欲清人以天山南北路之地封之。清人亦有以用兵劳费，持是议者。幸左宗棠力持不可。西捻既平之后，即出兵以剿叛回。自一八七五年至一八七八年，前后共历四年，而南北两路都平定。阿古柏帕夏自杀。当回乱时，俄人虽乘机占据伊犁，然事定之后，亦获返还。虽然划界时受损不少，西北疆域，大体总算得以保全。

清朝的衰机，是潜伏于高宗，暴露于仁宗，而大溃于宣宗、文宗之世的。当是时，外有五口通商和咸丰戊午、庚申之役，内则有太平天国和捻、回的反抗，几于不可收拾了。其所以能奠定海宇，号称中兴，全是一班汉人，即所谓中兴诸将，替他效力的。清朝从道光以前，总督用汉人的很少，兵权全在满族手里。至太平天国兵起，则当重任的全是汉人。文宗避英、法联军，逃奔热河，一八六一年，遂死于其地。其时清宗室中，载垣、端华、肃顺三人握权。载垣、端华亦是妄庸之徒，肃顺则颇有才具，力赞文宗任用汉人，当时内乱的得以削平，其根基实定于此。文宗死，子穆宗立。载垣、端华、肃顺等均受遗诏，为赞襄政务大臣。文宗之弟恭亲王奕䜣，时留守京师，至热河，肃顺等隔绝之，不许其和文宗的皇后钮钴禄氏和穆宗的生母叶赫那拉氏相见。后来不知如何，奕䜣终得和他们相见了，密定回銮之计。到京，就把载垣、端华、肃顺都杀掉。于是钮钴禄氏和叶赫那拉氏同时垂帘听政。（钮钴禄氏称母后皇太后，死谥孝贞。叶赫那拉氏称圣母皇太后，死谥孝钦。世称孝贞为东宫太后，孝钦为西宫太后。）钮钴禄氏是不懂得什么的，大权都在叶赫那拉氏手里。叶赫那拉氏和肃顺虽系政敌，对于任用汉人一点，却亦守其政策不变，所以终能把大难削平。然自此以后，清朝的中央政府即无能为，一切内政、外交的大任，多是湘、淮军中人物，以疆臣的资格决策或身当其冲。军机及内阁中，汉人的势力亦渐扩张。所以在这个时候，满洲的政权，在实际上已经覆亡了，只因汉人一方面，一时未有便利把它推倒，所以又维持了名义好几十年。

第二十三章 清朝的衰乱

太平天国既亡，捻、回之乱复定，清朝一时号称中兴。的确，遭遇如此大难，而一个皇室，还能维持其政权于不敝的，在历史上亦很少见。然清室的气运，并不能自此好转，仍陵夷衰微以至于覆亡，这又是何故呢？这是世变为之。从西力东侵以后，中国人所遭遇到的，是一个旷古未有的局面，绝非任何旧方法所能对付。孝钦皇后，自亦有其相当的才具，然她的思想是很陈旧的。试看她晚年的言论，还时时流露出道、咸时代人的思想来可知。大约她自入宫以后，就和外边隔绝了，时局的真相如何，她是不得而知的。她的思想，比较所谓中兴名臣，还要落后许多。当时应付太平天国，应付捻、回，所用的都是旧手段，她是足以应付的。内乱既定之后，要进而发愤自强，以御外患，就非她所能及了。不但如此，即当时所谓中兴名臣，要应付这时候的时局，也远觉不够。他们不过任事久了，经验丰富些，知道当时的一种迂阔之论不足用，他们亦觉得中国所遭遇的，非复历史上所有的旧局面，但他们所感觉到的，只是军事。因军事而牵及于制造，因制造而牵及于学术，如此而已。后来的人所说的“西人自有其立国之本，非仅在械器之末”，断非这时候的人所能见得到的，这亦无怪其然。不但如此，在当时中兴诸将中，如其有一个首领，像晋末的宋武帝一般，入据中央，大权在握，而清朝的皇帝，仅保存一个名义，这一个中央政府，又要有生气些。而无如中兴诸将，地丑德齐，没有这样的一个人物。而且他们多数是读书人，既有些顾虑君臣的名义，又有些顾虑到身家、名誉，不敢不急流勇退。清朝对于汉人，自然也不敢任之过重。所以当时主持中枢的，都是些智识不足、软弱无力，甚至毫无所知之人。士大夫的风气，在清时本是近于阘茸而好利的。湘军的中坚人物，

李鸿章（一八二三年至一九〇一年），安徽合肥人。晚清名臣，洋务运动的领袖，淮军、北洋水师的创始人和统帅，官至直隶总督兼北洋通商大臣。曾代表清政府签订了《越南条约》《马关条约》《中法简明条约》等。

一时曾以坚贞任事的精神为倡。然少数人的提倡，挽回不过积重的风气来，所以大乱平定未久，而此种精神，即已迅速堕落。官方士习，败坏如故。在同、光之世，曾产生一批所谓清流，喜唱高调，而于事实茫无所知，几于又蹈宋、明人的覆辙。幸而当时的情势，不容这一种人物发荣滋长，法、越之役，其人有身当其冲而失败的，遂亦销声匿迹了。而士大夫仍成为一奄奄无气的社会。政府和士大夫阶级，其不振既如此，而宫廷之间，又发生了变故。清穆宗虽系孝钦后所生，顾与孝钦不协。立后之时，孝贞、孝钦，各有所主。穆宗顺从了孝贞的意思。孝钦大怒，禁其与后同居。穆宗郁郁，遂为微行，致疾而死。醇亲王奕谖之妻，为孝钦后之妹，孝钦因违众议立其子载湉，是为德宗。年方四岁，两宫再临朝。后孝贞后忽无故而死，孝钦后益无忌惮，宠任宦官，骄淫奢侈，卖官鬻爵，无所不为。德宗亲政之后，颇有意于振作，而为孝钦所扼，母子之间，嫌隙日深，就伏下戊戌政变的根源了。

内政的陵夷如此，外交的情势顾日急。中国历代所谓藩属，本来不过是一个空名，实际上得不到什么利益的。所以论政之家，多以疲民力、勤远略为戒。但到西力东侵以来，情形却不同了。所谓藩属，都是屏蔽于国境之外的，倘使能够保存，敌国的疆域，即不和我国直接，自然无所肆其侵略。所以历来仅有空名的藩属，到这时候，倒确有藩卫的作用了。但以中国外交上的习惯和国家的实力，这时候，如何说得上保存藩属？于是到十九世纪，朝贡于中国之国，遂悉为列强所吞噬。我们现在先从西面说起：哈萨克和布鲁特，都于一八四〇年顷，降伏于俄。布哈尔、基华，以一八七三年，沦为俄国的保护国。浩罕以一八七六年为俄所灭。巴达克山以一八七七年受英保护。乾竺特名为两属，实际上我亦无权过问。于是自葱岭以西朝贡之国尽了。其西南：哲孟雄，当英、法联军入北京之年，英人即在其境内获得铁路敷设权。缅甸更早在一八二六和一八五一年，和英人启衅战败，先后割让阿萨密、阿剌干、地那悉林及白古，沿海菁华之地都尽。安南旧阮失国后，曾介教士乞援于法。后来乘新阮之衰，借暹罗之助复国，仍受封于中国，改号为越南。当越南复国时，法国其实并没给予多大的助力。然法人的势力，却自此而侵入，交涉屡有葛藤。至一八七四年，法人遂和越南立约，认为自主之国。我国虽不承认，法国亦置诸不理。甚至新兴的日本，亦于一八七九年将自明、清以来受册封于中国的琉球灭掉。重大的交涉，在西北，则有一八八一年的《伊犁条约》。当回乱时，伊犁为俄国所据，中国向其交涉，俄人说：不过代中国保守，事定即行交还的。及是，中国派了一个昏愦糊涂的崇厚去，只收回了一个伊犁城，土地割弃既多，别种权利，丧失尤巨。中国将崇厚治罪，改派了曾纪泽，才算把地界多收回了些，别种条件，亦略有改正。然新疆全境，都准无税通商；肃州、吐鲁番，亦准设立领事；西北的门户，自此洞开了。在西南，则英国屡求派员自印度经云南入西藏探测，中国不能拒，许之。一八五七年，英人自印度实行派员入滇，其公使又遣其参赞，自上海至云南迎接。至腾越，为野人所杀。其从印度来的人员，亦被人持械击阻。这件事，云贵总督岑毓英，实有指使的嫌疑，几至酿成重大的交涉。次年，乃在芝罘订立条约：允许滇、缅通商，并开宜昌、芜湖、温州、北海为商埠。许英国派员驻扎重庆，察看商务情形，俟轮船能开抵时，再议开埠事宜。此为西人势力侵入西南之始。至一八八二年，法、越的战事起。我兵初自云南、广西入越的都不利，海军亦败于福州。然后来冯子材有镇南关之捷，乘势恢复谅山。法人是时的情形，亦未能以全力作战，实为我国在外交上可以坚持的一个机会。但亦未能充分利用。其结果，于一八八五年，订立条约，承认法国并越，并许在边界上开放两处通商。（后订开龙州、蒙自、蛮耗。一八九五年之约，又订以河口代蛮耗，增开思茅。）英人乘机于一八八五年灭缅甸。中国亦只得于其明年立约承认。先是《芝罘条约》中，仍有许英人派员入藏的条款，至是，中国乘机于《缅约》

中将此款取消。然及一八八八年，英、藏又在哲孟雄境内冲突，至一八九〇年，中国和英人订立《藏印条约》，遂承认哲孟雄归英保护。一八九三年，续议条约，复订开亚东关为商埠，而藏人不肯履行，又伏下将来的祸根。

对外交涉的历次失败，至一八九四年中、日之战而达于极点。中、日两国，同立国于东方，在历史上的关系，极为深切，当西力东侵之际，本有合作御侮的可能。但这时候，中国人对外情太觉隔阂，一切都不免以猜疑的态度处之，而日人则褊狭性成，专务侵略，自始即不希望和中国合作。中、日的订立条约，事在一八七一年。领判权彼此皆有。进口货物，按照海关税则完纳，税则未定的，则值百抽五，亦彼此所同。内地通商，则明定禁止。在中国当日，未始不想借此为基本，树立一改良条约之基，然未能将此意开诚布公，和日本说明。日本则本不想和中国合作，而自始即打侵略的主意，于是心怀不忿。至一八七四年，因台湾生番杀害日本漂流的人民，径自派兵前往攻击。一八七九年，又灭琉球。交涉屡有葛藤，而衰微不振的朝鲜，适为日本踏上大陆的第一步，遂成为中、日两国权利冲突的焦点。一八九四年，日人预备充足，蓄意挑衅，卒至以兵戎相见。我国战败之后，于其明年，订立《马关条约》。除承认朝鲜自主外，又割台湾和辽东半岛；赔款至二万万两；改订通商条约，悉以中国和泰西各国所定的约章为准，而开辟沙市、重庆、苏州、杭州为商埠，日人得在通商口岸从事于制造，则又是泰西各国所求之历年，而中国不肯允许的。此约既定之后，俄国联合德、法，加以干涉，日人乃加索赔款三千万两，而将辽东还我。因此而引起一八九六年的《中俄密约》，中国许俄国将西伯利亚铁路经过黑、吉两省而达到海参崴。当时传闻，说俄国还有租借胶州湾的密约，于是引起德国的强占胶州湾，而迫我立九十九年租借之约，并获得建造胶济铁路之权。俄人因此而租借旅、大，并许其将东省铁路展筑一支线。英人则租借威海卫，法人又租借广州湾。我国沿海业经经营的军港，就都被占据了。其在西南：法国因干涉还辽之事，向我要索报酬，于一八九五年订立《续议界务商务专条》，云南、两广开矿时，许先和法人商办。越南已成或拟设的铁路，得接至中国境内。并将前此允许英国不割让他国的孟连、江洪的土地，割去一部分。于是英国再向我国要求，于一八九七年订立《中缅条约附款》。云南铁路允与缅甸连接，而开放三水、梧州和江根墟。外人的势力，侵入西南益深了。又自俄、德两国，在我国获得铁路敷设权以来，各国亦遂互相争夺。俄人初借比国人出面，获得芦汉铁路的敷设权。英人因此要求津镇、河南到山东、九广、浦信、苏杭甬诸路。俄国则要求山海关以北铁路由其承造。英国又捷足先得，和中国订定了承造牛庄至北京铁路的合同。英、俄旋自相协议，英认长城以北的铁路归俄承造，俄人则承认长江流域的铁路归英承造。英、德又自行商议，英认山西及自山西展筑一路至江域外，黄河流域的铁路归德，德认长江流域的铁路归英。凡铁路所至之处，开矿之权利亦随之。各国遂沿用分割非洲时的手段，指我国之某处，为属于某国的势力范围，而要求我以条约或宣言，承认其地不得割让给别国。于是瓜分之论，盛极一时。而我国人亦于其时警醒了。

第二十四章　清朝的覆亡

自西力东侵，中国人遭遇到旷古未有的变局。值旷古未有的变局，自必有非常的手段，然后足以应付之。此等手段，自非本来执掌政权的阶级所有，然则新机从何处发生呢？其（一）起自中等阶级，以旧有的文化为根柢的，是为戊戌维新。其（二）以流传于下级社会中固有的革命思想为渊源，采取西洋文化，而建立成一种方案的，则为辛亥革命。戊戌变法，康有为是其原动力。康有为的学问，是承袭清代经学家今文之学的余绪，而又融合佛学及宋、明理学而成的。（一）因为他能承受今文之学的"非常异义"，所以能和西洋的民主主义接近。（二）因为他能承受宋学家彻底改革的精神，所以他的论治，主于彻底改革，主张设治详密，反对向来"治天下不如安天下，安天下不如与天下安"的苟简放任政策。（三）主张以中坚阶级为政治的重心，则士大夫本该有以天下为己任的大志，有互相团结的精神。宋、明人的讲学颇有此种风概。入清以来，内鉴于讲学的流弊，外慑于异族的淫威，此等风气，久成过去了。康有为生当清代威力已衰，政令不复有力之时，到处都以讲学为事。他的门下，亦确有一班英多磊落之才。所以康有为的学问及行为，可以说是中国旧文化的复活。他当甲午战前，即已上书言事。到乙未之岁，中、日议和的时候，他又联合入京会试的举人，上书主张迁都续战，因陈变法自强之计。书未得达。和议成后，他立强学会于北京，想联合士大夫，共谋救国。会被封禁。其弟子梁启超走上海，主持《时务报》旬刊，畅论变法自强之义。此报一出，风行海内，而变法维新，遂成为一时的舆论。康有为又上书两次。德占胶州湾时，又入京陈救急之计。于是康有为共上书五次，只一次得达。德宗阅之，颇以为然。岁戊戌，即一八九八年，遂擢用有为等以谋变法。康有为的宗旨，在于大变和速变。大变所以谋全盘的改革，速变则所以应事机而振精神。他以为变法的阻力，都是由于有权力的大臣，欲固其禄位之私，于是劝德宗勿去旧衙门，但设新差使。他以为如此即可减少阻力。但阻碍变法的，固非尽出于保存禄位之私；即以保存禄位论，权已去，利亦终不可保，此固不足以安其心。何况德宗和孝钦后素有嫌隙，德宗又向来无权，于是有戊戌的政变。政变以后，德宗被幽，有为走海外，立保皇党，以推翻孝钦后，扶德宗亲政相号召。然无拳无勇，复何能为？而孝钦后以欲捕康、梁不得；欲废德宗，又为公使所反对；迁怒及于外人。其时孝钦后立端郡王载漪之子溥俊大阿哥，载漪因急欲其子正位。宗戚中亦有附和其事，冀立拥戴之功的。而极陈旧的，“只要中国人齐心，即可将外国人尽行逐去，恢复到闭关时代之旧”的思想，尚未尽去。加以下层社会中人，身受教案切肤之痛，益以洋人之强唯在枪炮，而神力可以御枪炮之说，遂至酿成一九〇〇年间义和团之乱。亲贵及顽固大臣，因欲加以利用，乃有纵容其在京、津间杀教士，焚教堂，拆铁路，倒电杆，见新物则毁，见用洋货的人则杀的怪剧。并伪造外人的要求条件，以恐吓孝钦后，而迫其与各国同时宣战。意欲于乱中取利，废德宗而立溥俊。其结果，八国联军入京城，德宗及孝钦后走西安。一九〇一年的和约，赔款至四百五十兆；京城通至海口路上的炮台，尽行拆去；且许各国于其通路上驻兵；又划定使馆区域，许其自行治理、防守。权利之丧失既多，体面亦可谓丧失净尽了。是时东南诸督抚，和上海各领事订立互保之约，不奉北京的伪令。虽得将战祸范围缩小，然中央的命令，自此更不行于地方了。而黑龙江将军又贸然与俄人启衅，致东三省尽为俄人所占。各国与中国议和时，俄人说东三省系特别事件，不肯并入和约之中讨论，幸保完整的土地，仍有不免于破碎之势。庚子一役闯出的大祸如此。而孝钦后自回銮以后，排外变而为媚外；前此之力阻变革者，至此则变为貌行新政，以敷衍国民。宫廷之中，骄奢淫逸，朝廷之上，昏庸泄沓如故。满清政府至此，遂无可维持，而中国国民，乃不得不自起而谋政治的解决。

十九世纪之末，瓜分之论，盛极一时，已见上章。一八九九年，美国国务卿海约翰氏 (John Hay)，乃通牒英、俄、法、德、意、日六国，提出门户开放主义。其内容为：(一) 各国对于中国所获得的利益范围或租借地域，或他项既得权利，彼此不相干涉。（二）各国范围内各港，对他国入港商品，都遵守中国现行海关税率，课税由中国征收。（三）各国范围内各港，对他国船舶所课入口税，不得较其本国船舶为高；铁路运费亦然。这无非要保全其在条约上既得的权利。既要保全条约上的权利，自然要连带而及于领土保全，因为领土设或变更，既成的条约，在该被变更的领土上，自然无效了。六国都覆牒承认。然在此时，俄国实为侵略者，逮东三省被占而均势之局浸破。此时英国方有事于南非，无暇顾及东方，乃和德国订约，申明门户开放、领土保全之旨。各国都无异议。唯俄人主张其适用限于英、德的势力范围。英国力持反对。德国和东方关系究竟较浅，就承认俄国人的主张了。于是英国觉得在东方要和俄国相抗，非有更强力的外援不可，乃有一九〇二年的英、日同盟。俄国亦联合法国，发表宣言，说如因第三国的侵略或中国的扰乱，两国利益受到侵害时，应当协力防卫。这时候，日本对于我国东北的利害，自然最为关切，然尚未敢贸然与俄国开战，乃有满、韩交换之论。大体上，日本承认俄国在东三省的权利，而俄人承认日本在韩国的权利。而俄人此时甚骄，并此尚不肯承认，其结果，乃有一九〇四年的日、俄战争。俄国战败，在美国的朴次茅斯，订立和约。俄人放弃在韩国的权利，割库页岛北纬五十度以南之地与日。除租借地外，两国在东三省的军队都撤退，将其地交还中国。在中国承认的条件之下，将旅顺、大连湾转租与日，并将东省铁路支线，自长春以下，让给日本。中国如何能不承认？乃和日本订立《会议东三省事宜协约》，除承认《朴次茅斯条约》中有关中国的款项外，并在三省开放商埠多处。军用的安奉铁路，许日人改为商用铁路，且许合资开采鸭绿江左岸材木。于是东北交涉的葛藤，纷纷继起，侵略者的资格，在此而不在彼了。当日、俄战争时，英国乘机派兵入藏，达赖出奔。英人和班禅立约：开江孜、噶大克为商埠。非经英国许可，西藏的土地不得租、卖给外国人。铁路、道路、电线、矿产不得许给外国或外国人。一切入款、银钱、货物，不得抵押给外国或外国人。一切事情，都不受外国干涉，亦不许外国派官驻扎和驻兵。中国得报大惊，然与英人交涉无效，不得已，乃于一九〇六年，订立《英藏续约》承认《英藏条约》为附约，但声明所谓外国或外国人者，不包括中国或中国人在内而止。在东北方面，中国拟借英款敷设新法铁路，日人指为南满铁路的平行线（东省铁路支线，俄人让给日本的，日人改其名为南满路）。中国不得已，作罢，但要求建造锦齐铁路时，日不反对。中国因欲借英、美的款项，将锦齐铁路延长至爱辉。日人又嗾使俄人出而反抗。于是美国人有满洲铁路中立的提议。其办法：系由各国共同借款给中国，由中国将东三省铁路赎回。在借款未还清前，由各国共同管理，禁止政治上、军事上的使用。议既出，日、俄二国均提出抗议。这时候，因英、美二国欲伸张势力于东北而无所成，其结果反促成日、俄的联合。两国因此订立协约，声明维持满洲现状，现状被迫时，彼此互相商议。据说此约别有密约，俄国承认日本并韩，而日本承认俄国在蒙、新方面的行动。此约立于一九一〇年。果然，日本于其年即并韩，而俄人对蒙、新方面，亦于其明年提出强硬的要求，且用哀的美敦书迫胁中国承认了。

外力的冯陵，实为清季国民最关心的事项。清朝对于疆土的侵削，权利的丧失，既皆熟视而无可如何，且有许多自作孽的事情，以引进外力的深入。国民对于清政府，遂更无希望，且觉难于容忍。在庚子以前，还希冀清朝变法图强的，至庚子以后，则更无此念，激烈的主张革命，平和的也主张立宪，所要改革的，不是政务而是政体了。革命的领导者孙中山先生，是生于中国的南部，能承袭明季以来的民族革命思想，且能接受西方的民治主义的。他当一八八五年，即已决定颠覆清朝，创建民国之志。一八九二年，在澳门立兴中会。其后漫游欧、美，复决定兼采民生主义，而三民主义，于是完成。自一八九二年以来，孙中山屡举革命之帜。其时所利用的武力，主要的为会党，次之则想运动防军。然防军思想多腐败，会党的思想和组织力亦嫌其不足用，是以屡举而无成。自戊戌政变以后，新机大启，中国人士赴外国留学者渐多，以地近费省之故，到日本去的尤盛。以对朝政的失望，革命、立宪之论，盛极一时。一九〇五年，中山先生乃赴日本，将兴中会改组为同盟会。革命团体至此，始有中流以上的人士参加。中山先生说："我至此，才希望革命之事，可以及身见其有成。"中流以上的人士，直接行动的能力，虽似不如下层社会，然因其素居领导的地位，在宣传方面的力量，却和下层社会中人，相去不可以道里计，革命的思潮，不久就弥漫全国了。素主保皇的康有为，在此时，则仍主张君主立宪。其弟子梁启超，是历年办报，在言论界最有权威的。初主革命，后亦改从其师的主张，在所办的《新民丛报》内，发挥其意见，和同盟会所出的《民报》，互相辩论，于是立宪、革命，成为政治上的两大潮流。因对于清朝的失望，即内外臣工中，亦有主张立宪的。日、俄战争而后，利用日以立宪而胜，俄以专制而败为口实，其议论一时尤盛。清朝这时候，自己是并无主张的。于是于一九〇六年下诏预备立宪。俟数年后，察看情形，以定实行的期限。人民仍不满足。一九〇八年，下诏定实行立宪之期为九年。这一年冬天，德宗和孝钦后相继而死。德宗弟醇亲王载沣之子溥仪立。年幼，载沣摄政，性甚昏庸。其弟载洵、载涛则恣意妄为。居政府首席的庆亲王奕劻，则老耄而好贿，政局更形黑暗。人民屡请即行立宪，不许。一九一〇年，号称为国会预备的资政院，亦以为请，乃勉许缩短期限，于三年后设立国会。然以当时的政局，眼见得即使召集国会，亦无改善的希望，人民仍觉得灰心短气。而又因铁路国有问题，和人民大起冲突。此时的新军，其知识已非旧时军队之比；其纪律和战斗力，自亦远较会党为强。因革命党人的热心运动，多有赞成革命的。一九一一年十月十日，即旧历辛亥八月十九日，革命军起事于武昌。清朝本无与立，在无事时，亲贵虽欲专权，至危急时，仍不得不起用袁世凯。袁世凯亦非有诚意扶持清朝的，清人力尽势穷，遂不得不于其明年即中华民国元年二月十二日退位。沦陷了二百六十八年的中华，至此光复；且将数千年来的君主专制政体，一举而加以颠覆！自五口通商，我国民感觉时局的严重，奋起而图改革，至此不过七十年，而有如此的大成就，其成功，亦不可谓之不速了。

第二十五章　革命途中的中国

语云“大器晚成”，一人尚然，而况一国？中华民国的建立，虽已三十年，然至今仍在革命的途中，亦无怪其然了。策励将来，端在检讨已往，我现在，且把这三十年来的经过，述其大略如下：

民国的成立，虽说是由于人心的效顺，然以数千年来专制的积重，说真能一朝涤除净尽，自然是无此理的。大约当时最易为大众所了解的，是民族革命，所以清朝立见颠覆。而袁世凯则仍有运用阴谋，图遂其个人野心的余地。民党当日亦知道袁世凯之不足信，但为避免战祸，且急图推翻清朝起见，遂亦暂时加以利用。孙中山先生辞临时大总统之职，推荐袁世凯于参议院。于是袁世凯被举为临时大总统。民党因南方的空气较为清新，要其到南京来就职。袁世凯自然不肯来，乃嗾使京、津、保定的兵哗变。民党乃只得听其在北京就职。此时同盟会已改组为国民党，自秘密的革命团体变成公开的政党。孙中山先生知道政局暂难措手，主张国民党退居在野的地位，而自己则专办实业。然是时的国民党员，不能服从党纪，不听。民国二年四月八日，国会既开，国民党议员乃欲借国会和内阁的权力，从法律上来限制袁氏。这如何会有效？酝酿复酝酿，到底有民国二年七月间的二次革命。二次革命失败后，孙中山先生在海外组织中华革命党。鉴于前此以纪律不严而败，所以此次以服从党魁为重要的条件。然一时亦未能为有效的活动。而袁氏在国内，则从解散国民党，进而停止国会议员的职务，又解散省议会，停办地方自治，召开约法会议，擅将宪法未成以前的根本大法《临时约法》修改为《中华民国约法》，世称为《新约法》，而称《临时约法》为《旧约法》。又立参议院，令其代行立法权。共和政体，不绝如缕。至四年底，卒有伪造民意帝制自为之举。于是护国军起于云南。贵州、两广、浙江、四川、湖南，先后响应。山东、陕西境内，亦有反对帝制的军队。袁氏派兵攻击，因人心不顺，无效，而外交方面又不顺利，乃于民国五年三月间，下令将帝制取消，商请南方停战。南方要求袁氏退位，奉副总统黎元洪为大总统。事势陷于僵持。未久，袁氏逝世，黎氏代行职权，恢复《临时约法》和国会，问题乃得自然解决。然为大局之梗者，实并非袁氏一人。袁氏虽非忠贞，然当其未至溃败决裂时，北洋系军人，究尚有一个首领。到袁氏身败名裂之后，野心军人就更想乘机弄权。当南方要求袁氏退位而袁氏不肯时，江苏将军就主张联合未独立各省，公议办法。通电说："四省若违众论，固当视同公敌；政府若有异议，亦当一致争持。"这已经不成话了。后来他们又组织了一个各省区联合会，更形成了一种非法的势力。民国六年二月，因德国宣布无限制潜艇战争，我国与德绝交。国务总理段祺瑞进而谋对德参战。议案被国会搁置。各省、区督军、都统，遂分呈总统和国务总理，借口反对宪法草案，要求解散国会。黎总统旋免段祺瑞之职。安徽遂首先宣告和中央脱离关系。直隶、山东、山西、河南、陕西、奉天、黑龙江、浙江、福建等省继之。在天津设立军务总参谋处。通电说："出兵各省，意在另订根本大法，设立临时政府和临时议会。"这更显然是谋叛了。黎总统无可如何，召安徽督军张勋进京共商国是。张勋至天津，迫胁黎总统解散国会而后入。七月一日，竟挟废帝溥仪在京复辟。黎总统走使馆，令副总统冯国璋代行职权，以段祺瑞为国务总理。祺瑞誓师马厂，十二日，克复京城。张勋所扶翼的清朝亡。流了无量数有名无名的先烈的血，然后造成的中华民国，因军人、政客私意的交争，而几至于倾覆，论理，同为中华民国的人民，应该可以悔过了。然而社会现象，哪有如此简单？北方的军人、政客，仍不能和南方合作。乃借口于复辟之时，中华民国业经中断，可仿民国元年之例，重行召集参议院，不知当复辟的十一天中，所谓溥仪者，号令只行于一城；我们即使退一百步，承认当时督军团中的督军，可以受令于溥仪，而西南诸省固自在，中华民国，何尝一日中断来？然而这句话何从向当时的政客说起？于是云南、两广，当国会解散时，宣布径行禀承元首，不受非法内阁干涉的，仍不能和北方合作。国会开非常会议于广州，议决《军政府组织大纲》，在《临时约法》未恢复前，以大元帅任行政权，对外代表中华民国，举孙中山为大元帅。后又改为总裁制，以政务总裁七人，组织政务会议，由各部长所组织之政务院赞襄之，以行使军政府之行政权。北方则召集参政院，修改选举法，另行召集新国会，举徐世昌为总统，于民国七年十月十日就职。中华民国遂成南北分裂之局。而南北的内部，尚不免于战争。九年七月，北方的吴佩孚自衡阳撤防回直隶，和段祺瑞所统率的定国军作战。定国军败，段氏退职，是为皖、直之战。南方亦因心力不齐，总裁中如孙中山等均离粤。是年十月，以粤军而驻扎于福建漳州的陈炯明回粤，政务总裁岑春煊等宣布取消自主。徐世昌据之，下令接收，孙中山等通电否认，回粤再开政务会议。十年四月，国会再开非常会议，选举孙中山为大总统，于五月五日就职。陈炯明遂进兵平定广西。是时北方：曹锟为直、鲁、豫巡阅使，吴佩孚为副。王占元为两湖巡阅使，张作霖为东三省巡阅使，兼蒙疆经略使。湖南军队进攻湖北，王占元败走，旋为吴佩孚所败，进陷岳州，川军东下，亦为佩孚所败。十一年四五月间，奉军在近畿和直军冲突，奉军败退出关。孙中山本在广西筹备北伐。是年四月间，将大本营移至韶关。陈炯明走惠州。五月，北伐军入江西。六月，徐世昌辞职。曹锟等电黎元洪请复位。元洪复电，要求各巡阅使、督军先释兵柄，旋复许先行入都。撤销六年六月解散国会之令，国会再开。孙中山宣言：直系诸将，应将所部半数，先行改为工兵，余则留待与全国军队同时以次改编，方能饬所部罢兵。未几，广西粤军回粤，围攻总统府。孙中山走上海。岁杪，滇、桂军在粤的及粤军的一部分讨陈。陈炯明再走惠州。民国十二年二月，孙中山乃再回广州，以大元帅的名义主持政务。然滇、桂军并不肯进取东江，在广东方面的军事，遂成相持之局。此时北方各督军中，唯浙江卢永祥通电说，冯国璋代理的期限既满，就是黎元洪法定的任期告终，不肯承认黎元洪之复职为合法。东三省则自奉、直战后，即由三省省议会公举张作霖为联省自治保安总司令，而以吉、黑两省督军为之副，不奉北京的命令。其余则悉集于直系旗帜之下。南方如陈炯明及四川省内的军人，亦多与之相结的。直系的势力，可谓如日中天。而祸患即起于其本身。民国十二年六月间，北京军、警围总统府索饷，黎元洪走天津，旋走南方。至十月，曹锟遂以贿选为大总统，于十月就职。同时公布宪法。浙江宣布与北京断绝关系。云南及东三省皆通电讨曹，然亦未能出兵。十三年九月，江、浙战起，奉、直之战继之，直系孙传芳自福建入浙，卢永祥败走。北方则冯玉祥自古北口回军，自称国民第一军。胡景翼、孙岳应之，称国民第二、第三军。吴佩孚方与张作霖相持于山海关，因后路被截，浮海溯江，南走湖北。奉军入关，张作霖与冯玉祥相会，共推段祺瑞为临时执政，段祺瑞邀孙中山入京，共商国是。孙中山主开国民会议，解决国是。段祺瑞不能用。段祺瑞亦主开善后会议，先解决时局纠纷，再开国民代表会议，解决根本问题。孙中山以其所谓会议者，人民团体无一得与，诫国民党员勿得加入。于是会商仍无结果。是年三月十二日，孙中山先生卒于北京。是时北方：张作霖为东北边防督办，冯玉祥为西北边防督办。胡景翼督办河南军务善后事宜，孙岳为省长。后胡景翼卒，孙岳改为督办陕西军务事宜。卢永祥为苏、皖、赣宣抚使，以奉军南下，齐燮元走海外。直隶李景林、山东张宗昌、江苏杨宇霆、安徽姜登选，均属奉系人物。直系残余势力，唯萧耀南仍踞湖北，孙传芳仍据浙江，吴佩孚亦仍居鸡公山。民国十四年十月，孙传芳入江苏。杨宇霆、姜登选皆退走。孙军北上至徐州。十一月，吴佩孚亦起于汉口。奉军驻扎关内的郭松龄出关攻张作霖，以为日本人所阻，败死。冯玉祥攻李景林，李景林走济南，与张宗昌合。吴佩孚初称讨奉，后又与张作霖合攻冯玉祥，冯军撤退西北。段祺瑞出走。北方遂无复首领。大局的奠定，不得不有望于南方的北伐。

先是孙中山以民国八年十月，改中华革命党为中国国民党。民国十二年十一月，又加改组。十三年一月十二日，始开全国代表大会于广州，将大元帅府改组为国民政府。十四年四月，国民政府平东江，还军平定滇、桂军之叛。广西亦来附。改组政府为委员制。十五年一月，开全国代表第二次大会。六月，中央执行委员会召集临时会，通过迅速北伐案。七月，克长沙。九月，下汉阳、汉口，围武昌，至十月而下。十一月，平江西。冯玉祥之国民军，亦以是月入陕，十二月，达潼关。东江之国民军，先以十月入福建。明年，国民军之在湖南者北入河南，与冯玉祥之军合。在福建者入浙江。在江西者分江左江右两军，沿江而下，合浙江之兵克南京。旋因清党事起，宁、汉分裂，至七月间乃复合作。明年，一月，再北伐。至五月入济南，而“五三惨案”作。国民军绕道德州北伐。张作霖于六月三日出关，四日，至皇姑屯，遇炸死。其子张学良继任。至十二月九日，通电服从国民政府，而统一之业告成。

中国革命前途重要的问题，毕竟不在对内而在对外。军人的跋扈，看似扰乱了中国好几十年，然这一班并无大略，至少是思想落伍，不识现代潮流的人，在今日的情势之下，复何能为？他们的难于措置，至少是有些外交上的因素牵涉在内的。而在今日，国内既无问题之后，对外的难关，仍成为我们生死存亡的大问题。所以中国既处于今日之世界，非努力打退侵略的恶势力，绝无可以自存之理。外交上最大的压力，来自东北方。当前清末年，曾向英、美、德、法四国借款，以改革币制及振兴东三省的实业，以新课盐税和东三省的烟酒、生产、消费税为抵。因革命军起，事未有成。至民国时代，四国银行团加入日、俄，变为六国，旋美国又退出，变为五国，所借的款项，则变为善后大借款，这是最可痛心的事。至欧战起，乃有日本和英国合兵攻下胶州湾之举。日本因此而提出五号“二十一条”的要求。其后复因胶济沿路的撤兵，和青岛及潍县、济南日人所施民政的撤废，而有《济顺高徐借款预备契约》，及胶济铁路日方归中、日合办的照会，附以“欣然同意”字样，致伏巴黎和会失败之根。其后虽有华盛顿会议的《九国公约》列举四原则，其第一条，即为尊重中国的主权独立和领土及行政的完全，然迄今未获实现。自欧战以后，与德、奥、俄所订的条约，均为平等。国民政府成立以来，努力于外交的改进。废除不平等条约，已定有办法。关税业已自主。取消领事裁判权，亦已有实行之期。租借地威海卫已交还，租界亦有交还的。然在今日情势之下，此等又都成为微末的问题。我们当前的大问题，若能得有解决，则这些都不成问题；在大问题还没解决之前，这些又都无从说起了。在经济上，我们非解除外力的压迫，更无生息的余地，资源虽富，怕我们更无余沥可沾。在文化上，我们非解除外力的压迫，亦断无自由发展的余地，甚至当前的意见，亦非此无以调和。总之，我们今日一切问题，都在于对外而不在于对内。

我们现在，所处的境界，诚极沉闷，却不可无一百二十分的自信心。岂有数万万的大族，数千年的大国、古国，而没有前途之理？悲观主义者流：“君歌且休听我歌，我歌今与君殊科。”我请诵近代大史学家梁任公先生所译英国大文豪拜伦的诗：

希腊啊！你本是和平时代的爱娇，你本是战争时代的天骄。撒芷波，歌声高，女诗人，热情好。更有那德罗士、菲波士荣光常照。此地是艺文旧垒，技术中潮。祇今在否？算除却太阳光线，万般没了。

马拉顿前啊！山容缥缈。马拉顿后啊！海门环绕。如此好河山，也应有自由回照。我向那波斯军墓门凭眺。难道我为奴为隶，今生便了？不信我为奴为隶，今生便了。

卅，九，一八于孤岛

下　编

中国文化史

第二十六章 婚姻

《易经》的《序卦传》说："有天地，然后有万物；有万物，然后有男女；有男女，然后有夫妇；有夫妇，然后有父子；有父子，然后有君臣。"这是古代哲学家所推想的社会起源。他们以为隆古的社会，亦像后世一般，以一夫一妇为基本，成立一个家庭，由此互相联结，成为更大的组织。此等推想，确乎和我们根据后世的制度，以推想古代的情形的脾胃相合。所以几千年来，会奉为不刊之典。然而事实是否如此，却大是一个疑问了。

自有历史以来，不过几千年，社会的情形，却已大有改变了。设使我们把历史抹杀了，根据现在的情形，去臆测周、秦、汉、魏、唐、宋时的状况，那给研究过历史的人听了，一定是一场大笑话，何况邃古之事，去今业已几万年几十万年呢？不知古代的真相，而妄以己意推测，其结果，必将以为自古至今，不过如此，实系因缘起灭的现象，都将认为天经地义，不可变更。就将发生许多无谓的争执，不必要的保守，而进化的前途被其阻碍了。所以近几十年来，史前史的发现，实在是学术上的一个大进步。而其在社会组织方面，影响尤大。

据近代社会学家所研究：人类男女之间，本来是没有什么禁例的。其后社会渐有组织，依年龄的长幼，分别辈行。当此之时，同辈行之男女，可以为婚，异辈行则否。更进，乃于亲族之间，加以限制。最初是施诸同母的兄弟姊妹的。后来渐次扩充，至凡同母系的兄弟姊妹，都不准为婚，就成所谓氏族 (Sib) 了。此时异氏族之间，男女仍是成群的，此一群之男，人人为彼一群之女之夫；彼一群之女，人人为此一群之男之妻；绝无所谓个别的夫妇。其后禁例愈繁，不许相婚之人愈多。于是一个男子，有一个正妻；一个女子，有一个正夫。然除此之外，尚非不许与其他的男女发生关系。而夫妻亦不必同居；其关系尚极疏松。更进，则夫妻必须同居（一夫一妻，或一夫多妻），关系更为永久，遂渐成后世的家庭了。所以人类的婚姻，是以全无禁例始，逐渐发生加繁其禁例，即缩小其通婚的范围，而成为今日的形态的。以一夫一妻的家庭，为原始的男女关系，实属错误。

主张一夫一妻的家庭，为男女原始关系的形态的，不过说：人类是从猿猴进化而来的，猿猴已有家庭，何况人类？然谓猿猴均有家庭，其观察本不正确。（详见李安宅译《两性社会学》附录《近代人类学与阶级心理》第四节。商务印书馆本。）即舍此勿论，猿猴也是人类祖先的旁支，而非其正系。据生物学家之说，动物的聚居，有两种形式：一如猫虎等，雌雄同居，以传种之时为限；幼儿成长，即与父母分离；是为家庭动物。一如犬马等，其聚居除传种外，兼以互相保卫为目的；历时可以甚久，为数可以甚多；是为社群动物。人类无爪牙齿角以自卫，倘使其聚居亦以家庭为限，在隆古之世，断乎无以自存；而且语言也必不会发达。所以原始人类的状况，我们虽不得而知，其为社群而非家庭，则殆无疑义。猿类的进化不如人类，以生物界的趋势论，实渐走上衰亡之路，怕正以其群居本能，不如人类之故。而反说人类的邃初，必与猿猴一样，实未免武断偏见了。何况人类的性质，如妒忌及性的羞耻等，均非先天所固有（此观小孩便可知。动物两性聚居，只有一夫一妻、一夫多妻两种形式，人类独有一妻多夫，尤妒忌非先天性质之明证）；母爱亦非专施诸子女等，足以证明其非家庭动物的，还很多呢。

现代的家庭，与其说是源于人的本性，倒不如说是源于生活情形。（道德不道德的观念，根于习惯；习惯源于生活。）据社会学家所考究：在先史时期，游猎的阶段极为普遍。游猎之民，都是喜欢掠夺的，而其时可供掠夺之物极少，女子遂成为掠夺的目的。其后虑遭报复，往往掠夺之后，遗留物件，以为交换。此时的掠夺，实已渐成为贸易。女子亦为交换品之一。是为掠夺的变相，亦开买卖的渊源。掠夺来的女子，是和部族中固有的女子地位不同的。她是掠夺她的人的奴隶，须负担一切劳役。此既足以鼓励男子，使之从事于掠夺。又婚姻之禁例渐多，本部族中的女子，可以匹合者渐少，亦益迫令男子从事于向外掠夺。所以家庭的起源，是由于女子的奴役；而其需要，则是立在两性分工的经济原因上的。与满足性欲，实无多大关系。原始人除专属于他的女子以外，满足性欲的机会，正多着呢。游猎之民，渐进而为畜牧，其人之好战斗，喜掠夺，亦与游猎之民同（凡畜牧之民，大抵兼事田猎)，而其力且加强(因其食物充足，能合大群；营养佳良，体格强壮之故)。牧群须人照管，其重劳力愈甚，而掠夺之风亦益烈。只有农业是源于搜集的，最初本是女子之事。低级的农业，亦率由女子任其责。其后逐渐发达，成为生活所必资。此时经济的主权，操于女子之手。土田室屋及农具等，率为女子所有。部族中人，固不愿女子出嫁；女子势亦无从出嫁；男子与女子结婚者，不得不入居女子族中，其地位遂成为附属品。此时女子有组织，男子则无(或虽有之而不关重要)，所以社会上有许多公务，其权皆操于女子之手(如参与部族会议，选举酋长等。此时之女子，亦未尝不从事于后世家务一类的事务，然其性质，亦为公务，与后世之家务，迥乎不同)，实为女子的黄金时代。所谓服务婚的制度，即出现于此时。因为结婚不能徒手，而此时的男子，甚为贫乏，除劳力之外，实无可以为聘礼之物之故。其后农业更形重要，男子从事于此者益多。驯致以男子为之主，而女子为之辅。于是经济的主权，再入男子之手。生活程度既高，财产渐有盈余，职业日形分化。如工商等业，亦皆为男子之事。个人私产渐兴，有财富者即有权力，不乐再向女子的氏族中作苦，乃以财物偿其部族的损失，而娶女以归。于是服务婚渐变为买卖婚，女子的地位，又形低落了。

以上所述，都是社会学家的成说。返观我国的古事，也无乎不同。《白虎通义·三皇篇》说，古代的人，“知其母而不知其父”，这正是古代的婚姻，无所谓夫妇的证据。人类对于男女性交毫无限制的时代，去今远了，在书本上不易找到证据。至于辈行婚的制度，则是很明白无疑的。《礼记·大传》说宗子合族之礼道：“同姓从宗合族属，异姓主名治际会。名著而男女有别。其夫属乎父道者，妻皆母道也；其夫属乎子道者，妻皆妇道也。谓弟之妻为妇者，是嫂亦可谓之母乎？名者，人治之大者也，可无慎乎？”这正是古代婚姻但论辈行一个绝好的遗迹。这所谓同姓，是指父系时代本氏族里的人。用现在的话来说，就是老太爷、老爷、少爷们。异姓，郑《注》说“谓来嫁者”，就是老太太、太太、少太太们。从宗，是要依着血系的支分派别的，如先分为老大房、老二房、老三房，再各统率其所属的房分之类。主名，郑《注》说：“主于妇与母之名耳。”谓但分别其辈行，而不复分别其支派。质而言之，就是但分为老太太、太太、少太太，而不再问其孰为某之妻，孰为某之母。“谓弟之妻为妇者，是嫂亦可谓之母乎？”翻做现在的话，就是：“把弟媳妇称为少太太，算做儿媳妇一辈，那嫂嫂难道可称为老太太，算做母亲一辈么？”如此分别，就可以称为男女有别，可见古代婚姻，确有一个专论辈行的时代，在周代的宗法中，其遗迹还未尽泯。夏威夷人对于父、伯叔父、舅父，都用同一的称呼。中国人对于舅，虽有分别，父与伯叔父，母与伯叔母、从母，也是没有分别的。伯父只是大爷，叔父、季父，只是三爷、四爷罢了。再推而广之，则上一辈的人，总称为父兄，亦称父老。“老”与“考”为转注（《说文》），最初只是一语，而“考”为已死之父之称。下一辈则总称子弟。《公羊》何《注》说：“宋鲁之间，名结婚姻为兄弟。”（僖公二十五年。）可见父母兄弟等，其初皆非专称。资本主义的社会学家说：这不是野蛮人不知道父与伯叔父、舅父之别，乃是知道了而对于他们仍用同一的称呼。殊不知野蛮人的言语，总括的名词虽比我们少，各别的名词却比我们多。略知训诂的人皆知之。（如古鸟称雌雄，兽称牝牡，今则总称雌雄，即其一例。）既知父与伯叔父、舅父之别，而仍用同一的称呼，这在我们，实在想不出这个理由来。难者将说：父可以不知道，母总是可以知道的，为什么母字亦是通称呢？殊不知大同之世，“人不独亲其亲，不独子其子”，生物学上的母虽只一个，社会学上的母，在上一辈中是很普遍的。父母之恩，不在生而在养，生物学上的母，实在是无甚关系的，又何必特立专名呢？然则遂初所谓夫妇之制和家庭者安在？《尔雅·释亲》：兄弟之妻，“长妇谓稚妇为娣妇，娣妇谓长妇为姒妇”。这就是现在的妯娌。而女子同嫁一夫的，亦称先生者为姒，后生者为娣。这也是辈行婚的一个遗迹。

社会之所以有组织，乃是用以应付环境的。其初，年龄间的区别，实在大于两性间的区别。（后来受文化的影响，此等区别，才渐渐转变。《商君书·兵守篇》说，军队的组织，以壮男为一军，壮女为一军，男女之老弱者为一军，其视年龄的区别，仍重于两性的区别。）所以组织之始，是按年龄分阶层的。而婚姻的禁例，亦起于此。到后来，便渐渐依血统区别了。其禁例，大抵起于血缘亲近之人之间。违犯此等禁例者，俗语谓之“乱伦”，古语则谓之“鸟兽行”，亦谓之“禽兽行”。惩罚大抵是很严重的。至于扩而充之，对母方或父方有血缘关系之人，概不许结婚，即成同姓不婚之制。（中国古代的姓，相当于现在社会学上所谓氏族。）同姓不婚的理由，昔人说是：“主男女同姓，其生不蕃。”（《左氏》僖公二十三年郑叔詹说。）“美先尽矣，则相生疾。”（同上昭公七年郑子产说。）又说是同姓同德，异姓异德。（《国语·晋语》司空季子说。）好像很知道遗传及健康上的关系的。然（一）血族结婚，有害遗传，本是俗说，科学上并无证据。（二）而氏族时代所谓同姓，亦和血缘远近不符。（三）至谓其有害于健康，则更无此说。然则此等都是后来附会之说，并不是什么真正的理由。以实际言，此项禁例，所以能维持久远的，大概还是由于《礼记·郊特牲》所说的“所以附远厚别”。因为文化渐进，人和人之间，妒忌之心，渐次发达，争风吃醋的事渐多，同族之中，必有因争色而致斗乱的，于是逐渐加繁其禁例，最后，遂至一切禁断。而在古代，和亲的交际，限于血缘上有关系的人。异姓间的婚姻，虽然始于掠夺，其后则渐变为买卖，再变为聘娶，彼此之间，无复敌意，而且可以互相联络了。试看春秋战国之世，以结婚姻为外交手段者之多，便可知《郊特牲》“附远”二字之确。这是同姓不婚之制，所以逐渐普遍，益臻固定的理由。及其既经普遍固定之后，则制度的本身，就具有很大的威权，更不必要什么理由了。

妒忌的感情，是何从而来的呢？前文不是说，妒忌不是人的本性么？然两性间的妒忌，虽非人之本性，而古人大率贫穷，物质上的缺乏，逼着他不能不生出产业上的嫉妒来。掠夺得来的女子，既是掠夺者的财产，自然不能不努力监视着她。其监视，固然是为着经济上的原因，然他男子设或与我的奴隶发生性的关系，就很容易把她带走，于是占有之欲，自物而扩及于人。而和此等女子发生性的关系，亦非得其主人许可，或给以某种利益以为交换不可了（如租赁、借贷、交换等。《左氏》襄公二十八年，庆封与卢蒲嫳易内；昭公二十八年，祁胜与邬臧通室；现在有的地方，还有租妻之俗；就是这种制度的遗迹）。再进，产业上的妒忌，渐变成两性间的妒忌，而争风吃醋之事遂多。内婚的禁忌，就不得不加严，不得不加密了。所以外婚的兴起，和内婚的禁止，也是互为因果的。

掠夺婚起于游猎时代，在中国古书上，也是确有证据的。《礼记·月令》《疏》引《世本》说：大昊始制嫁娶以俪皮为礼。托诸大昊，虽未必可信，而俪皮是两鹿皮，见《公羊》庄公二十二年何《注》，这确是猎人之物。古婚礼必用雁，其理由，怕亦不过如此。又婚礼必行之昏时，亦当和掠夺有关系。

中国农业起于女子，捕鱼在古代亦为女子之事。农渔之民，都是食物饶足，且居有定地的，畋猎对于社会的贡献比较少，男子在经济上的权力不大，所以服务婚之制，亦发生于此时。赘婿即其遗迹。《战国·秦策》说大公望是齐之逐夫，当即赘婿。古代此等婚姻，在东方，怕很为普遍的。《汉书·地理志》说，齐襄公淫乱，姑姊妹不嫁。“于是下令国中：民家长女不得嫁，名曰巫儿，为家主祠，嫁者不利其家。民至今以为俗。”把此等风俗的原因，归诸人君的一道命令，其不足信，显而易见。其实齐襄公的姑姊妹不嫁，怕反系受这种风俗的影响吧。《公羊》桓公二年，有楚王妻娟之语。（何《注》：娟，妹也。）可见在东南的民族，内婚制维持较久。《礼记·大传》说：“四世而缌，服之穷也。五世袒免，杀同姓也。六世亲属竭矣，其庶姓别于上，而戚单于下（单同殚），婚姻可以通乎？系之以姓而弗别，缀之以族而弗殊，虽百世而昏姻不通者，周道然也。”然则男系同族，永不通婚，只是周道。自殷以上，六世之后，婚姻就可以通的。殷也是东方之国。《汉书·地理志》又说燕国的风俗道：“初太子丹宾养勇士，不爱后宫美女，民化以为俗，至今犹然。宾客相过，以妇侍宿。嫁娶之夕，男女无别，反以为荣。后稍颇止，然终未改。”不知燕丹的举动，系受风俗的影响，反以为风俗源于燕丹，亦与其论齐襄公同病。而燕国对于性的共有制维持较久，则于此可见。燕亦是滨海之地。然则自东南亘于东北，土性肥沃，水利丰饶，农渔二业兴盛之地，内婚制及母系氏族，都是维持较久的。父系氏族，当起于猎牧之民。此可见一切社会制度，皆以经济状况为其根本原因。

人类对于父母亲族，总只能注意其一方，这是无可如何的。所以在母系氏族内，父方的亲族，并不禁止结婚；在父系氏族内，母方的亲族亦然；且有两个氏族，世为婚姻的。中国古代，似亦如此。所以夫之父与母之兄弟同称（舅），夫之母与父之姊妹同称（姑）。可见母之兄弟，所娶者即父之姊妹（并非亲姊妹，不过同氏族的姊妹行而已）。而我之所嫁，亦即父之氏族中之男子，正和我之母与我之父结婚同。古代氏族，又有在氏族之中，再分支派的。如甲乙两部族，各分为一二两组。甲一之女，必与乙二之男结婚，生子则属于甲二。甲二之女，必与乙一之男结婚，生子则属于甲一。乙组的女子亦然。（此系最简单之例，实际还可以更繁复。）如此，则祖孙为同族人，父子则否。中国古代，似亦如此。所以祭祀之礼：“孙可以为王父尸，子不可以为父尸。”（《礼记·曲礼》。）殇与无后者，必从祖祔食，而不从父祔食。（《礼记·曾子问》。）

近亲结婚，在法律上本有禁令的，并不限于父系。如《清律》：“娶己之姑舅两姨姊妹者，杖八十，并离异。”即是。然因此等风俗，根深蒂固，法律就成为具文了。

古代所谓同姓，是自认为出于同一始祖的。（在父系氏族，则为男子。在母系氏族，则为女子。）虽未必确实，他们固自以为如此。同姓与否，和血缘的远近，可谓实无关系。然他们认为同姓则同德，不可结婚，异姓则异德，可以结婚，理由虽不确实，办法尚觉一致。至后世所谓同姓，则并非同出于一源；而同出于一源的，却又不必同姓。如王莽，以姚、妫、陈、田皆黄虞后，与己同姓，令元城王氏勿得与四姓相嫁娶。（《汉书·王莽传》。）而王䜣孙咸，以得姓不同，其女转嫁为莽妻。（《汉书·王䜣传》。）此等关系，后世都置诸不论了。所谓同姓异姓，只是以父系的姓字面上的同异为据，在理论上，可谓并无理由，实属进退失据。此因同姓不婚之制，已无灵魂，仅剩躯壳之故。总而言之，现在的所谓姓氏，从各方面而论，都已毫无用处，不过是社会组织上的老废物罢了。

婚礼中的聘礼，即系买卖婚的遗迹，古礼称为“纳征”。《礼记·内则》说：“聘则为妻，奔则为妾”；《曲礼》说：“买妾不知其姓则卜之。”则买妾是真给身价的，聘妻虽具礼物，不过仅存形式，其意已不在于利益了。

古代婚礼，传于后世的，为《仪礼》中的《士昏礼》。其节目有六：即（一）纳采（男氏遣使到女氏去求婚），（二）问名（女氏许婚之后，再请问许婚的是哪一位姑娘，因为纳采时只申明向女氏的氏族求婚，并未指明哪一个人之故），（三）纳吉（女氏说明许婚的系哪一位姑娘之后，男氏归卜之于庙。卜而得吉，再使告女氏），（四）纳征（亦谓之纳币。所纳者系玄纁束帛及俪皮），（五）请期（定吉日。吉日系男氏所定，三请于女氏，女氏不肯定，然后告之），（六）亲迎（新郎亲到女氏。执雁而入，揖让升堂，再拜奠雁。女父带着新娘出来，交结他。新郎带着新娘出门。新娘升车，新郎亲为之御。车轮三转之后，新郎下车，由御者代御。新郎先归，在门首等待。新娘车至，新郎揖之而入。如不亲迎的，则新郎三月后往见舅姑。亲迎之礼，儒家赞成，墨家是反对的，见《礼记·哀公问》《墨子·非儒篇》），是为六礼。亲迎之夕，共牢而食，合卺而酳。（古人的宴会，猪牛羊等，都是每人一份的。夫妻则两个人合一份，是谓同牢。把一个瓢破而为两，各用其半，以为酒器，是为合卺。这表示“合体，同尊卑”的意思。）其明天，“赞妇见于舅姑”。又明天，“舅姑共飨妇”。礼成之后，“舅姑先降自西阶（宾阶），妇降自阼阶（东阶，主人所行。古人说地道尊右，故让客人走西阶）”，表明把家事传给她，自己变做客人的意思。此礼是限于适妇的，谓之“著代”，亦谓之“授室”。若舅姑不在，则三月而后庙见。《礼记·曾子问》说：“女未庙见而死，归葬于女氏之党，示未成妇。”诸侯嫁女，亦有致女之礼，于三月之后，遣大夫操礼而往，见《公羊》成公九年。何《注》说：“必三月者，取一时，足以别贞信。”然则古代的婚礼，是要在结婚三个月之后，才算真正成立的。若在三月之内分离，照礼意，还只算婚姻未完全成立，算不得离婚。这也可见得婚姻制度初期的疏松。

礼经所说的婚礼，是家族制度全盛时的风俗，所以其立意，全是为家族打算的。《礼记·内则》说：“子甚宜其妻，父母不说，出。子不宜其妻，父母曰：是善事我，子行夫妇之礼焉，没身不衰。”可见家长权力之大。《昏义》说：“成妇礼，明妇顺，又申之以著代，所以重责妇顺焉也。妇顺也者，顺于舅姑，和于室人，而后当于夫；以成丝麻布帛之事；以审守委积盖藏。是故妇顺备而后内和理，内和理而后家可长久也，故圣王重之。”尤可见娶妇全为家族打算的情形。《曾子问》说：“嫁女之家，三夜不息烛，思相离也。”这是我们容易了解的。又说：“取妇之家，三日不举乐，思嗣亲也。”此意我们就不易了解了。原来现代的人，把结婚看作个人的事情，认为是结婚者的幸福，所以多有欢乐的意思。古人则把结婚看作为家族而举行的事情。儿子到长大能娶妻，父母就近于凋谢了，所以反有感伤的意思。《曲礼》说：“昏礼不贺，人之序也。”也是这个道理。此亦可见当时家族主义的昌盛，个人价值，全被埋没的一斑。

当这时代，女子遂成为家族的奴隶，奴隶是需要忠实的，所以贞操就渐渐地被看重。“贞妇”二字，昉见于《礼记·丧服四制》。春秋时，鲁君的女儿，有一个嫁给宋国的，称为宋伯姬。一天晚上，宋国失火，伯姬说：“妇人夜出，必待傅姆。”（傅姆是老年的男女侍从。必待傅姆，是不独身夜行，以避嫌疑的意思。）傅姆不至，不肯下堂，遂被火烧而死。《春秋》特书之，以示奖励。（《公羊》襄公三十年。）此外儒家奖励贞节之说还有许多，看刘向的《列女传》可知。刘向是治鲁诗的，《列女传》中，有许多是儒家相传的诗说。秦始皇会稽刻石说：“饰省宣义，有子而嫁，倍死不贞。防隔内外，禁止淫佚，男女洁诚。夫为寄豭，杀之无罪，男秉义程。妻为逃嫁，子不得母，咸化廉清。”按《管子·八观篇》说：“闾闬无阖，外内交通，则男女无别矣。”又说：“食谷水，巷凿井；场圃接，树木茂；宫墙毁坏，门户不闭，外内交通；则男女之别，无自正矣。”（《汉书·地理志》说：郑国土陋而险，山居谷汲，男女亟聚会，故其俗淫。）这即是秦始皇所谓防隔内外。乃是把士大夫之家，“深宫固门，阍寺守之，男不入，女不出”的制度（见《礼记·内则》），推广到民间去。再嫁未必能有什么禁令，不过宣布其是“倍死不贞”，以示耻辱，正和奖励贞节用意相同。“寄豭”是因奸通而寄居于女子之家的，杀之无罪；妻为逃嫁，则子不得母；其制裁却可谓严厉极了。压迫阶级所组织的国家，其政令，自然总是助压迫阶级张目的。

虽然如此，罗马非一日之罗马，古代疏松的婚姻制度，到底非短期间所能使其十分严紧的。所以表现于古书上的婚姻，要比后世自由得多。《左氏》昭公元年载，郑国徐吾犯之妹美，子南业经聘定了她，子晳又要强行纳聘。子晳是个强宗，国法奈何不得他。徐吾犯乃请使女自择，以资决定。这虽别有用意，然亦可见古代的婚嫁，男女本可自择。不过“男不亲求，女不亲许”（见《公羊》僖公十四年），必须要有个媒妁居间；又必须要“为酒食以召乡党僚友”（《礼记·曲礼》），以资证明罢了。婚约的解除，也颇容易。前述三月成妇之制，在结婚三个月之后，两造的意见觉得不合，仍可随意解除，这在今日，无论哪一国，实都无此自由。至于尚未同居，则自然更为容易。《礼记·曾子问》说：“昏礼：既纳币，有吉日，女之父母死，则如之何？孔子曰：婿使人吊。如婿之父母死，则女之家亦使人吊。婿已葬，婿之伯父，致命女氏曰：某之子有父母之丧，不得嗣为兄弟，使某致命。女氏许诺，而弗敢嫁，礼也。婿免丧，女之父母使人请，婿弗取而后嫁之，礼也。女之父母死，婿亦如之。”一方等待三年，一方反可随意解约，实属不近情理。迂儒因生种种曲说。其实这只是《礼记》文字的疏忽。孔子此等说法，自为一方遭丧而一方无意解约者言之；若其意欲解约，自然毫无限制。此乃当然之理，在当日恐亦为常行之事，其事无待论列，故孔子不之及。记者贸然下了“而弗敢嫁，礼也”六字，一似非等待不可的，就引起后人的误会了。离婚的条件，有所谓七出，亦谓之七弃［（一）无子。（二）淫逸。（三）不事舅姑。（四）口舌。（五）盗窃。（六）嫉妒。（七）恶疾］，又有所谓三不去［（一）尝更三年丧不去。（二）贱娶贵不去。（三）有所受无所归不去］，与五不娶并列［（一）丧妇长女。（二）世有恶疾。（三）世有刑人。（四）乱家女。（五）逆家女］，见于《大戴礼记·本命篇》和《公羊》庄公二十七年何《注》，皆从男子方面立说。此乃儒家斟酌习俗，认为义所当然，未必与当时的法律习惯密合。女子求去，自然也有种种条件，为法律习惯所认许的，不过无传于后罢了。观汉世妇人求去者尚甚多（如朱买臣之妻等），则知古人之于离婚，初不重视。夫死再嫁，则尤为恒事。这是到宋以后，理学盛行，士大夫之家更看重名节，上流社会的女子才少有再嫁的，前代并不如此。《礼记·郊特牲》说："一与之齐，终身不改，故夫死不嫁。"这是现在讲究旧礼教的迂儒所乐道的。然一与之齐，终身不改，乃是说不得以妻为妾，并非说夫死不嫁。《白虎通义·嫁娶篇》引《郊特牲》，并无"故夫死不嫁"五字；郑《注》亦不及此义；可见此五字为后人所增。郑《注》又说"齐或为醮"，这字也是后人所改的。不过郑氏所据之本，尚作"齐"字，即其所见改为"醮"字之本，亦尚未窜入"故夫死不嫁"五字罢了。此可见古书逐渐窜改之迹。

后世男子的权利，愈行伸张，则其压迫女子愈甚。此可于其重视为女时的贞操，及其贱视再醮妇见之。女子的守贞，实为对于其夫之一种义务。以契约论，固然只在婚姻成立后持续时为有效，以事实论，亦只须如此。所以野蛮社会的风俗，无不是如此的，而所谓文明社会，却有超过这限度的要求。此无他，不过压迫阶级的要求更进一步而已。女子的离婚，在后世本较古代为难，因为古代的财产带家族共有的意思多，一家中人，当然都有享受之分。所以除所谓"有所受无所归"者外，离婚的女子，都不怕穷无所归。后世的财产，渐益视为个人所有，对于已嫁大归之女，大都不愿加以扶养；而世俗又贱视再醮之妇，肯娶者少；弃妇的境遇，就更觉凄惨可怜了。法律上对于女子亦未尝加以保护。如《清律》："凡妻无应出及义绝之状而出之者，杖八十。虽犯七出有三不去而出之者，减二等，追还完聚。"似乎是为无所归的女子特设的保护条文。然追还完聚之后，当如何设法保障，使其不为夫及夫之家族中人所虐待，则绝无办法。又说："若夫妻不相和谐而两愿离者不坐。"不相和谐，即可离异，似极自由。然夫之虐待其妻者，大都榨取其妻之劳力以自利，安能得其愿离？离婚而必以两愿为条件，直使被虐待者永无脱离苦海之日。而背夫私逃之罪，则系"杖一百，从夫嫁卖"。被虐待的女子，又何以自全呢？彻底言之：现在所谓夫妇制度，本无维持之价值。然进化非一蹴所可几，即制度非旦夕所能改。以现在的立法论，当定在原则上：（一）离婚之诉，自妻提出者无不许。（二）其生有子女者，抚养归其母，费用则由其父负担。（三）夫之财产中，其一部分应视为其妻所应得，离婚后当给予其妻。（四）夫妻异财者勿论。其同财者，嫁资应视为妻之私财，离婚时给还其妻；其业经销用者应赔偿。这固不是根本解决的办法，然在今日，立法上亦只得如此了。而在今日，立法上亦正该如此。

古书中所载的礼，大抵是父系家庭时代的习惯风俗。后世社会组织，迄未改变，所以奉其说为天经地义。而因此等说法被视为天经地义之故，亦有助于此制度之维持。天下事原总是互为因果的。但古书中的事实，足以表示家族主义形成前的制度的亦不少，此亦不可不注意。《礼记·礼运》："合男女，颁爵位，必当年德。"《管子·幼官篇》亦有"合男女"之文。合男女，即《周官》媒氏及《管子·入国篇》的合独之政。《周官》媒氏："凡男女自成名以上，皆书年月日名焉。令男三十而娶，女二十而嫁。中春之月，令会男女。于是时也，奔者不禁（谓不备聘娶之礼，说见下）。司男女之无夫家者而会之。"合独为九惠之政之一。其文云："取鳏寡而和合之，与田宅而家室之，三年然后事之。"此实男女妃合，不由家族主持，而由部族主持之遗迹。其初盖普遍如此。到家族发达之后，部族于通常之结婚，才置诸不管，而只干涉其违法者，而救济其不能婚嫁者了。当男女婚配由部族主持之世，结婚的年龄，和每年中结婚的季节，都是有一定的。婚年：儒家的主张是男三十而娶，女二十而嫁。《礼记·曲礼》《内则》等篇，都是如此。《大戴礼记·本命篇》说，这是中古之礼。太古五十而室，三十而嫁。《墨子》（《节用》）、《韩非子》（《外储说右下》）则说男二十而娶，女十五而嫁。结婚的年龄，当然不能斠若划一。王肃说：男十六而精通，女十四而能化，自此以往，便可结婚；所谓三十、二十等，乃系为之极限，使不可过。又所谓男三十，女二十，不过大致如此，并非必以三十之男配二十之女。其说自通。（见《诗·摽有梅疏》。）《大戴礼》说：三十而室，二十而嫁，天子庶人同礼。《左氏》说：天子十五而生子；三十而室，乃庶人之礼（《五经异义》）。贵族生计，较庶人为宽裕，结婚年龄可以提早，说亦可通。至《墨子》《韩非子》之说，则系求蕃育人民之意，古代此等政令甚多，亦不足怪。所可怪者，人类生理今古相同，婚配的要求，少壮之时最为急切，太古时何以能迟至五十、三十？按，罗维（Robert H. Lowie）所著的《初民社会》（吕叔湘译，商务印书馆本），说巴西的波洛洛人（Bororo）男女性交和结婚，并非一事。当其少年时，男女之间，早已发生性的关系，然常是过着浪漫的生活，并不专于一人。倒是年事较长，性欲较淡，彼此皆欲安居时，才择定配偶，相与同居。按，人类的性质，本是多婚的。男女同居，乃为两性间的分工互助，实与性欲无甚关系。巴洛洛人的制度，实在是较为合理的。社会制度，往往早期的较后期的为合理。（这是因已往的文化，多有病态，时期愈晚，病态愈深之故。）中国太古之世，婚年较晚的理由，也可以借鉴而明了。人类性欲的开始，实在二七、二八之年。自此以往，更阅数年，遂臻极盛。（此系中国古说，见《素问·上古天真论》。《大戴礼记》《韩诗外传》《孔子家语》等说皆同。）根于生理的欲念，宜宣泄不宜抑压。抑压之，往往为精神病的根源。然后世将经济上的自立，责之于既结婚的夫妇，则非十余龄的男女所及；又教养子女之责，专由父母任之，亦非十余龄的男女所能；遂不得不将结婚的年龄展缓。在近代，并有因生计艰难，而抱独身主义的。性欲受抑压而横溢，个人及社会两方面，均易招致不幸的结果。这亦是社会制度与人性不能调和的一端。倘使将经济及儿童教养的问题，和两性问题分开，就不致有此患了。所以目前的办法，在以节育及儿童公育，救济迟婚及独身问题。结婚的季节，《春秋繁露》说："霜降逆女，冰泮杀止。"（《循天之道篇》）。《荀子》同。（《大略篇》）。王肃说：自九月至正月（见《诗·绸缪疏》）。其说良是。古人冬则居邑，春则居野，结婚的月份，实在是和其聚居的时期相应的。仲春则婚时已过，至此而犹不克婚，则其贫不能备礼可知，所以奔者不禁了。

多妻之源，起于男子的淫侈。生物界的事实，两性的数目，常大略相等。婚姻而无禁例，或虽有禁例而不严密则已，若既限定对于法定的配偶以外，不许发生性的关系，而又有若干人欲多占异性为己有，则有多占的人，即有无偶的人。所以古今中外，有夫妇之制的社会，必皆以一夫一妻为原则。但亦总有若干例外。古代贵族，妻以外发生性的关系的人有两种：一种是妻家带来的，谓之媵。一种是自己家里所固有的，谓之妾。（后世媵之实消灭，故其名称亦消灭，但以妾为配偶以外发生性的关系之人之总称。）媵之义为送，即妻家送女的人（并不限于女子，如伊尹为有莘氏媵臣是），与婿家跟着新郎去迎接新娘的御相同。媵御的原始，实犹今日结婚时之男女傧相，本无可发生性的关系的理由。后来有特权的男子，不止娶于一家，正妻以外的旁妻，无以名之，亦名之曰媵，媵遂有正妻以外之配偶之义。古代的婚姻，最致谨于辈行，而此规则，亦为有特权者所破坏。娶一妻者，不但兼及其娣，而且兼及其侄女，于是有诸侯一娶九女之制。取一国则二国往媵，各以侄娣从。一娶九女之制，据《白虎通义 · 嫁娶篇》说，天子与诸侯同。亦有以为天子娶十二女的，如《春秋繁露 · 爵国篇》是。此恐系以天子与诸侯同礼为不安而改之。其实在古代，天子诸侯，在实际上未必有多大的区别。《礼记 · 昏义》末节说：天子有一后，三夫人，九嫔，二十七世妇，八十一御妻。按，《昏义》为《仪礼 · 士昏礼》之传，传文皆以释经，独《昏义》此节与经无涉；文亦不类传体；其说在他处又无所见；而适与王莽立后，备和、嫔、美、御，和人三，嫔人九，美人二十七，御人八十一之制相合（见《汉书 · 王莽传》）；其为后人窜入，自无可疑。《冠义》说："无大夫冠礼而有其昏礼？古者五十而后爵，何大夫冠礼之有？"五十而后娶，其为再娶可知。诸侯以一娶九女之故，不得再娶（《公羊》庄公十九年），大夫若亦有媵，安得再娶？管氏有三归，孔子讥其不俭（《论语 · 八佾》：包咸云：三归，娶三姓女），即系讥其僭人君之礼。所以除人君以外，是绝无媵的。至于妾，则为家中的女子，得与家主相接之义。家族主义发达的时代，门以内的事情，国法本不甚干涉。家主在家庭中的地位，亦无人可以制裁他。家中苟有女奴，家主要破坏她的贞操，自无从加以制裁。所以有妾与否，是个事实问题，在法律上，或者并无制限。然古代依身份而立别的习惯，是非常之多的，或有制限，亦未可知。后世等级渐平，依身份而立区别的习惯大半消灭，娶妾遂成为男子普遍的权利了。虽然如此，法律上仍有依身份之贵贱，而定妾之有无多寡的。如《唐书 · 百官志》"亲王有孺人二人，媵十人；二品媵八人；国公及三品媵六人；四品媵四人；五品媵三人"，《明律》"民年四十以上无子者，方听娶妾，违者笞四十"是。但此等法律，多成具文，而在事实上，则多妻之权利，为富者所享受。适庶之别，古代颇严。因为古代等级，本来严峻，妻和妾一出于贵族，一出于贱族，其在社会上的身份，本相悬殊之故。后世等级既平，妻妾之身份，本来的相差不如前代之甚，所以事实上贵贱之相差亦较微。仅在法律上，风俗上，因要维持家庭间的秩序，不得不略存区别而已。

《颜氏家训》说："江左不讳庶孽，丧室之后，多以妾媵终家事。河北鄙于侧室，不预人流，是以必须重娶，至于三四。"这是江左犹沿古代有媵不再娶的旧风，河北就荡然了。但以妾媵终家事，必本有妾媵而后能然。如其无之，自不能不再娶。再娶自不能视之为妾。《唐书·儒学传》说："郑余庆庙有二妣，疑于祖祭，请于有司！博士韦公肃议曰：'古诸侯一娶九女，故庙无二适。自秦以来有再娶，前娶后继皆适也，两祔无嫌。'"自秦以来有再娶，即因封建破坏，无复一娶九女及三归等制度之故。韦公肃之议，为前娶后继，皆为适室礼文上的明据。但从礼意上说，同时不能有二嫡的，所以世俗所谓兼祧双娶，为法律所不许。（大理院解释，以后娶者为妾。）

人类的性质，本来是多婚的。（男女皆然。）虽由社会的势力加以压迫，终不能改变其本性。所以压迫之力一弛，本性随即呈露。在现社会制度之下，最普遍而易见的，是为奸通与卖淫。奸通，因其为秘密之事，无从统计其多少。然就现社会和历史记载上观察，实可信其极为普遍。卖淫亦然。社会学家说："凡是法律和习惯限制男女性交之处，即有卖淫之事随之出现。"史家推源卖淫之始，多以为起于宗教卖淫。王书奴著《中国倡伎史》（生活书店本），亦力主此说。然原始宗教界中淫乱的现象，实未可称为卖淫。因为男女的交际，其初本极自由。后来强横的男子，虽把一部分女子占为己有，然只限于平时。至于众人集会之时，则仍须恢复其故态。所以各个民族，往往大集会之时，即为男女混杂之际。如郑国之俗，三月上巳之日，于溱、洧两水之上，招魂续魄，拂除不祥，士女往观而相谑。（《韩诗》说，据陈乔枞《三家诗遗说考》。）《史记·滑稽列传》载淳于髡说："州闾之会，男女杂坐。行酒稽留，六博投壶，相引为曹。握手无罚，目眙不禁。前有堕珥，后有遗簪。""日暮酒阑，合尊促坐。男女同席，履舄交错。杯盘狼籍。堂上烛灭，主人留髡而送客。罗襦襟解，微闻芗泽。"又如前文所引的燕国"嫁娶之夕，男女无别"都是。宗教上的寺院等，也是大众集会之地，而且是圣地，其地的习惯是不易破坏的。《汉书·礼乐志》说：汉武帝立乐府，"采诗夜诵"。颜师古《注》说："其言辞或秘，不可宣露，故于夜中歌诵。"按《后汉书·高句骊传》说：其俗淫，暮夜辄男女群聚为倡乐。高句骊是好祠鬼神的，而乐府之立，亦和祭礼有关。然则采诗夜诵，怕不仅因其言辞或秘吧？男女混杂之事，后世所谓邪教中亦恒有之，正和邪有何标准？不过古代之俗，渐与后世不合，则被目为邪而已。然则宗教中初期的淫乱，实不可谓之卖淫。不过限制男女交际的自由，往往与私有财产制度伴随而起。既有私有财产，自有所谓买卖；既有所谓买卖，淫亦自可为买卖的标的。在此情形之下，本非买卖之事，变为买卖的多了，亦不仅淫之一端。

卖淫的根源，旧说以为起于齐之女闾。其事见于《战国策》的《东周策》。《东周策》载一个辩士的话道："国必有诽誉。忠臣令诽在己，誉在上。齐桓公宫中七市，女闾七百，国人非之，管仲故为三归之家，以掩桓公非，自伤于民也。"则市与女闾，确为淫乐之地。《商君书·垦令篇》说："令军市无有女子。"又说："轻惰之民，不游军市，则农民不淫。"亦市为淫乐之地之一证。女闾则他处无文。按《太平御览》引《吴越春秋》说："句践输有过寡妇于山上，使士之忧思者游之，以娱其意。"（今本无。）亦即女闾之类。女闾，盖后世所谓女户者所聚居。女户以女为户主，可见其家中是没有壮男的。《周官·内宰》说："凡建国，佐后立市。"《左氏》昭公二十年，晏婴说："内宠之妾，肆夺于市。"则古代的市，本由女子管理。所以到后来，聚居市中的女子还很多。市和女闾，都不过因其为女子聚居之所，遂成为纵淫之地罢了。其初，也未必是卖淫的。

卖淫的又一来源，是为女乐。女乐是贵族家里的婢妾，擅长歌舞等事的，令其"执技以事上"。婢妾的贞操，本来是没有保障的，自不因其为音乐队员而有异。封建制度破坏，贵族的特权，为平民所僭者甚多，自将流布于民间。《史记·货殖列传》说：赵国的女子，"鼓鸣瑟，跕屣（现在的拖鞋，在古时为舞履），游媚贵富，入后宫，遍诸侯"，"郑、卫俗与赵相类"。又说："今夫赵女郑姬，设形容，揳鸣琴，揄长袂，蹑利屣，目挑心招，出不远千里，不择老少者，奔富厚也。"即其事。倡伎本来是有技艺的人的称谓，并非专指女子。所以女子有此等技艺的，还特称为女伎。然其实是性的诱惑的成分多，欣赏其技艺的成分少。于是倡伎转变为女子卖淫者的称谓，其字也改从女旁了（即娼妓。男子之有技艺者，不复称倡伎。）为倡伎之女子，本系婢妾之流，故自古即可买卖。《战国·韩策》说"韩卖美人，秦买之三千金"，其证。后世当娼妓的，也都是经济上落伍的人，自然始终是可以买卖的了。资本的势力愈盛，遂并有买得女子，使操淫业以谋利的。古代的女伎，系婢妾所为，后世政治上还沿袭其遗制，是为乐户，系以罪人家属没入者为之。唐时，其籍属于太常。其额设的乐员，属于教坊司。此系国家的女乐队员，但因其本为贱族，贞操亦无保障，官员等皆可使之执技荐寝以自娱，是为官妓。军营中有时亦有随营的女子，则谓之营妓。民间女子卖淫的，谓之私娼。在本地的称土娼，在异乡的称流娼。清世祖顺治十六年，停止教坊女乐，改用内监。世宗雍正七年，改教坊司为和声署。是时各地方的乐户，亦皆除籍为民。于是在法律上除去一种贱族，亦无所谓官妓。但私娼则是无从禁止的。律例虽有“举、贡、生员，宿娼者斥革”的条文，亦不过为管束举、贡、生员起见而已，并非禁娼。

古代掠夺婚姻的习惯，仍有存于后世的。赵翼《陔余丛考》说：“村俗有以婚姻议财不谐，而纠众劫女成婚者，谓之抢亲。《北史·高昂传》：‘昂兄乾，求博陵崔圣念女为婚，崔不许。昂与兄往劫之。置女村外，谓兄曰：何不行礼？于是野合而归。’是劫婚之事，古亦有之。然今俗劫婚，皆已经许字者，昂所劫则未字，固不同也。”按《清律》：“凡豪势之人，强夺良家妻女，奸占为妻妾者，绞。配与子孙、弟侄、家人者，罪亦如之。”此指无婚姻契约而强抢的。又说：“应为婚者，虽已纳聘财，期未至，而男家强娶者，笞五十。”（指主婚人。）“女家悔盟，男家不告官司强抢者，照强娶律减二等。”此即赵氏所谓已经许字之女，照法律亦有罪，但为习俗所囿，法律多不能实行。又有男女两家，因不能负担结婚时的费用，私相协议，令男家以强抢的形式出之的。则其表面为武力的，内容实为经济的了。抢孀等事，亦自古即有。《潜夫论·断讼篇》云：“贞洁寡妇，遭直不仁世叔、无义兄弟，或利其聘币，或贪其财贿，或私其儿子，则迫胁遣送，有自缢房中，饮药车上，绝命丧躯，孤捐童孩者。”又有“后夫多设人客，威力胁载者”。这其中，亦含有武力的、经济的两种成分。

买卖婚姻，则无其名而有其实。《断讼篇》又说：“诸女一许数家，虽生十子，更百赦，勿令得蒙一还私家，则此奸绝矣。不则髡其夫妻，徙千里外剧县，乃可以毒其心，而绝其后。”《抱朴子·弭讼篇》述其姑子刘士由之论说：“末世举不修义，许而弗与。讼阋秽缛，烦塞官曹。今可使诸争婚者，未及同牢，皆听义绝，而倍还酒礼，归其币帛。其尝已再离，一倍裨聘。（裨即现在“赔偿”的“赔”字。）其三绝者，再倍裨聘。如此，离者不生讼心，贪者无利重受。”葛洪又申说自己的意见道：“责裨聘倍，贫者所惮，丰于财者，则适其愿矣。后所许者，或能富殖，助其裨聘，必所甘心。然则先家拱默，不得有言，原情论之，能无怨叹乎？”葛洪之意，要令“女氏受聘，礼无丰约（谓不论聘财多少），皆以即日报版。

又使时人署姓名于别版，必十人以上，以备远行及死亡。又令女之父兄若伯叔，答婿家书，必手书一纸。若有变悔而证据明者，女氏父母兄弟，皆加刑罚罪”。可见汉晋之世买卖婚姻之盛。后世契约效力较强，此等事无人敢做，但嫁女计较聘礼，娶妻觊觎妆奁，其内容还是一样的，此非经济制度改变，无法可以改良了。

后世的婚姻，多全由父母做主，本人概不与闻，甚至有指腹为婚等恶习（见《南史·韦放传》。按《清律》，指腹为婚有禁），这诚然是很坏的。然论者遂以夫妇之道苦，概归咎于婚姻的不自由，则亦未必其然。人之性，本是多婚的，男女皆然，所以爱情很难持之永久。即使结婚之时，纯出两情爱慕，绝无别种作用掺杂其间，尚难保其永久，何况现在的婚姻，有别种作用掺杂的且居多数呢？欲救夫妇道苦之弊，与其审慎于结婚之时，不如宽大于离婚之际，因为爱情本有变动，结婚时无论如何审慎，也控制不住后来的变化的。习俗所以重视离婚，法律也尽力禁阻，不过是要维持家庭。然家庭制度，实不是怎么值得维持的东西。

统观两性关系，自氏族时代以后，即已渐失其正常。其理由：因女子在产育上，所负的责任较男子为多，因而其斗争的力量，较男子为弱。不论在人类凭恃武力相斗争，或凭恃财力相斗争的时代，女子均渐沦于被保护的地位，失其独立，而附属于男子。社会的组织，宜于宽平坦荡，个个人与总体直接。若多设等级，使这一部分人，隶属于那一部分人，那不公平的制度就要逐渐发生，积久而其弊愈深了。近代女权的渐渐伸张，实因工业革命以来，女子渐加入社会的机构，非如昔日蛰居家庭之中，专做辅助男子的事情之故。女子在产育上多尽了责任，男子就该在别一方面多尽些义务，这是公道。乘此机会，压迫女子，多占权利，是很不正当的。而欲实行公道，则必自铲除等级始。所以有人说：社群制度是女子之友，家庭制度是女子之敌。然则“女子回到家庭去”这口号，当然只有开倒车的人才会去高呼了。人家都说现在的女学生坏了，不如从前旧式的女子，因其对于家政生疏了，且不耐烦。殊不知这正是现代女子进步之征。因为对于家政生疏，对于参与社会的工作却熟练了。这正是小的、自私的、自利的组织，将逐渐破坏；大的、公平的、博爱的制度，将逐渐形成的征兆。贤母良妻，只是贤奴良隶。此等教育，亦只好落伍的国家去提倡。我们该教一切男女以天下为公的志愿，广大无边的组织。

第二十七章　族制

人是非团结不能生存的。当用何法团结呢？过去的事情，已非我们所能尽知；将来的事情，又非我们所能预料。我们现在，只能就我们所知道的，略加说述而已。

在有史时期，血缘是人类团结的一个重要因素。人恒狃于其所见闻，遂以此为人类团结唯一的因素，在过去都是如此，在将来也非如此不可了。其实人类的团结，并非是专恃血缘的。极远之事且勿论，即上章所说的以年龄分阶层之世，亦大率是分为老、壮、幼三辈（间有分为四辈的，但以分做三辈为最普通。《礼记·礼运》说："使老有所终，壮有所用，幼有所长。"《论语·雍也篇》说："老者安之，朋友信之，少者怀之。"亦都是分为三辈），而不再问其人与人间的关系的。当此之时，哪有所谓夫妇、父子、兄弟之伦呢？《礼记·礼运》说：大同之世，"人不独亲其亲，不独子其子"。《左氏》载富辰的话，也说："大上以德抚民，其次亲亲，以相及也。"（僖公二十四年）。可见亲族关系，是后起的情形了。

人类愈进步，则其分化愈甚，而其组织的方法亦愈多。于是有所谓血族团体。血族团体，其初必以女子为中心。因为夫妇之伦未立，父不可知；即使可知，而父子的关系，亦不如母子之密之故。如上章所述，人类实在是社群动物，而非家庭动物。所以其聚居，并不限于两代。母及同母之人以外，又有母的母，母的同母等。自己而下推，亦是如此。逐渐成为母系氏族。每一个母系氏族，都有一个名称，是即所谓姓。一姓总有一个始祖母的，如殷之简狄、周之姜嫄即是。简狄之子契，姜嫄之子稷，都是无父而生的。因为在传说中，此等始祖母本来无夫之故。记载上又说她俩都是帝喾之妃，一定是后来附会的。（契、稷皆无父而生，见《诗·玄鸟》《生民》。《史记·殷》《周本纪》所载，即是《诗》

说。据陈乔枞《三家诗遗说考》所考证，太史公是用鲁诗说的。姜嫄、简狄，皆帝喾之妃，见《大戴礼记·帝系篇》。《史记·五帝本纪》，亦用其说。）

女系氏族的权力，亦有时在男子手中，此即所谓舅权制。此等权力，大抵兄弟相传，而不父子相继。因为兄弟是同氏族人，父子则异氏族之故。我国商朝和春秋时的鲁国、吴国，都有兄弟相继的遗迹。（鲁自庄公以前，都一代传子，一代传弟，见《史记·鲁世家》。）这是由于东南一带，母系氏族消灭较晚之故。

由于生业的转变，财产和权力都转入男子手中，婚姻非复男子入居女子的氏族，而为女子入居男子的氏族。于是组织亦以男为主，而母系氏族遂变为父系氏族。商、周自契、稷以后，即奉契、稷为始祖，便是这种转变的一件史实。

族之组织，是根据于血缘的。血缘之制既兴，人类自将据亲等的远近，以别亲疏。一姓的人口渐繁，又行外婚之制，则同姓的人，血缘不必亲，异姓的人，血缘或转相接近。所谓族与姓，遂不得不分化为两种组织。族制，我们所知道的，是周代的九族：（一）父姓五服以内。（二）姑母和她的儿子。（三）姊妹和她的儿子。（四）女儿和她的儿子。是为父族四。（五）母的父姓，即现在所谓外家。（六）母的母姓，即母亲的外家。（七）母的姊妹和她们的儿子。是为母族三。（八）妻之父姓。（九）妻之母姓。是为妻族二。这是汉代今文家之说，见于《五经异义》。（《诗·葛藟疏》引。）《白虎通义·宗族篇》同。古文家说，以上自高祖，下至玄孙为九族，此乃秦汉时制，其事较晚，不如今文家所说之古了。然《白虎通义》又载或说，谓尧时父母妻之族各三，周贬妻族以附父族，则今文家所说，亦已非极古之制。《白虎通义》此段，文有脱误，尧时之九族，无从知其详。然观下文引《诗》“邢侯之姨”，则其中该有妻之姊妹。总而言之：族制是随时改变的，然总是血缘上相近的人，和后世称父之同姓为族人，混同姓与同族为一不同，则是周以前所同的。九族中人，都是有服的。其无服的，则谓之党。（《礼记·奔丧》郑《注》。）是为父党，母党，妻党。

同姓的人，因人口众多，血缘渐见疏远，其团结是否因此就松懈了呢？不。所谓九族者，除父姓外，血缘上虽然亲近，却不是同居的。同姓则虽疏远而仍同居，所以生活共同，利害亦共同。在同居之时，固有其紧密的组织；即到人口多了，不能不分居，而彼此之间仍有一定的联结，此即所谓宗法。宗法和古代的社会组织有极大的关系。今略述其制如下：

（一）凡同宗的人，都同奉一个始祖。（均系此始祖之后。）

（二）始祖的嫡长子，为大宗宗子。自此以后，嫡长子代代承袭，为大宗宗子。凡始祖的后人，都要尊奉他，受他的治理。穷困的却亦可以受他的救济。大宗宗子和族人的关系，是不论亲疏远近，永远如此的，是谓大宗“百世不迁”。

（三）始祖之众子（嫡长子以外之子），皆别为小宗宗子。其嫡长子为继祢小宗。继祢小宗的嫡长子为继祖小宗。继祖小宗的嫡长子为继曾祖小宗。继曾祖小宗的嫡长子为继高祖小宗。继祢小宗，亲兄弟宗事他。（受他治理，亦受他救济。）继祖小宗，从兄弟宗事他。继曾祖小宗，再从兄弟宗事他。继高祖小宗，三从兄弟宗事他。至四从兄弟，则与继六世祖之小宗宗子，亲尽无服，不再宗事他。是为小宗“五世则迁”（以一人之身论，当宗事与我同高、曾、祖、考四代的小宗宗子及大宗宗子。故曰：“小宗四，与大宗凡五。”）

（四）如此，则或有无宗可归的人。但大宗宗子，还是要管理他，救济他的。而同出于一始祖之人，设或殇与无后，大宗的宗子，亦都得祭祀他。所以有一大宗宗子，则活人的治理、救济，死人的祭祀问题，都解决了。所以小宗可绝，大宗不可绝。大宗宗子无后，族人都当绝后以后大宗。

以上是周代宗法的大略，见于《礼记·大传》的。《大传》所说大宗的始祖，是国君的众子。因为古者诸侯不敢祖天子，大夫不敢祖诸侯（《礼记·郊特牲》谓不敢立其庙而祭之。其实大宗的始祖，非大宗宗子，亦不敢祭。所以诸侯和天子，大夫和诸侯，大宗宗子和小宗宗子，小宗宗子和非宗子，其关系是一样的），所以国君的众子，要别立一宗。郑《注》又推而广之，及于始适异国的大夫。据此，宗法之立，实缘同出一祖的人太多了，一个承袭始祖的地位的人，管理有所不及，乃不得不随其支派立此节级的组织，以便管理。迁居异地的人，旧时的族长，事实上无从管理他。此等组织，自然更为必要了。观此，即知宗法与封建大有关系。因为封建是要将本族的人，分一部分出去的。有宗法的组织，则封之者和所封者之间，就可保持着一种联结了。然则宗法确能把同姓中亲尽情疏的人联结在一起。它在九族之中，虽只联结得父姓一族，然在父姓之中，所联结者，却远较九族之制为广。

怕合九族的总数，还不足以敌它。而且都是同居的人，又有严密的组织。母系氏族中，不知是否有与此相类的制度。即使有之，其功用怕亦不如父系氏族的显著。因为氏族从母系转变到父系，本是和斗争有关系的。父系氏族有此广大严密的组织，自然更能发挥其斗争的力量。我们所知，宗法之制，以周代为最完备。周这个氏族，在斗争上是得到胜利的。宗法的组织，或者也是其中的一个原因。

有族制以团结血缘相近的人，又有宗法以团结同出一祖的人，人类因血族而来的团结，可谓臻于极盛了。然而当其极盛之时，即其将衰之候。这是什么原因呢？社会组织的变化，经济实为其中最重要的原因。当进化尚浅之时，人类的互助，几于有合作而无分工。其后虽有分工，亦不甚繁复。大家所做的事，既然大致相同，又何必把过多的人联结在一起？所以人类联结的广大，是随着分工的精密而进展的。分工既密之后，自能将毫不相干的人联结在一起。此等互相倚赖的人，虽然彼此未必相知，然总必直接间接互相接触。接触既繁，前此因不相了解而互相猜忌的感情，就因之消灭了。所以商业的兴起，实能消灭异部族间敌对的感情。分工又是使个性显著的。有特殊才能的人，容易发挥其所长，获得致富的机会。氏族中有私财的人逐渐多，买卖婚即于此时成立。于是父权家庭成立了。《孟子》说，当时农夫之家是五口和八口。说者以为一夫上父母下妻子；农民有弟，则为余夫，要另行授田。（《梁惠王》及《滕文公上篇》。）可见其家庭已和现在普通的家庭一样了。士大夫之家，《仪礼·丧服传》说大功同财，似乎比农民的家庭要大些。然又说当时兄弟之间的情形道：“有东宫，有西宫，有南宫，有北宫，异居而同财。有余则归之宗，不足则资之宗。”则业已各住一所屋子，各有各的财产，不过几房之中，还保有一笔公款而已。其联结实在是很薄弱的，和农夫的家庭也相去无几了。在当时，只有有广大封土的人，其家庭要大些。这因为（一）他的原始，是以一氏族征服异氏族，而食其租税以自养的，所以宜于聚族而居，常作战斗的戒备。只要看《礼记》的《文王世子》，就知道古代所谓公族者，是怎样一个组织了。后来时异势殊，这种组织，实已无存在的必要。然既已习为故常，就难于猝然改革。一切制度都有这惰性的。（二）又其收入既多，生活日趋淫侈，家庭中管事服役的奴仆，以及技术人员，非常众多，其家庭遂特别大。这只要看《周官》的《天官》，就可以知道其情形。然此等家庭，随着封建的消灭，亦渐趋消灭了。虽不乏新兴阶级的富豪，其自奉养，亦与素封之家无异，但毕竟是少数。于是氏族崩溃，家庭代之而兴。家庭的组织，是经济上的一个单位，所以尽相生相养之道的。相生相养之道，是老者需人奉养，幼者需人抚育。这些事，自氏族崩溃后，既已无人负责，而专为中间一辈所谓一夫一妇者的责任。自然家庭的组织，不能不以一夫上父母下妻子为范围了。几千年以来，社会的生活情形未曾大变，所以此种组织，迄亦未曾改变。

看以上所述，可见族制的变迁，实以生活为其背景；而生活的变迁，则以经济为其最重要的原因。因为经济是最广泛，和社会上个个人都有关系，而且其关系是永远持续、无时间断的。自然对于人的影响异常深刻，各种上层组织，都不得不随其变迁而变迁；而精神现象，亦受其左右而不自知了。在氏族时代，分工未密，一个氏族，在经济上就是一个自给自足的团体。生活既互相倚赖，感情自然容易密切。不但对于同时的人如此，即对于已往的人亦然。因为我所赖以生存的团体，是由前人留诒下来的。一切知识技术等，亦自前辈递传给后辈。这时候的人，其生活，实与时间上已经过去的人关系深，而与空间上并时存在的人关系浅。尊祖、崇古等观念，自会油然而生。此等观念，实在是生活情形所造成的。后人不知此理，以为这是伦理道德上的当然，而要据之以制定人的生活，那就和社会进化的趋势背道而驰了。大家族、小家庭等字样，现在的人用来，意义颇为混淆。西洋人学术上的用语，称一夫一妇，包括未婚子女的为小家庭；超过于此的为大家庭。中国社会，（一）小家庭和（二）一夫上父母下妻子的家庭，同样普遍。（三）兄弟同居的，亦自不乏。（四）至于五世同居，九世同居，宗族百口等，则为罕有的现象了。赵翼《陔余丛考》，尝统计此等极大的家庭（第四种）。见于正史孝义、孝友传的：《南史》三人，《北史》十二人，《唐书》三十八人，《五代史》二人，《宋史》五十人，《元史》五人，《明史》二十六人。自然有（一）不在孝义、孝友传，而散见于他篇的；（二）又有正史不载，而见于他书的；（三）或竟未见记载的。然以中国之大，历史上时间之长，此等极大的家庭，总之是极少数，则理有可信。此等虽或由于伦理道德的提倡（顾炎武《华阴王氏宗祠记》：“程朱诸子，卓然有见于遗经。金元之代，有志者多求其说于南方，以授学者。及乎有明之初，风俗淳厚，而爱亲敬长之道，达诸天下。

其能以宗法训其家人，或累世同居，称为义门者，往往而有。”可见同居之盛，由于理学家的提倡者不少），恐仍以别有原因者居多（《日知录》：“杜氏《通典》言：‘北齐之代，瀛、冀诸刘，清河张、宋，并州王氏，濮阳侯族，诸如此辈，将近万室。’《北史·薛胤传》：‘为河北太守，有韩、马两姓，各二千余家。’今日中原北方，虽号甲族，无有至千丁者。户口之寡，族姓之衰，与江南相去夐绝。”陈宏谋《与杨朴园书》：“今直省惟闽中、江西、湖南皆聚族而居，族各有祠。”则聚居之风，古代北盛于南，近世南盛于北，似由北齐之世，丧乱频仍，民皆合族以自卫；而南方山岭崎岖之地进化较迟，土著者既与合族而居之时相去未远；流移者亦须合族而居，互相保卫之故）。似可认为古代氏族的遗迹，或后世家族的变态。然氏族所以崩溃，正由家族潜滋暗长于其中。此等所谓义门，纵或有古代之遗，亦必衰颓已甚。况又有因环境的特别，而把分立的家庭硬行联结起来的。形式是而精神非，其不能持久，自然无待于言了。《后汉书·樊宏传》说他先代三世共财，有田三百余顷。自己的田地里就有陂渠，可以互相灌注。又有池鱼，牧畜，有求必给。“营理产业，物无所弃。（这是因其生产的种类较多之故。）课役童隶，各得其宜。”（分工之法。）要造器物，则先种梓漆。简直是一个大规模的生产自给自足的团体。历代类乎氏族的大家族，多有此意。此岂不问环境所可强为？然社会的广大，到底非此等大家族所能与之相敌，所以愈到后世，愈到开化的地方，其数愈少。这是类乎氏族的大家族，所以崩溃的真原因，毕竟还在经济上。但在政治上，亦自有其原因。因为所谓氏族，不但尽相生相养之道，亦有治理其族众之权。在国家兴起以后，此项权力，实与国权相冲突。所以国家在伦理上，对于此等大家族，虽或加以褒扬，而在政治上，又不得不加以摧折。所谓强宗巨家，遂多因国家的干涉，而益趋于崩溃了。略大于小家庭的家庭（第二、第三种），表面上似为伦理道德的见解所维持（历代屡有禁民父母在别籍异财等诏令，可参看《日知录》卷十三《分居》条），实则亦为经济状况所限制。因为在经济上，合则力强，分则力弱。以昔时的生活程度论，一夫一妇，在生产和消费方面，实多不能自立的。儒者以此等家庭之多，夸奖某地方风俗之厚，或且自诩其教化之功，就大谬不然了。然经济上虽有此需要，而私产制度，业已深入人心，父子兄弟之间，亦不能无分彼此。于是一方面牵于旧见解，迫于经济情形，不能不合；另一方面，则受私有财产风气的影响，而要求分，暗斗明争，家庭遂成为苦海。试看旧时伦理道德上的教训，戒人好货财、私妻子而薄父母兄弟之说之多，便知此项家庭制度之岌岌可危。制度果然自己站得住，何须如此扶持呢？所以到近代，除极迂腐的人外，亦都不主张维持大家庭。如李绂有《别籍异财议》，即其一证。至西洋文化输入，论者更其提倡小家庭而排斥大家庭了。然小家庭又是值得提倡的么？

不论何等组织，总得和实际的生活相应，才能持久。小家庭制度，是否和现代人的生活相应呢？历来有句俗话，叫作“养儿防老，积谷防饥”。可见所谓家庭，实以扶养老者、抚育儿童为其天职。然在今日，此等责任，不但苦于知识之不足（如看护病人，抚养教育儿童，均须专门知识），实亦为其力量所不及（兼日力财力言之。如一主妇不易看顾多数儿童，兼操家政。又如医药、教育的费用，不易负担）。在古代，劳力重于资本，丁多即可致富，而在今日，则适成为穷困的原因。因为生产的机键，自家庭而移于社会了，多丁不能增加生产，反要增加消费。（如纺织事业。）儿童的教育，年限加长了，不但不能如从前，稍长大即为家庭挣钱，反须支出教育费。而一切家务，合之则省力，分之则多费的。（如烹调、浣濯。）又因家庭范围太小，而浪费物质及劳力。男子终岁劳动，所入尚不足以赡其家。女子忙得和奴隶一般，家事还不能措置得妥帖。于是独身、晚婚等现象相继发生。这些都是舶来品，和中国旧俗大相径庭，然不久，其思想即已普遍于中流社会了。凡事切于生活的，总是容易风行的，从今以后，穷乡僻壤的儿女，也未必死心塌地甘做家庭的奴隶了。固然，个人是很难打破旧制度，自定办法的。而性欲出于天然，自能把许多可怜的儿女，牵入此陈旧组织之中。然亦不过使老者不得其养，幼者不遂其长，而仍以生子不举等人为淘汰之法为救济罢了。这种现象，固已持续数千年，然在今日，业经觉悟之后，又何能坐视其如此呢？况且家庭的成立，本是以妇女的奴役为其原因的。在今日，个人主义抬头，人格要受尊重的时代，妇女又何能长此被压制呢？资本主义的学者，每说动物有雌雄两性，共同鞠育其幼儿，而其同居期限，亦因以延长的，以为家庭的组织，实根于人类的天性，而无可改变。姑无论其所说动物界的情形并不确实，即使退一步，承认其确实，而人是人，动物是动物；人虽然亦是动物之一，到底是动物中的人；人类的现象，安能以动物界的现象为限？他姑弗论，动物雌雄协力求食，即足以哺育其幼儿，人，为什么有夫妇协力，尚不能养活其子女的呢？或种动物，爱情限于家庭，而人类的爱情，超出于此以外，这正是人之所以为人，人之所以异于动物。论者不知人之爱家，乃因社会先有家庭的组织，使人之爱以此形式而出现，正犹水之因方而为圭，遇圆而成璧；而反以为人类先有爱家之心，然后造成家庭制度；若将家庭破坏，便要“疾病不养，老幼孤独，不得其所”（《礼记·乐记》：“强者胁弱，众者暴寡；知者诈愚，勇者苦怯；疾病不养，老幼孤独，不得其所，此大乱之道也。”）这真是倒果为因。殊不知家庭之制，把人分为五口八口的小团体，明明是互相倚赖的，偏使之此疆彼界，处于半敌对的地位，这正是疾病之所以不养，老幼孤独之所以不得其所。无后是中国人所引为大戚的，论者每说这是拘于“不孝有三，无后为大”之义（《孟子·离娄上篇》）；而其以无后为不孝，则是迷信“鬼犹求食”（见《左氏》宣公四年），深虑祭祀之绝。殊不知此乃古人的迷信，今人谁还迷信鬼犹求食来？其所以深虑无后，不过不愿其家之绝；所以不愿其家之绝，则由于人总有尽力经营的一件事，不忍坐视其灭亡，而家是中国人所尽力经营的，所以如此。家族之制，固然使人各分畛域，造成互相敌对的情形，然此自制度之咎。以爱家者之心论：则不但（一）夫妇、父子、兄弟之间，互尽扶养之责。（二）且推及于凡与家族有关系的人。（如宗族姻亲等。）（三）并且悬念已死的祖宗。（四）以及未来不知谁何的子孙。前人传给我的基业，我必不肯毁坏，必要保持之，光大之，以传给后人，这正是极端利他心的表现。利他心是无一定形式的，在何种制度之下，即表现为何种形式。然而我们为什么要拘制着它，一定只许它在这种制度中表现呢？

以上论族制的变迁，大略已具。请再略论继承之法。一个团体，总有一个领袖。在血缘团体之内，所谓父或母，自然很容易处于领袖地位的。父母死后，亦当然有一个继承其地位的人。女系氏族，在中国历史上，可考的有两种继承之法：（一）是以女子承袭财产，掌管祭祀。齐国的巫儿，即其遗迹。这大约是平时的族长。（二）至于战时及带有政治性质的领袖，则大约由男子尸其责，而由弟兄相继。殷代继承之法，是其遗迹。男系氏族，则由父子相继。其法又有多端：（一）如《左氏》文公元年所说：“楚国之举，恒在少者。”这大约因幼子恒与父母同居，所以承袭其遗产。（蒙古人之遗产，即归幼子承袭。其幼子称斡赤斤，译言守灶。）（二）至于承袭其父之威权地位，则自以长子为宜，而事实上亦以长子为易。（三）又古代妻妾，在社会上之地位亦大异。妻多出于贵族。妾则出于贱族，或竟是无母家的。古重婚姻，强大的外家及妻家，对于个人，是强有力的外援（如郑庄公的太子忽，不婚于齐，后来以无外援失位）；对于部族，亦是一个强有力的与国，所以立子又以嫡为宜。周人即系如此。以嫡为第一条件，长为第二条件。后来周代的文化普行于全国，此项继承之法，遂为法律和习惯所共认了。然这只是承袭家长的地位，至于财产，则总是众子均分的。（《清律》：分析家财、田产，不问妻、妾、婢生，但以子数均分。奸生之子，依子量与半分。无子立继者，与私生子均分。）所以中国的财产，不因遗产承袭而生不均的问题。这是众子袭产，优于一子袭产之点。

无后是人所不能免的，于是发生立后的问题。宗法盛行之世，有一大宗宗子，即生者的扶养，死者的祭祀，都可以不成问题，所以立后问题容易解决。宗法既废，势非人人有后不可，就难了。在此情形之下，解决之法有三：（一）以女为后。（二）任立一人为后，不问其为同异姓。（三）在同姓中择立一人为后。（一）于情理最近，但宗祧继承，非徒承袭财产，亦兼掌管祭祀。以女为后，是和习惯相反的。（春秋时，鄫国以外孙为后，其外孙是莒国的儿子，《春秋》遂书“莒人灭鄫”，见《公羊》襄公五、六年。按，此实在是论国君承袭的，乃公法上的关系，然后世把经义普遍推行之于各方面，亦不管其为公法私法了。）既和习惯相反，则觊觎财产的人，势必群起而攻，官厅格于习俗，势必不能切实保护。本欲保其家的，或反因此而发生纠纷，所以势不能行。（二）即所谓养子，与家族主义的重视血统，而欲保其纯洁的趋势不合。于是只剩得第（三）的一途。法律欲维持传统观念，禁立异姓为后，在同姓中并禁乱昭穆之序（谓必辈行相当，如不得以弟为子等。其实此为古人所不禁，所谓“为人后者为之子”，见《公羊》成公十五年），于是欲人人有后益难。清高宗时，乃立兼祧之法，以济其穷。（一人可承数房之祀。生子多者，仍依次序，分承各房之后。依律例：大宗子兼祧小宗，小宗子兼祧大宗，皆以大宗为重，为大宗父母服三年，为小宗父母服期。小宗子兼祧小宗，以本生为重，为本生父母服三年，为兼祧父母服期。此所谓大宗，指长房，所谓小宗，指次房以下，与古所谓大宗小宗者异义。世俗有为本生父母及所兼祧之父母均服三年的，与律例不合。）宗祧继承之法，进化至此，可谓无遗憾了。然其间却有一难题。私有财产之世，法律理应保护个人的产权。他要给谁就给谁，要不给谁就不给谁。为后之子，既兼有承袭财产之权利，而法律上替他规定了种种条件，就不啻干涉其财产的传授了。于是传统的伦理观念和私有财产制度发生了冲突。到底传统的伦理观念是个陈旧不切实际的东西，表面上虽然像煞有介事，很有威权，实际上已和现代人的观念不合了。私有财产制度，乃现社会的秩序的根柢，谁能加以摇动？于是冲突之下，伦理观念乃不得不败北而让步，法律上乃不得不承认所谓立爱，而且多方保护其产权。（《清律例》：继子不得于所后之亲，听其告官别立。其或择立贤能，及所亲爱者，不许宗族以次序告争，并官司受理。）至于养子，法律虽禁其为嗣（实际上仍有之），亦不得不听其存在，且不得不听其酌给财产。（亦见《清律例》。）因为国家到底是全国人民的国家，在可能范围内，必须兼顾全国人民各方面的要求，不能专代表家族排外自私之念。在现制度之下，既不能无流离失所之人；家族主义者流，既勇于争袭遗产，而怯于收养同宗；有异姓的人肯收养他，国家其势说不出要禁止。不但说不出要禁止，在代表人道主义和维持治安的立场上说，无疑还是国家所希望的。既承认养子的存在，在事实上，自不得不听其酌给遗产了。这也是偏私的家族观念，对于公平的人道主义的让步，也可说是伦理观念的进步。

假使宗祧继承的意思，而真是专于宗祧继承，则拥护同姓之男，排斥亲生之女，倒也还使人心服。因为立嗣之意，无非欲保其家，而家族的存在，是带着几分斗争性质的。在现制度之下，使男子从事于斗争，确较女子为适宜。（这并非从个人的身心能力上言，乃是从社会关系上言。）这也是事实。无如世俗争继的，口在宗祧，心存财产，都是前人所谓“其言蔼如，其心不可问”的。如此而霸占无子者的财产，排斥其亲生女，就未免使人不服了。所以有国民政府以来，废止宗祧继承，男女均分遗产的立法。这件事于理固当，而在短时间内，能否推行尽利，却是问题。旧律，遗产本是无男归女，无女入官的。（近人笔记云：“宋初新定《刑统》，户绝资产下引《丧葬令》：诸身丧户绝者，所有部曲、客女、奴婢、店宅、资财，并令近亲转易货卖，将营葬事，及量营功德之外，余财并与女。无女均入以次近亲。无亲戚者，官为检校。若亡人在日，自有遗嘱处分，证验分明者，不用此令。此《丧葬令》乃《唐令》，知唐时所谓户绝，不必无近亲。虽有近亲，为营丧葬，不必立近亲为嗣子，而远亲不能争嗣，更无论矣。虽有近亲，为之处分，所余财产，仍传之亲女，而远亲不能争产，更无论矣。此盖先世相传之法，不始于唐。”）入官非人情所愿，强力推行，必多流弊，或至窒碍难行。（如隐匿遗产，或近亲不易查明，以致事悬不决，其间更生他弊等。）归之亲女，最协人情。然从前的立嗣，除祭祀外，尚有一年老奉养的问题。而家族主义是自私的。男系家族，尤其以男子为本位，而蔑视女子的人格。女子出嫁之后，更欲奉养其父母，势实有所为难。所以旧时论立嗣问题的人，都说最好是听其择立一人为嗣，主其奉养，丧葬，祭祀，而承袭其遗产。这不啻以本人的遗产，换得一个垂老的扶养，和死后的丧葬祭祀。今欲破除迷信，祭祀固无问题，对于奉养及丧葬，似亦不可无善法解决。不有遗产以为交易，在私有制度之下，谁肯顾及他人的生养死葬呢？所以有子者遗产男女均分，倒无问题，无子者财产全归于女，倒是有问题的。所以变法贵全变，革命要彻底。枝枝节节而为之，总只是头痛医头，脚痛医脚的对症疗法。

姓氏的变迁，今亦须更一陈论。姓的起源，是氏族的称号，由女系易而为男系。后来姓之外又有所谓氏。什么叫作氏呢？氏是所以表一姓之中的支派的。如后稷之后都姓姬，周公封于周，则以周为氏；其子伯禽封于鲁，则以鲁为氏；鲁桓公的三子，又分为孟孙、叔孙、季孙三氏是。始祖之姓，谓之正姓，氏亦谓之庶姓。正姓是永远不改的，庶姓则随时可改。因为同出于一祖的人太多了，其支分派别，亦不可无专名以表之，而专名沿袭太久，则共此一名的人太多，所以又不得不改。（改氏的原因甚多，此只举其要改的根本原理。此外如因避难故而改氏以示别族等，亦是改氏的一种原因。）《后汉书·羌传》说：羌人种姓中，出了一个豪健的人，便要改用他的名字做种姓。如爰剑之后，五世至研，豪健，其子孙改称研种；十三世至烧当，复豪健，其子孙又改称烧当种是。这正和我国古代的改氏原理相同。假如我们在鲁国遇见一个人，问他尊姓，他说姓姬，这固然足以表示他和鲁君是一家；然而鲁君一家的人太多了，鲁君未必能个个照顾到，这个人，就未必一定有势力，我们听了，也未必肃然起敬。假若问他贵氏，他说是季孙，我们就知道他是赫赫有名的正卿的一家。正卿的同族，较之国君的同姓，人数要少些，其和正卿的关系必较密切，我们闻言之下，就觉得炙手可热，不敢轻慢于他了。这是举其一端，其余可以类推。（如以技为官，以官为氏，问其氏，即既可知其官，又可知其技。）所以古人的氏，确是有用的。至于正姓，虽不若庶姓的亲切，然婚姻之可通与否，全论正姓的异同，所以也是有用的。顾炎武《原姓篇》说春秋以前，男子称氏，女子称姓（在室冠之以序，如叔隗、季隗之类。出嫁，更冠以其夫之氏族，如宋伯姬、赵姬、卢蒲姜之类。在其所适之族，不必举出自己的氏族来，则亦以其父之氏族冠之，如骊姬、梁嬴之类。又有冠之以谥的，如成风、敬姜之类）。这不是男子不论姓，不过举氏则姓可知罢了。女子和社会上无甚关系，所以但称姓而不称其氏，这又可以见得氏的作用。

贵族的世系，在古代是有史官为之记载的。此即《周官》小史之职。记载天子的世系的，谓之帝系；记载诸侯卿大夫的世系的，谓之世本。这不过是后来的异名，其初原是一物。又瞽蒙之职，“讽诵诗，世奠系（疑当作奠世系）”。《注》引杜子春说，谓瞽蒙“主诵诗，并诵世系”。世系而可诵，似乎除统绪之外，还有其性行事迹等。颇疑《大戴礼记》的《帝系姓》，原出于小史所记；《五帝德》则是原出于瞽蒙所诵的。（自然不是完全的。）这是说贵族。至于平民，既无人代他记载，而他自己又不能记载，遂有昧于其所自出的。《礼记·曲礼》谓买妾不知其姓，即由于此。然而后世的士大夫，亦多不知其姓氏之所由来的。这因为谱牒掌于史官，封建政体的崩溃，国破家亡，谱牒散失，自然不能知其姓氏之所由来了。婚姻的可通与否，既不复论古代的姓，新造姓氏之事亦甚少。即有之，亦历久不改。阅一时焉，即不复能表示其切近的关系，而为大多数人之所共，与古之正姓同。姓遂成为无用的长物，不过以其为人人之所有，囿于习惯，不能废除罢了。然各地方的强宗巨家，姓氏之所由来虽不可知，而其在实际上的势力自在。各地方的人，也还尊奉他。在秦汉之世，习为固然，不受众人的注意。汉末大乱，各地方的强宗巨家开始播迁，到了一个新地方，还要表明其本系某地方的某姓；而此时的选举制度又重视门阀，于是又看重家世，而有魏晋以来的谱学了。

第二十八章　政体

社会发达到一定的程度，国家就出现了。在国家出现之前，人类团结的方法只靠血缘，其时重要的组织就是氏族，对内的治理，对外的防御，都靠着它。世运渐进，血缘相异的人接触渐多，人类的组织，遂不复以血统相同为限，聚居一地方的，亦不限于血统相同的人。于是氏族进而为部落。统治者的资格，非复族长而为酋长。其统治亦兼论地域，开国家领土的先河了。

从氏族变为部落，大概经过这样的情形。在氏族的内部，因职业的分化，家族渐渐兴起。氏族的本身，遂至崩溃。各家族，非如其在氏族时代绝对平等，而有贫富之分。财富即是权力，氏族平和的情形，遂渐渐破坏，贫者和富者之间发生矛盾，不得不用权力统治。其在异氏族之间，则战斗甚烈。胜者以败者为俘虏，使服劳役，是为奴隶。其但征收其贡赋的，则为农奴。农奴、奴隶和主人之间，自然有更大的矛盾，需要强力镇压。因此故，益促成征服氏族的本身发生变化。征服氏族的全体，是为平民。其中掌握事权的若干人，形成贵族。贵族中如有一个最高的首领，即为君主的前身。其初是贵族与平民相去近，平民和农奴、奴隶相去远。其后血统相同的作用渐微，掌握政权与否之关系渐大，则平民与农奴、奴隶相去转近，而其与贵族相去转远。但平民总仍略有参政之权，农奴和奴隶则否。政权的决定，在名义上最后属于一人的，是为君主政体；属于较少数人的，是为贵族政体；属于较多数人的，是为民主政体。这种分类之法，是出于亚里士多德（Aristotle）的。虽与今日情形不同，然以论古代的政体，则仍觉其适合。

氏族与部落，在实际上，是不易严密区分的。因为进化到部落时代，其内部总还保有若干氏族时代的意味。从理论上言，则其团结由于血统相同（虽实际未必相同，然苟被收容于其团体之内，即亦和血统相同的人一律看待），而其统治亦全本于亲族关系的，则为氏族；其不然的，则为部落。因其二者杂糅，不易区别，我们亦可借用《辽史》上的名词，称之为部族（见《营卫志》）。至于古代所谓国家，其意义全和现在不同。古所谓国，是指诸侯的私产言之。包括（一）其住居之所，（二）及其有收益的土地。大夫之所谓家者亦然。（古书上所谓国，多指诸侯的都城言。都城的起源，即为诸侯的住所。诸侯的封域以内，以财产意义言，并非全属诸侯所私有。其一部分，还是要用以分封的。对于此等地方，诸侯仅能收其贡而不能收其税赋。其能直接收其税赋，以为财产上的收入的，亦限于诸侯的采地。《尚书大传》说："古者诸侯始受封，必有采地。其后子孙虽有罪黜，其采地不黜，使子孙贤者守之，世世，以祠其始受封之人，此之谓兴灭国，继绝世。"即指此。采地从财产上论，是应该包括于国字之内的。《礼记·礼运》说："天子有田以处其子孙，诸侯有国以处其子孙。"乃所谓互言以相备。说天子有田，即见得诸侯亦有田；说诸侯有国，即见得天子亦有国；在此等用法之下，田字的意义，亦包括国，国字的意义，亦包括田。乃古人语法如此。）今之所谓国家，古无此语。必欲求其相近的，则为"社稷"二字或"邦"字。社是土神，稷是谷神，是住居于同一地方的人所共同崇奉的。故说社稷沦亡，即有整个团体覆灭之义。邦和封是一语。封之义为累土。两个部族交界之处，把土堆高些，以为标识，则谓之封。引申起来，任用何种方法以表示疆界，都可以谓之封。（如掘土为沟，以示疆界，亦可谓之封。故今辽宁省内，有地名沟帮子。帮字即邦字，亦即封字。上海洋泾浜之浜字，亦当作封。）疆界所至之地，即谓之邦。古邦字和国字，意义本各不同。汉高祖名邦，汉人讳邦字，都改作国。于是国字和邦字的意义混淆了。现在古书中有若干国字，本来是当作邦字的。如《诗经》里的"日辟国百里""日蹙国百里"便是。封域可以时有赢缩，城郭是不能时时改造的。（国与域同从或声，其初当亦系一语，则国亦有界域之义。然久已分化为两语了。古书中用国字、域字，十之九，意义是不同的。）

贵族政体和民主政体，在古书上，亦未尝无相类的制度。然以大体言之，则君权之在中国极为发达。君主的第（一）个资格，是从氏族时代的族长沿袭而来的，所以古书上总说君是民之父母。其（二）则为政治或军事上之首领。其（三）则兼为宗教上之首领。所以天子祭天地，诸侯祭社稷等（《礼记·王制》），均有代表其群下而为祭司之权。而《书经》上说："天降下民，作之君，作之师。"（《孟子·梁惠王下篇》引）君主又操有最高的教育之权。

君主前身，既然是氏族的族长，所以他的继承法，亦即是氏族族长的继承法。在母系社会，则为兄终弟及，在父系社会，则为父死子继。当其为氏族族长时，无甚权利可争，而其关系亦小，所以立法并不十分精密。《左氏》昭公二十六年，王子朝告诸侯，说周朝的继承法，适庶相同则论年，“年钧以德，德钧则卜”。两个人同年，是很容易的事情，同月、同日、同时则甚难，何至辨不出长幼来，而要用德、卜等漫无标准的条件？可见旧法并不甚密。《公羊》隐公元年何《注》说：“礼：适夫人无子，立右媵。右媵无子，立左媵。左媵无子，立适侄娣。适侄娣无子，立右媵侄娣。右媵侄娣无子，立左媵侄娣。质家亲亲先立娣，文家尊尊先立侄。（《春秋》以殷为质家，周为文家。）适子有孙而死，质家亲亲先立弟，文家尊尊先立孙。其双生，质家据见立先生，文家据本意立后生。”定得非常严密。这是后人因国君的继承关系重大，而为之补充的，乃系学说而非事实。

周厉王被逐，宣王未立，周、召二公共和行政，凡十四年。主权不属于一人，和欧洲的贵族政体最为相像。按，《左氏》襄公十四年，卫献公出奔，卫人立公孙剽，孙林父、甯殖相之，以听命于诸侯。此虽有君，实权皆在二相，和周、召的共和，实际也有些相像，但形式上还是有君的。至于鲁昭公出奔，则鲁国亦并未立君，季氏对于国政绝不能一人专断，和共和之治相像更甚了。可见贵族政体，古代亦有其端倪，不过未曾发达而成为一种制度。

至于民主政治，则其遗迹更多了。我们简直可以说：古代是确有这种制度，而后来才破坏掉的。《周官》有大询于众庶之法，乡大夫“各帅其乡之众寡而致于朝”，小司寇“摈以序进而问焉”。其事项：为询国危，询国迁，询立君。按，《左氏》定公八年，卫侯欲叛晋，朝国人，使王孙贾问焉。哀公元年，吴召陈怀公，怀公亦朝国人而问，此即所谓询国危。盘庚要迁都于殷，人民不肯，盘庚“命众悉造于庭”，反复晓谕。其言，即今《书经》里的《盘庚篇》。周大王要迁居于岐，“属其父老而告之”（《孟子·梁惠王下篇》）。此即所谓询国迁。《左氏》昭公二十四年，周朝的王子朝和敬王争立，晋侯使士景伯往问。士伯立于乾祭（城门名），而问于介众（大众）。哀公二十六年，越人纳卫侯，卫人亦致众而问。此即所谓询立君。可见《周官》之言，系根据古代政治上的习惯，并非理想之谈。《书经·洪范》：“汝则有大疑，谋及乃心，谋及卿士，谋及庶人，谋及卜筮。汝则从，龟从，筮从，卿士从，庶民从，是之谓大同。身其康彊，子孙其逢，吉。汝则从，龟从，筮从，卿士逆，庶民逆，吉。卿士从，龟从，筮从，汝则逆，庶民逆，吉。庶民从，龟从，筮从，汝则逆，卿士逆，吉。汝则从，龟从，筮逆，卿士逆，庶民逆，作内吉，作外凶。龟筮共违于人，用静吉，用作凶。”此以（一）君主，（二）卿士，（三）庶人，（四）龟，（五）筮，各占一权，而以其多少数定吉凶，亦必系一种会议之法，并非随意询问。至于随意询问之事，如《孟子》所谓“国人皆曰贤，然后察之，见贤焉，然后用之”；“国人皆曰不可，然后察之，见不可焉，然后去之”；“国人皆曰可杀，然后察之，见可杀焉，然后杀之”（《梁惠王下》）。以及《管子》所谓啧室之议等（见《桓公问篇》），似乎不过是周谘博采，并无必从的义务。然其初怕亦不然。野蛮部落，内部和同，无甚矛盾，舆论自极忠实。有大事及疑难之事，会议时竟有须全体通过，然后能行，并无所谓多数决的。然则舆论到后来，虽然效力渐薄，竟有如郑人游于乡校，以议执政，而然明欲毁乡校之事（见《左氏》襄公三十年）。然在古初，必能影响行政，使当局者不能不从，又理有可信了。原始的制度总是民主的。到后来，各方面的利害冲突既深，政治的性质亦益复杂，才变而由少数人专断。这是普遍的现象，无足怀疑的。有人说：中国自古就是专制，国人的政治能力实在不及西人，固然抹杀史实；有人举此等民权遗迹以自豪，也是可以不必的。

以上所述，是各部族内部的情形。至于合全国而观之，则是时正在部族林立之世。从前的史家，率称统一以前为封建时代，此语颇须斟酌。学术上的用语，不该太拘于文字的初诂。封建二字，原不妨扩而充之，兼包列国并立的事实，不必泥定字面，要有一个封他的人。然列国本来并立，和有一个封他的人，二者之间究应立一区别。我以为昔人所谓封建时代，应再分为（一）部族时代，或称先封建时代；（二）封建时代较妥。所谓封建，应指（甲）慑服异部族，使其表示服从；（乙）打破异部族，改立自己的人为酋长；（丙）使本部族移殖于外言之。

中国以统一之早闻于世界。然秦始皇的灭六国，事在民国纪元前二千一百三十二年，自此上溯至有史之初，似尚不止此数，若更加以先史时期，则自秦至今的年代，凡乎微末不足道了。所以历史上像中国这样的大国，实在是到很晚的时期才出现的。

从部族时代，进而至于封建时代，是从无关系进到有关系，这是统一的第一步。更进而开拓荒地，互相兼并，这是统一的第二步。这期间的进展，全是文化上的关系。因为必先（一）国力充实，然后可以征服他国。（二）亦必先开拓疆土，人口渐多，经济渐有进步，国力方能充实。（三）又必开拓渐广，各国间壤地相接，然后有剧烈的斗争。（四）而交通便利，风俗渐次相同，便于统治等，尤为统一必要的条件。所以从分立而至于统一，全是一个文化上的进展。向来读史的人，都只注意于政治方面，实在是挂一漏万的。

要知道封建各国的渐趋于统一，只要看其封土的扩大便可知道。今文家说列国的封土：天子之地方千里，公、侯皆方百里，伯七十里，子、男五十里，不满五十里的为附庸（《孟子·万章下篇》，《礼记·王制》）。古文家则说：公方五百里，侯四百里，伯三百里，子二百里，男百里（《周官·大司徒》）。这固然是虚拟之词，不是事实（不论今古文和诸子书，所说的制度，都是著书的人以为该怎样办所拟的一个草案，并不全是古代的事实），然亦必以当时的情势为根据。《谷梁》说："古者天子封诸侯，其地足以容其民，其民足以满城而自守也。"（襄公二十九年）这是古代封土，必须有一个制限，而不容任意扩大的原因。今古文异说，今文所代表的，常为早一时期的制度，古文所代表的则较晚。秦汉时的县，大率方百里（见《汉书·百官公卿表》）。可见方百里实为古代的一个政治区域，此今文家大国之封所由来。其超过于此的，如《礼记·明堂位》说："成王封周公于曲阜，地方七百里。"《史记·汉兴以来诸侯年表》说："周封伯禽、康叔于鲁、卫，地各四百里；大公于齐，兼五侯地。"这都是后来开拓的结果，而说者误以为初封时的事实的。列国既开拓至此，谈封建制度的人，自然不能斫而小之，亦不必斫而小之，就有如古文家所说的制度了。以事实言之：今文家所说的大国，在东周时代已是小国。古文家所说的大国，则为其时的次等国。至其时的所谓大国，则子产称其"地方数圻"（圻同畿，即方数千里，见《左氏》襄公三十五年）；《孟子》说："海内之国，方千里者九，齐集有其一。"（《梁惠王上篇》）唯晋、楚、齐、秦等足以当之。此等大国，从无受封于人的；即古文家心目中，以为当封建之国，亦不能如此其大；所以谈封建制度的不之及。

此等大国，其实即当时谈封建制度者之所谓王。《礼记》说："天无二日，民无二王。"（《曾子问》）这只是古人的一个希望，事实上并不能如此。事实上，当时的中国，是分为若干区域，每区域之中各自有王的。所以春秋时吴、楚皆称王，战国时七国亦皆称王。公、侯、伯、子、男等，均系美称。论其实，则在一国之内，有最高主权的，皆称为君。（《礼记·曲礼》：“九州之伯，入天子之国曰牧，于外曰侯，于其国曰君。”）其为一方所归往的，即为此一区域中的王。《管子·霸言》说：“强国众，则合强攻弱以图霸；强国少，则合小攻大以图王。”此为春秋时吴、楚等国均称王，而齐、晋等国仅称霸的原因。因为南方草昧初开，声明文物之国少，肯承认吴、楚等国为王；北方鲁、卫、宋、郑等国，就未必肯承认齐、晋为王了。倒是周朝，虽然弱小，然其称王，是自古相沿下来的，未必有人定要反对它；而当时较大之国，其初大抵是它所封建，有同姓或亲戚的关系，提起它来，还多少有点好感；而在国际的秩序上，亦一时不好否认它；于是齐桓、晋文等，就有挟天子以令诸侯之举了。霸为伯的假借字。伯的本义为长。《礼记·王制》说：“千里之外设方伯。五国以为属，属有长。十国以为连，连有帅。三十国以为卒，卒有正。二百一十国以为州，州有伯。八州，八伯，五十六正，百六十八帅，三百三十六长。八伯各以其属，属于天子之老二人。分天下以为左右，曰二伯。”这又是虚拟的制度，然亦有事实做根据的。凡古书所说朝贡、巡守等制度，大抵是邦畿千里之内的规模。（或者还更小于此。如《孟子·梁惠王下篇》说天子巡守的制度，是“春省耕而补不足，秋省敛而助不给”，这只是后世知县的劝农。）后人扩而充之，以为行之于如《禹贡》等书所说的九州之地，于理就不可通了。（春天跑到泰山，夏天跑到衡山，秋天跑到华山，冬天跑到恒山，无论其为回了京城再出去，或者从东跑到南，从南跑到西，从西跑到北，总之来不及。）然其说自有所本。《公羊》隐公五年说：“自陕以东，周公主之；自陕以西，召公主之。”此即二伯之说所由来。分《王制》的九州为左右，各立一伯，古无此事；就周初的封域，分而为二，使周公、召公各主其一，则不能谓无此事的。然则所谓八州八伯，恐亦不过就王畿之内再分为九，天子自治其一，而再命八个诸侯各主一区而已。此项制度，扩而大之，则如《左氏》僖公四年，管仲对楚使所说：“昔召康公命我先君大公曰：五侯九伯，女实征之，以夹辅周室。赐我先君履，东至于海，西至于河，南至于穆陵，北至于无棣。”等于《王制》中所说的一州之伯了。此自非周初的事实，然管仲之说，亦非凭空造作，亦仍以小规模的伯为根据。然则齐桓、晋文等，会盟征伐，所牵连而及的，要达于《王制》所说的数州之广，其规模虽又较大，而其霸主之称，还是根据此等一州之伯的，又可推而知了。

春秋时晋、楚、齐、秦等国，其封土，实大于殷、周之初。其会盟征伐的规模，亦必较殷、周之初有过之无不及。特以强国较多，地丑德齐，莫能相尚，不能称王。（吴、楚等虽称王，只是在一定区域之内得其小国的承认。）至于战国时，就老实不客气，各自在其区域之中建立王号了。然此时的局势，却又演进到诸王之上要有一个共主，而更高于王的称号，从来是没有的。乃借用天神之名，而称之为帝。齐湣王和秦昭王，曾一度并称东西帝；其后秦围邯郸，魏王又使辛垣衍劝赵尊秦为帝。即其事。此时研究历史的人，就把三代以前的酋长拣了五个人，称之为五帝。（所以大昊、炎帝、黄帝、少昊、颛顼之称，是人神相同的。）后来又再推上去，在五帝以前拣了三个酋长，以说明社会开化的次序。更欲立一专名以名之，这却真穷于辞了。乃据“始王天下”之义，加“自”字于“王”字之上，造成一个“皇”字，而有所谓三皇。（见《说文》。皇王二字，形异音同，可知其实为一语。）至秦王政并天下，遂合此二字，以为自己的称号，自汉以后，相沿不改。

列国渐相吞并，在大国之中，就建立起郡县制度来。《王制》说：“天子之县内诸侯，禄也；外诸侯，嗣也。”又说：“诸侯之大夫，不世爵禄。”可见内诸侯和大夫，法律上本来不该世袭的。事实上虽不能尽然，而亦不必尽不然，尤其是在君主权力扩张的时候。倘使天子在其畿内，大国的诸侯在其国内，能切实将此制推行；而于其所吞灭之国，亦能推行此制。封建就渐变为郡县了。（一）春秋战国时，灭国而以为县的很多，如楚之于陈、蔡即是。有些灭亡不见记载，然秦汉时的县名，和古国名相同的甚多，亦可推见其本为一国，没入大国之中，而为其一县。（二）还有卿大夫之地，发达而成为县的。如《左氏》昭公二年，晋分祁氏之田以为七县，羊舌氏之田以为三县是。（三）又有因便于战守起见，有意设立起来的，如商君治秦，并小都、乡、邑、聚以为县是（见《史记·商君列传》）。至于郡，则其区域本较县为小，且为县所统属。（《周书·作雒篇》：“千里百县，县有四郡。”）其与县分立的，则较县为荒陋。（《左氏》哀公二年，赵简子誓师之词，说“克敌者上大夫受县，下大夫受郡”。）然此等与县分立之郡，因其在边地之故，其兵力反较县为充足，所以后来在军事上须要控扼之地，转多设立。（甘茂谓秦王曰：“宜阳大县也，上党、南阳，积之久矣，名曰县，其实郡也。”春申君言于楚王曰：“淮北地边齐，其事急，请以为郡便。”皆见《史记》本传。）事实上以郡统制县，保护县，亦觉便利，而县遂转属于郡。战国时，列国的设郡，还是在沿边新开辟之地的。（如楚之巫、黔中，赵之云中、雁门、代郡，燕之上谷、渔阳、右北平、辽西、辽东郡等。）到秦始皇灭六国后，觉得到处都有驻兵镇压的必要，就要分天下为三十六郡了。

封建政体，沿袭了几千年，断无没有反动之力之理。所以秦灭六国未几，而反动即起。秦、汉之间以及汉初的封建，是和后世不同的。在后世，像晋朝、明朝的封建，不过出于帝王自私之心。天下的人，大都不以为然。即封建之之人，对于此制，亦未必敢有何等奢望，不过舍此别无他法，还想借此牵制异姓，使其不敢轻于篡夺而已。受封者亦知其与时势不宜，惴惴然不敢自安。所以唐太宗要封功臣，功臣竟不敢受（见《唐书·长孙无忌传》）。至于秦汉间人，则其见解大异。当时的人，盖实以封建为当然，视统一转为变局。所以皆视秦之灭六国为无道之举，称之为暴秦，为强虎狼之秦。然则前此为六国所灭之国如何呢？秦灭六国，当恢复原状，为六国所灭之国，岂不当一一兴灭继绝吗？倘使以此为难，论者自将无词可对。然大多数人的见解，是不能以逻辑论，而其欲望之所在，亦是不可以口舌争的。所以秦亡之后，在戏下的诸侯，立即决定分封的方法。当时所封建的是：（一）六国之后，（二）亡秦有功之人。此时的封建，因汉高祖借口于项王背约，夺其关中之地而起兵，汉代史家所记述，遂像煞是由项王一个人做主，其实至少是以会议的形式决定的。所以在《太史公自序》里，还无意间透露出一句真消息来，谓之"诸侯之相王"。当时的封爵，分为二等：大者王，小者侯，这是沿袭战国时代的故事的。（战国时，列国封其臣者，或称侯，或称君，如穰侯、文信侯、孟尝君、望诸君等是。侯之爵较君为高，其地当亦较君为大。此时所封的国，大小无和战国之君相当的，故亦无君之称。）诸侯之大者皆称王，项羽以霸王为之长，而义帝以空名加于其上，也是取法于东周以后，实权皆在霸主，而天王仅存虚名的。以大体言，实不可谓之不惬当。然人的见解，常较时势为落后。人心虽以为允洽，而事势已不容许，总是不能维持的。所以不过五年，而天下复归于统一了。然而当时的人心仍未觉悟，韩信始终不肯背汉，至后来死于吕后之手，读史者多以为至愚。其实韩信再老实些，也不会以汉高祖为可信。韩信当时的见解，必以为举天下而统属于一人，乃事理所必无。韩信非自信功高，以为汉终不夺其王，乃汉夺其王之事，为信当时所不能想象。此恐非独韩信如此，汉初的功臣莫不如此。若使当时，韩信等预料奉汉王以皇帝的空名，汉王即能利用之把自己诛灭，又岂肯如此做？确实，汉高祖剪灭所封的异姓，也是一半靠阴谋，一半靠实力的，并非靠皇帝的虚名。若就法理而论，就自古相传列国间的习惯，当时的人心认为正义者论，皇帝对于当时的王，可否如此任意诛灭呢？也还是一个疑问。所以汉高祖的尽灭异姓之国（楚王韩信，梁王彭越，韩王信，淮南王英布，燕王臧荼、卢绾。唯长沙王吴芮仅存），虽然不动干戈，实在和其尽灭戏下所封诸国，是同样的一个奇迹。不但如此，汉高祖所封同姓诸国，后来酝酿成吴、楚七国这样的一个大乱，竟会在短期间戡定；戡定之后，景帝摧抑诸侯，不得自治民补吏；武帝又用主父偃之策，令诸侯各以国邑分封子弟；而汉初的封建，居然就名存而实亡，怕也是汉初的人所不能预料的。

封建的元素，本有两个：一为爵禄，受封者与凡官吏同。一君国子民，子孙世袭，则其为部落酋长时固有的权利，为受封者所独。后者有害于统一，前者则不然。汉世关内侯，有虚名而无土地。后来列侯亦有如此的。（《文献通考·封建考》云："秦、汉以来，所谓列侯者，非但食其邑入而已，可以臣吏民，可以布政令，若关内侯，则惟以虚名受廪禄而已。西都景、武而后，始令诸侯王不得治民，汉置内史治之。自是以后，虽诸侯王，亦无君国子民之实，不过食其所封之邑入，况列侯乎？然所谓侯者，尚裂土以封之也。至东都，始有未与国邑，先赐美名之例，如灵寿王、征羌侯之类是也。至明帝时，有四姓小侯，乃樊氏、郭氏、阴氏、马氏诸外戚子弟，以少年获封者。又肃宗赐东平王苍列侯印十九枚，令王子五岁以上能趋拜者，皆令带之。此二者，皆是未有土地，先佩印，受俸廪。盖至此，则列侯有同于关内侯者矣。"）然尚须给以廪禄。唐宋以后，必食实封的才给以禄，则并物质之耗费而亦除去之，封建至此，遂全然无碍于政治了。

后世在中国境内，仍有封建之实的，为西南的土官。土官有两种：一是文的，如土知府、土知州、土知县之类。一是武的，凡以司名的，如宣抚司、招讨司、长官司之类皆是。听其名目，全与流官相同。其实所用的都是部族酋长，依其固有之法承袭。外夷归化中国，中国给以名号（或官或爵），本是各方面之所同，不但西南如此。但其距中国远的，实力不及，一至政教衰微之世，即行离叛而去，这正和三代以前的远国一样。唯西南诸土司，本在封域之内，历代对此的权力渐形充足，其管理之法，亦即随之而加严。在平时，也有出贡赋，听征调的。这亦和古代诸侯对王朝，小国对大国的朝贡及从征役一样。至其（一）对中国犯顺，（二）或其部族之中自相争阋，（三）诸部族之间互相攻击，（四）又或暴虐其民等，中国往往加以讨伐。有机会，即废其酋长，改由中国政府派官治理，是谓"改土归流"，亦即古代之变封建为郡县。自秦至今，近二千二百年，此等土官，仍未尽绝，可见封建政体的铲除，是要随着社会文化的进步，不是政治一方面的事情了。

封建之世，所谓朝代的兴亡，都是以诸侯革天子之命。此即以一强国夺一强国的地位，或竟灭之而已。至统一之世，则朝代的革易，其形式有四：（一）为旧政权的递嬗。又分为（甲）中央权臣的篡窃，（乙）地方政权的入据。前者如王莽之于汉，后者如朱温之于唐。（二）为新政权的崛起，如汉之于秦。（三）为异族的入据，如前赵之于晋，金之于北宋，元之于南宋，清之于明。（四）为本族的恢复，如明之于元。而从全局观之，则（一）有仍为统一的，（二）有暂行分裂的。后者如三国、南北朝、五代都是。然这只是政权的分裂，社会文化久经统一，所以政权的分立总是不能持久的。从前读史的人，每分政情为（一）内重，（二）外重，（三）内外俱轻三种。内重之世，每有权臣篡窃之变。外重之世，易招强藩割据之忧。内外俱轻之世，则草泽英雄乘机崛起，或外夷乘机入犯。唯秦以过刚而折，为一个例外。

政权当归诸一人，而大多数人可以不必过问，甚或以为不当过问，此乃事势积重所致，断非论理之当然。所以不论哪一国，其原始的政治，必为民主。后来虽因事势的变迁，专制政治逐渐兴起，然民主政治，仍必久之而后消灭。观前文所述，可以见之。大抵民主政治的废坠：（一）由于地大人众，并代表会议而不能召集。（二）大众所议，总限于特殊的事务，其通常的事务，总是由少数主持常务的人执行的。久之，此少数人日形专擅，对于该问大众的特殊事务，亦复独断独行。（三）而大众因情势涣散，无从起而加以纠正。专制政治就渐渐形成了。这是形式上的变迁。若探求其所以然，则国家大了，政情随之复杂，大的、复杂的事情，普通人对之不感兴趣，亦不能措置。实为制度转变的原因。

然民主的制度可以废坠，民主的原理则终无灭绝之理。所以先秦诸子，持此议论的即很多。因后世儒术专行，儒家之书，传者独多，故其说见于儒家书中的亦独多，尤以《孟子》一书，为深入人心。其实孟子所诵述的，乃系孔门的书说，观其论尧舜禅让之语，与伏生之《尚书大传》互相出入可知。（司马迁《五帝本纪》亦采儒家书说。）两汉之世，此义仍极昌明。汉文帝元年，有司请立太子。文帝诏云："朕既不德，上帝神明未歆享；天下人民，未有慊志；今纵不能博求天下贤圣有德之人而禅天下焉，而曰豫建太子，是重吾不德也，谓天下何？”此虽系空言，然天下非一人一家所私有之义，则诏旨中也明白承认了。后来眭孟上书，请汉帝谁差天下（谁差，访求、简择之义），求索贤人，禅以帝位，而退自封百里，尤为历代所无。效忠一姓，汉代的儒家实不视为天经地义。刘歆系极博通的人，且系汉朝的宗室，而反助王莽以篡汉；扬雄亦不反对王莽；即由于此。但此等高义，懂得的只有少数人，所以不久即湮晦，而君臣之义反日益昌盛了。

王与君，在古代是有分别的，说已见前。臣与民亦然。臣乃受君豢养的人，效忠于其一身，及其子嗣，尽力保卫其家族、财产，以及荣誉、地位的。盖起于（一）好战的酋长所豢养的武士，（二）及其特加宠任的仆役。其初，专以效忠于一人一家为主。后来（一）人道主义渐形发达；（二）又从利害经验上，知道要保一人一家的安全，或求其昌盛，亦非不顾万民所能。于是其所行者，渐须顾及一国的公益。有时虽违反君主一人一家的利益，而亦有所不能顾。是即大臣与小臣，社稷之臣与私昵嬖幸的区别。然其道，毕竟是从效忠于一人一家进化而来的，终不能全免此项色彩。至民则绝无效忠于君的义务。二者区别，在古代本极明白，然至后世，却渐渐湮晦了。无官职的平民，亦竟有效忠一姓的，如不仕新朝之类。这在古人看起来，真要莫名其妙了。（异民族当别论。民族兴亡之际，是全民族都有效忠的义务的。顾炎武《日知录·正始》条，分别亡国亡天下，所谓亡天下，即指民族兴亡言，古人早见及此了。）至于国君失政，应该诛杀改立之义，自更无人提及。

剥极则复，到晚明之世，湮晦的古义，才再露一线的曙光。君主之制，其弊全在于世袭。以遗传论，一姓合法继承的人，本无代代皆贤之理。以教育论，继嗣之君，生来就居于优越的地位，志得意满，又和外间隔绝了，尤其易于不贤。此本显明之理，昔人断非不知，然既无可如何，则亦只好置诸不论不议之列了。君主的昏愚、淫乱、暴虐，无过于明朝之多。而时势危急，内之则流寇纵横，民生憔悴；外之则眼看异族侵入，好容易从胡元手里恢复过来江山，又要沦于建夷之手。仁人君子，蒿目时艰，深求致祸之源，图穷而匕首见，自然要归结到政体上了。于是有黄宗羲的《明夷待访录》出现，其《原君》《原臣》两篇，于“天下者天下之天下”之义，发挥得极为深切，正是晴空一个霹雳。但亦只是晴空一个霹雳而已。别种条件未曾完具，当然不会见之于行动的。于是旁薄郁积的民主思想，遂仍潜伏着，以待时势的变化。

近百年来的时势，四夷交侵，国家民族，都有绝续存亡的关系，可谓危急极了。这当然不是一个单纯的政治问题。但社会文化和政治的分野，政治力量的界限，昔人是不甚明白的。眼看着时势的危急，国事的败坏，当然要把其大部分的原因，都归到政治上去，当然要发动了政治上的力量来救济它，当然要拟议及于政体。于是从戊戌变法急转直下，而成为辛亥革命。中国的民主政治，虽然自己久有根基，而亲切的观感，则得之于现代的东西列强。代议政体，自然要继君主专制而起。但代议政体，在西洋自有其历史的条件，中国却无有。于是再急转直下，而成为现在的党治。

中国古代还有一个极高的理想，那便是孔子所谓大同，老子所谓郅治，许行所谓贤者与民并耕而食，饔飧而治。这是超出于政治范围之外的，因为国家总必有阶级，然后能成立，而孔、老、许行所向往的境界，则是没有阶级的。

第二十九章　财产

要讲中国的经济制度，我们得把中国的历史分为三大时期：有史以前为第一期。有史以后，讫于新室之末，为第二期。自新室亡后至现在，为第三期。自今以后，则将为第四期的开始。

孔子作《春秋》，把二百四十二年分为三世：第一期为乱世，第二期为升平世，第三期为太平世。这无疑是想把世运逆挽而上，自乱世进入升平，再进入太平的。然则所谓升平、太平，是否全是孔子的理想呢？我们试看，凡先秦诸子，无不认为邃古之世，有一个黄金时代，其后乃愈降而愈劣，即可知孔子之言，非尽理想，而必有其历史的背景。《礼记·礼运》所说的大同、小康，大约就是这个思想的背景吧？大同是孔子认为最古的时代，最好的，小康则渐降而劣，再降就入于乱世了。所谓升平，是想把乱世逆挽到小康，再进而达于大同，就是所谓太平了，这是无可疑的。然则所谓大同、小康，究竟是何时呢？

人是非劳动不能生存的，而非联合，则其劳动将归于无效，且亦无从劳动起，所以《荀子》说人不群则不能胜物（见《王制篇》。胜字读平声，作堪字解，即担当得起的意思。物字和事字通训。能胜物，即能担当得起事情的意思，并非谓与物争斗而胜之）。当这时代，人是“只有合力以对物，断无因物而相争”的，许多社会学家，都证明原始时代的人，没有个人观念。我且无有，尚何有于我之物？所以这时代，一切物都是公有的。有种东西，我们看起来，似乎它是私有（如衣服及个人所用的器具之类），其实并不是私有，不过不属于这个人则无用，所以常常附属于他罢了。以财产之承袭论，亦是如此。（氏族时代，男子的遗物，多传于男子，女子的遗物，多传于女子，即由于此）当这时代，人与人之间，既毫无间隔，如何不和亲康乐呢？人，是这样地经过原始共产时代、氏族共产时代，以入于家族集产时代。在氏族、家族时代，似已不免有此疆彼界之分，然其所含的公共性质还很多。孔子所想望的大同，无疑地是在这一个时代以前。今试根据古书，想象其时的情形如下。

这时代，无疑是个农业时代。耕作的方法，其初该是不分疆界的，其后则依家族之数，而将土地分配。（所以孔子说："男有分，女有归。"）此即所谓井田制度。井田的制度，是把一方里之地分为九区，每区一百亩。中间的一区为公田，其外八区为私田。一方里住八家，各受私田百亩。中间的公田，除去二十亩以为八家的庐舍（一家得二亩半），还有八十亩，由八家公共耕作。其收入是全归公家的。私田的所入，亦即全归私家。此即所谓助法。如其田不分公私，每亩田上的收获，都酌提若干成归公，则谓之彻法。土田虽有分配，并不是私人所有的，所以有"还受"和"换主易居"之法。（受，谓达到种田的年龄，则受田于公家。还，谓老了，达到毋庸神田的年龄，则把田还给公家。因田非私人所有，故公家时时可重行分配，此即所谓"再分配"。三年一换主易居，即再分配法之一种。）在所种之田以外，大家另有一个聚居之所，是之谓邑。合九方里的居民，共营一邑，故一里七十二家。（见《礼记·杂记》《注》引《王度记》。《公羊》何《注》举成数，故云八十家。邑中宅地，亦家得二亩半，合田间庐舍言之，则曰"五亩之宅"。）八家共一巷。中间有一所公共的建筑，是为"校室"。春、夏、秋三季，百姓都在外种田，冬天则住在邑内。一邑之中，有两个老年的人做领袖。这两个领袖，后世的人，用当时的名字称呼他，谓之父老、里正。古代的建筑，在街的两头都有门，谓之闾。闾的旁边，有两间屋子，谓之塾。当大家要出去种田的时候，天亮透了，父老和里正开了闾门，一个坐在左塾里，一个坐在右塾里，监督着出去的人。出去得太晚了，或者晚上回来时，不带着薪樵以预备做晚饭，都是要被诘责的。出入的时候，该大家互相照应。所带的东西轻了，该帮人家分拿些。带的东西重了，可以分给人家代携，不必客气。有年纪、头发花白的人，该让他安逸些，空手走回来。到冬天，则父老在校室里教训邑中的小孩子，里正则催促人家"缉绩"。住在一条巷里的娘们，聚在一间屋子里织布，要织到半夜方休。以上所说的，是根据《公羊》宣公十五年何《注》，《汉书·食货志》，撮叙其大略。这虽是后来人传述的话，不全是古代的情形，然还可根据着它，想象一个古代农村社会的轮廓。

农田以外的土地，古人总称为山泽。农田虽按户口分配，山泽是全然公有的。

只要依据一定的规则，大家都可使用。（如《孟子》所说的“数罟不入汙池”“斧斤以时入山林”等。田猎的规则，见《礼记·王制》。《周官》有山虞、林衡、川衡、泽虞、迹人、卝人等官，还是管理此等地方，监督使用的人必须遵守规则，而且指导他使用的方法的，并不封禁。）

这时候是无所谓工业的。简单的器具，人人会造，较繁复的，则有专司其事的人。但这等人，绝不是借此以营利的。这等人的生活资料，是由大家无条件供给他的，而他所制造的器具，也无条件供给大家用。这是后来工官之本。

在本部族之内，因系公产，绝无所谓交易。交易只行于异部族之间。不过以剩余之品互相交换，绝无新奇可喜之物。所以许行所主张的贸易，会简单到论量不论质（见《孟子·滕文公上篇》）。而《礼记·郊特牲》说：“四方年不顺成，八蜡不通。”（言举行蜡祭之时，不许因之举行定期贸易。）蜡祭是在农功毕后举行的，年不顺成，就没有剩余之品可供交易了。此等交易，可想见其对于社会经济影响甚浅。

倘在特别情形之下，一部族中，缺少了什么必要的东西，那就老实不客气，可以向人家讨，不必要有什么东西交换。后来国际间的乞籴，即源于此。如其遇见天灾人祸，一个部族的损失实在太大了，自己无力恢复，则诸部族会聚集起来，自动替它填补的。《春秋》襄公三十年，宋国遇见火灾，诸侯会于澶渊，以更宋所丧之财（更为继续之义，即现在的赓字），亦必是自古相沿的成法。帮助人家工作，也不算得什么事的。《孟子》说：“汤居亳，与葛为邻。葛伯放而不祀。汤使人问之曰：何为不祀？曰：无以供牺牲也。汤使遗之牛羊。葛伯食之，又不以祀。汤又使人问之曰：何为不祀？曰：无以供粢盛也。汤使亳众往为之耕。”（《滕文公下》）这件事，用后世人的眼光看起来，未免不近情理。然如齐桓公合诸侯而城杞（《春秋》僖公十四年），岂不亦是替人家白效劳么？然则古代必有代耕的习惯，才会有这传说。古代国际间有道义的举动还很多，据此推想，可以说：都是更古的部族之间留传下来的。此即孔子所谓“讲信修睦”。

虽然部族和部族之间有此好意，然在古代，部族乞助于人的事，总是很少的。因为他们的生活是很有轨范的，除非真有不可抗力的灾祸，绝不会沦于穷困。他们生活的轨范是怎样呢？《礼记·王制》说：冢宰“以三十年之通制国用，量入以为出”，“三年耕，必有一年之食。九年耕，必有三年之食。以三十年之通，虽有凶旱水溢，民无菜色”。这在后来，虽然成为冢宰的职责，然其根源，则必是农村固有的轨范。不幸而遇到凶年饥馑，是要合全部族的人共谋节省的。此即所谓凶荒札丧的变礼。在古代，礼是人人需要遵守的。其所谓礼，都是切于生活的实际规则，并不是什么虚文。所以《礼记·礼器》说：“年虽大杀，众不恇惧，则上之制礼也节矣。”

一团体之中，如有老弱残废的人，众人即无条件养活他。《礼记·王制》说：孤、独、鳏、寡，“皆有常饩”。又说：“喑、聋、跛、躄、断者（骨节断的人）、侏儒（体格不及标准。该包括一切发育不完全的人），百工各以其器食之。”旧说：看他会做什么工，就叫他做什么工。这解释怕是错的。这一句和上句，乃是互言以相备。说对孤、独、鳏、寡供给食料，可见对此等残废的人亦供给食料；说对此等残废的人供给器用，可见对孤、独、鳏、寡亦供给器用。乃古人语法如此。《荀子·王制篇》作“五疾上收而养之”可证。

此等规则都实行了，确可使匹夫、匹妇，无不得其所的；而在古代，社会内部无甚矛盾之世，我们亦可以相信其曾经实行过的。如此，又何怪后人视其时为黄金时代呢？视古代为黄金时代，不但中国，希腊人也有这样思想的。物质文明和社会组织，根本是两件事。讲物质文明，后世确是进步了。以社会组织论，断不能不承认是退步的。

有许多遗迹，的确可使我们相信，在古代财产是公有的。《书经·酒诰篇》说：“群饮，汝勿佚，尽执拘以归于周，予其杀。”这是周朝在殷朝的旧土，施行酒禁时严厉的诰诫。施行酒禁不足怪，所可怪的，是当此酒禁严厉之时，何不在家独酌？何得还有群饮触犯禁令的人，致烦在上者之诰诫？然则其所好者，在于饮呢，还是在于群呢？不论什么事，根深蒂固，就难于骤变了。汉时的赐酺，不也是许民群饮么？倘使人之所好，只在于饮而不在于群，赐酺还算得什么恩典？可见古人好群饮之习甚深。因其好群饮之习甚深，即可想见其在邃古时，曾有一个共食的习惯。家家做饭自己吃，已经是我们的耻辱了。《孟子》又引晏子说：“师行而粮食。”粮同量，谓留其自吃的部分，其余尽数充公。这在晏子时变成虐政了，然推想其起源，则亦因储藏在人家的米，本非其所私有，不过借他的房屋储藏（更古则房屋亦非私有），所以公家仍可随意取去。

以上所说，都是我们根据古籍所推想的大同时代的情形。虽然在古籍中，已经不是正式记载，而只是遗迹，然有迹则必有迹所自出之履，这是理无可疑的。

然则到后来，此等制度，是如何破坏掉的呢？

旷观大势，人类全部历史，不外自塞而趋于通。人是非不断和自然争斗，不能生存的。所联合的人愈多，则其对自然争斗的力愈强。所以文明的进步，无非是人类联合范围的扩大。然人类控制自然的力量进步了，控制自己的力量，却不能与之并进。于是天灾虽澹，而人祸复兴。

人类的联合，有两种方法：一种是无分彼此，通力合作；一种则分出彼此的界限来。既分出彼此的界限，而又要享受他人劳动的结果，那就非于（甲）交易、（乙）掠夺之中，择行其一不可了。而在古代，掠夺的方法，且较交易为通行。在古代各种社会中，论文化，自以农业社会为最高；论富力，亦以农业社会为较厚；然却很容易被人征服。因为（一）农业社会，性质和平，不喜战斗。（二）资产笨重，难于迁移。（三）而猎牧社会，居无定所，去来飘忽；农业社会，即幸而战争获胜，亦很难犁庭扫穴，永绝后患。（四）他们既习于战斗，（五）又是以侵略为衣食饭碗的，得隙即来。农业社会，遂不得不于可以忍受的条件之下，承认纳贡而言和，久之，遂夷为农奴；再进一步，征服者与被征服者，关系愈益密切，遂合为一个社会，一为治人者，食于人者，一为治于人者，食人者了。封建时代阶级制度的成立，即缘于此。

依情理推想，在此种阶级之下，治者对于被治者，似乎很容易为极端之剥削的。然（一）剥削者对于被剥削者，亦必须留有余地，乃能长保其剥削的资源。（二）剥削的宗旨是在于享乐的，因而是懒惰的，能够达到剥削的目的就够了，何必干涉人家内部的事情？（三）而剥削者的权力，事实上抑或有所制限，被剥削者内部的事情，未必容其任意干涉。（四）况且两个社会相遇，武力或以进化较浅的社会为优强，组织必以进化较深的社会为坚凝。所以在军事上，或者进化较深的社会，反为进化较浅的社会所征服：在文化上，则总是进化较浅的社会，为进化较深的社会所同化的。职是故，被征服的社会，内部良好的组织得以保存。一再传后，征服者或且为其所同化，而加入于其组织之中。古语说君者善群（这群字是动词，即组织之义），而其所以能群，则由于其能明分（见《荀子·王制》《富国》两篇）。据此义，则征服之群之酋长，业已完全接受被征服之群之文化，依据其规则，负起组织的责任来了。当这时代，只有所谓君大夫，原来是征服之族者，拥有广大的封土，收入甚多，与平民相悬绝。

此外，社会各方面的情形，还无甚变更。士，不过禄以代耕，其生活程度，与农夫相仿佛。农则井田之制仍存。工、商亦仍无大利可牟。征服之族，要与被征服之族在经济上争利益者，亦有种种禁例，如“仕则不稼，田则不渔”之类。（见《礼记·坊记》。《大学》：孟献子曰：“畜马乘，不察于鸡豚；伐冰之家，不畜牛羊。”董仲舒对策，说公仪子相鲁，之其家，见织帛，怒而出其妻；食于舍而茹葵，愠而拔其葵；曰：“吾已食禄，又夺园夫红女利乎？”此等，在后来为道德上的教条，在当初，疑有一种禁令。）然则社会的内部，还是和亲康乐的，不过在其上层，多养着一个寄生者罢了。虽然和寄生虫并存，还不致危及生命健康，总还算一个准健康体，夫是之谓小康。

小康时代又成过去，乱世就要来了。此其根源：（一）由初期的征服者，虽然凭恃武力，然其出身多在瘠苦之地，其生活本来是简陋的。凡人之习惯，大抵不易骤变，俭者之不易遽奢，犹奢者之不能复俭。所以开国之主，总是比较勤俭的。数传之后，嗣世之君，就都变成生于深宫之中，长于阿保之手的纨籍子弟了。其淫侈日甚，则其对于人民之剥削日深，社会上的良好规制，遂不免受其影响。（如因政治不善，而人民对于公田耕作不热心，因此发生履亩而税的制度，使井田制度受其影响之类。）（二）则商业发达了，向来自行生产之物，可以不生产而求之于人；不甚生产之物，或反可多生产以与人交易。于是旧组织不复合理，而成为获利的障碍，就不免堕坏于无形了。旧的组织破坏了，新的组织再不能受理性的支配，而一任事势的推迁。人就控制不住环境，而要受环境的支配了。

当这时代，经济上的变迁，可以述其荦荦大端如下：

（一）因人口增加，土地渐感不足，而地代因之发生。在这情形之下，土地荒废了，觉得可惜，于是把向来田间的空地，留作道路和备蓄泄之用的，都加以垦辟，此即所谓“开阡陌”。（开阡陌之开，即开垦之开。田间的陆地，总称阡陌。低地留作蓄水泄水之用的，总称沟洫。开阡陌时，自然把沟洫也填没了。参看朱子《开阡陌辨》。）这样一来，分地的标记没有了，自然可随意侵占。有土之君，利于租税之增加，自然也不加以禁止，或且加以倡导，此即孟子所谓“暴君污吏，必慢其经界”（《滕文公上篇》）。一方面靠暴力侵占，一方面靠财力收买、兼并的现象，就陆续发生了。

（二）山泽之地，向来作为公有的，先被有权力的封君封禁起来，后又逐渐入于私人之手。（《史记·平准书》说：汉初山川、园池，自天子至于封君，皆各为私奉养。此即前代山泽之地。把向来公有的山泽，一旦作为私有，在汉初，决不会，也决不敢有这无理的措置，可见自秦以前，早已普遍加以封禁了。

管子官山府海之论，虽然意在扩张国家的收人，非以供私人之用，然其将公有之地加以封禁则同。《史记·货殖列传》所载诸大企业家，有从事于畜牧的，有从事于种树的，有从事于开矿的，都非占有山泽之地不行。这大约是从人君手里，以赏赐、租、买等方法取得的。）

（三）工业进化了，器用较昔时为进步，而工官的制造，未必随之进步。或且以人口增加，而工官本身未尝扩张，量的方面，亦发生问题。旧系家家自制之物，至此求之于市者，亦必逐渐增加。于是渐有从事于工业的人，其获利亦颇厚。

（四）商人，更为是时活跃的阶级。交换的事情多了，居间的商人随之而增多，这是势所必至的。商业的性质，是最自利的。依据它的原理，必须以最低的价格（只要你肯卖）买进，最高的价格（只要你肯买）卖出。于是生产者、消费者同受剥削，而居间的阶级独肥。

（五）盈天地之间者皆物，本说不出什么是我的，什么是你的。所以分为我的、你的，乃因知道劳力的可贵，我花了劳力在上面的东西，就不肯白送给你。于是东西和东西，东西和劳力，劳力和劳力，都可以交换。于是发生了工资，发生了利息。在封建制度的初期，封君虽然霸占了许多财产，还颇能尽救济的责任，到后来，便要借此以博取利息了。孟子述晏子的话，说古代的巡狩，“春省耕而补不足，秋省敛而助不给”（《梁惠王下篇》），而《战国策》载冯煖为孟尝君收责，尽焚其券以市义，就显示着这一个转变。较早的时代，只有封君是有钱的，所以也只有封君放债。后来私人有钱的渐多，困穷的亦渐众，自然放债取利的行为渐渐地普遍了。

（六）在这时代，又有促进交易和放债的工具发生，是为货币的进步。货币愈进步，则其为用愈普遍，于是交易活泼，储蓄便利，就更增进人的贪欲。（物过多则无用，所以在实物经济时代，往往有肯以之施济的。货币既兴，此物可以转变为他物，储蓄的亦只要储蓄其价值，就不容易觉得其过剩了。）

在这种情形之下，就发生下列三种人：

（一）大地主。其中又分为（甲）田连阡陌，及（乙）擅山泽之利两种。

（二）大工商家。古代的工业家，大抵自行贩卖，所以古人统称为商人。然从理论上剖析之，实包括工业家在内，如汉时所称之“盐铁”（谓制盐和鼓铸铁器的人），其营业，即是侧重在制造方面的。

（三）子钱家。这是专以放债取息为营业的。

要知道这时代的经济情形，最好是看《史记》的《货殖列传》。然《货殖列传》所载的，只是当时的大富豪。至于富力较逊而性质相同的（小地主、小工商及小的高利贷者），那就书不胜书了。

精神现象，总是随着生活环境而变迁的。人，是独力很难自立的，所以能够生存，无非是靠着互助。家族制度盛行，业已把人分成五口八口的一个个的小单位。交易制度，普遍地代替了分配、互助之道，必以互相剥削之方法行之，遂更使人们的对立尖锐。人，在这种情形之下，要获得一个立足之地甚难，而要堕落下去则甚易。即使获得了一个立足之地，亦是非用强力不易保持的。人们遂都汲汲皇皇，不可终日。董仲舒说："天下攘攘，皆为利往；天下熙熙，皆为利来。"《史记·货殖列传》有一段，剖析当时所谓贤士、隐士、廉吏、廉贾、壮士、游侠、妓女、政客、打猎、赌博、方技，犯法的吏士、农、工、商贾，各种人的用心，断言它的内容，无一而非为利。而又总结之曰："此有智尽能索耳，终不余力而让财矣。"《韩非子》说：无丰年旁入之利，而独以完给者，非力则俭。无饥寒疾病祸罪之殃，而独以贫穷者，非侈则惰。征敛于富人，以布施于贫家，是夺力俭而与侈惰（《显学篇》）。话似近情，然不知无丰年旁入之利、无饥寒疾病祸罪之殃的条件成立甚难，而且侈惰亦是社会环境养成的。谁之罪？而独严切地责备不幸的人，这和"不独亲其亲，不独子其子"，"货恶其弃于地也，不必藏于己；力恶其不出于身也，不必为己"的精神，竟不像是同一种动物发出来的了。人心大变。此即所谓乱世。

孔子所谓小康之世，大约从有史时代就开始的。因为我们有确实的历史，始于炎黄之际，已经是一个干戈扰攘的世界了。至于乱世，其机缄亦是早就潜伏的，而其大盛，则当在东周之后。因为封建制度，是自此以后才大崩溃的。（封建制度的崩溃，不是什么单纯的政治作用，实在是社会文化进步，而后政治作用随之的。新文化的进步，就是旧组织的崩溃。）然在东周以后，社会的旧组织虽已崩溃，而人们心上，还都觉得这新成立的秩序为不安，认为它是变态，当有以矫正之。于是有两汉时代不断的社会改革运动。酝酿久之，到底有新室的大改革。这大改革失败了，人们才承认社会组织的不良，为与生俱来，无可如何之事，把病态认为常态了。所以我说小康的一期，当终于新室之末。

汉代人的议论，我们要是肯细看，便可觉得它和后世的议论绝不相同。后世的议论，都是把社会组织的缺陷，认为无可如何的事，至多只能去其太甚。汉代人的议论，则总是想彻底改革的。这个，只要看最著名的贾谊、董仲舒的议论便可见得。若能细读《汉书》的《王贡两龚鲍》和《眭两夏侯京翼李传》，就更可明白了。但他们有一个通蔽，就是不知道治者和被治者，根本上是两个对立的阶级。不知领导被压迫阶级以图革命，而专想借压迫阶级之力，以为人民谋解放。他们误以为治者阶级，便是代表全社会的正义的，而不知道这只是治者阶级中的最少数。实际，政治上的治者阶级，便是经济上的压迫阶级，总是想榨取被治阶级，即经济上的被压迫阶级以牟利的。治者阶级中最上层的少数人，只是立于两者之间，使此两阶级得以保持一个均衡，而实际上还是偏于治者一方面些。要想以它为发力机，鼓动了多数治者为被治者谋幸福，真是缘木求鱼，在理论上绝不容有这回事。理所可有，而不能实现之事多矣；理所必无，而能侥幸成功之事，未之前闻。这种错误，固然是时代为之，怪不得古人。然而不能有成之事，总是不能有成，则社会科学上的定律，和自然科学上的定律一样坚强，绝不会有例外。

在东周之世，社会上即已发生两种思潮：一是儒家，主张平均地权，它的具体办法，是恢复井田制度。一是法家，主张节制资本，它的具体办法，是（甲）大事业官营；（乙）大商业和民间的借贷，亦由公家加以干涉（见《管子·轻重》各篇）。汉代还是如此。汉代儒家的宗旨，也是要恢复井田的。因为事不易行，所以让步到“限民名田”。其议发于董仲舒。哀帝时，师丹辅政，业已定有办法，因为权戚所阻挠，未能实行。法家的主张，桑弘羊曾行之。其最重要的政策，是盐铁官卖及均输。均输是官营商业。令各地方，把商人所贩的出口货做贡赋，官贩卖之于别地方。弘羊的理论，略见《盐铁论》中。著《盐铁论》的桓宽，是反对桑弘羊的。（《盐铁论》乃昭帝时弘羊和贤良文学辩论的话，桓宽把它整理记录下来的。贤良文学，都是治儒家之学的。弘羊则是法家，桓宽亦信儒家之学。）其记录，未必会有利于弘羊，然而我们看其所记弘羊的话，仍觉得光焰万丈，可知历来以弘羊为言利之臣，专趋承武帝之意，替他搜括，实在是错误的。但弘羊虽有此种抱负，其筹款的目的是达到了，矫正社会经济的目的，则并未达到。汉朝所实行的政策，如减轻田租、重农抑商等，更其无实效可见了。直到汉末，王莽出来，才综合儒法两家的主张，行一断然的大改革。

在中国经学史中，有一重公案，便是所谓今古文之争。今古文之争，固然自有其学术上的理由，然和政治的关系亦绝大。提倡古文学的刘歆、王莽，都是和政治很有关系的人。我们向来不大明白他们的理由，现在却全明白了。王莽是主张改革经济制度的人。他的改革，且要兼及于平均地权和节制资本两方面。今文经是只有平均地权的学说，而无节制资本的学说的。这时候，社会崇古的风气正盛。欲有所作为，不得不求其根据于古书。王莽要兼行节制资本的政策，自不得不有取于古文经了。这是旁文，我们现在，且看王莽所行的政策：

（一）他把天下的田，都名为王田（犹今言国有），奴婢名为私属，都不得买卖。男口不盈八，而田过一井的，分余田与九族乡党。

（二）设立六管之制：（甲）盐，（乙）酒，（丙）铁，（丁）山泽，（戊）五均赊贷，（己）铁布铜冶。其中五均赊贷一项，是控制商业及借贷的。余五项，系将广义的农业和工业收归官营。

（三）五均，《汉书·食货志》《注》引邓展，谓其出于河间献王所传的《乐语》《乐元语》。臣瓒引其文云："天子取诸侯之土，以立五均，则市无二贾，四民常均；彊者不得困弱，富者不得要贫；则公家有余，恩及小民矣。"这是古代的官营商业。其为事实或法家的学说未可知，而要为王莽的政策所本。王莽的制度是：改长安东西市令，又于洛阳、邯郸、临淄、宛、成都五处，都设司市师（师是长官之义）。各以四时仲月（二、五、八、十一月），定该区中货物的平价。货物实系有用而滞销的，照它的本钱买进。物价腾贵，超过平价一钱时（汉时钱价贵，故超过一钱，即为腾贵），则照平价出卖。又在司市师之下，设泉府丞（丞是副官的意思）。经营各种事业的人，都要收税，名之为贡（其额按纯利十分之一）。泉府收了这一笔贡，用以借给困乏的人。因丧祭等事而借的，只还本，不取息；借以营利的，取年息十分之一。

王莽的变法，成功的希望是不会有的，其理由已述于前。固然，王莽的行政手段很拙劣，但这只是枝节。即使手段很高强，亦不会有成功的希望。因为根本上注定要失败的事，绝不是靠手段补救得来的。但是王莽的失败，不是王莽一个人的失败，乃是先秦以来言社会改革者公共的失败。因为王莽所行，并不是王莽一个人的意见，乃是先秦以来言社会改革者公共的意见。王莽只是此等意见的集大成。经过这一次改革失败之后，人遂群认根本改革为不可能，想把乱世逆挽之而至于小康的思想，从此告终了。中国的社会改革运动，至此遂告长期的停顿。

虽然在停顿时期，枝节的改革，总还不能没有的。今亦略述其事如下：

当这时代，最可纪念的，是平和的、不彻底的平均地权运动。激烈的井田政策既经绝望，平和的限民名田政策还不能行，于是又有一种议论，说平均地权之策，当行之于大乱之后，地广人稀、土田无主之日。于是有晋朝的户调式，北魏的均田令，唐朝的租庸调法。这三法的要点是：（一）因年龄、属性之别，以定受田的多少。（二）在北魏的均田令中，有露田和桑田的区别。唐朝则名为口分田和世业田。桑田和世业田，是可以传世的；露田和口分田，则受之于官，仍要还之于官。（三）唐制又有宽、狭乡之别。田亩之数，足以照法令授予的为宽乡，不足的为狭乡。狭乡授田，减宽乡之半。（四）有余田的乡，是要以给比连之乡的。州县亦是如此。（五）徙乡和贫无以葬的人，得卖世业田。自狭乡徙宽乡的，得并卖口分田。（口分田非其所有，无可卖之理。这该是奖励人民从狭乡迁到宽乡去的意思。法律上的解释，等于官收其田而卖却之，而将卖田所得之款，发给为奖励费。许其自卖，只是手续简便些罢了。）（六）虽然如此，世业田仍有其一定制限，买进的不得超过此限度，在最小限度以内，亦不得再卖却。统观三法，立法之意，是不夺其私有之田，无田者则由官给，希冀减少反抗，以渐平均地权，其立法之意诚甚善。然其实行至何程度，则殊可疑。（晋法定后，天下旋乱，曾否实行，论者甚至有怀疑的。北魏及唐，曾实行至何程度，历史上亦无明确的记载。）即使实行了，而人总是有缓急的，缓急的时候，不能不希望通融，在私产制度之下，谁肯白借给你来？救济的事业，无论如何，是不能普遍的。（救济事业之量，绝不能等于社会上需要救济之量，这是有其理论上的根据的。因为救济人者，必先自觉有余，然后能斥其所余以救济人。然救济人者的生活程度，必高于所救济的人，因而他所拿出来的，均摊在众人头上，必不能使被救济者之生活程度，与救济之者相等。而人之觉得足不足，并不是物质上真有什么界限，而往往是和他人的生活状况相比较的。如此，故被救济者在心理上永无满足之时。又在现在的社会组织之下，一个人的财富，往往是从剥削他人得来的，而他的自觉有余必在先，斥其余以救济他人必在后。自剥削至于救济，其中必经过相当的时间。在此时间之中，被剥削者必已负有很大的创伤，再把所剥削去的全数都还了他，亦已不够恢复，何况还不能全数还他呢？）于是不得不有抵卖之品。而贫民是除田地之外，无物可以抵卖的。如此，地权即使一度平均，亦很难维持永久。何况并一度之平均而不可得呢？再者：要调剂土满和人满，总不能没有移民，而在现在的文化状况之下，移民又是很难实行的。所以此等平均地权的方法，不论事实，在理论上已是很难成立的了。据记载，唐朝当开元时，其法业已大坏。至德宗建中元年（民国纪元前一千一百三十二年），杨炎为相，改租庸调法为两税，人民的有田无田，田多田少，就无人过问了。自晋武帝太康元年（民国纪元前一千六百三十二年），平吴行户调法至此，前后适五百年。自此以后，国家遂无复平均地权的政策。间或丈量，不过为平均赋税起见，而亦多不能彻底澄清。兼并现象，依然如故。其中最厉害的，为南宋时浙西一带的兼并。因为这时候，建都在临安，浙西一带，阔人多了，竞以兼并为事。收租奇重。宋末，贾似道要筹款，就用低价硬买做官田。田主固然破产了。佃户自此要向官家交租，又非向私家交租时“额重纳轻”之比，人民已受了一次大害。到明初平张士诚，太祖恶其民为士诚守，对于苏、松、嘉、湖之田，又定以私租为官税。后来虽屡经减免，直到现在，这一带田赋之重，还甲于全国。兼并的影响，亦可谓深了。

物价的高低，东汉以后，更无人能加以干涉。只有食粮，关系人民的利害太切了，国家还不能全然放任。安定谷价的理论，始于李悝。李悝说粜（谷价）甚贱伤农，甚贵伤民（此民字指谷之消费者，与农为谷之生产者立于对待的地位）。主张当新谷登场时，国家收买其一部分，至青黄不接时卖出，以保持谷的平价。汉宣帝时，谷价大贱，大司农耿寿昌，于若干地方行其法，名其仓为常平仓。此法虽不为牟利起见，然卖出之价必比买进之价略高，国家并无所费，而人民实受其益，实可称法良意美。然在古代，谷物买卖未盛则有效。至后世，谷物的市场日广，而官家的资本甚微，则即使实力奉行，亦难收控制市场之效，何况奉行者又多有名无实，甚或并其名而无之呢？所以常平仓在历代法令上，虽然是有的时候多，实际上并无效力。隋文帝时，工部尚书长孙平创义仓之法，令人民于收成之日，随意劝课，即于当社立仓存贮。荒歉之时，用以救济。后周时有惠民仓。将杂配钱（一种杂税的名目）的几分之几，折收谷物，以供凶年平粜之用。宋时又有广惠仓。募人耕没入和户绝田，收其租以给郭内穷苦的人民。这都是救济性质。直到王安石出来，行青苗法，才推广之，以供借贷之用。青苗法是起于李参的。李参在陕西做官时，命百姓自度耕种的赢余，告贷于官。官贷之以钱。及秋，随赋税交还。王安石推行其法于诸路。以常平、广惠仓所储的钱谷为贷本。（仓本所以贮谷，后世因谷的储藏不便，亦且不能必得，遂有兼储钱的。需用时再以钱买谷，或竟发钱。）当时反对者甚多，然其本意是好的，不过官不是推行此法的机关，不免有弊罢了。（反对青苗的人，有的说它取息二分太重，这是胡说，当时民间利率，实远重于此。青苗之弊在于：（一）人民不敢与官交涉。（二）官亦不能与民直接，势必假手于吏胥，吏胥多数是要作弊的，人民更不敢与之交涉。（三）于是听其自然，即不能推行。（四）强要推行，即不免抑配。（五）借出之款，或不能偿还，势必引起追呼。（六）又有勒令邻保均赔的。（七）甚有无赖子弟，谩昧尊长，钱不入家；或他人冒名诈请，莫知为谁的。总而言之，是由于办理的机关的不适宜。）南宋孝宗乾道四年，建州大饥。朱子请于府，得常平仓粟六百石，以为贷本。人民夏天来借的，到冬加二归还。以后逐年如此。小荒则免其半息，大荒则全免其息。如此十四年，除将原本六百石还官外，并将余利造成仓廒，得粟三千石，以为社仓。自此借贷就不再收息了。朱子此法，其以社为范围，与长孙平的义仓同。不但充平粜及救济，而兼供借贷，与王安石的青苗法同。以社为范围，则易于管理，易于监察，人民可以自司其事。如此，则有将死藏的仓谷出贷，化为有用的资本之利，而无青苗法与官交涉之弊。所以历来论者，都以为此法最善。有与其提倡常平、义仓，不如提倡社仓的倾向。义仓不如社仓，诚然无可争辩，这是后起者自然的进步。常平和社仓，则根本不是一件事。常平是官办的，是和粮食商人斗争的。义仓和社仓，都是农民互助的事。固然，农民真正充足了，商人将无所施其剥削，然使把现在社会上一切剥削农民之事都铲除了，农民又何至于不足呢？固然，当时的常平仓，并没有控制市场之力；至多当饥荒之际，开办平粜，惠及城市之人。然此乃常平办理之不得其法，力量的不够，并不是其本质不好。依正义及经济政策论，国家扶助农民和消费者，铲除居间者的剥削，还是有这义务，而在政策上也是必要的。所以常平和社仓，至少该并行不废。再者，青苗法以官主其事，固然不好，社仓以人民主其事，也未必一定会好的。因为土豪劣绅和贪官污吏，是同样要吮人膏血的，并无彼此之分。主张社仓的，说社仓范围小，十目所视，十手所指，管理的人难于作弊。然而从来土豪劣绅，都是明中把持，攘夺，并不是暗中攫取的。义仓创办未几，即或因人民不能管理，而移之于县。社仓，据《文献通考》说，亦是“事久而弊，或主之者倚公以行私，或官司移用而无可给，或拘纳息米而未尝除，甚者拘催无异正赋”，以为非有“仁人君子，以公心推而行之”不为功。可见防止贪污土劣的侵渔，仍不能无借于人民的自卫了。平抑粮食以外他种物价之事，东汉以后无之。只有宋神宗熙宁五年曾立市易司，想平抑京师的物价，然其后事未能行。

借贷，亦始终是剥削的一种方法。最初只有封君之类是有钱的人，所以也只有他们能营高利贷的事业。后来事实虽然变换了，还有借他们出面的。如《汉书·谷永传》说：当时的掖庭狱，“为人起债（代人放债），分利受谢”是。亦有官自放债的。如隋初尝给内官以公廨钱，令其回易生利，这种公廨钱，就是可以放债的。其类乎封建财产的，则南北朝以后，僧寺颇多殷富，亦常为放债的机关。私人放债取利，较大的，多为商贾所兼营，如《后汉书·桓谭传》：谭上疏陈时政，说：“今富商大贾，多放钱货，中家子弟，为之保役。”则并有代他奔走的人了。《元史·耶律楚材传》说：当时的回鹘，多放羊羔利（利上起利）。回鹘也是从西域到中国来经商的。这是因商人手中，多有流动资本，所以兼营此业最便。至于土豪劣绅之类，即在本地方营高利贷业的，其规模自然较此为小，然其数则甚多，而其手段亦极酷辣。《宋史·食货志》载，司马光疏说当时的农民，“幸而收成，公私之债，交争互夺；谷未离场，帛未下机，已非己有”；《陈舜俞传》说，当时放债的人，虽“约偿缗钱，而谷粟、布缕、鱼盐、薪蔌、耰锄、斧锜之属，皆杂取之”，便可见其一斑了。大抵借贷有对人信用和对物信用两种。对物信用，须能鉴别其物，知其时价；对人信用，则须调查其人之财产及行为。亦有一番事情，且须有相当知识。这在放债者方面，亦须有一种组织。所以逐渐发达，而成为近代的钱庄及当铺。

中国历代，社会上的思想，都是主张均贫富的，这是其在近代所以易于接受社会主义的一个原因。然其宗旨虽善，而其所主张的方法则有未善。这因历代学者，受传统思想的影响太深，而对于现实的观察太浅之故。在中国，思想界的权威，无疑是儒家。儒家对于社会经济的发达，认识本不如法家的深刻，所以只主张平均地权，而忽略了资本的作用。这在当时，还无怪其然。（古代学问的发达，不能不为地域所限。儒学盛于鲁。法家之学，托诸管子，疑其初盛于齐。《史记·货殖列传》说：太公封于齐，地潟卤，人民寡，太公劝女工，极技巧，通渔盐，人物归之，襁至而辐凑，齐冠带衣履天下。这或者出于附会。然齐渔盐工商之业皆盛，则是不诬的。齐国在当时，资本必较发达，所以节制资本的思想，就起于其地了。）然至后世，学者的眼光，仍限于这一个圈子里，就可怪了。如前述汉代儒家的议论，即其一证。宋学兴起，在中国思想界，是最有特色的。宋儒亦很留心于政治和社会问题。而纯粹的宋学家，亦只重视复井田为致太平之策，那又是其一证。

然此犹其小者。至其大者，则未审国家的性质。不知国家是阶级时代的产物，治者阶级总是要剥削被治者以牟利的。其中虽有少数大公无我的人，然而总只是少数。其力量，较诸大多数的通常人，远觉绵薄。即使这少数人而得位乘时，使其监督大多数人，不敢放手虐民，即所谓去其泰甚，已觉得异常吃力。至于根本上改变其性质，则其事必不可能。如此，所以历代所谓治世的政治，往往是趋于放任的；而一行干涉的政策，则往往召乱。然则但靠国家之力，如何能均平贫富呢？新莽以此失败了，而后世的人，还是这种思想。我们试看王安石的《度支副使厅壁题名记》，他说："合天下之众者财，理天下之财者法，守天下之法者吏也。吏不良，则有法而莫守；法不善，则有财而莫理；有财而莫理，则阡陌闾巷之贱人，皆能私取予之势，擅万物之利，以与人主争黔首，而放其无穷之欲；非必贵强桀大而后能如是；而天子犹为不失其民者，盖特号而已耳。虽欲食蔬衣敝，憔悴其身，愁思其心，以幸天下之给足而安吾政，吾知其犹不得也。然则善吾法而择吏以守之，以理天下之财，虽上古尧舜，犹不能毋以此为急务，而况于后世之纷纷乎？"他看得天下之物，是天下人所公有；当由一个代表正义的人，为之公平分配，而不当由自私自利的人，擅其利而私其取予，以役使众人；其意昭然若揭。然欲以此重任，责之于后世的所谓天子，云胡可得呢？中国读书人所以有这思想，是因为其受传统思想的影响太深，在传统思想上，说这本是君之责任故。然在极古的时代，君权大而其所治之国小，而且大同时代的规则尚未尽废，或者可以做到几分。在后世，则虽甚神圣，亦苦无下手之处了。而中国讲改革的人，都希望着它，如何能不失败呢？龚自珍是近代最有思想的人。他的文集里，有一篇文章标题为《平均篇》，畅发一切乱源，根本都在经济上分配的不平。最高的治法，是能使之平均。就其现象，与之相安，则不足道。其观察，亦可谓极深刻。然问其方法，则仍是希望握政权者，审察各方面的情形，而有以措置之，则仍是一条不通的路而已。龚氏是距离现在不过百年的人，而其思想如此，可见旧日的学者，其思想，全然局限于这一个范围之中。这是时代为之，自然怪不得古人。然在今日，却亦不可不知道昔人所走的路，是一条不通的路，而再奉其思想为金科玉律。

现代的经济情形，和从前又大不相同了。自从西力东侵以来，我们的经济已非复闭关独立之世，而与世界息息相通。在工业革命以前，最活跃的是商人阶级。所以历代的议论，都主张重农抑商。自工业革命以后，则商人反成为工业家的附属，不过略沾其余润，所以中国推销洋货的人，即世所称为买办阶级者，在中国社会里，虽俨然是个富豪，而以世界眼光观之，则仍不免在小贫之列。在现代的经济状况之下，断不容我们故步自封。世界的经济情形，自从工业发达了，积集的资本遂多，而金融资本又极跋扈。工业品是要寻求销路的，而且还要霸占资源，就是固定和流动的资本，也要输出国外，皆不得不以武力保其安全，于是资本主义发展而成为帝国主义。历代的劳资对立，资本家是在国内的，现在则资本家在国外。于是民生问题和民族问题并为一谈，再不能分离解决了。我们现在，该如何审慎、勇敢、强毅，以应付这一个目前的大问题呢？

第三十章　官制

官制是政治制度中最繁复的一门。(一)历代设官既多,(二)而又时有变迁,(三)它的变迁，又不是审察事实和制度不合，条理系统地改正的，而是听其迁流之所至。于是有有其名而无其实的,亦有有其实而无其名的。名实既不相符,循其名遂不能知其实。而各官的分职，亦多无理论可循。求明白其真相，就很不容易了。然官制毕竟是政治的纲领。因为国家要达其目的，必须有人以行之。这行之之人，就是所谓官。所以明于一时代所设之官，即能知其时所行之政。对于历代的官制，若能知其变迁，即亦能知其政治的变迁了。

人的见解,总是较时代落后一些的。时代只有新的,而人之所知,却限于旧。对付未来的方法，总是根据既往的情形，斟酌而出之的。所以无论如何,不能全合。制度才定出来,即已不适于用。制度是拗不过事实的,(一)非格不能行,(二)即名存实亡，这是一切制度都如此的，而官制亦不能例外。我国的官制，大略可分为六期：(一)自周以前，为列国时代的制度。(二)而秦及汉初统一时代的制度，即孕育于其末期。(三)因其大体自列国时代蜕化而来，和统一时代不甚适合，不久即生变迁。各方面变迁的结果，极其错杂不整。直至唐朝，才整理之，成为一种有系统的制度。(四)然整理甫经就绪,又和事实不符。唐中叶以后，又生变迁，而宋朝沿袭之。(五)元以异族入主中原，其设施自有特别之处。明朝却沿袭着它。清朝的制度，又大略沿袭明朝。然因实际情形的不同，三朝的制度，又自有其大相违异之处。(六)清朝末叶，因为政体改变，官制亦随之改变。然行之未久，成效不著。直至今日，仍在动荡不定之中。以上略举其变迁的大概，以下再略加说明。因为时间所限，亦只能揭举其大纲而已。

官有内外之分。内官即中央政府之官，是分事而治的。全国的政务，都汇集于此，依其性质而分类，一官管理一类的事。又有综合全般状况，以决定施政的方针的，是即所谓宰相。外官则分地而治。在其地界以内，原则上各事都要管的。出于地界以外，则各事一概不管。地方区划，又依等级而分大小。上级大的区划，包含若干下级小的区划。在行政上，下级须听上级的指挥。这是历代官制的通则。

列国并立之世，到春秋战国时代，已和统一时代的制度相近了。因为此时期，大国之中，业已包含若干郡县。但其本身，仍只等于后世一个最大的政治区域。列国官制：今文家常说三公、九卿、二十七大夫、八十一元士。但这只是爵，没有说出他的职守来。三公依今文家说，是司马、司徒、司空。九卿无明文。古文家说，以太师、太傅、太保为三公。少师、少傅、少保为三孤。冢宰（天官）、司徒（地官）、宗伯（春官）、司马（夏官）、司寇（秋官）、司空（冬官）为六卿（许慎《五经异义》）。按今文说的三公，以配天、地、人。（司马主天，司徒主人，司空主地。）古文说的六卿，以配天、地、四时。此外还有以五官配五行等说法（见《左氏》昭公十七年、二十九年，《春秋繁露·五行相胜篇》）。这不过取古代的官，随意拣几个编排起来，以合于学说的条理而已。和古代的事实，未必尽合。古代重要的官，不尽于此，并非这几个官特别重要，不过这几个官，亦是重要的罢了。司马是管军事的。司徒是统辖人民的。司空是管建设事务的。古代穴居，是就地面上凿一个窟窿，所以谓之司空（空即现在所用的孔字）。《周官》冬官亡佚，后人以《考工记》补之。（其实这句话也靠不住。性质既不相同，安可相补？不过《考工记》也是讲官制的，和《周官》性质相类，昔人视为同类之书，合编在一起，后人遂误以为补罢了。）《周官》说实未尝谓司空掌工事，后世模仿《周官》而设六部，却以工部拟司空，这是后人之误，不可以说古事的。冢宰总统百官，兼管宫内的事务，其初该是群仆的领袖。所以大夫之家亦有宰。至于天子诸侯，则实际本来差不多的。天子和诸侯、大国和小国制度上的差异，不过著书的人说得如此整齐，和实际亦未必尽合。宗伯掌典礼，和政治关系最少，然在古代迷信较深之世，祭祀等典礼，是看得颇为隆重的。司寇掌刑法，其初当是军事裁判。三公坐而论道，三孤为之副，均无职事。按《礼记·曾子问篇》说：“古者男子，内有傅，外有慈母。”《内则》说：国君世子生，“择于诸母与可者，必求其宽裕慈惠、温良恭俭、慎而寡言者，使为子师，其次为慈母，其次为保母”。太师、太傅、太保，正和师、慈、保三母相当。古夫亦训傅，两字盖本系一语，不可以称妇人，故变文言慈。然则古文的三公，其初乃系天子私人的侍从，本与政事无关系，所以无职事可言。《周官》说坐而论道之文，乃采诸《考工记》，然《考工记》此语（“坐而论道，谓之王公”）是指人君言，不是指大臣言的，说《周官》者实误采。总而言之：今文古说，都系春秋战国时的学说，未必和古代的事实密合。然后世厘定制度的人，多以经说为蓝本。所以虽非古代的事实，却是后世制度的渊源。

列国时代的地方区划，其大的，不过是后世的乡镇。亦有两种说法。《尚书大传》说：“古八家而为邻，三邻而为朋，三朋而为里（七十二家），五里而为邑，十邑而为都，十都而为师，州十有二师焉。”这是今文说。《周官》则乡以五家为比，比有长。五比为闾，闾有胥。四闾为族，族有师。五族为党，党有正。五党为州，州有长。五州为乡，乡有大夫。遂以五家为邻，邻有长。五邻为里，里有宰。四里为酂，酂有长。五酂为鄙，鄙有师。五鄙为县，县有正。五县为遂，遂有大夫。这是古文说。这两种说法，前者和井田之制相合，后者和军队编制相合，在古代该都是有的。后来井田之制破坏，所以什伍之制犹存，今文家所说的组织就不可见了。

汉初的官制，是沿袭秦朝的。秦制则沿自列国时代。中央最高的官为丞相。秦有左右，汉通常只设一丞相。丞相之副为御史大夫。（中央之官，都是分事而治的。只有御史是皇帝的秘书，于事亦无所不预，所以在事实上成为丞相的副手。汉时丞相出缺，往往以御史大夫升补。）武官通称为尉。中央最高的武官，谓之太尉。这是秦及汉初的制度。今文经说行后，改太尉为司马，丞相为司徒，御史大夫为司空，谓之三公，并称相职。又以太常（本名奉常，掌宗庙礼仪）、光禄勋（本名郎中令，掌宫、殿、掖门户）、卫尉（掌宫门卫屯兵）、太仆（掌舆马）、廷尉（掌刑辟，尝改为大理）、大鸿胪（本名典客，掌归义蛮夷）、宗正（掌亲属）、大司农（本名治粟内史，掌谷货）、少府（掌山海池泽之税）为九卿。这不过取应经说而已，并无他种意义。三公分部九卿（太常、光禄勋、卫尉属司马。太仆、廷尉、大鸿胪属司徒。宗正、大司农、少府属司空），亦无理论根据。有大事仍合议。后汉司马仍称太尉。司徒、司空，均去“大”字，余皆如故。

外官：秦时以郡统县。又于各郡都设监御史。汉不遣监御史，丞相遣使分察州（按，“州”字并非当时的区域名称，后人无以名之，乃名之为州。所以截至成帝改置州牧以前，“州”字只是口中的称呼，并非法律上的名词）。武帝时，置部刺史十三人，奉诏书六条，分察诸郡。[（一）条察疆宗巨家，（二）条察太守侵渔聚敛，（三）条失刑，（四）条选举不平，（五）条子弟不法，都是专属太守的，（六）条察太守阿附豪强。] 成帝时，以何武之言，改为州牧。哀帝时复为刺史。后又改为州牧。后汉仍为刺史，而止十二州，一州属司隶校尉（武帝置，以治巫蛊的，后遂命其分察一部分郡国）。按，《礼记·王制》说：“天子使其大夫为三监，监于方伯之国，国三人。”这或者附会周初的三监，说未必确，然天子遣使监视诸侯（实即大国之君，遣使监视其所封或所属的小国），则事所可有。大夫之爵，固较方伯为低。秦代御史之长，爵不过大夫。汉刺史秩仅六百石，太守则二千石。以卑临尊，必非特创之制，必然有所受之。以事实论，监察官宜用年少新进的人，任事的官则宜用有阅历有资望之士，其措置亦很适宜的。何武说：“古之为治者，以尊临卑，不以卑临尊。”不但不合事宜，亦且不明经义。旧制恢复，由于朱博，其议论具载《汉书》，较之何武通达多了。太守，秦朝本单称守，汉景帝改名。秦又于各郡置尉，景帝亦改为都尉。京师之地，秦时为内史所治。汉武帝改称京兆尹，又分其地置左冯翊、右扶风，谓之三辅。诸王之国，设官本和汉朝略同。亦有内史以治民。七国乱后，景帝乃令诸侯王不得自治民，改其丞相之名为相，使之治民，和郡守一样。县的长官，其秩是以户数多少分高下的。民满万户以上称令，不满万户称长。这由于古代的政治是属人主义，而非属地主义之故。侯国的等级，与县相同。皇太后、公主所食的县称为邑。县中兼有蛮夷的谓之道。这亦是封建制度和属人主义的色彩。

秦汉时的县，就是古代的国。县令就是古代的国君，只能总握政治的枢机，发踪指示，监督其下。要他直接办事，是做不到的。所以真正的民政，非靠地方自治不可。后世地方自治之制，日以废坠，所以百事俱废。秦汉时则还不然。据《汉书·百官公卿表》和《续汉书·百官志》：其时的制度，系以十家为什，五家为伍，一里百家，有里魁。检察善恶，以告监官。十里一亭，亭有长。十亭一乡，乡有三老，有秩啬夫、游徼。三老管教化，体制最尊。啬夫职听讼，收赋税，其权尤重。人民竟有知啬夫而不知有郡县的（见《后汉书·爰延传》），和后世绝不相同。

以上所述，是秦及汉初的制度。行之未几，就起变迁了。汉代的丞相，体制颇尊，权限亦广。所谓尚书，乃系替天子管文书的，犹之管衣服的谓之尚衣，管食物的谓之尚食，不过是现在的管卷之流。其初本用士人，汉武帝游宴后庭，才改用宦官，谓之中书谒者令。武帝死后，此官本可废去，然自武帝以来，大将军成为武官中的高职。昭宣之世，霍光以大将军掌握政权。其时的丞相，都是无用或年老的人，政事悉从中出。沿袭未改。成帝时，才罢中书宦官，然尚书仍为政本，分曹渐广。后汉光武，要行督责之术。因为宰相都是位高望重的人，不便督责他，于是崇以虚名，而政事悉责成尚书。尚书之权遂更大。魏武帝握权，废三公，恢复丞相和御史大夫之职。此时相府复有大权，然只昙花一现。魏文帝篡汉后，丞相之官，遂废而不设。自魏晋至南北朝，大抵人臣将篡位时则一为之，已篡则又取消。此时的尚书，为政务所萃，然其亲近又不敌中书。中书是魏武帝为魏王时所设的秘书监，文帝篡位后改名的，常和天子面议机密。所以晋初荀勖从中书监迁尚书令，人家贺他，他就发怒道“夺我凤皇池，诸君何贺焉”了。侍中是加官，在宫禁之中伺候皇帝的。汉初多以名儒为之。后来贵戚子弟，多滥居其职。宋文帝自荆州入立，信任王府旧僚，都使之为侍中，与之谋诛徐羡之等，于是侍中亦参机要。至唐代，遂以中书、门下、尚书三省为相职。中书主取旨，门下主封驳，尚书承而行之。尚书诸曹，魏晋后增置愈广，皆有郎以办事。尚书亦有兼曹的。隋时，始以吏、户、礼、兵、刑、工六曹分统诸司。六曹皆置侍郎，诸司则但置郎。是为后世以六部分理全国政务之始。三公一类的官，魏晋后亦时有设置，都不与政事，然仍开府分曹，设置僚属。隋唐始仿《周官》，以太师、太傅、太保为三公，少师、少傅、少保为三孤，都不设官属。则真成一个虚名，于财政亦无所耗费了。九卿一类的官，以性质论，实在和六部重复的。然历代都相沿，未曾并废。御史大夫改为司空后，御史的机关仍在。其官且有增置。唐时分为三院：曰台院，侍御史属之；曰殿院，殿中侍御史属之；曰监院，监察御史属之。御史为天子耳目，历代专制君主，都要防臣下的壅蔽，所以其权日重。

前汉的改刺史为州牧，为时甚暂。至后汉末年，情形就大不同了。后汉的改刺史为州牧，事在灵帝中平五年，因四方叛乱频仍，刘焉说由刺史望轻而起。普通的议论，都说自此以后外权就重了，其实亦不尽然。在当时，并未将刺史尽行改作州牧。（大抵资深者为牧，资浅者仍为刺史，亦有由刺史而升为牧的。）然无论其为刺史，为州牧，实际上都变成了郡的上级官，而非复监察之职。而且都有兵权，如此，自然要尾大不掉了。三国分离，刺史握兵之制，迄未尝改。其为乱源，在当时是人人知道的。所以晋武帝平吴后，立即罢州牧，省刺史的兵，去其行政之权，复还监察之职。这真是久安长治之规。惜乎“虽有其言，不卒其事”（《续汉书·百官志》《注》语）。而后世论者，转以晋武帝的罢州郡兵备，为召乱的根源，真是殉名而不察其实了。东晋以后，五胡扰乱，人民到处流离播迁，这时候的政治，还是带有属人主义的。于是随处侨置州郡，州的疆域，遂愈缩愈小，浸至与郡无异了。（汉朝只有十三州，梁朝的疆域远小于汉，倒有一百零七州。）此时外权之重，则有所谓都督军事，有以一人而督数州的，亦有以一人而督十数州的，甚至有称都督中外诸军的。晋、南北朝，都是如此。后周则称为总管。隋时，并州郡为一级（文帝开皇三年，罢郡，以州统县，职同郡守。炀帝改州为郡），并罢都督府。唐初，又有大总管、总管，后改称大都督、都督，后又罢之，分天下为若干道，设观察使等官，还于监察之旧。

唐代的官制，乃系就东汉、魏、晋、南北朝的制度整理而成的，其实未必尽合当时的时势。所以定制未几，变迁又起。三省长官，都不除人。但就他官加一同中书门下平章事等名目，就视为相职了。而此三省的长官，实亦仍合议于政事堂，并非事后审查封驳。都督虽经废去，然中叶以后，又有所谓节度使，所驻扎的地方，刺史多由其兼领。支郡的刺史，亦都被其压迫而失职。其专横，反较前代的刺史更甚。这两端，是变迁最大的。而中叶以后，立检校、试、摄、判、知等名目，用人多不依资格，又为宋朝以差遣治事的根源。

宋朝设中书省于禁中。宰相称同平章事，次相称参知政事。自唐中叶以后，户部不能尽总天下的财赋，分属于度支、盐铁二使。宋朝即合户部、度支、盐铁为三司，各设使副，分案办事。又设三司使副以总之，号为计相。枢密使，唐时以宦官为之，本主传达诏命。后因宦官握兵，遂变为参与兵谋之官。宋朝亦以枢密院主兵谋。指挥使，本藩镇手下的军官。梁太祖篡位后，未加改革，遂成天子亲军。宋朝的禁军，都隶属殿前司、侍卫马军亲军司，侍卫步军亲军司。各设指挥使，谓之三衙。宋初的官，仅以寓禄秩（即借以表明其官有多大，所食的俸禄有多少），而别以差遣治事。名为某官的人，该官的职守，都是与他无涉的。从表面上看来，可谓错乱已极。但差遣的存废、离合，都较官缺为自由，可以密合事情。所以康有为所著《官制议》，有《宋官制最善》一篇，极称道其制。宋朝的改革官制，事在神宗元丰中，以《唐六典》为模范。然卒不能尽行。以三省长官为相职之制，屡经变迁，卒仍复于一个同平章事，一个参知政事之旧，枢密主兵之制，本来未能革除，三衙之制，亦未能改，便可见其一斑。

宋初惩藩镇的跋扈，悉召诸节镇入朝，赐第留之京师，而命朝臣出守列郡，谓之权知军州事。特设通判，以分其权。县令亦命京朝官出知，以削藩镇之权，而重亲民之选。特设的使官最多。其重要的，如转运使，总一路的财赋；发运使，漕淮、浙、江、湖六路之粟。他如常平、茶盐、茶马、坑冶、市舶，亦都设立提举司，以集事权于中央。太宗命诸路转运使，各命常参官一人，纠察州军刑狱。真宗时，遂独立为一司，称为提点刑狱，简称提刑。是为司法事务，设司监察之始。南渡后，四川有总领财赋。三宣抚司罢后，亦设总领以筹其饷，仍带专一报发御前军马文字衔，则参与并及于军政了。

元朝以中书省为相职，枢密使主兵谋，御史台司纠察。尚书省之设，专以位置言利之臣。言利之臣败，省亦旋废。而六部仍存，为明清两朝制度所本。设宣政院于中央，以辖吐蕃之境，亦为清代理藩院之制所本。元代制度，关系最大的是行省。前代的尚书行台等，都是暂设的，以应付临时之事，事定即撤。元朝却于中原之地，设行中书省十，行御史台二，以统辖路、府、州、县。明朝虽废之而设布政、按察两司，区域则仍元之旧。清朝又仍明之旧。虽然略有分析，还是庞大无伦，遂开施政粗疏、尾大不掉之渐了。唐初，唯京兆、河南称府设尹，后来梁州以为德宗所巡幸，亦升为兴元府。宋朝则大州皆升为府，几有无州不府之势。其监司所辖的区域则称为路。元于各路设宣慰司，以领府、州、县而上属于省。然府亦有不隶路而直隶于省的。州有隶于府的，亦有不隶于府而直隶于路的。其制度殊为错杂。

明清两朝的制度，大体相沿。其中关系最大的，在内为宰相的废罢，在外为省制的形成。明初本亦设中书省，以为相职。后因胡惟庸谋反，太祖遂废其官，并谕后世子孙，不得议设宰相。臣下有请设宰相的，处以极刑。于是由天子亲领六部。此非嗣世之主所能，其权遂渐入殿阁学士之手。清世宗时，又设立军机处。机要之事，均由军机处径行，事后才下内阁，内阁就渐渐地疏阔了。六部：历代皆以尚书为主，侍郎为副。清代尚侍皆满汉并置。吏、户、兵三部，又有管部大臣，以至权责不一。明废宰相后，政务本由六部直接处理。后虽见压于内阁，究竟权力还在。吏、兵二部，尤真有用人及指挥军事之权，清朝则内官五品，外官道府以上，全由内阁主持。筹边之权，全在军机。又明朝六部用人，多取少年新进，清朝则一循资格，内官迁转极难，非六七十不得至尚侍。管部又系兼差，不能负责。于是事事照例敷衍，行政全无生气了。

御史一官，至明代而其权益重，改名为都察院。都御史、副都御史、佥都御史，均分置左右。又有分道的监察御史。在外则巡按清军、提督学校、巡漕、巡盐等事，一以委之，而巡按御史，代天子巡狩，其权尤重。这即是汉朝刺史之职。既有巡按，本可不必再行遣使。即或有特别事务，非遣使不可，亦以少为佳。然后来所谓巡抚者，愈遣而愈频繁。因其与巡按御史不相统属，权限不免冲突，乃派都御史为之。其兼军务的加提督衔，辖多事重的，则称总督。清代总督均兼兵部尚书、右都御史，巡抚均兼兵部侍郎、右副都御史，又均有提督军务、兼理粮饷之衔，成为常设的官了。给事中一官，前代都隶门下省。明废门下省，而仍存给事中，独立为一官，分吏、户、礼、兵、刑、工六科，以司审查封驳。其所驳正，谓之科参，在明代是很有权威的。清世宗将给事中隶属于都察院，就将审查和纠察混为一谈了。翰林在唐朝为艺能之士（如书、画、弈棋等）。待诏之所，称为杂流，与学士资望悬绝。玄宗时，命文学之士居翰林中，称为供奉，与集贤殿学士分掌制诰。后改称为学士，别立学士院，即以翰林名之。中叶后颇参机密，王叔文要除宦官，即居翰林中，可见其地位的重要。宋代专以居文学之士，其望愈清。至明中叶后，则非进士不入翰林，非翰林不入内阁，六部长官，亦多自此而出，其重要，更非前代所及了。

外官：明废行省，于府州之上，设布政、按察两司，分理民政及刑事，实仍为监司之官。监司之官，侵夺地方官权限，本来在所不免。清代督抚既成为常设之官，又明代布政司的参政参议，分守各道，按察司的副使佥事，分巡各道的，至清朝，亦失其本来的性质，而在司府之间，俨若别成为一级。以府、州领县，为唐、宋相沿之制。元时，令知州兼理附郭县事，明时遂省县入州，于是州无附郭县。又有不领县而隶属于府的，遂有直隶州与散州之别。清时，同知、通判有驻地的谓之厅，抑或属于府，或直达布政司，称为散厅及直隶厅。

地方制度，既极错杂。而（一）督抚，（二）司，（三）道，（四）府、直隶州、厅，（五）县、散州、厅，实际成为五级。上级的威权愈大，下级的展布愈难。积弊之深，和末造中央威权的不振，虽有别种原因，官制的不善，是不能不尸其咎的。

藩属之地，历代都不设官治理其民，而只设官监督其酋长，清朝还是如此的。奉天、吉林、黑龙江三省，清朝称为发祥之地。其实真属于满洲部落的，不过兴京一隅。此外奉天全省，即前代的辽东、西，本系中国之地。吉、黑两省，亦是分属许多部落的，并非满洲所有。此等人民，尚在部落时代，自不能治以郡县制度。清朝又立意封锁东三省，不许汉人移殖。所以其治理之法，不但不能进步，而反有趋于退步之势。奉天一省，只有奉天和锦州两府，其余均治以将军、副都统等军职。蒙古、新疆、西藏，亦都治以驻防之官。这个固然历代都是如此，然清朝适当西力东侵之时，就要情见势绌了。末年回乱平后，改新疆为行省。日俄战后，改东三省为行省。蒙古、西藏，亦图改省，而未能成功。藩属之地，骤图改省，是不易办到的。不但该地方的人民感觉不安，即使侥幸成功，中国亦无治理其地的人才。蒙、藏的情形，和新疆、东三省是不同的。东三省汉人已占多数，新疆汉人亦较多，蒙、藏则异于是。自清末至民国初年，最好是将联邦之法，推行之于蒙、藏，中央操外交、军事、交通、币制之权，余则听其自治。清季既不审外藩情势和内地的不同，操之过急，以致激而生变。民国初年，又不能改弦易辙，许其自治，以生其回面内向之心，杜绝强邻的觊觎。因循既久，收拾愈难，这真是贾生所说，可为痛哭、流涕、长太息的了。

以上是中国的旧官制，中西交通以来，自然不能没有变动。其首先设立的，是总理各国事务衙门。实因咸丰八年，中英《天津条约》规定，要就大学士、尚书中简定一员和英国使臣接洽而起，不过迫于无可如何，并非有意改革。内乱平后，意欲振兴海军，乃设立海军衙门。后来却将其经费移以修理颐和园，于是中日战后，海军衙门反而裁撤了。庚子以后，又因条约，改总理衙门为外务部，班列六部之前。其时举办新政，随事设立了许多部处。立宪议起，改革旧官制，增设新机关，共成外务、吏、民政（新设的巡警部改）、度支（户部改。新设的财政处、税务处并入）、礼（太常、光禄、鸿胪三寺并入）、学（新设的学务处改，国子监并入）、陆军（兵部改，太仆寺和新设的练兵处并入）、农工商（工部改，新设的商部并入）、邮传、理藩（理藩院改）、法（刑部改）十一部，除外务部有管理事务大臣、会办大臣各一人外，余均设尚书一人，侍郎二人，不分满、汉。都察院亦改设都御史一人，畐都御史二人。（前此左都御史，满汉各一。左副都御史各二。右都御史、副都御史，但为督抚兼衔。）大理寺改为院，以司最高审判。宣统二年，立责任内阁。设总、协理大臣。裁军机处及新设的政务处及吏、礼二部（其事务并入内阁），而增设海军部及军咨府（今之参谋部）。改尚书为大臣，与总、协理负连带责任。外官则仍以督抚为长官。于其下设布政、提法（按察司改）、提学、盐运、交涉五司，劝业、巡警二道，而裁分巡、分守道。此等制度，行之为日甚浅，初无功过可言。若从理论上评论：内官增设新官，将旧官删除归并，在行政系统上，自然较为分明，于事实亦较适切。若论外官，则清末之所以尾大不掉，行政粗疏，其症结实在于省制。当时论者，亦多加以攻击。然竟未能改革，相沿以迄于今，这一点不改革，就全部官制都没有更新的精神了。

民国成立，《临时政府组织大纲》定行政分五部，为外交、内务、财政、军务、交通。这是根据理论规定的，后修改此条，设陆军、海军、外交、司法、财政、内务、教育、实业、交通九部。其时采美国制，不设总理。孙文逊位后，袁世凯就职北京，《临时政府组织大纲》改为《临时约法》，设总理，分实业为农林、工商两部。三年，袁世凯召开约法会议修改《临时约法》为《中华民国约法》（即所谓《新约法》）。复废总理，设国务卿。并农林、工商两部为农商部。袁世凯死后，黎元洪为总统，复设总理。外官：民军起义时，掌握一省军权的称都督。管理民政的称民政长。废司、道、府、直隶州、厅及散州、厅的名称，但存县。袁世凯改都督为将军，民政长为巡按使。于其下设道尹。护国军起，掌军权的人，复称都督。黎元洪为总统，改将军、都督，都称督军，巡按使称省长。其兼握几省兵权，或所管之地跨及数省的，则称巡阅使。裁兵议起，又改称督理或督办军务善后事宜，然其尾大不掉如故。国民党秉政，在训政时期内，以党代人民行使政权，而以国民政府行使治权。其根本精神，和历代的官制大不相同，其事又当别论。

无官之名，而许多行政事务，实在倚以办理的为吏。凡行政，必须依照一定的手续。因此职司行政的人，必须有一定的技术。这种技术，高级官员往往不甚娴习，甚或不能彻底通晓，非有受过教育、经过实习的专门人员以辅助之不可。此等责任，从前即落在胥吏肩上。所以行政之权，亦有一部分操于其手。失去了他，事情即将无从进行的。

吏之弊，在于只知照例。照例就是依旧，于是凡事都无革新的精神。照例的意思，在于但求无过，于是凡事都只重形式，而不问实际，甚至利用其专门智识以舞弊。所以历来论政的人，无不深恶痛绝于吏，尤以前清时代为甚，然其论亦有所蔽。因为非常之事固然紧要，寻常政务，实更为紧要而不可一日停滞。专重形式，诚然不好，然设形式上的统一不能保持，政治必将大乱。此前清末年，所以诏裁胥吏，而卒不能行。其实从前所谓吏，即现在所谓公务员，其职实极重要，而其人亦实不能缺。从前制度的不善，在于（一）视其人太低，于是其人不思进取，亦不求名誉，而唯利是图。（二）又其人太无学识，所以只能办极呆板的事。公务员固以技术为要，然学识亦不可全无，必有相当的学识，然后对于所行之政，能够通知其原理，不致因过于呆板而反失原意。又行政的人，能通知政治的原理，则成法的缺点必能被其发现。于立法的裨益，实非浅鲜。昔时之胥吏，是断不足以语此的。（三）其尤大的，则在于无任用之法，听其私相传授，交结把持。自民国以来，因为政治之革新，法律的亟变，已非复旧时的胥吏所能通晓，所以其人渐归自然淘汰，然现在公务员的任用、考核，亦尚未尽合法，这是行政的基础部分，断不可不力求改良的。

古代官职的大小，是以朝位和命数来决定的。所谓命数，就是车服之类的殊异。古人所以看得此等区别甚为严重。然因封建制度的破坏，此等区别终于不能维持了。朝位和俸禄的多少，虽可分别高低，终嫌其不甚明显。于是有官品之别。官品起于南北朝以来。南朝陈分九品。北朝魏则九品之中，复分正从；四品以下，且有上、中、下阶，较为复杂。宋以后乃专以九品分正从。官品之外，封爵仍在。又有勋官、散官等，以处闲散无事的官员。此等乃国家酬庸之典，和官品的作用各不相同的。

官俸，历代虽厚薄不同，而要以近代之薄为最甚。古代大夫以上，各有封地。家之贫富，视其封地之大小、善恶，与官职的高下无关。无封地的，给之禄以代耕，是即所谓官俸。古代官俸，多用谷物，货币盛行以后，则钱谷并给。又有实物之给，又有给以公田的。明初尚有此制，不知何时废坠，专以银为官俸，而银价折合甚高。清朝又沿袭其制，于是官吏多苦贫穷。内官如部曹等，靠印结等费以自活，外官则靠火耗及陋规。上级官不亲民的，则诛求于下属。京官又靠外官的馈赠。总而言之，都是非法。然以近代官俸之薄，非此断无以自给的。而有等机关，收取此等非法的款项，实亦以其一部分支给行政费用，并非全入私囊。所以官俸的问题极为复杂。清世宗时，曾因官俸之薄，加给养廉银，然仍不足支持。现代的官俸，较之清代，已稍觉其厚。然究尚失之于薄，而下级的公务员尤甚。又司法界的俸禄，较之行政界，不免相形见绌。这亦是亟须加以注意的。

第三十一章　赋税

中国的赋税，合几千年的历史观之，可以分为两大类：其（一）以最大多数的农民所负担的田税、军赋、力役为基本，随时代变化，而成为种种形式。自亡清以前，始终看做最重要的赋税。其（二）自此以外的税，最初无有，后来逐渐发生，逐渐扩张，直至最近，才成为重要部分。

租、税、赋等字样，在后世看起来，意义无甚区别，古代则不然。汉代的田税，古人称之为税，亦即后世所谓田赋。其收取，据孟子说，有贡、助、彻三法。夏后氏五十而贡，殷人七十而助，周人百亩而彻。（五十、七十当系夏、殷顷亩，较周为小，不然，孟子所说井田之制就不可通了。）又引龙子的话，说"贡者，校数岁之中以为常"，即是取几年的平均额，以定一年的税额。乐岁不能多，凶年不能减。所以龙子诋为恶税。助法，据孟子说，是将一方里之地分为九百亩，中百亩为公田，外八百亩为私田。一方里之地，住居八家，各受私田百亩。共耕公田。公田所入，全归公家；私田所入，亦全归私家，不再收税。彻则田不分公私，而按亩取其几分之几。按，贡法当是施之被征服之族的。此时征服之族与被征服之族，尚未合并为一，截然是两个团体。征服之族，只责令被征服之族，每年交纳农作品若干。其余一切，概非所问。（此时纳税的实系被征服之族之团体，而非其个人。）所以有此奇异的制度。至于助、彻，该是平和部族中自有的制度，在田亩自氏族分配于家族时代发生的。三者的税额，孟子说："其实皆十一也。"这亦不过以大略言之。助法，照孟子所说，明明是九一，后儒说：公田之中，以二十亩为庐舍，八家各耕公田十亩，则又是十一分之一。古人言语粗略，计数更不精确，这是不足以为怀疑孟子的话而加以责难的根据。古代的田制有两种：一种是平正之地，可用正方形式分划，是为井田。一种是崎岖之地，面积大小，要用算法扯算的，是为畦田（即圭田）。古代征服之族，居于山险之地，其地是不能行井田的，所以孟子替滕文公规划，还说“请野九一而助，国中什一使自赋”。既说周朝行彻法，又说虽周亦助，也是这个道理。

赋所出的，是人徒、车、辇、牛、马等，以供军用。今文家说：十井出兵车一乘（《公羊》宣公十年，昭公元年何《注》）。古文家据《司马法》，而《司马法》又有两说：一说以井十为通，通为匹马，三十家，出士一人，徒二人。通十为成，成十为终，终十为同，递加十倍（《周官·小司徒》郑《注》引）。又一说以四井为邑，四邑为丘，有戎马一匹，牛三头。四丘为甸，出戎马四匹，兵车一乘，牛十二头，甲士三人，步卒七十二人（郑注《论语·学而篇》“道千乘之国”引之，见《小司徒疏》）。今文家所说的制度，常较古文家早一时期，说已见前。古文家所说的军赋，较今文家为轻，理亦由此。（《司马法》实战国时书。战国时国大了，所以分担的军赋也轻。）

役法，《礼记·王制》说：“用民之力，岁不过三日。”《周官·均人》说：丰年三日，中年二日，无年一日。《小司徒》说：“上地家七人，可任也者家三人。中地家六人，可任也者二家五人。下地家五人，可任也者家二人。凡起徒役，毋过家一人，以其余为羡。惟田与追胥竭作。”按，田与追胥，是地方上固有的事，起徒役则是国家所要求于人民的。地方上固有的事，总是与人民利害相关的，国家所要求于人民的，则利害未必能一致，或且相反。所以法律上不得不分出轻重。然到后来，用兵多而差徭繁，能否尽守此规则，就不可知了。古代当兵亦是役的一种。《王制》说：“五十不从力政（政同征，即兵役外的力役），六十不与服戎。”《周官·乡大夫》说：“国中自七尺以及六十，野自六尺以及六十有五皆征之。”《疏》说七尺是二十岁，六尺是十五岁。六尺是未成年之称，其说大约是对的。然则后期的徭役，也比前期加重了。

以上是古代普遍的赋税。至于山林川泽之地，则古代是公有的。工业，简易的人人会做，艰难的由公家设官经营。商业亦是代表部族做的。既无私有的性质，自然无所谓税。然到后来，也渐渐地有税了。《礼记·曲礼》：“问国君之富，数地以对，山泽之所出。”古田地字通用，田之外兼数山泽，可见汉世自天子至封君，将山川、园池、市井租税之入，皆作为私奉养，由来已久。市井租税，即系商税。古代工商业的分别，不甚清楚，其中亦必包含工税。按，《孟子》《王制》，都说“市廛而不税，关讥而不征”。廛是民居区域之称。古代土地公有，什么地方可以造屋，什么地方可以开店，都要得公家允许的，不能乱做。所以《孟子·滕文公上篇》记：“许行自楚之滕，踵门而告文公曰：闻君行仁政，愿受一廛而为氓。文公与之处。”然则市廛而不税，即系给与开店的地方，而不收其税，这是指后世所谓“住税”而言，在都邑之内。关讥而不征，自然是指后世所谓“过税”而言。然则今文住税、过税俱无。而《周官·司市》，必“凶荒札丧”才“市无征而作布（造货币）”；《司关》，必凶荒才“无关、门（城门）之征”；则住税、过税都有了。又《孟子·公孙丑下篇》说：古之为市者，“有司者治之耳。有贱丈夫焉，必求龙断而登之，以左右望而罔市利。人皆以为贱，故从而征之”。龙即陇字。龙断，谓陇之断者。一个人占据了，第二个人再不能走上去与之并处。罔即今网字。因为所居者高，所见者远，遥见主顾来了，可以设法招徕，而人家也容易望见他，自可把市利一网打尽了。这是在乡赶集的，而亦有税，可见商税的无孔不入了。此等山川、园池、市肆租税，都是由封建时代各地方的有土之君各自征收的，所以很缺乏统一性。

赋税的渐增，固由有土者的淫侈，战争的不息，然社会进化，政务因之扩张，支出随之巨大，亦是不可讳的。所以白圭说：“吾欲二十而取一。”孟子即说：“子之道貉道也。”貉“无城郭、宫室、宗庙祭祀之礼，无诸侯币帛饔，无百官有司，故二十取一而足”。然则赋税的渐增，确亦出于事不获已。倘使当时的诸侯大夫，能审察情势，开辟利源，或增设新税，或就旧税之无害于人民者而增加其税额，原亦不足为病。无如当时的诸侯大夫，多数是不察情势，不顾人民能否负担，而一味横征暴敛。于是田租则超过十一之额，而且有如鲁国的履亩而税（见《春秋》宣公十五年。此因人民不尽力于公田，所以税其私田），井田制度破坏尽了。力役亦加多日数，且不依时令，致妨害人民的生业。此等证据，更其举不胜举。无怪乎当时的仁人君子，都要痛心疾首了。然这还不算最恶的税。最恶的税，是一种无名的赋。古书中赋字有两义：一是上文所述的军赋，这是正当的。还有一种则是不论什么东西，都随时责之于民。所以《管子》说：“岁有凶穰，故谷有贵贱。令有缓急，故物有轻重。”（《国蓄篇》）轻就是价贱，重就是价贵。在上者需用某物，不管人民的有无，下令责其交纳，人民只得求之于市，其物的价格就腾贵，商人就要因此剥削平民了。《管子》又说：以室庑籍，以六畜籍，以田亩籍，以正人籍，以正户籍。籍即是取之之义。以室庑籍，当谓按户摊派。以田亩籍，则按田摊派。正人、正户，当系别于穷困疲羸的人户而言。六畜，谓畜有六畜之家，当较不养者为富。（《山权数》云：“若岁凶旱水泆，民失本，则修宫室台榭，以前无狗后无彘者为庸。”此以家无孳畜为贫穷的证据。）所以以之为摊派的标准。其苛细可谓已甚了。古代的封君，就是后世乡曲的地主。后世乡曲的地主，还有需要什么东西，都取之于佃户的，何况古代的封君，兼有政治上的权力呢？无定时、无定物、无定数，这是最恶的税。

秦汉之世，去古未远，所以古代租税的系统，还觉分明。汉代的田租，就是古代的税，其取之甚轻。高祖时，十五税一。文帝从晁错之说，令民入粟拜爵，十三年，遂全除田租。至景帝十年，乃令民半出租，为三十而税一。后汉初年，尝行十一之税。天下已定，仍三十而税一。除灵帝曾按亩敛修宫钱外，始终无他横敛（修宫钱只是横敛，实不能算增加田租），可谓轻极了。但古代的田是没有私租的，汉世则正税之外，还有私租，所以国家之所取虽薄，农民的负担仍未见减轻，还只有加重。（王莽行王田之制时，诏书说汉时的私租，“厥名三十，实十税五”，则合三十税一的官租，是三十分之十六了。）汉代的口钱，亦称算赋。民年十五至五十六，出钱百二十，以食天子。武帝又加三钱，以补车骑马。见《汉书·高帝纪》四年、《昭帝纪》元凤四年《注》引如淳说引《汉仪注》。按，《周官》太宰九赋，郑《注》说赋是“口率出泉”。又说：“今之算泉，民或谓之赋，此其旧名与？”泉钱一字。观此，知汉代的算赋，所谓人出百二十钱以食天子者，乃古代横敛的赋所变。盖因其取之无定时，无定物，无定数，实在太暴虐了，乃变为总取钱若干，而其余一切豁免。这正和五代时的杂征敛，宋世变为沿纳，明时的加派，变为一条鞭一样（见下）。至于正当的赋，则本是供军用的，所以武帝又加三钱以补车骑马。汉代的钱价，远较后世为贵，人民对于口钱的负担，很觉其重。武帝令民生子三岁出口钱，民至于生子不举。元帝时，贡禹力言之。帝乃令民七岁乃出口钱（见《汉书·禹传》）。役法：《高帝纪》二年《注》引如淳说：《律》：年二十三，傅之畴官，各从其父畴学之。畴之义为类。古行世业之法，子弟的职业，恒与父兄相同。（所谓士之子恒为士，农之子恒为农，工之子恒为工，商之子恒为商。）而每一类的人，都有其官长。（《国语·周语》说：宣王要料民于太原，仲山父谏，说“古者不料民而知其多少。司民协孤终，司商协民姓，司徒协旅，司寇协奸，牧协职，工协革，场协入，廪协出，是则少多死生，出入往来，皆可知也”。这即是各官各知其所管的民数的证据。）此即所谓畴官。傅之畴官，就是官有名籍，要负这一类中人所应负的义务了。这该是古制，汉代的人民，分类未必如古代之繁，因为世业之制破坏了。但法律条文是陈旧的东西，事实虽变，条文未必随之而变。如淳所引的律文，只看作民年二十三，就役籍有名，该当一切差徭就够了。景帝二年，令民年二十始傅。又将其提早了三年。役法是征收人民的劳力的，有役法，则公家举办事业，不必要出钱雇工，所以在财政上，也是一笔很大的收入。

财政的规模既经扩张，自当创设新税。创设新税，自当用间接之法，避免直接取之于农民。此义在先秦时，只有法家最明白。《管子·海王篇》说：要直接向人民加赋，是人人要反对的。然盐是无人不吃的；铁器亦不论男女，人人要用，如针、釜、耒、耜之类；在盐铁上加些微之价，国家所得已不少了。这是盐铁官卖或收税最古的理论。此等税或官卖，古代亦必有行之者。汉代郡国，有的有盐官、铁官、工官（收工物税）、都水官（收渔税），有的又没有，即由于此。当此之时，自应由中央统筹全局，定立税法；或由中央直接征收，或则归之于地方。但当时的人，不知出此。桑弘羊是治法家之学的，王莽实亦兼采法家之说。所以弘羊柄用时，便管盐铁、榷酒酤，并行均输、算缗（千钱为缗，估计资本所值之数，按之抽税）之法；王莽亦行六管之制。然行之既未尽善；当时的人，又大多数不懂得此种理论。汲黯说：天子只该“食租衣税”。晋初定律，把关于酒税等的法令，都另编为令，出之于律之外，为的律文不可时改，而此等税法，在当时，是认为不正当，天下太平之后，就要废去的（见《晋书·刑法志》）。看这两端，便知当时的人，对于间接税法，如何的不了解。因有此等陈旧的见解，遂令中国的税法，久之不能改良。

田租口赋两种项目，是从晋定《户调式》以后才合并为一的。户调之法，实起源于后汉之末。魏武帝平河北，曾下令：田租之外，只许每户取绵绢若干，不准多收（见《三国·魏志·武帝纪》建安九年《注》）。大约这时候，（一）人民流离，田亩荒废，有能从事开垦的，方招徕之不暇，不便从田租上诛求。（二）又人民的得钱，是比较艰难的。（这个历代情形都如此。所以租税征收谷帛，在前代是有益于农民的。必欲收钱，在征收租税时，钱价就昂贵，谷帛的价就相对下落了。）汉世钱价贵，丧乱之际，买卖停滞，又不能诛求其口钱。所以不如按户责令交纳布帛之类。这原是权宜之法。但到晋武帝平吴，制为定式之后，就成为定法了。户调之法，是与官授田并行的。当时男子一人，占田七十亩；女子三十亩。其外，丁男课田五十亩，丁女七十亩；次丁男半之，女则不课。丁男之户，岁输绢三匹，绵三斤；女及次丁男为户者半输。北魏孝文帝均田令，亦有授田之法。唐时，丁男给田一顷，以二十亩为永业，余为口分。每年输粟三石，谓之租。看地方的出产，输绵及丝麻织品，谓之调。力役每年二十日，遇闰加二日，不役的纳绢三尺，谓之庸。立法之意，本是很好的。但到后来，田不能授，而赋税却是按户征收了。你实际没有田，人家说官话不承认。兼并的人，都是有势力的，也无人来整顿他。于是无田的人，反代有田的人出税。人皆托于宦、学、释、老，或诈称客户以自免。其弊遂至不可收拾，当这时代，要想整顿，（一）除非普加清厘，责令兼并的人，将多余的田退还，由官分给无田者。（二）次则置兼并者于不问，而以在官的闲田，补给无田的人。其事都不能行。（三）于是德宗时，杨炎为相，牺牲了社会政策的立法，专就财政上整顿，就有财产之人而收其税，令于夏秋两季交纳（夏输毋过六月，秋输毋过十一月），是为两税。两税法的精意，全在“户无主客，以见居为簿；人无丁中，以贫富为差”十八个字。社会立法之意，虽然牺牲了，以财政政策而论，是不能不称为良法的。

“两税以资产为宗”，倘使就此加以研究改良，使有产者依其财产的多少，分别等第，负担赋税，而于无产者则加以豁免，则虽不能平均负赋，而在财政上，还不失公平之道，倒也是值得称许的。然后此的苛税，仍是向大多数农民剥削。据《宋史·食货志》所载，宋时的赋税：有田亩之赋和城郭之赋，这是把田和宅地分别征收的，颇可称为合理。又有丁口之赋，则仍是身税。又有杂变之赋，亦称为沿纳，是两税以外，苛取于民，而后遂变为常税的，在理论上就不可容恕了。但各地方的税率，本来轻重不一。苛捐杂税，到整理之时，还能定为常赋，可见在理论上虽说不过去，在事实上为害还是不很大的。其自晚唐以来，厉民最甚，直至明立一条鞭之法，为害才稍除的，则是役法。

力役是征收人民的气力的。人民所最缺乏的是钱，次之是物品。至于劳力，则农家本有余闲，但使用之不失其时，亦不过于苛重，即于私人无害，而于公家有益。所以役法行之得当，亦不失为一种良好的赋税。（所以现行征工之法，限定可以征工的事项，在立法上是对的。）但是晚唐以后的役法，其厉民却是最甚的。其原因：

由于此时之所以役民者，并非古代的力役之征，而是庶人在官之事。古代的力役之征，如筑城郭、宫室，修沟渠、道路等，都是人人所能为的；而且其事可以分割，一人只要应役几日，自然不虑其苛重了。至于在官的庶人，则可分为府、史、胥、徒四种。府是看守财物的。史是记事的。胥是才智之称，所做的，当系较高的杂务。“徒，众也”，是不需才智，而只要用众力之时所使用的，大概用以供奔走。古代事务简单，无甚技术关系，即府史亦是多数人所能做，胥徒更不必论了。但此等事务，是不能朝更暮改的。从事其间的，必须视为长久的职业，不能再从事于私人的事业，所以必须给之禄以代耕。后世社会进步了，凡事都有技术的关系，筑城郭、宫室，修沟渠、道路等事，亦有时非人人所能为，何况府史胥徒呢？（如徒，似乎是最易为的，然在后世，有追捕盗贼等事，亦非人人所能。）然晚唐以后，却渐根据“丁”“资”，以定户等而役之。（一）所谓丁、资，计算已难平允；（二）而其所以役之之事，又本非其所能为；（三）而官又不免加以虐使；于是有等职务，至于破产而不能给。人民遂有因此而不敢同居，不敢从事生产，甚至有自杀以免子孙之役的。真可谓之残酷无伦了。欲救此弊，莫如分别役的性质。可以役使人民的，依旧签差。不能役使人民的，则由公家出钱雇人充任。这本不过恢复古代力役之征，庶人在官，各不相涉的办法，无甚稀奇，然宋朝主张改革役法的王安石，亦未计及此。王安石所行的法，谓之免役。按宋代役法，原有签差雇募之分。雇役之法：（一）者成为有给职，其人不致因荒废私计而无以为生。（二）者有等事，是有人会做，有人不会做的，不会做的人要赔累，会做的人则未必然。官出资雇募，应募的自然都是会做这事情的人，绝不至于受累，所以雇役之法，远较差役为良。但当时行之，甚不普遍。安石行免役之法：使向来应役的人，出免役钱；不役的人，出助役钱；官以其钱募人充役。此法从我们看来，所失者，即在于未曾分别役的性质，将可以签差之事，仍留为力役之征，而一概出钱雇募。使（一）农民本可以劳力代实物或货币的，亦概须以实物或货币纳税。（二）而公家本可征收人民劳力的事，亦因力役的习惯亡失，动须出钱雇募。于是有许多事情，尤其是建设事务，因此废而不举。这亦是公家的一笔损失。但就雇役和差役两法而论，则雇役之法胜于差役多了。而当时的旧党，固执成见。元祐时，司马光为相，竟废雇役而仍行差役。此后虽亦差雇并行，总是以差为主，民受其害者又数百年。

田租、口赋、力役以外的赋税，昔人总称为杂税。看这名目，便有轻视它、不列为财政上重要收入的意思。这是前人见解的陈旧，说已见前。然历代当衰乱之际，此等赋税，还总是有的。如《隋书·食货志》说，晋过江后，货卖奴婢、马牛、田宅，价值万钱者，输钱四百，买者一百，卖者三百，谓之“散估”，此即今日的契税。又说：都东方山津、都西石头津，都有津主，以收荻、炭、鱼、薪之税，十取其一；淮北大市百余，小市十余，都置官司收税；此即商税中之过税及住税。北朝则北齐后主之世，有关、市、邸、店之税。北周宣帝时，有入市税。又酒坊、盐池、盐井，北周亦皆有禁。到隋文帝时，却把这些全数豁免，《文献通考·国用考》盛称之。然以现代财政学的眼光评论，则还是陈旧的见解。到唐中叶以后，藩镇擅土，有许多地方，赋税不入于中央；而此时税法又大坏；中央收入减少，乃不得不从杂税上设法。宋有天下以后，因养兵特多，此等赋税不能裁撤，南渡以后，国用更窘，更要加意整顿。于是此等杂税，遂渐渐地附庸蔚为大国了。不论在政治上、社会上，制度的改变，总是由事实逼迫出来的多，在理论指导之下发明的少。这亦是政治家的一种耻辱。

杂税之中，最重要的是盐税。其法，始于唐之第五琦，而备于刘晏。籍民制盐（免其役），谓之灶户，亦谓之亭户。制成之盐，卖之商人，听其所之，不复过问。后人称之为就场征税。宋朝则有（一）官鬻，（二）通商两法。而通商之中，又分为二：（甲）径雠之于商人，（乙）则称为入边、入中。入边是“入边刍粟”的略称，入中则是“入中钱帛”的略称。其事，还和茶法及官卖香药、宝货有关系。茶税，起于唐德宗时，其初是和漆与竹木并税的。后曾裁撤，旋又恢复，且屡增其额。其法亦系籍民制造，谓之园户。园户制成的茶，由官收买，再行卖给商人。官买茶的钱，是预给园户的，谓之“本钱”。在江陵、真州、海州、汉阳军、无为军、蕲州的蕲口，设立六个榷货务。除淮南十三场所出的茶以外，都送到这六个榷货务出卖。（唯川峡、广南，听其自卖，而禁出境。）京城亦有榷货务，则是只收钱帛而不给货的。宋初，以河东的盐，供给河北的边备。其卖盐之法是：令商人入刍粟于国家指定之处，由该地方的官吏点收，给予收据，估计其价若干，由商人持此据至国家卖盐之处，照价给之以盐，是为入边刍粟。其六榷货务出卖的茶，茶是在各榷货务取，钱帛是在京师榷货务付出的，是为入中钱帛，这是所以省运输之费，把漕运和官卖合为一事办理的，实在是个良法。至于香药、宝货，则是当时对外贸易的进口货，有半官卖性质的。有时亦以补充入边入中的不足，谓之三说（此即今“兑换”之“兑”字。“兑换”之“兑”无义，乃“脱换”之省写，“脱”“说”古通用）。有时并益以缗钱，谓之四说。以盐供入边入中之用，其弊在于虚估。点收的官吏和商人串通了，将其所入之物，高抬价格，官物便变成贱价出卖，公家大受损失了。有一个时期，曾废除估价，官以实物卖出，再将所得的钱，辇至出刍粟之处买入。（这不啻入边之法已废，仅以官卖某物之价，指定供给某处的边费而已。）但虚估之事，是商人和官吏都有利益的，利之所在，自然政策易于摇动，不久其法复废。到蔡京出来，其办法却聪明了。他对于商人要贩卖官盐的，给之以引。引分为长短。有若干引，则准做若干盐的买卖，而这引是要卖钱的。这不是卖盐，只是出卖贩盐的许可证了。茶，先已计算官给本钱所得的息，均摊之于园户，作为租税，而许其与商人直接买卖。至此亦行引法，谓之茶引。蔡京是个贪污奸佞的人，然其所立盐茶之法，是颇为简易的，所以其后遂遵行不变。但行之既久，弊窦又生。因为国家既把盐卖给大商人，不能不保证其销路。于是借国家的权力，指定某处地方，为某处所产之盐行销之地，是为“引地”。其事起于元朝，至清代而其禁极严。盐的引额，是看销费量而定的，其引地则看水陆运道而定，两者都不能无变更，而盐法未必随之而变，商人恃有法律保护，高抬盐价，于是私盐盛行。因私盐盛行之故，不得不举办缉私，其费用亦极大，盐遂成为征收费极巨的赋税。宋朝入边入中之法，明朝还仿其意而行之。明初，取一部分的盐，专与商人输粮于边的相交易，谓之中盐。运粮至边方，国家固然困难，商人也是困难的。计算收买粮食，运至边方，还不如在边方开垦之有利，商人遂有自出资本，雇人到边上开垦的，谓之商屯。当时的开平卫，就是现在的多伦县一带，土地垦辟了许多。后来因户部改令商人交纳银两作为库储，商屯才渐次撤废。按，移民实边，是一件最难的事。有移殖能力的人，未必有移殖的财力。国家出资移民，又往往不能得有移殖能力的人，空耗财力，毫无成绩。商人重利，其经营，一定比官吏切实些。国家专卖之物，如能划出一部分，专和商人出资移民的相交易，一定能奖励私人出资移民的。国家只须设官管理，规定若干条法律，使资本家不致剥削农民就够了。这是前朝的成法，可以师其意而行之的。又明初用茶易西番之马，含有振兴中国马政及制驭西番两种用意。因为内地无广大的牧场，亦且天时地利等，养马都不如西番的适宜，而西番马少，则不能为患。其用意，亦是很深远的。当时成绩极佳。后因官吏不良，多与西番私行交易，把好马自私，驽马入官，而其法才坏。现在各民族都是一家，虽不必再存什么制驭之意，然借此以振兴边方的畜牧，亦未尝不是善策。这又是前朝的成法，可以师其意而变通之的。

酒，历代有禁时多，征榷时少。因为昔人认酒为糜谷，而其物人人能制，要收税或官卖是极难的。历代收酒税认真的，莫如宋朝。其事亦起于唐中叶以后。宋时，诸州多置“务”自酿。县和镇乡，则有许民酿而收其税的。其收税，多用投标之法，认税最多的人，许其酿造，谓之“扑买”。承酿有一定年限。不及年限，而亏本停止，谓之“败阙”。官吏为维持税收起见，往往不许其停业。于是有勒令婚丧之家买酒若干的，甚有均摊之于民户的，这变成强迫买酒了，如何可行？但酒税在北宋，只用为地方经费，如“酬奖役人”（当重难差徭的，以此调剂他）之类。到南宋，就列为中央经费了。官吏要维持收入，也是不得不然的。收酒税之法，最精明的是赵开的“隔酿”，亦称为“隔槽”。行之于四川，由官辟酿酒的场所，备酿酒的器具，使凡要酿酒的，都自备原料到这里来酿。出此范围之外，便一概是私酒。这是为便于缉私起见，其立法是较简易的，不过取民未免太苛罢了。

阬冶，在唐朝，或属州郡，或隶盐铁使。宋朝，或官置监、冶、场、务，或由民承买，而以分数中卖于官，皆属转运使。元朝矿税称为税课，年有定额。此外还有许多无定额的，总称为额外课（额外课中，通行全国的，为契税及历本两项）。

商税是起于唐朝的藩镇的，宋朝相沿未废。分为住税和过税。住税千分之三十，过税千分之二十。州县多置“监”“务”收取，关镇亦有设置的。其所税之物，随地不同。照法律都应揭示明白，但实际能否如此，就不可知了。唐宋时的商税，实际上是无甚关系的。关系重要的，倒要推对外的市舶司。

市舶司起于唐朝。《文献通考》说：唐有市舶使，以右威卫中郎将周庆立为之。代宗广德元年，有广州市舶使吕太一。按，庆立事见《新唐书·柳泽传》，吕太一事见《旧唐书·代宗本纪》。又《新书·卢怀慎传》说怀慎之子奂，“天宝初为南海太守，污吏敛手，中人之市舶者，亦不敢干其法”。合此数事观之，似乎唐时的市舶使多用中人，关系还不甚重要。到宋朝就不然了。宋朝在杭州、明州、秀州、温州、泉州及密州的板桥镇（就是现在的青岛），均曾设立市舶司。海舶至，先十榷其一。其香药、宝货，又须先尽官买，官买足了，才得和人民交易。香药、宝货，为三说之一（已见前）。南宋时又用以称提关会（关子、会子，系南宋时纸币之名。提高其价格，谓之称提），可见其和财政大有关系了。元明亦有市舶司。明朝的市舶司，意不在于收税，而在于管理外商，因为明初沿海已有倭寇之故。中叶以后，废司不设。中外互市，无人管理。奸商及各地方的势家，因而欺侮夷人，欠其货款不还，为激成倭寇肆扰原因之一。

赋役之法，至近代又有变迁。《元史·食货志》说：元代的租税，取于内郡的，丁税、地税分为两，是法唐之租庸调的；取于江南的合为一，是法唐朝的两税的。这不过是名目上的异同，实际都是分两次征收，和两税之法无异。总而言之，从杨炎创两税以后，征收的时期，就都没有改变了。元朝又有所谓丝料、包银。丝料之中，又分二户丝和五户丝。二户丝入官，五户丝输于本位（后妃、公主、宗王、功臣的分地）。包银每户四两，二两收银，二两折收丝绢颜色。这该是所以代户役的，然他役仍不能免。按，户役变成赋税，而仍责令人民应役；杂税变成正税，而后来需用杂物，又随时敛取于民；这是历代的通病，正不独元朝为然。明初的赋役，就立法言之，颇为整饬。其制度的根本，是黄册和鱼鳞册两种册籍。黄册以户为主，记各户所有的丁、粮（指所有的田），根据之以定赋役。鱼鳞册以田为主，记其地形、地味及所在，而注明其属于何人。黄册由里长管理，照例应有两本。一本存县官处，一本存里长处，半年一换。各户丁粮增减，里长应随时记入册内，半年交官，将存在官处的一本收回改正。其立法是很精明的。但此等责任，是否里长所能尽？先是一个问题。况且赋役是弊窦很多的。一切恶势力，是否里长所能抗拒？里长是否即系此等黑幕中的一个人？亦是很难说的。所以后来，两册都失实了。明代的役法，分为力差和银差。力差还是征收其劳力的，银差则取其实物及货币。田税是有定额的，役法则向系量出为入。后来凡有需要，即取之于民，谓之加派。无定时，无定额，人民大困。役法向来是按人户的等第，以定其轻重、免否的。人户的等第，则根据丁口资产的多寡推定，是谓“人户物力”。其推定，是很难公平的。因为有些财产不能隐匿，而所值转微（如牛及农具、桑树等）。有些财产易于隐匿，而所值转巨（如金帛等）。况且人户的规避，吏胥的任意出入，以及索诈、受贿等，都在所不免。历代讫无善策以除其弊，于是发生专论丁粮和兼论一切资产的问题。论道理，自以兼论一切资产为公平。论手续，却以专论丁粮为简便。到底因为调查的手续太繁了，弊窦太多了，斟酌于两者之间，还是以牺牲理论的公平，而求手续的简便为有利，于是渐趋于专论丁粮之途。加派之弊，不但在其所取之多，尤在于其无定额，无定时，使百姓无从预计。于是有一条鞭之法。总算一州县每一年所需用之数，按阖境的丁粮均摊。自此以外，不得再有征收。而其所谓丁者，并非实际的丁口乃系通计一州县所有的丁额，摊派之于有田之家，谓之“丁随粮行”。明朝五年一均役，清朝三年一编审，后亦改为五年，所做的都系此项工作。质而言之，乃因每隔几年，贫富的情形变换了，于是将丁额改派一次，和调查丁口全不相干。役法变迁至此，可谓已行免役之法，亦可谓实已加重田赋而免其役了。加赋偏于田亩，是不合理的。因为没有专令农民负担的理由。然加农民之田赋而免其役，较之唐宋后之役法，犹为此善于彼。因为役事无法分割，负担难得公平，改为征其钱而免其役，就不然了。况且有丁负担赋税的能力小，有产负担赋税的能力大，将向来有丁的负担，转移于有粮之家，也是比较合理的。这是税法上自然的进化。一条鞭之法，起源于江西，后渐遍行于全国，其事在明神宗之世。从晚唐役法大坏至此，历八百年左右，亦可谓之长久了。这是人类不能以理智支配事实，而听其自然迁流之弊。职是故，从前每州县的丁额，略有定数，不会增加。因为增丁就是增赋，当时推行已觉困难，后来征收更觉麻烦；做州县官的人，何苦无事讨事做？清圣祖明知其然，所以落得慷慨，下诏说：康熙五十年以后新生的人丁，永不加赋。到雍正时，就将丁银摊入地粮了。这是事势的自然，不论什么人，生在这时候都会做的，并算不得什么仁政。从前的人，却一味歌功颂德。不但在清朝时候如此，民国时代，有些以遗老自居的人也还是这样，这不是没有历史知识，就是别有用心了。

清朝因有圣祖之诏，所以始终避免加赋之名。但后来田赋的附加很多，实在亦与加赋无异。又古代的赋税，所税者何物，所取者即系何物。及货币通行以后，渐有（一）径收货币，（二）或本收货物之税，亦改收货币的。（三）又因历代（甲）币制紊乱，（乙）或数量不足，（丙）又或官吏利于上下其手，有本收此物，而改收他物的。总之收税并非全收货币。明初，收本物的谓之“本色”，收货币的谓之“折色”。宣宗以后，纸币废而不行，铜钱又缺乏，赋税渐改征银。田赋在收本色时，本来有所谓耗。系因（子）改装、搬运时，不免有所损失；（丑）又收藏之后，或有腐败及虫蛀、鼠窃等；乃于收税之时，酌加若干。积少成多，于官吏颇有裨益。改收银两以后，因将碎银镕成整铤，经火亦有耗损，乃亦于收银时增加若干，谓之“火耗”。后来制钱充足，收赋时改而收钱，则因银钱的比价并无一定，官吏亦可将银价抬高，其名目则仍谓之火耗，此亦为农民法外的负担。但从前州县官的行政经费是不够的，非借此等弥补不可，所以在币制改革以后，亦仍许征税的人，于税收中提取若干成，作为征收之费。

近世田赋而外，税收发达的，当推关、盐两税。盐税自南宋以后，收入即逐渐增加。元明清三朝，均为次于田赋的重要赋税。关税起于明宣宗时。当时因纸币跌价，增设若干新税，并增加旧税税额，以收回钞票。后来此等新增的税目和税额，有仍复其旧的，有相沿未废的。关税亦为相沿未废者之一，故称为钞关。清朝称为常关。常关为数有限，然各关都有分关，合计之数亦不少。太平军兴之后，又有所谓厘金，属于布政司而不属于中央。于水陆要路设卡，以多为贵，全不顾交通上自然的形势，以致一种货物的运输，有重复收税至于数次的。所税的货物及其税额，亦无一定。实为最恶的税法。新海关设于五口通商以后，当时未知关税的重要，贸然许外人以协定税率。庚子战后，因赔款的负担重了，《辛丑和约》，我国要求增税，外人乃以裁厘为交换条件。厘不能裁，增税至百分之十二点五之议亦不能行。民国时代，我国参加欧战，事后在美国所开太平洋会议中，提出关税自主案。外人仍只许我开关税会议，实行《辛丑条约》。民国十四年开会时，我国又提出关税自主案。许于民国十八年与裁厘同时并行，同时拟定七级税则，实际上得各国的承认。国民政府宣布关税自主，与各友邦或订关税条约，或于通商条约中订有关涉关税的条款。民国十八年，先将七级税实施。至民国二十年，将厘金裁撤后，乃将七级税废去，另订税则颁布。主权一经受损，其恢复之难如此，亦可为前车之鉴了。关、盐两税之外，清代较为重要的，是契税、当税、牙税。此等税意亦在于加以管理，不尽在增加收入。其到晚近才发达的，则有烟酒税、印花税、矿税、所得税。其重要的货物，如卷烟、麦粉、棉纱、火柴、水泥、薰烟、啤酒、洋酒等，则征收统税。国民政府将此等税和关税、盐税、牙税、当税，均列为中央收入。田赋划归地方，和契税、营业税同为地方收入大宗。军兴以来，各地方有许多苛捐杂税，则下令努力加以废除。在理论上，赋税已渐上轨道，但在事实上，则还待逐渐加以整顿罢了。

第三十二章　兵制

中国的兵制，约可分为八期。

第（一）期，在古代，有征服之族和被征服之族的区别。征服之族，全体当兵，被征服之族则否，是为部分民兵制。

第（二）期，后来战争剧烈了，动员的军队多，向来不服兵役的人民，亦都加入兵役，是为全体皆兵制。

第（三）期，天下统一了，不但用不着全体皆兵，即一部分人当兵，亦觉其过剩。偶尔用兵，为顾恤民力起见，多用罪人及降服的异族。因此，人民疏于军事，遂招致降服的异族的叛乱，是即所谓五胡乱华。而中国在这时代，因乱事时起，地方政府擅权，中央政府不能驾驭，遂发生所谓州郡之兵。

第（四）期，五胡乱华的末期，渐次和中国同化了，人数减少，而战斗顾甚剧烈，不得已，乃用汉人为兵。又因财政艰窘，不得不令其耕以自养。于是又发生一种部分民兵制，是为周、隋、唐的府兵。

第（五）期，承平之世，兵力是不能不腐败的。府兵之制，因此废坏。而其时适值边方多事，遂发生所谓藩镇之兵。因此，引起内乱。内乱之后，藩镇遍于内地，唐室卒因之分裂。

第（六）期，宋承唐、五代之后，竭力集权于中央。中央要有强大的常备军。又觑破兵民分业在经济上的利益，于是有极端的募兵制。

第（七）期，元以异族入主中原，在军事上，自然另有一番措置。明朝却东施效颦，其结果，到底因淤滞而败。

第（八）期，清亦以异族入主，然不久兵力即腐败。中叶曾因内乱，一度发生较强大的陆军。然值时局大变，此项军队，应付旧局面则有余，追随新时代则不足，对外屡次败北，而国内的军纪却又久坏，遂酿成晚清以来的内乱。直至最近，始因外力的压迫，走上一条旷古未有的新途径。

以上用鸟瞰之法，揭示一个大纲。以下再逐段加以说明。

第（一）期，从前的人，都说古代是寓兵于农的，寓兵于农，便是兵农合一，井田既废，兵农始分，这是一个重大的误解。寓兵于农，乃谓以农器为兵器，说见《六韬·农器篇》。古代兵器是铜做的，农器是铁做的。兵器都藏在公家，临战才发给（所谓授甲、授兵），也只能供给正式军队用，乡下保卫团一类的兵，是不能给予的。然敌兵打来，不能真个制梃以自卫。所以有如《六韬》之说，教其以某种农器当某种兵器。古无称当兵的人为兵的，寓兵于农，如何能释为兵农合一呢？江永《群经补义》中有一段，驳正此说。他举《管子》的参国伍鄙。参国，即所谓制国以为二十一乡，工商之乡六，士乡十五，公和高子、国子，各帅五乡。伍鄙，即三十家为邑，十邑为卒，十卒为乡，三乡为县，十县为属，乃所以处农人（所引《管子》，见《小匡篇》）。又引阳虎欲作乱，壬辰戒都车，令癸巳至（见《左氏》定公八年）。以证兵常近国都。其说可谓甚精。按，《周官·夏官·序官》：王六军，大国三军，次国二军，小国一军。《大司徒》五家为比，五比为闾，四闾为族，五族为党，五党为州，五州为乡；《小司徒》，五人为伍，五伍为两，四两为卒，五卒为旅，五旅为师，五师为军；则六军适出六乡。六乡之外有六遂，郑《注》说：遂之军法如六乡。其实乡列出兵法，无田制，遂陈田制，无出兵法，郑《注》是错误的（说本朱大韵《实事求是斋经义·司马法非周制说》）。六乡出兵，六遂则否，亦兵在国中之证。这除用征服之族居国，被征服之族居野，无可解释。或谓难道古代各国，都有征服和被征服的阶级的？即谓都有此阶级，亦安能都用此治法，千篇一律呢？殊不知（一）古代之国，数逾千百，我们略知其情形的，不过十数，安知其千篇一律？（二）何况制度是可以互相模仿的。世既有黩武之国，即素尚平和之国，亦不得不肆力于军事组织以相应，既肆力于军事组织，其制度，自然可以相像的。所以虽非被征服之族，其中的军事领袖及武士，亦可以逐渐和民众相离，而与征服之族，同其位置。（三）又况战士必须讲守御，要讲守御，自不得不居险；而农业，势不能不向平原发展；有相同的环境，自可有相同的制度。（四）又况我们所知道的十余国，其根源上，都是同一或极相接近的部族，又何怪其文化的相同呢？所以以古代为部分民兵制，实无疑义。

古代之国，其兵数是不甚多的。说古代军队组织的，无人不引据《周官》。不过以《周官》之文，在群经中独为完具罢了。其实《周官》之制，是和他书不合的。按，《诗经·鲁颂》：“公徒三万。”则万人为一军。《管子·小匡篇》说军队组织之法正如此。（五人为伍，五十人为小戎，二百人为卒，二千人为旅，万人一军。）《白虎通义·三军篇》说：“虽有万人，犹谦让，自以为不足，故复加二千人。”亦以一军为本万人。《说文》以四千人为一军，则据既加二千人后立说。《谷梁》襄公十一年，“古者天子六师，诸侯一军（这个“军”字和“师”字同义。变换其字面，以免重复，古书有此文法）”，一师当得二千人。《公羊》隐公五年何《注》：“二千五百人称师，天子六师，方伯二师，诸侯一师。”“五百”二字必后人据《周官》说妄增。然则古文家所说的军队组织，较今文家扩充了，人数增多了。此亦今文家所说制度，代表较早的时期，古文家说，代表较晚的时期的一证。当兵的一部分人，居于山险之地，山险之地，是行畦田之制的，而《司马法》所述赋法，都以井田之制为基本，如此，当兵的义务，就扩及全国人了。按，《司马法》以终十为同，同方百里，同十为封，封十为畿，畿方千里。如前一说：一封当得车千乘，士万人，徒二万人；一畿当得车万乘，士十万人，徒二十万人。后一说：一同百里，提封万井，除山川、沈斥、城池、邑居、园囿、术路外，定出赋的六千四百井，所以有戎马四百匹，兵车百乘。一封有戎马四千匹，兵车千乘。一畿有戎马四万匹，兵车万乘（见于《汉书·刑法志》）。若计其人数，则一同七千五百，一封七万五千，一畿七十五万。《史记·周本纪》说，牧野之战，纣发卒七十万人，以拒武王；《孙子·用间篇》说，“内外骚动，殆于道路，不得操事者，七十万家”，都系本此以立说。《司马法》之说，固系学者所虚拟，亦必和实际的制度相近。春秋时，各国用兵，最多不过数万。至战国时，却坑降斩级，动以万计。此等记载，必不能全属子虚，新增的兵，从何处来呢？我们看《左氏》成公二年，记齐顷公鞍战败北逃回去的时候，“见保者曰：勉之，齐师败矣”，可见其时正式的军队虽败于外，各地方守御之兵仍在。而《战国策》载苏秦说齐宣王之言，说“韩魏战而胜秦，则兵半折，四竟不守；战而不胜，国以危亡随其后”。可见各地方守御之兵都已调出去，充作正式军队了。这是战国时兵数骤增之由。在中国历史上，真正全国皆兵的，怕莫此时若了。

秦汉统一以后，全国皆兵之制，便开始破坏。《汉书·刑法志》说：“天下既定，踵秦而置材官于郡国。”《后汉书·光武纪》《注》引《汉官仪》（建武七年）说：“高祖令天下郡国，选能引关、蹶张，材力武猛者，以为轻车骑士、材官、楼船。常以立秋后讲肄课试。”则汉兵制实沿自秦。《汉书·高帝纪》《注》引《汉仪注》（二年）说：“民年二十三为正，一岁为卫士，一岁为材官骑士，习射御骑驰战陈，年五十六衰老，乃得免为庶民，就田里。”《昭帝纪》《注》引如淳说（元凤四年）：“更有三品，有卒更，有践更，有过更。古者正卒无常，人皆当迭为之，是为卒更。贫者欲得雇更钱者，次直者出钱雇之，月二千，是为践更。天下人皆直戍边三日，亦名为更，律所谓繇戍也。不可人人自行三日戍，又行者不可往便还，因便住，一岁一更，诸不行者，出钱三百入官，官以给戍者，是为过更。”此为秦汉时人民服兵役及戍边之制。法虽如此，事实上已不能行。晁错说秦人谪发之制，先发吏有谪及赘婿、贾人，后以尝有市籍者，又后以太父母、父母尝有市籍者，后入闾取其左（见《汉书》本传），此即汉世所谓七科谪（见《汉书·武帝纪》天汉四年《注》引张晏说）。二世时，山东兵起，章邯亦将骊山徒免刑以击之。则用罪人为兵，实不自汉代始。汉自武帝初年以前，用郡国兵之时多，武帝中年以后，亦多用谪发。此其原因，乃为免得扰动平民起见。《贾子书·属远篇》说：“古者天子地方千里，中之而为都，输将繇使，远者不五百里而至。公侯地百里，中之而为都，输将繇使，远者不五十里而至。秦输将起海上，一钱之赋，十钱之费弗能致。”此为古制不能行的最大原因。封建时代，人民习于战争，征戍并非所惧。然路途太远，旷日持久，则生业尽废。又《史记·货殖传》说：七国兵起，长安中列侯封君行从军旅，赍贷子钱。则当时从军的人，所费川资亦甚巨。列侯不免借贷，何况平民？生业尽废，再重以路途往来之费，人民在经济上，就不堪负担了。这是物质上的原因。至于在精神上，小国寡民之时，国与民的利害，较相一致，至国家扩大时，即不能尽然，何况统一之后？王恢说战国时一代国之力，即可以制匈奴（见《汉书·韩安国传》）。而秦汉时骚动全国，究竟宣、元时匈奴之来朝，还是因其内乱之故，即由于此。在物质方面，人民的生计，不能不加以顾恤；在精神方面，当时的用兵，不免要招致怨恨；就不得不渐废郡国调发之制，而改用谪发、谪戍了。这在当时，亦有令农民得以专心耕种之益。然合前后而观之，则人民因此而忘却当兵的义务，而各地方的武备也日益空虚了。所以在政治上，一时的利害，有时与永久的利害是相反的。调剂于二者之间，就要看政治家的眼光和手腕。

民兵制度的破坏，形式上，是在后汉光武之时的。建武六年，罢郡国都尉官。七年，罢轻车骑士、材官、楼船。自此各郡国遂无所谓兵备了。（后来有些紧要的去处，亦复置都尉。又有因乱事临时设立的，然不是经常普遍的制度。）而外强中弱之机，亦于此时开始。汉武帝置七校尉，中有越骑、胡骑及长水（见《汉书·百官公卿表》。长水，颜师古云：胡名）。其时用兵，亦兼用属国骑等，然不恃为主要的兵力。后汉光武的定天下，所靠的实在是上谷、渔阳的兵，边兵强而内地弱的机缄，肇见于此。安帝以后，羌乱频仍，凉州一隅，迄未宁静，该地方的羌、胡，尤强悍好斗。中国人好斗的性质，诚不能如此等浅演的降夷，然战争本不是单靠野蛮好杀的事。以当时中国之力，谓不足以制五胡的跳梁，绝无此理。五胡乱华的原因，全由于中国的分裂。分裂之世，势必军人专权。专权的军人，初起时或者略有权谋，或则有些犷悍的性质。然到后来，年代积久了，则必入于骄奢淫逸。一骄奢淫逸，则政治紊乱，军纪腐败，有较强的外力加以压迫，即如山崩川溃，不可复止。西晋初年，君臣的苟安、奢侈，正是军阀擅权的结果，五胡扰乱的原因。五胡乱华之世，是不甚用中国人当兵的。其时用汉兵的，除非所需兵数太多，异族人数不足，乃调发以充数。如石虎伐燕，苻秦寇晋诸役是。这种军队，自然不会有什么战斗力的。（军队所靠的是训练。当时的五胡，既不用汉人做主力的军队，自然无所谓训练。《北齐书·高昂传》说：高祖讨尔朱兆于韩陵，昂自领乡人部曲三千人。高祖曰："高都督纯将汉儿，恐不济事，今当割鲜卑兵千余人，共相参杂，于意如何？"昂对曰："敖曹所将部曲，练习已久，前后战斗，不减鲜卑。今若杂之，情不相合。愿自领汉军，不烦更配。"高祖然之。及战，高祖不利，反借昂等以致克捷。可见军队只重训练，并非民族本有强弱了。）所以从刘、石倡乱以来，至于南北朝之末，北方的兵权，始终在异族手里。这是汉族难于恢复的大原因。不然，五胡可乘的机会正多着呢，然则南方又何以不能乘机北伐？此则仍由军人专横，中央权力不能统一之故。试看晋朝东渡以后，荆、扬二州的相持，宋、齐、梁、陈之世，中央和地方政府互相争斗的情形，便可知道。

北强南弱之势，是从东晋后养成的。三国以前，军事上的形势，是北以持重胜，南以剽悍胜。论军队素质的佳良，虽南优于北，论社会文明的程度，则北优于南，军事上胜败的原因，实在于此。后世论者，以为由于人民风气的强弱，实在是错误的。（秦虽并六国，然刘邦起沛，项籍起吴，卒以亡秦，实在是秦亡于楚。所以当时的人，还乐道南公“亡秦必楚”之言，以为应验。刘、项成败，原因在战略上，不关民气强弱，是显而易见的。吴楚七国之乱，声势亦极煊赫，所以终于无成，则因当时天下安定，不容有变，而吴王又不知兵之故。孙策、孙权、周瑜、鲁肃、诸葛恪、陆逊、陆抗等，以十不逮一的土地人民，矫然与北方相抗，且有吞并中原之志，而魏亦竟无如之何，均可见南方风气的强悍。）东晋以后，文明的重心，转移于南，训卒厉兵，本可于短期间奏恢复之烈。所以终无成功，而南北分裂，竟达于二百六十九年之久，其结果且卒并于北，则全因是时，承袭汉末的余毒，（一）士大夫衰颓不振，（二）军人拥兵相猜，而南方的政权，顾全在此等北来的人手中之故。试设想：以孙吴的君臣，移而置之于东晋，究竟北方能否恢复？便可见得。“洒落君臣契，飞腾战伐名”，无怪杜甫要对吕蒙营而感慨了。经过这长时期的腐化，而南弱的形势遂成。而北方当是时，则因长期的战斗，而造成一武力重心。赵翼《廿二史札记》有一条，说周、隋、唐三代之祖，皆出武川，可见自南北朝末至唐初，武力的重心，实未曾变。按，五胡之中，氐、羌、羯民族皆小，强悍而人数较多的，只有匈奴、鲜卑。匈奴久据中原之地，其形势实较鲜卑为佳。但其人太觉凶暴，羯亦然。被冉闵大加杀戮后，其势遂衰。此时北方之地，本来即可平靖。然自东晋以前，虎斗龙争，多在今河北、河南、山东、山西、陕西数省境内。辽宁、热、察、绥之地，是比较安静的。鲜卑人休养生息于此，转觉气完力厚。当时的鲜卑人，实在是乐于平和生活，不愿向中原侵略的。所以北魏平文帝、昭成帝两代，都因要南侵为其下所杀（见《魏书 · 序纪》）。然到道武帝，卒肆其凶暴，强迫其下，侵入中原。（道武帝伐燕，大疫，群下咸思还北。帝曰：“四海之人，皆可与为国，在吾所以抚之耳，何恤乎无民？”群臣乃不敢复言。见《魏书 · 本纪》皇始二年。按，《序纪》说：穆帝“明刑峻法，诸部民多以违命得罪。凡后期者，皆举部戮之。或有室家相携，而赴死所。人问何之？答曰：当往就诛”。其残酷如此。道武帝这话，已经给史家文饰得很温婉的了。若照他的原语记录下来，那便是“你们要回去，我就要把你们全数杀掉”。所以群臣不敢复言了。）此时割据中原的异族，既已奄奄待毙，宋武帝又因内部矛盾深刻，不暇经略北方，北方遂为所据。然自孝文帝南迁以前，元魏立国的重心，仍在平城。属于南方的侵略，仅是发展问题，对于北方的防御，却是生死问题，所以要于平城附近设六镇，以武力为拱卫。南迁以后，因待遇的不平等，而酿成六镇之乱。因六镇之乱而造成一个尔朱氏。连高氏、贺拔氏、宇文氏等，一齐带入中原。龙争虎斗者，又历五六十年，然后统一于隋。隋、唐先世，到底是汉族还是异族，近人多有辩论。然民族是论文化的，不是论血统的。近人所辩论的，都是血统问题，在民族斗争史上，实在无甚意义。至于隋唐的先世，曾经渐染胡风，也是武川一系中的人物，则无可讳言。所以自尔朱氏之起至唐初，实在是武川的武力在政治舞台上活跃的时代。要到唐贞观以后，此项文化的色彩才渐渐淡灭。（唐初的隐太子、巢剌王、常山愍王等，还都系带有胡化色彩的人。）五胡乱华的已事虽然已成过去，然在军事上，重用异族的风气还有存留。试看唐朝用蕃将蕃兵之多，便可明白。论史者多以汉唐并称。论唐朝的武功，其成就，自较汉朝为尤大。然此乃世运为之（主要的是中外交通的进步）。若论军事上的实力，则唐朝何能和汉朝比？汉朝对外的征讨，十之八九是发本国兵出去打的，唐朝则多是以夷制夷。这以一时论，亦可使中国的人民减轻负担，然通全局而观之，则亦足以养成异族强悍、汉族衰颓之势。安禄山之所以蓄意反叛，沙陀、突厥之所以横行中原，都由于此。就是宋朝的始终不振，也和这有间接的关系。因为久已柔靡的风气，不易于短时期中训练之使其变为强悍。一而唐朝府兵的废坏，亦和其搁置不用很有关系的。

府兵之制起于周。籍民为兵，蠲其租调，而令刺史以农隙教练。分为百府，每府以一郎将主之，而分属于二十四军。（当时以一柱国主二大将，一将军统二开府，开府各领一军。）其众合计不满五万。隋、唐皆沿其制，而分属于诸卫将军。唐制，诸府皆称折冲府。各置折冲都尉，而以左右果毅校尉副之。上府兵一千二百人，中府千人，下府八百。民年二十服兵役，六十而免。全国六百三十四府，在关中的二百六十一，以为强干弱枝之计。府兵之制：平时耕以自养；战时调集，命将统之；师还则将上所佩印，兵各还其府。（一）无养兵之费，而有多兵之用。（二）兵皆有业之民，无无家可归之弊。（三）将帅又不能拥兵自重。这是与藩镇之兵及宋募兵之制相较的优点。从前的论者多称之。但兵不唯其名，当有其实。唐朝府兵制度存在之时，得其用者甚少。此固由于唐时征讨多用蕃兵，然府兵恐亦未足大用。其故，乃当时的风气使之，而亦可谓时势及国家之政策使之。兵之精强，在于训练。主兵者之能勤于训练，则在预期其军队之有用。若时值承平，上下都不以军事为意，则精神不能不懈弛；精神一懈弛，训练自然随之而废了。所以唐代府兵制度的废坏，和唐初时局的承平，及唐代外攘不甚调发大兵都有关系。高宗、武后时，业已名存实亡。到玄宗时，就竟不能给宿卫了。（唐时宿卫之兵，都由诸府调来，按期更换，谓之“番上”。“番”即现在的“班”字。）时相张说，知其无法整顿，乃请宿卫改用募兵，谓之彍骑，自此诸府更徒存虚籍了。

唐初边兵屯戍的，大的称军，小的称城镇守捉，皆有使以主之。统属军、城镇守捉的曰道。道有大总管，后改称大都督。大都督带使持节的，人称之为节度使。睿宗后遂以为官名。唐初边兵甚少。武后时，国威陵替。北则突厥，东北则奚、契丹，西南则吐蕃皆跋扈。玄宗时，乃于边陲置节度使，以事经略。而自东北至西北边之兵尤强。天下遂成偏重之势。安禄山、史思明，皆以胡人而怀野心，卒酿成天宝之乱。乱后藩镇遂遍于内地。其中安史余孽，唐朝不能彻底铲除，亦皆授以节度使。诸镇遂互相结约，以土地传子孙，不奉朝廷的命令。肃、代二世，皆姑息养痈。德宗思整顿之，而兵力不足，反召朱泚之叛。后虽削平朱泚，然河北、淮西，遂不能问。宪宗以九牛二虎之力讨平淮西，河北亦闻风自服。然及穆宗时，河北即复叛。自此终唐之世，不能戡定了。唐朝藩镇，始终据土自专的，固然只有河北，然其余地方，亦不免时有变乱。且即在平时，朝廷指挥统驭之力，亦总不甚完全。所以肃、代以还，已隐伏分裂之势。至黄巢乱后，遂溃决不可收拾了。然藩镇固能梗命，而把持中央政府，使之不能振作的，则禁军之患，尤甚于藩镇。

禁军是唐初从征的兵，无家可归的，给以渭北闲田，留为宿卫，号称元从禁军。此本国家施恩之意，并非仗以战斗。玄宗时，破吐蕃，于临洮之西置神策军。安史之乱，军使成如璆遣将卫伯玉率千人入援，屯于陕州。后如璆死，神策军之地陷于吐蕃，乃即以伯玉为神策军节度使，仍屯于陕，而中官鱼朝恩以观军容使监其军。伯玉死，军遂统于朝恩。代宗时，吐蕃陷长安，代宗奔陕，朝恩以神策军扈从还京。其后遂列为禁军，京西多为其防地。德宗自奉天归，怀疑朝臣，以中官统其军。其时边兵赏赐甚薄，而神策军颇为优厚，诸将遂多请遥隶神策军，军额扩充至一五万。中官之势，遂不可制。“自穆宗以来八世，而为宦官所立者七君。”（《唐书·僖宗纪》赞语。参看《廿二史札记·唐代宦官之祸》条。）顺宗、文宗、昭宗，皆以欲诛宦官，或遭废杀，或见幽囚。当时的宦官，已成非用兵力不能铲除之势。然在宦官监制之下，朝廷又无从得有兵力。（文宗时，郑注欲夺宦官之兵而败。昭宗欲自练兵以除宦官而败。）召外兵，则明知宦官除而政权将入除宦官者之手，所以其事始终无人敢为。然相持至于唐末，卒不得不出于此一途。于是宦官尽而唐亦为朱梁所篡了。宦官之祸，是历代多有的，拥兵为患的，却只有唐朝。（后汉末，蹇硕欲图握兵，旋为何进所杀。）总之，政权根本之地，不可有拥兵自重的人，宦官亦不过其中之一端了。

禁兵把持于内，藩镇偃蹇于外，唐朝的政局，终已不可收拾，遂分裂而为五代十国。唐时的节度使，虽不听政府的命令，而亦不能节制其军队。军队不满意于节度使，往往哗变而杀之，而别立一人。政府无如之何，只得加以任命。狡黠的人，遂运动军士，杀军帅而拥戴自己。即其父子兄弟相继的，亦非厚加赏赐，以饵其军士不可。凡此者，殆已成为通常之局。所谓“地擅于将，将擅于兵”。五代十国，唯南平始终称王，余皆称帝，然论其实，则仍不过一节度使而已。宋太祖黄袍加身，即系唐时拥立节度使的故事，其余证据，不必列举。事势至此，固非大加整顿不可。所以宋太祖务要削弱藩镇，而加强中央之兵。宋朝的兵制，兵之种类有四：曰禁军，是为中央军，均属三衙；曰厢军，是为地方兵，属于诸州；曰乡兵，系民兵，仅保卫本地方，不出戍；曰蕃兵，则系异族团结为兵，而用乡兵之法的。太祖用周世宗之策，将厢军之强者，悉升为禁军，其留为厢军者，不甚教阅，仅堪给役而已。乡兵、蕃兵，本非国家正式的军队，可以弗论。所以武力的重心，实在禁军。全国须戍守的地方，乃遣禁军更番前往，谓之“番戍”。昔人议论宋朝兵制的，大都加以诋毁。甚至以为唐朝的所以强，宋朝的所以弱，即由于藩镇的存废。这真是瞽目之谈。唐朝强盛时，何尝有什么藩镇？到玄宗设立藩镇时，业已因国威陵替，改取守势了。从前对外之策，重在防患未然。必须如汉之设度辽将军、西域都护，唐之设诸都护府，对于降伏的部落，（一）监视其行动，（二）通达其情意，（三）并处理各部族间相互的关系。总而言之，不使其（一）互相并吞，（二）坐致强大。是为防患未然。其设置，是全然在夷狄境内，而不在中国境内的，此之谓“守在四夷”。是为上策。经营自己的边境，已落第二义了。然果其士马精强，障塞完固，中央的军令森严，边将亦奉令维谨，尚不失为中策。若如唐朝的藩镇擅土，则必自下策而入于无策的。因为军队最怕的是骄，骄则必不听命令，不能对外，而要内讧；内讧，势必引外力以为助。这是千古一辙的。以唐朝幽州兵之强，而不能制一契丹，使其坐大；藩镇遍于内地，而黄巢横行南北，如入无人之境，卒召沙陀之兵，然后把他打平；五代时，又因中央和藩镇的内讧，而引起契丹的侵入，都是铁一般强、山一般大的证据。藩镇的为祸为福，可无待于言了。宋朝的兵，是全出于招募的，和府兵之制相反，论者亦恒右唐而左宋，这亦是耳食之谈。募兵之制，虽有其劣点，然在经济上及政治上，亦自有其相当的价值。天下奸悍无赖之徒，必须有以销纳之，最好是能惩治之，感化之，使改变其性质。此辈在经济上，既是所谓“无赖”，又其性质，不能勤事生产，欲惩治之、感化之极难。只有营伍之中，规律最为森严，或可约束之，使之改变。此辈性行虽然不良，然苟能束之以纪律，其战斗力，不会较有身家的良民为差，或且较胜。利用养兵之费，销纳其一部分，既可救济此辈生活上的无赖，而饷项亦不为虚糜。假若一个募兵，在伍的年限是十年到二十年，则其人已经过长期的训练；裁遣之日，年力就衰，大多数的性质必已改变，可以从事于生产，变做一个良民了。以经济原理论，本来宜于分业，平民出饷以养兵，而于战阵之事全不过问，从经济的立场论，是有益无损的。若谓行募兵之制，则民不知兵，则举国皆兵，实至今日乃有此需要。在昔日，兵苟真能御敌，平民原不须全体当兵。所以说募兵之制，在经济上和政治上，自有其相当的价值。宋代立法之时，亦自有深意。不过所行不能副其所期，遂至利未形而害已见罢了。宋朝兵制之弊，在于（一）兵力的逐渐腐败。（二）番戍之制：（甲）兵不知将，将不知兵，既不便于指挥统驭；（乙）而兵士居其地不久，既不熟习地形，又和当地的人民没有联络；（丙）三年番代一次，道途之费，却等于三年一次出征。（三）而其尤大的，则在带兵的人，利于兵多，（子）既可缺额刻饷以自肥，（丑）又可役使之以图利。乞免者既不易得许；每逢水旱偏灾，又多以招兵为救荒之策，于是兵数递增。开国之时，不满二十万。太祖末年，已增至三十七万。太宗末年，增至六十六万。真宗末年，增至九十一万。仁宗时，西夏兵起，增至一百二十五万。后虽稍减，仍有一百一十六万。欧阳修说：“天下之财，近自淮甸，远至吴、楚，莫不尽取以归京师。晏然无事，而赋敛之重，至于不可复加。”养兵之多如此，即使能战，亦伏危机，何况并不能战，对辽对夏，都是隐忍受侮；而西夏入寇时，仍驱乡兵以御敌呢？当时兵多之害，人人知之，然皆顾虑召变而不敢裁。直至王安石出，才大加淘汰。把不任禁军的降为厢军，不任厢军的免为民。兵额减至过半。又革去番戍之制，择要地使之屯驻，而置将以统之（以第一、第二为名，全国共九十一将）。安石在军事上，虽然无甚成就，然其裁兵的勇气，是值得称道的。唯其所行民兵之制，则无甚成绩，而且有弊端。

王安石民兵之法，是和保伍之制连带的。他立保甲之法，以十家为一保，设保长。五十家为一大保，设大保长。五百家为一都保，设都保正副。家有两丁的，以其一为保丁。其初日轮若干人儆盗。后乃教以武艺，籍为民兵。民兵成绩，新党亦颇自诩。（如《宋史》载章惇之言，谓“仕宦及有力之家，子弟欣然趋赴，马上艺事，往往胜诸军”之类。）然据《宋史》所载司马光、王岩叟的奏疏，则其（一）有名无实，以及（二）保正长巡检使等的诛求，真是暗无天日。我们不敢说新党的话全属子虚，然这怕是少数，其大多数，一定如旧党所说的。因为此等行政上的弊窦，随处可以发现。民兵之制，必要的条件有二：（一）为强敌压迫于外，如此，举国上下，才有忧勤惕厉的精神，民虽劳而不怨；（二）则行政上的监督必须严密，官吏及保伍之长，才不敢倚势虐民。当时这两个条件都是欠缺的，所以不免弊余于利。至于伍保之法，起源甚古。《周官·大司徒》说：“令五家为比，使之相保。五比为闾，使之相受。四闾为族，使之相葬。五族为党，使之相救。五党为州，使之相赒。五州为乡，使之相宾。”这原和《孟子》“死徙无出乡，乡田同井，出入相友，守望相助，疾病相扶持”之意相同，乃使之互相救恤。商君令什伍相司（同伺）连坐，才使之互相稽察。前者为社会上固有的组织，后者则政治上之所要求。此唯乱时可以行之。在平时，则犯大恶者（如谋反叛逆之类），非极其秘密；即徒党众多，声势浩大（如江湖豪侠之类）；或其人特别凶悍，为良民所畏（如土豪劣绅之类）；必非人民所能检举。若使之检举小恶，则徒破坏社会伦理，而为官吏开敲诈之门，其事必不能行。所以自王安石创此法后，历代都只于乱时用以清除奸轨，在平时总是有名无实，或并其名而无之的。（伍保之法，历代法律上本来都有，并不待王安石的保甲，然亦都不能行。）

裁募兵，行民兵，是宋朝兵制的一变。自此募兵之数减少。元祐时，旧党执政，民兵之制又废。然募兵之额，亦迄未恢复。徽宗时，更利其缺额，封桩其饷，以充上供，于是募兵亦衰。至金人入犯，以陕西为著名多兵之地，种师道将以入援，仅得一万五千人而已。以兵多著名的北宋，而其结果至于如此，岂非奇谈？

南渡之初，军旅寡弱。当时诸将之兵，多是靠招降群盗或召募以资补充的。其中较为强大的，当推所谓御前五军。杨沂中为中军，总宿卫。张俊为前军，韩世忠为后军，岳飞为左军，刘光世为右军，皆屯驻于外，是为四大将。光世死，其军叛降伪齐。（一部分不叛的，归于张俊。）以四川吴玠之军补其缺。其时岳飞驻湖北，韩世忠驻淮东，张俊驻江东，皆立宣抚司。宗弼再入犯，秦桧决意言和，召三人入京，皆除枢密副使，罢三宣抚司，以副校统其兵，称为统制御前军马。驻扎之地仍旧，谓之某州驻扎御前诸军。四川之兵，亦以御前诸军为号。直达朝廷，帅臣不得节制。其饷，则特设总领以司之，不得自筹。其事略见《文献通考·兵考》。

北族在历史上，是个侵略民族。这是地理条件所决定的。在地理上，（一）瘠土的民族，常向沃土的民族侵略。（二）但又必具有地形平坦，利于集合的条件。所以像天山南路，沙漠绵延，人所居住的，都是星罗棋布的泉地，像海中的岛屿一般；又或仰雪水灌溉，依天山之麓而建国；以至青海、西藏，山岭崎岖，交通太觉不便；则土虽瘠，亦不能成为侵略民族。历史上侵掠的事实，以蒙古高原为最多，而辽、吉二省间的女真，在近代，亦曾两度成为侵略民族。这是因为蒙古高原，地瘠而平，于侵略的条件，最为完具。而辽、吉二省，地形亦是比较平坦的，且与繁荣的地方相接近，亦有以引起其侵略之欲望。北族如匈奴、突厥等，虽然强悍，初未尝侵入中国。五胡虽占据中国的一部分，然久居塞内，等于中国的乱民，而其制度亦无足观。只有辽、金、元、清四朝，是以一个异民族的资格侵入中国的，而其制度，亦和中国较有关系。今略述其事如下。

四朝之中，辽和中国的关系最浅。辽的建国，系合部族及州县而成。部族是它的本族和所征服的北方的游牧民族。州县则取自中国之地。其兵力，亦是以部族为基本的。部族的离合，及其所居之地，都系由政府指定，不能自由。其人民全体皆隶兵籍。当兵的素质，极为佳良。《辽史》称其“各安旧风，狃习劳事，不见纷华异物而迁。故能家给人足，戎备整完。卒之虎视四方，强朝弱附，部族实为之爪牙”，可谓不诬了。但辽立国虽以部族为基本，而其组织军队，亦非全不用汉人。世徒见辽时的五京乡丁，只保卫本地方，不出戍，以为辽朝全不用汉人做正式军队，其实不然。辽制有所谓宫卫军者，每帝即位，辄置之。出则扈从，入则居守，葬则因以守陵。计其丁数，凡有四十万八千，出骑兵十万一千。所谓不待调发州县部族，而十万之兵已具。这是辽朝很有力的常备军。然其置之也，则必“分州县，析部族”。又太祖征讨四方，皇后述律氏居守，亦摘蕃汉精锐三十万为属珊军。可见辽的军队中，亦非无汉人了。此外辽又有所谓大首领部族军，乃亲王大臣的私甲，亦可率之以从征。国家有事，亦可向其量借。又北方部族，服属于辽的，谓之属国，亦得向其量借兵粮。契丹的疆域颇大，兵亦颇多而强，但其组织不坚凝。所以天祚失道，金兵一临，就土崩瓦解。这不是辽的兵力不足以御金，乃是并没有从事于抵御。其立国本无根柢，所以土崩瓦解之后，亦就更无人从事于复国运动。耶律大石虽然有意于恢复，在旧地，亦竟不能自立了。

金朝的情形，与辽又异。辽虽风气敦朴，然畜牧极盛，其人民并不贫穷的。金则起于瘠土，人民非常困穷。然亦因此而养成其耐劳而好侵略的性质。《金史》说它“地狭产薄，无事苦耕，可致衣食；有事苦战，可致俘获”，可见其侵略的动机了。金原本系一小部族，其兵全系集合女真诸部族而成。战时的统帅，即系平时的部长。在平时称为孛堇，战时则称为猛安、谋克。猛安译言千夫长，谋克译言百夫长，这未必真是千夫和百夫，不过依其众寡，略分等级罢了。金朝的兵，其初战斗力是极强的，但迁入中原之后，腐败亦很迅速。看《廿二史札记·金用兵先后强弱不同》一条，便可知道。金朝因其部落的寡少，自伐宋以后，即参用汉兵。其初契丹、渤海、汉人等，投降金朝的，亦都授以猛安谋克。女真的猛安谋克户，杂居汉地的，亦听其与契丹、汉人相婚姻，以相固结。熙宗以后，渐想把兵柄收归本族。于是罢汉人和渤海人猛安谋克的承袭。移剌窝斡乱后，又将契丹户分散，隶属于诸猛安谋克。自世宗时，将猛安谋克户移入中原，其人既已腐败到既不能耕，又不能战，而宣宗南迁，仍倚为心腹，外不能抗敌，而内敛怨于民。金朝的速亡，实在是其自私本族，有以自召之的。总而言之：文明程度落后的民族，与文明程度较高的民族遇，是无法免于被同化的。像金朝、清朝这种用尽心机，而仍不免于灭亡，还不如像北魏孝文帝一般，自动同化于中国的好。

元朝的兵制，也是以压制为政策的。它的兵，出于本部族的，谓之蒙古军。出于诸部族的，谓之探马赤军。既入中原后，取汉人为军，谓之汉军。其取兵之法，有以户论的，亦有以丁论的。兵事已定之后，曾经当过兵的人，即定入兵籍，子孙世代为兵。其贫穷的，将几户合并应役。甚贫或无后的人，则落其兵籍，别以民补。此外无他变动。其灭宋所得的兵，谓之新附军。带兵的人，“视兵数之多寡，为爵秩之崇卑”，名为万户、千户、百户。皆分上、中、下。初制，万户、千户死阵者，子孙袭职，死于病者降一等。后来不论大小及身故的原因，一概袭职。所以元朝的军官，可视为一个特殊阶级。世祖和二三大臣定计：使宗王分镇边徼及襟喉之地。河、洛、山东，是他们所视为腹心之地，用蒙古军、探马赤军戍守。江南则用汉军及新附军，但其列城，亦有用万户、千户、百户戍守的。元朝的兵籍，汉人是不许阅看的。所以占据中国近百年，无人知其兵数。观其屯戍之制，是很有深心的。但到后来，其人亦都入洪炉而俱化。末叶兵起时，宗王和世袭的军官，并不能护卫它。

元朝以异族入据中国，此等猜防之法，固然无怪其然。明朝以本族人做本族的皇帝，却亦暗袭其法，那就很为无谓了。明制：以五千六百人为卫，一千一百一十二人为千户所，一百一十二人为百户所。（什伍之长，历代都即在其什伍之人数内，明朝则在其外。每一百户所，有总旗二人，小旗十人，所以共为一百十二人。）卫设都指挥使，隶属于五军都督府。兵的来路有三种：第一种从征，是开国时固有的兵。第二种归附，是敌国兵投降的。第三种谪发，则是刑法上罚令当兵的，俗话谓之“充军”。从征和归附，固然是世代为兵，谪发亦然。身死之后，要调其继承人，继承人绝掉，还要调其亲族去补充的，谓之“句丁”。这明是以元朝的兵籍法为本，而加以补充的。五军都督府，多用明初勋臣的子孙，也是模仿元朝军官世袭之制。治天下不可以有私心。有私心，要把一群人团结为一党，互相护卫，以把持天下的权利，其结果，总是要自受其害的。军官世袭之制，后来腐败到无可挽救，即其一端。金朝和元朝都是异族，它们社会进化的程度本浅，离封建之世未远，猛安谋克和万户千户百户，要行世袭之制，还无怪其然。明朝则明是本族人，却亦重视开国功臣的子孙，把他看做特别阶级，其私心就不可恕了。抱封建思想的人，总以为某一阶级的人，其特权和权利，全靠我做皇帝才能维持，他一定会拥护我，所以把这一阶级的人看得特别亲密。殊不知这种特权阶级，到后来荒淫无度，知识志气都没有了，何谓权利，怕他都不大明白。明白了，明白什么是自己的权利了，明白自己的权利如何才得维持了，因其懦弱无用，眼看着他人抢夺他的权利，他亦无如之何。所谓贵戚世臣，理应与国同休戚的，却从来没有这回事，即由于此。武力是不能持久的。持久了，非腐败不可。这其原因，由于战争是社会的变态而非其常态。变态是有其原因的，原因消失了，变态亦即随之而消失。所以从历史上看来，从没有一支真正强盛到几十年的军队。（因不遇强敌，甚或不遇战事，未至溃败决裂，是有的。然这只算是侥幸。极强大的军队，转瞬化为无用，这种事实，是举不胜举的。以宋武帝的兵力，而到文帝时即一蹶不振，即其一例。又如明末李成梁的兵力，亦是不堪一击的，侥幸他未与满洲兵相遇罢了。然而东事的败坏，其机实隐伏于成梁之时，这又是其一例。军队的腐败，其表现于外的，在精神方面，为士气的衰颓；在物质方面，则为积弊的深痼；虽有良将，亦无从整顿，非解散之而另造不可。世人不知其原理，往往想就军队本身设法整顿，其实这是无法可设的。因为军队是社会的一部分，不能不受广大社会的影响。在社会学上，较低的原理，是要受较高的原理的统驭的。）“兵可百年不用，不可一日无备”，这种思想，亦是以常识论则是，而经不起科学评判的。因为到有事时，预备着的军队往往无用，而仍要临时更造。府兵和卫所，是很相类的制度。府兵到后来，全不能维持其兵额。明朝对于卫所的兵额，是努力维持的，所以其缺额不至如唐朝之甚。然以多数的兵力，对北边始终只能维持守势（现在北边的长城，十分之九都是明朝所造）；末年满洲兵进来，竟尔一败涂地；则其兵力亦有等于无。此皆特殊的武力不能持久之证。

清朝太祖崛起，以八旗编制其民。太宗之世，蒙古和汉人归降的，亦都用同一的组织。这亦和金朝人以猛安谋克授渤海、汉人一样。中国平定之后，以八旗兵驻防各处，亦和金朝移猛安谋克户于中原，及元朝镇戍之制用意相同。唯金代的猛安谋克户，系散居于民间；元朝万户分驻各处，和汉人往来亦无禁限。清朝驻防的旗兵，则系和汉人分城而居的，所以其冲突不如金、元之烈。但其人因此与汉人隔绝，和中国的社会全无关系，到末造，要筹划旗民生计，就全无办法了。清代的汉兵，谓之绿旗，亦称绿营。中叶以前的用兵，是外征以八旗为主，内乱以绿营为主的。八旗兵在关外时，战斗之力颇强。中国军队强悍的，亦多只能取守势，野战总是失利时居多。（洪承畴松山之战，是其一例。）然入关后腐败亦颇速。三藩乱时，八旗兵已不足用了。自此至太平天国兴起时，内地粗觉平安，对外亦无甚激烈的战斗。武功虽盛，实多侥天之幸。所以太平军一起，就势如破竹了。

中国近代，历史上有两种潮流潜伏着，推波助澜，今犹未已，非通观前后，是不能觉悟出这种趋势来的。这两种潮流：其（一）是南方势力的兴起。南部数省，向来和大局无甚关系。自明桂王根据云、贵与清朝相抗，吴三桂举兵，虽然终于失败，亦能震荡中原，而西南一隅，始隐然为重于天下。其后太平军兴，征伐几遍全国。虽又以失败终，然自清末革命，至国民政府北伐之成功，始终以西南为根据。现在的抗战，还是以此为民族复兴的策源地的。其（二）是全国皆兵制的恢复。自秦朝统一以后，兵民渐渐分离，至后汉之初，而民兵之制遂废，至今已近二千年了。康有为说：中国当承平时代，是没有兵的。虽亦有称为兵的一种人，其实性质全与普通人民无异（见《欧洲十一国游记》）。此之谓有兵之名，无兵之实。旷观历代，都是当需要用兵时，则产生出一支真正的军队来；事过境迁，用兵的需要不存，此种军队亦即凋谢，而只剩些有名无实的军队，充作仪仗之用了。此其原理，即由于上文所说的战争是社会的变态，原不足怪。但在今日，帝国主义跋扈之秋，非恢复全国皆兵之制，是断不足以自卫的，更无论扶助其他弱小民族了。这一个转变，自然是极艰难。但环境既已如此，决不容许我们的不变。当中国和欧美人初接触时，全未知道需要改变。所想出来的法子，如引诱他们上岸，而不和他在海面作战；如以灵活的小船，制他笨重的大船等，全是些闭着眼睛的妄论。到咸、同间，外患更深了。所谓中兴将帅，一因经验较多，二与欧美人颇有相当的接触，才知道现在的局面，非复历史上所有。欲图适应，非有相当的改革不可。于是有造成一支军队以适应时势的思想。设船政局、制造局，以改良器械，陆军则改练洋操，亦曾成立过海军，都是这种思想的表现。即至清末，要想推行征兵制。其实所取的办法，离民兵之制尚远，还不过是这种思想。民国二十余年，兵制全未革新，且复演了历史上武人割据之局。然时代的潮流，奔腾澎湃，终不容我不卷入旋涡。抗战以来，我们就一步步地，走入举国皆兵之路了。这两种文化，现在还在演变的中途，我们很不容易看出其伟大。然在将来，作历史的人，一定要认为划时代的大转变，是毫无可疑的。这两种文化，实在还只是一种。因为这种转变，不过强迫着我们发生一种新组织，以与时代相适应，而时代之所以有此要求，则缘世界交通而起。在中国，受世界交通影响最早的是南部。和旧文化关系最浅的，亦是南部。受旧文化的影响较浅，正是迎受新文化的一个预备条件。所以近代改革的原动力，全出于南方，南方始终代表着一个开明的势力。（太平天国虽然不成气候，湘淮军诸首领虽然颇有学问，然以新旧论，则太平天国仍是代表新的，湘淮军人物仍是代表旧的。不过新的还未成熟，旧的也还余力未尽罢了。）千回百折，似弱而卒底于有成。

几千年以来，内部比较平安，外部亦无真正的大敌。因此，养成中国（一）长期间无兵，只有需要时，才产生真正的军队；（二）而这军队，在全国人中，只占一极小部分的文化。在今日，又渐渐地改变，而走上全国皆兵的路了。而亘古未曾开发的资源，今日亦正在开发。以此广大的资源，供此众多民族之用，今后世界的战争，不更将增加其残酷的程度么？不，战争只是社会的变态。现在世界上战争的残酷，都是帝国主义造成的，这亦是社会的一个变态，不过较诸既往，情形特别严重罢了。变态是绝不能持久的。资本的帝国主义，已在开始崩溃了。我们虽有横绝一世的武力，大势所趋，决然要用之于打倒帝国主义之途，断不会加入帝国主义之内，而成为破坏世界和平的一分子。

第三十三章　刑法

谈中国法律的，每喜考究成文法起于何时。其实这个问题是无关紧要的。法律的来源有二：一为社会的风俗。一为国家对于人民的要求。前者即今所谓习惯，是不会著之于文字的。然其对于人民的关系，则远较后者为切。

中国刑法之名，有可考者始于夏。《左氏》昭公六年，载叔向写给郑子产的信，说："夏有乱政而作《禹刑》，商有乱政而作《汤刑》，周有乱政而作《九刑》。"这三种刑法的内容，我们无从知其如何，然叔向这一封信，是因子产作刑书而起的。其性质，当和郑国的刑书相类。子产所作的刑书，我们亦无从知其如何，然昭公二十九年，《左氏》又载晋国赵鞅铸刑鼎的事。杜《注》说：子产的刑书，也是铸在鼎上的。虽无确据，然士文伯讥其"火未出而作火以铸刑器"，其必著之金属物，殆无可疑。所能著者几何？而《书经·吕刑》说："墨罚之属千；劓罚之属千；剕罚之属五百；宫罚之属三百；大辟之罚，其属二百；五刑之属三千。"请问如何写得下？然则《吕刑》所说，其必为习惯而非国家所定的法律，很明白可见了。个人在社会之中，必有其所当守的规则。此等规则，自人人如此言之，则曰俗。自一个人必须如此言之，则曰礼。（故曰礼者，履也。）违礼，就是违反习惯，社会自将加以制裁，故曰："出于礼者入于刑。"或疑三千条规则过于麻烦，人如何能遵守？殊不知古人所说的礼是极其琐碎的。一言一动之微，莫不有其当守的规则。这在我们今日，亦何尝不如此？我们试默数言语动作之间所当遵守的规则，何减三千条？不过童而习之，不觉得其麻烦罢了。《礼记·礼器》说"曲礼三千"，《中庸》说"威仪三千"，而《吕刑》说"五刑之属三千"，其所谓刑，系施诸违礼者可知。古以三为多数。言千乃举成数之词。以十言之而觉其少则曰百，以百言之而犹觉其少则曰千，墨劓之属各千，犹言其各居总数三之一。剕罚之属五百，则言其居总数六之一。还有六分之一，宫罚又当占其五分之三，大辟占其五分之二，则云宫罚之属三百，大辟之罚其属二百，这都是约略估计之词。若真指法律条文，安得如此整齐呢？然则古代人民的生活，其全部殆为习惯所支配无疑义了。

社会的习惯，是人人所知，所以无待于教。若有国有家的人所要求于人民的，则人民初无从知，自非明白晓谕不可。《周官》：布宪“掌宪邦之刑禁（“宪谓表而县之”，见《周官·小宰》《注》）。正月之吉，执邦之旌节，以宣布于四方”。而州长、党正、族师、闾胥，咸有属民读法之举。同天、地、夏、秋四官，又有县法象魏之文。小宰、小司徒、小司寇、士师等，又有徇以木铎之说。这都是古代的成文法，用言语、文字或图画公布的。在当时，较文明之国，必无不如此。何从凿求其始于何时呢？无从自知之事，未尝有以教之，自不能以其违犯为罪。所以说“不教而诛谓之虐”（《论语·尧曰》）。而三宥、三赦之法，或曰不识，或曰遗忘，或曰老旄，或曰蠢愚（《周官·司刺》），亦都是体谅其不知的。后世的法律，和人民的生活相去愈远；其为人民所不能了解，十百倍于古昔；初未尝有教之之举，而亦不以其不知为恕。其残酷，实远过于古代。即后世社会的习惯，责人以遵守的，亦远不如古代的合理。后人不自哀其所遭遇之不幸，而反以古代的法律为残酷，而自诩其文明，真所谓“溺人必笑”了。

刑字有广狭二义：广义包括一切极轻微的制裁、惩戒、指摘、非笑而言。“出于礼者入于刑”，义即如此。曲礼三千，是非常琐碎的，何能一有违犯，即施以惩治呢？至于狭义之刑，则必以金属兵器，加伤害于人身，使其蒙不可恢复的创伤，方足当之。汉人说：“死者不可复生，刑者不可复属。”义即如此。此为刑字的初义，乃起于战阵，施诸敌人及间谍内奸的，并不施诸本族。所以司用刑之官曰士师（士是战士，士师谓战士之长），曰司寇。《周官》：司徒的属官，都可以听狱讼，然所施之惩戒，至于圜土，嘉石而止（见下）。其附于刑者必归于士，这正和今日的司法机关和军法审判一般。因为施刑的器具（兵器），别的机关里是没有的。刑之施及本族，当系俘异族之人以为奴隶，其后本族犯罪的人，亦以为奴隶，而侪诸异族，乃即将异族的装饰施诸其人之身。所以越族断发文身，而髡和黥，在我族都成为刑罪。后来有暴虐的人，把它推而广之，而伤残身体的刑罚，就日出不穷了。五刑之名，见于《书经·吕刑》。《吕刑》说："苗民弗用灵，制以刑，惟作五虐之刑曰法。爰始淫为劓、刵、椓、黥。""劓、刵、椓、黥。"，欧阳、大小夏侯作"膑、宫、劓、割头、庶勍"（《虞书》标题下《疏》引）。膑即剕。割头即大辟。"庶勍"的"庶"字不可解，"勍"字即"黥"字，是无疑义的。然则今本的"劓、刵、椓、黥"是误字。《吕刑》的五刑，实苗民所创。（"苗民"的"民"字乃贬词，实指有苗之君，见《礼记·缁衣疏》引《吕刑》郑《注》。）《国语·鲁语》，臧文仲说："大刑用甲兵，其次用斧钺。中刑用刀锯，其次用钻笮。薄刑用鞭朴。大者陈之原野，小者肆之市、朝。"（是为"五服三次"。《尧典》说"五刑有服，五服三就"，亦即此。）大刑用甲兵，是指战阵。其次用斧钺，是指大辟。中刑用刀锯，指劓、腓、宫。其次用钻笮，指墨。薄刑用鞭朴，虽非金属兵器，然古人亦以林木为兵。（《吕览·荡兵》："未有蚩尤之时，民固剥林木以战矣。"）《左氏》僖公二十七年，楚子玉治兵，鞭七人，可见鞭亦军刑。《尧典》："象以典刑。流宥五刑。鞭作官刑。朴作教刑。金作赎刑。"象以典刑，即《周官》的县法象魏。流宥五刑，当即《吕刑》所言之五刑。金作赎刑，亦即《吕刑》所言之法。所以必用金，是因古者以铜为兵器。可见所谓"亏体"之刑，全是源于兵争的。至于施诸本族的，则古语说"教笞不可废于家"，大约并鞭朴亦不能用。最严重的，不过逐出本族之外，是即所谓流刑。《王制》的移郊、移逐、屏诸远方，即系其事。《周官》司寇有圜土、嘉石，皆役诸司空。圜土、嘉石，都是监禁；役诸司空，是罚做苦工，怕已是施诸奴隶的，未必施诸本族了。于此见残酷的刑罚，全是因战争而起的。五刑之中，妇人的宫刑，是闭于宫中（见《周官·司刑》郑《注》）。其实并不亏体。其余是无不亏体的。《周官·司刑》载五刑之名，唯膑作刖，余皆与《吕刑》同。《尔雅·释言》及《说文》，均以剕、刖为一事。唯郑玄《驳五经异义》说："皋陶改膑剕，周改剕为刖。"段玉裁《说文》髌字《注》说，膑是髌的俗字，乃去膝头骨，刖则汉人之斩止，其说殊不足据。（髌乃生理名词，非刑名。）当从陈乔枞说，以剕为斩左趾，刖为并斩右趾为是（见《今文尚书·经说考》）。然则五刑自苗民创制以来，至作《周官》之时，迄未尝改。然古代亏体之刑，实并不止此。见于书传的，如斩（古称斩谓腰斩。后来战阵中之斩级，事与刑场上的割头异，无以名之，借用"腰斩"的"斩"字。再后来，"斩"字转指割头而言，腰斩必须要加一个"腰"

字了）、磔（裂其肢体而杀之。《史记·李斯列传》作矺，即《周官·司戮》之辜）、膊（谓去衣磔之，亦见《周官·司戮》）、车裂（亦曰轘）、缢（《左氏》哀公二年，“绞缢以戮”。绞乃用以缢杀人之绳，后遂以绞为缢杀）、焚（亦见司戮）、烹（见《公羊》庄公四年）、脯醢等都是。脯醢当系食人之族之俗，后变为刑法的。刵即馘（割耳），亦源于战阵。《孟子》说文王之治岐也，罪人不孥（《梁惠王下篇》）。《左氏》昭公二十二年引《康诰》，亦说父子兄弟，罪不相及。而《书经·甘誓》《汤誓》，都有孥戮之文。可见没入家属为奴婢，其初亦是军法。这还不过没为奴隶而已，若所谓族诛之刑，则亲属都遭杀戮。这亦系以战阵之法，推之刑罚的。因为古代两族相争，本有杀戮俘虏之事。强宗巨家，一人被杀，其族人往往仍想报复，为预防后患起见，就不得不加以杀戮了。《史记·秦本纪》：文公二十年，“法初有三族之罪”（父母、兄弟、妻子）。此法后相沿甚久。魏晋南北朝之世，政敌被杀的，往往牵及家属，甚至嫁出之女亦不能免。可见战争的残酷了。

古代的用法，其观念，有与后世大异的。那便是古代的“明刑”乃所以“弼教”（“明于五刑，以弼五教。”见《书经·尧典》），而后世则但求维持形式上的秩序。人和人的相处，所以能（一）平安无事，（二）而且还可以有进步，所靠的全是善意。苟使人对人，人对社会，所怀挟的全是善意，一定能彼此相安，还可以互相辅助，日进无疆，所做的事情有无错误，倒是无关紧要的。若其彼此之间都怀挟敌意，仅以慑于对方的实力、社会的制裁，有所惮而不敢为；而且进而做利人之事，以图互相交换，则无论其所行的事，如何有利于人，有利于社会，根本上总只是商业道德。商业道德，是绝无以善其后的。人，本来是不分人我，不分群己的。然到后来，社会的组织复杂了，矛盾渐渐深刻，人我群己的利害渐渐发生冲突，人就有破坏他人或社会的利益以自利的。欲救此弊，非把社会阶级彻底铲除不可。古人不知此义，总想用教化来挽回他。教化之力不足，则辅之以刑罚。所以其用法，完全注重于人的动机。所以说《春秋》断狱重志（《春秋繁露·精华篇》）。所以说：“听讼吾犹人也，必也使无讼乎？无情者不得尽其辞，大畏民志，此谓知本。”（《大学》）此等希望，自然要终成泡影的。法律乃让步到不问人的动机，但要求其不破坏我所要维持的秩序为止。其用心如何，都置诸不问。法律至此，就失其弼教的初意，而只成为维持某种秩序的工具了。于是发生“说官话”的现象。明知其居心不可问，如其行为无可指摘，即亦无如之何，法律至此，乃自成为反社会之物。

有一事，是后世较古代为进步的。古代氏族的界限还未化除。国家的权力，不能侵入氏族团体之内，有时并不能制止其行动。（一）氏族员遂全处于其族长权力之下。此等风气在家族时代还有存留。（二）而氏族与氏族间的争斗，亦往往靠实力解决。《左氏》成公三年，知罃被楚国释放的时候，说“首（罃父）其请于寡君，而以戮于宗，亦死且不朽”。昭公二十一年，宋国的华费遂说：“吾有谗子而弗能杀。”可见在古代，父可专杀其子。《白虎通义·诛伐篇》却说“父杀其子当诛”了。《礼记》的《曲礼》《檀弓》，均明著君父、兄弟、师长，交游报仇之礼。《周官》的调人，是专因报仇问题而设立的。亦不过令有仇者避之他处，审查报仇的合于义与否，禁止报仇不得超过相当限度而已，并不能根绝其事。报仇的风气，在后世虽相沿甚久，习俗上还视为义举，然在法律上，总是逐步遭遇到禁止的。这都是后世法律，较之古代进步之处。但家长或族长，到现在还略有处置其家人或族众的权力，国家不能加以干涉，使人人都受到保护；而国家禁止私人复仇，而自己又不能真正替人民伸雪冤屈，也还是未尽善之处。

法律是不能一天不用的。苟非文化大变，引用别一法系的法律，亦绝不会有什么根本的改革。所以总是相承而渐变。中国最早的法典，是李悝的《法经》。据《晋书·刑法志》所载陈群《魏律序》，是悝为魏文侯相，撰次诸国法所为。魏文侯在位，据《史记·六国表》，是自周威烈王二年至安王十五年，即民国纪元前二千三百三十六年至二千二百九十八年。可谓很古老的了。撰次，便是选择排比。这一部书，在当时，大约所参考者颇博，且曾经过一番斟酌去取，依条理系统编排的，算做一部佳作。所以商君“取之以相秦”，没有重纂。这时候的趋势，是习惯之力（即社会制裁）渐渐地不足以维持社会，而要乞灵于法律。而法律还是谨守着古老的规模，所规定之事极少，渐觉其不够用。《法经》共分六篇，《魏律序》举其篇目，是（一）盗，（二）贼，（三）网，（四）捕，（五）杂，（六）又以一篇著其加减。盗是侵犯人的财产。贼是伤害人的身体。盗贼须网、捕，所以有网、捕两篇。其余的则并为杂律。古人著书，常将重要的事项独立为篇，其余则并为一篇，总称为杂。一部自古相传的医书，号为出于张仲景的，分为伤寒、杂病两大部分（杂病或作卒病，乃误字），即其一证。网、捕、盗、贼，分为四篇，其余事项，共为一篇，可见《法经》视盗、贼独重，视其余诸事项都轻，断不足以应付进步的社会。汉高祖入关，却更做了一件违反进化趋势的事。他说："吾与父老约：法，三章耳：杀人者死，伤人及盗抵罪。余悉除去秦法。"因为"约法三章"四字，给人家用惯了，很有些人误会：这是汉高祖与人民立约三条。其实据陈群《魏律序》，李悝《法经》的体例是"集类为篇，结事为章"的。每一篇之中，包含着许多章。"吾与父老约：法，三章耳"，当以"约"字断句，"法"字再一读。就是说六篇之法，只取三章，其余五篇多，都把它废掉了。秦时的民不聊生，实由于政治太不安静。专就法律立论，则由于当时的狱吏自成一种风气，用法务取严酷。和法律条文的多少，实在没有关系。但此理是无从和群众说起的。约法三章，余悉除去，在群众听起来，自然是欢欣鼓舞的了。这事不过是一时收买人心之术，无足深论。其事自亦不能持久。所以《汉书·刑法志》说：天下既定，"三章之法，不足以御奸"。萧何就把六篇之法恢复，且增益三篇；叔孙通又益以律所不及的旁章十八篇，共有二十七篇了。当时的趋势，是（一）法律内容要扩充，（二）既扩充了，自应依条理系统加以编纂，使其不致杂乱。第一步，汉初已这么做了。武帝时，政治上事务繁多，自然需要更多的法律。于是张汤、赵禹又加增益，律共增至六十篇。又当时的命令，用甲、乙、丙、丁编次，通称谓之"令甲"，共有三百余篇。再加以断事的成案，即当时所谓比，共有九百零六卷。分量已经太多了，而编纂又极错乱。"盗律有贼伤之例，贼律有盗章之文。"引用既难，学者乃为之章句（章句二字，初指一种符号，后遂用以称注释，详见予所撰《章句论》，商务印书馆本），共有十余家。于是断罪所当由用者，合二万六千二百七十二条，七百七十三万二千二百余言。任何人不能遍览，奸吏因得上下其手，"所欲活者傅生议，所欲陷者予死比"。所以条理系统地编纂一部法典，实在是当时最紧要的事。汉宣帝时，郑昌即创其议。然终汉世，未能有成。魏篡汉后，才命陈群等从事于此。制成新律十八篇。未及颁行而亡。晋代魏后，又命贾充等复加订定，共为二十篇。于泰始四年，大赦天下颁行之，是为《晋律》。泰始四年，为民国纪元前一千六百四十四年。

《晋律》大概是将汉朝的律、令、比等，删除复重，加以去取，依条理系统编纂而成的。这不过是一个整理之业。但还有一件事可注意的，则儒家的宗旨，在此时必有许多掺入法律之中而成为条文。汉人每有援经义以折狱的。现代的人，都以为奇谈。其实这不过是广泛的应用习惯。广义的习惯法，原可包括学说的。当时儒学盛行，儒家的学说，自然要被应用到法律上去了。《汉书》《注》引应劭说：董仲舒老病致仕。朝廷每有政议，数遣廷尉张汤至陋巷，问其得失。于是作《春秋折狱》二百三十二事。汉文帝除肉刑诏，所引用的就是《书》说（见下）。汉武帝亦使吕步舒（董仲舒弟子）治淮南狱。可见汉时的律、令、比中，掺入儒家学说处决不少。此等儒家学说，一定较法家为宽仁的。因为法家偏重伸张国家的权力，儒家则注重保存社会良好的习惯。章炳麟《太炎文录》里，有《五朝法律索隐》一篇，说《晋律》是极为文明的，被北魏以后参用鲜卑法，反而改得野蛮了。如《晋律》，父母杀子同凡论，而北魏以后都得减轻。又如走马城市杀人者，不得以过失论；（依此，则现在马车、摩托卡，在市上杀人的，都当以故杀论。因为城市中行人众多，是行车者所预知的，而不特别小心，岂得谓之过失？难者将说："如此，在城市中将不能行车了。文明愈进步，事机愈紧急，时间愈宝贵，处处顾及步行的人，将何以趋事赴功呢？"殊不知事机紧急，只是一个借口。果有间不容发的事，如军事上的运输，外交上的使命，以及弭乱、救火、急救疾病等事，自可别立为法。然在今日，撞伤路人之事，由于此等原因者，共有几分之几呢？曾记在民国十至十二年之间，上海某外人，曾因嫌人力车夫走得慢，下车后不给车资，直向前行。车夫向其追讨，又被打伤。经领事判以监禁之罪。后其人延律师辩护，乃改为罚锾了事。问其起衅之由，则不过急欲赴某处宴会而已。从来鲜车怒马疾驰的人，真有紧急事情的，不知有百分之一否？真正紧要的事情，怕还是徒行或负重的人做的。）部民杀长吏者同凡论，常人有罪不得赎等，都远胜于别一朝的法律。父杀其子当诛，明见于《白虎通义》，我们可以推想：父母杀子同凡论，渊源或出于儒家。又如法家，是最主张摧抑豪强的。城市走马杀人同凡论，或者是法家所制定。然则法律的改良，所得于各家的学说者当不少。学者虽然亦不免有阶级意识，究竟是为民请命之意居多。从前学者所做的事情，所发的言论，我们看了，或不满意，此乃时代为之。近代的人，有时严责从前的学者，而反忽忘了当时的流俗，这就未免太不知社会的情形了。

《晋律》订定以后，历代都大体相沿。宋、齐是未曾定律的。梁、陈虽各定律，大体仍沿《晋律》。即魏、周、齐亦然，不过略参以鲜卑法而已。《唐律》是现尚存在的，体例亦沿袭旧观。辽太祖时，定治契丹及诸夷之法，汉人则断以律令。太宗时，治渤海人亦依汉法。道宗时，以国法不可异施，将不合于律令者别存之。此所谓律令，还是唐朝之旧。金当熙宗时，始合女真旧制及隋、唐、辽、宋之法，定《皇统制》。然仍并用古律。章宗泰和时定律，《金史》说它实在就是《唐律》。元初即用金律。世祖平宋以后，才有所谓《至元新格》《大元通制》等，亦不过将新生的法令事例加以编辑。明太祖定《大明律》，又是一准《唐律》的。《清律》又以《明律》为本。所以从《晋律》颁行以后，直至清末采用西法以前，中国的法律实际无大改变。

法律的性质既如此陈旧，何以仍能适用呢？（一）由向来的法律，只规定较经久之事。如晋初定律，就说关于军事、田农、酤酒等，有权设其法，未合人心的，太平均当剔除，所以不入于律，别以为令。又如北齐定律，亦有《新令》四十卷和《权令》二卷与之并行。此等区别，历代都有。总之非极永久的部分，不以入律，律自然可少变动了。（二）则律只揭举大纲。（甲）较具体及（乙）变通的办法，都在令及比之中。《唐书·刑法志》说："唐之刑书有四：曰律、令、格、式。令者，尊卑贵贱之等数，国家之制度也。格者，百官有司所常行之事也。式者，其所常守之法也。（宋神宗说："设于此以待彼之谓格，使彼效之之谓式。"见《宋史·刑法志》。）凡邦国之政，必从事于此三者。其有所违，及人之为恶而入于罪戾者，一断以律。"令、格、式三者，实不可谓之刑书。不过现代新生的事情，以及办事所当依据的手续都在其中，所以不得不与律并举。律所载的事情，大约是很陈旧而不适宜于具体应用的，但为最高原理所自出，又不便加以废弃。所以宋神宗改律、令、格、式之名为敕、令、格、式，而"律恒存乎敕之外"。这即是实际的应用，全然以敕代律了。到近世，则又以例辅律。明孝宗弘治十三年，刑官上言："中外巧法吏，或借例便私，律浸格不用。"于是下尚书，会九卿议，增历年问刑条例，经久可行者二百九十七条。自是以后，律例并行。清朝亦屡删定刑例。至乾隆以后，遂载入律内，名为《大清律例》。案例乃据成案编纂而成，成案即前世所谓比。律文仅举大纲，实际应用时，非有业经办理的事情以资比附不可，此比之所以不能不用。然成案太多，随意援引，善意者亦嫌出入太大，恶意者则更不堪设想，所以又非加以限制不可。由官加以审定，把（一）重复者删除；（二）可用者留；（三）无用者废；（四）旧例之不适于用者，亦于同时加以废止。此为官修则例之所由来，不徒（一）杜绝弊端，（二）使办事者得所依据，（三）而（甲）社会上新生的事态，日出不穷；（乙）旧有之事，定律时不能无所遗漏；（丙）又或法律观念改易，社会情势变迁，旧办法不适于今；皆不可不加补正。有新修刑例以济之，此等问题就都不足为患了。清制：刑例五年一小修，十年一大修。（事属刑部，临时设馆。）使新成分时时注入于法律之中，陈旧而不适用者，随时删除，不致壅积。借实际的经验以改良法律，实在是很可取法的。

刑法，自汉至隋，起了一个大变化。刑字既引申为广义，其初义，即专指伤害人之身体，使其蒙不可恢复的创伤的，乃改称为“肉刑”。晚周以来，有一种象刑之论，说古代对于该受五刑的人，不须真加之以刑，只要异其冠服以为戮。此乃根据于《尧典》之“象以典刑”的，为儒家的书说。按，象以典刑，恐非如此讲法（见前）。但儒家所说的象刑，在古代是确有其事的。《周官》有明刑（见司救）、明梏（见掌囚），乃是将其人的姓名罪状，明著之以示人。《论衡·四讳篇》说，当时“完城旦以下，冠带与俗人殊”，可见历代相沿，自有此事，不过在古代，风气诚朴，或以此示戒而已足，在后世则不能专恃此罢了。儒家乃根据此种习俗，附会《书经》“象以典刑”之文，反对肉刑的残酷。汉孝文帝十三年，齐太仓令淳于公有罪，当刑。防狱逮系长安。淳于公无男，有五女。会逮，骂其女曰：“生子不生男，缓急非有益也。”其少女缇萦，自伤悲泣。乃随其父至长安，上书愿没入为官婢，以赎父刑罪。书奏，天子怜悲其意。遂下令曰：“盖闻有虞氏之时，画衣冠异章服以为戮而民弗犯，何治之至也？今法有肉刑三，而奸不止，其咎安在？夫刑至断肢体，刻肌肤，终身不息，何其刑之痛而不德也？岂称为民父母之意哉？其除肉刑，有以易之。”于是有司议：当黥者髡钳为城旦舂。当劓者笞三百。当斩左止者笞五百。当斩右止者弃市。按，诏书言今法有肉刑三，《注》引孟康曰：“黥、劓二，斩左右止合一，凡三也。”而景帝元年诏，说孝文皇帝除宫刑。诏书下文刻肌肤指黥，断肢体指劓及斩止，终身不息当指宫，则是时实并宫刑废之。唯系径废而未尝有以为代，故有司之议不之及。而史亦未尝明言。此自古人文字疏略，不足为怪。至景帝中元年，《纪》载“死罪欲腐者许之”，则系以之代死罪，其意仍主于宽恤。然宫刑自此复行，直至隋初方除。象刑之论，《荀子》极驳之。《汉书·刑法志》备载其说，自有相当的理由。然刑狱之繁，实有别种原因，并非专用酷刑可止。《庄子·则阳篇》说：柏矩至齐，“见辜人焉。推而强之。解朝服而幕之。号天而哭之。曰：子乎子乎？天下有大菑，子独先离之。莫为盗，莫为杀人。荣辱立，然后睹所病，货财聚，然后睹所争，今立人之所病，聚人之所争，穷困人之身，使无休时，欲无至此，得乎？”“匿为物而愚不识，大为难而罪不敢，重为任而罚不胜，远其涂而诛不至。民知力竭，则以伪继之。日出多伪，士民安取不伪？夫力不足则伪，知不足则欺，财不足则盗。盗窃之行，于谁责而可乎？”这一段文字，见得所谓犯罪者，全系个人受社会的压迫而无以自全；受社会的教育，以致不知善恶（日出多伪，士民安取不伪）；其所能负的责任极微。更以严刑峻法压迫之，实属不合于理。即不论此，而“民不畏死，奈何以死惧之”（《老子》），于事亦属无益。所以“孟氏使阳肤为士师，问于曾子。曾子曰：上失其道，民散久矣。如得其情，则哀矜而勿喜”（《论语·子张》）。这固然不是彻底的办法，然就事论事，操司法之权的，存心究当如此。司法上的判决，总不能无错误的。别种损失，总还可设法回复，唯有肉刑，是绝对无法的，所以古人视之甚重。这究不失为仁人君子的用心。后来反对废除肉刑的人，虽亦有其理由，然肉刑究竟是残酷的事，无人敢坚决主张，始终没有能够恢复。这其中，不知保全了多少人。孝文帝和缇萦，真是历史上可纪念的人物了。

反对废除肉刑的理由安在呢？《文献通考》说：“汉文除肉刑，善矣，而以髡笞代之。髡法过轻，而略无惩创；笞法过重，而至于死亡。其后乃去笞而独用髡。减死罪一等，即止于髡钳；进髡钳一等，即入于死罪。而深文酷吏，务从重比，故死刑不胜其众。魏晋以来病之。然不知减笞数而使之不死，徒欲复肉刑以全其生，肉刑卒不可复，遂独以髡钳为生刑。所欲活者傅生议，于是伤人者或折肢体，而才剪其毛发。所欲陷者与死比，于是犯罪者既已刑杀，而复诛其宗亲。轻重失宜，莫此为甚。隋唐以来，始制五刑，曰笞、杖、徒、流、死。此五者，即有虞所谓鞭、朴、流、宅，虽圣人复起，不可偏废也。”按，自肉刑废除之后，至于隋代制定五刑之前，刑法上的问题，在于刑罚的等级太少，用之不得其平。所以司法界中有经验的人士，间有主张恢复肉刑的。而读书偏重理论的人，则常加反对。恢复肉刑，到底是件残酷的事，无人敢坚决主张，所以肉刑终未能复。到隋朝制定五刑以后，刑罚的等级多了，自无恢复肉刑的必要，从此以后，也就无人提及了。自汉文帝废除肉刑至此，共历七百五十余年。一种制度的进化，可谓不易了。

隋唐的五刑，是各有等级的。其中死刑分斩、绞两种。而除前代的枭首、轘裂等。元以异族入主中原，立法粗疏，且偏于暴虐。死刑有斩无绞。又有凌迟处死，以处恶逆。明、清二代均沿之。明代将刑法军政并为一谈。五刑之外，又有所谓充军。分附近、沿海、边远、烟瘴、极边五等。（清分附近、近边、边远、极边、烟瘴五等。）有终身、永远两种。永远者身死之后，又勾摄其子孙，子孙绝者及其亲属。明制："二死三流，同为一减。"太祖为求人民通晓法律起见，采辑官民过犯条文，颁行天下，谓之《大诰》。囚有《大诰》的，罪得减等。后来不问有无，一概作为有而减等。于是死刑减至流刑的，无不以《大诰》再减，流刑遂等于不用。而充军的却很多。清朝并不借谪发维持军籍，然仍沿其制，为近代立法史上的一个污点。

刑法的改良，起于清末的改订旧律。其时改笞杖为罚金，以工作代徒流。后来定《新刑律》，才分主刑为死刑（用绞，于狱中行之）、无期徒刑、有期徒刑、拘役、罚金五种。从刑为没收、褫夺公权两种。

审判机关，自古即与行政不分。此即《周官・地官》所谓"地治者"。但属于秋官的官，如乡士（掌国中）、遂士（掌四郊）、县士（掌野）、方士（掌都家）等，亦皆以掌狱讼为职。地官、秋官，本当有行政官与军法审判之别，读前文可明，但到后来，这两者的区别就渐渐地泯灭了。欧洲以司法独立为恤刑之法，中国则以（一）缩小下级官吏定罪的权限，（二）和增加审级，为恤刑之法。汉代太守便得专杀，然至近代，则府、厅、州、县，只能决徒以下的罪，流刑必须由按察司亲审，死刑要待御笔勾决了。行政、司法机关既不分，则行政官吏等级的增加，即为司法上审级的增加。而历代于固有的地方官吏以外，又多临时派官清理刑狱。越诉虽有制限，上诉是习惯上得直达皇帝为止的，即所谓叩阍。宋代初命转运使派官提点刑狱，后独立为一司。明朝继之，设按察司，与布政使并立，而监司之官，始有专司刑狱的。然及清代，其上级的督抚，亦都可受理上诉。自此以上，方为京控。（刑部、都察院、提督，均可受理。）临时派官复审，明代尤多。其后朝审、秋审遂沿为定制。清代秋审是由督抚会同两司举行的，决定后由刑部汇奏，再命三法司（见下）复审，然后御笔勾决，死刑乃得执行。在内的则由六部、大理寺、通政司、都察院会审，谓之朝审。此等办法，固得慎重刑狱之意。然审级太多，则事不易决。又路途遥远，加以旷日持久，人证物证不易调齐，或且至于湮没，审判仍未必公平，而人民反因狱事拖延受累。所以此等恤刑之法，亦是有利有弊的。

司法虽不独立，然除特设的司法官吏而外，干涉审判之官，亦应以治民之官为限。如此，（一）系统方不紊乱；（二）亦且各种官吏，对于审判未必内行，令其干涉，不免无益有损。然历代既非司法之官，又非治民之官，而参与审判之事者，亦在所不免。如御史，本系监察之官，不当干涉审判。所以弹劾之事，虽有涉及刑狱的，仍略去告诉人的姓名，谓之风闻。唐代此制始变，且命其参与推讯，至明，遂竟称为三法司之一了。而如通政司、翰林院、詹事府、五军都督等，无不可临时受命，与于会审之列，更属莫名其妙。又司法事务，最忌令军政机关参与。而历代每将维持治安及侦缉罪犯之责，付之军政机关。使其获得人犯之后，仍须交给治民之官，尚不易非理肆虐，而又往往令其自行治理，如汉代的司隶校尉，明代的锦衣卫、东厂等，尤为流毒无穷。

审判之制，贵于速断速决，又必熟悉本地方的民情。所以以州县官专司审判，于事实嫌其不给。而后世的地方官，多非本地人，亦嫌其不悉民情。廉远堂高，官民隔膜，吏役等遂得乘机舞弊。司法事务的黑暗，至于书不胜书。人民遂以入公门为戒。官吏无如吏役何，亦只得劝民息讼。国家对于人民的义务，第一事，便在保障其安全及权利，设官本意，唯此为急。而官吏竟至劝人民不必诉讼，岂非奇谈？古代所谓“地治者”，本皆后世乡吏之类，汉代啬夫，还是有听讼之职的（《汉书·百官公卿表》）。爰延为外黄乡啬夫，民至不知有郡县（《后汉书》本传）。其权力之大可知。然治者和被治者，既形成两个阶级，治者专以朘削被治者为生，则诉讼正是朘削的好机会，畀乡吏以听讼之权，流弊必至不可究诘。所以至隋世，遂禁止乡官听讼。《日知录·乡亭之职》一条说：“今代县门之前，多有榜曰：诬告加三等，越诉笞五十。此先朝之旧制。今人谓不经县官而上诉司府，谓之越诉，是不然。《太祖实录》：洪武二十七年，命有司择民间高年老人，公正可任事者，理其乡之辞讼。若户婚、田宅、斗殴者，则会里胥决之。事涉重者，始白于官。若不由里老处分，而径诉县官，此之谓越诉也。”则明太祖尝有意恢复乡官听讼之制。然《注》又引宣德七年陕西按察佥事林时之言，谓：“洪武中，天下邑里，皆置申明、旌善二亭，民有善恶则书之，以示劝惩。凡户婚、田土、斗殴常事，里老于此剖决。今亭宇多废，善恶不书。小事不由里老，辄赴上司。狱讼之繁，皆由于此。”则其事不久即废。今乡官听讼之制固不可行，然法院亦难遍设。民国十五年，各国所派的司法调查委员（见下），以通计四百万人乃有一第一审法院，为我国司法状况缺点之一。中国人每笑西洋人的健讼，说我国人无须警察、司法，亦能相安，足见道德优于西人。其实中国人的不愿诉讼，怕也是司法状况的黑暗逼迫而成的，并非美事。但全靠法院平定曲直，确亦非良好现象。不须多设法院，而社会上亦能发扬正义，抑强扶弱，不至如今日之豪暴横行，乡里平亭，权又操于土豪劣绅之手，是为最善。那就不得不有望于风俗的改良了。

古代的法律，本来是属人主义的。中国疆域广大，所包含的民族极多。强要推行同一的法律，势必引起纠纷。所以自古即以“不求变俗”为治（《礼记·曲礼》）。统一以后，和外国交通，亦系如此。《唐律》：化外人犯罪，就依其国法治之。必两化外人相犯，不能偏据一国的法律，才依据中国法律治理。这种办法，固然是事实相沿，然决定何者为罪的，根本上实在是习惯。两族的习惯相异，其所认为犯罪之事，即各不相同。“照异族的习惯看起来，虽确有犯罪的行为，然在其本人，则实无犯罪的意思。”在此情形之下，亦自以按其本族法律治理为公平。但此项办法，只能适用于往来稀少之时。到近代世界大通，交涉之事，日益繁密，其势就不能行了。中国初和外国订约时，是不甚了然于另一新局面的来临的，一切交涉，都根据于旧见解以为应付，遂贸然允许了领事裁判权。而司法界情形的黑暗（主要的是司法不独立，监狱的黑暗，滥施刑讯及拘押等），有以生西人的戒心，而为其所借口，亦是无可讳言的。（从前有领事裁判权的国家，如土耳其，有虐待异教徒的事实，我国则无之。若说因习惯的不同，则应彼此皆有。）中外条约，首先获得领事裁判权的是英国。后来各国相继获得。其条文彼此互异。然因各国条约，均有最惠国条款，可以互相援引，所以实际上并无甚异同。有领判权之国，英、美、意、挪威、日本，均在我国设立法院。上海的会审公廨，且进而涉及原被告均为华人的事件。其损害我国的主权，自然无待于言了。然各国亦同蒙其不利。（最重要的，如领事不晓法律，各国相互之间，亦须各归其国的领事审判。一件事情，关涉几国人的，即须分别向各国起诉。又上诉相距太远，即在中国设有法院之国亦然，其他更不必论了。）且领事裁判权存在，中国绝不能许外国人以内地杂居。外人因此自限制其权利于通商口岸，亦殊不值得。取消领事裁判权之议，亦起于《辛丑条约》。英、美、日三国商约，均有俟我法律及司法制度改良后，撤销领事裁判权的条文。太平洋会议，我国提出撤销领事裁判权案，与会各国，允共同派员到中国来调查，（一）外国在我国的领事裁判权的现状，（二）我国的法律，（三）司法制度，（四）司法行政情形，再行决定。民国十五年，各国派员来华调查，草有报告书，仍主从缓。国民政府和意、丹、葡、西四国，订立民国十九年一月一日放弃领事裁判权的条约。比约则订明另定详细办法。倘详细办法尚未订定，而现有领事裁判权之国，过半数放弃，则比国亦放弃。中国在诸约中，订定（一）民国十九年一月一日以前，颁布民商法；（二）撤销领事裁判权之后，许外人内地杂居；（三）彼此侨民课税，不得高于他国人，或异于他国人；以为交换条件。然此约订定之后，迄今未能实行。唯墨西哥于民国十八年十一月，自动宣言放弃。（德、奥、俄等国，欧战后即失其领事裁判权。）

撤销领事裁判权，其实是不成问题的，只要我国司法真能改良，自不怕不能实行。我国的司法改良，在于（一）彻底改良司法界的状况，（二）且推行之及于全国，此即所谓“司法革命”“司法普及”。既需经费，又需人才，又需行政上的努力，自非易事。目前清末年订定四级三审制。（初级、地方、高等三厅及大理院。初审起于初级厅时，上诉终于高等厅，起于地方厅的，终于大理院。）至民国二十二年，改为三级三审（地方法院、高等法院、最高法院）。前此司法多由县知事兼理，虽定有种种章程，究竟行政司法分划不清。民国二十四年起，司法部已令全国各地遍设法院。这都是比较合理的。真能推行尽利，我国的司法自可焕然改观了。

第三十四章　货币

交换是现社会重要的经济机构，货币则是交换所借之以行的。所以货币制度的完善与否，和经济的发达、安定，都有很大的关系。中国的货币制度，是不甚完善的。这是因为：（一）中国的经济学说，注重于生产消费，而不甚注重于交换，于此部分缺乏研究。（二）又疆域广大，各地方习惯不同，而行政的力量甚薄，不能控制之故。

中国古代，最普遍的货币大约是贝。所以凡货财之类，字都从贝，这是捕鱼的民族所用。亦有用皮的，所以国家以皮币行聘礼，婚礼的纳征亦用鹿皮，这当是游猎民族所用。至农耕社会，才普遍使用粟帛。所以）诗经》说“握粟出卜”，又说“抱布贸丝”。珠玉金银铜等，都系贵族所需要。其中珠玉之价最贵，金银次之，铜又次之，所以《管子》说：“以珠玉为上币，黄金为中币，刀布为下币。”（《国蓄》）古代的铜价是比较贵的。《史记·货殖列传》《汉书·食货志》说当时的粜价，都是每石自二十至八十。当时的衡量，都约当现代五分之一。即当时的五石，等于现在的一石。（当时量法用斛，衡法称石，石与斛的量大略相等。）其价为一百文至四百文。汉宣帝时，谷石五钱，则现在的一石谷，只值二十五文。如此零星贸易，如何能用钱？所以孟子问陈相：许行的衣冠械器，从何而来？陈相说：都是以粟易之（《滕文公上篇》）。而汉朝的贤良文学，说当时买肉吃的人，也还是“负粟而往，易肉而归”（《盐铁论·散不足篇》）。可见自周至汉，铜钱的使用，并不十分普遍。观此，才知道古人所以有许多主张废除货币的。若古代的货币使用，其状况一如今日，则古人即使有这主张，亦必审慎考虑，定有详密的办法，然后提出，不能说得太容易了。自周至汉尚且如此，何况夏殷以前？所以《说文》说：“古者货贝而宝龟，周而有泉，至秦废贝行钱。”《汉书·食货志》说，货币的状况，“自夏殷以前，其详靡记”，实在最为确实。《史记·平准书》说：“虞夏之币，金为三品：或黄，或白，或赤，或钱，或布，或刀，或龟贝。”《平准书》本非《史记》原文，这数语又附著篇末，其为后人所窜入，不待言而可明了。《汉书·食货志》又说：“太公为周立九府圜法。黄金方寸而重一斤。钱圜函方（函即俗话“钱眼”的“眼”字），轻重以铢。布帛广二尺二寸为辐，长四丈为匹。太公退，又行之于齐。”按，《史记·货殖列传》说：“管子设轻重九府。”《管晏列传》说，“吾读管氏《牧民》《山高》《乘马》《轻重》《九府》”，则所谓九府圜法，确系齐国的制度。但其事起于何时不可知。说是太公所立，已嫌附会，再说是太公为周所立，退而行之于齐，就更为无据了。古代的开化，东方本早于西方。齐国在东方，经济最称发达。较整齐的货币制度，似乎就是起于齐国的。《管子·轻重》诸篇，多讲货币、货物相权之理，可见其时货币的运用已颇灵活。《管子》虽非管仲所著，却不能不说是齐国的书。《说文》说周而有泉，可见铜钱的铸造是起于周朝，而逐渐普遍于各地方的。并非一有铜钱，即各处普遍使用。

古代的铜钱，尚且价格很贵，而非普通所能使用，何况珠玉金银等呢？这许多东西，何以会与铜钱并称为货币？这是因为货币之始，乃是用之于远方，而与贵族交易的。《管子》说：“玉起于禺氏，金起于汝、汉，珠起于赤野。东西南北，距周七千八百里（《通典》引作七八千里），水绝壤断，舟车不能通。先王为其途之远，其至之难，故托用于其重。”（《国蓄》）又说：“汤七年旱，禹五年水，汤以庄山之金，禹以历山之金铸币，而赎人之无馇卖子者。”（《山权数》）此等大批的买卖，必须求之于贵族之家。因为当时，只有贵族，才会有大量的谷物存储（如《山权数篇》又言丁氏之家粟，可食三军之师）。于此，可悟古代商人多与贵族交接之理，而珠玉金银等的使用，亦可无疑义了。珠玉金银等，价均太贵，不适宜于普通之用。只有铜，价格稍贱，而用途极广，是普通人所宝爱，而亦是其所能使用的。铜遂发达而成普通的货币，具有铸造的形式。其价值极贵的，则渐以黄金为主，而珠玉等都被淘汰。

钱圆函方，一定是取象于贝的。所以钱的铸造，最初即具有货币的作用。其为国家因民间习用贝，又宝爱铜，而铸作此物，抑系民间自行制造不可知。

观《汉书》“轻重以铢”四字，可见齐国的铜钱，轻重亦非一等。限制其轻重必合于铢的整数，正和限制布帛的长阔一样。则当时的钱，种类似颇复杂。观此，铜钱的铸造，其初似出于民间，若原出国家，则必自始就较整齐了。此亦可见国家自能发动的事情实在很少，都不过因社会固有的事物，从而整齐之罢了。到货币广行以后，大量的铸造，自然是出于国家。因为非国家不能有这大量的铜。但这只是事实如此。货币不可私铸之理，在古代，似乎不甚明白的。所以汉文帝还放民私铸。

《汉书·食货志》说：“秦并天下，币为二等。黄金以镒为名，上币。铜钱质如周钱，文曰半两，重如其文。而珠玉龟贝银锡之属，为器饰宝藏，不为币。然各随时而轻重无常。”可见当时的社会，对于珠玉龟贝银锡等，都杂用为交易的媒介，而国家则于铜钱之外只认黄金。这不可谓非币制的一进化。《食货志》又说：汉兴，以为秦钱重，难用，更令民铸荚钱。《高后本纪》：二年，行八铢钱。应劭曰：“本秦钱。质如周钱，文曰半两，重如其文。即八铢也。汉以其太重，更铸荚钱。今民间名榆荚钱是也。民患其太轻。至此复行八铢钱。”六年，行五分钱。应劭曰：“所谓荚钱者。文帝以五分钱太轻小，更作四铢钱。文亦曰半两。今民间半两钱最轻小者是也。”按，既经铸造的铜钱，自与生铜不同。但几种货币杂行于市，民必信其重者，而疑其轻者；信其铸造精良者，而疑其铸造粗恶者，这是无可如何之事。古代货币，虽有多种并行，然其价格随其大小而不齐，则彼此不会互相驱逐。今观《汉书·食货志》说：汉行荚钱之后，米至石万钱，马至匹百金。汉初虽有战争，并未至于白骨蔽野，千里无人烟，物价的昂贵，何得如此？况且物价不应同时并长。同时并长，即非物价之长，而为币价之跌，其理甚明。古一两重二十四铢。八铢之重，只得半两钱三分之二；四铢只得三分之一；而其文皆曰半两，似“汉初货币，不管其实重若干，而强令其名价相等。据此推测，汉初以为秦钱重难用，似乎是一个借口。其实是借发行轻货，以为筹款之策的。所以物价因之增长。其时又不知货币不可私铸之理。文帝放民私铸，看《汉书》所载贾谊的奏疏，其贻害可谓甚烈。汉武帝即位后，初铸三铢钱。又铸赤仄。又将鹿皮造成皮币。又用银锡造作白金三等。纷扰者久之。后来乃将各种铜钱取消，专铸五铢钱。既禁民私铸，并不许郡国铸造，而专令上林三官铸（谓水衡都尉属官均官、钟官、辨铜三令丞）。无形中暗合货币学理。币制至此，始获安定。直至唐初，才另铸开元通宝钱。自此以前，历朝所铸的钱，都以五铢为文。五铢始终是最得人民信用的钱。

汉自武帝以后，币制是大略稳定的。其间唯王莽一度改变币制，为五物、六名、二十八品。（金、银、龟、贝、钱、布为六名。钱布均用铜，故为五物。其值凡二十八等。）然旋即过去。至后汉光武，仍恢复五铢钱。直至汉末，董卓坏五铢钱，更铸小钱，然后钱法渐坏。自此经魏、晋、南北朝，政治紊乱，币制迄未整饬。其中最坏的，如南朝的鹅眼、綖环钱，至于“入水不沉，随手破坏”。其时的交易，则多用实物做媒介。和外国通商之处，则或兼用金银。如《隋书·食货志》说：梁初，只有京师及三吴、荆、郢、江、襄、梁、益用钱。其余州郡，则杂以谷帛。交、广全用金银。又说：陈亡之后，岭南诸州，多以钱米布交易。河西诸郡，或用西域金银之钱都是。直到唐初，铸开元通宝钱，币制才算复一整理。然不久私铸即起。

用金属做货币，较之珠玉布帛等，固然有种种优点，但亦有两种劣点。其一是私销私铸的无法禁绝。私铸，旧说以“不爱铜不惜工”敌之。即是使铸造的成本高昂，私铸无利可图。但无严切的政令以辅之，则恶货币驱逐良货币，既为经济上不易的原则，不爱铜，不惜工，亦徒使国家增加一笔消耗而已。至于私销，则简直无法可禁。其二为钱之不足于用。社会经济，日有进步，交易必随之而盛。交易既盛，所需的筹码必多。然铜系天产物，开矿又极劳费，其数不能骤增。此系自然的原因。从人为方面论，历代亦从未注意于民间货币的足不足，而为之设法调剂，所以货币常感不足于用。南北朝时，杂用实物及外国货币，币制的紊乱，固然是其一因，货币数量的缺乏，怕亦未尝非其一因。此等现象，至唐代依然如故。玄宗开元二十二年，诏庄宅口马交易，并先用绢布绫罗丝棉等。其余市买，至一千以上，亦令钱物并用，违者科罪，便是一个证据。当这时代，纸币遂应运而生。

纸币的前身是飞钱。《唐书·食货志》说：贞元时，商贾至京师，委钱诸道进奏院及诸军诸使富家，以轻装趋四方，合券乃取之，号飞钱。这固然是汇兑，不是纸币。然纸币就因之而产生了。《文献通考·钱币考》说：初蜀人以铁钱重，私为券，谓之交子，以便贸易。富人十六户主之。其后富人稍衰，不能偿所负，争讼数起。寇瑊尝守蜀，乞禁交子。薛田为转运使，议废交子则贸易不便。请官为置务，禁民私造。诏从其请。置交子务于益州。《宋史·薛田传》说：未报，寇瑊守益州，卒奏用其议。蜀人便之。《食货志》说：真宗时，张咏镇蜀。患蜀人铁钱重，不便贸易。设质剂之法。一交一缗，以三年为一界而换之。六十五年为二十二界。谓之交子。富民十六户主之。三说互岐，未知孰是。总之一交一缗，以三年为一界，总是事实。一交为一缗，则为数较小，人人可以使用。以三年为一界，则为时较长，在此期间，即具有货币的效用，真可谓之纸币，而非复汇兑券了。然云废交子则贸易不便，则其初，亦是以搬运困难，而图借此以省费的。其用意，实与飞钱相类。所以说纸币是从汇兑蜕化而出的。

交子务既由官置，交子遂变为官发的纸币。神宗熙宁间，因河东苦铁钱，置务于潞州，后又行之于陕西。徽宗崇宁时，蔡京又推行之于各处。后改名为钱引。其时唯闽、浙、湖、广不行。推行的区域，已可谓之颇广了。此种纸币，系属兑换性质。必须可兑现钱，然后能有信用。然当时已有滥发之弊。徽宗时，遂跌至一缗仅值钱数十。幸其推行的范围虽广，数量尚不甚多，所以对于社会经济，不发生甚大的影响。南宋高宗绍兴元年，令榷货务造关子。二十九年，户部始造会子。仍以三年为一界。行至十八界为止。第十九界，贾似道仍改造关子。南宋的交子，有展限和两界并行之弊。因之各界价格不等。宁宗嘉定四年，遂令十七十八两界，更不立限，永远行使。这很易至于跌价。然据《宋史·食货志》：度宗咸淳四年，以近颁关子，贯作七百七十文足。十八界会子，贯作二百五十七文足。三准关子一，同现钱行使。此时宋朝已近灭亡，关子仅打七七折，较诸金朝，成绩好得多了。

金朝的行纸币，始于海陵庶人贞元二年。以一贯、二贯、三贯、五贯、十贯为大钞，一百、二百、三百、五百、七百为小钞。当时说是铜少的权制。但（一）开矿既非易事，括民间铜器以铸，禁民间私藏铜器及运铜器出境，都是苛扰的事。铸钱因此不易积极进行。（二）当时亦设有铸钱的监，乃多毁旧钱以铸。新钱虽然铸出，旧钱又没有了。（三）既然钱钞并行，循恶货币驱逐良货币的法则，人民势必将现钱收藏，新铸的钱，转瞬即行匿迹。因此，铜钱永无足时，纸币势必永远行使。然使发行得法，则纸币与铜钱并行，本来无害，而且是有益的。所以《金史·食货志》说：章宗即位之后，有人要罢钞法。有司说："商旅利其致远，往往以钱买钞。公私俱便之事，岂可罢去？"这话自是事实。有司又说："止因有厘革之限，不能无疑。乞削七年厘革之限，令民得常用。"（岁久字文磨灭，许于所在官库纳旧换新，或听便支钱。）做《食货志》的人说："自此收敛无术，出多入少，民浸轻之。"其实收敛和厘革，系属两事。苟能审察经济情形，不至滥发，虽无厘革之限何害？若要滥发，即有厘革之限，又何难扩充其每界印造之数，或数界并行呢？所以章宗时的有司实在并没有错。而后来的有司，"以出钞为利，收钞为讳"，却是该负极大责任的。平时已苦钞多，宣宗南迁以后，更其印发无限。贞祐二年，据河东宣抚使胥鼎说，遂致每贯仅值一文。

钞法崩溃至此，业已无法挽救。铜钱则本苦其少，况经纸币驱逐，一时不能复出。银乃乘机而兴。按，金银用为交易的媒介由来已久，读前文所述可见。自经济进步以后，铜钱既苦其少，又苦运输的困难，当这时候，以金银与铜相辅而行，似极便利。然自金末以前，讫未有人想到这个法子，这是什么理由呢？原来货币是量物价的尺。尺是可有一，不可有二的。既以铜钱为货币，即不容铜钱之外更有他种货币。（一）废铜钱而代以金银，固然无此情理。（二）将金银亦铸为货币，与铜钱严定比价，这是昔人想不到的。如此，金银自无可做货币的资格了。难者要说：从前的人，便没有专用铜钱。谷物布帛等，不都曾看做货币的代用品么？这话固然不错。然在当时，金银亦何尝不是货币的代用品。不过其为用，不如谷物布帛的普遍罢了。金银之用，为什么不如谷帛的普遍？须知价格的根源生于价值，金银在现今，所以为大众所欢迎，是因其为交换之媒介既广且久，大家对它都有一种信心，拿出去，就什么东西都可以换到。尤其是现今世界各国，虽然都已用纸，而仍多用金银为准备。金银换到货币最为容易，且有定价，自然为人所欢迎。这是货币制度替金银造出的价值，并不是金银本身自有价值。假使现在的货币，都不用金银做准备，人家看了金银，也不当它直接或间接的货币，而只当它货物。真要使用它的人，才觉得它有价值。如此，金银的价值必缩小，要它的人亦必减少，金银的用途就将大狭了。如此，便可知道自金末以前，为什么中国人想不到用金银做货币。因为价格生于价值，其物必先有人要，然后可做交易的媒介，而金银之为物，在从前是很少有人要的。因为其为物，对于多数人是无价值。（金银本身之用，不过制器具，供玩好，两者都非通常人所急。）

到金朝末年，经济的情形又和前此不同了。前此货币紊乱之时，系以恶的硬币驱逐良的硬币。此时则系以纸币驱逐硬币。汉时钱价甚昂，零星交易并不用钱，已如前述。其后经济进步，交易渐繁，货币之数，势必随公铸私造而加多。货币之数既多，其价格必日跌。于是零星贸易渐用货币，大宗支付转用布帛。铜钱为纸币驱逐以尽，而纸币起码是一百文，则零星贸易无物可用了。势不能再回到古代的以粟易之，而布帛又不可尺寸分裂，乃不得已而用银。所以银之起，乃是所以代铜钱供零星贸易之用的，并非嫌铜钱质重值轻，用之以图储藏和运输之便。所以到清朝，因铸钱的劳费，上谕屡次劝人民兼用银两，人民总不肯听。这个无怪其然。因为他们心目之中，只认铜钱为货币。储藏了银两，银两对铜钱涨价固然好了，对铜钱跌价，他们是要认为损失的。他们不愿做这投机事业。到清末，要以银为主币，铜为辅币，这个观念，和普通人说明还是很难的。因为他们从不了解，有两种东西可以同时并认为货币。你对他说：以银为主币，铜为辅币，这个铜币，就不该把它看做铜，也不该把它看做铜币，而该看做银圆的几分之几，他们亦很难了解。这个似乎是他们的愚笨，其实他们的意见是对的。因为既不看做铜，又不看做铜币，那么，为什么不找一种本无价值的东西，来做银圆的代表，而要找铜币呢？铜的本身是有价值的，因而是有价格的，维持主辅币的比价，虽属可能，究竟费力。何不用一张纸，写明铜钱若干文，派它去充个代表，来得直接痛快呢？他们的意见是对的。他们而且已经实行了。那便是飞钱、交子等物。这一种事情，如能顺利发达，可使中国货币的进化早了一千年。因为少数的交易用铜钱，多数的授受，嫌钱笨重的，贝以纸做钱的代表，如此，怎样的巨数，亦可以变为轻赍，而伸缩又极自由，较之用金银，实在合理得许多。而惜乎给国家攫取其发行之权，以济财政之急，把这自然而合理的进化拗转了。

于此，又可知道纸币之敝。黄金为什么不起而代之，而必代之以银。从前的人，都说古代的黄金是多的，后世却少了，而归咎于佛事的消耗。（顾炎武《日知录》，赵翼《廿二史札记》《陔馀丛考》，都如此说。）其实不然。王莽败亡时，省中黄金万斤为一匮者，尚有六十匮，其数为六十万斤。古权量当今五分之一，则得今十二万斤，即一百九十二万两。中国人数号称四万万，女子当得半数。通常有金饰的，以女子为多。假使女子百人之中有一人有金饰，其数尚不及一两。现在民间存金之数，何止如此？《齐书·东昏侯纪》，谓其“后宫服御，极选珍奇。府库旧物，不复周用。贵市民间，金银宝物，价皆数倍，京邑酒租，皆折使输金，以为金涂”。这几句话，很可说明历史记载古代金多、后世金少的原因。古代人民生活程度低，又封建之世，服食器用皆有等差，平民不能僭越。珠玉金银等，民间收藏必极少。这个不但金银如此，怕铜亦是如此。秦始皇的销兵，人人笑其愚笨。然汉世盗起，必劫库兵。后汉时羌人反叛，因归服久了，无复兵器，多执铜镜以象兵。可见当时民间兵器实不多。不但兵器不多，即铜亦不甚多。所以贾谊整理币制之策，是“收铜勿令布”。若铜器普遍于民间，亦和后世一样，用什么法子收之勿令布呢？铜尚且如此，何况金银？所以古代所谓金多，并非金真多于后世，乃是以聚而见其多。后世人民生活程度渐高；服食器用，等差渐破；以朝廷所聚之数，散之广大的民间，就自然不觉其多了。读史的人，恒不免为有明文的记载所蔽，而忽略于无字句处。我之此说，一定有人不信。因为古书明明记载汉时黄金的赏赐，动辄数十斤数百斤，甚且有至数千斤的，如何能不说古代的黄金多于后世呢？但是我有一个证据，可以折服他。王莽时，黄金一斤值钱万，朱提银八两为一流，值钱一千五百八十，他银一流值钱千，则金价五倍于银。《日知录》述明洪武初，金一两等于银五两，则金银的比价，汉末与明初相同。我们既不见古书上有大量用银的记载，亦不闻佛法输入以后，银有大量的消耗，然则古书所载黄金大量使用之事，后世不见，并非黄金真少，只是以散而见其少，其事了然可见了。大概金银的比价，在前代很少超过十倍的。然则在金朝末年，社会上白银固多，黄金亦不甚少。假使用银之故，是嫌铜币的笨重，而要代之以质小值巨之物，未尝不可舍银而取金，至少可以金银并用。然当时绝不如此。这明明由于银之起，乃所以代铜钱，而非以与铜钱相权，所以于金银二者之中，宁取其价之较低者。于此，可见以金、银、铜三品，或金、银二品，或银、铜二品为货币，并非事势之自然。自然之势，是铜钱嫌重，即走向纸币一条路的。

金、银二物，旧时亦皆铸有定形。《清文献通考》说：“古者金银皆有定式，必铸成币而后用之。颜师古注《汉书》，谓旧金虽以斤为名，而官有常形制，亦犹今时吉字金挺之类。武帝欲表祥瑞，故改铸为麟趾袅蹄之形，以易旧制。然则麟趾袅蹄，即当时金币式也。汉之自选与银货，亦即银币之式。《旧唐书》载内库出方圆银二千一百七十二两，是唐时银亦皆系铸成。”按金属货币之必须铸造，一以保证其成色，一亦所以省秤量之烦。古代金银虽有定形，然用之必仍以斤两计，似乎其分量的重轻并无一定。而其分量大抵较重，尤不适于零星贸易之用。《金史·食货志》说：“旧例银每锭五十两，其直百贯。民间或有截凿之者，其价亦随低昂。”每锭百贯，其不能代铜钱可知。章宗承安二年，因钞法既敝，乃思乞灵于银。改铸银，名承安宝货。自一两至十两，分为五等。每两折钞二贯。公私同见钱行使。亦用以代钞本。后因私铸者多，杂以铜锡，浸不能行。五年，遂罢之。宣宗时，造贞祐宝券及兴定宝泉，亦皆与银相权。然民间但以银论价。于是限银一两，不得超过宝泉三百贯。（按，宝泉法价，每二贯等于银一两。）物价在三两以下者，不许用银。以上者三分为率，一分用银，二分用宝泉。此令既下，“商旅不行，市肆昼闭”，乃复取消。至哀宗正大间，民间遂全以银市易。《日知录》说：“此今日上下用银之始。”其时正值无钱可用的时候，其非用以与钱相权，而系以之代钱，显然可见了。

元、明两朝，当开国之初，都曾踌躇于用钱、用钞之间。因铜的缺乏，卒仍舍钱而用钞。元初有行用钞，其制无可考。世祖中统元年，始造交钞，以丝为本。是年十月，又造中统宝钞。分十、二十、三十、五十、一百、二百、五百、一贯、二贯。（此据《食货志》。《王文统传》云：中统钞自十文至二贯凡十等。疑《食货志》夺三百一等。）每一贯同交钞一两，两贯同白银一两。又以文绫织为中统银货。分一两、二两、三两、五两、十两五等。每两同白银一两，未曾发行。至元十二年，添造厘钞。分一文、二文、三文三等。十五年，以不便于民罢。二十四年，造至元钞。自二贯至五文，凡十一等。每一贯当中统钞五贯，二贯等于银一两，二十贯等于金一两。武宗至大二年，以物重钞轻，改造至大银钞。自二两至二厘，共十三等。每一两准至元钞五贯，白银一两，赤金一钱。仁宗即位，以倍数太多，轻重失宜，罢至大银钞，其中统、至元二钞，则终元世常行。按，元朝每改钞一次，辄准旧钞五倍，可见当其改钞之时，即系钞价跌至五分之一之时。货币跌价，自不免影响于民生。所以“实钞法”，实在是当时的一个大问题。元初以丝为钞本，丝价涨落太大，用作钞本，是不适宜的。求其价格变动较少的，自然还是金属。

金属中的金银，都不适于零星贸易之用。厘钞及十文五文之钞，行用亦实不适宜。所以与其以金银为钞本，实不如以铜钱为钞本。元朝到顺帝至正年间，丞相脱脱才有此议。下诏：以中统钞一贯，权铜钱一千，准至元钞二贯。铸至正通宝钱，与历代铜钱并用。这实在是一个贤明的办法。然因海内大乱，军储赏犒，每日印造，不可数计。遂至“交料散满人间”，“人视之若敝楮”了。明初，曾设局铸钱。至洪武七年，卒因铜之不给，罢铸钱局而行钞。大明宝钞，以千文准银一两，四贯准黄金一两。后因钞价下落，屡次鬻官物，或税收限定必纳宝钞以收钞。然终于不能维持。至宣宗宣德三年，遂停止造钞。其时增设新税，或加重旧税的税额，专收钞而焚之。钞法既平之后，有些新税取消，税额复旧，有的就相沿下去了。钞关即是其中之一。自此租税渐次普遍收银，银两真成为通用的货币了。

主币可以用纸，辅币则必须用金属。因其授受繁，纸易敝坏，殊不经济。所以以铜钱与纸币并行，实最合于理想。元、明两朝，当行钞之时，并不铸钱。明朝到后来，铸钱颇多，却又并不行钞了，清朝亦然。顺、康、雍、乾四朝，颇能实行昔人不爱铜不惜工之论。按，分厘在古代，本系度名而非衡名。衡法以十黍为絫，十絫为铢，二十四铢为两。因其非十进，不便计算，唐朝铸开元通宝钱，乃以一两的十分之一，即二铢四絫，为其一个的重量。宋太宗淳化二年，乃改衡法。名一两的十分之一为一钱，一钱的十分之一为一分，一分的十分之一为一厘。钱即系以一个铜钱之重为名。分厘之名，则系借诸度法的。依照历朝的成法，一个铜钱，本来只要重一钱。顺、康、雍、乾四朝所铸，其重量却都超过一钱以上，铸造亦颇精工。可谓有意于整顿币制了。惜乎于货币的原理未明，所以仍无成效可见。怎样说清朝的货币政策不合货币原理呢？按，（一）货币最宜举国一律。这不是像邮票一般，过了若干时间就不复存在的。所以邮票可以花样翻新，货币则不宜然。此理在唐朝以前本来明白。所以汉朝的五铢钱，最得人民信用，自隋以前，所铸的铜钱，即多称五铢。唐初改铸开元通宝，大约是因当时钱法大坏，想与民更始的，揣度当时的意思，或者想以开元为全国唯一通行的钱。所以后世所铸的钱，仍系开元通宝。（高宗的乾封泉宝，肃宗的乾元重宝、乾元重轮等，虽都冠之以年号，然皆非小平钱，当时不认为正式的货币。）不过其统一的目的未能达到罢了。宋以后才昧于此理，把历朝帝皇的年号铸在铜钱之上。于是换一个皇帝，就可以有一种钱文。（年号时有改变，则还可以不止一种。）货币形式的不统一，不是事实使然，竟是立法如此了。甚至像明朝世宗，不但铸嘉靖年号的铜钱，还补铸前此历朝未铸的年号。这不是不把铜钱看做全国的通货，而看做皇帝一个人的纪念品么？若使每朝所铸的，只附铸一个年号，以表明其铸造的年代，而其余一切都是一律，这还可以说得过去。而历代又不能然。清朝亦是如此。且历朝所铸的铜钱，重量时有出入。这不是自己先造成不统一么？（二）虽然如此，但得所铸的钱不致十分恶劣，则在专制时代，即但以本朝所铸之钱为限，而禁绝其余的恶薄者，亦未始不可以小康。此即明代分别制钱和古钱的办法。（明天启、崇祯间，括古钱以充废铜，以统一币制论，实在是对的。）但要行此法，有一先决问题，即必须先使货币之数足用。若货币之数实在不足于用，交易之间发生困难，就无论何等恶劣的货币，人民也要冒险使用，禁之不可胜禁，添出整理的阻力来了。自明废除纸币以后，直至清朝，要把铜钱铸到人民够用，是极不容易办到的。当此之时，最好将纸币和铜钱相权。而明、清皆不知出此，听任银铜并行。又不知规定其主辅的关系。在明朝，租税主于收银，铜钱时有禁令，人民怀疑于铜钱之将废，不敢收受，大为铜钱流通之害。清朝则人民认铜钱为正货，不愿收受银两。而政府想要强迫使用，屡烦文告，而卒不能胜。而两种货币同时并行，还生出种种弊窦（如租税征收等）。不明经济原理之害，真可谓生于其心，害于其政了。

外国银钱的输入，并不始于近代。《隋书·食货志》说南北朝时河西、交、广的情形，已见前。《日知录》引唐韩愈《奏状》，说五岭买卖一以银。元稹《奏状》说自岭以南，以金银为货币。张籍诗说："海国战骑象，蛮州市用银。"《宋史·仁宗纪》：景祐二年，诏诸路岁输缗钱，福建、二广以银。《集释》说：顺治六七年间，海禁未设，市井贸易，多以外国银钱。各省流行，所在多有。禁海之后，绝迹不见。这可见外国货币之侵入，必限于与外国通商之时，及与外国通商之地。前此中外交通时有绝续，又多限于一隅，所以不能大量侵入。到五口通商以后，情形就大不相同了。外国铸造的货币，使用的便利，自胜于我国秤量的金银（其秤量之法，且不划一）。外国银圆，遂滔滔输入，而以西班牙、墨西哥两国为多。中国的自铸，始于光绪十三年（广东总督张之洞所为）。重量形式，都模仿外国银圆，以便流通。此时铜钱之数，颇感不足。光绪二十七年，广东开铸铜元，因其名价远超于实价，获利颇多。于是各省竞铸铜元，以谋余利，物价为之暴腾。小平钱且为其驱逐以尽。民生大感困苦。光绪三十年，度支部奏厘定币制，以银圆为本位货币，民国初年仍之。其时孙文创用纸币之议，举国的人多不解其理论，非难蜂起。直到最近，国民政府树立法币制度，才替中国的货币划一个新纪元。

第三十五章　衣食

《礼记 · 礼运》说："昔者先王未有宫室，冬则居营窟，夏则居橧巢。未有火化，食草木之实，鸟兽之肉，饮其血，茹其毛。未有麻丝，衣其羽皮。后圣有作，然后脩火之利。范金，合土，以为台榭，宫室，牖户。以炮，以燔，以亨，以炙，以为醴酪。治其麻丝，以为布帛。"这是古人总述衣食住的进化的。（一）古代虽无正确的历史，然其荦荦大端，应为记忆所能及。（二）又古人最重古。有许多典礼，虽在进化之后，已有新的、适用的事物，仍必保存其旧的、不适用的，以资纪念。如已有酒之后，还要保存未有酒时的明水（见下），即其一例。此等典礼的流传，亦使人容易记忆前代之事。所以《礼运》这一段文字，用以说明古代衣食住进化的情形，是有用的。

据这一段文字，古人的食料共有两种，即（一）草木之实，（二）鸟兽之肉，（三）但还漏列了一种重要的鱼。古人以鱼鳖为常食。《礼记 · 王制》说："国君无故不杀牛，大夫无故不杀羊，士无故不杀犬豕。"又说："六十非肉不饱。"《孟子》说："鸡、豚、狗、彘之畜，无失其时，七十者可以食肉矣。"（《梁惠王上篇》）则兽肉为贵者，老者之食。又说："数罟不入洿池，鱼鳖不可胜食也"与"不违农时，谷不可胜食也"并举。《诗经 · 无羊篇》："牧人乃梦，众维鱼矣。大人占之，众惟鱼矣，实维丰年。"郑《笺》说："鱼者，庶人之所以养也。今人众相与捕鱼，则是岁熟相供养之祥。"《公羊》宣公六年，晋灵公使勇士杀赵盾。窥其户，方食鱼飧。勇士曰："嘻！子诚仁人也。为晋国重卿，而食鱼飧，是子之俭也。"均鱼为大众之食之征。此等习惯，亦必自隆古时代遗留下来的。我们可以说，古人主要的食料有三种：（一）在较寒冷或多山林的地方，从事于猎，食鸟兽之肉，饮其血，茹其毛，衣其羽皮。（二）在气候炎热、植物茂盛的地方，则食草木之实。衣的原料麻、丝，该也是这种地方发明的。（三）在河湖的近旁则食鱼。

古代的食物虽有这三种，其中最主要的，怕还是第二种。因为植物的种类多，生长容易。《墨子·辞过篇》说："古之民，素食而分处。"孙诒让《闲诂》说："素食，谓食草木。素，疏之假字。疏，俗作蔬。"按，古"疏食"二字有两义：（一）是谷物粗疏的。（二）指谷以外的植物。《礼记·杂记》："孔子曰：吾食于少施氏而饱，少施氏食我以礼。吾祭，作而辞曰：疏食不足祭也。吾飧，作而辞曰：疏食也，不足以伤吾子。"《疏》曰："疏粗之食，不可强饱，以致伤害。"是前一义。此所谓疏食，是后一义，因其一为谷物，一非谷物，后来乃加一草字的偏旁，以资区别。《礼记·月令》：仲冬之月，"山林薮泽，有能取蔬食，田猎禽兽者，野虞教道之。其有相侵夺者，罪之不赦"。《周官》太宰九职，八曰臣妾，聚敛疏材。《管子·七臣七主篇》云："果蓏素食当十石。"《八观篇》云："万家以下，则就山泽。"可见蔬食为古代重要的食料，到春秋战国时，还能养活很多的人口。至于动物，则其数量是比较少的。饮血茹毛，现在只当作形容野蛮人的话，其实在古代确是事实。《义疏》引"苏武以雪杂羊毛而食之"，即其确证。隆古时代，苏武在北海边上的状况，绝不是常人所难于遭遇的。《诗经·豳风》："九月筑场圃。"郑《笺》云："耕治之以种菜茹。"《疏》云："茹者，咀嚼之名，以为菜之别称，故书传谓菜为茹。"菜即今所谓蔬，乃前所释疏食中的第二种。后世的菜，亦是加以选择，然后种植的，吃起来并不费力。古代的疏食，则是向山林薮泽中随意取得的野菜，其粗粗而有劳咀嚼，怕和鸟兽的毛相去无几。此等事实，均逼着人向以人工生产食料的一条路上走。以人工生产食料，只有畜牧和耕种两法。畜牧须有适宜的环境，而中国无广大的草原（古代黄河流域平坦之地，亦沮洳多沼泽），就只有走向种植一路了。

古人在疏食时代的状况，虽然艰苦，却替后人造下了很大的福利。因为所吃的东西多了，所以知道各种植物的性质。我国最古的药书，名为《神农本草经》。《淮南子·脩务训》说："神农尝百草之滋味，水泉之甘苦，一日而遇七十毒。"此乃附会之词。古所谓神农，乃"农业"二字之义，并非指姜姓的炎帝其人。《礼记·月令》说"毋发令而待，以妨神农之事"，义即如此。《孟子·滕文公上篇》"有为神农之言者许行”，义亦如此。《神农本草经》，乃农家推原草木性味之书，断非一个人的功绩。此书为中国几千年来药物学的根本。其发明，全是由于古代的人们所吃的植物种类甚多之故。若照后世人的吃法，专于几种谷类和菜蔬、果品，便一万年，也不会发明什么本草的。

一方面因所食之杂，而发现各种植物的性质；一方面即从各种植物中，淘汰其不适宜于为食料的，而栽培其宜于作食料的。其第一步，系从各种植物中取出谷类，作为主食品。其第二步，则从谷类之中，再淘汰其粗的，而存留其精的。所以古人说百谷，后来便说九谷，再后来又说五谷。到现在，我们认为最适宜的主食品，只有稻和麦两种了。《墨子·辞过篇》说：“圣人作，诲男耕稼树艺，以为民食。其为食也，足以增气充虚，强体适腹而已矣。”《吕氏春秋·审时篇》说：“得时之稼，其臭香，其味甘，其气章。百日食之，耳目聪明，心意睿智，四卫变强（《注》：“四卫，四肢也。”）。殉气不入，身无苛殃。黄帝曰：‘四时之不正也，正五谷而已矣。’”观此，便知农业的发明、进步和人民的营养、健康，有如何重要的关系了。

古人所豢养的动物，以马、牛、羊、鸡、犬、豕为最普通，是为六畜（《周官·职方氏》谓之六扰。名见郑《注》）。马、牛都供交通耕种之用，故不甚用为食料。羊的畜牧，需要广大的草地，也是比较贵重的。鸡、犬、豕则较易畜养，所以视为常食。古人去渔猎时代近，男子畜犬的多。《管子·山权数》说：“若岁凶旱，水泆，民失本，则修宫室台榭，以前无狗，后无彘者为庸。”可见狗的畜养，和猪一样普遍。大概在古代，狗是男子所常畜，猪则是女子所畜的。家字从宀从豕，后世人不知古人的生活，则觉其难于解释。若知道古代的生活情形，则解释何难之有？猪是没有自卫能力的，放浪在外，必将为野兽所吞噬，所以不得不造屋子给它住。这种屋子，是女子所专有的。所以引申起来，就成为女子的住所的名称了。《仪礼·乡饮酒礼》记“其牲狗”，《礼记·昏义》：“舅姑入室，妇以特豚馈。”可见狗是男子供给的肉食，猪是女子供给的肉食。后来肉食可以买卖，男子就有以屠狗为业的了。牛、马要供给交通耕种之用，羊没有广大的草地可资放牧，这种情形，后世还是和古代一样的，狗却因距离游猎时代远，畜养的人少了，猪就成为通常食用的兽。

烹调方法的进步，也是食物进化中一种重要的现象。其根本，由于发明用火。而陶器制造的成功，也是很有关系的。《礼运》云："夫礼之初，始诸饮食。其燔黍而捭豚，污尊而抔饮，蒉桴而土鼓，犹若可以致其敬于鬼神。"《注》云："中古未有釜甑，释米，捭肉，加于烧石之上而食之耳。今北狄犹然。"此即今人所谓"石烹"。下文的《注》云："炮，裹烧之也。燔，加于火上。亨，煮之镬也。炙，贯之火上。"其中只有烹，是陶器发明以后的方法。据社会学家说：陶器的发明，实因烧熟食物时，怕其枯焦，涂之以土，此正郑《注》所谓裹烧。到陶器发明以后，食物煮熟时，又可加之以水。有种质地，就更易融化。调味料亦可于取熟时同煮。烹调之法，就更易进行了。烹调之法，不但使（一）其味加美，亦能（二）杀死病菌，（三）使食物易于消化，于卫生是很有关系的。

饮食的奢侈，亦是以渐而致的。《盐铁论·散不足篇》，贤良说："古者燔黍食稗，而熚豚以相飨（熚当即捭字）。其后乡人饮酒，老者重豆，少者立食，一酱一肉，旅饮而已。及其后，宾昏相召，则豆羹白饭，綦脍熟肉。今民间酒食，殽旅重叠，燔炙满案。古者庶人粝食藜藿，非乡饮酒、膢腊、祭祀无酒肉。今闾巷县伯，阡陌屠沽，无故烹杀，相聚野外，负粟而往，挈肉而归。古者不粥纴（当作饪，熟食也），不市食。及其后，则有屠沽、沽酒、市脯、鱼盐而已。今熟食遍列，殽施成市。"可见汉代人的饮食，较古代为侈。然《论衡·讥日篇》说"海内屠肆，六畜死者，日数千头"，怕只抵得现在的一个上海市。《隋书·地理志》说：梁州、汉中的人，"性嗜口腹，多事田渔。虽蓬室柴门，食必兼肉"。其生活程度，就又非汉人所及了。凡此，都可见得社会的生活程度，在无形中逐渐增高。然其不平均的程度，亦随之而加甚。《礼记·王制》说："三年耕，必有一年之食，九年耕，必有三年之食。以三十年之通，虽有凶旱水溢，民无菜色，然后天子食，日举，以乐。"《玉藻》说："至于八月不雨，君不举。"《曲礼》说："岁凶，年不顺成，君膳不祭肺，马不食谷，大夫不食粱，士饮酒不乐。"这都是公产时代同甘共苦的遗规。然到战国时，孟子就以"庖有肥肉，厩有肥马，民有饥色，野有饿莩"责备梁惠王了。我们试看《周官》的《膳夫》，《礼记》的《内则》，便知道当时的人君和士大夫的饮食是如何奢侈。"朱门酒肉臭，路有冻死骨，荣枯咫尺异，惆怅难再述"，正不待盛唐的诗人，然后有这感慨了。

《战国·魏策》说："昔者帝女令仪狄作酒而美，进之禹。禹饮而甘之。遂疏仪狄，绝旨酒，曰：后世必有以酒亡其国者。"昔人据此，遂以仪狄为造酒的人。然仪狄只是作酒而美，并非发明造酒。古人所谓某事始于某人，大概如此。看《世本·作篇》便可知道。酒是要用谷类酿造的（《仪礼·聘礼》《注》："凡酒，稻为上，黍次之，粟次之。"），其发明，必在农业兴起之后。《礼运》说："污尊而抔饮。"郑《注》说："污尊，凿地为尊也。抔饮，手掬之也。"这明明是喝的水。《仪礼·士昏礼》《疏》引此，谓其时未有酒醴，其说良是。《礼运》《疏》说凿地而盛酒，怕就未必然了。《明堂位》说："夏后氏尚明水，殷人尚醴，周人尚酒。"凡祭祀所尚，都是现行的东西，前一时期的东西。据此，则酿酒的发明，还在夏后氏之先。醴之味较酒为醇，而殷人尚醴，周人尚酒。《周官·酒正》有五齐、三酒、四饮，四饮最薄，五齐次之，三酒最厚，而古人以五齐祭，三酒饮。可见酒味之日趋于厚。读《书经》的《酒诰》，《诗经》的《宾之初筵》等篇，可见古人酒德颇劣。现在的中国人，却没有酗酒之习，较之欧美人好得多了。

就古书看起来，古人的酒量颇大。《史记·滑稽列传》载淳于髡说，臣饮一斗亦醉，一石亦醉，固然是讽谕之词，然《考工记》说："食一豆肉，饮一豆酒，中人之食。"《五经异义》载《韩诗》说古人的酒器："一升曰爵，二升曰觚，三升曰觯，四升曰角，五升曰散。"古《周礼》说："爵一升，觚三升，献以爵而酬以觚，一献而三酬，则一豆矣。"一豆就是一斗。即依《韩诗》说，亦得七升。古量法当今五之一，普通人亦无此酒量。按《周官·浆人》，六饮有凉。郑司农云："以水和酒也。"此必古有此事，不然，断不能臆说的。窃疑古代献酬之礼，酒都是和着水喝的，所以酒量各人不同，而献酬所用的酒器彼此若一。

刺激品次于酒而兴起的为茶。茶之本字为荼。《尔雅·释木》"槚，苦荼。"《注》云："树小如栀子，冬生叶，可煮作羹饮。今呼早采者为荼，晚取者为茗，一名荈。蜀人名之苦荼。"按，荼系苦菜之称。茶之味微苦。我们创造一句新的言语是不容易的。遇有新事物须命名时，往往取旧事物和它相类的，小变其音，以为新名。在单音语盛行时往往如此。而造字之法，亦即取旧字而增减改变其笔画，以为新字。如"角甪""刀刁"，及现在所造的"乒乓"等字皆其例。所以从“荼”字会孕育出“茶”的语言文字来。（语言从鱼韵转人麻韵，文字减去一画。）茶是出产在四川，而流行于江南的。《三国·吴志·韦曜传》说：孙皓强迫群臣饮酒时，常密赐茶荈以当酒。《世说新语》谓王蒙好饮茶。客至，尝以是饷之。士大夫欲诣蒙，辄曰：今日有水厄。即其证。《唐书·陆羽传》说：“羽嗜茶。著经三篇，言茶之原、之法、之具尤备。天下益知饮茶矣。其后尚茶成风，回纥入朝，始驱马市茶。”则茶之风行全国，浸至推及外国，是从唐朝起的。所以唐中叶后，始有茶税。然据《金史》说：金人因所需的茶，全要向宋朝购买，认为费国用而资敌。章宗承安四年，乃设坊自造，至泰和五年罢。明年，又定七品以上官方许食茶。据此，即知当时的茶，并不如今日的普遍。如其像现在一样，全国上下，几于无人不饮，这种禁令如何能立呢？平话中《水浒传》的蓝本是比较旧的。现行本虽经金圣叹改窜，究竟略存宋、元时的旧面目。书中即不甚见饮茶，渴了只是找酒喝。此亦茶在宋、元时还未如今日盛行的证据。《日知录》引唐期綦毋煚《茶饮序》云：“释滞消壅，一日之利暂佳，瘠气侵精，终身之害斯大。”宋黄庭坚《茶赋》云：“寒中瘠气，莫甚于茶。”则在唐宋时，茶还带有药用的性质，其刺激性，似远较今日之茶为烈。古人之茶系煎饮，亦较今日的用水泡饮为烦。如此看来，茶的名目，虽今古相同，其实则大相殊异了。这该是由于茶的制法今古不同，所以能减少其有害的性质，而成为普遍的饮料。这亦是饮食进化的一端。

次于茶而兴起的为烟草。其物来自吕宋。名为烟，亦名淡巴菰（见《本草》）。最初莆田人种之。王肱枕《蚓庵琐语》云：“烟叶出闽中，边上人寒疾，非此不治。关外至以一马易一斤。崇祯中，下令禁之。民间私种者问徒刑。利重法轻，民冒禁如故。寻下令：犯者皆斩。然不久，因军中病寒不治，遂弛其禁。予儿时尚不识烟为何物，崇祯末，三尺童子，莫不吃烟矣。”（据《陔余丛考》转引）据此，则烟草初行时，其禁令之严，几与现在的鸦片相等。烟草可治寒疾，说系子虚，在今日事极明白。军中病寒，不过弛禁的一借口而已。予少时曾见某书，说明末北边的农夫，有因吸烟而醉倒田中的。（此系予十余龄时所见，距今几四十年，不能忆其书名。藏书毁损大半，仅存者尚在游击区中，无从查检。）在今日，无论旱烟、水烟、卷烟，其性质之烈，均不能至此。则烟草的制法，亦和茶一般，大有改良了。然因此而引起抽吸大烟，则至今仍贻害甚烈。

罂粟之名，始见于宋初的《开宝本草》。宋末杨士瀛的《直指方》，始云其壳可以治痢。明王玺《医林集要》，才知以竹刀刮出其津，置瓷器内阴干。每服用小豆一粒，空心温水化下，然皆以作药用。俞正燮《癸巳类稿》云："明四译馆同文堂外国来文八册，有译出暹罗国来文，中有进皇帝鸦片二百斤，进皇后鸦片一百斤之语。又《大明会典》九十七、九十八，各国贡物，暹罗、爪哇、榜葛剌三国，俱有乌香，即鸦片。"则明时此物确系贡品。所以神宗皇帝久不视朝，有疑其为此物所困的。然其说亦无确据。今人之用作嗜好品，则实由烟草引起。清黄玉圃《台海使槎录》云："鸦片烟，用麻葛同雅土切丝，于铜铛内煎成鸦片拌烟。用竹筩，实以棕丝，群聚吸之。索直数倍于常烟。"《雍正朱批谕旨》：七年，福建巡抚刘世明，奏漳州知府李国治，拿得行户陈达私贩鸦片三十四斤，拟以军罪。臣提案亲讯。陈达供称鸦片原系药材，与害人之鸦片烟并非同物。当传药商认验。佥称此系药材，为治痢必须之品，并不能害人。唯加入烟草同熬，始成鸦片烟。李国治妄以鸦片为鸦片烟，甚属乖谬，应照故入人罪例，具本题参。则其时的鸦片，尚未能离烟草而独立。后来不知如何，单独抽吸，其害反十百倍于烟草了。

中国食物从外国输入的甚多。其中最重要的，自然当推蔗糖。其法系唐太宗时，得之于摩揭它的，见《唐书・西域传》。前此的饴，是用米麦制的。大徐《说文》新附字中，始有糖字。字仍从米，释以饴而不及蔗，可见宋初蔗糖尚未盛行。北宋末，王灼撰《糖霜谱》，始备详其产地及制法。到现在，蔗糖却远盛于饴糖了。此外菜类如苜蓿，果品如西瓜等，自外国输入的还很多。现在不及备考。

中国人烹调之法，在世界上是首屈一指的。康有为《欧洲十一国游记》言之最详。但调味之美，和营养之佳良，系属两事，不可不知。又就各项费用在全体消费中所占的成分看，中国人对于饮食是奢侈的。康有为《物质救国论》说：国民的风气，侈居为上，侈衣次之，侈食为下。这亦是我国民不可不猛省的。

衣服的进化，当分两方面讲：一是材料，一是裁制的方法。

《礼运》说"未有麻丝，衣其羽皮"，这只是古人衣服材料的一种。还有一种是用草的。《礼记・郊特牲》说："黄衣黄冠而祭，息田夫也。野夫黄冠。

黄冠，草服也。大罗氏，天子之掌鸟兽者也，诸侯贡属焉。草笠而至，尊野服也。”《在诗经》：“彼都人士，台笠缁撮。”《毛传》：“台所以御暑，笠所以御雨也。”郑《笺》：“台，夫须也。都人之士，以台为笠。”《左氏》襄公十四年，晋人数戎子驹支道：“乃祖吾离，被苫盖。”《注》：“盖，苫之别名。”《疏》云：“言无布帛可衣，惟衣草也。”《墨子·辞过》云：“古之民未知为衣服时，衣皮带茭。”孙诒让《闲诂》说：“带茭，疑即《丧服》之绞带，亦即《尚贤篇》所谓带索。”按，《仪礼·丧服传》云：“绞带者，绳带也。”又《孟子·尽心上篇》：“舜视弃天下，犹弃敝蹝也。”《注》云：“蹝，草履。”《左氏》僖公四年，“共其资粮屝屦”。《注》云：“屝，草屦。”可见古人衣服冠履，都有用草制的。大概古代渔猎之民，以皮为衣服的材料。所以《诗经·采菽》郑《笺》说韨道：“古者田渔而食，因衣其皮，先知蔽前，后知蔽后。”（参看下文）而后世的甲，还是用革制的。戴在头上的有皮弁，束在身上的有革带，穿在脚上的有皮屦（夏葛屦，冬皮屦，见《仪礼·士冠礼》《士丧礼》。履以丝为之，见《方言》）。农耕之民，则以草为衣服的材料。所以《郊特牲》说黄衣黄冠是野服。《禹贡》：扬州岛夷卉服，冀州岛夷皮服。（岛当作鸟，《疏》言伪孔读鸟为岛可见。）观野蛮人的生活，正可知道我族未进化时的情形。

麻、丝的使用，自然是一个大发明。丝的使用，起于黄帝元妃嫘祖，说不足信。麻的发明，起于何时，亦无可考。知用麻、丝之后，织法的发明，亦为一大进步。《淮南子·汜论训》说：“伯余之初作衣也，緂麻索缕，手经指挂，其成犹网罗。后世为之机杼胜复，以领其用，而民得以掩形御寒。”手经指挂，是断乎不能普遍的。织法的发明，真是造福无穷的了。但其始于何时，亦不可考。丝麻发明以后，皮和草的用途，自然渐渐地少了。皮的主要用途只是甲。至于裘，则其意不仅在于取暖，而兼在于美观。所以古人的着裘，都是把毛着在外面，和现在人的反着一样。（《新序·杂事》：“虞人反裘而负薪，彼知惜其毛，不知皮尽而毛无所傅。”）外面罩着一件衣服，谓之裼衣。行礼时，有时解开裼衣，露出里面的裘来，有时又不解开，把它遮掩掉，前者谓之裼，后者谓之袭。借此变化，以示美观。（无裼衣谓之“表裘”，为不敬。絺绤之上，亦必加以禅衣谓之袗。）穷人则着毛织品，谓之褐。褐倒是专为取暖起见的。现在畜牧和打猎的事业都衰了，丝棉较皮货为贱。古代则不然。裘是比较普遍的，丝绵更贵。二十可以衣裘帛（《礼记·内则》），五十非帛不暖（《礼记·王制》)。庶人亦得衣犬羊之裘，即其明证。丝绵新的好的谓之纩，陈旧的谓之絮(见《说文》)。

现在衣服材料，为用最广的是木棉。其普遍于全国，是很晚的。此物，《南史·林邑传》谓之吉贝，误为木本。《新唐书》作古贝，才知为草本。《南史》姚察门生送南布一端，白居易《布裘诗》"桂布白似雪"，都是指棉布而言。但只限于交、广之域。宋谢枋得《谢刘纯父惠木棉诗》："嘉树种木棉，天何厚八闽？"才推广到福建。《元史·世祖本纪》：至元二十六年，置浙江，江东西、湖广、福建木棉提举司，则推广到长江流域了。其所以能推广，和纺织方法似乎很有关系的。《宋史·崔与之传》：琼州以吉贝织为衣衾，工作由妇人。陶宗仪《辍耕录》说：松江土田硗瘠，谋食不给，乃觅木棉种于闽、广。初无踏车椎弓之制。其功甚难。有黄道婆，自崖州来，教以纺织，人遂大获其利。未几，道婆卒，乃立祠祀之。木棉岭南久有，然直至宋元间才推行于北方，则因无纺织之法，其物即无从利用，无利之可言了。所以农工两业，是互相倚赖，互相促进的(此节略据《陔余丛考》)。

衣服裁制的方法：最早有的，当即后来所谓韨。亦作韠。此物在后来，是着在裳之外，以为美观的。但在邃初，则当系亲体的。除此之外，全身更无所有。所以《诗经》郑《笺》说："古者田渔而食，因衣其皮，先知蔽前，后知蔽后。"衣服的起源，从前多以为最重要的原因是御寒，次之是蔽体。其实不然。古人冬则穴居，并不借衣服为御寒之具。至于裸露，则野蛮人绝不以为耻，社会学上证据甚多。衣服的缘起，多先于下体，次及上体，又多先知蔽前，后知蔽后，这是主张衣服缘起，由于以裸露为耻者最大的证据。据现在社会学家的研究，则非由于以裸露为耻，而转系借装饰以相挑诱。因为裸露是人人所同，装饰则非人人所有，加以装饰，较诸任其自然，刺激性要重些。但蔽其前为韨，兼蔽其后即为裳了。裳而加以袴管(古人谓之襱)，短的谓之裈，长的谓之袴，所以《说文》称袴为胫衣。昔人所谓贫无袴，裈还是有的，并非裸露。又古人的袴、裆都是不缝合的，其缝合的谓之穷袴，转系特别的(见《汉书·外戚传》)。这可见裈和袴，都是从裳变化出来的，裳在先，裈和袴在后。裳幅前三后四，都正裁。吉服襞绩(打裥)无数，丧服三襞绩(《仪礼·丧服》郑《注》)。着在上半身的谓之衣。其在内的，短的谓之襦，长的有着(装绵)谓之袍，无着谓之衫。古代袍衫不能为礼服，其外必再加以短衣和裳。

戴在头上的，最尊重的是冕。把木头做骨子，外面用布糊起来，上面是玄色，下面是朱色。戴在头上，前面是低一些的。前有旒，据说是把五彩的绳穿了一块块的玉，垂在前面。其数，天子是十二，此外九旒、七旒等，以次减杀。两旁有纩，是用黄绵，大如丸，挂在冕上面的，垂下来，恰与两耳相当。后来以玉代黄绵，谓之瑱。冕，当系野蛮时代的装饰留贻下来的。所以其形状，在我们看起来甚为奇怪，古人却以为最尊之服。次于冕者为弁，以皮为之。其形状亦似冕，但无旒及纩等，戴起来前后平。冠是所以豢发的。其形状，同现在旧式丧礼中孝子戴的丧冠一样。中间有一个梁，阔两寸。又以布围发际，自前而后，谓之武。平居的冠，和武是连在一起的。否则分开，临时才把它合起来。又用两条组连在武上，引至颐下，将它结合，是为缨。有余，就把它垂下来，当作一种装饰，谓之緌。冠不用簪，冕弁则用簪。簪即女子之笄，古人重露发，必先把“缁缅”套起来，结之为纷，然后固之以冠。冠用缨，冕弁则把一条组结在右笄上，垂下来，经过颐下，再绕上去，结在左笄上。冠是成人的服饰，亦是贵人的服饰，所以有罪要免冠。至于今之脱帽，则自免胄蜕化而来。胄是武人的帽子，因为怕受伤之故，下垂甚深，几于把脸都遮蔽掉了，看不见。所以要使人认识自己，必须将胄免去。《左氏》哀公十六年，楚国白公作乱，国人专望叶公来救援。叶公走到北门。“或遇之，曰：君胡不胄？国人望君，如望慈父母焉。盗贼之矢若伤君，是绝民望也。若之何不胄？乃胄而进。又遇一人，曰：君胡胄？国人望君，如望岁焉，日日以几，若见君面，是得艾也。民知不死，其亦夫有奋心。犹将旌君以徇于国，而又掩面以绝民望，不亦甚乎？乃免胄而进。”可见胄的作用。现在的脱帽，是采用欧洲人的礼节。欧洲人在中古时代，战争是很剧烈的。免胄所以使人认识自己，握手所以表示没有兵器。后遂相沿，为寻常相见之礼。中国人模仿它，其实是无谓的。有人把脱帽写作免冠，那更和事实不合了。古代庶人是不冠的，只用巾。用以覆髻，则谓之帻。《后汉书·郭泰传》《注》引周迁《舆服杂事》说：“巾以葛为之，形如帕，本居士野人所服。”《玉篇》：帕，帽也。”《隋书·舆服志》：“帽，古野人之服。”则巾和帽是很相近的。着在脚上的谓之袜。其初亦以革为之。所以其字从韦作韤。袜之外为屦。古人升堂必脱屦。脱屦则践地者为袜，立久了，未免污湿，所以就坐又必解袜（见《左氏》哀公二十五年）。后世解袜与否无文，然脱屦之礼，则相沿甚久。所以剑履上殿，看做一种殊礼。《唐书》：棣王琰有二妾争宠。求巫者密置符于琰履中。或告琰厌魅，帝伺其朝，使人取其履验之，果然。则唐时入朝，已不脱履。然刘知几以释奠皆衣冠乘马，奏言冠履只可配车，今袜而镫，跣而鞍，实不合于古。则祭祀还是要脱履的。大概跣礼之废，（一）由于靴之渐行，（二）由于席地而坐渐变为高坐。古人亦有现在的绑腿，谓之逼。亦谓之邪幅，又谓之行縢。本是上路用的，然亦以之为饰。宋绵初《释服》说"解袜则见逼。《诗》云：邪幅在下，正是燕饮而跣以为欢之时"，则逼着在袜内。《日知录》说："今之村民，往往行縢而不袜，古人之遗制也。吴贺邵美容止，常着袜，希见其足，则汉魏之世，不袜而见足者尚多。"又说"袜"字的从衣，始见于此，则渐变而成今日的袜了。窃疑袜本亦田猎之民之服，农耕之民，在古代本是跣足的。中国文化，本来起自南方，所以行礼时还必跣。

衣服的初兴，虽非以蔽体为目的，然到后来，着衣服成了习惯，就要把身体的各部分都遮蔽起来，以为恭敬了。所以《礼记》的《深衣篇》说："短毋见肤。"作事以短衣为便，今古皆然。古代少者贱者，是多服劳役的。《礼记·曲礼》说："童子不衣裘裳。"《内则》说："十年，衣不帛，襦袴。"襦就是短衣，袴就是不裳。《左氏》昭公二十五年，师己述童谣，说"鸲鹆跦跦，公在乾侯，征褰与襦"。褰即是袴（《说文》）。此皆服劳役者不着裳之证。然襦袴在古人，不能算做礼服，外必加之以裳。既然如此，自以照现在人的样子，于襦袴之外，罩上一件长衫为便。然古人习于衣裳，袍衫之外，亦必加之以裳。于是从古代的衣裳，转变到现在的袍衫，其间必以深衣为过渡。深衣的意思，是和现在的女子所着的衣裙合一的衣服差不多的。形式上是上衣下裳，实则缝合在一起。它的裳分为十二幅，前后各六。中间四幅对开。边上两幅斜裁，呈两三角形，尖端在上。所以其裳之下端与上端（腰间），是三与二之比。如此，则不须襞绩，自亦便于行动了。深衣是白布做的，却用绸镶边，谓之纯。无纯的谓之褴褛，尤为节俭。（今通作蓝缕，其义为破，此又是一义。）士以上别有朝祭之衣，庶人则即以深衣为吉服。未成年者亦然。所以戴德《丧服·变除》说："童子当室（为父后），其服深衣不裳。"然自天子至于士，平居亦都是着一件深衣的。这正和现在的劳动者平时着短衣，行礼时着袍衫，士大夫阶级平时着袍衫，行礼时别有礼服一样。然古人苟非极隆重的典礼，亦都可以着深衣去参与的。所以说“可以为文，可以为武，可以摈相，可以治军旅”（《礼记·深衣》）。民国以来，将平时所着的袍和马褂定为常礼服，既省另制礼服之费，又省动辄更换之烦，实在是很合理的。

《仪礼·士丧礼》《疏》，谓上下通直，不别衣裳者曰“通裁”，此为深衣改为长袍之始。然古人用之殊不广。后汉以后，始以袍为朝服。《续汉书·舆服志》说：若冠通天冠，则其服为深衣服。有袍，随五时色。刘昭《注》云：“今下至贱吏、小史，皆通制袍、禅衣，皂缘领袖为朝服。”《新唐书·车服志》，中书令马周上议：“礼无服衫之文。三代之制有深衣，请加襕袖褾襈，为士人上服。开胯者名曰缺胯，庶人服之。”据此，则深衣与袍衫之别，在于有缘无缘。其缺胯，就是现在的袍衫了。任大椿《深衣释例》说：“古以殊衣裳者为礼服，不殊衣裳者为燕服。后世自冕服外，以不殊衣裳者为礼服，以殊衣裳者为燕服。”此即所谓裙襦。妇人以深衣之制为礼服，不殊衣裳。然古乐府《陌上桑》云：“湘绮为下裳，紫绮为上襦。”则襦与裳亦各别。然仍没有不着裳的。隋唐以来，乃有所谓袴褶。（《急就篇》注云：“褶，其形若袍，短身广袖。”）天子亲征及中外戒严时，百官服之，实为戎服。

曾三异《同话录》云：“近岁衣制，有一种长不过腰，两袖仅掩肘，名曰貉袖。起于御马院圉人。短前后襟者，坐鞍上不妨脱着，以其便于控驭也。”此即今之马褂。《陔余丛考》说，就是古代的半臂。《三国志·魏书·杨阜传》说，明帝着帽，披绫半袖，则其由来已久。《玉篇》说：裲裆，其一当胸，其一当背。《宋书·薛安都传》说他着绛衲裲裆衫，驰入贼阵。《隋书·舆服志》诸将军侍从之服，有紫衫金玳瑁装裲裆甲，紫衫金装裲裆甲，绛衫银装裲裆甲。《宋史·舆服志》，范质议《开元礼》，武官陪立大仗，加螣蛇裲裆甲。《陔余丛考》说，就是今演剧时将帅所披金银甲。按，现在我们所着，长不过腰，而无两袖的，北方谓之坎肩，南方有若干地方谓之马甲。大概系因将帅服之之故。宋人谓之背子（见《石林燕语》）。

衣服不论在什么时代，总是大同小异的。强人人之所好，皆出于同，自然绝无此理。何况各地方的气候，各种人的生活，还各有不同呢？但衣服既和社交有关，社会亦自有一种压力。少数的人，总要改从多数的。昔人所谓“十履而一跣，则跣者耻；十跣而一履，则履者耻”。其间别无他种理由可言。《礼记·王制》：“关执禁以讥，禁异服，察异言。”其意乃在盘诘形迹可疑的人，并不在于划一服饰。《周官》大司徒，以本俗六安万民，六曰同衣服，意亦在于禁奢，非强欲使服饰齐一。服饰本有一种社会压力，不会大相悬殊的。至于小小的异同，则无论何时，皆不能免。《礼记·儒行》：“鲁哀公问于孔子曰：夫子之服，其儒服与？孔子对曰：丘少居鲁，衣逢掖之衣。长居宋，冠章甫之冠。丘闻之也，君子之学也博，其服也乡。丘不知儒服。”观此数语，衣服因地方、阶级，小有异同，显然可见。降逮后世，叔孙通因高祖不喜儒者，改着短衣楚制（见《史记》本传）。《盐铁论》载桑弘羊之言，亦深讥文学之儒服（见《相刺篇》《刺议篇》）。可见其情形还是一样的。因为社会压力，不能施于异地方和异阶级的人。然及交通进步，各阶级的交往渐多，其压力也就随之而增大了。所以到现代，全世界的服饰，且几有合同而化之观。日本变法以后，几于举国改着西装。中国当戊戌变法时，康有为亦有改服饰之议。因政变未成，后来自刻《戊戌奏稿》，深悔其议之孟浪，而自幸其未果行。在所著《欧洲十一国游记》中，尤极称中国服饰之美。其意是（一）中国的气候，备寒、温、热三带，所以其材料和制裁的方法，能适应多种气候，合于卫生。（二）丝织品的美观，为五洲所无。（三）脱着容易。（四）贵族平民，服饰有异，为中西之所同。中国从前，平民是衣白色的。欧洲则衣黑色。革命时，欧人疾等级之不平，乃强迫全国上下都着黑色。中国则不然。等级渐即平夷，采章遂遍及于氓庶。质而言之：西洋是强贵族服平民之服，中国则许平民服贵族之服。所以其美观与否，大相悬殊。这一点，西人亦有意见相同的。民国元年，议论服制时，曾有西人作论载诸报端，说西方的服饰，千篇一律，并无趣味，劝中国人不必模仿。我以为合古今中外而观之，衣服不过南北两派。南派材料轻柔，裁制宽博。北派材料紧密，裁制狭窄。这两派的衣服，本应听其并行；且折中于二者之间，去其极端之性的。欧洲衣服，本亦有南北两派。后来改革之时，偏重北派太甚了。中国则颇能折两者之中，保存南派的色彩较多。以中西的服饰相较，大体上，自以中国的服饰为较适宜。现在的崇尚西装，不过一时的风气罢了。

中国的衣服，大体上可谓自行进化的。其仿自外国的，只有靴。《广韵》

八戈引《释名》，说“靴本胡服，赵武灵王所服”。《北史》载慕容永被擒，居长安，夫妻卖靴以自活。北齐亡后，妃嫔入周的亦然。可见南北朝时，汉人能制靴者尚少，其不甚用靴可知。然唐中叶以后，朝会亦渐渐地着靴。朱文公《家礼》，并有襕衫带靴之制了。《说文》：“鞮，革履也。”《韵会》引下有“胡人履连胫，谓之络缇”九字。此非《说文》之文，必后人据靴制增入。然可悟靴所以广行之故。因为连胫，其束缚腿部较紧，可以省却行縢。而且靴用革制，亦较能抵御寒湿，且较绸布制者要坚固些。（此以初兴时论，后来靴亦不用革。）

古代丧服，以布之精粗为度，不是讲究颜色的。素服则用白绢，见《诗经·棘人》《疏》。因为古代染色不甚发达，上下通服白色，所以颜色不足为吉凶之别。后世彩色之服，行用渐广，则忌白之见渐生。宋程大昌《演繁露》说：“《隋志》：宋齐之间，天子宴私着白高帽。隋时以白帢通为庆吊之服。国子生亦服白纱巾。晋人着白接篱，窦苹《酒谱》曰：接篱，巾也。南齐桓崇祖守寿春，着白纱帽，肩舆上城。今人必以为怪。古未有以白色为忌也。郭林宗遇雨垫巾，李贤《注》云：周迁《舆服杂事》曰，巾以葛为之，形如帢。本居士野人所服。魏武造帢，其巾乃废。今国子学生服焉，以白纱为之。是其制皆不忌白也。《乐府白纻歌》曰：质如轻云色如银，制以为袍余作巾。今世人丽妆，必不肯以白纻为衣。古今之变，不同如此。《唐六典》：天子服有白纱帽。其下服如裙襦袜皆以白。视朝听讼，燕见宾客，皆以进御。然其下注云：亦用乌纱。则知古制虽存，未必肯用，习见忌白久矣。”读此，便知忌白的由来。按，染色之法，见于《周官》天官染人，地官染草，及《考工记》钟氏，其发明亦不可谓不早。但其能普遍于全社会，却是另一问题。绘绣之法，见《书经·皋陶谟》（今本《益稷》）《疏》。昔人误以绘为画。其实绘之本义，乃谓以各色之丝织成织品。见于宋绵庄《释服》，其说是不错的。染色、印花等事，只要原料减贱，机器发明，制造容易，所费人工不多，便不得谓之奢侈。唯有手工，消费人工最多，总是奢侈的事。现在的刺绣，虽然是美术，其实是不值得提倡的。因为天下无衣无褐的人，正多着呢。

第三十六章　住行

住居，亦因气候地势的不同，而分为巢居、穴居两种。《礼运》说："冬则居营窟，夏则居橧巢。"《孟子》亦说："下者为巢，上者为营窟。"（《滕文公下篇》）大抵温热之地为巢，干寒之地则为营窟。巢居，现在的野蛮人犹有其制。乃将大树的枝叶接连起来，使其上可以容人，而将树干凿成一级一级的，以便上下。亦有会造梯的。人走过后，便将梯收藏起来。《淮南子·本经训》所谓"托婴儿于巢上"，当即如此。后来会把树木砍伐下来，随意植立，再于其上横架着许多木材，就成为屋子的骨干。穴居又分覆穴两种：（一）最初当是就天然的洞窟，匿居其中的。（二）后来进步了，则能于地上凿成一个窟窿，而居其中，此之谓穴。古代管建设的官，名为司空，即由于此。（三）更进，能在地面上把土堆积起来，堆得像土窑一般，而于其上开一个窟窿，是之谓覆，亦作复。再进化而能版筑，就成为墙的起源了。以栋梁为骨格，以墙为肌肉，即成所谓宫室。所以直至现在，还称建筑为土木工程。

中国民族，最初大约是湖居的。（一）水中可居之处称洲，人所聚居之地称州，"州""洲"虽然异文，实为一语，显而易见。古"州""岛"同音，"洲"字即"岛"字。（二）古代有所谓明堂，其性质极为神秘。一切政令，都自此而出（读惠栋《明堂大道录》可见）。阮元说：这是由于古代简陋，一切典礼，皆行于天子之居，后乃礼备而地分（《揅经室集·明堂说》）。这是不错的。《史记·封禅书》载公玉带上《明堂图》，水环宫垣，上有楼，从西南入，名为昆仑，正是岛居的遗象。明堂即是大学，亦称辟雍。"辟""壁"同字，正谓水环宫垣。"雍"即今之"壅"字，壅塞、培壅，都指土之增高而言，正像湖中岛屿。（三）《易经》泰卦上六爻辞，"城复于隍"。《品尔雅·释言》："隍，壑也。"壑乃无水的低地。意思还和环水是一样的。然则不但最初的建筑如明堂者，取法于湖居，即后来的造城，必环绕之以濠沟，还是从湖居的遗制蜕化而出的。

文化进步以后，不借水为防卫，则能居于大陆之上。斯时借山以为险阻。章炳麟《太炎文集》有《神权时代天子居山说》，可以参考。再进步，则城须造在较平坦之地，而借其四周的山水以为卫。四周的山水，是不会周匝无缺的，乃用人工造成土墙，于其平夷无险之处加以补足，是之谓郭。郭之专于一面的，即为长城。城是坚实可守的，郭则工程并不坚实，而且其占地太大，必不能守。所以古代只有守城，绝无守郭之事。即长城亦是如此。中国历代修造长城，有几个时期：（一）为战国以前。齐国在其南边，造有长城；秦、赵、燕三国，亦在北边造有长城。后来秦始皇把它连接起来，就是俗话所称为万里长城的。此时南方的淮夷、北方的匈奴，都是小部落。到汉朝，匈奴强大了，入塞的动辄千骑万骑，断非长城所能御；而前后两呼韩邪以后，匈奴又宾服了，所以终两汉四百年，不闻修造长城。魏晋时，北方丧乱，自然讲不到什么远大的防御规模。拓跋魏时，则于北边设六镇，借兵力以为防卫，亦没有修造长城的必要。（二）然至其末年，情形就大不相同了。隋代遂屡有修筑。此为修造长城的第二时期。隋末，突厥强大了，又非长城所能御。后来的回纥、契丹亦然，所以唐朝又无修筑长城之事。（三）契丹亡后，北方的游牧部族不能统一，又成小小打抢的局面。所以金朝又要修造一道边墙，从静州起，迤逦东北行，达女真旧地。此为修造长城的第三时期。元朝自然毋庸修造长城。（四）明时，既未能将蒙古征服，而蒙古一时亦不能统一。从元朝的汗统断绝以后，至达延汗兴起以前，蒙古对中国并无侵犯，而只有盗塞的性质，所以明朝又修长城，以为防卫。现代的长城，大概是明朝遗留下来的。总而言之，小小的寇盗，屯兵防之，未免劳费，无以防之又不可。造长城，实在是最经济的方法。从前读史的人，有的称秦始皇造长城，能立万世夷夏之防，固然是梦话。有的议论他劳民伤财，也是胡说的。晁错说秦朝北攻胡貉，置塞河上，只是指秦始皇时使蒙恬新辟之土。至于其余的长城，因战国时秦、赵、燕三国之旧，缮修起来的，却并没有费什么工力。所以能在短时间之内，即行成功。不然，秦始皇再暴虐，也无法于短时间之内，造成延袤万余里的长城的。汉代的人，攻击秦朝暴虐的很多，实未免言过其实，然亦很少提及长城的，就是一个证据。

古代的房屋，有平民之居和士大夫之居两种。士大夫之居，前为堂，后为室。室之左右为房。堂只是行礼之地，人是居于室中的。（室之户在东南，牖在西南，北面亦有牖，谓之北牖。室之西南隅，即牖下，地最深隐，尊者居之，谓之奥。西北隅为光线射入之地，谓之屋漏。东北隅称宧。宧，养也，为饮食所藏。东南隅称窔，亦深隐之义。室之中央，谓之中溜，为雨水所溜入。此乃穴居时代，洞穴开口在上的遗象。古之牖即今之窗，是开在墙上的。其所谓窗，开在屋顶上，今人谓之天窗。）平民之居，据晁错《移民塞下疏》说："古之徙远方以实广虚也，先为筑室。家有一堂二内。"《汉书》《注》引张晏曰："二内，二房也。"此即今三开间的屋。据此，则平民之居，较之士大夫之居，就是少了一个堂。这个到现在还是如此。士大夫之家，前有厅事，即古人所谓堂。平民之家无有。以中间的一间屋，行礼待客，左右两间供住居，即是一堂二内之制。简而言之，就是以室为堂，以房为室罢了。古总称一所屋子谓之宫。《礼记·内则》说"由命士以上，父子皆异宫"，则一对成年的夫妻，就有一所独立的屋子。后世则不然。一所屋子，往往包含着许多进的堂和内，而前面只有一个厅事。这就是许多房和室，合用一个堂，包含在一个宫内，较古代经济多了。这大约因为古代地旷人稀，地皮不甚值钱，后世则不然之故。又古代建筑，技术的关系浅，人人可以自为，士大夫之家，又可役民为之。后世则建筑日益专门，非雇人为之不可。（《论衡·量知篇》："能斫削柱梁，谓之木匠。能穿凿穴坎，谓之土匠。"则在汉代，民间建筑，亦已有专门的人。）这亦是造屋的人，要谋节省的一个原因。

古人造楼的技术似乎是很拙的。所以要求眺望之所，就只得于城阙之上。阙是门旁墙上的小屋。天子诸侯的宫门上也是有的。因其可以登高眺远，所以亦谓之观。《礼记·礼运》："昔者仲尼与于蜡宾，事毕，出游于观之上。"即指此。古所谓县法象魏者，亦即其地。"魏"与"巍"同字，大概因其建筑高，所以称之为魏。"象"字当本指法象言，与建筑无涉。因魏为县法之地，单音字变为复音词时，就称其地为象魏了。《尔雅·释宫》："四方而高曰台。有木者谓之榭。陕而修曲曰楼。"（陕同狭）《注》云："台，积土为之。"榭是在土台之上，再造四方的木屋。楼乃榭之别名，不过其形状有正方修曲之异而已，这都是供游观眺望之所，并不是可以住人的。《孟子·尽心下篇》："孟子之滕，馆于上宫。"赵《注》说："上宫，楼也。"这句话恐未必确。因为造楼之技甚拙，所以中国的建筑是向平面发展，而不是向空中发展的。所谓大房屋，只是地盘大，屋子多，将许多屋联结而成，而两层三层的高楼很少。这个和建筑所用的材料亦有关系。因为中国的建筑，用石材很少，所用的全是土木，木的支持力固不大，土尤易于倾圮。炼熟的土，即砖瓦，要好些，然其发达似甚晚。《尔雅·释宫》："瓴甋谓之甓。""庙中路谓之唐。"甓即砖。《诗经·陈风》说"中唐有甓"，则砖仅用以铺路。其墙，大抵是用土造的。土墙不好看，所以富者要披以文锦。我们现在，婚、丧、生日等事，以绸缎等物送人，谓之幛，还是这个遗俗；而纸糊墙壁，也是从此蜕化而来的。《晋书·赫连勃勃载记》说他蒸土以筑统万城，可见当时砖尚甚少。不然，何不用砖砌，而要临时蒸土呢？无怪古代的富者，造屋只能用土墙了。建筑材料多用土木，和古代建筑的不能保存也有关系。因为其不如石材的能持久。而用木材太多，又易于引起火患。前代的杭州，近代的汉口，即其殷鉴。

建筑在中国是算不得发达的。固然，研究起世界建筑史来，中国亦是其中的一系。（东洋建筑有三大系统：（一）中国，（二）印度，（三）回教。见伊东忠太《中国建筑史》，商务印书馆本。）历代著名的建筑，如秦之阿房宫，汉之建章宫，陈后主的临春、结绮、望春三阁，隋炀帝的西苑，宋徽宗的艮岳，清朝的圆明园、颐和园，以及私家的园林等，讲究的亦属不少。然以中国之大言之，究系沧海一粟。建筑的技术，详见宋朝的《营造法式》，明朝的《天工开物》等书。虽然亦有可观，然把别种文明比例起来，则亦无足称道。此其所以然。（一）因（甲）古代的造屋，乃系役民为之，滥用民力，是件暴虐的事。（乙）又古代最讲究礼，生活有一定的轨范，苟非无道之君，即物力有余，亦不敢过于奢侈。所以政治上相传，以卑宫室为美谈，事土木为大戒。（二）崇闳壮丽的建筑，必与迷信为缘。中国人对于宗教的迷信是不深的。祭神只是临时设坛或除地，根本便没有建筑。对于祖宗的祭祀，虽然看得隆重，然庙寝之制，大略相同。后世立家庙等，亦受古礼的限制，不能任意奢侈。佛教东来，是不受古礼限制的，而且其教义很能诱致人，使其布施财物。道家因之，亦从事于模仿。寺观遂成为有名的建筑，印度的建筑术，亦因此而输入中国。南朝四百八十寺，多少楼台烟雨中，一时亦呈相当的盛况。然此等迷信，宋学兴起以后，又渐渐地淡了。现在佛寺道观虽多，较之缅甸、日本等国，尚且不逮。十分崇闳壮丽的建筑亦复很少，不过因其多在名山胜地，所以为人所赞赏罢了。（三）游乐之处，古代谓之苑囿。苑是只有草木的，囿是兼有禽兽的。均系将天然的地方划出一区来，施以禁御，而于其中射猎以为娱，收其果实等以为利，根本没有什么建筑物。所以其大可至于方数十里。（文王之囿，方七十里；齐宣王之囿，方四十里。见《孟子·梁惠王下篇》。）至于私家的园林，则其源起于园。园乃种果树之地，因于其间叠石穿池，造几间房屋，以资休憩，亦不是什么奢侈的事。后来虽有踵事增华，刻意经营的人，究竟为数亦不多，而且其规模亦不大。以上均系中国建筑不甚发达的原因。揆厥由来，乃由于（一）政治的比较清明，（二）迷信的比较不深，（三）经济的比较平等。以物质文明言，固然较之别国，不免有愧色，以文化论，倒是足以自豪的。

朱熹说："教学者如扶醉人，扶得东来西又倒。"个人的为学如是，社会的文化亦然。奢侈之弊，中国虽比较好些，然又失之简陋了。《日知录·馆舍》条说："读孙樵《书褒城驿壁》，乃知其有沼，有鱼，有舟。读杜子美《秦州杂诗》，又知其驿之有池，有林，有竹。今之驿舍，殆于隶人之垣矣。予见天下州之为唐旧治者，其城郭必皆宽广，街道必皆正直。廨舍之为唐旧创者，其基址必皆宏敞。宋以下所置，时弥近者制弥陋。"亭林的足迹所至甚多，而且是极留心观察的人，其言当极可信。此等简陋苟且，是不能借口于节俭的。其原因安在呢？亭林说：是由于"国家取州县之财，纤毫尽归之于上，而吏与民交困，遂无以为修举之资"。这固然是一个原因。我以为（一）役法渐废，公共的建筑不能征工，而必须雇工；（二）唐以前古市政的规制犹存，宋以后逐渐破坏（唐设市还有定地，开市还有定期，宋以后渐渐不然，亦其一证），亦是重要的原因。

从西欧文明输入后，建筑之术，较之昔日，可谓大有进步了；所用的材料亦不同，这确是文明进步之赐。唯住居与衣食，关系民生，同样重要。处处须顾及大多数人的安适，而不容少数人恃其财力，任意横行，和别种事情也是一样的。古代的居民，本来有一定的规划。《王制》所谓"司空执度以度地，居民山川沮泽（看地形），时四时（看气候）"即其遗制。其大要，在于"地、邑、民居，必参相得"。地就是田。有多少田，要多少人种，就建筑多少人守卫所要的城邑，和居住所需的房屋。据此看来，现在大都市中的拥挤，就是一件无法度而不该放任的事情了。宫室的等级和限制，历代都是有的（可参看《明史·舆服志》所载宫室制度）。依等级而设限制，现在虽不容仿效，然限制还是该有的。对外的观瞻，也并不系于建筑的侈俭。若因外使来游，而拆毁贫民住居的房子，这种行为，就要成为隋炀帝第二了。

讲宫室既毕，请再略讲室中的器用。室中的器用，最紧要的，就是桌椅床榻等。这亦是所以供人居处，与宫室同其功的。古人都席地而坐。其坐，略似今日的跪，不过腰不伸直。腰伸直便是跪，顿下便是坐。所以古礼跪而行之之时颇多。因为较直立反觉便利。其凭借则用几，据阮谌《礼图》，长五尺，广一尺，高一尺二寸（《礼记·曾子问》《疏》引），较现在的凳还低。寝则有床。所以《诗经》说："乃生男子，载寝之床。"后来坐亦用床。所以《高士传》说：管宁居辽东，坐一木榻，五十余年，未尝箕股，其榻当膝处皆穿（《三国·魏志》本传《注》引）。观此，知其坐亦是跪坐。现在的垂足而坐，是胡人之习，从西域输入的。所坐的床，亦谓之胡床。从胡床输入后，桌椅等物，就渐渐兴起了。古人室中，亦生火以取暖。《汉书·食货志》说："冬民既入，妇人同巷相从夜绩。""必相从者，所以省费燎火。"颜师古说："燎所以为明，火所以为温也。"这种火，大约是熅火，是贫民之家的样子。《左氏》昭公十年说，宋元公（为太子时）恶寺人柳，欲杀之。到元公的父亲死了，元公继位为君，柳伺候元公将到之处，先炽炭于位，将至则去之，到葬时，又有宠。又定公三年，说邾子自投于床，废于炉炭（《注》"废，堕也"），遂卒。则贵族室中取暖皆用炭，从没有用炕的。《日知录》说："《旧唐书·东夷高丽传》冬月皆作长坑，下然熅火以取暖，此即今之土炕也，但作坑字。"则此俗源于东北夷。大约随女真输入中国北方的，实不合于卫生。

论居处及所用的器物既竟，还要略论历代的葬埋。古代的葬有两种：孟子所谓："其亲死，则举而委之于壑。"（《滕文公上篇》）盖田猎之民所行。《易经·系辞传》说："古之葬者，厚衣之以薪，葬之中野。"则农耕之民之俗。一个贵族，有其公共的葬地。一个都邑，亦有其指定卜葬的区域。《周官》冢人掌公墓之地，墓大夫掌凡邦墓之地域是其制。后世的人说古人重神不重形，其理由是古不墓祭。然孟子说齐有东郭墦间之祭者（《离娄下篇》），即是墓祭。又说孔子死后，子贡"筑室于场，独居三年然后归"（《滕文公上篇》），此即后世之庐墓。《礼记·曲礼》：

“大夫士去其国，止之曰：奈何去坟墓也？”《檀弓》：“去国则哭于墓而后行，反其国不哭，展墓而入。”又说：“太公封于营丘，比及五世，皆反葬于周。”则古人视坟墓实不为不重。大概知识程度愈低，则愈相信虚无之事。愈高，则愈必耳闻目见，而后肯信。所以随着社会的开化，对于灵魂的迷信日益动摇，对于体魄的重视却日益加甚。《檀弓》说：“延陵季子适齐。比其反也，其长子死，葬于嬴博之间。”“既封，左袒，右还其封，且号者三，曰：骨肉归复于土，命也。若魂气，则无不之也，无不之也，而遂行。”这很足以表示重视精神、轻视体魄的见解，怕反是吴国开化较晚才如此的。如此，富贵之家，有权力的，遂尽力于厚葬。厚葬之意，不徒爱护死者，又包含着一种夸耀生人的心思，而发掘坟墓之事，亦即随之而起。读《吕览・节丧》《安死》两篇可知。当时墨家主张薄葬，儒家反对他，然儒家的葬礼，较之流俗，亦止可谓之薄葬了。学者的主张，到底不能挽回流俗的波靡。自汉以后，厚葬之事，还书不胜书。且将死者的葬埋，牵涉到生人的祸福，而有所谓风水的迷信。死者无终极（汉刘向《谏成帝起昌陵疏》语），人人要保存其棺椁，至于无穷，其势是绝不能行的。佛教东来，火葬之俗曾一时盛行（见《日知录・火葬》条），实在最为合理。惜乎宋以后，受理学的反对，又渐渐地式微了。现在有一部分地方设立公墓，又有提倡深葬的。然公墓究仍不免占地，深葬费人力过多，似仍不如火葬之为得。不过风俗是守旧的，断非一时所能改变罢了。

交通、通信，向来不加区别。其实二者是有区别的。交通是所以运输人身，通信则所以运输人的意思。自有通信的方法，而后人的意思，可以离其身体而独行，于精力和物力方面，有很大的节省。又自电报发明后，意思的传达，可以速于人身的运输，于时间方面，节省尤大。

交通的发达是要看地势的。水陆是其大别。水路之中，河川和海道不同。海道之中，沿海和远洋的航行又有区别。即陆地，亦因其为山地、平地、沙漠等而有不同。野蛮时代，各部族之间往往互相猜忌，不但不求交通的便利，反而有意阻塞交通。其时各部族所居之地，大概是颇险峻的。对外的通路，只有曲折崎岖的小路，异部族的人，很难于发现使用。《庄子・马蹄》说古代“山无徯隧，泽无舟梁”，所指的便是这时代。到人智稍进，能够降丘宅土，交通的情形，就渐和往昔不同了。

中国的文化，是导源于东南，而发达于西北的。东南多水，所以水路的交通，南方较北方为发达。西北多陆，所以陆路的交通，很早就有可观。陆路交通的发达，主要的是由牛马的使用和车的发明。此两者，都是大可节省人力的。《易经·系辞传》说“服牛乘马，引重致远”，虽不能确定其在何时，然其文承黄帝、尧、舜垂衣裳而天下治之下，可想见黄帝、尧、舜时，车的使用必已很为普遍了。车有两种：一种是大车，用牛牵曳的，用以运输。一种是小车，即兵车，人行亦乘之。驾以马。用人力推曳的谓之辇。《周官·乡师》《注》引《司马法》，说夏时称为余车，共用二十人，殷时称胡奴车，用十人，周时称为辎辇，用十五人。这是供战时运输用的，所以其人甚多。《说文》：“辇，挽车也。从车扶。”扶训并行，虽不必定是两人，然其人数必不能甚多。这是民间运输用的。贵族在宫中，亦有时乘坐。《周官·巾车》王后的五路，有一种唤做辇车，即其物。此制在后世仍通行。道路：在都邑之中，颇为修整。《考工记》：匠人，国中经途九轨。野途亦九轨。环途（环城之道）七轨。《礼记·王制》：“道路，男子由右，妇人由左，车从中央。”俱可见其宽广。古代的路，有一种是路面修得很平的，谓之驰道。非驰道则不能尽平。国中之道，应当都是驰道。野外则不然。古代田间之路，谓之阡陌，与沟洫相辅而行。所以《礼记·月令》《注》说：“古者沟上有路。”沟洫阡陌之制，照《周官·遂人》等官所说，是占地颇多的。虽亦要因自然的地势，未必尽合乎准绳，然亦必较为平直。不过书上所说的是理想中的制度，事实上未必尽能如此。《左氏》成公五年，梁山崩，晋侯以传召伯宗。行辟重。（使载重之车让路。）重人曰：“待我，不如捷之速也。”可见驿路上还不能并行两车。《仪礼·既夕礼》：“商祝执功布，以御柩执披。”《注》云：“道有低仰倾亏，则以布为左右抑扬之节，使引者执披者知之。”《礼记·曲礼》“送葬不避涂潦”，可见其路之不尽平坦。后人夸称古代的道路如何宽平，恐未必尽合于事实了。大抵古人修造路面的技术甚拙。其路面，皆如今日的路基，只是土路。所以时时要修治。不修治，就“道茀不可行”。

水路：初有船的时候，只是现在所谓独木舟。《易经·系辞传》说“刳木为舟，剡木为楫”，《淮南子·说山训》说“古人见窾木而知舟”，所指的都是此物。稍进，乃知集板以为舟。《诗经》说：“就其深矣，方之舟之。”《疏》

引《易经》云："利涉大川，乘木舟虚。"又引《注》云："舟谓集版，如今船，空大木为之曰虚，总名皆曰舟。"按，"方、旁、比、并"等字，古代同音通用。名舟为方，正因其比木为之之故。此即后世的"舫"字。能聚集许多木板，以成一舟，其进步就容易了。渡水之法，大抵狭小的水，可以乘其浅落时架桥。桥亦以木为之。即《孟子》所说的"岁十一月徒杠成，十二月舆梁成"（《离娄下》）。《尔雅·释宫》："石杠谓之倚。"又说："堤谓之梁。"《注》云："即桥也。或曰：石绝水者为梁，见《诗传》。"则后来亦用石了。较阔的水，则接连了许多船渡过去。此即《尔雅》所说的"天子造舟"，后世谓之浮桥。亦有用船渡过去的，则《诗经》所说的"谁谓河广，一苇杭之"。然徒涉的仍不少。观《礼记·祭义》，谓孝子"道而不径，舟而不游"可见。航行的技术，南方是胜于北方的。观《左氏》所载，北方只有僖公十三年，晋饥，乞粜于秦，秦输之粟，自雍及绛相继，命之曰泛舟之役，为自水路运输，此外泛舟之事极少。南方则吴楚屡有水战，而哀公十年，吴徐承且率舟师自海道伐齐。可见不但内河，就沿海交通亦已经开始了。《禹贡》，九州贡路都有水道。《禹贡》当是战国时书，可以窥见当时交通的状况。

从平地发展到山地，这是陆地交通的一个进步，可以骑马的发达为征。古书不甚见骑马之事。后人因谓古人不骑马，只用以驾车。《左氏》昭公二十五年，"左师展将以公乘马而归"。《疏》引刘炫说，以为是骑马之渐。这是错误的。古书所以不甚见骑马，（一）因其所载多贵族之事，贵族多是乘车的。（二）则因其时的交通，仅及于平地。《日知录》说："春秋之世，戎狄杂居中夏者，大抵在山谷之间，兵车之所不至。齐桓、晋文，仅攘而却之，不能深入其地者，用车故也。中行穆子之败狄于大卤，得之毁车崇卒。而智伯欲伐仇犹，遗之大钟以开其道，其不利于车可知矣。势不得不变而为骑。骑射，所以便山谷也。胡服，所以便骑射也。"此虽论兵事、交通的情形，亦可以借鉴而明。总而言之，交通所至之地愈广，而道路大抵失修，用车自不如乘马之便。骑乘的事，就日盛一日了。

"水性使人通，山性使人塞。"水性是流动的，虽然能阻碍人，使其不得过去，你只要能利用它，它却可以帮你活动，节省你的劳力。山却不然，会多费你的抵抗力的。所以到后世，水路的交通，远较陆路交通为发达。长江流域的文明，本落黄河流域之后，后来却反超过其上，即由于此。唐朝的刘晏说："天下诸津，舟航所聚，旁通巴汉，前指闽越，七泽十薮，三江五湖，控引河洛，兼包淮海，弘舸巨舰，千轴万艘，交贸往来，昧旦水日。"可以见其盛况了。《唐语林补遗》说："凡东南都邑，无不通水。故天下货利，舟楫居多。舟船之盛，尽于江西。编蒲为帆，大者八十余幅。江湖语曰：水不载万。言大船不过八九千石。"明朝郑和航海的船，长四十四丈，宽十八丈，共有六十二只，可以见其规模的宏大了。

因为水路交通利益之大，所以历代开凿的运河极多，长在一千里以下的运河，几乎数不着它。中国的大川，都是自西向东的，南北的水路交通，很觉得不便。大运河的开凿，多以弥补这缺憾为目的。《左氏》哀公九年，"吴城邗，沟通江淮"。此即今日的淮南运河。《史记·河渠书》说："荥阳下引河东南为鸿沟，以通宋、郑、陈、蔡、曹、卫，与济、汝、淮、泗会。"鸿沟的遗迹，虽不可悉考，然其性质，则极似现在的贾鲁河，乃是所以沟通河淮两流域的。至后汉明帝时，则有从荥阳通至千乘的汴渠。此因当时的富力多在山东，所以急图东方运输的便利。南北朝以后，富力集中于江淮，则运输之路亦一变。隋开通济渠，自东都引谷洛二水入河。又自河入汴，自汴入淮，以接淮南的邗沟。自江以南，则自京口达余杭，开江南河八百里。此即今日的江南运河。唐朝江淮漕转：二月发扬州，四月自淮入汴，六七月到河口，八九月入洛。自此以往，因有三门之险，乃陆运以入于渭。宋朝建都汴京，有东西南北四河。东河通江淮（亦称里河）。西河通怀、孟。南河通颍、寿（亦称外河。现在的惠民河是其遗迹）。北河通曹、濮。四河之中，东河之利最大。淮南、浙东西、荆湖南北之货，都自此入汴京。岭表的金银香药，亦陆运至虔州入江。陕西的货，有从西河入汴的，亦有出剑门，和四川的货同至江陵入江的。宋史说东河所通，三分天下有其二，虽是靠江淮等自然的动脉，运河连接之功亦不可没的。元朝建都北平，交通之目的又异。乃引汶水分流南北，而现在的大运河告成。

海路的交通，唐咸通时，用兵交趾，湖南江西，运输甚苦，润州人陈磻石创议海运。从扬子江经闽、广到交趾。大船一艘，可运千石。军需赖以无缺。是为国家由海道运粮之始。元、明、清三代，虽有运河，仍与海运并行。海运所费，且较河运为省。近代轮船未行以前，南北海道的运输亦是很盛的。就到现在，南如宁波，北如营口，帆船来往的仍甚多。

水道的交通虽极发达，陆路的交通却是颇为腐败的。《日知录》说当时的情形："涂潦遍于郊关，污秽钟于辇毂。"（《街道》条）又说："古者列树以表道。""下至隋唐之代，而官槐官柳，亦多见之诗篇。""近代政废法弛，任人斫伐。周道如砥，若彼濯濯。"（《官树》条）"《唐六典》：凡天下造舟之梁四，石柱之梁四，木柱之梁三，巨梁十有一，皆国工修之。其余皆所管州县，随时营葺。其大津无梁，皆给船人，量其大小难易，以定其差等。今畿甸荒芜，桥梁废坏。雄莫之间，秋水时至，年年陷绝。曳轮招舟，无赖之徒，借以为利。潞河舟子，勒索客钱，至烦章劾。司空不修，长吏不问，亦已久矣。（原注："成化八年，九月，丙申，顺天府府尹李裕言：本府津渡之处，每岁水涨，及天气寒沍，官司修造渡船，以便往来。近为无赖之徒，冒贵戚名色，私造渡船，勒取往来人财物，深为民害。乞敕巡按御史，严为禁止。从之。"）况于边陲之境，能望如赵充国治湟狭以西道桥七十所，令可至鲜水，从枕席上过师哉？"（《桥梁》条）观此，知路政之不修，亦以宋以后为甚。其原因，实与建筑之颓败相同。前清末年，才把北京道路加以修理。前此是与顾氏所谓"涂潦遍于郊关，污秽钟于辇毂"如出一辙的。全国除新开的商埠外，街道比较整齐宽阔的没有几处。南方多走水道，北方旱路较多，亦无不崎岖倾仄。间有石路，亦多年久失修。路政之坏，无怪全国富庶之区，都偏于沿江沿海了。

因路政之坏，交通乃不能利用动物之力而多用人力。《史记·夏本纪》"山行乘檋"，《河渠书》作"山行即桥"。按，禹乘四载，又见《吕览·慎势》《淮南·齐俗训》《淮南·修务训》《汉书·沟洫志》。又《史记集解》引《尸子》及徐广说，所作字皆互异。山行檋与桥外，又作梮，作蔂，作樏，作欙，蔂、樏、欙系一字，显而易见。"梮"字见《玉篇》云："舆食器也。又土轝也。"雷浚《说文外编》云："土轝之字，《左传》作梮。"（按，见襄公九年）《汉书·五行志》引作輂，《说文》："輂，大车驾马也。"按，《孟子》："反虆梩而掩之。"《赵注》云："虆梩，笼臿之属，可以取土者也。"蔂、樏、欙并即虆梩，与梮并为取土之器，驾马则称为輂，亦以音借而作桥。后又为之专造轿字，则即淮南王《谏伐闽越书》所谓"舆轿而逾岭"。其物本亦车属，后因用诸山行，乃以人舁之。所以韦昭说："梮木器，如今舆状，人举以行。"此物在古代只用诸山行，后乃渐用之平地。王安石终身不乘肩舆，可见北宋时用者尚少。南渡以后，临安街道日益狭窄，乘坐的人就渐渐地多了。(《明史·舆服志》:宋中兴以后，以征伐道路险阻，诏百官乘轿，名曰竹轿子，亦曰竹舆。)

行旅之人，不论在路途上，以及到达地头之后，均须有歇宿之所。古代交通未盛，其事率由官营。《周官·野庐氏》：“比国郊及野之道路，宿息，井树”，《遗人》：“凡国野之道：十里有庐，庐有饮食。三十里有宿，宿有路室，路室有委。五十里有市，市有候馆，候馆有积”，都是所以供给行旅的。到达之后，则“卿馆于大夫，大夫馆于士，士馆于工商”(《仪礼·觐礼》)。此即《礼记·曾子问》所谓“卿大夫之家曰私馆”。另有“公宫与公所为”，谓之公馆。当时的农民，大概无甚往来，所以只有卿士大夫和工商之家从事于招待，但到后来，农民出外的也多了。新旅客的增加，必非旧式的招待所能普遍应付，就有借此以图利的，是为逆旅在。《商君书·垦令篇》说：“废逆旅，则奸伪躁心私交疑农之民不行。逆旅之民，无所于食，则必农。”这只是陈旧的见解。《晋书·潘岳传》说：当时的人，以逆旅逐末废农，奸淫亡命之人，多所依凑。要把它废掉。十里置一官欘，使老弱贫户守之。差吏掌主，依客舍之例收钱。以逆旅为逐末废农，就是商君的见解。《左氏》僖公二年，晋人假道于虞以伐虢，说“虢为不道，保于逆旅，以侵敝邑之南鄙”。可见晋初的人，说逆旅使奸淫亡命多所依凑也是有的。但以大体言之，则逆旅之设，实所以供商贾之用，乃是随商业之盛而兴起的。看潘岳的驳议便可明白。无法废绝商业，就无法废除逆旅。若要改为官办，畀差主之吏以管理之权，一定要弊余于利的。潘岳之言，亦极有理。总而言之:(一)交通既已兴盛，必然无法遏绝，且亦不宜遏绝。(二)官吏经营事业，其秩序必尚不如私人。两句话，就足以说明逆旅兴起的原因了。汉代的亭，还是行人歇宿之所。甚至有因一时没有住屋，而借居其中的(见《汉书·息夫躬传》)。魏晋以后，私人所营的逆旅日益兴盛，此等官家的事业就愈益废坠，而浸至于灭绝了。

接力赛跑，一定较诸独走长途所至者要远些，此为邮驿设置的原理。《说文》：“邮，境上行书舍也。”是专以通信为职的。驿则所以供人物之往来。二者设置均甚早。人物的往来，并不真要靠驿站。官家的通信，却非有驿站不可。在邮政电报开办以前，官家公文的传递，实利赖之。其设置遍丁全国。元代疆域广大，藩封之地亦均设立，以与大汗直辖之地相连接。规模不可谓不大。

惜乎历代邮驿之用，都止于投递公文，未能推广之以成今日的邮政。民间寄书，除遣专使外，就须辗转托人，极为不便。到清代，人民乃有自营的信局。其事起于宁波，逐渐推广，几于遍及全国，而且推及南洋。其经营的能力，亦不可谓之不伟大了。

铁路、轮船、摩托车，有线、无线电报的发明，诚足使交通、通信焕然改观。这个，诚然是文明进步之赐，然亦看用之如何。此等文明利器，能用以开发世界上尚未开发的地方，诚足为人类造福。若只在现社会机构之下，为私人所有，用以为其图利的手段，则其为祸为福，诚未易断言。现代的物质文明，有人歌诵它，有人咒诅它。其实物质文明的本身，是不会构祸的，就看我们用之是否得当。中国现在的开发西南、西北，在历史上将会成为一大事。交通起于陆地，进及河川、沿海，再进及于大洋，回过来再到陆地，这是世界开发必然的程序。世界上最大最未开发的地方，就是亚洲的中央高原，其中又分为两区：一为蒙古、新疆等沙漠地带，二为西康、青海、西藏等高原。中国现在开发西南、西北，就是触着这两大块未开辟之地的。我们现在还不觉得，将来，这两件事的成功，会使世界焕然改观，成为另一个局面。

第三十七章　教育

现在所谓教育，其意义，颇近乎从前所谓习。习是人处在环境中，于不知不觉之间受其影响，不得不与之俱化的。所谓入芝兰之室，久而不闻其香，居鲍鱼之肆，久而不知其臭。所以古人教学者，必须慎其所习。孟母教子，要三次迁居，古训多重亲师取友，均系此意。因此，现代所谓教育，要替学者另行布置出一个环境来。此自非古人所及。古人所谓教，只是效法的意思。教人以当循之道谓之敩，受教于人而效法之则谓之学，略与现在狭义的教育相当。人的应付环境，不是靠生来的本能，而是靠相传的文化。所以必须将前人之所知所能传给后人。其机关，一为人类所附属的团体，即社团或家庭，一为社会中专司保存智识的部分，即教会。

读史的人，多说欧洲的教育学术和宗教的关系深，中国的教育学术和宗教的关系浅。这话诚然不错，但只是后世如此。在古代，中国的教育学术和宗教的关系，也未尝不密切。这是因为司高等教育的，必为社会上保存智识的一部分，此一部分智识，即所谓学术，而古代的学术，总是和宗教有密切关系的缘故。古代的大学，名为辟雍，与明堂即系同物。所以所谓大学，即系王宫的一部分。蔡邕《在明堂论》引《易传》说："太子旦入东学，昼入南学，暮入西学。在中央曰大学，天子之所自学也。"（脱北学一句）又引《礼记·保傅篇》说："帝入东学，上亲而贵仁；入西学，上贤而贵德；入南学，上齿而贵信；入北学，上贵而尊爵；入大学，承师而问道。"所指的，都是此种王宫中的大学。后来文化进步，一切机关都从王宫中分析出来，于是明堂之外，别有所谓大学。此即《礼记·王制》所说的"大学在郊"。《王制》又说："小学在公宫南之左。"按，小学亦是从王宫中分化出来的。

古代门旁边的屋子唤做塾。《礼记·学记》说："古之教者家有塾。"可见贵族之家，子弟是居于门侧的。《周官》教国子的有师氏、保氏。师氏居虎门之左，保氏守王闱。蔡邕说南门称门，西门称闱。汉武帝时，公玉带上《明堂图》，水环宫垣，上有楼，从西南入。可见古代的明堂，只西、南两面有门。子弟即居于此。（子弟居于门侧，似由最初使壮者任守卫之故。）后来师氏、保氏之居门闱，小学之在公宫南之左，地位方向，还是从古相沿下来的。师氏所教的为三德（一曰至德，以为道本。二曰敏德，以为行本。三曰孝德，以知逆恶。按，至德大概是古代宗教哲学上的训条，孝德是社会政治上的伦理训条）、三行（一曰孝行，以亲父母。二曰友行，以尊贤良。三曰顺行，以事师长），保氏所教的为六艺（一曰五礼，二曰六乐，三曰五射，四曰五御，五曰六书，六曰九数）、六仪（一曰祭祀之容，二曰宾客之容，三曰朝廷之容，四曰丧纪之容，五曰军旅之容，六曰车马之容）。这是古代贵族所受的小学教育。至于大学，则《王制》说："春秋教以礼乐，冬夏教以诗书。"此所谓礼乐，自与保氏所教六艺中的礼乐不同，当是宗教中高等的仪式所用。诗即乐的歌词。书当系教中的古典。古代本没有明确的历史，相沿的传说，都是和宗教夹杂的，印度即系如此。然则此等学校中，除迷信之外，究竟还有什么东西没有呢？有的。（一）为与宗教相混合的哲学。先秦诸子的哲学见解，大概都自此而出。（二）为涵养德性之地。梁启超是不信宗教的。当他到美洲去时，每逢星期日，却必须到教堂里去坐坐。意思并不是信他的教，而是看他们礼拜的秩序，听其音乐，以安定精神。这就是子夏说"学而优则仕，仕而优则学"之理（《论语·子张篇》）。仕与事相通，仕就是办事。办事有余力，就到学校中去涵养德性，一面涵养德性，一面仍应努力于当办之事，正是德育、智育并行不悖之理。管大学的官，据《王制》是大乐正，据《周官》是大司乐。俞正燮《癸巳类稿》有《君子小人学道是弦歌义》，说古代乐之外无所谓学，尤可见古代大学的性质。古代乡论秀士，升诸司徒，司徒升之于学，学中的大乐正再升诸司马，然后授之以官。又诸侯贡士，天子试之于射宫。其容体比于礼，其节比于乐，而中多者，则得与于祭。这两事的根源是同一的。即人之用舍，皆决之于宗教之府。"出征执有罪，反释奠于学"（《礼记·王制》），这是最不可解的。为什么明明是用武之事，会牵涉到学校里来呢？可见学校的性质，绝不是单纯的教育机关了。然则古代所以尊师重道，大学之礼，虽诏于天子，无北面（《礼记·学记》）。养老之礼，天子要袒而割牲，执酱而馈，执爵而酳（《礼记·乐记》）。亦非徒以其为道之所在，齿德俱尊，而因其人本为教中尊宿之故。凡此，均可见古代的大学和宗教关系的密切。贵族的小学教育出于家庭，平民的小学教育则仍操诸社团之手。《孟子》说："夏曰校，殷曰序，周曰庠，学则三代共之。"学指大学言，校、序、庠都是民间的小学。平民住居之地，在其中间立一个校室，十月里农功完了，公推有年纪的人，在这里教育未成年的人，就是校的制度。所以《孟子》说："校者教也。"又说"序者射也，庠者养也"，这是行乡射和乡饮酒礼之地。孔子说："君子无所争，必也射乎？揖让而升，下而饮，其争也君子。"（《论语·八佾》）又说：一看乡饮酒礼，便知道明贵贱、辨隆杀、和乐而不流、弟长而无遗、安燕而不乱等道理。所以说："吾观于乡，而知王道之易易也。"（《礼记·乡饮酒义》）然则庠序都是行礼之地，使人民看了受其感化的。正和现在开一个运动会，使人看了，知道武勇、刚毅、仁侠、秩序等的精神，是一样的用意。行礼必作乐，古人称礼乐可以化民，其道即由于此。并非是后世的王礼，天子和百官行之于庙堂之上，而百姓不闻不见的。汉朝人所谓庠序，还系如此。与现在所谓学校，偏重智识传授的，大不相同。古代平民的教育，是偏重于道德的，所以兴学必在生计问题既解决之后。孟子说庠序之制，必与制民之产并言（见《梁惠王·滕文公上》）。《王制》亦说："食节事时，民咸安其居，乐事劝功，尊君亲上，然后兴学。"生计问题既解决之后，教化问题却系属必要。所以又说："饱食暖衣，逸居而无教，则近于禽兽。"（《孟子·滕文公上》）又说："君子如欲化民成俗，其必由学乎？"（《学记》）

以上是古代社会，把其传统的所谓做人的道理传给后辈的。（贵族有贵族立身的方法，平民有平民立身的方法，其方法虽不同，其为立身之道则一。）至于实际的智识技能，则得之必由于实习。实习即在办理其事的机关里，古称为宦。《礼记·典礼》说"宦学事师"，《疏》引熊氏云："宦谓学仕官之事。"官就是机关，仕官就是在机关里办事。学仕官之事，就是学习在机关里所办的事。这种学习，是即在该机关中行之的，和现在各机关里的实习生一般。《史记·秦始皇本纪》：昌平君发卒攻嫪毐，战咸阳，斩首数百，皆拜爵。及宦者皆在战中，亦拜爵一级。《吕不韦列传》诸客求宦为嫪毐舍人千余人。《汉书·惠帝纪》：即位后，爵五大夫，吏六百石以上，及宦皇帝而知名者，有罪当盗械者，皆颂系。此所谓宦，即系学仕于其家。因为古代卿大夫及皇太子之家，都系一个机关。嫪毐之家，食客求宦者至千余人，自然未必有正经的事情可办，亦未必有正经的事情可以学习。正式的机关则不然。九流之学，必出于王官者以此。子路说："有民人焉，有社稷焉，何必读书，然后为学？"（《论语·先进篇》）就是主张人只要在机关里实习，不必再到教会所设的学校里，或者私家教授，而其宗旨与教会教育相同的地方去学习（《史记·孔子世家》说孔子以诗、书、礼、乐教，可见孔子的教育，与古代学校中传统的教育相近），并不是说不要学习就可以办事。

古代的平民教育，有其优点，亦有其劣点。优点是切于人的生活。劣点则但把传统的见解传授给后生，而不授以较高的智识。如此，平民就只好照着传统的道理做人，而无从再研究其是非了。大学中的宗教哲学虽然高深，却又去实际大远。所以必须到东周之世，各机关中的才智之士，将其（一）经验所得的智识，及（二）大学中相传的宗教哲学合而为一，而学术才能开一新纪元。此时的学术，既非传统的见解所能限，亦非复学校及机关所能容，乃一变而为私家之学。求学问的，亦只得拜私人为师。于是教育之权，亦由官家移于私家，乃有先秦诸子聚徒讲学之事。

社会上新旧两事物冲突，新的大概都是合理的。因为必旧的摇动了，然后新的会发生，而旧的所以要摇动，即由于其不合理。但此理是不易为昔人所承认的，于是有秦始皇和李斯的办法："士则学习法令辟禁。""欲学法令，以吏为师。"这是想恢复到政教合一之旧。所以要恢复政教合一，则因他们认为"人善其所私学，以非上之所建立"，是天下所以不治；而当时的人，所以要善私学以非上所建立，全是出于朋党之私，所谓"饰虚言以乱实"（《史记·秦始皇本纪》三十四年）。这固然不无相当的理由。然古代社会矛盾不深刻，政治所代表的就是社会的公意，自然没有人出来说什么话。后世社会复杂了，各方面的矛盾渐渐深刻，政治总只代表得一方面，其（一）反对方面，以及（二）虽非站在反对方面，而意在顾全公益的人，总不免有话说。这正是（一）有心求治者所乐闻，（二）即以手段而论，防民之口，甚于防川，亦是秉政者所应希望其宣泄的。而始皇、李斯，不知"天下有道，则庶人不议"（《论语·季氏》）。误以为庶人不议，则天下有道；至少庶人不议，天下才可以走上有道的路，这就和时势相反了。人的智识，总不免于落后，这也无怪其然。但社会学的公例，是不因人之不知而加以宽恕的，失败的总只是要失败，而秦遂因之倾覆。（秦朝的灭亡，固非儒生所为，然人心之不平，实为其最大原因之一，而儒生亦是其中的一部分。）

汉朝的设立学校，事在武帝建元五年。此时并未立学校之名，仅为五经博士置弟子。在内由太常择补。在外由县、道、邑的长官，上所属二千石，二千石察其可者，令与所遣上计之吏，同诣京师。这就是公孙弘所说的“因旧官而兴焉”（不另设新机关）。但因博士弟子都有出身，所以传业者浸盛（以上见《史记》《汉书·儒林传》）。至后汉，则光武帝下车即营建太学。明、章二代屡次驾幸。顺帝又增修校舍。至其末年，游学诸生遂至三万余人，为至今未曾再有的盛况。按，赵翼《陔余丛考》有一条，说两汉受学者都诣京师，其实亦不尽然。后汉所立，不过十四博士，而《汉书·儒林传》说：“大师众至千余人。”《汉书·儒林传》，不能证明其有后人增窜之迹，则此语至少当在东汉初年。在可见民间传业，亦并非不盛。然汉代国家所设立的太学，较后世为盛；事实上比较的是学问的重心，则是不诬的。此因（一）当时社会，学问不如后世的广布，求学的自有走集学问中心地的必要。（二）则利禄使然。前汉时，博士弟子虽有出路，究系平流而进。后汉则党人劫持选举，而太学为私党聚集、声气标榜之地。又此时学术在社会上渐占重要地位。功臣、外戚及官吏等，亦多遣子弟入学。于是纨绔子弟掺杂其中，不能认真研究，而易与政治接近，就成《后汉书·儒林传》所说章句渐疏，多以浮华相尚了。汉末丧乱，既不能研究学问，而以朋党劫持选举的作用亦渐失。魏文帝所立的太学，遂成学生专为避役而来，博士并无学问可以教授的现状（详见《三国志·魏书·王肃传》《注》引《魏略》）。

魏晋以后，学校仅为粉饰升平之具。所谓粉饰升平，并不是学校能积极地替政治上装饰出什么东西来，而是消极的，倘使连学校都没有，未免说不过去。所以苟非丧乱之时，总必有所谓学校。至其制度，则历代又略有不同。晋武帝咸宁二年，始立国子学。按，今文经说，只有太学。大司乐合国之子弟，是出于《周官》的，是古文经说。两汉的政治制度，大抵是根据今文学说的。东汉之世，古学渐兴，魏晋以后，今文传授的统绪遂绝，所以此时的政治制度，亦渐采用古文学说了。自此以后，元魏国子、太学并置。周只有太学。齐只有国子学。隋时，始令国子学不隶太常，独立为一监。唐有国子学、太学、四门学、律学、书学、算学，都属国子监。后律学改隶详刑，书学改隶兰台，算学改隶秘阁。

律学、书学、算学，专研一种学问艺术，系专门学校性质。国子学、太学、四门学，则系普通性质。国子学、太学，都只收官吏子弟，只有四门学收一部分庶人，成为阶级性质了。这都是古文学说的流毒。（四门学在历史上有两种性质：有时以为小学。此时则模仿《礼记·王制》之说：王太子、王子、群后的太子、卿大夫元士的适子，都可以直接入学，庶人则须节级而升，因令其先入四门小学。然古代所谓学校，本非研究学问之地。乡论秀士，升诸司徒，司徒升之于学，大乐正再升诸司马，不过是选举的一途。贵族世袭之世，得此已算开明。后世则用人本无等级，学校为研究学问之地，庶人的学问未必劣于贵族，而令其节级而升，未免不合于理。将庶人及皇亲、国戚、官吏子弟所入的学校分离，那更是造出等级来了。）又有弘文馆，属门下省，是专收皇亲的。崇文馆属东宫，是收皇太后、皇后亲属兼及官吏子孙的。总之，学校只是政治上的一个机关，学生只是选举上的一条出路，和学术无甚关系。（学校中未必真研究学术，要研究学术，亦不一定要入学。）

把学校看作提倡学术，或兴起教化之具，其设立，是不能限于京师的。汉武帝时，虽兴起太学，尚未能注意地方。其时只有贤长官如文翁等，在其所治之地自行提倡（见《汉书·循吏传》）。到元帝令郡国皆设五经百石卒史，才可算中央政府以命令设立地方学校的权舆。但汉朝人眼光中，所谓庠序，还不是用以提倡学术，而是用以兴起教化的。所以元帝所为，在当时的人看起来，只能算是提倡经学，并不能算是设立地方学校。这个只要看《汉书·礼乐志》的议论便可知道。隋唐时，各州县都有学。（隋文帝曾尽裁太学、四门学及州县学，仅留国子生七十人。炀帝时恢复。）然只法令如此。在唐时，大概只有一笔释奠之费以祭孔子。事见《唐书·刘禹锡传》。按，明清之世，亦正是如此。所谓府州县学，寻常人是不知其为学校，只知其为孔子庙的。所以有人疑惑："为什么佛寺、道观都大开了门，任人进去，独有孔子庙却门禁森严？"当变法维新之初，有人想把孔子抬出来，算做中国的教主，以和基督教相抗，还有主张把文庙开放，和教堂一样的。殊不知中国本无所谓孔子庙。孔子乃是学校里所祭的先圣或先师。（《礼记·文王世子》："凡入学，必释奠于先圣、先师。"先圣是发明家。先师是把发明家的学问流传下来的人。此项风气，在中国流行颇广。凡百事业，都有其所崇奉的人，如药业崇奉神农，木匠崇奉鲁班，都是把他认做先圣，儒家是传孔子之道的，所以把孔子认做先圣，传经的人，认做先师。古文学说既行，认为孔子所传的，只是古圣王之道，尤其直接模范的是周公。周朝集古代治法的大成，而其治法的制定，皆由于周公。所以周公可以看做发明家的代表。于是以周公为先圣，孔子为先师。然孔子为中国所最尊的人，仅仅乎把他看做传述者，不足以餍足宗教心理。于是仍改奉孔子为先圣。自宋学兴起以后，所谓孔子之道者又一变。认为汉唐传经儒生，都不足以代表孔子之学。宋代诸儒，崛起于千载之后，乃能遥接其道统。于是将宋以后的理学家认为先师。此即所谓从祀。汉至唐传经诸儒，除品行恶劣者外，亦不废黜。是为历代所谓先圣先师者的变迁。）寺庙可以公开，学校是办不到的。现在的学校，从前的书院、义塾，又何尝能大开其门，任人出入呢？然令流俗之人有此误会，亦可见学校的有名无实了。

魏晋以后，看重学校的有两个人：一个是王安石，一个是明太祖。王安石的意思，是人才要由国家养成的。科举只是取人才，不是养人才，不能以此为已足。照安石的意思，改革科举只是暂时的事，论根本，是要归结到学校养士的。所以于太学立三舍之法，即外舍、内舍、上舍，学生依次而升。到升入上舍，则得免发解及礼部试，而特赐之以进士第。哲宗元符二年，令诸州行三舍法。岁贡其上舍生，附于外舍。徽宗遂特建外学，以受诸州贡士。并令太学内的外舍生，亦出居外学。遂令取士悉由学校升贡，其州郡发解及礼部试并停。后虽旋复，然在这一时期中的立法，亦可谓很重视学校了。按，（一）凡事都由国家主持，只有国小而社会情形简单的时代可以办到。国大而社会复杂，根本是不可能的，因为（甲）国家不但不能胜此繁重的职务，（乙）并不能尽知社会的需要。因（甲）则其所办之事，往往有名无实，甚或至于有弊。因（乙）则其所办之事，多不能与社会趋势相应，甚或顽固守旧，阻碍进步。所以积极的事情，根本是不宜于国家办的。现在政治学上，虽亦有此项主张，然其理论漏洞甚多，至多只可用以应急，施诸特殊的事务，断非可以遍行常行的道理。这话太长了，现在不能详论。然可用以批评宋时的学校，总是无疑的。所以当时的学校，根本不会办得好。（二）而况自亡清以前（学堂奖励章程废止以前），国家把学校、科举，都看做登庸官吏之法，入学者和应科举者一样，都是为利禄而来，又何以善其后呢？（其中固有少数才智之士。然亦如昔人论科举的话，“乃人才得科举，非科举得人才”。此等人在学校中，并不能视为学校所养成。）安石变科举法后，感慨着说道：“本欲变学究为秀才，不料变秀才为学究。”秀才是科举中最高的一科，学究则是最低的。熙宁贡举法所试，较诸旧法，不能不说是有用些。成绩之所以不良，则由学问的好坏，甚而至于可以说是有无，都判之于其真假，真就是有，假就是无。真假不是判之于其所研究的门类、材料，而是判之于其研究的态度、方法的。态度和方法，判之于其有无诚意。可以挟利用的意见，即视为手段而学习的，至多是技术，绝不是学问。此其原理，在学校与科举中并无二致。以得奖励为目的的学校，其结果，只能与科举一样。

凡国家办的事，往往只能以社会上已通行的，即大众所公认的理论为根据。而这种理论，往往是已经过时的，至少是比较陈旧的。因为不如此，不会为大众所承认。其较新鲜的、方兴的，则其事必在逐渐萌芽，理论必未甚完全，事实亦不会有什么轰轰烈烈的提给大众看，国家当然无从依据之以办事。所以政治所办理的事情，往往较社会上自然发生的事情为落后。教育事业亦是如此。学问是不宜于孤独研究的。因为（一）在物质方面，供给不易完全；（二）在精神方面，亦不免孤陋寡闻之诮。所以研究学问的人，自然会结成一种团体。这个团体，就是学校。学校的起源，本是纯洁的，专为研究学问的，惜乎后来变为国家养成人才之所。国家养成人才，原是很好的事；但因（一）事实上，国家所代表的，总是业经通行、已占势力的理论，所以公家所立的学校，其内容总要比较陈旧些。社会上新兴的，即在前途有真正需要，而并非在过去占有势力的学科，往往不能尽力提倡。（二）而且其本身总不免因利禄关系而腐化。于是民间有一种研究学问的组织兴起来，这便是所谓书院。书院是起于唐五代之间的。宋初，有所谓四大书院者，朝廷咸赐之额。（曰白鹿，在庐山白鹿洞，为南唐升元中所建；曰石鼓，唐元和中衡州守李宽所建；曰应天，宋真宗时，府民曹诚所建；曰岳麓，宋开宝中，潭州守朱洞所建。此系据《通考》。《玉海》有嵩阳而无石鼓。嵩阳，在登封县大室山下，五代时所建。）此外赐额、赐田、赐书的还很多。但书院并不靠朝廷的奖励和补助。书院之设，大概由（一）有道德学问者所提倡，（二）或为好学者的集合，（三）或则有力者所兴办。它是无所为而为之的，所以能够真正研究学问，而且真能跟着风气走。在理学盛行时代，则为讲学的中心；在考据之学盛行的时代，亦有许多从事于此的书院，即其确证。新旧两势力，最好是能互相调和。以官办的学校，代表较旧的、传统的学术；以私立的学校，代表较新的、方兴的学术，实在是最好的办法。

宋朝国势虽弱，然在文化上，不能说是没有进步的。文化既进步，自然觉得有多设学校的必要。元朝的立法，就受这风气的影响。元朝的国子监，本是蒙古、色目和汉人都可以进的。（蒙古人试法从宽，授官六品；色目人试法稍密，授官七品；汉人试法最密，授官从七品；则系阶级制度。）然在京师，又有蒙古国子学。诸路有蒙古字学。仁宗延祐元年，又立回回国子学，以肄习其文字。诸路、府、州、县皆有学。世祖至元二十八年，又令江南诸路学及各县学内设小学，选老成之士教之。或自愿招师，或自受家学于父兄者，亦从其便。其他先儒过化之地，名贤经行之所，与好事之家，出钱米赡学者，并立为书院。各省设提举二员，以提举学校之事。官家竭力提倡，而仍承认私家教育的重要，不可谓非较进步的立法。此项法令，能否真正实行，固未可知，然在立法上，总是明朝的前驱。

明朝的学校，立法是很完密的。在昔时把学校看做培植人才（政治上的人才）、登庸官吏的机关，而不视为提高文化、普及教育的工具，其立法不过如此而止，其扩充亦只能到这地步了。然而其法并不能实行，这可见法律的拗不过事实。明朝的大学，名为国子监。太祖看得国子监是极重的。所用的监官都是名儒，规则极严，待诸生甚厚。又创历事之法，使在各机关中实习。曾于一日之间，擢用国子生六十余人为布、按两司官。其时国子诸生，扬历中外者甚众。可谓极看重学校的了。然一再传后，科举积重，学校积轻，举贡的选用遂远不能与进士比。而自纳粟入监之例开后，且被视为异途。国子生本是从府县学里来的。府县学学生，升入国子监的，谓之贡生。有岁贡（按年依定额升入）、选贡（选拔特优的）、恩贡（国家有庆典时，特许学生升入国学，即以当充岁贡者充之，而以其次一名充岁贡）、纳贡（府州县学生纳粟出学）之别。举人亦可入监。后又取副榜若干，令其入监读书。府州县学，府有教授，州有学正，县有教谕，其副概称训导。学生各有定额。初设的都由学校供给饭食，后来增广学额，则不能然。于是称初设的为廪膳生员，增广的为增广生员。后又推广其额，谓之附学生员。于是新取入学的，概称附学生员。依考试的成绩，递升为增广、廪膳。廪膳生资格深的，即充岁贡。

入学和判定成绩的考试，并非由教谕、训导举行，而是另行派员主持的。入学之试，初由巡按御史或布按两司及府州县官，后特置提督学政，巡历举行。（僻远之地，为巡历所不能至者，或仍由巡按御史及分巡道。）学政任期三年。三年之中，考试所属府州县学生两次：一次称岁考，是用以判定成绩优劣的。一次称科考，在举行科场之年，择其优者，许应乡试。国子监生，毕业后可以入官的，府州县学生，则无所谓毕业。其出路：只有（一）应科举中式，（二）贡入国子监。如其不然，则始终只是一个学生。要到五十岁之后，方许其不应岁试。未满五十而不应岁试（试时亦可请假，但下届须补。清制，缺至三次者，即须斥革），其学籍是要取消掉的。非府州县学生不能应科举，府州县学生除贡入大学外，亦非应科举不能得出路，这是实行宋以来学校科举相辅而行的理想的。在当时，确是较进步的立法。然而法律拗不过事实。事实上，国家所设的学校，一定要人来读书，除非（一）学校中真有学问，为在校外所学不到的；（二）法令严切，不真在校学习，即不能得到出路。但当时的学校，即使认真教授，其程度，亦不会超过民间的教育，而况并不教授？既然并不教授，自无从强迫学生在学。于是除国子监在京师首善之地，且沿明初认真办理之余，不能竟不到监，乃斤斤和监官计较“坐监”的日数外，府州县学，皆阒无其人，人家仍只目它为文庙。学校的有名无实，一方面，固表现政治的无力，一方面，也表示社会的进步。因为社会进步了，到处都有指导研究的人，供给研究的器，人家自然毋庸到官立的学校里来了。我们现在，如其要读中国的旧书，并不一定要进学校。如其要研究新学问，有时非进学校不可，甚至有非到外国去不可的。就因为此种学术，在社会上还未广布。清朝的学制，是和明朝大同的。所不同的，则明朝国子监中的荫生，分为官生、恩生。官生是限以官品的（学生父兄的官品）。恩生则出自特恩，不拘品级。清制分为难荫及恩荫。恩荫即明代的官生。难荫谓父兄殉难的，其条件较恩荫为优。又清制，除恩副岁贡生外，又有优、拔二贡。优贡三岁一行。每一督学使者，岁科两试俱讫后，就教官所举优行生，加以考试，再择优送礼部考试，许其入国子监读书。拔贡十二年举行一次。合岁科两试优等生，钦命大臣，会同督抚覆试。送吏部，再应廷试，一二等录用，三等入监。但入监都是有名无实的。

以上所述的，大都是官办的学校，为政治制度的一部分，和选举制度有关。其非官办的，抑或具有学校的性质，如书院是。至于不具学校形式的，则有（一）私人的从师读书，（二）或延师于家教授。其教授的内容，亦分为两种：（一）是以应科举为目的的，可谓士人所受的教育。（二）又一种，但求粗知文义，为农工商家所受。前者既不足以语于学问，后者又不切于实用。这是因为从前对于教育，无人研究，不过模模糊糊，蹈常习故而行之而已。至清末，变法以来，才有所谓新式的教育。就是现行的制度。对于文化的关系，人所共知，不烦深论。学校初兴时，还有所谓奖励。大学毕业视进士请。大学预科、高等学堂视举人。中等学校以下，分别视贡生及附生等。这还带有政治的性质。民国时代，把奖励章程废去，才全和科举绝缘。

第三十八章　宗教

宗教的信仰，是不论哪一个民族都有的。在浅演之时固然，即演进较深之后，亦复如此。这是因为：学问之所研究，只是一部分的问题，而宗教之所欲解决，则为整个的人生问题。宗教的解决人生问题，亦不是全不顾知识方面的。它在感情方面，固然要与人以满足。在知识方面，对于当时的人所提出的疑问，亦要予以一个满意的解答。所以一种宗教，当其兴起之时，总是足以解决整个人生问题的。但既兴起之后，因其植基于信仰，其说往往不易改变，而其态度亦特别不宽容，经过一定时期之后，遂成为进化的障碍，而被人斥为迷信。

宗教所给予人的，既是当下感情上和知识上的满足，其教义，自然要随时随地而异。一种宗教，名目未变，其教义，亦会因环境而变迁。原始的人，不知道自然界的法则，以为凡事都有一个像人一般的东西，有知识，有感情，有意志，在暗中发动主持着。既不知道自然界的法则，则视外界一切变化皆属可能。所以其视环境，非常之可畏怖。而其视其所祈求的对象，能力之大，尤属不可思议。有形之物，虽亦为其所崇拜，然其所畏怖而祈求的，大概非其形而为寓于其中的精灵。无形可见之物，怎会令人深信不疑呢？原来古人不知道生物与无生物之别，更不知道动物与植物、人与动物之别，一切都看做和自己一样，而人所最易经验到而难于解释的，为梦与死。明明睡在这里没有动，却有所见，有所闻，有所作为；明明还是这个人，而顷刻之间，有知已变为无知了；安得不相信人身之中，别有一物以为之主？既以为人是如此，就推之一切物，以为都是如此了。这是我们现在，相信人有灵魂，相信天地、日月、山川等，都有神为之主，相信老树、怪石、狐狸、蛇等，都可以成为精怪的由来。虽然我们现在已知道自然界的法则了，知道生物与无生物、动物与植物、人与其他动物之别了，然此等见解，根株仍未拔尽。

人类所崇拜的灵界，其实是虚无缥缈的，都是人所想象造作出来的。所以所谓灵界，其实还是人间世界的反映。人类社会的组织变化了，灵界的组织也是要跟着变化的。我们现在所看得到的，其第一步，便是从部族时代进于封建时代的变化。部族的神，大抵是保护一个部族的，和别一个部族则处于敌对的地位。所以《左氏》僖公十年说："神不歆非类，民不祀非族。"孔子也说："非其鬼而祭之，谄也。"（《论语 · 为政》）到封建时代，各个神灵之间就要有一个联系。既要互相联系，其间自然要生出一个尊卑等级来。在此时代，宗教家所要做的工作就是：（一）把神灵分类。（二）确定每一类之中及各类之间尊卑等级的关系。我们在古书上看得见的，便是《周官 · 大宗伯》所分的（一）天神，（二）地祇，（三）人鬼，（四）物魅四类。四类相互之间，自然天神最尊，地祇次之，人鬼次之，物魅最下。天神包括日月、星辰、风雨等。地祇包括山岳、河海等。但又有一个总天神和总地祇。人鬼：最重要的是自己的祖宗，其余一切有功劳、有德行的人，也都包括在内。物魅是列举不尽的。天神、地祇、人鬼等，都是善性居多，物魅则善恶无定。这是中国人最普通的思想，沿袭自几千年以前的。宗教发达到这一步，离一般人就渐渐地远了。"天子祭天地，诸侯祭其境内名山大川"（《礼记 · 王制》），和一般人是没有关系的。季氏旅于泰山，孔子就要讥其非礼了（《论语 · 八佾》），何况平民？昊天上帝之外，还有主四时化育的五帝：东方青帝灵威仰，主春生。南方赤帝赤熛怒，主夏长。西方白帝白招拒，主秋成。北方黑帝汁光纪，主冬藏。中央黄帝含枢纽，则兼主四时化育。每一朝天子的始祖，据说实在是上帝的儿子。譬如周朝的始祖后稷，他的母亲姜嫄，虽说是帝喾之妃，后稷却不是帝誉的儿子。在有一次，姜嫄出去，见一个大的足印。姜嫄一只脚，还不如它一个拇指大。姜嫄见了，觉得奇怪，把自己的脚在这足印里踏踏看呢，一踏上去，身体就觉得感动，从此有孕了。生了一个儿子，就是后稷。又如商朝的始祖契。他的母亲简狄，也是帝喾之妃，然而契也不是帝喾的儿子。简狄有一次到河里去洗澡，有一只玄鸟掉下一个卵来。简狄取来吞下去，因此有孕了，后来就生了契。这个谓之"感生"。（见《诗 · 生民》及《玄鸟》。《史记 · 殷》《周本纪》述契、后稷之生，即系《诗说》。《周官·大宗伯》以禋祀祀昊天上帝。《小宗伯》兆五帝于四郊。郑玄谓天有六，即五帝和昊天上帝耀魄宝。可看《礼记·祭法》《疏》，最简单明了。五帝之名，虽出纬候，然其说自系古说。所以《礼记·礼运》：“因名山以升中于天，因吉土以飨帝于郊。”已经把天和帝分说了）。契、稷等因系上帝之子，所以其子孙得受命而为天子。按诸“神不歆非类，民不祀非族”之义，自然和平民无涉的，用不着平民去祭。其余如“山林、川谷、丘陵，能出云，为风雨，见怪物”，而且是“民所取材用”的（《礼记·祭法》），虽和人民有关系，然因尊卑等级不可紊乱之故，也就轮不着人民去祭了。宗教发达到此，神的等级愈多，上级的神威权愈大，其去一般人却愈远，正和由部族之长，发展到有诸侯，由列国并立的诸侯，进步到一统全国的君主，其地位愈尊，而其和人民相去却愈远一样。

人，总是讲究实际的。所敬畏的，只会是和自己切近而有关系的神。日本田崎仁义所著《中国古代经济思想及制度》说：古代宗教思想，多以生物之功，归之女性，又多视日为女神。中国古代，最隆重的是社祭（《礼记·郊特牲》说：“惟为社事，单出里。惟为社田，国人毕作。惟社，丘乘共粢盛。”单同殚）。而这所谓社，则只是一地方的土神（据《礼记·祭法》，王、诸侯、大夫等，均各自立社），并不是与天神相对的后土。《易经·说卦传》：离为日，为中女。《山海经》和《淮南子》，以生日驭日的羲和为女神（《山海经·大荒南经》：“东南海之外，甘水之间，有羲和之国。有女子，名羲和，方浴日于甘渊。羲和者，帝俊之妻，生十日。”《淮南子·天文训》：“至于悲泉，爰止其女，爰息其马，是谓县车。”）。而《礼记·郊特牲》说，郊之祭，乃所以迎“长日之至”。可见以郊祭为祭天，乃后起之事，其初只是祭日；而祭日与祭社，则同是所以报其生物之功。后来虽因哲学观念的发达，而有所谓苍苍者天，抟抟者地，然这整个的天神和整个的地神，就和人民关系不切了，虽没有政治上“天子祭天地”的禁令，怕也不会有什么人去祭它的。日月星辰风雨等，太多了，祭不胜祭；亦知道其所关涉者广，用不着一地方去祭它。只有一地方的土神，向来视为于己最亲的，其祭祀还相沿不废。所以历代以来，民间最隆重的典礼是社祭，最热闹的节场是作社。还有所谓八蜡之祭，是农功既毕之后，举凡与农事有关之神，一切祭飨它一次（见《郊特牲》）。又古代视万物皆有神，则有所谓中溜，有所谓门，有所谓行，有所谓户，有所谓灶（均见《祭法》）。此等崇拜，倒也有残留到后世的。又如古代的司命，是主人的生死的（司命亦见《祭法》。《庄子·至乐》云：“庄子之楚，见髑髅而问之。夜半，髑髅见梦。庄子曰：吾使司命复生子形，为子骨肉肌肤。”知古谓人生死，皆司命主之）。后世则说南斗主生，北斗主死，所以南北斗去人虽远，倒也有人崇拜它。诸如此类，悉数难终。总之于人有切近的关系的，则有人崇拜，于人无切近的关系的，则位置虽高，人视之，常在若有若无之间。现在人的议论，都说一神教比多神教进化，中国人所崇拜的对象太杂，所以其宗教还是未甚进化的。其实不然。从前俄国在专制时代，人民捐一个钱到教堂里去，名义上也要以俄皇的命令允许的。这和佛教中的阿弥陀佛，有一个人皈依他，到临死时，佛都自己来接引他到净土去一样。中国的皇帝，向来是不管小事的，所以反映着人间社会而成的灵界组织，最高的神亦不亲细务。假使中国宗教上的灵界组织，是以一个大神躬亲万事的，中国人也何尝不会专崇拜这一个神？然而崇拜北斗，希冀长生，和专念阿弥陀佛，希冀往生净土的，根本上有什么区别呢？若说一神教的所谓一神，只是一种自然力的象征，所以崇拜一神教的，其哲学上的见地，业已达于泛神论了，要比多神教高些。则崇拜一神教的，都是当它自然力的象征崇拜的么？老实说，泛神论与无神论，是一而二，二而一的。真懂得泛神论的，也就懂得无神的意义，不会再有现在某些宗教家顽固的见解了。

较神的迷信进一步的，则为术。术数两字，古每连称，其实二者是不同的。术之起源，由于因果的误认。如说做一个木人，或者束一个草人，把它当做某人，用箭去射它，就会使这个人受伤。又如把某人贴身之物加以破坏，就能使这个人受影响之类。苌弘在周朝，把狸首象征不来的诸侯去射它，以致为晋人所杀（见《史记·封禅书》）。豫让为赵襄子所擒，请襄子之衣，拔剑三跃而击之，衣尽出血，襄子回车，车轮未周而亡，就是此等见解。凡厌胜咒诅之术，均自此而出。又有一种，以为此地的某种现象与彼地的某种现象，现在的某种现象和将来的某种现象，有连带关系的。因欲依据此时此地的现象，以测知彼时彼地的现象，是为占卜之术所自始。此等都是所谓术，更进一步则为数。《汉书·艺文志》说形法家之学道：“形人及六畜骨法之度数，器物之形容，以求其声气贵贱吉凶，犹律有长短，而各征其声，非有鬼神，数自然也。”全然根据于目可见、身可触的物质，以说明现象的原因，而否认目不可见的神秘之说，卓然是科学家的路径。惜乎这种学派中人，亦渐渐地枉其所信，而和术家混合为一了。《汉志》术数略，共分六家：曰天文，曰历谱，曰五行，曰蓍龟，曰杂占，曰形法。蓍龟和杂占，纯粹是术家言。天文、历谱、五行、形法，都饶有数的意味，和术家混合了，为后世星相之学所自出。

中国古代所崇拜的对象，到后世，都合并起来，而被收容于道教之中。然所谓道教，除此之外，尚有一个元素，那便是神仙家。当春秋战国时，就有所谓方士者，以不死之说诳惑人主。《左氏》昭公二十年，齐景公问于晏子，说："古而无死，其乐何如？"古代无论哲学、宗教，都没有持不死之说的，可见景公所问，为受神仙家的诳惑了。此后齐威、宣王、燕昭王亦都相信它（见于《史记·封禅书》）。而秦始皇、汉武帝信之尤笃，其事为人人所知，无需赘述了。事必略有征验，然后能使人相信。说人可不死，是最无征验的。齐景公等都系有为之主，何以都为所蛊惑呢？以我推测，因燕齐一带多有海市。古人明见空中有人物城郭宫室，而不知其理，对于神仙之说自然深信不疑了。神仙家，《汉志》列于方技，与医经、经方、房中并列。今所传最古的医书《素问》中，亦多载方士之言。可见方士与医药关系甚密。想借修炼、服食、房中等术以求长生，虽然误谬，要不能视为迷信。然此派在汉武时，就渐渐地和古代的宗教混合了。汉武时，所谓方士，实分两派：一派讲炼丹药，求神仙，以求长生。一派则从事祠祭以求福。其事具见于《史记·封禅书》《汉书·郊祀志》。《郊祀志》所载各地方的山川，各有其当祭之神，即由献其说的方士主持。此乃古代各部族的宗教遗留到后世的。《山海经》所载，某水某山有某神，当用何物祠祭，疑即此等方士所记载。此派至元帝后，多被废罢；求神仙一派，亦因其太无效验，不复为时主所信，乃转而诳惑人民。其中规模最大的，自然是张角，次之则是张鲁。他们也都讲祠祭，但因人民无求长生的奢望，亦无炼金丹等财力（依《抱朴子》讲，当时方士炼丹，所费甚巨。葛洪即自憾无此资财，未能从事），所以不讲求神仙，而变为以符咒治病了。符咒治病，即是祝由之术，亦古代医术中的一科。其牵合道家之学，则自张鲁使其下诵习老子五千言始。张鲁之道，与老子毫无干涉，何以会使人诵习《老子》呢？依我推测，大约因汉时以黄老并称，神仙家自托于黄帝，而黄帝无书，所以牵率及于老子。张鲁等的宗教，有何理论可讲？不过有一部书，以资牵合附会就够了，管什么实际合不合呢？然未几，玄学大兴，老子变为时髦之学，神仙家诳惑上流社会的，亦渐借其哲理以自文。老子和所谓方士，所谓神仙家，就都生出不可分离的关系来了。此等杂多的迷信，旁薄郁积，毕竟要汇合为一的。享其成的，则为北魏时的寇谦之。谦之学张鲁之术，因得崔浩的尊信，言于魏明元帝而迎之，尊之为天师，道教乃成为国家所承认的宗教，俨然与儒释并列了。此事在民国纪元前一千四百八十九年，西元四二三年（刘宋少帝景平元年，魏明元帝泰常八年）。后世谈起道教来，均奉张陵为始祖。陵乃鲁之祖父。据《后汉书》说：陵客蜀，学道于鹄鸣山中。受其道者，辄出米五斗，故谓之米贼。陵传子衡，衡传于鲁。然其事并无证据。据《三国志》《注》引《典略》，则为五斗米道的，实系张脩。脩乃与鲁并受命于刘焉，侵据汉中，后来鲁又袭杀脩而并其众的。鲁行五斗米道于汉中，一时颇收小效。疑其本出于脩，鲁因其有治效而沿袭之，却又讳其所自出，而自托之于父祖。历史，照例所传的，是成功一方面的人的话，张陵就此成为道教的始祖了。

从外国输入的宗教，最有权威的，自然是佛教。佛教的输入，旧说都以为在后汉明帝之世。说明帝梦见金人，以问群臣，傅毅对以西方有圣人，乃遣郎中蔡愔、博士弟子秦景等使于天竺。得佛经四十二章，及释迦立像，与沙门摄摩腾、竺法兰，以白马负经而至。因立白马寺于洛城西。此乃因其说见于《魏书·释老志》，以为出于正史之故。梁启超作《佛教之初输入》，考此说出于西晋道士王浮的《老子化胡经》，其意乃欲援释入道，殊为妖妄。然《魏书》实未以金人入梦，为佛教入中国之始。据《魏书》之意，佛教输入，当分三期：（一）匈奴浑邪王降，中国得其金人，为佛教流通之渐。（二）张骞至大夏，知有身毒，行浮屠之教。哀帝元寿元年，博士弟子秦景宪，受大月氏使伊存口授浮屠经。（三）乃及明帝金人之梦。金人实与佛教无涉。大月氏使口授浮屠经，事若确实，当可称为佛教输入之始。元寿元年，为民国纪元前一千九百十三年，即西历纪元前二年。然则佛教输入中国，实在基督诞生后两年了（基督降生，在纪元前四年。西人因纪年行用已久，遂未改正）。据《后汉书》所载，光武帝子楚王英，业已信佛，可见其输入必不在明帝之世。秦景宪与秦景，当即一人。此等传说中的人物，有无尚不可知，何况确定其名姓年代？但大月氏为佛教盛行之地；汉与西域，交通亦极频繁；佛教自此输入，理有可能。梁启超以南方佛像涂金；《后汉书·陶谦传》说谦使笮融督广陵、下邳、彭城运粮，融遂断三郡委输，大起浮屠寺，作黄金涂像；疑佛教本自南方输入。然此说太近臆测。即谓其系事实，亦不能断定其输入在北方之先。梁氏此文，破斥旧说之功甚大，其所建立之说，则尚待研究。柳诒征《梁氏佛教史评》，可以参看。佛教的特色在于（一）其说轮回，把人的生命延长了，足以救济中国旧说，（甲）限善报于今世及其子孙，及（乙）神仙家飞升尸解等说的太无征验，而满足人的欲望。（二）又其宗旨偏于出世，只想以个人的修养解脱苦痛，全不参加政治斗争。在此点，佛教与张角、张鲁等大不相同。所以不为政治势力所摧残，而反为其所扶植。（三）中国是时，尚缺乏统一全国的大宗教。一地方一部族之神，既因其性质偏狭而不适于用。天子所祭的天地等，亦因其和人民相去远了，而在若无若有之间。张角、张鲁等的宗教运动，又因其带有政治斗争性质；且其教义怕太浅，而不足以餍上中流社会之望；并只适于秘密的结合，而不宜于平和的传布，不能通行。只有佛教，既有哲理，又说福报，是对于上中下流社会都适宜的。物我无间，冤亲平等，国界种界尚且不分，何况一国之中，各地方各民族等小小界限？其能风行全国，自然无待于言了。

一个空虚的瓶，把它抛在水中，水即滔滔注入，使其中本有水，外面的水就不容易进去了。这是先入为主之理，一人如是，一国亦然。佛教输入时，中国的宗教界尚觉贫乏，所以佛教能够盛行。佛教输入后，就不然了。所以其他外教输入中国的虽多，都不能如佛教的风行无阻，其和中国文化的关系亦较浅。

佛教以外，外国输入的宗教，自以回教为最大。此教缘起，人人知之，无待赘述。其教本名伊斯兰，在中国则名清真，其寺称清真寺。其经典名《古兰》。原本为阿拉伯文，非其教中有学问的人不能读；而其译本及教中著述，流布于社会上的很少。所以在中国，除教徒外，罕有了解回教教义的。又回教教规极为严肃，教徒生活与普通人不甚相合，所以自元代盛行输入以来，已历七百年，仍不能与中国社会相融化。现在中国信奉回教的人约有五千万。其中所包含的民族实甚多。

中国人称伊斯兰教为回教，乃因其为回纥人所信奉而然。然回纥在漠北，实本信摩尼教。其信伊斯兰教，乃走入天山南路后事。摩尼教原出火教。火教为波斯国教，中国称为胡天。又造祆字，称为祆教（其字从示从天，读它烟切。或误为从夭，读作于兆切，就错了）。火教当南北朝时，传至葱岭以东，因而流入中国。然信奉它的，只有北朝的君主。唐朝时，波斯为大食所灭，中亚细亚亦为所据，火教徒颇有东行入中国的，亦未和中国社会发生什么影响。摩尼教则不然。唐朝安史乱后，回纥人多入中国，其教亦随之而入。自长安流行及于江淮。武宗时，回纥败亡，会昌五年（西历八四五年，民国纪元前一〇六七年），中国乃加以禁断。然其教流行至南宋时仍不绝。其人自称为明教。教外人则谓之吃菜事魔，以其教徒均不肉食之故。按，宗教虽似专给人以精神上的慰安，实则仍和现实生活有关系。现实生活，经济问题为大。流行于贫苦社会中的宗教，有教人团结以和现社会相斗争的，如太平天国所创的上帝教，实行均田和共同生活之法是。有教教徒自相救恤，对于现社会的组织，则取放任态度的，如张鲁在汉中教人做义舍，置米肉其中，以便行人，令有小过者修路，禁酒，春夏禁杀；明教徒戒肉食，崇节俭，互相救恤是。入其教的，生活上既有实益，所以宋时屡加禁断，不能尽绝。然社会秩序未能转变时，与之斗争的，固然不免灭亡；即欲自成一团体，独立于现社会组织之外的，亦必因其和广大的社会秩序不能相容，而终遭覆灭。所以到元朝以后，明教也就默默无闻了。张鲁之治汉中，所以能经历数十年，乃因其政治尚有规模，人民能与之相安，并非由其教义，则明教的流行较久，亦未必和其教义有甚关系了。火教及摩尼教流行中国的历史，详见近人陈垣所撰《火祆入中国考》。

基督教入中国，事在民国纪元前一千二百七十四年（西历六三八年，唐太宗贞观十二年）。波斯人阿罗本（Olopen），始赍其经典来长安。太宗许其建寺，称为波斯，玄宗因其教本出大秦，改寺名为大秦寺。其教在当时称为景教。德宗时，寺僧景净，立《景教流行中国碑》，明末出土，可以考见其事的始末。蒙古时，基督教又行输入。其徒谓之也里可温。陈垣亦有考。元时，信奉基督教的多是蒙古人，所以元亡而复绝。直到明中叶后，才从海路复行输入。近代基督教的输入，和中国冲突颇多。推其源，实出于政治上的误解。基督教的教义，如禁拜天、拜祖宗、拜孔子等，固然和中国的风俗是冲突的，然前代的外教，教规亦何尝不和中国风俗有异同？况近代基督教初输入时，是并不禁拜天、拜祖宗、拜孔子的。明末相信基督教的，如徐光启、李之藻辈，并非不了解中国文化的人。假使基督教义和中国传统的风俗习惯实不相容，他们岂肯因崇信科学之故，把民族国家一齐牺牲了。当时反对西教的，莫如杨光先。试看他所著的《不得已书》。他说：他们“不婚不宦，则志不在小”。又说：“其制器精者，其兵械亦精。”又说：他们著书立说，谓中国人都是异教的子孙。万一他们蠢动起来，中国人和他相敌，岂非以子弟敌父兄？又说：“以数万里不朝不贡之人，来不稽其所从来，去不究其所从去；行不监押，止不关防。十三省山川形势，兵马钱粮，靡不收归图籍。百余年后，将有知余言之不得已者。”因而断言：“宁可使中国无好历法，不可使中国有西洋人。”原来中国历代，军政或者废弛，至于军械，则总是在外国之上的。到近代，西人的船坚炮利，中国才自愧弗如。而中国人迷信宗教是不甚深的，西洋教士坚苦卓绝的精神，又非其所了解，自然要生出疑忌来了。这也是在当日情势之下所不能免的，原不足以为怪，然攻击西教士的虽有，而主张优容的亦不在少数。所以清圣祖初年，虽因光先的攻击，汤若望等一度获罪，然教禁旋复解除。康熙一朝，教士被任用者不少，于中国文化，裨益实非浅鲜。此亦可见基督教和中国文化无甚冲突了。教禁之起，实由一七〇四年（康熙四十三年），教皇听别派教士的话，以不禁中国教徒拜天、拜祖宗、拜孔子为不然，派多罗（Tourmon）到中国来禁止。此非但教义与中国相隔阂，亦且以在中国传教的教士，而受命于外国的教皇，亦非当时中国的见解所能容许，于是有康熙五十六年重申教禁之事。世宗即位后，遂将教徒一律安置澳门；各省的天主堂，尽行改为公廨了。自此以后，至五口通商后教禁解除之前，基督教在中国，遂变为秘密传播的宗教。中国人既不知道它的真相，就把向来秘密教中的事情，附会到基督教身上。什么挖取死人的眼睛咧，聚集教堂中的妇女，本师投以药饵，使之雉鸣求牡咧，种种离奇怪诞之说，不一而足，都酿成于此时。五口通商以后，（一）中国人既怀战败之忿，视外国的传教，为借兵力胁迫而成。（二）教民又恃教士的干涉词讼为护符，鱼肉乡里。（三）就是外国教士，也有倚势妄为，在中国实施其敲诈行为的（见严复译英人宓克所著《中国教案论》）。于是教案迭起，成为交涉上的大难题了。然自庚子事变以后，中国人悟盲目排外之无益，风气幡然一变，各省遂无甚教案。此亦可见中国人对于异教的宽容了。

基督教原出犹太。犹太教亦曾输入中国，谓之一赐乐业教，实即以色列的异译。中国谓之挑筋教。今存于河南的开封。据其教中典籍所记，其教当五代汉时（民国纪元前九六五至九六二，西历九四七至九五〇年），始离本土，至宋孝宗隆兴元年（民国纪元前七四九，西历一一六三年），始在中国建寺。清圣祖康熙四十一年，有教徒二三千人。

宣宗道光末，存者只三百余。宣统元年二百余。民国八年，只有一百二十余人。初来时凡十七姓，清初，存者只有七姓了（详见陈垣《一赐乐业教考》）。

社会变乱之际，豪杰之士，想结合徒党，有所作为的，亦往往借宗教为工具。如前代的张角、孙恩，近代的太平天国等都是。此特其荦荦大者，其较小的，则不胜枚举。此等宗教，大率即系其人所创造，多借当时流行之说为资料。如张角讹言“苍天已死，黄天当立”（苍，疑当作赤，为汉人所讳改），系利用当时五行生胜之说；白莲教依托佛教；上帝教依托基督教是。然此实不过借为资料（利用其业已流行于社会），其教理，实与其所依附之说大不相同，其支离灭裂，往往使稍有智识之人闻之失笑。上帝教和义和团之说，因时代近，传者较多，稍一披览，便可见得。然非此不足以煽动下流社会中人。我们现在的社会，实截然分为两橛。一为上中流知识阶级，一为下流无知识阶级。我们所见、所闻、所想，实全与广大的为社会基础的下层阶级相隔绝。我们的工作，所以全是浮面的，没有真正的功效，不能改良社会，即由于此。不可不猛省。

中国社会迷信宗教是不甚深的。此由孔教盛行，我人之所祈求，都在人间而不在别一世界之故。因此，教会之在中国，不能有很大的威权。因此，我们不以宗教问题和异族异国起无谓的争执。此实中国文化的一个优点。现今世界，文化进步，一日千里。宗教，因其性质固定之故，往往成为进化的障碍。若与之争斗，则又招致无谓的牺牲，欧洲的已事，即其殷鉴。要这似乎是文化前途一个很大的难题。然实际生活，总是顽强的观念论的强敌。世界上任何宗教，其教义总有几分禁欲性的，事实上，却从没看见多数的教徒，真能脱离俗生活。文化愈进步，人的生活情形变更得愈快。宗教阻碍进步之处，怕更不待以干戈口舌争之了。这也是史事无复演，不容以旧眼光推测新变局的一端。

出版后记

《中国大历史》（全二册）收录张荫麟著《中国史纲》和吕思勉著《中国通史》。两部史书均作于民国时期，是中国史的经典著作。

《中国史纲》作于1935年，写作初衷是受聘编写高中历史教材，因张荫麟英年早逝，著作仅写至汉朝末年。《中国史纲》从商朝起始，文采斐然，内容通俗易懂且不乏思想内涵和理论深度。

《中国通史》，作于1940—1944年间。这部书是吕先生针对当时大学文科学生学习上的需要写就而成。有系统地叙述了社会经济制度、政治制度和文化学术的发展情况，有条理地叙述了政治历史的变革。可做文化史教材使用，亦可做参考书使用。

本书上编张荫麟部分，以中华书局2009年版《中国史纲》为底本；下编吕思勉部分，以上海古籍出版社2013年版《中国通史》为底本，编者在编辑过程中，参照数种不同版本，力求准确。在编辑过程中，编者对张荫麟部分进行了注释，吕思勉部分，原书已有注释，编者引到书中。此外，两部分均增加了图片，图片由编者进行了注释，图片版权为公版，不存在图片版权问题。

以上内容，特此说明，如有错漏，万望教正。